山西省统计局
国家统计局山西调查总队 编

总第32期

山西统计年鉴

SHANXI STATISTICAL YEARBOOK 2014

中国统计出版社
China Statistics Press

图书在版编目（CIP）数据

山西统计年鉴. 2014：汉英对照 / 山西省统计局，国家统计局山西调查总队 编
—— 北京 : 中国统计出版社，2014.7
ISBN 978-7-5037-7125-5
Ⅰ. ①山…
Ⅱ. ①山… ②国…
Ⅲ. ①统计资料 – 山西省 – 2014 – 年鉴 – 汉、英
Ⅳ. ①C832.25-54
中国版本图书馆CIP数据核字(2014)第146250号

山西统计年鉴-2014

作　　者 / 山西省统计局 国家统计局山西调查总队
责任编辑 / 佘竞雄
责任校对 / 董晓玲　樊梅洁
装帧设计 / 太原大道设计有限公司
出版发行 / 中国统计出版社
地　　址 / 北京市丰台区西三环南路甲6号
邮政编码 / 100073
电　　话 / 邮购（010）63376909　书店（010）68783171
网　　址 / http://csp.stats.gov.cn
印　　刷 / 山西臣功印刷包装有限公司
经　　销 / 新华书店
开　　本 / 890mm × 1240mm 1/16
字　　数 / 1588千字
印　　张 / 44.25
版　　别 / 2014年8月第1版
版　　次 / 2014年8月第1次印刷
定　　价 / 390.00元

本书附同版本CD-ROM一张，光盘内容以书面文字为准。
如有印装差错，由本社发行部调换。

山西统计年鉴
2014

SHANXI STATISTICAL YEARBOOK 2014

编者说明

一、《山西统计年鉴－2014》收录了全省和各地市、县（市、区）2013年经济、社会、科技等方面的统计数据，以及多个重要历史年份和近年全省主要统计数据，是一部全面反映山西省国民经济和社会发展情况的资料性年刊。为便于国际交流，内文全部采用中英文对照。

二、全书共分20个篇章：1.综合；2.人口、劳动工资和社会保障；3.物价；4.人民生活；5.财政、金融和保险；6.能源；7.固定资产投资；8.对外经济贸易；9.农业；10.工业；11.建筑业；12.房地产；13.批发和零售业；14.住宿、餐饮业和旅游；15.交通运输、邮电通信业；16.教育、科技；17.文化、体育、卫生、环保；18.城市概况；19.地市篇；20.县（市、区）篇。为方便读者使用，各篇章前绘制了反映总体趋势的统计图，篇末附有《主要统计指标解释》，对主要统计指标的涵义、统计范围和统计方法以及历史沿革予以简要说明。

三、与《山西统计年鉴－2013》相比，本年鉴内容主要做了如下修订：调整部分篇章顺序。将住房和房地产相关内容从“固定资产投资”篇中拆分出来，独立为“房地产”篇。删除“企业”篇。根据统计制度要求增加或删除部分指标，在“综合”篇，增加反映经济转型升级的综合指标，如“人口抚养比”、“城乡居民人均收入比”等指标；在“人民生活”篇，根据国家统计局城乡一体化统计方法制度要求，删除城乡分组。

四、本年鉴统计指标口径范围以国家现行统计报表制度为准。资料主要来源于统计年报，部分资料来自于抽样调查和有关部门。

五、为方便读者使用，对有变动的指标在表下作了简要注释。按照国际惯例，一些主要指标需要根据普查等进行定期核实修正，凡以前发表过的统计数字与本年鉴不一致的，请以本年鉴为准。

六、本年鉴所使用的度量衡单位，均采用国际统一标准计量单位。部分数据合计数或相对数由于单位取舍不同而产生的计算误差，均未作机械调整。

七、年鉴符号使用说明：“空格”表示该项统计指标数据不足本表最小单位数、数据不详或无数据；“#”表示该指标其中的主要项。

COMPILER'S NOTES

Ⅰ. *Shanxi Statistical Yearbook 2014* is an annual statistics publication, which reflects comprehensively the national economic and social development of Shanxi province. It covers data for 2013 and key statistical data in recent years and some historically important years at the provincial level and the local levels of prefecture and county. To meet the need of international exchange, this yearbook is made in both Chinese and English.

Ⅱ. The yearbook contains the following twenty parts: 1. General Survey; 2. Population, Labor Wages and Social Security; 3. Price; 4. People's Livelihood; 5. Public Finance, Banking and Insurance; 6. Energy; 7. Investment in Fixed Assets; 8. Foreign Trade and Economic Cooperation; 9. Agriculture; 10. Industry; 11. Construction; 12. Real Estate; 13. Wholesale and Retail Trade; 14. Hotels, Catering Services and Tourism; 15. Transportation, Post and Telecommunication Services; 16. Education, Science and Technology; 17. Culture, Sports, Public Health and Environmental Protection; 18. General Survey of Cities; 19. Cities at Prefecture Level; 20. Counties, Cities and Districts at County Level. To facility readers, Statistical Charts reflecting total trend are attached at the beginning of each chapter, and Explanatory Notes on Main Statistical Indicators, a brief introduction about the meaning, data sources, statistical coverage, statistical methods and historical changes of main statistical indicators, are provided at the end of each chapter.

Ⅲ. Comparing with *Shanxi Statistical Yearbook 2013*, following revisions have been made in this new version: Chapter structure has been rearranged; The content of housing and real estate are separated from the chapter of Investment in Fixed Assets and formed a new chapter of Real Estate; According to the statistical system, some indicators have been added and deleted, for example, indicators such as dependency ratio of population, ratio of per capita income of urban and rural households have been added in the chapter of General Survey; According to urban and rural integration statistical system, the contents of urban and rural grouped income have been deleted in the chapter of People's Livelihood.

Ⅳ. The statistical coverage of indicators in this yearbook is same as the current national statistical report system. The data in this yearbook are mainly obtained from annual statistical reports, and some are from sample surveys and related departments.

Ⅴ. For the convenience of the readers, brief notes concerning some indicators about their changes in meaning or coverage are given at the lower part of relevant tables. According to international practice, some main indicators need to check and revise regularly by statistical census. In case of some statistical data issued before being inconsistent with this publication, take the data in this publication as correction.

Ⅵ. The units of measurement used in this yearbook are international standard measurement units. Statistical discrepancies due to rounding are not adjusted in this yearbook.

Ⅶ. Notations used in this book: " (blank) " indicates that the figure is not large enough to be measured with the smallest unit in the table or is not available; " # " indicates the major items of the total.

目　　录

CONTENTS

一、综　合
GENERAL SURVEY

二、人口、劳动工资和社会保障
POPULATION, LABOR WAGES AND SOCIAL SECURITY

三、物 价
PRICE

四、人民生活
PEOPLE'S LIVELIHOOD

五、财政、金融和保险 PUBLIC FINANCE, BANKING AND INSURANCE

六、能 源 ENERGY

七、固定资产投资
INVESTMENT IN FIXED ASSETS

八、对外经济贸易
FOREIGN TRADE AND ECONOMIC COOPERATION

九、农　业
AGRICULTURE

十、工 业
INDUSTRY

十一、建筑业 CONSTRUCTION

十二、房地产 REAL ESTATE

十三、批发和零售业
WHOLESALE AND RETAIL TRADE

十四、住宿、餐饮业和旅游
HOTELS, CATERING SERVICES AND TOURISM

十五、交通运输、邮电通信业
TRANSPORTATION, POST AND TELECOMMUNICATION SERVICES

十六、教育、科技
EDUCATION, SCIENCE AND TECHNOLOGY

十七、文化、体育、卫生、环保 CULTURE, SPORTS, PUBLIC HEALTH AND ENVIRONMENTAL PROTECTION

十八、城市概况
GENERAL SURVEY OF CITIES

十九、地市篇
CITIES AT PREFECTURE LEVEL

二十、县(市、区)篇 COUNTIES, CITIES AND DISTRICTS AT COUNTY LEVEL

01 综 合

GENERAL SURVEY

PAGE

001-032

资料整理人员

樊梅洁　李　静　董　里　阴　燕　张淑虹

综　合
GENERAL SURVEY

地区生产总值	Gross Domestic Product	12602.2	亿元	(100 million yuan)
第一产业	Primary Industry	741.0	亿元	(100 million yuan)
第二产业	Secondary Industry	6712.9	亿元	(100 million yuan)
第三产业	Tertiary Industry	5148.3	亿元	(100 million yuan)

地区生产总值构成(%)

Composition of Gross Domestic Product (%)

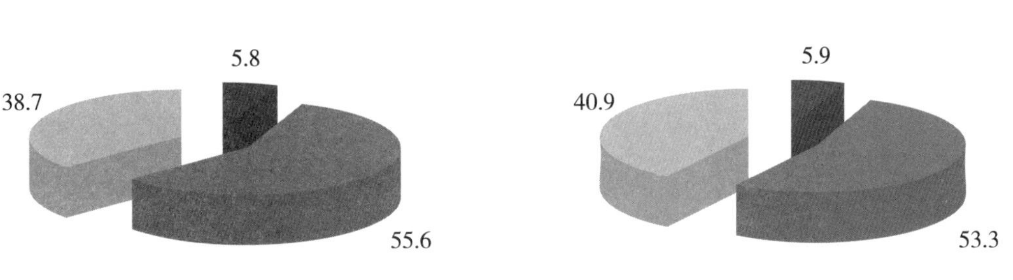

地区生产总值(亿元)

Gross Domestic Product (100 million yuan)

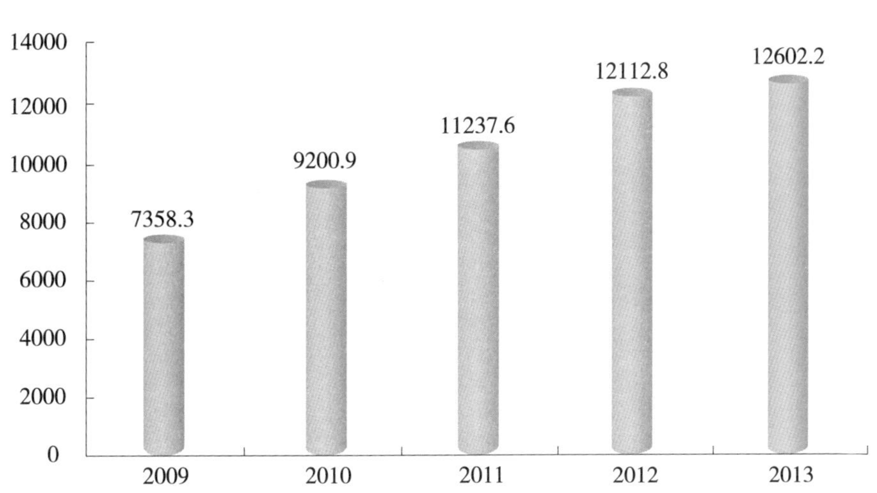

综　合

GENERAL SURVEY

人均地区生产总值	Per Capita Gross Domestic Product	34810	元	(yuan)
支出法地区生产总值	Gross Domestic Product by Expenditure Approach	12602.2	亿元	(100 million yuan)
最终消费	Final Consumption Expenditure	6182.8	亿元	(100 million yuan)
资本形成总额	Gross Capital Formation	9169.0	亿元	(100 million yuan)
货物和服务净出口	Net Export of Goods and Services	-2749.5	亿元	(100 million yuan)

支出法地区生产总值构成 (%)

Composition of Gross Domestic Product by Expenditure Approach (%)

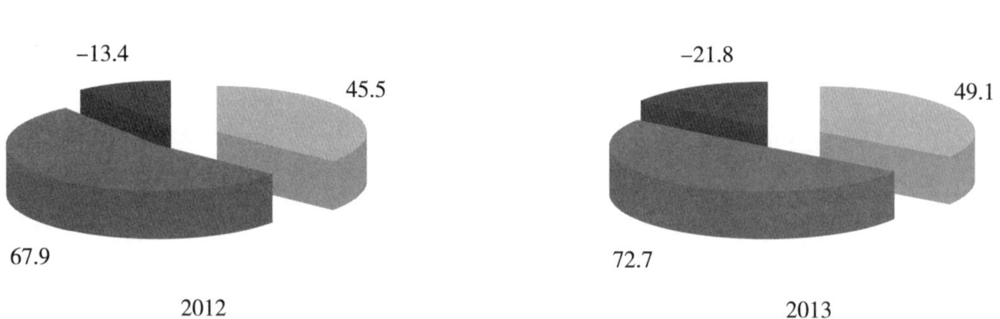

人均地区生产总值 (元)

Per Capita Gross Domestic Product (yuan)

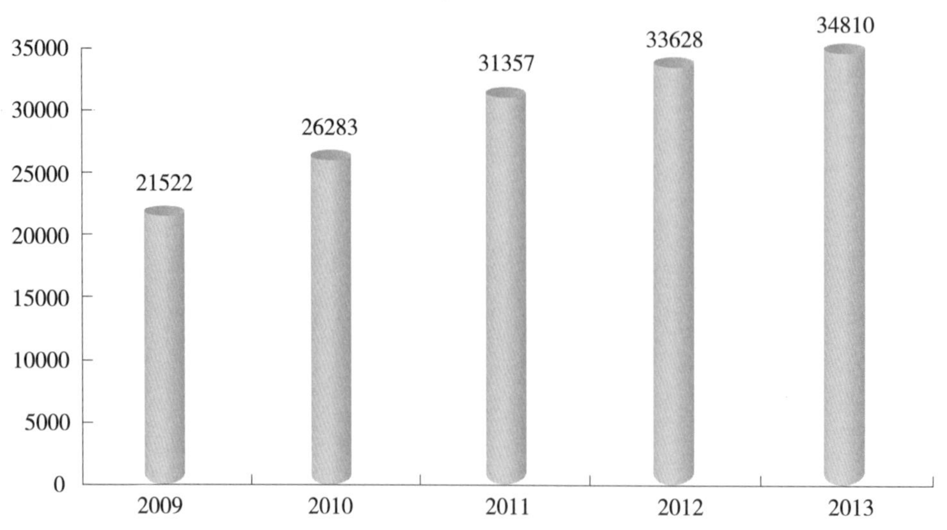

1-1 行政区划(2013年)
ADMINISTRATIVE DIVISION(2013)

市 名 City	城 市 City			市辖区 District Under Jurisdiction of Cities	县 County	镇 Town	乡 Township
	合 计 Total	地级市 City at Prefecture Level	县级市 City at County Level				
	22	11	11	23	85	564	632

市 名 City									
太原市 Taiyuan	小店区 Xiaodian	迎泽区 Yingze	杏花岭区 Xinghualing	尖草坪区 Jiancaoping	万柏林区 Wanbailin	晋源区 Jinyuan	清徐县 Qingxu	阳曲县 Yangqu	
	娄烦县 Loufan	古交市 Gujiao							
大同市 Datong	城 区 Chengqu	矿 区 Kuangqu	南郊区 Nanjiao	新荣区 Xinrong	阳高县 Yanggao	天镇县 Tianzhen	广灵县 Guangling	灵丘县 Lingqiu	
	浑源县 Hunyuan	左云县 Zuoyun	大同县 Datong						
阳泉市 Yangquan	城 区 Chengqu	矿 区 Kuangqu	郊 区 Jiaoqu	平定县 Pingding	盂 县 Yuxian				
长治市 Changzhi	城 区 Chengqu	郊 区 Jiaoqu	长治县 Changzhi	襄垣县 Xiangyuan	屯留县 Tunliu	平顺县 Pingshun	黎城县 Licheng	壶关县 Huguan	
	长子县 Zhangzi	武乡县 Wuxiang	沁 县 Qinxian	沁源县 Qinyuan	潞城市 Lucheng				
晋城市 Jincheng	城 区 Chengqu	沁水县 Qinshui	阳城县 Yangcheng	陵川县 Lingchuan	泽州县 Zezhou	高平市 Gaoping			
朔州市 Shuozhou	朔城区 Shuocheng	平鲁区 Pinglu	山阴县 Shanyin	应 县 Yingxian	右玉县 Youyu	怀仁县 Huairen			
晋中市 Jinzhong	榆次区 Yuci	榆社县 Yushe	左权县 Zuoquan	和顺县 Heshun	昔阳县 Xiyang	寿阳县 Shouyang	太谷县 Taigu		
	祁 县 Qixian	平遥县 Pingyao	灵石县 Lingshi	介休市 Jiexiu					
运城市 Yuncheng	盐湖区 Yanhu	临猗县 Linyi	万荣县 Wanrong	闻喜县 Wenxi	稷山县 Jishan	新绛县 Xinjiang	绛 县 Jiangxian	垣曲县 Yuanqu	
	夏 县 Xiaxian	平陆县 Pinglu	芮城县 Ruicheng	永济市 Yongji	河津市 Hejin				
忻州市 Xinzhou	忻府区 Xinfu	定襄县 Dingxiang	五台县 Wutai	代 县 Daixian	繁峙县 Fanshi	宁武县 Ningwu	静乐县 Jingle	神池县 Shenchi	
	五寨县 Wuzhai	岢岚县 Kelan	河曲县 Hequ	保德县 Baode	偏关县 Pianguan	原平市 Yuanping			
临汾市 Linfen	尧都区 Yaodu	曲沃县 Quwo	翼城县 Yicheng	襄汾县 Xiangfen	洪洞县 Hongtong	古 县 Guxian	安泽县 Anze	浮山县 Fushan	吉 县 Jixian
	乡宁县 Xiangning	大宁县 Daning	隰 县 Xixian	永和县 Yonghe	蒲 县 Puxian	汾西县 Fenxi	侯马市 Houma	霍州市 Huozhou	
吕梁市 Lvliang	离石区 Lishi	文水县 Wenshui	交城县 Jiaocheng	兴 县 Xingxian	临 县 Linxian	柳林县 Liulin	石楼县 Shilou	岚 县 Lanxian	方山县 Fangshan
	中阳县 Zhongyang	交口县 Jiaokou	孝义市 Xiaoyi	汾阳市 Fenyang					

1-2 国民经济和社会发展总量与速度指标

指　标	Item	总量指标		
		1990	2000	2005
一、人口与从业人员（万人）	**Population and Employment (10 000 persons)**			
年末常住人口	Resident Population at Year-end	2899.0	3247.8	3355.2
全社会从业人员	Total Employees	1304.0	1392.4	1500.2
#非私营单位在岗职工人数	Fully Employed Staff and Workers in Non-private Units	438.7	370.2	352.1
二、国民经济核算（亿元）	**National Economic Accounting (100 million yuan)**			
地区生产总值	Gross Domestic Product	429.3	1845.7	4230.5
第一产业	Primary Industry	80.8	179.9	262.4
第二产业	Secondary Industry	210.1	858.4	2357.0
第三产业	Tertiary Industry	138.4	807.5	1611.1
三、物价总指数（上年=100）	**Price Indices (last year=100)**			
居民消费价格总指数	General Consumer Price Index	102.2	103.9	102.3
商品零售价格总指数	General Retail Price Index	102.1	97.1	100.3
四、财　政（亿元）	**Public Finance (100 million yuan)**			
公共财政收入	Public Finance Revenue	51.7	114.5	368.3
公共财政支出	Public Finance Expenditure	54.9	225.1	668.8
五、固定资产投资（亿元）	**Investment in Fixed Assets (100 million yuan)**			
全社会固定资产投资	Total Investment in Fixed Assets	123.4	625.2	1859.4
#住　宅	Residential Buildings	22.0	111.3	224.6
第一产业	Primary Industry	5.2	12.0	50.1
第二产业	Secondary Industry	75.6	289.6	1130.4
第三产业	Tertiary Industry	42.6	323.6	678.9
六、对外贸易（亿美元）	**Foreign Trade (USD 100 million)**			
海关进出口总额	Total Value of Exports and Imports of Customs	3.5	17.6	55.5
出　口	Total Value of Exports	2.6	12.4	35.3
进　口	Total Value of Imports	0.9	5.3	20.2
七、农　业	**Agriculture**			
主要农产品产量（万吨）	Output of Major Farm Products (10 000 tons)			
粮　食	Grain	969.0	853.4	978.0
棉　花	Cotton	11.2	4.5	10.3
油　料	Oil-bearing Crops	39.4	44.8	21.3
猪牛羊肉　（万吨）	Output of Pork, Beef and Mutton (10 000 tons)	29.3	59.2	81.0
猪年末数　（万头）	Hogs at Year-end (10 000 heads)	363.1	519.5	626.1
羊年末数　（万只）	Sheep and Goats at Year-end (10 000 heads)	709.6	1058.4	1196.4
八、房地产开发投资（亿元）	Investment in Real Estate Development (100 million yuan)			
本年完成投资	Investment Completed This Year	2.8	39.5	178.0
#住　宅	Residential Buildings	2.5	27.2	116.9

PRINCIPAL AGGREGATE INDICATORS ON NATIONAL ECONOMIC AND SOCIAL DEVELOPMENT AND THEIR RELATED INDICES AND GROWTH RATES

Aggregate Data		速 度 指 标 Indices and Growth Rates							
2010	2013	指数(2013为以下各年%) Index (2013 as percentage of the following years)				平均增长速度 (%) Average Annual Growth Rate (%)			
		1990	2000	2005	2010	1991-2013	2001-2013	2006-2013	2011-2013
3574.1	3629.8	125.2	111.8	108.2	101.6	1.0	0.9	1.0	0.5
1685.9	1844.2	141.4	132.4	122.9	109.4	1.5	2.2	2.6	3.0
384.5	446.6	101.8	120.7	126.8	116.2	0.1	1.5	3.0	5.1
9200.9	12602.2	1132.0	430.8	230.7	135.5	11.1	11.9	11.0	10.7
554.5	741.0	205.3	162.4	140.4	118.1	3.2	3.8	4.3	5.7
5234.0	6712.9	1366.4	502.3	247.0	142.1	12.0	13.2	12.0	12.4
3412.4	5148.3	1272.8	424.0	223.4	128.3	11.7	11.8	10.6	8.7
103.0	103.1	298.6	138.9	130.5	111.2	4.9	2.6	3.4	3.6
102.3	101.8	217.3	126.2	124.6	108.7	3.4	1.8	2.8	2.8
969.7	1701.6	3288.1	1486.4	462.0	175.5	16.4	23.1	21.1	20.6
1931.4	3030.1	5519.7	1346.4	453.1	156.9	19.1	22.1	20.8	16.2
6352.6	11200.2	9075.4	1791.6	602.4	176.3	21.1	25.1	25.9	25.3
900.3	1689.0	7664.7	1516.9	752.1	187.6	20.1	22.9	31.3	28.0
281.3	714.0	13740.8	5967.5	1425.1	253.8	21.0	35.3	37.1	41.1
2628.1	4657.9	6158.6	1608.2	412.1	177.2	19.3	25.1	19.4	27.7
3443.2	5828.3	13686.3	1801.2	858.5	169.3	23.5	24.4	33.1	22.2
125.8	158.0	4514.3	895.5	284.9	125.6	18.0	18.4	14.0	7.9
47.1	80.0	3041.8	646.8	226.7	169.9	16.0	15.4	10.8	19.3
78.7	78.0	8965.5	1478.6	386.7	99.1	21.6	23.0	18.4	-0.3
1085.1	1312.8	135.5	153.8	134.2	121.0	1.3	3.4	3.7	6.6
6.9	3.1	27.8	69.2	30.1	44.7	-5.4	-2.8	-13.9	-23.5
17.6	19.5	49.5	43.5	91.7	110.9	-3.0	-6.2	-1.1	3.5
63.6	72.6	248.0	122.6	89.6	114.1	4.0	1.6	-1.4	4.5
474.8	502.2	138.3	96.7	80.2	105.8	1.4	-0.3	-2.7	1.9
734.7	878.0	123.7	83.0	73.4	119.5	0.9	-1.4	-3.8	6.1
592.2	1308.6	45939.3	3316.7	735.2	221.0	30.7	31.2	27.7	30.8
457.4	958.8	38922.1	3521.5	820.3	209.6	29.6	32.0	30.6	28.4

1-2 续表

指 标	Item	总量指标		
		1990	2000	2005
九、工 业	**Industry**			
主要工业产品产量(全社会)	Output of Major Industrial Products (Total Society)			
原 煤 (万吨)	Coal (10 000 tons)	28597	25152	55426
焦 炭 (万吨)	Coke (10 000 tons)	1609.3	4967.0	7981.0
钢 材 (万吨)	Steel Products (10 000 tons)	128.8	392.6	1368.6
发电量 (亿千瓦小时)	Electricity (100 million kwh)	314.2	624.7	1316.5
水 泥 (万吨)	Cement (10 000 tons)	612.5	1434.0	2310.7
十、国内贸易 (亿元)	**Domestic Trade (100 million yuan)**			
社会消费品零售总额	Total Retail Sales of Consumer Goods	158.0	722.7	1410.7
十一、交通运输、邮电	**Transportation, Post and Telecommunication Services**			
货物运输量 (万吨)	Freight Traffic (10 000 tons)	50111	86624	125367
#铁 路	Railways	23332	28779	49067
旅客客运量 (万人)	Passenger Traffic (10 000 persons)	15960	31818	40209
#铁 路	Railways	3226	2953	3433
邮电业务总量 (亿元)	Business Volume of Post and Telecommunication Services (100 million yuan)			
移动电话用户 (万户)	Number of Mobile Telephone Subscribers (10 000 subscribers)		126	906
十二、教育、科技、文化、卫生	**Education, Science and Technology, Culture and Public Health**			
教 育	**Education**			
高等学校数(所)	Number of Institutions of Higher Education (unit)	26	24	59
高等学校在校学生数 (万人)	Student Enrollment of Institutions of Higher Education (10 000 persons)	5.1	12.6	40.7
普通中学在校学生数 (万人)	Student Enrollment of Regular Secondary Schools (10 000 persons)	145.1	199.8	261.2
小学在校学生数 (万人)	Student Enrollment of Primary Schools (10 000 persons)	297.4	343.6	350.3
科 技	**Science and Technology**			
自然科学技术人员数 (万人)	Personnels of Natural Science and Technology (10 000 persons)	32.4	32.9	37.6
文 化	**Culture**			
图书总印数 (万册)	Total Printed Copies of Books (10 000 copies)	12166	10105	10081
期刊总印数 (万份)	Total Printed Copies of Magazines (10 000 copies)	2815	2657	5914
报纸总印数 (万份)	Total Printed Copies of Newspapers (10 000 copies)	54361	58825	329713
卫 生	**Public Health**			
医 院 (个)	Number of Hospitals (unit)		716	885
执业(助理)医师 (人)	Number of Licensed (Assitant) Docotors (person)	60185	64900	58617

continued

Aggregate Data		速 度 指 标 Indices and Growth Rates							
2010	2013	指数(2013为以下各年%) Index (2013 as percentage of the following years)				平均增长速度 (%) Average Annual Growth Rate (%)			
		1990	2000	2005	2010	1991-2013	2001-2013	2006-2013	2011-2013
74096	96257	336.6	382.7	173.7	129.9	5.4	10.9	7.1	9.1
8502.1	9076.8	564.0	182.7	113.7	106.8	7.8	4.7	1.6	2.2
2866.4	4487.0	3484.2	1142.9	327.9	156.5	16.7	20.6	16.0	16.1
2150.6	2603.7	828.8	416.8	197.8	121.1	9.6	11.6	8.9	6.6
3670.3	5269.1	860.3	367.4	228.0	143.6	9.8	10.5	10.9	12.8
3318.2	5139.3	3251.9	711.2	364.3	154.9	16.3	16.3	17.5	15.7
124677	156048	311.4	180.1	124.5	125.2	5.1	4.6	2.8	7.8
63836	73181	313.7	254.3	149.1	114.6	5.1	7.4	5.1	4.7
39059	34781	217.9	109.3	86.5	89.0	3.4	0.7	-1.8	-3.8
5746	6294	195.1	213.1	183.3	109.5	2.9	6.0	7.9	3.1
260	360				138.4				11.5
2225	3106		2460.5	342.7	139.6		27.9	16.6	11.8
65	70	269.2	291.7	118.6	107.7	4.4	8.6	2.2	2.5
56.3	67.7	1319.5	538.7	166.3	120.3	11.9	13.8	6.6	6.3
253.7	214.0	147.5	107.1	81.9	84.4	1.7	0.5	-2.5	-5.5
291.1	229.6	77.2	66.8	65.6	78.9	-1.1	-3.1	-5.1	-7.6
42.7	45.1	139.4	137.3	120.2	105.7	1.5	2.5	2.3	1.9
13183	13452	110.6	133.1	133.4	102.0	0.4	2.2	3.7	0.7
4000	3384	120.2	127.4	57.2	84.6	0.8	1.9	-6.7	-5.4
206698	219694	404.1	373.5	66.6	106.3	6.3	10.7	-4.9	2.1
1201	1219		170.3	137.7	101.5		4.2	4.1	0.5
85376	88182	146.5	135.9	150.4	103.3	1.7	2.4	5.2	1.1

1-3 山西省水资源总量(2012年)
RESOURCES OF WATER(2012)

单位：亿立方米 (100 million cu.m)

市名 City		水资源总量 Water Resources	地表水资源量 Surface Water Resources	地下水资源量 Ground Water Resources	重复计算量 Repetition Statistical Amount	年降水量 Precipitation
全　省	**Total**	**106.25**	**65.90**	**88.34**	**47.99**	**797.09**
太原市	Taiyuan	5.05	1.78	4.10	0.83	34.16
大同市	Datong	6.74	3.39	5.60	2.25	63.45
阳泉市	Yangquan	3.79	4.20	3.41	3.83	24.82
长治市	Changzhi	11.76	8.61	8.88	5.72	69.65
晋城市	Jincheng	11.27	8.02	9.72	6.47	48.10
朔州市	Shuozhou	5.70	1.88	5.34	1.53	48.22
晋中市	Jinzhong	13.41	8.80	8.95	4.34	93.21
运城市	Yuncheng	7.28	2.60	6.78	2.10	62.75
忻州市	Xinzhou	18.22	10.64	16.12	8.55	134.86
临汾市	Linfen	9.79	6.83	9.03	6.06	101.18
吕梁市	Lvliang	13.25	9.15	10.40	6.31	116.70

1-4 山西省实际用水量(2012年)
USAGE OF WATER(2012)

单位：亿立方米 (100 million cu.m)

市名 City		总计 Total	农田灌溉 Farmland Irrigation	工业 Industry	城镇生活 Urban Living	农村生活 Rural Living	林牧渔业 Forestry, Animal Husbandry and Fishery
全　省	**Total**	**73.39**	**39.93**	**15.50**	**10.87**	**4.28**	**2.81**
太原市	Taiyuan	7.69	2.13	2.11	2.91	0.43	0.11
大同市	Datong	6.32	3.11	1.67	1.02	0.34	0.18
阳泉市	Yangquan	1.96	0.36	0.88	0.54	0.12	0.07
长治市	Changzhi	6.20	2.41	2.06	0.94	0.35	0.44
晋城市	Jincheng	4.85	1.42	2.02	0.80	0.31	0.31
朔州市	Shuozhou	5.08	3.34	0.99	0.41	0.17	0.16
晋中市	Jinzhong	7.22	4.31	1.27	0.76	0.54	0.34
运城市	Yuncheng	14.33	11.38	1.22	0.95	0.49	0.29
忻州市	Xinzhou	6.34	4.07	0.85	0.63	0.47	0.32
临汾市	Linfen	7.44	4.50	1.13	1.05	0.38	0.37
吕梁市	LvLiang	5.95	2.89	1.30	0.86	0.68	0.22

1-5 平均每天主要社会经济活动
MAJOR INDICATORS OF AVERAGE DAILY SOCIAL AND ECONOMIC ACTIVITIES

指 标	Item	2005	2010	2013
地区生产总值(万元)	Gross Domestic Product (10 000 yuan)	115905	252078	345267
全社会固定资产投资额(万元)	Total Investment in Fixed Assets (10 000 yuan)	50942	174044	306856
社会消费品零售总额(万元)	Total Retail Sales of Consumer Goods (10 000 yuan)	38648	90908	140804
海关进出口总额(万美元)	Total Value of Exports and Imports of Customs (USD 10 000)	1519	3446	4328
公共财政收入(万元)	Public Finance Revenue (10 000 yuan)	10092	26566	46620
公共财政支出(万元)	Public Finance Expenditure (10 000 yuan)	18322	52914	83017
主要农产品产量(吨)	Output of Major Farm Products (ton)			
粮 食	Grain	26795	29729	35967
棉 花	Cotton	282	190	84
油 料	Oil-bearing Crops	583	482	533
主要工业产品产量(全社会)	Output of Major Industrial Products			
原 煤 (万吨)	Coal (10 000 tons)	151.9	203.0	263.7
焦 炭 (万吨)	Coke (10 000 tons)	21.9	23.3	24.9
钢 材 (吨)	Steel Products (ton)	37496	78530	122933
发电量 (万千瓦小时)	Electricity (10 000 kwh)	36068	58919	71335
水 泥 (吨)	Cement (ton)	63306	100556	144359
货运量(万吨)	Freight Traffic (10 000 tons)	343	342	428
客运量(万人)	Passenger Traffic (10 000 persons)	110	107	95
图书出版 (万册)	Books Published (10 000 copies)	27.62	36.12	36.85
期刊出版 (万份)	Magazines Issued (10 000 copies)	16.20	10.96	9.27
报纸出版 (万份)	Newspapers Issued (10 000 copies)	903.32	566.30	601.90
函 件 (万件)	Letters Delivered (10 000 copies)	25.46	21.18	12.55
出 生 (人)	Births (person)	1102	1043	1073
死 亡 (人)	Deaths (person)	550	525	553
结 婚 (对)	Marriages (couple)	520	988	1052
离 婚 (对)	Divorces (couple)	48	73	115

1-6 社会经济主要指标人均水平
MAJOR PER CAPITA INDICATORS OF SOCIAL AND ECONOMY

指　标	Item	2005	2010	2013
一、地区生产总值 (元)	**Gross Domestic Product (yuan)**	**12647**	**26283**	**34810**
二、主要农产品产量 (公斤)	**Output of Major Farm Products (kg)**			
粮　食	Grain	292	310	363
棉　花	Cotton	3.1	2.0	0.8
油　料	Oil-bearing Crops	6.4	5.0	5.4
棉　花	Cotton	3.1	2.0	0.8
蔬　菜	Vegetables	269.5	259.7	331.0
猪牛羊肉	Pork, Beef and Mutton	24.2	18.2	20.0
三、主要工业产品产量 (全社会)	**Output of Major Industrial Products (Total Society)**			
原　煤　(吨)	Coal (ton)	16.57	21.17	26.59
焦　炭　(吨)	Coke (ton)	2.39	2.43	2.51
发电量　(千瓦小时)	Electricity (kwh)	3935.6	6143.2	7192.0
粗　钢　(公斤)	Crude Steel (kg)	494.7	870.9	1290.3
钢　材　(公斤)	Steel Products (kg)	409.1	818.8	1239.4
水　泥　(公斤)	Cement (kg)	690.8	1048.4	1455.4
布　(米)	Cloth (m)	10.8	2.1	2.1
四、社会消费品零售额 (元)	**Total Retail Sales of Consumer Goods (yuan)**	**4217**	**9478**	**14196**
五、人民生活 (元)	**People's Livelihood (yuan)**			
在岗职工平均工资	Average Wage of Fully Employed Staff and Workers	15645	33544	47417
国　有	State-owned Units	16027	33119	43228
集　体	Collective-owned Units	10157	21993	37152
城镇居民可支配收入	Annual Disposable Income of Urban Residents	8914	15648	22456
城镇居民消费性支出	Living Expenditure of Urban Residents	6343	9793	13166
农民家庭纯收入	Net Income of Rural Residents	2891	4736	7154
农民家庭生活费支出	Living Expenditure of Rural Residents	1878	3664	6017
城乡居民储蓄存款年末余额	Balance of Saving Deposits of Urban and Rural Residents at Year-end	12315	26346	36846

1-7 国民经济与社会发展结构指标
COMPOSITION INDICATORS OF NATIONAL ECONOMY AND SOCIAL DEVELOPMENT

单位：% (%)

指　标	Item	2005	2010	2013
男女人口比例	**Industry Structure of GDP**			
男　性	Male	51.2	51.4	51.4
女　性	Female	48.8	48.6	48.6
人口抚养比	**Dependency Ratio of Population**			
总抚养比	Gross Dependency Ratio	39.8	32.8	31.9
少儿抚养比	Children Dependency Ratio	29.8	22.7	20.9
老年抚养比	Old People Dependency Ratio	10.0	10.1	11.0
地区生产总值构成	**Composition of GDP**			
第一产业	Primary Industry	6.2	6.0	5.9
第二产业	Secondary Industry	55.7	56.9	53.3
第三产业	Tertiary Industry	38.1	37.1	40.9
劳动报酬占地区生产总值比重	**Ratio of Compensation of Employees to GDP**	**36.0**	**39.5**	**45.5**
支出法地区生产总值构成	**Compositon of GDP by Expenditure Approach**			
最终消费	Final Consumption	47.6	44.9	49.1
资本形成总额	Cross Capital Formation	52.5	67.8	72.7
货物和服务净出口	Net Export of Goods and Services	-0.1	-12.7	-21.8
公共财政支出构成	**Compositon of Public Finance Expenditure**			
#教　育	Education	15.3	17.0	17.9
社会保障和就业	Social Security and Employment	8.4	14.2	13.8
医疗卫生	Medical and Health Care	4.2	5.9	6.7
能源使用比例	**Structure of Energy Consumption**			
第一产业	Primary Industry	3.0	2.4	2.3
第二产业	Secondary Industry	81.1	75.9	76.2
第三产业	Tertiary Industry	7.6	12.0	11.7
人民生活	People's Livelihood	8.3	9.6	9.8
全社会固定资产投资构成	**Composition of Total Investment in Fixed Assets**			
第一产业	Primary Industry	2.7	4.4	6.4
第二产业	Secondary Industry	60.8	41.4	41.6
第三产业	Tertiary Industry	36.5	54.2	52.0
工业增加值构成	**Composition of Value Added of Industry**			
轻工业	Light Industry	6.1	4.9	5.6
重工业	Heavy Industry	93.9	95.1	94.4
城乡居民人均收入比(农民=1)	**Ratio of Per Capita Income of Urban and Rural Households(rural income=1)**	**3.08**	**3.30**	**3.14**

1-8 人民物质文化生活情况
CONDITIONS OF PEOPLE'S MATERIAL AND CULTURAL LIFE

指 标	Item	2005	2010	2013
一、城乡居民收入 (元)	**Income of Rural and Urban Residents (yuan)**			
城镇居民人均可支配收入	Per Capita Disposable Income of Urban Residents	8914	15648	22456
农民人均纯收入	Per Capita Net Income of Rural Residents	2891	4736	7154
在岗职工平均工资	Average Wage of Fully Employed Staff and Workers	15645	33544	47417
二、平均每人住房面积 (平方米)	**Per Capita Floor Space of Residential Buildings (sq.m)**			
城镇居民建筑面积	Urban Residents	25.6	28.0	31.1
农村居民住房面积	Rural residents	24.2	28.7	33.5
三、生活、文化、教育、卫生	**Livelihood, Culture, Education and Public Health**			
每百户拥有 (抽 样)	Number of Durable Consumer Goods Owned Per 100 Households by Sample			
彩色电视机 (台)	Color Television Sets (unit)			
城镇居民	Urban Residents	113.7	111.8	111.5
农村居民	Rural Residents	82.3	109.0	109.8
洗衣机 (台)	Washing Machines (unit)			
城镇居民	Urban Residents	99.8	100.7	104.5
农村居民	Rural Residents	69.3	81.0	86.8
移动电话 (部)	Mobile Telephones (unit)			
城镇居民	Urban Residents	109.7	146.6	196.1
农村居民	Rural Residents	27.5	107.7	191.9
每人每年拥有期刊 (份)	Number of Magazines per Person per Year (copy)	1.8	1.1	0.9
每百人每天拥有报纸 (份)	Newspapers per 100 Persons per Day (copy)	27.0	16.2	16.6
每万人拥有在校大学生 (人)	Number of Enrollment Students of Regular Institutions of Higher Education per 10000 Persons (person)	121.7	160.8	186.9
每千人拥有医院床位数 (张)	Number of Hospital Beds per 1000 persons (unit)	2.3	3.1	3.5
每千人拥有卫生技术人员 (人)	Number of Medical Technical Personnels Per 1000 Persons (person)	4.1	5.5	5.6
四、储 蓄	**Savings Deposit**			
城乡居民储蓄存款年末余额 (亿元)	Balance of Savings Deposit of Urban and Rural Residents at Year-end (100 million yuan)	4119.7	9223.0	13339.4
年末人均储蓄存款余额 (元)	Per Capita Balance of Savings Deposit at Year-end (yuan)	12315	26346	36846

1-9 主要年份地区生产总值
GROSS DOMESTIC PRODUCT IN MAJOR YEARS

按当年价格计算 (at current prices)

年 份 Year	地区生产总值 (万元) Gross Domestic Product (10 000 yuan)	第一产业 Primary Industry	第二产业 Secondary Industry	工 业 Industry	建筑业 Construction	第三产业 Tertiary Industry	人均地区生产总值 (元/人) Per Capita GDP (yuan/person)
1952	159978	93831	27484	23447	4037	38663	116
1957	291594	115415	93994	71745	22249	82185	186
1962	324083	110666	121848	109126	12722	91569	188
1965	439158	127041	205199	185889	19310	106918	238
1970	576900	151931	302600	279549	23051	122369	277
1975	698101	208009	346700	321978	24722	143392	301
1978	879946	182040	514685	481225	33460	183221	365
1980	1087619	206348	635098	582107	52991	246173	442
1985	2189896	422629	1200573	1021192	179381	566694	838
1990	4292736	808080	2100746	1866110	234636	1383910	1528
1991	4685100	687700	2362800	2108100	254700	1634600	1592
1992	5511200	829400	2702800	2404400	298400	1979000	1862
1993	6804100	972700	3350300	2960100	390200	2481100	2271
1994	8266600	1238400	3965700	3471800	493900	3062500	2729
1995	10760300	1686900	4944500	4385000	559500	4128900	3515
1996	12921100	1982800	6002100	5327300	674800	4936200	4178
1997	14760000	1918400	7075800	6263600	812200	5765800	4724
1998	16110800	2072500	7612500	6585500	1027000	6425800	5104
1999	16671000	1599600	7854700	6845500	1009200	7216700	5230
2000	18457200	1798600	8583700	7486500	1097200	8074900	5722
2001	20295300	1710900	9560100	8324500	1235600	9024300	6226
2002	23248000	1978000	11343100	9914400	1428700	9926900	7082
2003	28552200	2151900	14633800	12919400	1714400	11766500	8641
2004	35713700	2763000	19194000	17113000	2081000	13756700	10741
2005	42305300	2624200	23570400	21176800	2393600	16110700	12647
2006	48786100	2767700	27556600	24850600	2706000	18461800	14497
2007	60244500	3119700	34544900	31418900	3126000	22579900	17805
2008	73154000	3135800	42423600	38685400	3738200	27594600	21506
2009	73583100	4775900	39938000	35188800	4749200	28869200	21522
2010	92008600	5544800	52340000	46579700	5760300	34123800	26283
2011	112375500	6414200	66352600	59599600	6753000	39608700	31357
2012	121128300	6983200	67315600	60235500	7080100	46829500	33628
2013	126022400	7410100	67129300	59532400	7596900	51483000	34810

注：2013年采用了新的三次产业划分标准，后同。

Note: New division of three industry has been used since 2013. The same applies to the following.

1-10 主要年份地区生产总值构成
COMPOSITION OF GROSS DOMESTIC PRODUCT IN MAJOR YEARS

单位：%　　(%)

年份 Year	地区生产总值 Gross Domestic Product	第一产业 Primary Industry	第二产业 Secondary Industry			第三产业 Tertiary Industry
				工业 Industry	建筑业 Construction	
1952	100.0	58.6	17.2	14.6	2.5	24.2
1957	100.0	39.6	32.2	24.6	7.6	28.2
1962	100.0	34.2	37.6	33.7	3.9	28.3
1965	100.0	28.9	46.7	42.3	4.4	24.3
1970	100.0	26.3	52.5	48.4	4.0	21.2
1975	100.0	29.8	49.7	46.1	3.5	20.5
1978	100.0	20.7	58.5	54.7	3.8	20.8
1980	100.0	19.0	58.4	53.5	4.9	22.6
1985	100.0	19.3	54.8	46.6	8.2	25.9
1990	100.0	18.8	48.9	43.5	5.5	32.3
1991	100.0	14.7	50.4	45.0	5.4	34.9
1992	100.0	15.0	49.0	43.6	5.4	35.9
1993	100.0	14.3	49.2	43.5	5.7	36.5
1994	100.0	15.0	48.0	42.0	6.0	37.0
1995	100.0	15.7	46.0	40.8	5.2	38.4
1996	100.0	15.3	46.5	41.2	5.2	38.2
1997	100.0	13.0	47.9	42.4	5.5	39.1
1998	100.0	12.9	47.3	40.9	6.4	39.9
1999	100.0	9.6	47.1	41.1	6.1	43.3
2000	100.0	9.7	46.5	40.6	5.9	43.8
2001	100.0	8.4	47.1	41.0	6.1	44.5
2002	100.0	8.5	48.8	42.6	6.1	42.7
2003	100.0	7.5	51.3	45.2	6.0	41.2
2004	100.0	7.7	53.7	47.9	5.8	38.5
2005	100.0	6.2	55.7	50.1	5.7	38.1
2006	100.0	5.7	56.5	50.9	5.5	37.8
2007	100.0	5.2	57.3	52.2	5.2	37.5
2008	100.0	4.3	58.0	52.9	5.1	37.7
2009	100.0	6.5	54.3	47.8	6.5	39.2
2010	100.0	6.0	56.9	50.6	6.3	37.1
2011	100.0	5.7	59.0	53.0	6.0	35.2
2012	100.0	5.8	55.6	49.7	5.8	38.7
2013	100.0	5.9	53.3	47.3	6.0	40.9

1-11 主要年份地区生产总值指数
INDICES OF GROSS DOMESTIC PRODUCT IN MAJOR YEARS

1952年=100 (year of 1952=100)

年 份 Year	地区生产总值 Gross Domestic Product	第一产业 Primary Industry	第二产业 Secondary Industry	工 业 Industry	建筑业 Construction	第三产业 Tertiary Industry
1952	100.0	100.0	100.0	100.0	100.0	100.0
1957	174.0	106.1	371.3	326.7	629.9	198.2
1962	169.2	92.7	404.4	411.5	335.5	194.3
1965	248.5	123.3	705.2	725.5	538.1	251.0
1970	304.2	129.3	982.4	1026.3	648.5	291.6
1975	378.4	160.0	1264.7	1348.3	636.2	334.6
1978	485.1	131.7	1893.0	2034.9	821.4	434.3
1980	543.3	124.4	2117.4	2241.3	1169.7	555.9
1985	939.1	188.3	3565.9	3519.2	3454.5	1119.2
1990	1252.9	220.3	4689.7	4850.7	3266.6	1651.7
1991	1305.5	192.6	4985.2	5185.4	3309.1	1831.7
1992	1468.7	217.4	5453.8	5698.8	3355.4	2090.0
1993	1660.5	237.2	6149.5	6463.6	3605.5	2371.3
1994	1831.2	247.9	6857.3	7220.4	4006.0	2612.8
1995	2051.6	257.3	7776.8	8225.8	4257.2	2939.8
1996	2292.8	287.7	8659.5	9106.0	5087.5	3289.7
1997	2552.8	273.3	9813.2	10282.3	5999.4	3732.8
1998	2805.9	302.0	10714.2	11071.8	7664.6	4112.8
1999	3009.6	251.5	11771.9	12115.6	8691.0	4508.7
2000	3292.0	278.4	12757.1	13197.9	9084.2	4957.9
2001	3624.7	268.4	14133.6	14631.4	10045.3	5580.6
2002	4091.7	304.9	16248.1	16836.0	11437.4	6206.4
2003	4700.1	326.0	18963.8	19648.8	13171.2	7168.1
2004	5416.1	340.6	22291.8	23157.7	15011.5	8304.3
2005	6147.2	322.2	25947.7	27071.3	16797.9	9408.8
2006	6934.1	338.7	29995.5	31402.7	18830.4	10349.7
2007	8036.6	338.0	35154.8	37118.0	20449.8	12036.7
2008	8719.7	346.5	37404.7	39679.1	20613.4	13553.3
2009	9190.6	361.0	38115.4	39401.4	26735.6	14976.4
2010	10468.0	383.0	45090.5	47084.7	29168.5	16384.2
2011	11828.9	406.4	52530.4	55324.5	31647.9	17809.6
2012	13023.6	432.0	58203.7	61852.8	32439.1	19537.2
2013	14182.7	452.3	64082.3	68347.3	34515.2	21022.0

1-12 主要年份地区生产总值指数
INDICES OF GROSS DOMESTIC PRODUCT IN MAJOR YEARS

上年=100 (last year=100)

年份 Year	地区生产总值 Gross Domestic Product	第一产业 Primary Industry	第二产业 Secondary Industry	工业 Industry	建筑业 Construction	第三产业 Tertiary Industry
1953	116.7	105.6	125.7	124.6	132.0	137.2
1957	107.6	89.6	133.0	122.2	181.5	108.4
1962	91.3	105.7	85.2	84.2	93.9	84.7
1965	118.8	103.1	135.2	136.6	124.5	117.4
1970	124.4	99.2	147.0	150.5	120.0	121.7
1975	107.9	108.1	112.0	113.4	93.0	97.9
1978	117.6	89.8	131.2	130.7	140.9	109.9
1980	102.0	87.6	102.9	104.6	82.6	111.1
1985	107.1	82.2	113.1	110.2	133.3	115.8
1990	105.0	112.6	101.4	100.4	110.7	108.6
1991	104.2	87.4	106.3	106.9	101.3	110.9
1992	112.5	112.9	109.4	109.9	101.4	114.1
1993	113.1	109.1	112.8	113.4	107.5	113.5
1994	110.3	104.5	111.5	111.7	111.1	110.2
1995	112.0	103.8	113.4	113.9	106.3	112.5
1996	111.8	111.8	111.4	110.7	119.5	111.9
1997	111.3	95.0	113.3	112.9	117.9	113.5
1998	109.9	110.5	109.2	107.7	127.8	110.2
1999	107.3	83.3	109.9	109.4	113.4	109.6
2000	109.4	110.7	108.4	108.9	104.5	110.0
2001	110.1	96.4	110.8	110.9	110.6	112.6
2002	112.9	113.6	115.0	115.1	113.9	111.2
2003	114.9	106.9	116.7	116.7	115.2	115.5
2004	115.2	104.5	117.5	117.9	114.0	115.9
2005	113.5	94.6	116.4	116.9	111.9	113.3
2006	112.8	105.1	115.6	116.0	112.1	110.0
2007	115.9	99.8	117.2	118.2	108.6	116.3
2008	108.5	102.5	106.4	106.9	100.8	112.6
2009	105.4	104.2	101.9	99.3	129.7	110.5
2010	113.9	106.1	118.3	119.5	109.1	109.4
2011	113.0	106.1	116.5	117.5	108.5	108.7
2012	110.1	106.3	110.8	111.8	102.5	109.7
2013	108.9	104.7	110.1	110.5	106.4	107.6

1-13 支出法地区生产总值
GROSS DOMESTIC PRODUCT BY EXPENDITURE APPROACH

单位：万元 (10 000 yuan)

指 标	Item	按当年价格计算 at Current Prices		2013年为2012年% 2013 as Percentage of 2012
		2012	2013	
总 计	**Total**	**121128300**	**126022400**	**108.9**
一、最终消费	Final Consumption Expenditure	55060900	61827900	113.2
居民消费	Residents Consumption Expenditure	39007000	43726900	111.0
农村居民	Rural Residents	11568900	13014400	110.8
城镇居民	Urban Residents	27438100	30712500	111.1
政府消费	Government Consumption Expenditure	16053900	18101000	118.3
二、资本形成总额	Gross Capital Formation	82238500	91689600	112.1
固定资本形成总额	Gross Fixed Capital Formation	76633900	86935100	114.3
存货增加	Changes in Inventories	5604600	4754500	83.6
三、货物和服务净出口	Net Export of Goods and Services	-16171100	-27495100	

1-14 支出法地区生产总值构成
COMPOSITION OF GROSS DOMESTIC PRODUCT BY EXPENDITURE APPROACH

单位：% (%)

指 标	Item	按当年价格计算 at Current Prices	
		2012	2013
总 计	**Total**	**100.0**	**100.0**
一、最终消费	Final Consumption Expenditure	45.5	49.1
居民消费	Residents Consumption Expenditure	32.2	34.7
农村居民	Rural Residents	9.6	10.3
城镇居民	Urban Residents	22.7	24.4
政府消费	Government Consumption Expenditure	13.3	14.4
二、资本形成总额	Gross Capital Formation	67.9	72.7
固定资本形成总额	Gross Fixed Capital Formation	63.3	69.0
存货增加	Changes in Inventories	4.6	3.8
三、货物和服务净出口	Net Export of Goods and Services	-13.4	-21.8

1-15 总产出
TOTAL OUTPUT

单位：万元 (10 000 yuan)

指　　标	Item	按当年价格计算 at Current Prices	
		2012	2013
总　　计	**Total**	**314093100**	**327721800**
第一产业	Primary Industry	13042600	13705100
第二产业	Secondary Industry	221007400	225792400
工　业	Industry	187292500	189616400
建筑业	Construction	33714900	36176000
第三产业	Tertiary Industry	80043100	88224300
#交通运输、仓储和邮政业	Transportation, Storage and Post	18071600	19379200
批发和零售业	Wholesale and Retail Trade	13372800	14563900

1-16 资本形成总额
GROSS CAPITAL FORMATION

单位：万元 (10 000 yuan)

指　　标	Item	2012	2013
总　　计	**Total**	**82238500**	**91689600**
固定资本形成总额	Gross Fixed Capital Formation	76633900	86935100
住　宅	Residential Buildings	10049000	10276000
非住宅建筑物	Nonresidential Buildings	40461000	43645000
机器和设备	Machinery and Equipment	16304000	20564000
其　他	Others	9819900	12450100
存货增加	Changes in Inventories	5604600	4754500
第一产业	Primary Industry	257600	266300
第二产业	Secondary Industry	4158100	3034100
第三产业	Tertiary Industry	1188900	1454100

1-17 地区生产总值构成项目(2013年)
COMPONENTS OF GROSS DOMESTIC PRODUCT(2013)

单位：万元 (10 000 yuan)

指 标	Item	总 计 Total	劳动者报酬 Compensation of Employees	生产税净额 Net Taxes on Production	固定资产折旧 Depreciation of Fixed Assets	营业盈余 Operating Surplus
地区生产总值	**Gross Domestic Product**	**126022400**	**57302100**	**21437700**	**20730700**	**26551900**
第一产业	**Primary Industry**	**7410100**	**5764700**	**–548100**	**658800**	**1534700**
农、林、牧、渔业	Farming, Forestry, Animal Husbandry and Fishery	7410100	5764700	–548100	658800	1534700
第二产业	**Secondary Industry**	**67129300**	**27985300**	**15734100**	**12724900**	**10685000**
工 业	Industry	59532400	24372500	14395700	11590700	9173500
建筑业	Construction	7596900	3612800	1338400	1134200	1511500
第三产业	**Tertiary Industry**	**51483000**	**23552100**	**6251700**	**7347000**	**14332200**
农、林、牧、渔服务业	Farming, Forestry, Animal Husbandry and Fishery Service	355700	267300	2700	37800	47900
金属制品、机械和设备修理业	Metal products, Machinery and Equipment Repair	36800	24300	6700	700	5100
批发和零售业	Wholesale and Retail Trade	10794900	2823300	3213000	959900	3798700
交通运输、仓储和邮政业	Transport, Storage and Post	8989500	4070600	515900	1353000	3050000
住宿和餐饮业	Hotels and Catering Services	3245900	1100500	312800	268600	1564000
信息传输、软件和信息技术服务业	Information Transmission, Software and Information Technology Services	2858000	1161400	172800	760400	763400
金融业	Banking and Insurance	7462600	3125700	928800	321800	3086300
房地产业	Real Estate Trade	3498100	432400	778500	2199400	87800
租赁和商务服务业	Lease and Business Affairs Services	1303100	486100	107100	262900	447000
科学研究和技术服务业	Scientific Reseach and Technical Services	756200	470000	61600	91900	132700
水利、环境和公共设施管理业	Water, Environmental Protection and Public Facility Management	333300	241300	8200	83000	800
居民服务、修理和其他服务业	Resident Services, Repair and Other Services	1782700	834600	62800	67700	817600
教 育	Education	2909300	2538700	8100	260400	102100
卫生和社会工作	Health Care and Social Work	1183200	804900	11800	113600	252900
文化、体育和娱乐业	Culture, Sports and Recreation	872000	553300	46600	120200	151900
公共管理、社会保障和社会组织	Public Management, Social Security and Social Organization	5101700	4617700	14300	445700	24000

1-18 按三次产业、行业(门类)划分的法人单位数、产业活动单位数及从业人数(2012年)

项 目	Item	单位数 (个) Number of Units (unit)
总 计	**Total**	**244874**
按三次产业划分	**By Industry**	
第一产业	Primary Industry	30437
第二产业	Secondary Industry	42113
第三产业	Tertiary Industry	172324
按行业(门类)划分	**By Sector**	
农、林、牧、渔业	Farming , Forestry , Animal Husbandry and Fishery	33885
采矿业	Ming	7716
制造业	Manufacturing	25964
电力、热力、燃气及水生产和供应业	Production and Supply of Electricity, Heat, Gas and Water	1251
建筑业	Construction	7433
批发和零售业	Wholesale and Retail Trade	53267
交通运输、仓储和邮政业	Transport, Storage and Post	5407
住宿和餐饮业	Hotels and Catering Services	3678
信息传输、软件和信息技术服务业	Information Transmission, Software and Information Technology Services	2036
金融业	Banking and Insurance	1875
房地产业	Real Estate Trade	6363
租赁和商务服务业	Lease and Business Affairs Services	10997
科学研究和技术服务业	Scientific Reseach and Technical Services	5925
水利、环境和公共设施管理业	Management of Water Conservancy, Environment and Public Facilities	2413
居民服务、修理和其他服务业	Resident Services, Repair and Other Services	5016
教 育	Education	8982
卫生和社会工作	Health Care and Social Work	4716
文化、体育和娱乐业	Culture, Sports and Recreation	5145
公共管理、社会保障和社会组织	Public Management, Social Security and Social Organization	52805

NUMBER OF CORPORATION UNITS, ACTIVE UNITS AND EMPLOYEES BY TYPE OF INDUSTRY AND SECTOR(2012)

法人单位 Corporation Units			产业活动单位 Active Units		
单产业法人 Single Industry	多产业法人 Multi-industry	从业人数(人) Employees (person)	单位数(个) Number of Units (unit)	#多产业法人所属的产业活动单位 Units Belong to Multi-industry Corporation	从业人数(人) Employees (person)
224921	**19953**	**7983926**	**323296**	**98375**	**8530805**
30380	57	315624	30782	402	321332
40962	1151	3965673	45751	4789	4183825
153579	18745	3702629	246763	93184	4025648
33818	67	344877	34636	818	353509
7570	146	1306626	8125	555	1278184
25335	629	1730958	27299	1964	1851891
1177	74	143480	1773	596	198433
7126	307	793434	8842	1716	869536
50977	2290	768251	65775	14798	821881
5165	242	189283	7870	2705	242511
3544	134	211688	4360	816	231344
1932	104	71886	4673	2741	87110
1497	378	178742	8276	6779	204806
6091	272	120122	6933	842	136564
10600	397	171357	13037	2437	216386
5718	207	110271	7696	1978	123033
2332	81	75098	3115	783	83739
4921	95	67661	5587	666	78310
7886	1096	513712	24080	16194	598074
4274	442	179529	19039	14765	222676
5043	102	87414	5805	762	89679
39915	12890	919537	66375	26460	843139

1-19 按登记注册类型划分的法人单位数、产业活动单位数及从业人数(2012年)

项　　目	Item	单位数(个) Number of Units (unit)
总　　计	**Total**	**244874**
一、内　资	**Civil Funded Enterprises**	**244395**
国　有	State-owned Enterprises	39827
集　体	Collective Owned Enterprises	7531
股份合作	Share Cooperative Enterprises	1283
国有联营	State-owned Joint Owned Enterprises	71
集体联营	Collective-owned Joint Owned Enterprises	125
国有与集体联营	State-owned and Collective-owned Joint Owned Enterprises	32
其他联营	Other Joint Owned Enterprises	162
国有独资公司	Company Exclusively with Investment from State	334
其他有限责任公司	Other Limited Responsibility Company	21420
股份有限公司	Share Holding Limited Company	4353
私营独资	Enterprise Exclusively with Investment from Private	29346
私营合伙	Private Partner Enterprises	4736
私营有限责任公司	Privately Owned Limited Responsibility Company	57459
私营股份有限公司	Privately Owned Share Holding Limited Company	5370
其　他	Others	72346
二、港澳台商投资	**Enterprises Funded by HongKong, Macao and Taiwan**	**191**
与港澳台商合资经营	Joint Venture	100
与港澳台商合作经营	Cooperative Enterprise	13
港澳台商独资	Ventures Exclusively with HongKong，Macao and Taiwan Investment	58
港澳台商投资股份有限公司	Share Holding Limited Company	19
其他港澳台商投资	Others	1
三、外商投资	**Foreign Funded Enterprises**	**288**
中外合资经营	Joint Venture	174
中外合作经营	Cooperative Enterprises	16
外资企业	Enterprises Funded By Foreign Investments	80
外商投资股份有限公司	Limited Company Funded by Foreign Investment	16
其他外商投资	Others	2

NUMBER OF CORPORATION UNITS, ACTIVE UNITS AND EMPLOYEES BY REGISTRATION STATUS(2012)

法人单位 Corporation Units			产业活动单位 Active Units		
单产业法人 Single Industry	多产业法人 Multi-industry	从业人数 (人) Employees (person)	单位数 (个) Number of Units (unit)	#多产业法人所属的产业活动单位 Units Belong to Multi-industry Corporation	从业人数 (人) Employees (person)
224921	**19953**	**7983926**	**323296**	**98375**	**8530805**
224489	**19906**	**7807998**	**322106**	**97617**	**8339235**
33324	6503	2188142	77412	44088	2475729
6493	1038	359337	22397	15904	435441
1233	50	43250	1771	538	55405
68	3	3174	185	117	4260
125		5907	183	58	6370
29	3	792	48	19	971
142	20	4793	265	123	4805
274	60	302570	545	271	250542
20576	844	1607736	24784	4208	1603217
4008	345	355384	8838	4830	528032
28995	351	432441	31407	2412	441708
4677	59	95989	4964	287	97184
55856	1603	1563224	60779	4923	1572066
5232	138	134051	5738	506	127273
63457	8889	711208	82790	19333	736232
173	**18**	**60407**	**412**	**239**	**66720**
95	5	25011	155	60	26699
10	3	2840	21	11	3118
48	10	26913	167	119	28535
19		5585	68	49	8310
1		58	1		58
259	**29**	**115521**	**778**	**519**	**124850**
160	14	52509	242	82	54807
14	2	6133	24	10	6985
73	7	49888	328	255	56255
11	5	3142	181	170	2992
1	1	3849	3	2	3811

1-20 按登记注册类型、从业人数组距划分的法人单位数(2012年)

单位：个

项　　目	Item	9人以下 9 Persons Below
总　　计	**Total**	**144564**
一、内　资	**Civil Funded Enterprises**	**144491**
国　有	State-owned Enterprises	13456
集　体	Collective Owned Enterprises	2725
股份合作	Share Cooperative Enterprises	614
国有联营	State-owned Joint Owned Enterprises	28
集体联营	Collective-owned Joint Owned Enterprises	53
国有与集体联营	State-owned and Collective-owned Joint Owned Enterprises	8
其他联营	Other Joint Owned Enterprises	72
国有独资公司	Company Exclusively with Investment from State	84
其他有限责任公司	Other Limited Responsibility Company	11520
股份有限公司	Share Holding Limited Company	1970
私营独资	Enterprise Exclusively with Investment from Private	18060
私营合伙	Private Partner Enterprises	2591
私营有限责任公司	Privately Owned Limited Responsibility Company	33489
私营股份有限公司	Privately Owned Share Holding Limited Company	3007
其　他	Others	56814
二、港澳台商投资	**Enterprises Funded by HongKong, Macao and Taiwan**	**31**
与港澳台商合资经营	Joint Venture	18
与港澳台商合作经营	Cooperative Enterprise	1
港澳台商独资	Ventures Exclusively with HongKong,Macao and Taiwan Investment	10
港澳台商投资股份有限公司	Share Holding Limited Company	2
其他港澳台商投资	Others	
三、外商投资	**Foreign Funded Enterprises**	**42**
中外合资经营	Joint Venture	21
中外合作经营	Cooperative Enterprises	2
外资企业	Enterprises Funded By Foreign Investments	13
外商投资股份有限公司	Limited Company Funded by Foreign Investment	6
其他外商投资	Others	

NUMBER OF CORPORATION UNITS BY REGISTRATION STATUS AND QUANTITY OF EMPLOYEES(2012)

(unit)

10–49人 10–49 Persons	50–99人 50–99 Persons	100–299人 100–299 Persons	300–499人 300–499 Persons	500–999人 500–999 Persons	1000–4999人 1000–4999 Persons	5000人以上 5000 Persons Above
75458	**12876**	**8673**	**1562**	**1034**	**644**	**63**
75318	**12812**	**8563**	**1522**	**1013**	**616**	**60**
17071	4907	3428	471	289	198	7
3335	716	561	98	68	27	1
485	102	55	12	14	1	
29	10	2		2		
50	8	8	3	3		
19	5					
69	13	4	3	1		
129	33	26	13	13	26	10
6835	1192	1098	325	257	168	25
1690	278	210	67	74	56	8
9791	1045	401	41	5	2	1
1800	281	44	9	8	1	2
18318	2868	2040	395	232	112	5
1902	266	141	25	16	13	
13795	1088	545	60	31	12	1
51	**31**	**47**	**16**	**6**	**7**	**2**
17	16	29	12	5	2	1
4	5	1	1		1	
21	9	12	2	1	2	1
9		5	1		2	
	1					
89	**33**	**63**	**24**	**15**	**21**	**1**
53	17	43	18	8	14	
6	2	2	1		3	
27	12	14	5	6	2	1
3	1	4		1	1	
	1				1	

主要统计指标解释

地区生产总值 是按市场价格计算的一个地区所有常住单位在一定时期内生产活动的最终成果。地区生产总值有三种表现形态，即价值形态、收入形态和产品形态。从价值形态看，它是所有常住单位在一定时期内所生产的全部货物和服务价值超过同期投入的全部非固定资产货物和服务价值的差额，即所有常住单位的增加值之和；从收入形态看，它是所有常住单位在一定时期内所创造并分配给常住单位和非常住单位的初次分配收入之和；从产品形态看，它是最终使用的货物和服务减去进口货物和服务。在核算中，地区生产总值的三种表现形态表现为三种计算方法，即生产法、收入法和支出法。三种方法分别从不同的方面反映地区生产总值及其构成。

三次产业 三次产业的划分是世界上较为通用的产业结构分类，但各国的划分不尽一致。我国的三次产业划分是：

第一产业：农业、林业、牧业、渔业。

第二产业：工业和建筑业。

第三产业：除第一、二产业以外的其他各业。

总产出 指一定时期内一个地区常住单位生产的所有货物和服务的价值，既包括新增价值，也包括被消耗的货物和服务价值以及固定资产的转移价值。总产出按生产者价格计算，它反映常住单位生产活动的总规模。

中间投入 指常住单位在生产或提供货物与服务过程中，消耗和使用的所有非固定资产货物和服务的价值。中间投入也称为中间消耗，一般按购买者价格计算。

增加值 指常住单位生产过程创造的新增价值和固定资产的转移价值。它可以按生产法计算，也可以按收入法计算，按生产法计算，它等于总产出减去中间投入；按收入法计算，它等于劳动者报酬、生产税净额、固定资产折旧和营业盈余之和。

劳动者报酬 指劳动者因从事生产活动所获得的全部报酬。包括劳动者获得的各种形式的工资、奖金和津贴，既有货币形式的，也有实物形式的，还包括劳动者所享受的公费医疗和医药卫生费、上下班交通补贴、单位支付的社会保险费、住房公积金等。对于个体经济来说，其所有者所获得的劳动报酬和经营利润不易区分，这两部分统一作为劳动者报酬处理。

生产税净额 指生产税减生产补贴后的差额。生产税指政府对生产单位从事生产、销售和经营活动以及因从事生产活动使用某些生产要素（如固定资产、土地、劳动力）所征收的各种税、附加费和规费。生产补贴与生产税相反，指政府对生产单位的单方面转移支付，因此视为负生产税，包括政策性亏损补贴、价格补贴等。

固定资产折旧 指一定时期内为弥补固定资产损耗按照规定的固定资产折旧率提取的固定资产折旧，或按国民经济核算统一规定的折旧率虚拟计算的固定资产折旧。它反映了固定资产在当期生产中的转移价值。各类企业和企业化管理的事业单位的固定资产折旧是指实际计提的折旧费；不计提折旧的政府机关、非企业化管理的事业单位和居民住房的固定资产折旧是按照统一规定的折旧率和固定资产原值计算的虚拟折旧。原则上，固定资产折旧应按固定资产的重置价值计算，但是目前我国尚不具备对全社会固定资产进行重估价的基础，所以暂时还不能采用这种办法。

营业盈余 指常住单位创造的增加值扣除劳动者报酬、生产税净额和固定资产折旧后的余额。它相当于企业的营业利润加上生产补贴，但要扣除从利润中开支的工资和福利等。

支出法地区生产总值 指一个地区所有常住单位在一定时期内用于最终消费、资本形成总额，以及货物和服务净出口的总额，它反映本期生产的地区生产总值的使用情况。

最终消费 指常住单位在一定时期内对于货物和服务的全部最终消费支出，也就是说常住单位为满足物质、文化和精神生活的需要，从本地区经济领土和地区外购买的货物和服务的支出，不包括非常住单位在本地区经济领土内的消费支出。最终消费分为居民消费和政府消费。

居民消费 指常住住户对货物和服务的全部最终消费支出。它除了常住住户直接以货币形式购买货物和服务的消费之外，还包括以其他方式获得的货物和服务的消费，即单位以实物报酬及实物转移的形式提供给劳动者的货物和服务；住户生产并由住户自己消费的货物和服务，其中的服务仅指住户的自有住房服务和付酬的家庭服务；金融机构提供的金融媒介服务；保险公司提供的保险服务。

政府消费 指政府部门为全社会提供公共服务的消费支出和免费或以较低价格向住户提供的货物消费和服务的净支出。前者等于政府服务的产出价值减去政府单位所获得的经营收入后的价值，政府服务的产出价值等于它的经常性业务支出加上固定资产折旧；后者等于政府部门免费或以较低价格向住户提供的货物和服务的市场价值减去向住户收取的价值。

资本形成总额 指常住单位在一定时期内获得的减去处置的固定资产加存货的净变动额，包括固定资本形成总额和存货增加。

固定资本形成总额 指生产者在一定的时期内获得的固定资产减处置的固定资产的价值总额。固定资产是通过生产活动生产出来的，其使用年限在一年以上，单位价值在规定标准以上的资产，不包括自然资产。固定资本形成总额分有形固定资本形成总额和无形固定资本形成总额。有形固定资本形成总额包括一定时期内完成的建筑工程、安装工程、设备工器具购置（减处置）价值以及土地改良、新增役、种、奶、毛、娱乐用牲畜和新增经济林木价值。无形固定资本形成总额包括矿藏的勘探、计算机软件等获得减处置。

存货增加 指常住单位存货实物量变动的市场价值，即期末价值减期初价值的差额，再扣除当期由于价格变动而产生的持有收益。存货增加可以是正值，也可以是负值；正值表示存货增加，负值表示存货减少。它包括生产单位购进的原材料、燃料和储备物资等存货，以及生产单位生产的产成品、在制品存货等。

货物和服务净出口 指货物和服务出口减货物和服务进口的差额。出口包括常住单位向非常住单位出售或无偿转让的各种货物和服务的价值；进口包括常住单位从非常住单位购买或无偿得到的各种货物和服务的价值。由于服务活动的提供与使用同时发生，因此服务的进出口业务并不发生出入境现象，一般把常住单位从国外得到的服务作为进口，常住单位向国外提供的服务作为出口。

法人单位 指有权拥有资产、承担负债，并独立从事社会经济活动（或与其他单位进行交易）的组织。

产业活动单位 指位于一个地点，从事一种或主要从事一种社会经济活动的组织或组织的一部分。

Explanatory Notes on Main Statistical Indicators

Gross Domestic Product refers to the final products of all resident units calculated at market prices, in a region during a certain period of time. Gross domestic product is expressed in three different forms i.e. value, income and products respectively. The form of value refers to the total value of all products and services produced by all resident units during a certain period of time minus total value of intermediate input of materials and services of the nature of non-fixed assets or the summation of the value-added of all resident units; the form of income includes all the income created by all resident units and distributed primarily to all resident and non-resident units; the form of products refers to the value of all final goods and services for final use by all resident units plus the value of net exports of goods and services during given period of time. In the practice of national accounting, gross domestic product is calculated with three approaches, i.e. production approach, income approach, and expenditure approach, which reflect gross domestic product and its composition from different aspects.

Three Industries The three industries classification is universal although it varies to some extent from country to country. Industry in China comprises:

Primary industry: agriculture (including farming, forestry, animal husbandry, fishery and services support these industries).

Secondary industry: industry and construction.

Tertiary industry all other economic activities not included in the primary and secondary industries.

Total Output refers to value of all goods and services produced by resident units in a certain period of time, including new increasing value, also including value of goods and services consumed and transfer value of fixed assets. It is calculated at producer price, reflecting total production scale of resident units.

Intermediate Input refers to total non-fixed assets goods and services consumed and used by resident units during producing or supplying goods and services. Intermediate input is also called intermediate consumption, calculated at price of buyer.

Value Added refers to new increasing value and transfer value of fixed assets created by resident units during production. It is calculated in production way, also in income way. It equals total output minus intermediate consume when in production way. It equals compensation of laborers plus net tax on production, depreciation of fixed assets and operating surplus when in income way.

Laborers' Remuneration refers to the whole payment of various forms earned by the laborers from the productive activities they are engaged in. It includes wages, bonuses and allowances the laborers earned in monetary form and in kind. It also includes the free medical services provided to the laborers and the medicine expenses, traffic subsidies and social insurance fee paid by the laborers working units for them. As the individual economy is concerned, since the laborers remuneration is not easily distinguished from the operating profit, both are treated as laborers remuneration.

Net Taxes on Production refers to the residual of the taxes on production minus the subsidies on production. The taxes on production refers to the various taxes, extra charges and fees levied on the production units on their production, sale and business activities as well as on some factors pf production, such as fixed assets, land and labor force, used in the production activities they are engaged in. In contrast to the taxes on production, the subsidies on production refer to the unilateral transfer of part of the government's revenue to the production units and is therefore regarded as negative taxes on production. They include subsidies on the loss due to implementation of government policies and price subsidies etc.

Depreciation of Fixed Assets refers to the depreciation of fixed assets of a given period, drawn in accordance with the stipulated depreciation rate for the purpose of compensating the wear loss of the fixed assets of the depreciation of fixed assets calculated in a fictitious way in accordance with the stipulated unified depreciation rate in the national economic accounting system. It reflects the value of transfer of the fixed assets in the production of the current period. The depreciation of fixed assets in various enterprises and institutions managed as enterprises which do not drawn and calculated as part of the cost. In government agencies and institution not managed as enterprises which do not draw the depreciation expenses, as well as for the houses of residents, the depreciation of fixed assets is the imputed depreciation, which is calculated in accordance with the stipulated unified depreciation rate. In principle, the depreciation of fixed assets should be calculated on the basis of the repurchased value of the fixed assets.

However, there is no actual condition to reevaluate all the fixed assets in China. Therefore, the method can't be adopted temporarily at present.

Operating Surplus refers to the balance of the value added created by the resident units deducting the laborers remuneration, net taxes on production and the depreciation of fixed assets. It is equivalent to the business profit of the enterprises plus subsidies on production, but the wages and welfare expenses paid from the profits should be deducted.

GDP Calculated by Expenditure Approach refers to total expenditure on final consumption, total capital formation and net export of goods and services by resident units of a region in a certain period of time. It reflects the composition of GDP by its use.

Final Consumption refers to the total expenditure of resident units on final consumption of goods and services in a certain period, namely the expenditure of the resident units for purchases of goods and services from domestic economic territory and other regions to meet the requirements of material, cultural and spiritual life. It excludes the expenditure of non-resident units on consumption in the economic territory. The final consumption is classified into household consumption and government consumption.

Households Consumption refers to the total expenditure of resident households on the final consumption of goods and services. In addition to the consumption of goods and services bought by the households directly with money, the expenditure on goods and services obtained by the households in other ways, i.e. the so-called imputed expenditure on consumption, is also include in the households consumption. The imputation expenditure of the households on consumption includes the following types: (a) the goods and services provided to the households themselves, in the form of payment in kind and transfer in kind; (b) the goods and services produced and consumed by the households themselves, in which the services refer only to the services provided by the residential buildings owned by the households; (c) the services of financial intermediary provided by the financial institutions; (d) the insurance services provided by the insurance companies.

Government Consumption refers to the expenditure on the consumption of the public services provided by the government to the whole society and the net expenditure on the goods and services provided by the government to the households at free charge or lower prices. The former equals to the output value of the government services minus the value of operating income obtained by the government departments.(The output value of the government services equals to its current operating expenditure plus depreciation of fixed assets). The latter equals to the market value of the goods and services provided by the government free of charge or at low prices to the households minus the value received by the government from the households.

Total Capital Formation refers to the fixed assets acquired minus those disposed and the change in inventory, including the total fixed assets formation and the increase in inventory.

Total Fixed Capital Formation refers to the value of fixed assets purchased, transferred in by the resident units and those produced and used by themselves deducting the value of fixed assets sold and transferred out. It can be classified into total tangible assets formation and total intangible assets formation. The total tangible assets formation include the value of the construction projects, installation projects completed and the equipment, apparatus and instruments purchased as well as the value of land improved, the value of draught animals, breeding stock, milk, wool and recreational animals and the newly increased economic forest in a certain period. The total intangible assets formation includes the prospecting of minerals, the acquisition of computer software, the originals of recreational works and works of literature and arts minus the disposal of them.

Increase in Inventory refers to the market value of the charge in inventory, i.e. the difference of value between the beginning and the end of the period. The increase in inventory can be positive or negative. A positive value indicates the increase in inventory while negative value indicates the decrease in stock. The inventory includes the raw materials, fuels, reserve materials purchased by the production units as well as the inventory of finished products, semi-finished products, work-in-progress, etc.

Net Export of Goods and Services refers to the difference of the exports of goods and services minus the imports of goods and services. The imports include the value of various goods and services sold or gratuitously transferred by the resident units to the non-resident units. The imports include the value of various goods and services purchased or gratuitously acquisition by the resident units from the non-resident units. Because the provision of services and the use of them happen simultaneously, the import and export of services do not appear to have the phenomena of crossing the border of country. The acquisition of services by the resident units from abroad is usually treated as import while the acquisition of services by non-resident units in this country is usually treated as export.

Corporation Units refer to organizations which are entitled to possess assets, assume liabilities and carry out social economic activities (or can trade with other units) independently.

Active Units refer to organizations or a part of it which carry out one or mainly one social economic activities in certain places.

02 人口、劳动工资和社会保障

POPULATION, LABOR WAGES AND SOCIAL SECURITY

PAGE 033-056

资料整理人员

刘英娥　周俊英　栗金荣

人　口
POPULATION

总户数	Number of Households	1313.25	万户	(10 000 households)
常住人口	Resident Population	3629.80	万人	(10 000 persons)
男　性	Male	1865.40	万人	(10 000 persons)
女　性	Female	1764.40	万人	(10 000 persons)
出生人口	Birth Population	39.15	万人	(10 000 persons)
死亡人口	Death Population	20.17	万人	(10 000 persons)

人口城乡构成 (%)

Composition of Urban and Rural Population (%)

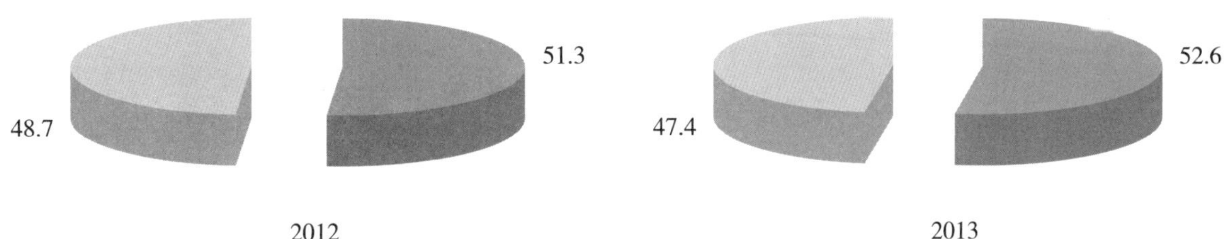

人口出生率、死亡率、自然增长率 (‰)

Birth Rate, Death Rate and Natural Growth Rate of Population (‰)

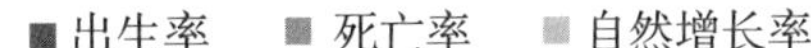

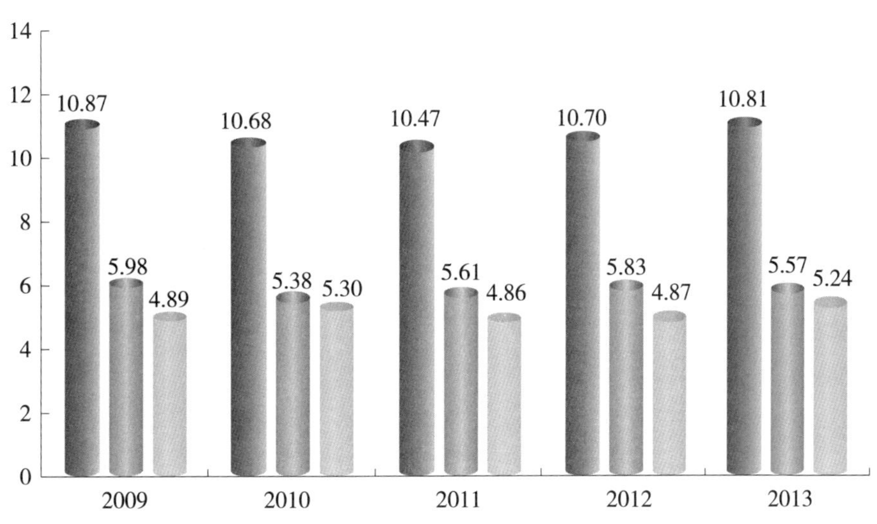

全社会从业人员和劳动报酬

TOTAL EMPLOYEES AND PAYMENT

全社会从业人员	Total Employees	1844.2	万人	(10 000 persons)
第一产业	Primary Industry	650.6	万人	(10 000 persons)
第二产业	Secondary Industry	519.1	万人	(10 000 persons)
第三产业	Tertiary Industry	674.5	万人	(10 000 persons)

全社会从业人员和在岗职工人数（万人）

Number of Total Employees and Fully Employed Staff and Workers (10 000 persons)

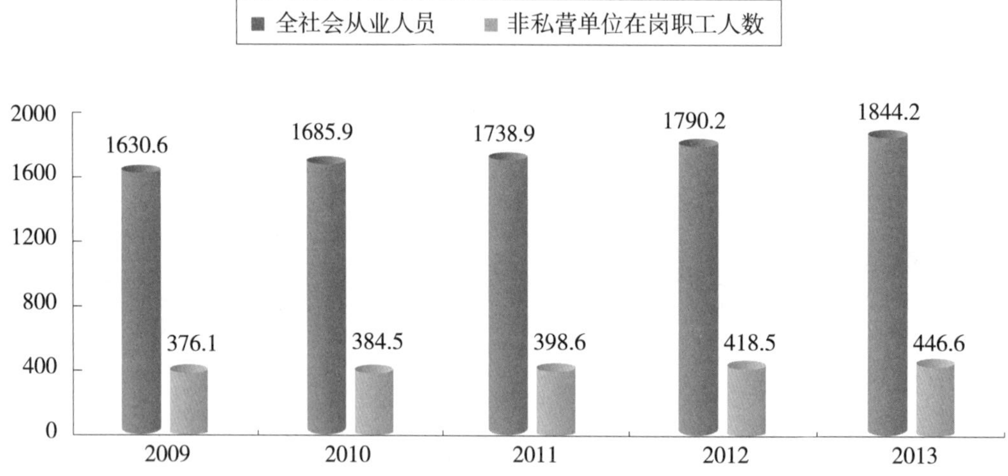

非私营单位在岗职工平均工资（元）

Average Wage of Fully Employed Staff and Workers in Non-private Units (yuan)

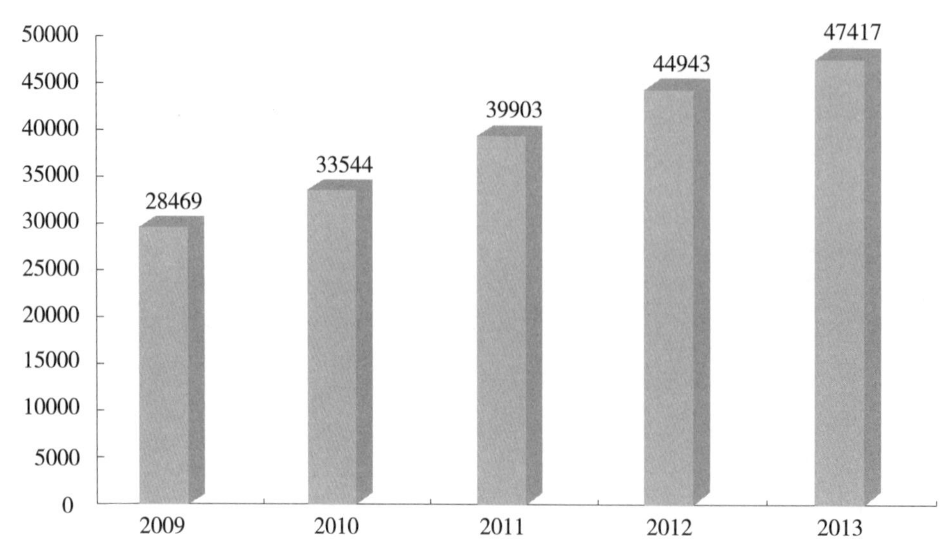

2-1 主要年份总户数、常住人口数

TOTAL HOUSEHOLD AND RESIDENT POPULATION IN MAJOR YEARS

单位：万人 (10 000 persons)

年 份 Year	总户数(万户) Number of Households (10 000 Households)	常住人口 Resident Population	按性别分 By Sex		按农业非农业分 By Residence	
			男 性 Male	女 性 Famle	非农业人口 Non-agriculture	农业人口 Agriculture
1978	558.01	2423.60	1273.07	1150.53	393.79	2029.81
1980	579.71	2476.46	1299.32	1177.14	439.81	2036.65
1985	631.69	2673.51	1403.33	1270.18	536.84	2136.67
1990	740.63	2898.96	1508.62	1390.34	639.22	2259.74
1995	815.23	3077.28	1606.34	1470.94	748.39	2328.89
2000	885.55	3247.80	1680.91	1566.89	861.84	2334.34
2005	1008.04	3355.21	1719.33	1635.88	1010.46	2283.97
2006	1051.49	3374.55	1725.49	1649.06	1047.15	2292.73
2007	1094.72	3392.58	1735.34	1657.24	1078.65	2313.69
2008	1118.31	3410.64	1750.20	1660.44	1103.50	2319.60
2009	1159.14	3427.36	1758.13	1669.23	1124.16	2334.48
2010	1188.84	3574.11	1835.37	1738.75	1144.45	2329.18
2011	1233.13	3593.28	1843.75	1749.52	1162.44	2334.79
2012	1282.40	3610.83	1850.96	1759.87	1171.99	2326.73
2013	1313.25	3629.80	1865.40	1764.40	1189.51	2333.93

注：本表2000年及以后年份农业、非农业人口和2005年及以后年份总户数为公安年报数。

Note: Data of agriculture and non-agriculture population since 2000 and number of households since 2005 are all from public security department.

2-2 主要年份人口自然变动

NATURAL CHANGE OF POPULATION IN MAJOR YEARS

单位：万人 (10 000 persons)

年 份 Year	出 生 Birth		死 亡 Death		自然增长 Natural Growth	
	人 数 Population	出生率 (‰) Birth Rate	人 数 Population	死亡率 (‰) Death Rate	人 数 Population	增长率 (‰) Natural Growth Rate
1978	37.76	15.66	15.80	6.55	21.96	9.11
1980	41.74	16.95	15.98	6.49	25.76	10.46
1985	56.65	21.36	16.87	6.36	39.78	15.00
1990	64.82	22.54	18.87	6.56	45.95	15.98
1995	50.82	16.60	18.73	6.12	32.09	10.48
2000	42.72	13.25	18.59	5.77	24.13	7.48
2005	40.21	12.02	20.07	6.00	20.14	6.02
2006	38.63	11.48	19.28	5.73	19.35	5.75
2007	38.26	11.31	20.23	5.98	18.03	5.33
2008	38.51	11.32	20.44	6.01	18.06	5.31
2009	37.16	10.87	20.45	5.98	16.71	4.89
2010	38.06	10.68	19.18	5.38	18.88	5.30
2011	37.50	10.47	20.10	5.61	17.41	4.86
2012	38.53	10.70	20.99	5.83	17.55	4.87
2013	39.15	10.81	20.17	5.57	18.98	5.24

2-3 主要年份城乡人口数
URBAN AND RURAL POPULATION IN MAJOR YEARS

单位：万人 (10 000 persons)

年份 Year	城镇 Urban Area		乡村 Rural Area	
	人口数 Population	比重(%) Proportion	人口数 Population	比重(%) Proportion
1978	464.85	19.18	1958.75	80.82
1980	502.72	20.30	1973.74	79.70
1985	645.65	24.15	2027.86	75.85
1990	837.80	28.90	2061.16	71.10
1995	926.57	30.11	2150.71	69.89
2000	1165.31	35.88	2082.49	64.12
2005	1412.81	42.11	1942.40	57.89
2006	1451.39	43.01	1923.16	56.99
2007	1493.75	44.03	1898.83	55.97
2008	1538.58	45.11	1872.06	54.89
2009	1576.09	45.99	1851.27	54.01
2010	1717.43	48.05	1856.68	51.95
2011	1785.31	49.68	1807.97	50.32
2012	1851.08	51.26	1759.75	48.74
2013	1907.92	52.56	1721.88	47.44

2-4 各年龄组受教育程度人口占6岁及以上人口比重(2013年)
PROPORTION OF EDUCATIONAL ATTAINMENT POPULATION BY AGE IN POPULATION AGED 6 AND OVER(2013)

单位：% (%)

年龄组	Age	未上过学 No-schooling	小学 Primary School	初中 Junior Secondary School	高中 Senior Seconary School	大学专科及以上 Junior College and Above
合　计	**Total**	**2.58**	**22.73**	**46.77**	**17.75**	**10.17**
6-9岁	Age 6-9	5.02	94.18	0.65	0.15	
10-14岁	Age 10-14	1.61	52.72	43.23	2.39	
15-19岁	Age 15-19	0.59	2.21	42.85	46.78	7.55
20-24岁	Age 20-24	0.23	3.61	44.70	28.53	22.92
25-29岁	Age 25-29	1.09	4.82	50.12	21.06	22.92
30-34岁	Age 30-34	0.43	6.70	54.46	18.40	20.06
35-39岁	Age 35-39	0.48	8.52	61.74	16.35	12.95
40-44岁	Age 40-44	0.93	11.87	61.46	16.72	8.99
45-49岁	Age 45-49	0.92	17.11	58.55	15.45	7.97
50-54岁	Age 50-54	1.00	21.66	52.89	18.34	6.07
55-59岁	Age 55-59	1.79	32.62	48.79	12.49	4.31
60-64岁	Age 60-64	4.19	47.27	38.96	6.62	2.97
65岁及以上	Age 65 and Over	17.10	52.61	22.32	5.22	2.78

注：本表根据人口抽样调查数据计算。

Note: Data in this table are caculated according to the Sample Survey of Population.

2-5 主要年份人口年龄构成和抚养比
AGE COMPOSITION AND DEPENDENCY RATIO OF POPULATION IN MAJOR YEARS

单位：% (%)

年 份 Year	年龄构成 Age Composition			抚养比 Dependency Ratio		
	0—14岁 Age 0–14	15—64岁 Age 15–64	65岁及以上 Age 65 and Over	总抚养比 Gross Dependency Ratio	少儿抚养比 Children Dependency Ratio	老年抚养比 Old People Dependency Ratio
1953	33.89	61.37	4.74	62.95	55.22	7.72
1964	40.43	55.22	4.35	81.09	73.22	7.88
1982	33.36	61.65	4.99	62.21	54.11	8.09
1990	28.15	66.46	5.39	50.47	42.36	8.11
2000	25.73	67.94	6.33	47.19	37.87	9.32
2005	21.30	71.55	7.15	39.76	29.77	9.99
2006	20.20	72.60	7.20	37.74	27.82	9.92
2007	19.64	73.02	7.34	36.95	26.90	10.05
2008	18.35	73.75	7.90	35.59	24.88	10.71
2009	17.32	74.60	8.08	34.05	23.22	10.83
2010	17.10	75.33	7.58	32.75	22.70	10.06
2011	16.47	75.62	7.91	32.24	21.78	10.46
2012	16.44	75.59	7.97	32.29	21.75	10.54
2013	15.83	75.80	8.37	31.93	20.88	11.04

注：1953、1964、1982、1990、2000、2010年为六次人口普查数据，其余年份为人口抽样调查推算数。

Note：Data of 1953,1964,1982,1990,2000 and 2010 in this table are obtained from six National Population Census，and the rest are caculated from the Sample Survey of Population .

2-6 主要年份全社会从业人员年末人数
TOTAL EMPLOYEES AT YEAR-END IN MAJOR YEARS

单位：万人 (10 000 persons)

年 份 Year	从业人员合计 Total Employees	在岗职工 Fully Employed Staff and Workers	国有单位 State-Owned Units	城镇集体单位 Urban Collective-Owned Units	其他单位 Units of Other Types Ownership	其他从业人员 Other Employees	城镇私营企业及个体 Urban Private Enterprises and Self-employed Individuals	农村及乡镇企业 Rural, Township and Village Enterprises
1978	965.23	268.30	227.34	40.96			0.12	696.81
1980	1002.64	298.98	246.24	52.74			1.08	702.58
1985	1154.11	377.09	291.49	85.27	0.33		8.18	768.84
1990	1304.01	438.68	340.94	97.41	0.33		11.84	853.49
1995	1424.52	463.51	370.14	88.14	5.23	15.41	34.48	911.12
2000	1392.40	370.16	276.62	48.24	45.30	11.64	48.66	961.94
2005	1500.20	352.11	247.50	29.83	74.78	8.38	80.15	1059.56
2006	1561.16	357.17	249.15	28.81	79.21	8.38	115.68	1079.93
2007	1595.65	366.73	248.20	28.06	90.47	8.52	137.40	1083.00
2008	1614.10	365.70	249.79	26.87	89.04	9.48	164.02	1074.90
2009	1630.60	376.09	240.85	23.39	111.85	9.71	162.01	1082.79
2010	1685.90	384.48	231.90	22.79	129.79	9.93	171.50	1100.01
2011	1738.89	398.62	237.25	23.72	137.65	11.07	199.66	1129.53
2012	1790.17	418.48	232.44	23.75	162.29	17.52	216.47	1137.70
2013	1844.20	446.56	201.36	20.35	224.85	17.48	233.45	1146.71

2-7 全社会劳动力资源配置情况

LABOR RESOURCES ALLOCATION IN THE WHOLE SOCIETY

单位：万人 (10 000 persons)

指 标	Item	2012	2013
年末劳动力资源总数	**Labor Resources at Year–end**	**2719.8**	**2744.4**
年末劳动力配置	**Labor Allocation at Year–end**		
一、从业人员	**Number of Employees**	**1790.2**	**1844.2**
按经济类型分	**By Ownership**		
1.国有经济	State–Owned Economy	239.8	212.4
2.集体经济	Colletive–Owned Economy	1007.7	975.5
3.私营经济	Private Economy	174.7	216.1
4.个体经济	Indivdual Economy	191.6	209.1
5.联营经济	Joint–Owned Economy	0.7	0.4
6.股份制经济	Share Holding Ecnonmy	24.6	28.8
7.外商投资经济	Foreign Funded Economy	14.0	10.6
8.港、澳、台投资经济	Economy Funded By Entrepreneurs from Hongkong, Macao and Taiwan	2.2	10.8
9.其他经济	Other Types of Ownership	134.8	180.5
按国民经济行业分	**By Sector**		
1.农、林、牧、渔业	Farming,Forestry,Animal Husbandry and Fishery	647.1	650.6
2.采矿业	Mining and Quarring	169.5	183.3
3.制造业	Manufacturing	165.0	176.4
4.电力、热力、燃气及水生产和供应业	Production and Supply of Electricity, Heat, Gas and Water	11.6	12.3
5.建筑业	Construction	143.8	147.0
6.批发和零售业	Wholesale and Retail Trade	190.3	196.5
7.交通运输、仓储和邮政业	Transport, Storage and Post	101.7	98.8
8.住宿和餐饮业	Lodging and Catering Services	54.3	59.7
9.信息传输、软件和信息技术服务业	Information Transmission, Software and Information Technology Services	20.8	24.8
10.金融业	Banking and Insurance	20.0	18.9
11.房地产业	Real Estate Trade	8.0	7.8
12.租赁和商务服务业	Lease and Business Services	9.6	16.3
13.科学研究和技术服务业	Scientific Reseach and Technical Services	7.7	9.4
14.水利、环境和公共设施管理业	Water,Environmental Protection and Public Facility Management	14.1	10.8
15.居民服务、修理和其他服务业	Resident Services, Repair and Other Services	10.5	16.4
16.教 育	Education	50.0	52.5
17.卫生和社会工作	Health Care and Social Work	17.8	19.9
18.文化、体育和娱乐业	Culture,Sports and Recreation	6.1	6.5
19.公共管理、社会保障和社会组织	Public Management, Social Security and Social Organization	59.6	60.1
20.其他行业	Others	82.6	76.2
按三次产业分	**By Type of Industry**		
1.第一产业	Primary Industry	647.1	650.6
2.第二产业	Secondry Industry	489.9	519.1
3.第三产业	Tertiary Industry	653.1	674.5
二、城镇登记失业人员	**Urban Unemployed Registered**	**21.3**	**22.3**
三、16岁以上在校学生	**Student Enrollment Over Age 16**	**191.3**	**188.8**
四、其他劳动者	**Others**	**717.1**	**689.2**

2-8 非私营单位从业人员(2013年)
NUMBER OF EMPLOYEES IN NON-PRIVATE UNITS(2013)

单位：人 (person)

项 目	Item	从业人员 Number of Employees	#女 性 Female	在岗职工 Fully Employed	其 他 从业人员 Other Employees
总 计	**Total**	**4640385**	**1522262**	**4465566**	**174819**
一、按企业、事业、机关分组	**Grouped By Enterprises, Institutions and Government Agencies**				
#1.企 业	Enterprises	3100227	804018	2984911	115316
2.事 业	Institutions	1059399	562696	1013852	45547
3.机 关	Government Agencies	473191	151850	459841	13350
二、按国民经济行业分组	**Grouped By Sector**				
1.农、林、牧、渔业	Farming, Forestry, Animal Husbandry and Fishery	21983	6381	21710	273
2.采矿业	Mining	1030136	155730	1021303	8833
3.制造业	Manufacturing	731369	232060	720472	10897
4.电力、热力、燃气及水生产和供应业	Production and Supply of Electricity, Heat, Gas and Water	114783	33449	111921	2862
5.建筑业	Construction	384486	52237	339935	44551
6.批发和零售业	Wholesale and Retail Trade	212002	83810	206035	5967
7.交通运输、仓储和邮政业	Transport, Storage and Post	236392	59386	231437	4955
8.住宿和餐饮业	Lodging and Catering Services	55567	32025	53226	2341
9.信息传输、软件和信息技术服务业	Information Transmission, Software and Information Technology Services	60181	29022	55992	4189
10.金融业	Banking and Insurance	156064	79360	137791	18273
11.房地产业	Real Estate Trade	32293	10988	28841	3452
12.租赁和商务服务业	Lease and Business Services	72872	22307	66125	6747
13.科学研究和技术服务业	Scientific Reseach and Technial Services	69576	22947	67232	2344
14.水利、环境和公共设施管理业	Water, Environmental Protection and Public Facility Management	88274	40618	75779	12495
15.居民服务、修理和其它服务业	Resident Services, Repair and Other Services	14823	8945	13964	859
16.教 育	Education	523509	318428	509425	14084
17.卫生和社会工作	Health Care and Social Work	188399	116749	176389	12010
18.文化、体育和娱乐业	Culture, Sports and Recreation	46697	21268	44625	2072
19.公共管理、社会保障和社会组织	Public Management, Social Security and Social Organization	600979	196552	583364	17615
总计中:国有控股	**Share Controlled by State**	**2205537**	**522617**	**2133092**	**72445**

注：在岗职工包含劳务派遣工，下同。
Note: Dispatching workers are included in fully employed workers. The same applies to the tables following.

2-9 非私营单位从业人员劳动报酬(2013年)
REWARD OF EMPLOYEES IN NON-PRIVATE UNITS(2013)

单位：万元 (10 000 yuan)

项　目	Item	从业人员劳动报酬 Total Reward of Employees	在岗职工工资总额 Wages of Fully Employed	其他从业人员劳动报　酬 Reward of Other Employees	在岗职工平均工资(元) Average Wages of Fully Employed (yuan)
总　计	**Total**	**21611441**	**21208402**	**403039**	**47417**
一、按企业、事业、机关分组	**Grouped By Enterprises, Institutions and Government Agencies**				
#1.企　业	Enterprises	15815048	15508253	306795	51650
2.事　业	Institutions	3984232	3908396	75836	38905
3.机　关	Government Agencies	1794122	1775395	18727	38702
二、按国民经济行业分组	**Grouped By Sector**				
1.农、林、牧、渔业	Farming, Forestry, Animal Husbandry and Fishery	65043	64470	572	29807
2.采矿业	Mining	6944051	6919644	24407	69039
3.制造业	Manufacturing	2697786	2670867	26918	36876
4.电力、热力、燃气及水生产和供应业	Production and Supply of Electricity, Heat, Gas and Water	705141	697345	7796	64507
5.建筑业	Construction	1577346	1436780	140566	38119
6.批发和零售业	Wholesale and Retail Trade	693520	678730	14790	33075
7.交通运输、仓储和邮政业	Transport, Storage and Post	1307519	1295372	12147	55385
8.住宿和餐饮业	Lodging and Catering Services	128115	123903	4212	23251
9.信息传输、软件和信息技术服务业	Information Transmission, Software and Information Technology Services	296353	285770	10584	51171
10.金融业	Banking and Insurance	1048183	1006288	41895	73675
11.房地产业	Real Estate Trade	102551	96454	6098	34579
12.租赁和商务服务业	Lease and Business Services	226689	213482	13207	32218
13.科学研究和技术服务业	Scientific Reseach and Technial Services	348884	342218	6665	51611
14.水利、环境和公共设施管理业	Water, Environmental Protection and Public Facility Management	195981	180894	15087	24091
15.居民服务、修理和其它服务业	Resident Services, Repair and Other Services	41120	40169	951	28473
16.教　育	Education	2167617	2146820	20797	42430
17.卫生和社会工作	Health Care and Social Work	667669	646857	20812	37245
18.文化、体育和娱乐业	Culture, Sports and Recreation	169181	160178	9002	36502
19.公共管理、社会保障和社会组织	Public Management, Social Security and Social Organization	2228694	2202161	26533	37866
总计中:国有控股	**Share Controlled by State**	**12576125**	**12374124**	**202001**	**57557**

2-10 国有单位从业人员(2013年)
NUMBER OF EMPLOYEES IN STATE-OWNED UNITS(2013)

单位：人 (person)

项　　目	Item	从业人员 Number of Employees	#女性 Female	在岗职工 Fully Employed	其他从业人员 Other Employees
总　计	**Total**	**2100052**	**865277**	**2013559**	**86493**
一、按隶属关系分组	**Grouped By Administrative Relationship**				
1.中　央	Central Government	171200	56504	165040	6160
2.省、自治区、直辖市	Province	455927	139058	442402	13525
3.地　区	Prefecture	355502	148147	333155	22347
4.县及县以下	County and Below	1117423	521568	1072962	44461
二、按企业、事业、机关分组	**Grouped By Enterprises, Institutions and Government Agencies**				
#1.企　业	Enterprises	602139	169771	573412	28727
#地　方	Local	457159	122588	434206	22953
2.事　业	Institutions	1023193	543006	978788	44405
#地　方	Local	1012378	538964	968069	44309
3.机　关	Government Agencies	472931	151798	459581	13350
#地　方	Local	457695	146549	444635	13060
三、按国民经济行业分组	**Grouped By Sector**				
1.农、林、牧、渔业	Farming, Forestry, Animal Husbandry and Fishery	20045	5838	19782	263
2.采矿业	Mining	58841	11371	57584	1257
3.制造业	Manufacturing	48488	15030	46632	1856
4.电力、热力、燃气及水生产和供应业	Production and Supply of Electricity, Heat, Gas and Water	63846	19757	61598	2248
5.建筑业	Construction	75129	13300	66958	8171
6.批发和零售业	Wholesale and Retail Trade	69913	22626	67860	2053
7.交通运输、仓储和邮政业	Transport, Storage and Post	180647	41304	178637	2010
8.住宿和餐饮业	Lodging and Catering Services	18278	9999	17576	702
9.信息传输、软件和信息技术服务业	Information Transmission, Software and Information Technology Services	11260	4554	10457	803
10.金融业	Banking and Insurance	52533	25556	49584	2949
11.房地产业	Real Estate Trade	8268	2981	7676	592
12.租赁和商务服务业	Lease and Business Services	37559	8834	32055	5504
13.科学研究和技术服务业	Scientific Reseach and Technial Services	59897	20465	58201	1696
14.水利、环境和公共设施管理业	Water, Environmental Protection and Public Facility Management	77611	35466	65592	12019
15.居民服务、修理和其它服务业	Resident Services, Repair and Other Services	4138	1403	4003	135
16.教　育	Education	505966	308635	492283	13683
17.卫生和社会工作	Health Care and Social Work	164901	102733	153768	11133
18.文化、体育和娱乐业	Culture, Sports and Recreation	42004	19021	40200	1804
19.公共管理、社会保障和社会组织	Public Management, Social Security and Social Organization	600728	196404	583113	17615

2-11 国有单位从业人员劳动报酬(2013年)
REWARD OF EMPLOYEES IN STATE-OWNED UNITS(2013)

单位：万元 (10 000 yuan)

项 目	Item	从业人员劳动报酬 Total Reward of Employees	在岗职工工资总额 Wages of Fully Employed	其他从业人员劳动报酬 Reward of Other Employees	在岗职工平均工资(元) Average Wages of Fully Employed (yuan)
总 计	**Total**	**8831122**	**8676228**	**154894**	**43228**
一、按隶属关系分组	**Grouped By Administrative Relationship**				
1.中 央	Central Government	1099112	1085184	13929	65717
2.省、自治区、直辖市	Province	2562604	2523827	38777	56820
3.地 区	Prefecture	1279393	1239390	40003	37296
4.县及县以下	County and Below	3890013	3827827	62186	35927
二、按企业、事业、机关分组	**Grouped By Enterprises, Institutions and Government Agencies**				
#1.企 业	Enterprises	3149460	3087340	62120	53503
#地 方	Local	2157861	2108985	48876	48185
2.事 业	Institutions	3882818	3808782	74036	39274
#地 方	Local	3835015	3761259	73756	39216
3.机 关	Government Agencies	1793555	1774828	18727	38712
#地 方	Local	1734940	1716619	18322	38702
三、按国民经济行业分组	**Grouped By Sector**				
1.农、林、牧、渔业	Farming, Forestry, Animal Husbandry and Fishery	60428	59880	548	30385
2.采矿业	Mining	417210	415788	1422	72403
3.制造业	Manufacturing	140616	138240	2377	29398
4.电力、热力、燃气及水生产和供应业	Production and Supply of Electricity, Heat, Gas and Water	414661	409217	5444	67647
5.建筑业	Construction	234328	215163	19165	30998
6.批发和零售业	Wholesale and Retail Trade	253205	249471	3733	36760
7.交通运输、仓储和邮政业	Transport, Storage and Post	1117666	1111930	5735	61309
8.住宿和餐饮业	Lodging and Catering Services	42224	40945	1278	22840
9.信息传输、软件和信息技术服务业	Information Transmission, Software and Information Technology Services	64638	62519	2118	60610
10.金融业	Banking and Insurance	368743	362169	6574	73504
11.房地产业	Real Estate Trade	21389	20891	498	28200
12.租赁和商务服务业	Lease and Business Services	106946	95232	11714	29960
13.科学研究和技术服务业	Scientific Reseach and Technial Services	295932	290794	5138	50536
14.水利、环境和公共设施管理业	Water, Environmental Protection and Public Facility Management	174887	160511	14376	24648
15.居民服务、修理和其它服务业	Resident Services, Repair and Other Services	12665	12358	307	30688
16.教 育	Education	2118231	2098232	19999	42951
17.卫生和社会工作	Health Care and Social Work	600714	581385	19329	38447
18.文化、体育和娱乐业	Culture, Sports and Recreation	159255	150651	8604	38295
19.公共管理、社会保障和社会组织	Public Management, Social Security and Social Organization	2227386	2200853	26533	37860

2-12 城镇集体单位从业人员(2013年)
NUMBER OF EMPLOYEES IN URBAN COLLECTIVE-OWNED UNITS(2013)

单位：人 (person)

项目	Item	从业人员 Number of Employees	#女性 Female	在岗职工 Fully Employed	其他从业人员 Other Employees
总计	**Total**	**214152**	**87113**	**203522**	**10630**
一、按企业、事业、机关分组	**Grouped By Enterprises, Institutions and Government Agencies**				
#1.企业	Enterprises	182651	70309	173139	9512
2.事业	Institutions	30621	16444	29503	1118
3.机关	Government Agencies	203	50	203	
二、按国民经济行业分组	**Grouped By Sector**				
1.农、林、牧、渔业	Farming, Forestry, Animal Husbandry and Fishery	813	239	803	10
2.采矿业	Mining	12416	2425	12323	93
3.制造业	Manufacturing	46695	22467	45356	1339
4.电力、热力、燃气及水生产和供应业	Production and Supply of Electricity, Heat, Gas and Water	298	144	296	2
5.建筑业	Construction	27550	5093	23475	4075
6.批发和零售业	Wholesale and Retail Trade	32538	10695	31587	951
7.交通运输、仓储和邮政业	Transport, Storage and Post	3694	1102	3389	305
8.住宿和餐饮业	Lodging and Catering Services	3519	2193	3443	76
9.信息传输、软件和信息技术服务业	Information Transmission, Software and Information Technology Services	242	110	239	3
10.金融业	Banking and Insurance	43433	20386	41304	2129
11.房地产业	Real Estate Trade	1664	638	1527	137
12.租赁和商务服务业	Lease and Business Services	8002	3185	7900	102
13.科学研究和技术服务业	Scientific Reseach and Technial Services	613	195	559	54
14.水利、环境和公共设施管理业	Water, Environmental Protection and Public Facility Management	6322	3660	6250	72
15.居民服务、修理和其它服务业	Resident Services, Repair and Other Services	1598	866	1289	309
16.教育	Education	4484	2310	4357	127
17.卫生和社会工作	Health Care and Social Work	18490	10707	17684	806
18.文化、体育和娱乐业	Culture, Sports and Recreation	1692	650	1652	40
19.公共管理、社会保障和社会组织	Public Management, Social Security and Social Organization	89	48	89	

2-13 城镇集体单位从业人员劳动报酬(2013年)
REWARD OF EMPLOYEES IN URBAN COLLECTIVE-OWNED UNITS(2013)

单位：万元 (10 000 yuan)

项目	Item	从业人员劳动报酬 Total Reward of Employees	在岗职工工资总额 Wages of Fully Employed	其他从业人员劳动报酬 Reward of Other Employees	在岗职工平均工资(元) Average Wages of Fully Employed (yuan)
总计	**Total**	**777183**	**753902**	**23281**	**37152**
一、按企业、事业、机关分组	**Grouped By Enterprises, Institutions and Government Agencies**				
#1.企业	Enterprises	691974	670467	21508	38815
2.事业	Institutions	82866	81092	1773	27667
3.机关	Government Agencies	464	464		22862
二、按国民经济行业分组	**Grouped By Sector**				
1.农、林、牧、渔业	Farming, Forestry, Animal Husbandry and Fishery	2536	2512	24	31523
2.采矿业	Mining	90390	90028	362	74152
3.制造业	Manufacturing	139072	136065	3007	30140
4.电力、热力、燃气及水生产和供应业	Production and Supply of Electricity, Heat, Gas and Water	833	829	4	28007
5.建筑业	Construction	71737	62761	8976	26276
6.批发和零售业	Wholesale and Retail Trade	61934	60883	1050	19384
7.交通运输、仓储和邮政业	Transport, Storage and Post	7261	6919	342	20617
8.住宿和餐饮业	Lodging and Catering Services	9198	9107	91	26320
9.信息传输、软件和信息技术服务业	Information Transmission, Software and Information Technology Services	613	607	6	25414
10.金融业	Banking and Insurance	282275	275177	7098	66744
11.房地产业	Real Estate Trade	2425	2321	104	15673
12.租赁和商务服务业	Lease and Business Services	21341	21156	185	26817
13.科学研究和技术服务业	Scientific Reseach and Technial Services	1400	1362	38	24329
14.水利、环境和公共设施管理业	Water, Environmental Protection and Public Facility Management	11246	11171	75	18455
15.居民服务、修理和其它服务业	Resident Services, Repair and Other Services	2530	2191	340	16928
16.教育	Education	16120	15883	237	36446
17.卫生和社会工作	Health Care and Social Work	52618	51327	1291	29157
18.文化、体育和娱乐业	Culture, Sports and Recreation	3301	3249	53	19834
19.公共管理、社会保障和社会组织	Public Management, Social Security and Social Organization	353	353		39211

2-14 其他单位从业人员(2013年)
NUMBER OF EMPLOYEES IN OTHER-OWNED UNITS(2013)

单位：人 (person)

项目	Item	从业人员 Number of Employees	#女性 Female	在岗职工 Fully Employed	其他人员 Other Employees
总计	**Total**	**2326181**	**569872**	**2248485**	**77696**
一、按登记注册类型分组	**Grouped by Registered Kind**				
内资	Civil Funded Enterprises	2113036	488040	2039308	73728
1.股份合作	Share Cooperative Enterprises	6634	3039	6310	324
2.联营	Joint Owned Enterprises	3670	1055	3496	174
#国有联营	State-owned Joint Owned Enterprises	1255	149	1171	84
集体联营	Collective-owned Joint Owned Enterprises	1421	588	1351	70
3.有限责任公司	Limited Liability Company	1798397	378265	1749586	48811
#国有独资	Company Exclusively with Investment from State	316200	73370	307276	8924
4. 股份有限公司	Share Holding Limited Company	283163	94751	259544	23619
5. 其他	Others	21172	10930	20372	800
港、澳、台商投资	Enterprises Funded by HongKong, Macao and Taiwan	107531	46026	105627	1904
外商投资	Foreign Funded Enterprises	105614	35806	103550	2064
二、按企业、事业、机关分组	**Grouped By Enterprises, Institutions and Government Agencies**				
#1.企业	Enterprises	2315437	563938	2238360	77077
2.事业	Institutions	5585	3246	5561	24
三、按国民经济行业分组	**Grouped By Sector**				
1.农、林、牧、渔业	Farming, Forestry, Animal Husbandry and Fishery	1125	304	1125	
2.采矿业	Mining	958879	141934	951396	7483
3.制造业	Manufacturing	636186	194563	628484	7702
4.电力、热力、燃气及水生产和供应业	Production and Supply of Electricity, Heat, Gas and Water	50639	13548	50027	612
5.建筑业	Construction	281807	33844	249502	32305
6.批发和零售业	Wholesale and Retail Trade	109551	50489	106588	2963
7.交通运输、仓储和邮政业	Transport, Storage and Post	52051	16980	49411	2640
8.住宿和餐饮业	Lodging and Catering Services	33770	19833	32207	1563
9.信息传输、软件和信息技术服务业	Information Transmission, Software and Information Technology Services	48679	24358	45296	3383
10.金融业	Banking and Insurance	60098	33418	46903	13195
11.房地产业	Real Estate Trade	22361	7369	19638	2723
12.租赁和商务服务业	Lease and Business Services	27311	10288	26170	1141
13.科学研究和技术服务业	Scientific Reseach and Technial Services	9066	2287	8472	594
14.水利、环境和公共设施管理业	Water, Environmental Protection and Public Facility Management	4341	1492	3937	404
15.居民服务、修理和其它服务业	Resident Services, Repair and Other Services	9087	6676	8672	415
16.教育	Education	13059	7483	12785	274
17.卫生和社会工作	Health Care and Social Work	5008	3309	4937	71
18.文化、体育和娱乐业	Culture, Sports and Recreation	3001	1597	2773	228
19.公共管理、社会保障和社会组织	Public Management, Social Security and Social Organization	162	100	162	

2-15 其他单位从业人员劳动报酬(2013年)
REWARD OF EMPLOYEES IN OTHER-OWNED UNITS(2013)

单位：万元 (10 000 yuan)

项　目	Item	从业人员劳动报酬 Total Reward of Employees	在岗职工工资总额 Wages of Fully Employed	其他从业人员劳动报酬 Reward of Other Employees	在岗职工平均工资(元) Average Wages of Fully Employed (yuan)
总　计	**Total**	**12003137**	**11778273**	**224864**	**52053**
一、按登记注册类型分组	**Grouped by Registered Kind**				
内　资	Civil Funded Enterprises	11107099	10892994	214105	53015
1.股份合作	Share Cooperative Enterprises	19609	19221	388	30738
2.联　营	Joint Owned Enterprises	12567	12140	427	35068
#国有联营	State-owned Joint Owned Enterprises	5475	5296	178	44844
集体联营	Collective-owned Joint Owned Enterprises	4764	4626	138	34678
3.有限责任公司	Limited Liability Company	9436250	9289555	146696	52583
#国有独资	Company Exclusively with Investment from State	1805259	1784116	21143	57159
4. 股份有限公司	Share Holding Limited Company	1579157	1513950	65207	58627
5. 其　他	Others	59516	58128	1388	28905
港、澳、台商投资	Enterprises Funded by HongKong, Macao and Taiwan	414412	411209	3203	39757
外商投资	Foreign Funded Enterprises	481626	474070	7556	45312
二、按企业、事业、机关分组	**Grouped By Enterprises, Institutions and Government Agencies**				
#1.企　业	Enterprises	11973614	11750446	223167	52160
2.事　业	Institutions	18548	18522	27	33682
三、按国民经济行业分组	**Grouped By Sector**				
1.农、林、牧、渔业	Farming, Forestry, Animal Husbandry and Fishery	2079	2079		18476
2.采矿业	Mining	6436451	6413828	22623	68766
3.制造业	Manufacturing	2418097	2396562	21535	37914
4.电力、热力、燃气及水生产和供应业	Production and Supply of Electricity, Heat, Gas and Water	289648	287300	2348	60722
5.建筑业	Construction	1271281	1158855	112426	40859
6.批发和零售业	Wholesale and Retail Trade	378382	368375	10007	34773
7.交通运输、仓储和邮政业	Transport, Storage and Post	182592	176522	6070	35906
8.住宿和餐饮业	Lodging and Catering Services	76694	73852	2843	23149
9.信息传输、软件和信息技术服务业	Information Transmission, Software and Information Technology Services	231103	222643	8460	49157
10.金融业	Banking and Insurance	397164	368942	28222	80060
11.房地产业	Real Estate Trade	78737	73242	5495	38538
12.租赁和商务服务业	Lease and Business Services	98403	97095	1309	36521
13.科学研究和技术服务业	Scientific Reseach and Technial Services	51551	50062	1489	61014
14.水利、环境和公共设施管理业	Water, Environmental Protection and Public Facility Management	9848	9213	635	23538
15.居民服务、修理和其它服务业	Resident Services, Repair and Other Services	25925	25621	304	29157
16.教　育	Education	33266	32705	561	24993
17.卫生和社会工作	Health Care and Social Work	14337	14144	193	29140
18.文化、体育和娱乐业	Culture, Sports and Recreation	6625	6279	346	21621
19.公共管理、社会保障和社会组织	Public Management, Social Security and Social Organization	955	955		56857

2-16 私营单位从业人员和劳动报酬(2013年)
NUMBER AND REWARD OF EMPLOYEES IN PRIVATE UNITS(2013)

单位：人 (person)

项　目	Item	从业人员 Number of Employees	劳动报酬总额(万元) Total Reward of Employees (10 000 yuan)	平均劳动报酬(元) Average Reward of Employees (yuan)
总　计	**Total**	**2008017**	**5597507**	**27580**
按国民经济行业分组	**Grouped By Sector**			
1.农、林、牧、渔业	Farming, Forestry, Animal Husbandry and Fishery	31851	68346	21064
2.采矿业	Mining	233024	875232	37694
3.制造业	Manufacturing	663515	1816816	27348
4.电力、热力、燃气及水生产和供应业	Production and Supply of Electricity, Heat, Gas and Water	11350	29415	27199
5.建筑业	Construction	328177	1032836	29185
6.批发和零售业	Wholesale and Retail Trade	305654	789870	25978
7.交通运输、仓储和邮政业	Transport, Storage and Post	38508	85861	22411
8.住宿和餐饮业	Lodging and Catering Services	148969	307728	20577
9.信息传输、软件和信息技术服务业	Information Transmission, Software and Information Technology Services	12656	26761	21177
10.金融业	Banking and Insurance	4572	15900	34975
11.房地产业	Real Estate Trade	68353	217048	31987
12.租赁和商务服务业	Lease and Business Services	45386	87912	19582
13.科学研究和技术服务业	Scientific Reseach and Technical Services	17889	46265	26056
14.水利、环境和公共设施管理业	Water, Environmental Protection and Public Facility Management	12633	24645	20260
15.居民服务、修理和其他服务业	Resident Services, Repair and Other Services	34103	66613	20070
16.教　育	Education	27852	58131	20985
17.卫生和社会工作	Health Care and Social Work	12557	26552	21526
18.文化、体育和娱乐业	Culture, Sports and Recreation	10968	21579	19786

2-17 主要年份在岗职工平均工资及指数

AVERAGE WAGE AND RELATED INDICES OF FULLY EMPLOYED STAFF AND WORKERS IN MAJOR YEARS

单位：元 (yuan)

年份 Year	在岗职工平均工资 Average Wage of Fully Employed	指数 (1952年 = 100) Indices (year of 1952=100)		国有单位平均工资 Average Wage of State-owned Units
		货币工资 Average Money Wage	实际工资 Average Real Wage	
1952	375	100.0	100.0	394
1978	632	168.5	145.8	655
1980	754	201.1	163.2	795
1985	1122	299.2	201.9	1200
1990	2111	562.9	228.3	2263
1995	4721	1258.9	258.2	5094
2000	6918	1844.8	323.5	7249
2005	15645	4172.0	702.3	16027
2006	18300	4880.0	807.0	18719
2007	21525	5740.0	911.0	22309
2008	25828	6887.5	1021.6	26557
2009	28469	7591.7	1130.5	29266
2010	33544	8945.1	1301.2	33119
2011	39903	10640.8	1470.0	37164
2012	44943	11984.8	1616.7	41561
2013	47417	12644.5	1655.3	43228

年份 Year	指数 (1952年 = 100) Indices (year of 1952=100)		集体单位平均工资 Average Wage of Collective -owned Units	指数(1952年 = 100) Indices (year of 1952=100)	
	货币工资 Average Money Wage	实际工资 Average Real Wage		货币工资 Average Money Wage	实际工资 Average Real Wage
1952	100.0	100.0	307	100.0	100.0
1978	166.2	143.8	519	169.1	146.2
1980	201.8	163.8	581	189.3	153.6
1985	304.6	205.5	856	278.8	188.1
1990	574.4	232.9	1565	509.8	206.7
1995	1292.9	265.2	3108	1012.4	207.6
2000	1839.8	322.7	4193	1365.8	239.5
2005	4067.8	684.7	10157	3308.4	556.9
2006	4751.0	785.7	12162	3961.6	655.1
2007	5662.2	898.6	14141	4606.2	731.0
2008	6740.4	999.8	16947	5520.2	818.8
2009	7427.9	1106.1	18367	5982.7	890.9
2010	8405.8	1222.7	21993	7163.8	1046.1
2011	9432.5	1303.0	27669	9012.7	1245.0
2012	10548.5	1423.0	33355	10864.8	1465.6
2013	10971.6	1436.3	37152	12101.2	1584.2

2-18 城镇职工社会保障基本情况

BASIC SOCIAL SECURITY OF STAFF AND WORKERS IN URBAN UNITS

年 份 Year	参加保险人数(万人) Active Contributors (10 000 persons)				基金收入(亿元) Fund Revenue(100 million yuan)		
	城镇在岗职工养老保险 Basic Pension Insurance of Fully Employed		失业保险 Unemployment Insurance	医疗保险 Basic Medical Insurance	城镇在岗职工养老保险 Basic Pension Insurance of Fully Employed		失业保险 Unemployment Insurance
	企 业 Enterprises	机关事业 Government Agencies and Institutions			企 业 Enterprises	机关事业 Government Agencies and Institutions	
2000	358.81		254.80		53.87		2.43
2001	365.57		286.10	156.00	58.05		2.94
2002	361.24		278.90	217.00	75.91		3.42
2003	364.42	67.13	284.10	272.00	86.27	7.09	3.80
2004	376.08	68.71	286.50	295.00	109.30	9.04	4.22
2005	383.43	80.08	288.50	325.00	118.90	11.96	5.53
2006	404.25	82.58	295.93	354.00	168.93	19.64	6.22
2007	418.84	87.83	298.97	461.00	203.67	27.89	10.05
2008	450.62	88.80	312.15	594.00	253.97	35.56	12.75
2009	471.70	92.40	293.30	879.30	290.30	42.20	11.90
2010	494.92	96.11	305.05	935.00	357.13	48.24	13.52
2011	523.93	99.84	309.35	1005.06	516.78	56.93	18.62
2012	548.67	100.02	380.88	1055.90	602.26	64.68	25.05
2013	570.21	102.22	400.98	1086.30	563.51	75.53	34.13

年 份 Year		基金支出(亿元) Fund Expenditure(100 million yuan)				城 镇 低保人数 (万人) Persons Receiving Lowest Cost of Living (10 000 persons)	新型合作 医疗参合率(%) Participation Rate of New Cooperative Medical Care(%)
	医疗保险 Basic Medical Insurance	城镇在岗职工养老保险 Basic Pension Insurance of Fully Employed		失业保险 Unemployment Insurance	医疗保险 Basic Medical Insurance		
		企 业 Enterprises	机关事业 Government Agencies and Institutions				
2000		50.62		1.34		3.06	
2001	1.32	51.22		1.49	0.68	28.53	
2002	4.13	60.32		2.12	1.53	62.21	
2003	10.19	65.18	8.19	3.17	4.80	84.21	
2004	17.88	76.30	12.40	2.58	10.98	84.86	87.32
2005	25.60	78.37	14.75	2.78	15.75	84.97	80.92
2006	32.22	96.78	16.65	2.59	21.00	86.98	86.11
2007	44.95	126.11	24.11	3.27	29.16	89.95	87.54
2008	64.65	159.34	31.12	4.66	42.79	91.90	90.42
2009	64.80	184.30	36.80	6.20	46.00	94.44	91.43
2010	86.74	226.81	43.61	6.56	69.65	91.51	96.61
2011	106.32	367.39	51.79	5.64	84.07	91.69	98.45
2012	141.04	437.23	58.24	4.96	104.24	89.04	98.94
2013	160.93	411.31	66.49	5.22	128.25	85.03	99.30

主要统计指标解释

人口数 指一定时点、一定地区范围内有生命的个人总和。

年度统计的年末人口数指每年12月31日24时的常住人口数。

常住人口 包括：1、住本乡（镇）街道，户口登记地在本乡（镇）街道；2、住本乡（镇）街道半年以上，户口登记地在其他乡（镇）街道；3、住本乡（镇）街道不满半年，但是已离开户口登记地半年以上；4、户口登记地在本乡（镇）街道，离开不满半年；5、住本乡（镇）街道，户口待定。6、户口登记地在本乡（镇）街道，现居住国外。

城镇人口和乡村人口 城镇人口是指居住在城镇范围内的全部常住人口；乡村人口是除上述人口以外的全部人口。

城镇包括城区和镇区。城区是指在市辖区和不设区的市中，街道办事处所辖的居民委员会地域；城市公共设施、居住设施等连接到的其他居民委员会地域和村民委员会地域。

镇区是指在城区以外的镇和其他区域，其包括镇所辖的居民委员会地域；镇的公共设施、居住设施等连接到的村民委员会地域。

出生率（又称粗出生率） 指在一定时期内（通常为一年）一定地区的出生人数与同期内平均人数（或期中人数）之比，用千分率表示。本资料中的出生率指年出生率，其计算公式为：

出生率=年出生人数/年平均人数×1000‰

式中：出生人数指活产婴儿，即胎儿脱离母体时（不管怀孕月数），有过呼吸或其他生命现象。年平均人数指年初、年底人口数的平均数，也可用年中人口数代替。

死亡率（又称粗死亡率） 指在一定时期内（通常为一年）一定地区的死亡人数与同期内平均人数（或期中人数）之比，用千分率表示。本资料中的死亡率指年死亡率，其计算公式为：

死亡率=年死亡人数/年平均人数×1000‰

人口自然增长率 指在一定时期内（通常为一年）人口自然增加数（出生人数减死亡人数）与该时期内平均人数（或期中人数）之比，用千分率表示。计算公式为：

人口自然增长率=（本年出生人数-本年死亡人数）/年平均人数×1000‰=人口出生率-人口死亡率

总抚养比 也称总负担系数。指人口总体中非劳动年龄人口数与劳动年龄人口数之比。通常用百分比表示。用以表明每100名劳动年龄人口大致要负担多少名非劳动年龄人口。用于从人口角度反映人口与经济发展的基本关系。计算公式为：

$$GDR=(P_{0-14}+P_{65^+})/P_{15-64}\times 100\%$$

其中：GDR为总抚养比；

P_{0-14} 为0-14岁少年儿童人口数；

P_{15-64} 为15-64岁的劳动年龄人口数；

P_{65^+} 为65岁及65岁以上的老年人口数。

老年人口抚养比 也称老年人口抚养系数。指某一人口中老年人口数与劳动年龄人口数之比。通常用百分比表示。用以表明每100名劳动年龄人口要负担多少名老年人。老年人口抚养比是从经济角度反映人口老龄化社会后果的指标之一。计算公式为：

$$ODR=P_{65^+}/P_{15-64}\times 100\%$$

其中：ODR为老年人口抚养比；

P_{15-64} 为15-64岁的劳动年龄人口数；

P_{65^+} 为65岁及65岁以上的老年人口数。

少年儿童抚养比 也称少年儿童抚养系数。指某一人口中少年儿童人口数与劳动年龄人口数之比。通常用百分比表示。以反映每100名劳动年龄人口要负担多少名少年儿童。计算公式为：

$$CDR=P_{0-14}/P_{15-64}\times 100\%$$

其中：CDR为少年儿童抚养比；

P_{0-14} 为0-14岁少年儿童人口数；

P_{15-64} 为15-64岁的劳动年龄人口数。

劳动力资源总数 指在劳动年龄内，具有劳动能力，在正常情况下，可能或实际参加社会劳动的人口数。劳动力资源的范围为：劳动年龄内（16周岁以上），有劳动能力，实际参加社会劳动和未参加社会劳动的人员。劳动力资源也可划分为经济活动人口和非经济活动人口。劳动力资源不包括下列人员：

(1)在押犯人；

(2)劳动年龄内丧失劳动能力的人员；

(3)16 岁以下实际参加社会劳动的人员。

从业人员期末人数　指报告期末最后一日 24 时在本单位工作，并取得工资或其他形式劳动报酬的人员数。该指标为时点指标，不包括最后一日当天及以前已经与单位解除劳动合同关系的人员，是在岗职工、劳务派遣人员及其他从业人员之和。从业人员不包括：

(1)离开本单位仍保留劳动关系，并定期领取生活费的人员；

(2)利用课余时间打工的学生及在本单位实习的各类在校学生；

(3)本单位因劳务外包而使用的人员，如：建筑业整建制使用的人员。

私营企业和个体从业人员　指在私营企业或个体经营者所经营的机构中劳动，并领取劳动报酬的人员，包括在私营或个体经营机构中劳动的帮工、学徒、雇用人员。

在岗职工　指在本单位工作且与本单位签订劳动合同，并由单位支付各项工资和社会保险、住房公积金的人员，以及上述人员中由于学习、病伤、产假等原因暂未工作仍由单位支付工资的人员。在岗职工还包括：

(1)应订立劳动合同而未订立劳动合同人员（如使用的农村户籍人员）；

(2)处于试用期人员；

(3)编制外招用的人员，如临时人员；

(4)派往外单位工作，但工资仍由本单位发放的人员（如挂职锻炼、外派工作等情况）。

在岗职工不包括：

(1)本单位使用的且由本单位直接支付工资的劳务派遣人员，应统计在本单位“劳务派遣人员”指标中；

(2)本单位因劳务外包而使用的人员，由承包劳务的单位统计为在岗职工。

在岗职工工资总额　指本单位在报告期内直接支付给本单位全部在岗职工的劳动报酬总额。在岗职工工资总额由基本工资、绩效工资、工资性津贴和补贴、其他工资四部分组成。工资总额不包括病假、事假等情况的扣款。

各单位在填报在岗职工工资总额四项构成时，应根据实际情况调整对应项目；如不能确定调整项，可扣减基本工资项。

在岗职工平均工资　指本单位在岗职工在报告期内平均每人所得的工资额。计算公式为：

$$\text{在岗职工平均工资}=\frac{\text{在岗职工工资总额}}{\text{在岗职工平均人数}}$$

在岗职工平均实际工资　指扣除物价变动因素后的在岗职工平均工资。计算公式为：

$$\text{在岗职工平均实际工资}=\frac{\text{报告期在岗职工平均工资}}{\text{报告期职工生活费价格指数}}\times 100\%$$

在岗职工平均工资指数　指报告期平均工资与基础平均工资的比率，是反映不同时期职工货币工资水平变动情况的相对数。它表明报告期平均工资比基期平均工资提高或降低的程度。计算公式为：

$$\text{在岗职工平均工资指数}=\frac{\text{报告期在岗职工平均工资}}{\text{基期在岗职工平均工资}}\times 100\%$$

城镇登记失业人员　指有非农业户口，在劳动年龄内（16 周岁至退休年龄），有劳动能力，无业而要求就业，并在当地劳动保障部门进行失业登记的人员。

城镇登记失业率　指城镇期末实有登记失业人数与城镇期末就业人员总数加城镇期末实有登记失业人数之比。计算公式为：

$$\text{城镇登记失业率}=\frac{\text{城镇期末实有登记失业人数}}{\text{城镇期末就业人员总数}+\text{城镇期末实有登记失业人数}}\times 100\%$$

Explanatory Notes on Main Statistical Indicators

Total Population refers to the total number of people alive at a certain point of time within a given area.

The annual statistics on total population is taken at midnight, the 31st of December.

Resident Population includes (1) population residing in the township or sub-district office area with residence registered here, (2) population residing in the township or sub-district office area more than half a year with residence registered in other places, (3) population residing in the township or sub-district office area less than half a year, but having left place of residence registration more than half a year, (4) population having left the place for less than half a year with residence registered in the township or sub-district office, (5) population residing in the township or sub-district office area with pending residence registration, (6) population now residing in foreign countries with residence registered in the township or sub-district office.

Urban Population and Rural Population Urban population refer to all people residing in cities and towns, while rural population refer to population other than urban population.

City and town include city area and town area. City area refers to the area of residence committees ruled by sub-district office in municipal district or cities with no district, and area of other residence committees which joined by urban public establishment and residence establishment.

Town area refers to the area of township and other areas besides the city zone, including the area of residence committees ruled by town government, and the area of villager's committees which joined by township public establishment and residence establishment.

Birth Rate (Crude Birth Rate) refers to the ratio of the number of birth to the average population (or mid-period population) during a certain period of time (usually a year), expressed in ‰. Birth rate in the chapter refers to annual birth rate. The following formula is used:

Birth Rate=(Number of Births/Average Number of Population)*1000‰

Number of births in the formula refers to live births, i.e. when a baby has breathed or shown any vital phenomena regardless of the length of pregnancy. Annual average number of population is the average of the beginning of the year and that at the end of the year. Sometimes it is substituted by the mid-year population.

Death Rate (Crude Death Rate) refers to the ratio of the number of deaths to the average population (or mid-period population) during a certain period of time (usually a year), expressed in ‰. Death rate in the chapter refers to annual death rate. The following formula is used:

Death Rate=(Number of Deaths/Annual Average Number of Population)*1000‰.

Natural Growth Rate of Population refers to the ratio of natural increase in population (number of births minus number of deaths) in a certain period of time (usually a year) to the average population (or mid-period population) of the same period, expressed in ‰. The following formula is applied:

Natural Growth Rate of Population=[(Number of Birth-Number of Death)/Average Number of Population]*1000‰=Birth Rate-Death Rate

Gross Dependency Ratio also called gross dependency coefficient, refers to the ratio of non-working-age population to the working-age population, express in ‰. Describing in general the number of non-working-age population that every 100 people at working ages will take care of, this indicator reflects the basic relation between population and economic development from the demographic perspective. The gross dependency ratio is calculated with the following formula:

$GDR=P_{0\text{-}14}+P_{65}^{+}/P_{15\text{-}64}\times 100\%$

Where: GDR is the gross dependency ratio;

$P_{0\text{-}14}$ is the population of children aged 0-14;

$P_{15\text{-}64}$ is the working-age population aged 15-64;

P_{65}^{+} is the elderly population aged 65 and over.

Old Dependency Ratio also called old dependency coefficient, refers to the ratio of the elderly population to the working-age population, express in ‰. It describes the number of the elderly population that every 100 people at working ages will take care of.

Old dependency ratio is one of the indicators reflecting the social implication of population aging from the economic perspective. The old dependency ratio is calculated with the following formula:

$ODR=P_{65}^{+}/P_{15\text{-}64}\times 100\%$

Where: ODR is the old dependency ratio;

$P_{15\text{-}64}$ is the working-age population aged 15-64;

P_{65}^{+} is the elderly population aged 65 and over.

Children Dependency Ratio also called children dependency coefficient, refers to the ratio of the children population to the working-age population, express in ‰. It describes the number of children population that every 100 people at working ages will take care of. The children dependency ratio is calculated with the following formula:

$CDR=P_{0\text{-}14}/P_{15\text{-}64}\times 100\%$

Where: CDR is the children dependency ratio;

$P_{0\text{-}14}$ is the children population aged 0-14;

$P_{15\text{-}64}$ is the working-age population aged 15-64.

Labor Resources refer to the persons, under normal condition, who are capable to labor within age of the total population. The coverage of labor resources includes: laborers within the working age (16 and over 16) and those who are capable to labor, and actually engaged in or not engaged in social labor. Labor resources also may be divided into economically active population and non-economically active population.

The following persons are not included in the labor resources;

(1)Prisoners in custody;

(2)Persons with the working age but disabled;

(3)Persons actually engaged in social labor under aged 16.

Employed Persons at the End of Period refer to the number of employees working and receiving wages or other form of payments in the units. It is a point data, which doesn't include the number of employees who dissolve labor contract relationship in the last day and before. It equals to the sum of the number of employed staff and workers, labor dispatch persons and other employed persons.

The following persons cannot be included:

(1)Staff and workers who get living expenses regularly from the units, while left the unit and retain labor relation;

(2)Students and undergraduate trainees who work in the units in their spare time;

(3) Labor outsourcing persons working in the units.

Private Enterprises and Self-employed Individuals refer to the persons work in and receive payment from the private enterprises and individual agencies including self-employed persons as well as helper and hired laborers.

Fully Employed Staff and Workers refer to persons who work in, and receive wages, social insurance and housing funds from their working units, as well as persons who have their work posts, but are temporarily absent from work for reasons of study or on sick, injury or maternal leave and still receive wages from their working units. Fully Employed Staff and Workers also include:

(1)Persons who should have signed the labor contracts but not, such as persons with rural household registration;

(2)Employees on probation;

(3)Employees beyond the staffing quota;

(4)Employees who are sent to other working units but still receive wages from the original units. (Situations like on-the-job placement, expatriated assignment, etc.)

Fully Employed Staff and Workers do not include:

(1)Dispatched persons who work and are paid directly by the working units should be counted into "labor dispatch persons" of the units;

(2)Persons through labor outsourcing who should be counted into fully employed staff and workers by the contracted units.

Total Wages of Fully Employed Staff and Workers refer to the total remuneration payment paid directly to the fully employed staff and workers by the units during a certain period of time. Total wages include four parts which include base wages, performance wages, allowances and subsidies and other wages. Total Wages do not include leave deductions.

Units can adjust the wage composition in according to the actual situation while filling the forms of total wages. When it doesn't confirm the adjustment items, the units can deduct the base wages.

Average Wages of Fully Employed Staff and Workers refers to the average wage in money terms per person during a certain period of time for fully employed staff and workers in enterprises, institutions and government agencies, which reflects the general level of wage income during a certain period of time and is calculated as follows:

$$\text{Average Wages of Fully Employed Staff and Workers} = \frac{\text{Total Wages of Fully Employed Staff and Workers}}{\text{Average Number of Fully Employed Staff and Workers}}$$

Average Real Wage of Fully Employed Staff and Workers refers to average wage of staff and workers after removing the effects of price changes, which is calculated as follows:

Average Real Wage of Fully Employed Staff and Workers

$$= \frac{\text{Average Wage of Fully Employed Staff and Workers in Reference Period}}{\text{Consumer Price Index of Urban Residents in Reference Period}} \times 100\%$$

Average Wage Indices of Fully Employed Staff and Workers refers to the ratio of average wage of stuff and workers at reference period to that at base period, which reflects the change of wage of staff and workers at different period and shows the increasing or decreasing level of average wage. It is calculated as follows:

Average Wage Indices of Fully Employed Staff and Workers

$$= \frac{\text{Average Wage of Fully Employed Staff and Workers in Reference Period}}{\text{Average Wage of Fully Employed Staff and Workers in Base Period}} \times 100\%$$

Registered Unemployed Persons in Urban Areas refer to the persons with non-agricultural household registration at certain working ages (16 years old to retirement age), who are capable of working, unemployed and willing to work, and have been registered at the local employment service agencies to apply for a job.

Registered Unemployment Rate in Urban Areas refers to the ratio of the number of the registered unemployed persons to the sum of the number of the registered unemployed persons and the number of registered employed persons in urban areas.

The formula is as follows:

Registered Unemployment Rate in Urban Areas

$$= \frac{\text{Number of Registered Urban Unemployed Persons}}{\text{Number of Registered Urban Employed Persons} + \text{Number of Registered Urban Unemployed Persons}} \times 100\%$$

03 PRICE 物价

PAGE 057-072

资料整理人员

朱　军　陈　中　张慧琴

物 价
PRICE

居民消费价格总指数	General Residents Consumer Price Index	103.1
城 镇	General Urban Residents Consumer Price Index	103.0
农 村	General Rural Residents Consumer Price Index	103.2
商品零售价格总指数	General Retail Price Index	101.8
工业生产者出厂价格指数	Ex-factory Price Index of Industrial Producer	90.7
工业生产者购进价格指数	Purchasing Price Index of Industrial Producer	95.5

工业生产者价格指数（上年=100）

Price Index of Industrial Producer (last year=100)

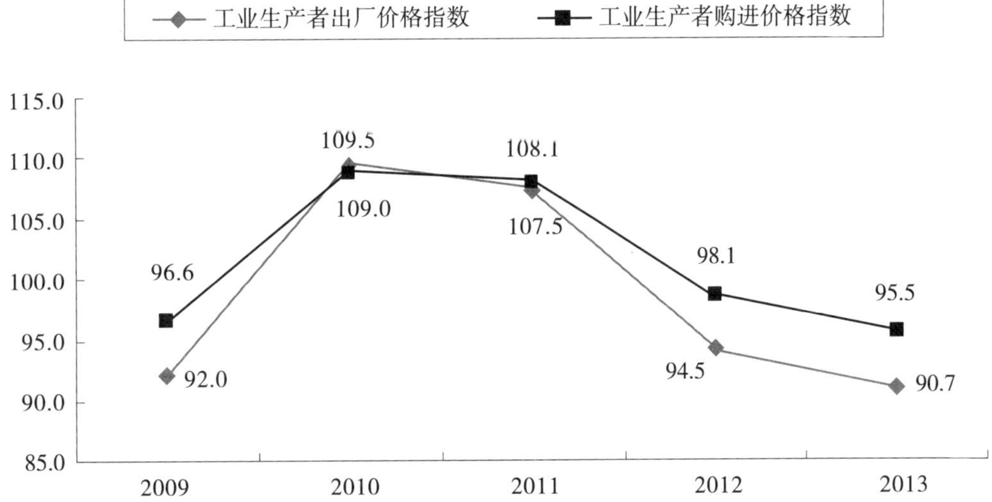

物价总指数（上年=100）

General Price Index (last year=100)

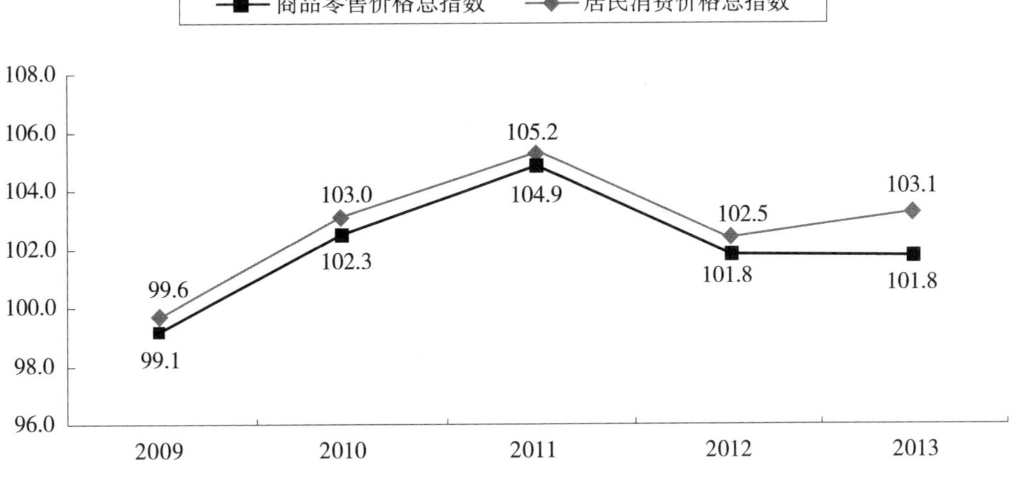

3-1 主要年份各类物价总指数
GENERAL PRICE INDICES IN MAJOR YEARS

上年=100 (last year=100)

年 份 Year	全省居民消费价格总指数 General Residents Consumer Price Index	城市居民消费价格总指数 General Urban Residents Consumer Price Index	农村居民消费价格总指数 General Rural Residents Consumer Price Index	全省商品零售价格总指数 General Retail Price Index
1978		100.0		100.0
1980	103.4	105.5	101.3	103.5
1985	108.5	109.1	107.8	107.6
1990	102.2	101.5	103.0	102.1
1995	116.9	116.7	117.2	115.6
2000	103.9	104.7	103.0	97.1
2005	102.3	101.7	103.7	100.3
2006	102.0	101.8	102.5	101.2
2007	104.6	104.2	105.7	104.2
2008	107.2	107.0	107.7	107.2
2009	99.6	99.0	100.9	99.1
2010	103.0	103.1	102.8	102.3
2011	105.2	105.1	105.4	104.9
2012	102.5	102.4	102.6	101.8
2013	103.1	103.0	103.2	101.8

3-1 续表 continued

1978年=100 (year of 1978=100)

年 份 Year	全省居民消费价格总指数 Ceneral Residents Consumer Price Index	城市居民消费价格总指数 General Urban Residents Consumer Price Index	农村居民消费价格总指数 General Rural Residents Consumer Price Index	全省商品零售价格总指数 General Retail Price Index
1978	100.0	100.0	100.0	143.1
1980	104.0	106.6	104.0	148.8
1985	123.4	128.2	122.0	174.5
1990	206.6	213.4	203.2	290.6
1995	391.3	421.6	356.7	510.1
2000	444.2	488.5	349.9	500.5
2005	472.9	508.9	354.3	506.8
2006	482.4	518.1	358.6	512.9
2007	504.6	539.9	373.7	534.4
2008	540.9	577.7	400.6	572.9
2009	538.7	571.9	397.0	567.7
2010	554.9	589.6	406.1	580.8
2011	583.8	619.7	426.0	609.3
2012	598.4	634.8	433.7	620.3
2013	617.0	653.8	441.5	631.5

3-2 主要年份城市居民消费价格总指数
GENERAL URBAN RESIDENTS CONSUMER PRICE INDICES IN MAJOR YEARS

年 份 Year	1950年价格=100 Year of 1950=100	1957年价格=100 Year of 1957=100	1965年价格=100 Year of 1965=100	1970年价格=100 Year of 1970=100	1978年价格=100 Year of 1978=100	1980年价格=100 Year of 1980=100	1985年价格=100 Year of 1985=100	1990年价格=100 Year of 1990=100	上年=100 Last Year=100
1978	141.3	104.1	98.6	100.0	100.0				100.0
1980	150.6	110.9	102.1	106.5	106.6	100.0			105.5
1985	181.1	133.5	123.0	128.2	128.2	120.3	100.0		109.1
1990	301.4	222.2	204.7	213.4	213.4	200.2	166.4	100.0	101.5
1995	595.6	439.3	404.6	421.6	421.6	395.8	328.9	197.6	116.7
2000	690.0	508.8	468.7	488.5	488.5	458.6	380.9	229.0	104.7
2005	718.8	530.1	488.3	508.9	508.9	477.7	396.8	238.7	101.7
2006	731.7	539.6	497.1	518.1	518.1	486.3	403.9	243.0	101.8
2007	762.4	562.3	518.0	539.9	539.9	506.7	420.9	253.2	104.2
2008	815.8	601.7	554.3	577.7	577.7	542.2	450.4	270.9	107.0
2009	807.6	595.7	548.8	571.9	571.9	536.8	445.9	268.2	99.0
2010	832.6	614.2	565.8	589.6	589.6	553.4	459.7	276.5	103.1
2011	875.1	645.5	594.7	619.7	619.7	581.6	483.1	290.6	105.1
2012	896.5	661.3	609.2	634.8	634.8	595.8	494.9	297.7	102.4
2013	923.4	681.1	627.5	653.9	653.8	613.7	509.7	306.6	103.0

3-3 主要年份商品零售价格总指数
GENERAL RETAIL PRICE INDICES IN MAJOR YEARS

年 份 Year	1950年价格=100 Year of 1950=100	1957年价格=100 Year of 1957=100	1965年价格=100 Year of 1965=100	1970年价格=100 Year of 1970=100	1978年价格=100 Year of 1978=100	1980年价格=100 Year of 1980=100	1985年价格=100 Year of 1985=100	1990年价格=100 Year of 1990=100	上年=100 Last Year=100
1978	143.1	104.2	95.4	99.6	100.0				100.0
1980	148.8	108.4	99.3	103.6	104.0	100.0			103.5
1985	174.5	127.0	116.3	121.5	122.0	117.3	100.0		107.6
1990	290.6	211.5	193.8	202.4	203.2	195.4	166.6	100.0	102.1
1995	510.1	371.3	340.3	355.5	356.7	343.1	292.5	175.6	115.6
2000	500.5	364.1	333.7	348.6	349.9	336.5	286.8	172.2	97.1
2005	506.8	368.8	337.9	353.0	354.3	340.6	290.3	174.3	100.3
2006	512.9	373.2	342.0	357.2	358.6	344.7	293.8	176.4	101.2
2007	534.4	388.9	356.4	372.2	373.7	359.2	306.1	183.8	104.2
2008	572.9	416.9	382.1	399.0	400.6	385.1	328.1	197.0	107.2
2009	567.7	413.1	378.7	395.4	397.0	381.6	325.1	195.2	99.1
2010	580.8	422.6	387.4	404.5	406.1	390.4	332.6	199.7	102.3
2011	609.3	443.3	406.4	424.3	426.0	409.5	348.9	209.5	104.9
2012	620.3	451.3	413.7	431.9	433.7	416.9	355.2	213.3	101.8
2013	631.5	459.4	421.1	439.7	441.5	424.4	361.6	217.1	101.8

3-4 居民消费价格分类指数(2013年)

GENERAL RESIDENTS CONSUMER PRICE INDICES BY CATEGORY OF COMMODITIES(2013)

上年=100 (last year=100)

指　标	Item	全 省 Total Province Indices	城 市 Urban Indices	农 村 Rural Indices
居民消费价格总指数	**General Residents Consumer Price Index**	**103.1**	**103.0**	**103.2**
一、食　品	Food	106.2	105.8	107.0
1.粮　食	Grain	109.1	107.5	111.9
2.淀粉及制品	Starches and Its Products	103.4	104.0	102.2
3.干豆类及豆制品	Bean and Its Products	104.2	103.6	105.8
4.油　脂	Oil or Fat	101.5	100.5	102.7
5.肉禽及其制品	Meat and Poultry	104.6	105.8	102.2
(1)食用畜肉及副产品	Poultry Meat and By-product	104.8	106.0	102.3
(2)禽	Poultry	98.7	98.4	99.4
(3)肉禽加工制品	Poultry Product	106.0	107.5	102.8
6.蛋	Eggs	103.1	102.7	103.9
7.水产品	Aquatic Products	101.5	102.1	99.2
(1)鱼	Fish	100.3	100.8	98.9
(2)其　他	Others	104.6	104.8	102.3
8.菜	Vegetables	109.4	107.9	112.8
(1)鲜　菜	Fresh Vegetables	109.1	107.6	112.6
(2)干菜及菜制品	Dried Vegetables and Its Products	102.2	103.3	99.4
9.调味品	Condiments	110.2	110.8	109.5
10.糖	Sugar	102.6	103.3	101.4
11.茶及饮料	Tea and Beverages	101.8	101.9	101.4
(1)茶　叶	Tea	101.2	101.5	99.9
(2)饮　料	Beverages	102.0	102.1	101.9
12.干鲜瓜果	Fresh and Dried Fruits	108.5	108.2	109.8
(1)鲜　果	Fresh Fruits	110.4	110.0	111.4
(2)干(坚)果	Dried Fruits	104.1	104.3	102.7
13.糕点饼干面包	Cake, Biscuit and Bread	103.6	103.8	103.0
14.液体乳及乳制品	Milk and Its Products	105.3	105.7	104.2
15.在外用膳食品	Food Eating out	106.0	105.2	107.8
(1)主　食	Staple Food	107.7	104.4	114.4
(2)炒　菜	Fried Dishes	103.2	103.9	101.5
(3)地方小吃	Local Snack	111.7	109.6	116.2
16.其他食品	Other Food	101.3	101.6	100.7
二、烟酒及用品	Tobacco, Liquor and Appliance	102.1	102.0	102.1
1.烟　草	Tobacco	99.9	99.6	100.2
2.酒	Liquor	106.0	106.2	105.8
3.吸烟饮酒用品	Appliance			
三、衣　着	Clothing	102.0	101.8	102.5
1.服　装	Garments	101.8	101.6	102.3
(1)男式服装	Man's Garments	102.4	102.6	101.9
(2)女式服装	Woman's Garments	101.3	101.5	100.6
(3)儿童服装	Children's Garments	101.9	98.3	106.2
2.衣着材料	Clothing Material	101.5	101.5	101.5
3.鞋袜帽	Shoes, Socks and Stockings, Hats	102.3	102.0	103.1
(1)鞋	Shoes	102.1	101.6	103.5
(2)袜　子	Socks and Stockings	103.5	104.1	102.3
(3)帽　子	Hats	102.0	102.5	101.1
4.衣着加工服务	Colthing Processing	108.3	109.5	104.6

3-4 续表 continued

上年=100 (last year=100)

指 标	Item	全 省 Total Province Indices	城 市 Urban Indices	农 村 Rural Indices
四、家庭设备用品及维修服务	Household Facilities and Maintenance Services	101.6	101.9	100.9
1.耐用消费品	Durable Consumer Goods	100.8	100.9	100.2
(1)家 具	Furniture	101.8	102.3	100.5
(2)家庭设备	Household Facilities	99.9	99.9	99.9
2.室内装饰品	Interior Decorations	100.8	100.7	101.3
3.床上用品	Bed Articles	103.1	104.3	100.3
4.家庭日用杂品	Daily Use Household Articles	100.9	101.0	100.7
5.家庭服务及加工维修服务	Household Service, Processing and Maintenance Services	109.6	110.1	107.7
五、医疗保健和个人用品	Health Care and Personal Articles	100.8	101.3	100.0
1.医疗保健	Health Care	100.9	101.4	99.8
(1)医疗器具及用品	Medical Appliances and Articles	101.0	101.5	100.1
(2)中药材及中成药	Traditional Chinese Medicine	103.4	103.9	102.3
(3)西 药	Western Medicine	101.3	101.3	101.3
(4)保健器具及用品	Health Care Equipment	102.7	103.5	100.0
(5)医疗保健服务	Medical and Health Care Services	99.3	100.1	98.3
2.个人用品及服务	Personal Articles and Services	100.8	100.8	100.6
(1)化妆美容用品	Cosmetics	102.7	103.3	100.2
(2)清洁化妆用品	Sanitation Articles	100.9	100.9	100.9
(3)个人饰品	Personal Decorations	97.0	97.6	95.2
(4)个人服务	Personal Service	104.1	103.8	104.8
六、交通和通信	Transportation and Communication	99.2	98.8	100.1
1.交 通	Transportation	99.6	99.1	100.8
(1)交通工具	Means of Transportation	98.6	98.0	100.2
(2)车用燃料及零配件	Fuel and Parts of Transportation	98.6	98.5	98.7
(3)车辆使用及维修	Use and Repairment of Traffic Means	105.0	103.3	113.2
(4)市区公共交通	Urban Public Transportation	101.4	100.4	103.8
(5)城市间交通	Transportation Between Cities	98.9	99.2	98.4
2.通 信	Communication	98.6	98.3	99.2
(1)通信工具	Means of Communication	85.1	80.5	93.3
(2)通信服务	Service of Communication	100.1	100.1	100.0
七、娱乐教育文化用品及服务	Recreation, Education and Culture Articles and Services	102.5	102.8	101.4
1.文娱用耐用消费品及服务	Durable Consumer Goods and Service for Cultural Recreational Use	95.8	94.8	98.4
2.教 育	Education	102.6	103.3	100.9
(1)教材及参考书	Teaching Materials and Reference Books	106.6	106.6	106.6
(2)教育服务	Education Service	102.2	102.9	100.4
3.文化娱乐类	Cultural and Recreational Articles	101.6	101.6	101.9
(1)文化娱乐	Cultural and Recreational	99.9	99.2	100.7
(2)书报杂志	Newspapers and Magazines	101.8	101.2	102.9
(3)文娱费	Recreational Fees	102.7	102.6	103.2
4.旅 游	Tourism	107.9	108.3	106.4
八、居 住	Residence	102.5	102.5	102.3
1.建房及装修材料	Housing Building and Decorations	100.5	100.1	101.0
2.住房租金	Rent for Housing	106.3	104.6	109.3
3.自有住房	Private House	104.0	104.1	103.8
4.水、电、燃料	Water, Electricity and Fuels	100.1	100.0	100.2

3-5 商品零售价格分类指数(2013年)
GENERAL RETAIL PRICE INDICES BY CATEGORY OF COMMODITIES(2013)

上年=100 (last year=100)

指 标	Item	全 省 Total Province Indices	城 市 Urban Indices	农 村 Rural Indices
商品零售价格总指数	**General Retail Price Indices**	**101.8**	**101.6**	**102.3**
一、食品类	Food	106.3	105.8	107.0
1.粮 食	Grain	109.3	107.6	111.6
2.淀粉及制品	Starches and Its Products	102.5	102.8	102.1
3.干豆类及豆制品	Bean and Its Prodrcts	104.1	103.5	105.8
4.油 脂	Oil or Fat	102.2	100.8	103.4
5.肉禽及其制品	Meat, Poultry and their Products	104.5	105.8	102.4
6.蛋	Eggs	103.6	103.0	104.3
7.水产品	Aquatic Products	101.3	101.7	99.7
8.菜	Vegetables	109.3	107.9	111.8
9.调味品	Condiments	110.4	110.5	110.3
10.糖	Sugar	102.8	103.7	101.4
11.干鲜瓜果	Fresh and Dried Fruits	108.7	108.0	111.0
12.糕点饼干面包	Cake, Biscuit and Bread	104.0	104.3	102.9
13.液体乳及乳制品	Milk and Its Products	104.8	105.0	104.4
14.在外用膳食品	Food Eating out	106.0	105.1	107.5
15.其 他	Others	101.2	101.7	100.6
二、饮料、烟酒	Drinking, Tobacco and Liquor	101.4	101.4	101.4
1.茶及饮料	Tea and Drinking	101.7	101.7	101.5
2.烟 草	Tobacco	99.8	99.4	100.3
3.酒	Liquor	105.9	106.4	104.9
三、服装、鞋帽类	Garments, Shoes and Hats	102.1	101.5	103.1
1.服 装	Garments	102.1	101.4	103.4
2.鞋袜帽	Shoes, Socks and Stockings, Hats	102.2	102.1	102.6
3.其 他	Others	99.6	99.2	100.2
四、纺织品类	Textiles	102.7	103.4	101.1
1.衣着材料	Clothing Material	101.7	101.3	102.1
2.床上用品	Bed Articles	102.9	103.8	100.7
五、家用电器及音像器材	Household Appliances and Audiovisual Equipment	98.5	98.1	99.0
1.家庭设备	Household Facilities	99.9	99.9	99.9
2.文娱用耐用消费品	Durable Consumer Goods for Cultural and Recreational Use	95.5	93.0	97.9
3.专业音像器材	Professional Audiovisual Equipment	98.0	98.0	

3-5 续表 continued

上年=100 (last year=100)

指 标	Item	全 省 Total Province Indices	城 市 Urban Indices	农 村 Rural Indices
六、文化办公用品	Culture and Office Articles	98.0	97.0	99.9
七、日用品	Daily Use Articles	100.6	100.5	100.8
1.日用百货	Daily Use Articles	100.2	99.8	101.1
2.日用杂品	Daily Use Sundry Goods	100.7	100.9	100.6
3.洗涤用品	Washing Goods	100.9	101.0	100.7
4.其 他	Others	100.8	100.8	100.7
八、体育娱乐用品	Sports and Recreational Articles	100.9	100.8	101.1
1.体育用品	Sports Articles	101.2	101.0	101.7
2.娱乐用品	Recreational Articles	100.7	100.7	100.7
九、交通、通信用品	Transportation and Communication Appliances	98.1	98.3	97.6
1.交通运输机械	Transportation Machinery	99.7	99.7	99.7
2.通讯器材类	Communication Equipment	91.5	90.9	92.5
十、家 具	Furniture	101.7	102.3	100.7
十一、化妆品类	Cosmetics	101.9	102.6	100.3
十二、金银珠宝类	Gold, Silver and Jewelry	92.1	92.6	91.1
十三、中西药品及医疗保健用品类	Traditional, Western Medicines and Health Care Products	101.9	102.2	101.3
1.医疗器具及用品	Medical Appliances and Articles	100.6	101.2	99.5
2.中药材及中成药	Traditional Chinese Medicine	103.6	104.1	102.5
3.西 药	Western Medicine	101.3	101.2	101.4
4.保健器具及用品	Health Care Equipment and Articles	102.7	103.7	99.8
十四、书报杂志及电子出版物类	Newspapers, Magazines and Electronic Publication	102.9	103.0	102.7
1.教材及参考书	Teaching Materials and Reference Books	105.9	105.9	105.9
2.书报杂志	Newspapers and Magazines	101.5	101.4	101.8
3.电子音像制品	Electronic Audiovisual Products	100.5	100.8	100.0
十五、燃料类	Fuels	97.4	97.2	97.7
1.煤炭及制品类	Coal and Coal Products	91.7	90.1	94.1
2.石油及制品类	Petroleum and its Products	99.5	99.4	99.6
十六、建筑材料及五金电料类	Building Materials, Hardware and Electrical Materials	99.7	99.4	100.1
1.建筑装璜材料	Decoration Materials	99.6	99.3	100.1
2.五金电料类	Hardware and Electrical Materials	99.8	99.7	100.0

3-6 农业生产资料价格分类指数
INDICES OF AGRICULTURAL PRODUCTIVE MATERIALS BY CATEGORY OF COMMODITIES

上年=100 (last year=100)

类 别	Category	2005	2010	2013
农业生产资料价格指数	**Price Indices of Agricultural Pruductive Materials**	**113.3**	**102.0**	**102.5**
一、农用手工工具	Manipulative Tools for Agruiculture	125.8	103.3	101.8
二、饲 料	Forage	109.0	109.7	102.0
三、产品畜	Commodity Animals	114.0	96.1	101.4
四、半机械化农具	Semi-mechanized Farm Implements	101.8	100.0	100.0
五、机械化农具	Mechanized Farm Implements	101.4	99.6	99.9
六、化学肥料	Chemical Fertilizer	115.9	94.7	100.4
七、农药及农药械	Pesticide and Its Appliances	129.7	101.3	101.3
1.化学农药	Chemical Pesticide	133.2	101.1	100.4
2.农药器械	Chemical Pesticide Appliances	116.0	102.2	104.0
八、农用机油	Oil for Farm Machinery	109.5	109.8	100.0
九、其他农业生产资料	Other Agricultural Pruductive Material	116.4	105.7	102.9
十、农业生产服务	Agricultural Pruductive Service		107.2	110.2

3-7 调查市县居民消费价格指数(2013年)
RESIDENTS CONSUMER PRICE INDICES IN CITIES AND COUNTIES SURVEYED(2013)

上年=100 (last year=100)

市 县	Region	居民消费价格总指数 General Index	食品类 Food	烟酒类 Tobacco and Liquor	衣着类 Clothing	家庭设备用品及维修服务 Household Appliances and Maintenance Services	医疗保健和个人用品 Health Care and Personal Articles	交通和通信类 Transportation and Communication	娱乐教育文化用品及服务 Recreation, Education and Cultural Articles and Services	居住类 Residence
全 省	**Total**	**103.1**	**106.2**	**102.1**	**102.0**	**101.6**	**100.8**	**99.2**	**102.5**	**102.5**
太原市	Taiyuan	103.1	105.5	100.9	100.9	103.8	101.4	99.2	103.9	102.7
大同市	Datong	102.7	105.8	101.9	103.1	101.0	101.8	98.1	101.3	100.9
阳泉市	Yangquan	103.0	106.1	102.3	100.7	100.6	100.6	100.5	102.2	102.8
长治市	Changzhi	103.2	107.0	101.7	104.2	103.2	101.6	98.7	101.0	101.6
晋城市	Jincheng	103.4	106.1	101.9	101.5	100.3	101.6	97.5	100.3	107.3
朔州市	Shuozhou	102.9	105.8	103.5	101.9	100.9	102.0	99.9	101.1	102.4
晋中市	Jinzhong	103.0	106.4	102.6	102.8	101.2	100.5	100.0	101.2	102.1
运城市	Yuncheng	102.8	104.7	101.9	98.4	101.0	102.1	99.9	102.9	104.8
忻州市	Xinzhou	103.0	105.4	101.3	102.1	100.5	100.2	98.2	100.5	106.0
临汾市	Linfen	102.4	104.7	101.0	101.9	101.9	100.6	99.8	100.8	102.8
吕梁市	Lvliang	103.0	106.2	103.4	101.1	100.2	101.7	99.3	102.7	101.9
汾阳市	Fenyang	103.4	105.3	100.8	101.5	100.5	100.4	100.5	102.9	105.3
永济市	Yongji	102.8	107.1	103.6	98.4	100.4	101.3	100.3	101.0	100.7
平遥县	Pingyao	103.9	109.2	100.4	100.6	101.2	100.9	100.8	100.9	102.9
浑源县	Hunyuan	102.9	105.7	101.7	103.3	100.8	100.3	101.8	101.7	100.7
兴 县	Xingxian	103.1	105.8	101.1	107.7	101.2	100.1	100.4	100.3	101.2
洪洞县	Hongtong	103.3	106.3	100.4	104.8	101.0	99.3	100.9	103.7	102.1

3-8 调查市县商品零售价格指数(2013年)

RETAIL PRICE INDICES IN CITIES AND COUNTIES SURVEYED(2013)

上年=100 (last year=100)

市 县 Region		商品零售价格指数 General Index	食品类 Food	服装鞋帽类 Garments, Shoes and Hats	纺织品类 Textiles	家用电器及音像器材 Household Appliances and Audiovisual Equipment	日用品类 Daily Use Articles	中西药品及医疗保健用品类 Traditional, Western Medecines and Health Care Products	燃料类 Fuels	建筑材料及五金电料类 Building Materials, Hardware and Electrical Materials
全 省	**Total**	**101.8**	**106.3**	**102.1**	**102.7**	**98.5**	**100.6**	**101.9**	**97.4**	**99.7**
太原市	Taiyuan	101.3	105.6	100.8	107.6	94.4	100.0	102.1	98.2	99.3
大同市	Datong	101.7	105.9	103.0	94.2	98.7	103.5	103.7	96.6	99.4
阳泉市	Yangquan	101.8	106.2	100.7	99.5	99.2	100.9	101.2	97.4	100.0
长治市	Changzhi	102.1	106.9	104.3	103.1	98.9	100.9	105.2	97.7	98.2
晋城市	Jincheng	101.1	106.2	101.5	100.8	95.6	99.7	103.7	99.5	98.8
朔州市	Shuozhou	102.4	105.8	101.9	100.3	99.7	103.5	100.5	102.1	99.7
晋中市	Jinzhong	102.1	106.5	102.7	106.4	98.7	100.8	102.6	97.2	99.5
运城市	Yuncheng	101.3	104.7	98.9	101.7	97.6	99.9	102.5	99.1	101.7
忻州市	Xinzhou	100.3	105.4	101.9	100.9	90.5	98.8	101.7	98.0	99.0
临汾市	Linfen	101.4	104.8	101.6	103.7	98.1	101.1	101.2	94.0	100.3
吕梁市	Lvliang	101.7	106.3	101.1	100.1	99.0	101.7	101.7	98.6	99.1
汾阳市	Fenyang	101.7	105.4	101.4	100.6	98.7	101.1	101.2	96.6	99.2
永济市	Yongji	102.4	107.6	98.3	101.5	98.8	100.8	103.4	98.1	101.1
平遥县	Pingyao	101.7	109.4	100.6	103.3	100.1	101.2	100.4	94.8	99.5
浑源县	Hunyuan	102.3	105.4	105.9	100.1	100.0	100.7	102.3	101.8	99.3
兴 县	Xingxian	102.2	105.9	107.7	102.9	99.1	100.2	101.0	96.6	99.6
洪洞县	Hongtong	102.4	106.6	105.9	100.1	98.4	100.6	101.1	99.1	100.3

3-9 工业生产者购进价格指数

PURCHASING PRICE INDICES OF INDUSTRIAL PRODUCER

上年=100 (last year=100)

名 称	Item	2005	2010	2013
总 指 数	**Total Price Index**	**108.2**	**109.0**	**95.5**
一、燃料动力类	Fuels	113.2	104.9	94.7
二、黑色金属材料类	Ferrous Metal Materials	105.5	110.1	95.0
钢 材	Steel	107.0	103.6	96.1
其 他	Others	104.5	115.7	94.2
三、有色金属材料和电线类	Non-ferrous Metals	115.8	119.9	90.7
四、化工原料类	Chemical Raw Materials	107.8	112.2	97.5
五、木材及纸浆类	Timber and Paper Pulp	104.5	103.5	100.1
六、建筑材料及非金属矿类	Building Materials and Non-metal Mineral	105.1	98.2	100.5
七、其他工业原材料及半成品类	Other Industrial Raw Materials and Half-products	104.6	102.5	98.4
八、农副产品类	Farm Products	105.0	118.8	98.1
九、纺织原料类	Textile Raw Materials	101.8	111.4	98.0

3-10 工业生产者出厂价格指数
EX-FACTORY PRICE INDICES OF INDUSTRIAL PRODUCER

上年=100 (last year=100)

指　标	Item	2005	2010	2013
全部工业品	**Total Industrial Products**	**110.2**	**109.5**	**90.7**
1.轻工业	Light Industry	102.4	101.8	101.5
以农产品为原料	Using Farm Products as Raw Materials	100.4	106.7	102.0
以非农产品为原料	Using Non-farm Products as Raw Materials	103.9	98.4	99.8
重工业	Heavy Industry	111.3	110.2	90.2
采掘工业	Ming and Quarrying	127.3	112.1	85.5
原料工业	Raw Material Industry	106.4	109.8	89.4
加工工业	Manufacturing Industry	104.4	109.6	93.8
2.生产资料	Productive Materials	110.6	109.7	90.2
采掘工业	Ming and Quarrying	127.1	110.7	85.5
原料工业	Raw Material Industry	104.7	110.1	89.4
加工工业	Manufacturing Industry	103.7	107.9	93.9
生活资料	Living Materials	102.8	104.9	101.8
食　品	Food	102.1	105.0	102.1
衣　着	Clothing	100.6	104.9	100.7
一般日用品	Daily Articles	105.6	105.2	101.0
耐用消费品	Duriable Consumer	105.9	101.7	100.0
按工业部门分	**By Department of Industry**			
1.冶金工业	Metallurgical Industry	104.6	114.3	91.7
2.电力工业	Power Industry	105.3	105.7	99.7
3.煤炭及炼焦工业	Coal and Coking Industry	119.3	110.5	85.3
4.石油工业	Petroleum Industry	102.6	101.2	98.3
5.化学工业	Chemical Industry	111.2	102.8	96.4
6.机械工业	Machine Industry	103.6	98.9	98.0
7.建筑材料工业	Building Materials Industry	103.9	98.5	95.8
8.森林工业	Forestry Industry	102.7	104.8	97.8
9.食品工业	Food Industry	102.6	105.4	102.4
10.纺织工业	Textile Industry	90.9	116.9	100.7
11.缝纫工业	Tailoring Industry	100.3	104.9	100.7
12.皮革工业	Leather Industry	108.2	104.2	115.2
13.造纸工业	Paper Making Industry	103.0	105.5	97.1
14.文教艺术用品工业	Cultural, Education & Handicrafts Article	104.5	101.8	98.4
15.其他工业	Other Industry	104.7	102.5	98.0

3-11 工业生产者分行业出厂价格指数
EX-FACTORY PRICE INDICES OF INDUSTRIAL PRODUCER BY SECTOR

上年=100 (last year=100)

指 标	Item	2012	2013
煤炭开采和洗选业	Coal Mining and Dressing	94.6	85.4
石油和天然气开采业	Petroleum and Natural Gas Extraction	100.3	100.9
黑色金属矿采选业	Ferrous Metals Mining and Dressing	92.5	95.6
有色金属矿采选业	Non-ferrous Metals Mining and Dressing	97.5	89.2
非金属矿采选业	Non-metal Minerals Mining and Dressing	100.4	97.5
其他采矿业	Other Minings		
农副食品加工业	Farm Products Processing	100.3	102.6
食品制造业	Food Manufacturing	102.1	103.8
饮料制造业	Beverage Manufacturing	101.7	101.1
烟草制品业	Tobacco Products	102.6	100.5
纺织业	Textile Industrial	93.1	100.6
纺织服装、鞋、帽制造业	Garments, Shoes and Hats Manufacturing	105.6	100.8
皮革、毛皮、羽毛(绒)及其制品业	Leather, Furs, Down and Related Products	92.8	115.2
木材加工及木、竹、藤、棕、草制品业	Timber Processing, Bamboo, Cane, Plam, Fiber and Straw Products	100.0	97.7
家具制造业	Furniture Manufacturing	103.1	100.2
造纸及纸制品业	Papermaking and Paper Products	99.6	97.1
印刷业和记录媒介的复制	Printing and Record Medium Reproduction	100.5	97.5
文教体育用品制造业	Cultural, Educational and Sports Goods	103.0	100.0
石油加工、炼焦及核燃料加工业	Petroleum Processing, Coking and Nuclear Fuel Processing	88.7	85.1
化学原料及化学制品制造业	Raw Chemical Materials and Chemical Products	99.9	95.3
医药制造业	Medical and Pharmaceutical Products	98.7	102.8
化学纤维制造业	Chemical Fiber	92.7	98.0
橡胶制品业	Rubber Products	94.6	93.0
塑料制品业	Plastic Products	99.2	100.4
非金属矿物制品业	Non-metal Mineral Products	98.4	96.1
黑色金属冶炼及压延加工业	Smelting and Pressing of Ferrous Metals	86.2	90.7
有色金属冶炼及压延加工业	Smelting and Pressing of Non-ferrous Metals	95.8	95.1
金属制品业	Metal Prodcuts	98.1	99.4
通用设备制造业	Ordinary Machinery Manufacturing	99.9	98.4
专用设备制造业	Special Purpose Equipment Manufacturing	97.7	98.7
交通运输设备制造业	Transport Equipment Manufacturing	100.6	97.4
电气机械及器材制造业	Electric Equipment and Machinery	100.3	99.0
通信设备、计算机及其他电子设备制造业	Telecommunications Equipments , Computer and Other Electronic Equipments Manufacturing	101.4	95.9
仪器仪表及文化、办公用机械制造业	Instrument, Meters, Cultural and Office Machinery Manufacturing	98.4	98.7
工艺品及其他制造业	Handicraft Articles and Others Manfacturing	100.1	99.4
废弃资源和废旧材料回收加工业	Resources Discarded & Waste Materials Recovering and Processing		
电力、热力的生产和供应业	Production & Supply of Electric Power and Heating Power	105.8	99.7
燃气生产和供应业	Production and Supply of Gas	100.0	100.1
水的生产和供应业	Production and Supply of Water	101.1	101.0

3-12 固定资产投资价格指数
PRICE INDICES OF INVESTMENT IN FIXED ASSETS

上年=100 (last year=100)

指　标	Item	2005	2010	2013
固定资产投资	**Investment in Fixed Assets**	**103.0**	**103.7**	**100.5**
建筑安装、装饰工程	**Construction, Installation and Decoration**	**102.7**	**105.5**	**100.8**
人工费	Labour	106.9	109.1	109.2
工程管理人员	Manager	105.8	109.6	104.3
工程技术人员	Engineer	106.4	107.2	106.3
普通工人	Ordinary Labour	107.2	109.4	110.8
材料费	Material	101.7	104.5	97.4
钢　材	Steel	100.1	105.0	94.4
木　材	Timber	101.4	102.4	102.2
水　泥	Cement	102.3	104.9	99.6
地方建筑材料	Local Construction Material	104.8	104.1	99.9
化工材料	Chemical Material	106.5	104.4	101.5
电　料	Electric Material	98.7	104.4	100.2
其他材料	Others	103.7	104.4	102.3
机械费	Machinery	102.9	104.9	103.6
土石方及筑路机械	Earthwork and Road Building Machinery	103.6	104.4	103.5
打桩机械	Piling	100.2	103.1	99.7
起重机械	Hoist	104.1	102.9	105.1
运输机械	Transporting	103.0	107.7	103.7
混凝土及砂浆机械	Concrete and Sand Starch	102.4	104.2	103.1
加工机械	Processing	100.8	102.7	102.4
泵类机械	Pumping	100.6	102.3	108.1
船舶机械	Shipping	95.2		
其他机械	Others	101.6	105.6	101.5
设备、工器具购置	**Purchase of Equipment, Tools and Instruments**	**104.3**	**100.3**	**99.0**
其他费用	**Others**	**102.5**	**100.9**	**100.7**
土地取得费	Land Obtaining	101.5	100.3	102.0
前期工程费	Prophase Project	102.2	100.1	99.7
施工工作费	Construction	103.7	101.8	100.9
建设单位其他费用	Other fees of Construction Unit	102.6	101.3	100.2

主要统计指标解释

居民消费价格指数 反映居民生活消费品及服务项目价格变动趋势和变动程度的相对数，采用链式拉斯贝尔公式，加权平均计算。根据抽样调查方法在全省抽取 17 个调查市、县为填报单位。

商品零售价格指数 反映市场商品零售价格变动趋势和变动程度的相对数，计算方法及样本单位同上。

农业生产资料价格指数 反映农业生产资料价格变动趋势和变动程度的相对数，计算方法同上，根据抽样调查方法在全省抽取 6 个县、市为填报单位。

工业生产者出厂价格指数 是反映全部工业产品出厂价格总水平的变动趋势和程度的相对数，根据全省部分重点企业的产品出厂价格的定期调查资料，按加权算术平均公式计算。

工业生产者购进价格指数 是反映工业企业购进主要原材料、燃料、动力价格水平变动趋势和程度的相对数。根据全省部分重点企业主要原材料、燃料、动力购进价格的定期调查资料，按加权算术平均公式计算。

Explanatory Notes on Main Statistical Indicators

Residents Consumer Price Indices reflect the trend and degree of changes in prices of consumer goods and services purchased by urban and rural residents. They are calculated by the weighted arithmetic mean, using Byes formula. According to sampling survey, draw 17 survey cities and counties in total Province as report units.

Retail Price Indices reflect the general change and degree in retail prices of market commodities. The calculating method and sample unit are the same as above.

Indices of Agricultural Productive Materials refer the trend and degree of changes in price of agricultural productive materials. The calculating method is same as above, and drawing 6 survey cities and counties as report units.

Ex-factory Price Indices of Industrial Producer reflect the trend and degree of changes in ex-factory prices of all industrial products. They are calculated by the weighted arithmetic mean, according to regular survey data of ex-factory price in part of important enterprises in the province.

Purchasing Price Indices of Industrial Producer reflect the trend and degree of changes in prices of industrial enterprises purchasing raw materials and fuels. They are calculated by the weighted arithmetic mean, according to regular survey data of major raw materials and fuels purchasing price in part of important enterprises in the province.

04

人民生活

PEOPLE'S LIVELIHOOD

PAGE

073-092

资料整理人员

刘　琳

人民生活
PEOPLE'S LIVELIHOOD

城镇居民人均可支配收入	Per Capita Disposable Income of Urban Households	22455.6	元 (yuan)
城镇居民人均消费性支出	Per Capita Living Expenditure of Urban Households	13166.2	元 (yuan)
农民居民人均纯收入	Per Capita Net Income of Rural Households	7153.5	元 (yuan)
农村居民人均消费支出	Per Capita Living Expenditure of Rural Households	6017.1	元 (yuan)

城乡居民恩格尔系数 (%)

Engel's Coefficient of Urban and Rural Residents (%)

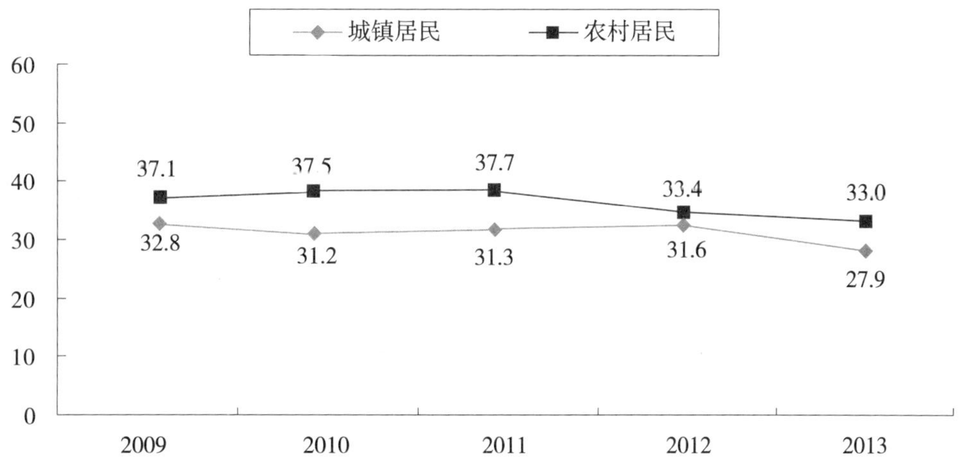

城乡居民家庭人均收入 (元)

Per Capita Disposable Income of Urban Households and Net Income of Rural Households (yuan)

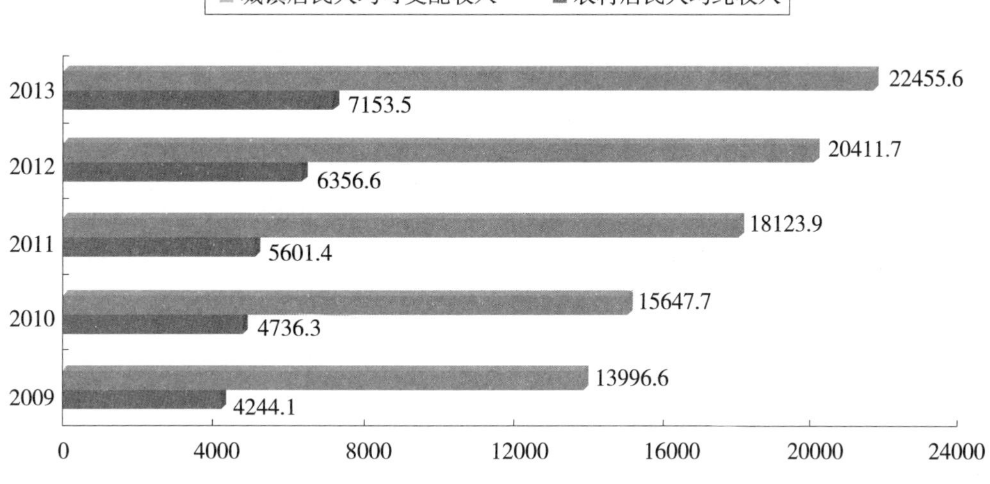

4-1 全省居民家庭生活基本情况(2013年)

BASIC CONDITIONS OF THE PROVINCIAL HOUSEHOLDS(2013)

指　　标	Item	2013
一、调查户数(户)	Number of Households Surveyed (household)	4509
二、平均每户家庭人口数(人)	Average Household Size (person)	3.10
三、平均每户劳动力数(人)	Average Number of Employees Per Household (person)	2.19
四、平均每一劳动力负担人数(人)	Number of Persons Supported by Each Employee (person)	1.42
五、平均每人全年可支配收入(元)	Per Capita Disposable Income (yuan)	15119.72
六、平均每人全年消费性支出(元)	Per Capita Annual Living Expenditure (yuan)	10118.30

注：本表为2013年国家统计局城乡一体化住户调查数据。

Note: Data in the table are obtained from urban and rural integration household survey which conducted by the National Bureau of Statistics in 2013.

4-2 城镇居民家庭生活基本情况

BASIC CONDITIONS OF URBAN HOUSEHOLDS

指　　标	Item	2005	2010	2013
一、调查户数(户)	Number of Households Surveyed (household)	1810	1810	1739
二、平均每户家庭人口数(人)	Average Household Size (person)	2.97	2.84	3.00
三、平均每户就业人口数(人)	Average Number of Employees Per Household (person)	1.47	1.34	1.48
四、平均每一就业者负担人数(人)	Number of Persons Supported by Each Employee (person)	2.02	2.12	2.02
五、平均每人全年可支配收入(元)	Per Capita Disposable Income (yuan)	8913.90	15647.66	22455.63
六、平均每人全年消费性支出(元)	Per Capita Annual Living Expenditure (yuan)	6342.63	9792.65	13166.19
七、人均住房建筑面积(平方米)	Construction Space Per Capia(sq.m)	25.57	28.02	31.09

4-3 城镇居民家庭人均全部收入及构成
TOTAL INCOME PER CAPITA AND COMPOSITION OF URBAN HOUSEHOLDS

指　　标	Item	2005	2010	2013
家庭总收入(元)	**Total Income (yuan)**	**9538.56**	**16893.00**	**24013.59**
#可支配收入	Disposable Income	8913.91	15647.66	22455.63
一、工薪收入	Income of Pay	7103.46	10784.74	16216.40
工资及补贴收入	Wage and Subsidy	6687.69	10458.97	15426.22
其他劳动收入	Other Income	415.77	325.78	790.18
二、经营净收入	Net Business Income	350.90	1044.85	1220.90
三、财产性收入	Property Income	136.38	198.59	359.10
#利息收入	Interest	18.61	41.29	86.13
股息与红利收入	Dividend and Bonus	37.03	24.18	27.52
其他投资收入	Other Investment Income	32.28	31.54	19.93
出租房屋收入	House Rent Income	34.45	96.03	178.32
四、转移性收入	Transfer Income	1947.76	4864.81	6217.20
#养老金或离退休金	Pensions For Old People and Retired Veterans	1550.98	3928.90	5398.38
社会救济收入	Social Relief Income	19.62	71.43	102.22
辞退金	Dismiss Pensions	12.50	19.84	45.21
赡养收入	Old Alimony	72.64	200.94	257.88
捐赠收入	Contribution Income	211.14	484.83	225.07
提取住房公积金	Drawing House Accumulation Fund	13.76	11.41	7.23
家庭总收入构成(%)	**Composition of Total Income (%)**	**100.00**	**100.00**	**100.00**
#可支配收入	Disposable Income	93.45	92.63	93.51
一、工薪收入	Income of Pay	74.47	63.84	67.53
工资及补贴收入	Wage and Subsidy	70.11	61.91	64.24
其他劳动收入	Other Income	4.36	1.93	3.29
二、经营净收入	Net Business Income	3.68	6.19	5.08
三、财产性收入	Property Income	1.43	1.18	1.50
#利息收入	Interest	0.20	0.24	0.36
股息与红利收入	Dividend and Bonus	0.39	0.14	0.11
其他投资收入	Other Investment Income	0.34	0.19	0.08
出租房屋收入	House Rent Income	0.36	0.57	0.74
四、转移性收入	Transfer Income	20.42	28.80	25.89
#养老金或离退休金	Pensions For Old People and Retired Veterans	16.26	23.26	22.48
社会救济收入	Social Relief Income	0.21	0.42	0.43
辞退金	Dismiss Pensions	0.13	0.12	0.19
赡养收入	Old Alimony	0.76	1.19	1.07
捐赠收入	Contribution Income	2.21	2.87	0.94
提取住房公积金	Drawing House Accumulation Fund	0.14	0.07	0.03

4-4 城镇居民家庭平均每人全年消费性支出及构成
LIVING EXPENDITURE PER CAPITA AND COMPOSITION OF URBAN HOUSEHOLDS

项　目	Item	2005	2010	2013
消费性支出(元)	**Living Expenditure (yuan)**	**6342.63**	**9792.65**	**13166.19**
一、食　品	Food	2056.79	3052.57	3676.65
1.粮油类	Grain, Oil and Fats	376.96	587.07	669.97
2.肉禽蛋水产品类	Meats, Poultry, Eggs and Aquatic Products	392.56	579.54	675.13
3. 蔬菜类	Vegetables	247.57	347.90	377.24
4.调味品	Seasoning	24.45	47.78	51.94
5.糖烟酒饮料类	Sugar, Tobacco, Liquor and Drinking	233.64	368.78	508.71
6.干鲜瓜果类	Dry and Fresh Fruits	144.14	289.15	358.16
7. 糕点、奶及奶制品	Cakes, Milk and Milk Products	199.68	239.24	308.62
8. 其他食品	Other Foods	31.97	62.66	92.57
9. 饮食服务	Catering Service	405.82	530.45	634.31
二、衣　着	Clothing	933.03	1205.89	1627.53
三、居　住	Residence	727.91	1245.00	1612.36
四、家庭设备用品及服务	Household Facilities, Articles and Services	359.44	612.59	870.91
五、医疗保健	Health Care	538.70	774.89	1020.61
六、交通和通信	Transportation and Communication	604.35	1340.90	1775.85
七、教育文化娱乐服务	Education, Culture and Recreation Services	932.53	1229.68	2065.44
八、杂项商品和服务	Miscellaneous Commodities and Services	189.88	331.14	516.84
消费性支出构成 (%)	**Composition of Living Expenditure(%)**	**100.00**	**100.00**	**100.00**
一、食　品	Food	32.43	31.17	27.92
1.粮油类	Grain, Oil and Fats	5.94	6.00	5.09
2.肉禽蛋水产品类	Meats, Poultry, Eggs and Aquatic Products	6.19	5.92	5.13
3. 蔬菜类	Vegetables	3.90	3.55	2.87
4.调味品	Seasoning	0.39	0.49	0.39
5.糖烟酒饮料类	Sugar, Tobacco, Liquor and Drinking	3.68	3.77	3.86
6.干鲜瓜果类	Dry and Fresh Fruits	2.27	2.95	2.72
7. 糕点、奶及奶制品	Cakes, Milk and Milk Products	3.15	2.44	2.34
8. 其他食品	Other Foods	0.50	0.64	0.70
9. 饮食服务	Catering Service	6.40	5.42	4.82
二、衣　着	Clothing	14.71	12.31	12.36
三、居　住	Residence	11.48	12.71	12.25
四、家庭设备用品及服务	Household Facilities, Articles and Services	5.67	6.26	6.61
五、医疗保健	Health Care	8.49	7.91	7.75
六、交通和通信	Transportation and Communication	9.53	13.69	13.49
七、教育文化娱乐服务	Education,Culture and Recreation Services	14.70	12.56	15.69
八、杂项商品和服务	Miscellaneous Commodities and Services	2.99	3.38	3.93

4-5 主要年份城镇居民人均可支配收入增长情况

INCREASE OF URBAN HOUSEHOLDS PER CAPITA DISPOSABLE INCOME IN MAJOR YEARS

单位：元 (yuan)

年 份 Year	可支配收 入 Disposable Income	比上年增加额 Increase Value over Last Year	比上年增 长(%) Increase Rate over Last Year	城镇居民消费价格指数(1952年=100) Consumer Price Index of Urban Residents (year of 1952=100)	扣除物价上涨因素后 Deducting Price Rising	
					实际收入 Disposable Income	比上年增长% Increase Rate over Last Year
1952	126.0			100.0	126.0	
1978	301.4			115.6	260.7	
1980	379.7			123.2	308.2	
1985	595.3	78.4	15.2	148.2	401.7	5.6
1990	1290.9	114.8	9.8	246.6	523.5	8.2
1995	3301.9	736.2	28.7	487.5	677.3	10.3
2000	4724.1	381.5	8.8	564.8	836.4	3.9
2005	8913.9	1011.0	12.8	588.3	1515.2	10.9
2010	15647.7	1651.1	11.8	681.6	2295.7	8.4
2011	18123.9	2476.2	15.8	716.4	2529.9	10.2
2012	20411.7	2287.8	12.6	733.6	2782.4	10.0
2013	22455.6	2043.9	10.0	755.6	2971.9	6.8
2013年为1952年% 2013 as Percentage of 1952 %	17821.9					
平均每年递增% Average Annual Growth Rate (%)	8.9					

4-6 主要年份城镇居民人均消费性支出增长情况

INCREASE OF URBAN HOUSEHOLDS PER CAPITA LIVNG EXPENDITURE IN MAJOR YEARS

单位：元 (yuan)

年 份 Year	消费性支 出 Living Expenditure	比上年增加额 Increase Value over Last Year	比上年增 长(%) Increase Rate over Last Year	城镇居民消费价格指数(1952年 = 100) Consumer Price Index of Urban Residents (year of 1952=100)	扣除物价上涨因素后 Deducting Price Rising	
					实际支出 Expenditure	比上年增长% Increase Rate over Last Year
1952	93.3			100.0	93.3	
1978	275.4			115.6	238.2	
1980	356.6	51.8	17.0	123.2	289.4	10.8
1985	533.4	100.1	23.1	148.2	359.9	12.8
1990	1047.7	54.2	5.5	246.6	424.9	3.9
1995	2640.7	597.4	29.2	487.5	541.7	10.7
2000	3941.9	448.9	12.9	564.8	697.9	7.8
2005	6342.6	688.4	12.2	588.3	1078.1	10.3
2010	9792.7	437.6	4.7	681.6	1436.7	1.5
2011	11354.3	1561.7	15.9	716.4	1584.9	10.3
2012	12211.5	857.2	7.6	733.6	1664.6	5.0
2013	13166.2	954.7	7.8	755.6	1742.5	4.7
2013年为1952年% 2013 as Percentage of 1952%	14111.7					
平均每年递增% Average Annual Growth Rate (%)	9.1					

4-7 城镇居民家庭平均每人全年购买的主要商品数量
PER CAPITA ANNUAL PURCHASES OF MAJOR COMMODITIES IN URBAN HOUSEHOLDS

指　标		Item	2005	2010	2013
粮　食	(公斤)	Grain (kg)	91.38	98.17	94.48
食用植物油	(公斤)	Edible Vegetable Oil (kg)	6.59	7.71	7.89
猪　肉	(公斤)	Pork (kg)	11.30	11.54	10.65
牛羊肉	(公斤)	Beef and Mutton (kg)	2.21	1.96	1.81
家　禽	(公斤)	Poultry (kg)	2.82	3.60	3.46
蛋　类	(公斤)	Fresh Eggs (kg)	13.56	12.81	10.76
鱼　虾	(公斤)	Fish and Shrimp (kg)	2.67	2.65	2.46
蔬　菜	(公斤)	Fresh Vegetables (kg)	138.59	123.30	103.01
酒　类	(公斤)	Liquor (kg)	3.69	3.50	4.06
服　装	(件)	Garments (piece)	8.58	8.20	9.83
鞋　类	(双)	Shoes (pair)	2.94	2.63	2.89
煤　炭	(公斤)	Coal (kg)	180.90	137.56	116.30

4-8 城镇居民家庭平均每百户年末耐用消费品拥有量
DURABLE CONSUMER GOODS OWNED PER 100 URBAN HOUSEHOLDS AT YEAR-END

品　名		Item	2005	2010	2013
洗衣机	(台)	Washing Machines (unit)	99.77	100.73	104.50
电冰箱	(台)	Refrigerators (unit)	87.08	90.19	92.40
微波炉	(台)	Microwave Ovens (unit)		32.66	39.00
彩色电视机	(台)	Color Television Sets (unit)	113.69	111.75	111.50
组合音响	(套)	Hi-fi Systems (unit)	17.19	17.21	13.00
空调器	(台)	Air Conditioners (unit)	25.59	34.90	48.60
照相机	(架)	Cameras (unit)	35.20	29.34	32.90
摩托车	(辆)	Motorcycles (unit)	26.23	27.54	31.15
家用电脑	(台)	Household Computers (unit)	30.16	54.08	72.52
移动电话	(部)	Mobile Telephones (set)	109.70	146.61	196.12
家用汽车	(辆)	Household Cars (unit)	3.13	11.53	23.21

4-9 城镇居民家庭年末居住情况
LIVING CONDITIONS OF URBAN HOUSEHOLDS AT YEAR-END

单位：% (%)

指　　标	Item	2012	2013
一、按房屋产权	By Household Property Right	100.0	100.0
租赁公房	Rent Public Houses	3.3	3.1
租赁私房	Rent Private Houses	4.0	7.7
原有私房	Private Houses	10.7	17.4
房改私房	Reform Private Houses	45.8	41.0
商品房	Commercial Houses	32.2	27.1
其　他	Others	1.0	3.7
二、住宅建筑式样	By Style of Resident Building	100.0	100.0
单栋住宅	Dependent Resident	1.8	4.7
四居室	Four Bedrooms	2.9	1.6
三居室	Three Bedrooms	27.7	28.9
二居室	Two Beedrooms	46.5	45.5
一居室	One Beedroom	2.6	2.8
普通楼房	Ordinary Building	1.7	6.9
平房及其他	Single Storey Houses and Others	16.8	9.7
三、饮水情况	Water Drinking	100.0	100.0
自来水	Tap Water	97.5	93.2
矿泉水	Mineral Water	1.1	1.3
纯净水	Pure Water	1.4	5.5
井、河水	Well or River Water		
其　他	Others		
四、用水情况	Water Usage	100.0	100.0
独用自来水	Tap Water Owned Per Household	98.6	98.4
公用自来水	Public Tap Water	1.4	1.6
井、河水	Well or River Water		
其　他	Others		
五、卫生设备	Health Facilities	100.0	100.0
无卫生设备	Without Health Facilities	10.8	5.5
有厕所浴室	Bathroom and Toilet Owned Per Household	66.4	65.6
有厕所无浴室	Toilet Owned Per Household Without Bathroom	20.7	25.7
公　用	Public Toilet room	2.1	3.3
六、取暖设备	Heating Facilities	100.0	100.0
无取暖设备	Without Heating Equipment	0.6	0.5
空调设备	Air Coditioner Owned	0.7	0.8
暖　气	Central Heating	84.2	84.8
其　他	Others	14.4	13.9
七、炊用燃料使用情况	Cooking Fuel	59.9	56.4
管道煤气	Pipeline Gas	25.8	28.1
液化石油气	Natural Gas	8.0	7.0
煤	Coal	8.2	10.3
其　他	Others	17.9	11.0
八、信息化调查	Informationization	100.0	100.0
#接入互联网的移动电话	Mobile Phone Connected with Internet	61.6	69.2
#接入有线电视网络的电视机	TV Sets Connected with CATV	91.5	83.5
#接入互联网的计算机	Computers Connected with Internet	63.5	65.3

4-10 主要年份农民家庭基本情况
BASIC CONDITIONS OF RURAL HOUSEHOLDS IN MAJOR YEARS

单位：人 (person)

年份 Year	调查户数(户) Number of Households Surveyed (household)	调查户常住人口 Number of Permanent Residents in the Household Surveyed	户均常住人口 Average Number of Permanent Residents Per Household
1978	600	3193	5.32
1980	600	3157	5.26
1985	2100	10079	4.80
1990	2100	9654	4.60
1995	2100	9170	4.37
2000	2100	8870	4.22
2005	2100	8555	4.07
2006	2100	8450	4.02
2007	2100	8330	3.97
2008	2100	8265	3.94
2009	2100	8118	3.87
2010	2100	8035	3.83
2011	2100	7357	3.50
2012	2100	7329	3.49
2013	2648	8833	3.34

年份 Year	平均每户整半劳动力 Average Number of Ablebodied and Semiablebodied Laborers Per Household	每个劳力负担人口 Average Number of Persons Supported by Every Laborer	人均住房面积(平方米) Per Capita Housing Floor Space (sq.m)
1978	2.20	2.40	9.40
1980	2.30	2.30	11.10
1985	2.64	1.80	13.65
1990	2.66	1.73	16.50
1995	2.74	1.59	17.13
2000	2.70	1.56	21.57
2005	2.74	1.49	24.15
2006	2.75	1.47	24.96
2007	2.72	1.46	25.80
2008	2.72	1.44	26.52
2009	2.71	1.43	27.97
2010	2.70	1.42	28.69
2011	2.54	1.38	31.83
2012	2.54	1.37	32.39
2013	2.31	1.44	33.50

4-11 农民家庭人口状况(2013年)
POPULATION CONDITIONS OF RURAL HOUSEHOLDS(2013)

指 标	Item	总 计 Total	每户平均 Average Per Household
一、调查户数 (户)	**Number of Households Surveyed (household)**	**2648**	
二、家庭常住人口(人)	**Number of Permanent Residents in the Household (person)**	**8833**	**3.34**
#整半劳动力数	Ablebodied and Semiablebodied Labors	6119	2.31
#整劳动力	Ablebodied	3636	1.37
1.学龄前人数	Preschool Age	547	0.21
2.7-15岁	Aged 7-15	812	0.31
6-15岁在校人数	Enrollment of Students Aged 6-15	917	0.35
3.16-60岁	Aged 16-60	6317	2.39
4.60岁以上	Aged 60 and above	1057	0.40

4-12 农民家庭劳动力状况(2013年)
LABOR FORCE OF RURAL HOUSEHOLDS(2013)

单位：人 (person)

指 标	Item	总 计 Total	每百人 Average Per 100 Labour Forces
一、劳动力文化状况	**Cultural Level of Labor Force**		
1.不识字或识字很少	Illiteracy or little literacy	122	1.38
2.小学程度	Level of Primary School	1168	13.22
3.初中程度	Level of Junior Middle School	3147	35.63
4.高中程度	Level of Senior Middle School	666	7.54
5.中 专	Level of Specialized Secondary School		
6.大专及以上	Level of Junior College and Above	239	2.71
二、劳动力就业情况	**Employment of Labor Force**		
第一产业	Primary Industry	3029	34.29
第二产业	Secondary Industry	1057	11.97
采矿业	Mining	236	2.67
制造业	Manufacturing	366	4.14
电力、热力、燃气及水生产和供应业	Production and Supply of Electricity, Heat, Gas and Water	48	0.54
建筑业	Construction	407	4.61
第三产业	Tertiary Industry	1256	14.22
#交通运输、仓储和邮政业	Transportation, Storage and Post	312	3.53
批发和零售业	Wholesale and Retail Trade	268	3.03

4-13 农民家庭平均每户房屋情况
HOUSING CONDITIONS OF PER RURAL HOUSEHOLD

指　标	Item	2005	2010	2013
一、年内新建房屋面积 (平方米)	**Number of Rooms Newly Built Within the Year (sq.m)**	**1.70**	**1.58**	**1.92**
#砖木结构面积	Brick and Wood Structure	0.64	0.47	0.73
钢筋混凝土结构面积	Reinforced Concrets Structure	1.06	0.89	1.14
年内新建房屋价值 (元)	Value of Newly Built Room Within the Year (yuan)	609.29	998.10	1833.25
平均每平方米新建房屋价值 (元)	Value Per Square Meter Newly Built Room (yuan)	357.70	631.71	955.22
新建房屋中生活用房面积 (平方米)	Living Floor Space (sq.m)	1.70	1.58	1.60
新建房屋中楼房面积 (平方米)	Floor Space of Multi-Floor Buildings (sq.m)	0.74	0.54	0.81
二、年末住房面积 (平方米)	**Per Capita Floor Space at Year-end (sq.m)**	**98.36**	**109.78**	**111.80**
#砖木结构面积	Brick and Wood Structure	66.14	67.09	70.89
钢筋混凝土结构面积	Reinforced Concrete Structures	22.47	27.87	28.99
人均住房面积 (平方米)	Per Capita Living Floor Space (sq.m)	24.15	28.69	33.50
三、年末住房价值 (元)	**Value of Room at Year-end (yuan)**	**27242.62**	**34193.21**	**74793.56**

4-14 农民家庭土地经营情况(2013年)
LAND MANAGEMENT OF RURAL HOUSEHOLDS(2013)

单位：亩 (mu)

指　标	Item	总　计 Total	每户平均 Average per Household	每人平均 Average per Person
一、期初实际经营土地面积	**Area of Land Under Real Management at the Year-beginning**	**21727.24**	**8.21**	**2.46**
#耕　地	Cultivated Land	18026.54	6.81	2.04
#有效灌溉面积	Effective Irrigated Area	5756.89	2.17	0.65
二、期内增加的经营土地面积	**Added Area of Land Under Management in the Year**	**296.95**	**0.11**	**0.03**
#耕　地	Cultivated Land	183.70	0.07	0.02
#有效灌溉面积	Effective Irrigated Area	97.30	0.04	0.01
三、期内减少的经营土地面积	**Reduced Area of Land Under Management in the Year**	**983.54**	**0.37**	**0.11**
#耕　地	Cultivated Land	735.44	0.28	0.08
#有效灌溉面积	Effective Irrigated Area	148.00	0.06	0.02
四、期末实际经营的土地面积	**Area of Land Under Real Management at the Year-end**	**21040.65**	**7.95**	**2.38**
#耕　地	Cultivated Land	17474.80	6.60	1.98
#有效灌溉面积	Effective Irrigated Area	5706.19	2.15	0.65

4-15 农民家庭收支情况(2013年)

INCOME AND EXPENDITURE OF RURAL HOUSEHOLDS(2013)

单位：元 (yuan)

指 标	Item	合 计 Total	每人平均 Average Per Person
一、总收入	**Total Income**	**80403531**	**9102.63**
(一)工资性收入	Laborers' Remuneration	32902042	3724.90
(二)家庭经营收入	Income from Household Business	38386451	4345.80
1.第一产业	Primary Industry	29930797	3388.52
#农 业	Farming	23926707	2708.79
林 业	Forestry	424691	48.08
牧 业	Animal Husbandary	5579399	631.65
2.第二产业	Secondary Industry	598436	67.75
工 业	Industry	222238	25.16
建筑业	Construction	376197	42.59
3.第三产业	Tertiary Industry	7857218	889.53
其他产品收入	Other Products	5741	0.65
第三产业服务性收入	Service Trade	7851477	888.88
交通、运输、邮电业	Traffic,Transportation and Post	3547774	401.65
批零贸易业、餐饮业	Wholesale and Retail Trade, Catering Trade	3004280	340.12
社会服务业	Social Service	699662	79.21
文教卫生业	Culture, Education and Public Health	274441	31.07
其他行业	Others	325319	36.83
(三)财产性收入	Property Income	1368232	154.90
(四)转移性收入	Transfer Income	7746806	877.03
二、总支出	**Total Expenditure**	**75752515**	**8576.08**
(一)家庭经营费用	Expenditure of Household Business	14851718	1681.39
1.第一产业生产费用	Producing Cost of Primary Industry	11903439	1347.61
#农 业	Farming	7979929	903.42
林 业	Forestry	102061	11.55
牧 业	Animal Husbandary	3821436	432.63
2.第二产业生产费用	Producing Cost of Primary Industry	218087	24.69
工 业	Industry	133555	15.12
建筑业	Construction	84532	9.57
3.第三产业生产费用	Producing Cost of Secondary Industry	2730192	309.09
交通、运输、邮电业	Traffic,Transportation and Post	1232910	139.58
批零贸易业、餐饮业	Wholesale and Retail Trade ,Catering Trade	1144757	129.60
社会服务业	Social Service	173657	19.66
文教卫生业	Culture,Education and Public Health	52821	5.98
其他行业	Others	126066	14.27
(二)购置生产性固定资产支出	Costs of Purchasing Fixed Assets for Production	1313379	148.69
(三)建造生产性固定资产雇工支出	Costs of Hiring Workers to Construct Fixed Assets for Production	15369	1.74
(四)税费支出	Costs of Taxes		
(五)生活消费支出	Expenditure of Living Consumption	53149044	6017.10
(六)财产性支出	Property Expenditure	126842	14.36
(七)转移性支出	Transfer Expenditure	6296162	712.80
三、全年纯收入	**Annual Net Income**	**63186866**	**7153.50**

4-16 农民家庭平均每人家庭经营纯收入
PER CAPITA NET INCOME FROM HOUSEHOLD BUSINESS OF RURAL HOUSEHOLDS

单位：元 (yuan)

指 标	Item	2005	2010	2013
家庭经营纯收入	**Net Income from Household Business**	**1563.52**	**2028.46**	**2503.60**
1.农业收入	Farming	922.60	1376.72	1741.51
2.林业收入	Forestry	15.99	21.58	35.79
3.牧业收入	Animal Husbandry	176.72	131.16	187.43
4.渔业收入	Fishery			
5.工业收入	Industry	14.44	15.85	7.48
6.建筑业收入	Construction	39.17	23.37	28.87
7.交通、运输、邮电业收入	Traffic, Transportation and Post	166.42	145.00	213.95
8.商业、饮食业收入	Commerce & Catering	99.78	166.66	196.74
9.服务业收入	Service Trade	57.52	106.09	46.97
10.其他收入	Others	70.88	42.03	44.86

4-17 主要年份农村住户每人平均纯收入
PER CAPITA NET INCOME OF RURAL HOUSEHOLDS IN MAJOR YEARS

单位：元 (yuan)

年 份 Year	全 年 纯收入 Annual Net Income	按纯收入来源分 by Source				按纯收入性质分 by Type of Income	
		工资性收 入 Laborers' Remuneration	家庭经营纯收入 Net Income from Household Business	转移性收 入 Transfer Income	财产性收 入 Property Income	生产性收 入 Productive Income	非生产性收入 Non-productive Income
1978	101.61	77.65	14.79	7.19	1.98	92.44	9.17
1980	155.78	95.70	38.88	18.20	3.00	134.58	21.20
1985	358.32	100.52	229.39	22.31	6.10	326.18	32.14
1990	603.51	159.56	407.88	28.17	7.90	561.78	41.73
1995	1208.30	367.19	780.84	37.39	22.88	1132.31	75.99
2000	1905.61	726.05	1113.56	46.30	19.70	1807.94	97.67
2005	2890.66	1177.94	1563.52	86.50	62.70	2683.94	206.72
2006	3180.92	1374.34	1622.86	109.21	74.51	2922.64	258.28
2007	3665.66	1520.95	1860.38	148.53	135.80	3291.29	374.37
2008	4097.24	1713.55	1986.38	244.26	153.05	3607.26	489.98
2009	4244.10	1789.93	1919.76	329.29	205.12	3586.48	657.62
2010	4736.25	2108.60	2028.46	385.01	214.17	4030.98	705.27
2011	5601.40	2684.87	2140.83	605.30	170.41	4764.92	836.48
2012	6356.63	3175.50	2334.41	705.91	140.80	5463.08	893.55
2013	7153.50	3724.90	2503.60	770.10	154.90	6080.48	1073.03

4-18 主要年份农村住户每人平均生活消费支出
PER CAPITA LIVING EXPENDITURE OF RURAL HOUSEHOLDS IN MAJOR YEARS

单位：元 (yuan)

年 份 Year	生活消费支 出 Living Expenditure	食 品 Food	衣 着 Clothing	居 住 Residence	家庭设备用品及服务 Household Facilities, Articles and Services
1978	90.64	61.02	13.02	8.84	4.10
1980	134.38	80.48	20.81	24.35	4.98
1985	272.74	148.13	39.88	37.67	21.81
1990	487.65	257.87	60.71	75.68	33.39
1995	927.99	586.03	103.02	77.62	42.95
2000	1149.01	558.86	113.37	143.90	48.77
2005	1877.70	830.48	202.35	200.56	68.93
2006	2253.25	867.65	227.61	305.02	98.29
2007	2682.57	1033.68	260.88	392.78	120.86
2008	3097.54	1206.69	276.23	486.75	138.26
2009	3304.76	1224.60	283.20	584.07	156.27
2010	3663.86	1372.49	315.78	614.70	173.62
2011	4586.98	1729.91	401.93	824.68	243.84
2012	5566.19	1859.98	501.77	1142.14	298.29
2013	6017.10	1985.60	545.70	1205.99	332.40

年 份 Year	#医疗保健 Health Care	交通和通讯 Transportation and Communication	文教娱乐用品及服务 Articles and Services of Culture, Education and Recreation	其他商品和 服 务 Other Commodities and Services
1978	0.65	0.49	1.95	0.57
1980	0.59	0.54	2.17	0.46
1985	7.31	1.40	14.43	2.11
1990	19.81	3.17	32.80	4.22
1995	31.09	14.05	62.80	10.43
2000	60.35	48.82	135.39	39.55
2005	102.90	160.27	279.54	32.67
2006	142.66	224.23	339.75	48.04
2007	170.85	268.75	370.97	63.80
2008	210.32	328.74	380.70	69.85
2009	240.94	324.89	416.94	73.85
2010	328.92	357.74	420.21	80.40
2011	349.29	458.76	448.44	130.13
2012	490.25	625.99	498.02	149.75
2013	559.00	694.80	528.20	165.40

4-19 农民家庭平均每人现金收入
PER CAPITA CASH INCOME OF RURAL HOUSEHOLDS

单位：元 (yuan)

指　标	Item	2005	2010	2013
一、人均现金收入	**Per Capita Cash Income**	**3053.06**	**5667.44**	**8026.26**
1.工资性收入	Wages Income	1177.49	2099.75	3722.60
2.出售产品的收入	Selling Product	1050.82	2174.35	2421.00
3.工业服务性收入	Industry	18.39	13.99	22.70
4.交通、运输、邮电业收入	Traffic, Transportation and Post	245.75	255.04	401.65
5.商业、饮食业收入	Commerce and Catering	136.82	252.69	340.12
6.社会服务业收入	Social Service	69.34	155.02	79.21
7.其他经营收入	Others	132.94	93.75	155.69
8.建筑业服务性收入	Construction	48.49	30.47	42.59
9.转移性收入	Transfer Income	116.21	407.85	701.90
10.财产性收入	Property Income	56.81	184.53	138.80
二、非收入所得	**Non-income Obtaining**	**361.99**	**1683.18**	**3772.18**

4-20 农民家庭平均每人现金支出
PER CAPITA CASH EXPENDITURE OF RURAL HOUSEHOLDS

单位：元 (yuan)

指　标	Item	2005	2010	2013
总　计	**Total**	**2431.96**	**5170.01**	**8284.35**
一、生产费用支出	**Expenditure of Production**	**627.14**	**1492.16**	**1670.43**
#家庭经营费用支出	Expenditure of Household Business	580.94	1354.58	1521.74
购置生产性固定资产支出	Costs of Purchasing Fixed Assets for Production	45.62	134.69	148.69
二、税费支出	**Costs of Taxes**	**6.92**	**1.90**	
三、生活消费支出	**Living Consumption Expenditure**	**1636.83**	**3395.13**	**5907.44**
1.食　品	Food	596.81	1124.93	1885.60
2.衣　着	Clothing	202.29	315.78	545.70
3.居　住	Residence	193.57	593.54	1196.34
4.家庭设备用品及服务	Household Facilities, Articles and Services	68.92	173.61	332.40
5.医疗保健	Health Care	102.90	328.92	559.00
6.交通和通讯	Transportation and Communication	160.27	357.74	694.80
7.文教娱乐用品及服务	Articles and Services of Culture, Education and Recreation	279.54	420.21	528.20
8.其他商品和服务	Other Commodities and Services	32.53	80.40	165.40
四、财产性支出	**Property Income**	**7.72**	**10.51**	**14.36**
五、转移性支出	**Transfer Imcome**	**153.35**	**270.32**	**692.12**

4-21 农民家庭平均每人主要消费品消费量
PER CAPITA CONSUMPTION OF MAJOR CONSUMER GOODS OF RURAL HOUSEHOLDS

单位：公斤 (kg)

名　称	Item	2005	2010	2013
粮　食(原 粮)	Grain (Unprocessed)	217.63	168.63	156.25
#细　粮	Wheat and Rice	148.15	125.02	113.87
蔬　菜	Fresh Vegetables	80.72	77.68	73.30
食　油	Edible Oil	5.54	7.15	7.60
肉禽及其制品	Meat, Poultry and Related Products	6.57	8.93	10.27
#家　禽	Poultry	0.41	0.92	1.15
蛋　类	Eggs	5.74	6.22	8.10
水产品	Aquatic Products	0.67	0.81	1.01
食　糖	Sugar	0.96	0.99	0.85
酒	Liquor	3.40	3.39	4.20

4-22 农民家庭平均每百户耐用消费品拥有量
DURABLE CONSUMER GOODS OWNED PER 100 RURAL HOUSEHOLDS

名　称		Item	2005	2010	2013
洗衣机	(台)	Washing Machines (unit)	69.29	81.05	86.82
摩托车	(辆)	Motorcycles (unit)	39.29	56.57	56.49
微波炉	(台)	Micro-wave Ovens (unit)	0.29	3.38	5.71
彩色电视机	(台)	Color TV Sets (unit)	82.33	109.00	109.81
空调机	(台)	Airconditioners(unit)	1.00	4.62	8.17
照相机	(架)	Cameras (unit)	4.81	4.57	3.32
电冰箱	(台)	Refrigerators (unit)	14.43	29.19	53.45
影碟机	(台)	Videorecorders (unit)	16.67	26.90	8.33
电话机	(部)	Telephones (unit)	50.29	75.62	32.93
移动电话	(部)	Mobile Telephones (unit)	27.52	107.71	191.85
家用电脑	(台)	Household Computers (unit)	0.57	8.71	28.29
生活用汽车	(辆)	Cars for Daily Life (unit)	0.33	1.86	8.02

主要统计指标解释

居民可支配收入 指调查户在调查期内获得的、可用于最终消费支出和储蓄的总和，即调查户可以用来自由支配的收入。可支配收入既包括现金，也包括实物收入。按照收入的来源，可支配收入包含工资性收入、经营净收入、财产净收入、转移净收入。计算公式为：

可支配收入 = 工资性收入 + 经营净收入 + 财产净收入 + 转移净收入

其中：经营净收入 = 经营收入 - 经营费用 - 生产性固定资产折旧 - 生产税净额（生产税-生产补贴）

财产净收入 = 财产性收入 - 财产性支出

转移净收入 = 转移性收入 - 转移性支出

城镇居民家庭就业人口 指从事社会劳动并取得劳动报酬或经营收入的人口。我国的就业方针是："在国家统筹规划和指导下，实行劳动部门介绍就业、自愿组织起来就业和自谋职业相结合"。因此通过这三种方式就业的，不论在全民所有制、集体所有制单位工作或从事个体劳动，不论有固定性职业或临时性职业都是就业人口。

城镇居民家庭总收入 指调查户中生活在一起的所有家庭成员在调查期得到的工资性收入、经营净收入、财产性收入、转移性收入的总和，不包括出售财物和借贷收入。

城镇居民家庭可支配收入 指调查户可用于最终消费支出和其它非义务性支出以及储蓄的总和，即居民家庭可以用来自由支配的收入。它是家庭总收入扣除交纳的个人所得税、个人交纳的社会保障支出以及调查户的记帐补贴后的收入。计算公式为：

可支配收入 = 家庭总收入 - 交纳个人所得税 - 个人交纳的社会保障支出 - 记帐补贴

城镇居民家庭工资性收入 指就业人员通过各种途径得到的全部劳动报酬，包括所从事的主要职业的工资以及从事第二职业、其他兼职和零星劳动得到的其它劳动收入。

城镇居民家庭消费支出 指调查户用于满足本家庭日常生活的全部支出，包括食品、衣着、居住、家庭设备用品及服务、医疗保健、交通和通信、教育文化娱乐服务、杂项商品和服务八大类等。包括用于赠送的商品和服务。

农村居民家庭纯收入 指农村住户当年从各个来源得到的总收入相应地扣除所发生的费用后的收入总和。纯收入主要用于再生产投入和当年生活消费支出，也可用于储蓄和各种非义务性支出。"农民人均纯收入"是按人口平均的纯收入水平，反映的是一个地区一个农村居民的平均收入水平。计算公式为：

纯收入 = 总收入 - 家庭经营费用支出 - 税费支出 - 生产性固定资产折旧 - 赠送农村内部亲友支出

农村居民家庭生活消费支出 指农村住户用于物质生活和精神生活方面的消费支出。生活消费支出包括食品支出、衣着支出、居住支出、家庭设备用品及服务支出、医疗保健支出、交通和通讯支出、文化教育娱乐用品及服务支出、其他商品和服务支出。

Explanatory Notes on Main Statistical Indicators

Disposable Income of Households refers to the disposable income of households which obtained during the survey period, and can be used for final consumption and savings. It includes cash and physical income. It includes wages, net business income, net property income and net transfer income by the sources of income. The formula is as follows:

Disposable Income of Households = Wages + Net Business Income + Net Property Income + Net Transfer Income

Net Business Income = Business Income – Business Expenses – Productive Depreciation of Fixed Assets – Net Taxes on Production (Production Taxes – Production Subsidies)

Net Property Income = Property Income – Property Expenditure

Net Transfer Income = Transfer Income – Transfer Expenditure

Employed Population in Urban Households refer to urban residents engaged in certain work and receiving payment for their labor or income from their business operation. Under the overall plan and guidance of our country's employment policy, there are three means to find a job through employment department providing services, laborers organizing themselves on a voluntary basis and finding jobs all by themselves. Laborers who get jobs by the three means are employed population, regardless of whether they work in state-owned enterprises or collective enterprises with permanent or temporary jobs.

Total Income of Urban Households refers to the total of wages, net business income, property income and transfer income of the membership in sample households. It excludes income of property selling and loans borrow.

Disposable Income of Urban Households refers to the actual income at the disposal of members of the households which can be used for final consumption, other non-compulsory expenditure and savings. This equals to total income minus income tax, expenditure of personal social insurance and subsidies of account. The formula is as follows:

Disposable Income of Urban Households = Total Income – Income Tax – Expenditure of Personal Social Insurance – Subsidies of Account.

Income of Wages of Urban Households refers to total wages of employees by all kinds of ways, including wages of major occupation engaged, other income of the second occupation and part-time job or odd labor.

Living Expenditure of Urban Households refers to total expenditure of the sample households for their own daily life including eight types, such as food, clothes, residence, household facilities, articles and services, medicine and medical services, transportation and communications, recreation, education and cultural services, miscellaneous commodities and services. It includes goods and services donated to others.

Net Income of Rural Households refers to sum of income in rural households during a year of total income from all sources minus all expenses. Net income is mainly used in re-production input and expenditure in living consumption, also in saving and non-compulsory expenditure. Income of rural households reflects average income level in a region or a rural resident. It is calculated:

Net Income = Total Income – Expenditure in Manage Expenses – Tax and Fee – Depreciation of Fixed Assets – Gifts to Rural relatives

Living Expenditure of Rural Households refers to expenditure of rural households used in cultural life and material life for consumption, which includes expenditures on food, clothing, housing, equipments and articles, health care, transportation and communication, culture, education and recreation articles and services, other commodities and services.

05 财政、金融和保险

PUBLIC FINANCE, BANKING AND INSURANCE

PAGE
093-114

资料整理人员

安爱萍　张艳君

财政、金融和保险

PUBLIC FINANCE, BANKING AND INSURANCE

公共财政收入	Public Finance Revenue	1701.6	亿元	(100 million yuan)
公共财政支出	Public Finance Expenditure	3030.1	亿元	(100 million yuan)
城乡居民人民币储蓄存款余额	Saving Deposits in RMB of Urban and Rural Residents	13339.4	亿元	(100 million yuan)
原保险保费收入	Income of Premiums	412.4	亿元	(100 million yuan)

城乡居民人民币储蓄存款余额(亿元)

Saving Deposits in RMB of Urban and Rural Residents (100 million yuan)

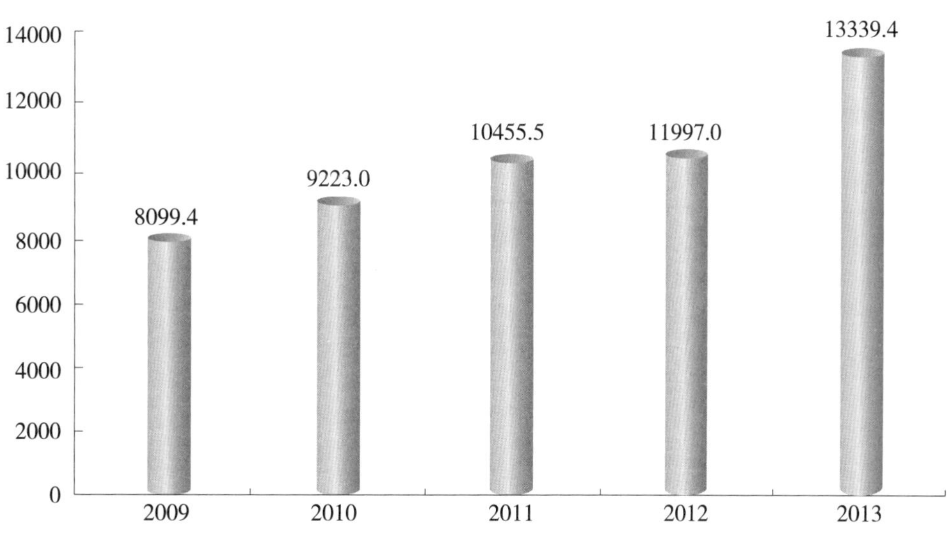

公共财政收入(亿元)

Public Finance Revenue (100 million yuan)

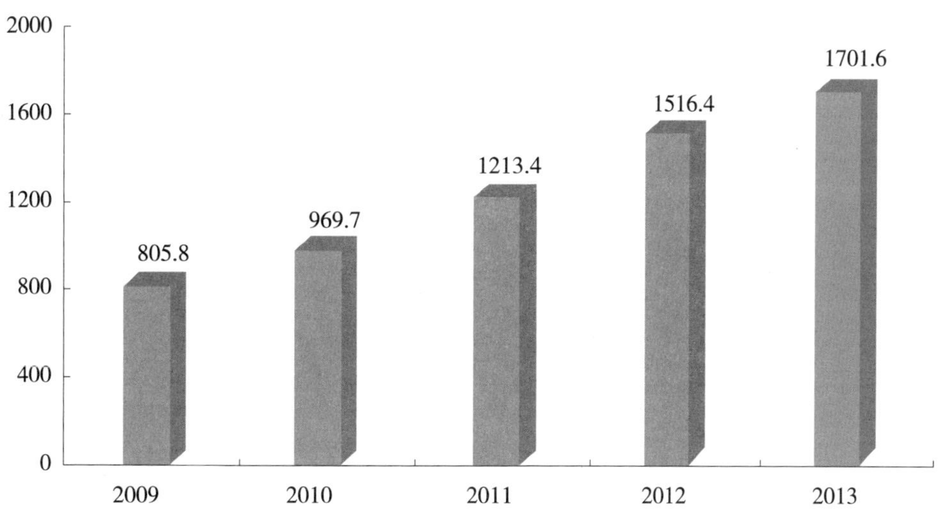

5-1 主要年份财政收支总额
FINANCIAL REVENUE AND EXPENDITURE IN MAJOR YEARS

单位：万元 (10 000 yuan)

年份 Year	财政总收入 Overall Revenue	公共财政收入 Public Finance Revenue	公共财政支出 Public Finance Expenditure	公共财政收支差额 Public Finance Balance	公共财政收支指数(上年=100) Public Finance Revenue and Expenditure Indices (last year=100)	
					收入 Revenue	支出 Expenditure
1952	18276	18276	10913	7362	138	185
1957	35230	35230	28832	6398	109	95
1962	54001	54001	36423	17578	79	50
1965	68571	68571	51064	17507	115	103
1970	92081	92081	94164	-2083	181	150
1975	123934	123934	149779	-25845	113	98
1978	196419	196419	211118	-14699	148	129
1980	209555	209555	196099	13456	103	95
1985	249905	249906	355483	-105577	92	119
1990	517495	517495	548962	-31467	107	108
1995	1293837	722064	1128924	-406860	134	127
2000	1945545	1144762	2250554	-1105792	105	121
2005	7581168	3683437	6687508	-3004071	144	129
2006	10481656	5833752	9155698	-3321946	158	137
2007	12005356	5978870	10499228	-4520358	102	115
2008	15187825	7480047	13150175	-5670128	125	125
2009	15380230	8058279	15617047	-7558768	108	119
2010	18101830	9696652	19313641	-9616989	120	124
2011	22605379	12134340	23638476	-11504136	125	122
2012	26503326	15163780	27594582	-12430802	125	117
2013		17016227	30301263	-13285036	112	110

注：1994年以前一般预算收支为财政收支；2013年起，财政总收入取消，一般预算收支改为公共财政收支，统计口径不变。

Note: General budget revenue and expenditure refer to financial revenue and expenditure before 1994. Overall finance revenue has been canceled and general budget revenue and expenditure have been changed to public finance revenue and expenditure, with the same statistical coverage, since 2013.

5-2 财政专户管理资金收支额(2013年)
REVENUE AND EXPENDITURE OF SPECIAL FINANCIAL ACCOUNT(2013)

单位：万元　　(10 000 yuan)

项　目	Item	金　额 Value
收入合计	**Total Revenue**	**756992**
一、行政事业性收费收入	Revenue from Administrative and Institutional Fees	635881
二、其他收入	Other Revenue	121111
#彩票发行机构和彩票销售机构的业务费用	Business Expenses from Lottery Agencies and Lottery Sale Agencies	25413
支出合计	**Total Expenditure**	**728161**
一、一般公共服务	Expenditure for General Public Services	4745
二、国　防	Expenditure for National Defence	
三、公共安全	Expenditure for Public Security	3798
四、教　育	Expenditure for Education	550718
五、科学技术	Expenditure for Science and Technology	14
六、文化体育与传媒	Expenditure for Culture, Sports and Media	2890
七、社会保障和就业	Expenditure for Social Security and Employment	5706
八、医疗卫生	Expenditure for Medical and Health Care	8178
九、节能环保	Expenditure for Energy Conservation and Environmental Protection	6
十、城乡社区事务	Expenditure for Urban and Rural Community Affairs	10878
十一、农林水事务	Expenditure for Agriculture, Forestry and Water Convercy	5762
十二、交通运输	Expenditure for Transportation	95
十三、资源勘探电力信息等事务	Expenditure for Resources Exploration, Power and Information Affairs	11661
十四、商业服务业等事务	Expenditure for Business and Service Affairs	5070
十五、金融监管等事务	Expenditure for Financial Supervision Affairs	1000
十六、国土资源气象等事务	Expenditure for Land Resource and Meteorology Affairs	404
十七、住房保障支出	Expenditure for Housing Security	264
十八、粮油物资储备事务	Expenditure for Cereals, Oils and Material Reserves	
十九、其他支出	Other Expenditures	116972

5-3 公共财政收入(2013年)
PUBLIC FINANCE REVENUE(2013)

单位：万元 (10 000 yuan)

项　　目	Item	金　额 Value
收入总计	**Total Revenue**	**17016227**
一、税收收入	**Total taxes**	**11368875**
增值税	Value-added Taxes	2146473
营业税	Operation Taxes	3790637
企业所得税	Enterprises Income Taxes	2020730
个人所得税	Individual Income Taxes	488731
资源税	Resource Taxes	516503
固定资产投资方向调节税	Fixed Assets Investment Orientation Regulation Tax	
城市维护建设税	Taxes on Urban Construction and Maintenance	700687
房产税	House Property Taxes	258609
印花税	Stamp Taxes	198225
城镇土地使用税	Taxes on Use of Urban Land	338373
土地增值税	Land Value-added Taxes	247362
车船税	Taxes on Use of Vehicles and vessels	126682
耕地占用税	Taxes on Occuping Cultivated Land	138160
契　税	Contract Taxes	395549
烟叶税	Tobacco Taxes	2154
二、非税收入	**Non-tax Revenue**	**5647352**
专项收入	Special Incomes	3204666
行政事业性收费收入	Incomes from Administrative Fees	967646
罚款收入	Penalty Incomes	597829
国有资本经营收入	Business Revenue of State-owned Properties	279880
国有资源(资产)有偿使用收入	Incomes from State-owned Resource Utilization	321271
其他收入	Other Incomes	276060

5-4 公共财政支出(2013年)
PUBLIC FINANCE EXPENDITURE(2013)

单位：万元 (10 000 yuan)

项　　目	Item	金　额 Value
支出总计	**Total Expenditure**	**30301263**
一、一般公共服务	Expenditure for General Public Services	2841306
二、国　防	Expenditure for National Defence	55779
三、公共安全	Expenditure for Public Security	1560946
四、教　育	Expenditure for Education	5424434
五、科学技术	Expenditure for Science and Technology	620613
六、文化体育与传媒	Expenditure for Culture, Sports and Media	666886
七、社会保障和就业	Expenditure for Social Security and Employment	4190190
八、医疗卫生	Expenditure for Health Services	2016269
九、节能环保	Expenditure for Energy Conservation and Environmental Protection	981575
十、城乡社区事务	Expenditure for Urban and Rural Community Affairs	1860784
十一、农林水事务	Expenditure for Agriculture, Forestry and Water Convercy	3396864
十二、交通运输	Expenditure for Transportation	1805435
十三、资源勘探电力信息等事务	Expenditure for Resources Exploration, Power and Information Affairs	593324
十四、商业服务业等事务	Expenditure for Business and Service Affairs	265246
十五、金融监管等事务支出	Expenditure for Financial Supervision Affairs	93470
十六、国土资源气象等事务	Expenditure for Land Resource and Meteorology Affairs	2442073
十七、住房保障支出	Expenditure for Housing Security	956298
十八、粮油物资储备事务	Expenditure for Cereals, Oils and Material Reserves	195270
十九、援助其他地区支出	Expenditure for Aiding to Other Areas	21945
二十、国债还本付息支出	Expenditure for Goverment and Public Bonds and Its Interest	52564
二十一、其他支出	Other Expenditures	259992

5-5 税收分经济类型情况(2013年)

单位：万元

项　目	Item	合 计 Total	内　资			
			国有企业 Stated -owned Enterprise	集体企业 Collective -owned Enterprise	股份合作企业 Share Cooperative Enterprise	联营企业 Joint Enterprise
税收(地税)	**Local Taxes Revenue**	**10649981**	**874773**	**227093**	**20717**	**5213**
#营业税	Operation Taxes	3729451	294467	99798	10640	2473
企业所得税	Enterprises Income Taxes	2780663	190791	68130	543	2174
个人所得税	Individual Income Taxes	1220678	138628	21486	3462	98
资源税	Resource Taxes	516502	55344	7254	67	51
固定资产投资方向调节税	Fixed Assets Investment Orientation Regulation Tax					
城市维护建设税	Taxes on Urban Construction and Maintenance	697588	89476	12369	905	139
房产税	House Property Taxes	258606	27860	7389	374	130
印花税	Stamp Taxes	198221	17301	2529	249	27
城镇土地使用税	Taxes on Use of Urban Land	338366	43144	5253	211	119
土地增值税	Land Value-added Taxes	247366	2289	592		
车船税	Taxes on Use of Vehicles and vessels	126683	6059	1660	3415	
烟叶税	Tobacco Taxes	2154	1732			
耕地占用税	Taxes on Occuping Cultivated Land	138159	4144	95	646	
契　税	Contract Taxes	395544	3538	538	205	2
税收(国税)	**National Taxes Revenue**	**12017981**	**1928984**	**176481**	**51908**	**2724**
增值税	Value-added Taxes	8849332	1610824	102370	15987	2656
#一般纳税人	General Taxpayers	7903486	1043730	99764	14952	2419
小规模纳税人	Small-scale Taxpayers	512165	133413	2606	1035	237
消费税	Consumption Taxes	437865	161574	132	1078	
企业所得税	Income Taxes of Enterprises	2067250	146954	57027	33204	4
个人所得税	Individual Income Taxes	1161				
车辆购置税	Vehicle Purchase Taxes	662373	9632	16952	1639	64

TAXES REVENUE BY FORM OF OWNERSHIP(2013)

(10 000 yuan)

Civil Funded Enterprises				港澳台投资企业 Enterprise Funded by Hongkong, Macao and Taiwan	外商投资企业 Foreign Funded Enterprise	个体经营 Individual
股份公司 Share Holding Limited Company	#国有控股 State Controlling Share	私营企业 Private Enterprise	其他企业 Other Enterprise			
7929837	**2061670**	**239548**	**539262**	**58287**	**167068**	**588183**
2769529	727145	102373	115079	28117	76692	230283
2457148	670213	36059	25818			
693843	199077	32579	70632	5083	22749	232118
428761	98287	10758	1037	1835	10846	549
515533	137743	13817	14038	9622	27242	14447
177176	51462	6060	15397	3258	8489	12473
157390	46404	3924	6229	3446	4247	2879
258669	63202	10236	2765	5313	11655	1001
223445	35837	11951	2732	1341	2062	2954
35606	8360	3529	60079		92	16243
422	5					
51350	5098	3376	70682	243	1518	6105
160965	18837	4886	154774	29	1476	69131
7458978	**1011783**	**708153**	**21252**	**204852**	**682210**	**782439**
5773508	553475	618150	2206	123009	384959	215663
5633122	551819	581738	1571	122888	384837	18465
140386	1656	36412	635	121	122	197198
258855	225636	9758		821	5170	477
1389408	232609	67515	358	80811	291969	
						1161
37207	63	12730	18688	211	112	565138

5-6 金融机构信贷收支余额(2013年)
BALANCE OF CREDIT FUNDS OF FINANCIAL INSTITUTIONS(2013)

单位：亿元 (100 million yuan)

项　　目	Item	本外币 RMB and Foreign Currency	人民币 RMB
一、各项存款	**Deposits**	**26269.02**	**26105.35**
单位存款	Corporate Deposits	11277.63	11163.97
个人存款	Personal Deposits	13660.42	13612.19
#储蓄存款	Saving Deposits	13385.00	13339.37
财政性存款	Fiscal Deposits	1124.97	1124.97
临时性存款	Temporary Deposits	46.70	45.46
委托存款	Entrusted Deposits	69.30	69.21
其他存款	Other Deposits	90.00	89.56
二、所有者权益	**Creditors' Equity**	**886.08**	**884.29**
#实收资本	Actual Received Capital	386.01	385.55
三、各项贷款	**Loans**	**15025.46**	**14887.53**
境内贷款	Domestic Loans	15024.91	14887.41
短期贷款	Short-term Loans	6089.83	5977.24
中长期贷款	Medium-term and Long-term Loans	8040.68	8015.78
融资租赁	Lease Loans	33.57	33.57
票据融资	Bill Finance	851.97	851.97
各项垫款	Advances	8.87	8.85
境外贷款	Foreign Loans	0.55	0.12
四、有价证券	**Securities**	**1042.81**	**1042.81**

5-7 金融机构人民币各项存款和贷款余额
BALANCE OF DEPOSITS AND LOANS IN RENMINBI OF FINANCIAL INSTITUTIONS

单位：万元 (10 000 yuan)

年 份 Year	各项存款合计 Balance of Deposits	#企事业存款 Corporate Deposits	#城乡居民储蓄存款 Saving Deposits of Urban and Rural Residents	各项贷款合计 Balance of Loans	#短期贷款 Short-term	#中长期贷款 Medium and Long-term	#基本建设贷款 Capital Construction
1980	392088	125522	128705	591107	578830	12277	
1981	447477	147220	166949	650669	631246	19189	
1982	543771	160023	219636	712125	684031	27712	
1983	673990	194255	288045	801843	767329	32372	4396
1984	877119	269620	405322	1092897	1012969	68283	24425
1985	1050817	401574	529220	1512441	1185224	247760	153465
1986	1333530	496555	704837	1837204	1406768	347628	225095
1987	1640576	562031	944179	2150614	1643114	403385	257429
1988	1933480	642254	1244252	2382519	1995685	340744	171753
1989	2480443	745858	1719554	2809278	2371858	397300	216001
1990	3141354	847362	2313378	3569045	2877047	571351	345202
1991	3809523	1034918	2915655	4328291	3262954	943164	651641
1992	4607404	1224459	3636711	5148408	3712448	1274798	880818
1993	5702498	1414515	4603533	6381035	4400154	1778957	1312393
1994	6854272	2062932	6159495	8020557	5081106	2756760	1511248
1995	12882737	2833481	8444641	12231107	7744271	3210760	1496840
1996	15699109	3681447	10738217	14201114	9259966	3910686	1462002
1997	17923626	4474154	12368354	15249840	11782869	2965442	1581365
1998	20811147	4948038	14370605	17417903	13022710	3360439	1909731
1999	23572121	5643636	16143945	19092096	13767722	3740309	2099969
2000	26283900	6772936	17484210	24531452	14224781	8212709	5287303
2001	30907287	8219315	19797268	24084029	14317608	7687055	4647358
2002	37087186	9602764	23073176	29031751	16331829	9587870	6114549
2003	46815142	12594164	27815374	35522883	19343085	12138826	7056561
2004	58116546	15579954	33423062	40161240	20362341	14893336	8913409
2005	70886971	17489745	41196865	42289987	21082074	16994250	9532519
2006	85774569	22553297	47961838	47885141	23096219	20234188	11378604
2007	100418455	26614242	54223930	53944680	26792518	22980302	12447994
2008	127667183	32744816	70486087	59603272	27912981	27300364	14554047
2009	156984678	42390374	80994287	78147390	33337917	39118456	18084104
2010	185756526	53338036	92229697	96343196	37425196	54092971	
2011	209204319	93395109	104554604	111693542	42314059	63877414	
2012	240505805	107851389	119970319	131062060	51960561	71455443	
2013	261053489	111639664	133393743	148875306	59772430	80157833	

注：2010年起，取消基本建设贷款。
Note: Capital construction loan is canceled in 2010.

5-8 金融机构法定存款利率
OFFICIAL INTEREST RATES OF DEPOSITS OF FINANCIAL INSITITUTIONS

单位：年利率%　　(annual interest rate %)

项　目	Item	2007.5.19 May.19.2007	2007.7.21 Jul.21.2007	2007.8.22 Aug.22.2007	2007.9.15 Sep.15.2007
城乡居民和单位存款	**Deposits of Urban and Rural Residents and Units**				
活　期	Demand Savings	0.72	0.81	0.81	0.81
定　期	Time Savings				
整存整取	Lump-sum Deposit and Withdrawing				
三个月	3 Months	2.07	2.34	2.61	2.88
半　年	6 Months	2.61	2.88	3.15	3.42
一　年	1 Year	3.06	3.33	3.60	3.87
二　年	2 Years	3.69	3.96	4.23	4.50
三　年	3 Years	4.41	4.68	4.95	5.22
五　年	5 Years	4.95	5.22	5.49	5.76
零存整取、整存零取、存本取息	Small Savings for Lump-sum Withdrawal, Big Money Saving and Small Withdrawing, Interest Withdrawal on a Principal Deposited				
一　年	1 Year	2.07	2.34	2.61	2.88
三　年	3 Years	2.61	2.88	3.15	3.42
五　年	5 Years	3.06	3.33	3.60	3.87
定活两便	Time-demand Optional Deposit				

项　目	Item	2007.12.21 Dec.21.2007	2008.10.9 Oct.9.2008	2008.10.30 Oct.30.2008	2008.11.27 Nov.27.2008
城乡居民和单位存款	**Deposits of Urban and Rural Residents and Units**				
活　期	Demand Savings	0.72	0.72	0.72	0.36
定　期	Time Savings				
整存整取	Lump-sum Deposit and Withdrawing				
三个月	3 Months	3.33	3.15	2.88	1.98
半　年	6 Months	3.78	3.51	3.24	2.25
一　年	1 Year	4.14	3.87	3.60	2.52
二　年	2 Years	4.68	4.41	4.14	3.06
三　年	3 Years	5.40	5.13	4.77	3.60
五　年	5 Years	5.85	5.58	5.13	3.87
零存整取、整存零取、存本取息	Small Savings for Lump-sum Withdrawal, Big Money Saving and Small Withdrawing, Interest Withdrawal on a Principal Deposited				
一　年	1 Year	3.33	3.15	2.88	1.98
三　年	3 Years	3.78	3.51	3.24	2.25
五　年	5 Years	4.14	3.87	3.60	2.52
定活两便	Time-demand Optional Deposit				

注：定活两便存款按一年期以内定期整存整取同档次利率打六折执行。

Note：Time-demand optional deposit enjoys a 60% preferential interest rate of lump-sum deposit and withdrawing in a year.

5-8 续表 continued

单位：年利率% (annual interest rate %)

项 目	Item	2008.12.23 Dec.23.2008	2010.10.20 Dec.20.2010	2010.12.26 Dec.26.2010	2011.2.9 Feb.9.2011
城乡居民和单位存款	**Deposits of Urban and Rural Residents and Units**				
活 期	Demand Savings	0.36	0.36	0.36	0.40
定 期	Time Savings				
整存整取	Lump-sum Deposit and Withdrawing				
三个月	3 Months	1.71	1.91	2.25	2.60
半 年	6 Months	1.98	2.20	2.50	2.80
一 年	1 Year	2.25	2.50	2.75	3.00
二 年	2 Years	2.79	3.25	3.55	3.90
三 年	3 Years	3.33	3.85	4.15	4.50
五 年	5 Years	3.60	4.20	4.55	5.00
零存整取、整存零取、存本取息	Small Savings for Lump-sum Withdrawal, Big Money Saving and Small Withdrawing, Interest Withdrawal on a Principal Deposited				
一 年	1 Year	1.71	1.91	2.25	2.60
三 年	3 Years	1.98	2.30	2.50	2.80
五 年	5 Years	2.25	2.50	2.75	3.00
定活两便	Time-demand Optional Deposit				

项 目	Item	2011.4.6 Apr.6.2011	2011.7.7 Jul.7.2011	2012.6.8 Jun.8.2012	2012.7.6 Jul.7.2012
城乡居民和单位存款	**Deposits of Urban and Rural Residents and Units**				
活 期	Demand Savings	0.50	0.50	0.40	0.35
定 期	Time Savings				
整存整取	Lump-sum Deposit and Withdrawing				
三个月	3 Months	2.85	3.10	2.85	2.60
半 年	6 Months	3.05	3.30	3.05	2.80
一 年	1 Year	3.25	3.50	3.25	3.00
二 年	2 Years	4.15	4.40	4.10	3.75
三 年	3 Years	4.75	5.00	4.65	4.25
五 年	5 Years	5.25	5.50	5.10	4.75
零存整取、整存零取、存本取息	Small Savings for Lump-sum Withdrawal, Big Money Saving and Small Withdrawing, Interest Withdrawal on a Principal Deposited				
一 年	1 Year	2.85	3.10	2.85	2.60
三 年	3 Years	3.05	3.30	3.05	2.80
五 年	5 Years	3.25	3.50	3.25	3.00
定活两便	Time-demand Optional Deposit				

5-9 保险业基本情况(分险种)
BASIC STATISTICS ON INSURANCE BUSINESS BY TYPE

单位：万元 (10 000 yuan)

项　目	Item	2012	2013
原保险保费收入	**Income of Premiums**	**3846491**	**4123840**
财产险	Property Insurance	1277868	1445459
企业财产保险	Enterprise Property Insurance	88656	87438
家庭财产保险	Family Property Insurance	2685	2583
机动车辆保险	Motor Vehicle Insurance	1061856	1205390
工程保险	Project Insurance	16940	12664
责任保险	Liability Insurance	49880	64925
信用保险	Credit Insurance	4393	5251
保证保险	Guarantee Insurance	1657	5637
船舶保险	Hull Insurance	195	685
货物运输保险	Cargo Transportation Insurance	12032	12942
特殊风险保险	Special Risk Insurance	458	591
农业保险	Agriculture Insurance	39068	47272
其他险	Other Insurance	47	79
人身险	Personal Insurance	2568623	2678382
意外险	Accident Insurance	65532	79713
健康险	Health Insurance	162002	201637
寿　险	Life Insurance	2341089	2397032
普通寿险	Traditional Life Insurance	320126	455318
分红寿险	Participating Life Insurance	2005453	1923918
投资连结保险	Investment-linked Life Insurance	193	191
万能寿险	Universal Life Insurance	15317	17605
赔款及给付	**Claim and Payment**	**1193251**	**1693188**
财产险	Property Insurance	653709	831613
人身险	Personal Insurance	539542	861575
意外险	Accident Insurance	18446	20085
健康险	Health Insurance	42443	61850
寿　险	Life Insurance	478653	779640

5-10 原保险保费收入情况(山西分公司)

BASIC STATISTICS ON INCOME OF PREMIUMS BY COMPANY(SHANXI BRANCH)

单位：万元 (10 000 yuan)

公司名称	Name of Company	2012	2013
合　计	**Total**	**3846491**	**4123840**
财产险公司	**Property Insurance Company**	**1317799**	**1496297**
中国人民财产保险股份有限公司	PICC Property and Casualty Insurance Co., Ltd	605520	625754
中国太平洋财产保险股份有限公司	China Pacific Property Insurance Co.,Ltd	116258	134050
永安财产保险股份有限公司	Yong An Property Insurance Co.,Ltd	31872	32441
中国平安财产保险股份有限公司	Ping An Property & Casualty Insurance Company of China,Ltd	153191	185355
天安保险股份有限公司	Tian An Insurance Company Limited of China	11512	14743
中国大地财产保险股份有限公司	China Continent Property & Casualty Insurance Co.,Ltd	59689	62381
太平财产保险有限公司	Taiping General Insurance Co.,Ltd	22460	29558
华安财产保险股份有限公司	Sinosafe General Insurance Co.,Ltd	7947	12440
安邦财产保险股份有限公司	AB Property & Casualty Insurance Co., Ltd	2536	2055
永诚财产保险股份有限公司	Alltrust Insurance Co., Ltd	15641	14412
阳光财产保险股份有限公司	Sunshine Property & Casualty Insurance Co., Ltd	24741	28295
中国人寿财产保险股份有限公司	China Life Property and Casualty Insurance Share Co.,Ltd	189606	222563
渤海财产保险股份有限公司	Bohai Property Insurance Co., Ltd	936	1931
都邦财产保险股份有限公司	Du-bang Property & Casualty Insurance Co., Ltd	4651	5518
华泰财产保险有限公司	Huatai Insurance Company of China,Ltd	14406	16611
中国出口信用保险公司	China Export & Credit Insurance Corporation	2814	3423
天平汽车保险股份有限公司	Tianping Auto Insurance Co., Ltd	8046	14079
安诚财产保险股份有限公司	Ancheng Property & Casualty Insurance Co., Ltd	1944	2797
信达财产保险股份有限公司	Cinda Property and Casualty Insurance Co., Ltd	6783	9051
中银保险有限公司	Bank of China Insurance Co., Ltd	4608	4763
中煤财产保险股份有限公司	China Coal Insurance Co., Ltd	21818	47653
英大泰和财产保险股份有限公司	Yingda Taihe Property Insurance Co., Ltd	9270	18188
紫金财产保险股份有限公司	Zking Property & Casualty Insurance Co., Ltd	1552	4675
中华联合财产保险股份有限公司	China United Property Insurance Co., Ltd		3550
众安在线财产保险股份有限公司	ZhongAn Online Property Insurance Co., Ltd		11

5-10 续表 continued

单位：万元 (10 000 yuan)

公司名称	Name of Company	2012	2013
人身险公司	**Life Insurance Company**	**2528692**	**2627544**
中国人寿保险股份有限公司	China Life Insurance Co.,Ltd	1028620	993270
中国太平洋人寿保险股份有限公司	China Pacific Life Insurance Co.,Ltd	413732	451551
中国平安人寿保险股份有限公司	Ping An Life Insurance Company of China,Ltd	162823	192629
新华人寿保险股份有限公司	New China Life Insurance Co.,Ltd	291623	298139
泰康人寿保险股份有限公司	Taikang Life Insurance Co.,Ltd	130841	129932
平安养老保险股份有限公司	Ping An Annuity Insurance Co.,Ltd	6466	6042
太平人寿保险有限公司	Taiping Life Insurance Co.,Ltd	71816	98534
中国人民人寿保险股份有限公司	PICC Life Insurance Co.,Ltd	274145	311815
农银人寿保险股份有限公司	ABC Life Insurance Co.,Ltd	21547	35687
中国人民健康保险股份有限公司	PICC Health Insurance Co.,Ltd	22089	24039
英大泰和人寿保险股份有限公司	Yingda Taihe Life Insurance Co.,Ltd	4555	4227
合众人寿保险股份有限公司	Union Life Insurance Co.,Ltd	9388	10086
民生人寿保险股份有限公司	Minsheng Life Insurance Co.,Ltd	27752	16580
阳光人寿保险股份有限公司	Sunshine Life Insurance Co.,Ltd	27578	20480
生命人寿保险股份有限公司	Sino Life Insurance Co.,Ltd	17921	16418
光大永明人寿保险有限公司	Sun Life Everbright Life Insurance Co.,Ltd	5082	7167
国华人寿保险股份有限公司	Guohua Life Insurance Co.,Ltd	8671	4453
幸福人寿保险股份有限公司	Happy Life Insurance Co.,Ltd	4043	5758
泰康养老保险股份有限公司	Taikang Pension Insurance Co.,Ltd		737

5-11 证券业基本情况
BASIC STATISTICS ON SECURITY

年 份 Year	境内上市公司 (家) Number of Listed Companies in Mainland (unit)	上交所 Shanghai Stock Exchange	深交所 Shenzhen Stock Exchange	股票总发行股本 (万股) Issued Capital (10 000 shares)	股票发行量 (万股) Issued Share (10 000 shares)	#A股 A Shares
2000	17	7	10	663761	206471	188391
2001	18	8	10	714403	228688	210608
2002	19	9	10	733432	240216	222136
2003	21	12	9	809114	267920	249840
2004	22	13	9	907871	271920	253840
2005	22	13	9	907871	271920	253840
2006	25	16	9	2570003	761526	743446
2007	26	16	10	2734756	807626	789546
2008	27	16	11	3343555	851495	833415
2009	28	17	11	3483585	873895	855815
2010	31	18	13	4314023	1119875	898926
2011	34	18	16	4623996	1128522	907573
2012	34	18	16	4983495	1315198	1083249
2013	34	18	16	5268694	1514809	1282860

年 份 Year	股票筹资额 (万元) Raised Capital (10 000 yuan)	#A股 A Shares	保险公司保费收入 (万元) Premium Income of Insurance Companies (10 000 yuan)	保险公司赔款及给付 (万元) Indemnity Expenditure and Payment of Insurance Companies (10 000 yuan)
2000	1092835	1070061	283300	104200
2001	1234761	1211987	374100	104200
2002	1306661	1283887	694621	121023
2003	1505721	1482947	905101	156993
2004	1531281	1508507	1041413	197050
2005	1531281	1508507	1218039	200781
2006	4036272	4013498	1409766	252664
2007	4387204	4364430	1803611	525335
2008	4869204	4846430	2608864	735782
2009	5051201	5028427	2892495	785454
2010	8411601	7358740	3652983	798544
2011	8638229	7585368	3646684	1035325
2012	9168729	8111468	3846491	1193251
2013	9873152	8815892	4123840	1693188

主要统计指标解释

公共财政收入 指按照现行财政体制规定列入地方预算，直接缴入地方金库的财政收入。具体由两部分组成：一是税收收入，包括增值税、企业所得税、个人所得税的地方分享部分，营业税、资源税、城市维护建设税、房产税、印花税、城镇土地使用税、土地增值税、车船税、契税、耕地占用税等；二是非税收入，包括专项收入、行政事业性收费收入、罚没收入、国有资本经营收入、国有资源（资产）有偿使用收入、其他收入等。

税收收入 反映政府税收收入。具体包括：增值税、消费税、营业税、企业所得税、个人所得税、固定资产投资方向调节税、城市维护建设税、房产税、印花税、城镇土地使用税、土地增值税、车船税、船舶吨税、车辆购置税、关税、耕地占用税、契税、烟叶税以及其他税收收入等。

非税收入 反映政府非税收入。具体包括：政府性基金收入、专项收入、彩票资金收入、行政事业性收费收入、罚没收入、国有资本经营收入、国有资源（资产）有偿使用收入及其他收入等。

公共财政支出 是指列入地方预算的财政支出，包括：一般公共服务支出、国防支出、公共安全支出、教育支出、科学技术支出、文化体育与传媒支出、社会保障和就业支出、医疗卫生与计划生育支出、节能环保支出、城乡社区支出、农林水支出、交通运输支出、资源勘探信息等支出、商业服务业等支出、金融支出、国土海洋气象等支出、住房保障支出、粮油物资储备支出、国债还本付息支出及其他支出等。其资金来源包括用地方当年财力安排的支出、上年结余、调入资金和中央一般性及专项转移支付补助收入安排的支出。

一般公共服务 反映政府提供一般公共服务的支出。具体包括人大、政协、政府办公厅（室）及相关机构、发展与改革、统计信息、财政、税收、审计、海关、人事、纪检监察、人口与计划生育、商贸、知识产权、工商行政管理、质量技术监督与检验检疫、民族、宗教、港澳台侨、档案、民主党派及工商联、群众团体事务、党委办公厅（室）其相关机构事务、组织事务、宣传事务、统战事务、对外联盟、其它共产党事务支出、其它一般公共服务支出。

公共安全 反映政府维护社会公共安全方面的支出。有关事务包括武装警察、公安、国家安全、检察、法院、司法行政、监狱、劳教、国家保密、缉私警察等。

教育 反映政府教育事务支出。有关具体事务包括教育行政管理、学前教育、小学教育、初中教育、普通高中教育、普通高等教育、初等职业教育、中专教育、技校教育、职业高中教育、高等职业教育、广播电视教育、留学生教育、特殊教育、干部继续教育、教育机关服务等。

科学技术 反映用于科学技术方面的支出。包括科学技术管理事务、基础研究、应用研究、技术研究与开发、科技条件与服务、社会科学、科学技术普及、科技交流与合作。

文化体育与传媒 反映政府在文化、文物、体育、广播影视、新闻出版等方面的支出。

社会保障和就业 反映政府在社会保障与就业方面的支出。有关事项包括社会保障和就业管理事务、民政管理事务、财政对社会保障基金的补助、补充全国社会保障基金、行政事业单位离退休、企业改革补助、就业补助、抚恤、退役安置、社会福利、残疾人事业、城市居民最低生活保障、其他城镇社会救济、农村社会救济、自然灾害生活救助、红十字事务等。

医疗卫生 反映政府医疗卫生方面的支出。具体包括医疗卫生管理事务支出、医疗服务支出、医疗保障支出、疾病预防控制支出、卫生监督支出、妇幼保健支出、农村卫生支出等。

节能环保 反映政府环境保护支出。具体包括：环境保护管理事务支出、环境监测与监察支出、污染治理支出、自然生态保护支出、天然林保护工程支出、退耕还林支出、风沙荒漠治理支出、退牧还草支出、已垦草原退耕还草支出、能源节约利用、污染减排、可再生能源和资源综合利用等支出。

城乡社区事务 反映政府城乡社区事务支出。具体包括：城乡社会管理事务支出、城乡社会规划与管理支出、城乡社区公共设施支出、城乡社区住宅支出、城乡社区环境卫生支出、建设市场管理与监督支出等。

农林水事务 反映政府农林水事务支出。具体包括：农业支出、林业支出、水利支出、农业综合开发支出等。

交通运输 反映政府交通运输方面的支出。包括公路运输支出、水路运输支出、铁路运输支出、民用航空运输支出等。

工业商业金融等事务 反映政府工业、商业、金融等事务支出。具体包括：采掘业支出、制造业支出、电力支出、信息产业支出、旅游业支出、涉外发展支出、粮油事务支出、商业流通事务支出、物资储备支出、金融保险支出、烟草事务支出、安全生产支出、国有资产监督支出、中小企业发展支出、清洁生产支出等。

资源勘探电力信息等事务 反映政府对资源勘探电力信息等事务的支出。具体包括：资源勘探业支出、制造业支出、建筑业支出、电力监管支出、工业和信息产业监管支出、安全生产监管支出、国有资产监管支出、支持中小企业发展和管理支出等。

粮油物资储备事务 反映用于对粮油物资储备事务方面的支出。

金融监管等事务支出 反映金融保险业监管等事务方面的支出。

国土资源气象等事务 反映政府用于国土资源、海洋、测绘、地震、气象等公益服务事务方面的支出。

商业服务业等事务 反映对商业服务业等事务的支出。具体包括商业流通事务支出、旅游业管理与服务支出、涉外发展服务支出等。

住房保障支出 集中反映政府用于住房方面的支出。

其他支出 反映不能划分到上述功能科目的其他政府支出。包括预备费、年初预留、住房改革支出以及其他支出。

当年可用财力 是指按照现行财政体制规定，在预算年度内可统筹安排使用的预算内资金，其来源包括当年公共财政收入、税收返还收入、下级上解收入、转移支付补助，并从中扣减上解上级及补助下级的资金。当年可用财力不包括上年结余资金及中央专款补助。根据《预算法》的规定，当年支出预算应当小于或等于当年可用财力。

存款 企业、机关、团体或居民根据可以收回的原则，把货币资金存入银行或其他信用机构保管并取得一定利息的一种信用活动形式。根据存款对象的不同可划分：企业存款、财政存款、机关团体存款、城镇居民储蓄存款、农村存款等项目。

贷款 银行或其他信用机构根据必须归还的原则，按一定利率，为企业、个人等提供资金的一种信用活动形式。我国银行贷款，分流动资金贷款、农业贷款、固定资产贷款等科目。

城乡居民储蓄年末余额 包括城镇居民储蓄和农民个人储蓄两部分的年末余额。不包括工矿企业、部队、机关团体等集体存款。

保费收入 指投保人依据保险合同的约定向保险人缴付的保险费。

赔付支出 指保险人根据保险合同的约定，向被保险人或受益人支付的赔款、死伤医疗给付、满期给付和年金给付。

Explanatory Notes on Main Statistical Indicators

Public Finance Revenue refers to financial revenue arranged to regional budget and directly paid to local treasury according to the current regulation of financial system. It consists of tax revenue and non-tax revenue. Tax revenue includes value-added tax, enterprise income tax, local share of individual income tax, operation tax, resource tax, urban construction and maintenance tax, house property tax, stamp tax, tax on use of urban land, land value-added tax, tax on use of vehicles and vessels, contract tax, tax on occupying cultivated land and etc. And non-tax revenue includes special incomes, incomes from administrative fees, penalty incomes, business revenue of state-owned properties, incomes from state-owned resource utilization and other incomes.

Tax Revenue refers to the government's tax revenue, including value-added tax, consumption tax, business tax, enterprise income tax and individual income tax, regulatory tax on investment in fixed assets, urban maintenance and construction tax, house property tax, stamp tax, tax on use of urban land, urban land value-added tax, tax on use of vehicles and vessels, tonnage tax, tax on the purchase of vehicles, tariff , tax on occupying cultivated land, contract tax, tobacco tax and other tax revenue.

Non-tax Revenue refers to the government's non-tax revenue, including governmental funds revenue, special revenue, lottery funds income, administrative and institutional fees income, penalty incomes, business revenue of state-owned properties, incomes form state-owned resource utilization and other incomes.

Public Finance Expenditure refers to financial expenditure arranged to local budget, including expenditure for public services, national defence, education, science and technology, culture, sports and media, social security and employment, health services and birth control, energy conservation and environmental protection, urban and rural community affairs, agriculture, forest and irrigation, transportation, resource exploration, electricity and information affairs, business and service affairs, financial affairs, land resource and meteorology affairs, housing security, cereals, oils and material reserves, government bond and its interest and other expenditures. The sources of funds include expenditure arranged from local disposable financial resources of the year, surplus of last year, funds transferred and subsides of general and special transfer payment from central government.

General Public Services reflect the government's provision of general public service expenditures, specifically including the NPC and CPPCC, government offices and related agencies, development and reform, statistics, finance, taxation, auditing, customs, personnel, discipline inspection and supervision, population and family planning, commerce, intellectual property rights, industrial and commercial administration, quality and technical supervision, inspection and quarantine, land and natural resources, marine management, surveying and mapping, earthquakes, weather, ethnic, religious, Hong Kong, Macao oversea Chinese affairs, files, democratic parties and the federation of industry and commerce, mass organizations, party committee offices and related agencies, organization affairs, publicity affairs, united front affairs, external alliances, other CPC affairs and other affairs.

Public Safety reflects the government to safeguard social payments in respect of public safety. Related affairs include armed police, public security, national security, prosecution, courts, the administration of justice, prison inmates, the state secrecy, anti-smuggling police and so on.

Education reflects the government's education expenditure, including education administration, pre-primary, primary education, secondary education, high school education, regular higher education, primary vocational education, secondary education, technical school education, vocational high school education and higher vocational education, radio and television education, the international education , special education, cadres and continuing education, educational institutions and so on.

Science and Technology reflects the expenditure used for science and technology. It includes science and technology management services, basic research, applied research, technology research and development, science and technology and service conditions, social science, science and technology popularization, scientific and technological exchanges and cooperation.

Culture, Sports and Media reflects the expenditures government used for culture, heritage, sports, radio, film and television, the press, publishing and other aspects.

Social Security and Employment reflects expenditures government used in the aspects of employment and social security. Related affairs include social security and employment management affairs, civil administration affairs, the financial allowance for social security fund, addition of the national social security fund, retirement of administrative and institution units, subsidies for enterprises reform, employment subsidies, pension, retirement and placement, social welfare, disabled cause, the minimum living guarantee for urban residents, other urban social assistance, rural social relief, life assistance for natural disaster, the Red Cross affairs and so on.

Medical and Health Care reflects expenditures government used in the aspects of medical and health care. It includes health care expenditure management services, medical services spending, health care spending, disease prevention and control expenditure, health expenditure monitoring, maternal and child health care spending, rural health and other expenditures.

Energy Conservation and Environmental Protection reflects government's expenditure on energy conservation and environmental protection, including expenditures on management of environmental protection, environmental monitoring and supervision, pollution control, natural and ecological protection, natural protection project, returning farmland to forests, desertification control, restoring grassland from over-grazing and cultivating, energy conservation, pollution control, comprehensive utilization and renewable energy and resources.

Urban and Rural Community Affairs reflect the government's expenditure on urban and rural community affairs, including urban and rural social services expenditure management, urban and rural planning and management of social expenditure, expenditure of public facilities in rural and urban communities, rural and urban communities domestic expenditure, expenditure of urban and rural communities sanitation, management and supervision of the construction market and other expenditures.

Agriculture, Forestry and Water Conservancy Affairs reflect the government's expenditure on agriculture, forestry and water conservancy affairs. It includes agricultural expenditure, forestry expenditure, water conservancy expenses and the comprehensive agricultural development expenditure.

Transportation reflects the expenditure government used for transportation. It includes highway transport expenditure, waterway transport expenses, civil aviation, etc.

Resources Exploration, Power and Information Affairs reflects the government's expenditure on resources exploration and other affairs, including expenditures on resources exploration, manufacture, construction, supervision of power, supervision of industry and information, supervision of safety production, supervision of national assets, development and management on supporting small and medium-sized enterprises, etc.

Cereals, Oils and Material Reserves reflects the government expenditure on cereals, oils, and material reserves.

Expenditure for Financial Supervision and Other Affairs reflects expenditure on supervision of financial, insurance and other affairs.

Land Resources and Weather Affairs reflects government's expenditure on public service affairs, such as, land resources, oceans, surveying and mapping, earthquake and weather affairs.

Business and Service Affairs reflects expenditure on business and service affairs, including expenditure on commercial circulation affairs, management and service of tourism, foreign developing service and so on.

Expenditure for Housing Security reflects government's expenditure on housing affairs.

Other Expenditures reflect the division cannot be subject to the above-mentioned functions of other government expenditures, including reserve funds, reserve expenditures at the beginning of the year, housing reform expenditures and other expenses.

Disposable Financial Resources in the Year it refers to the budgetary funds which can be overall arranged and used in the budget year according to current regulation of financial system, including public finance revenue, return revenue of taxes, revenue turned over from lower authorities, subsides of transfer payment, deducing funds turning over to higher authorities and subsides to lower authorities. It excludes surplus of last year and subsides of special central funds. According to regulation of budgetary law, budget expenditure should be less than or equal to disposable financial resources of the year.

Deposit is a form of credit activities by which enterprises, institutions, organizations or households can put money into banks and other credit institutions for safe keeping and interest earning under the principle of free withdrawal. According to different depositors, deposits are divided into enterprise deposits, fiscal deposits, government agencies and institutions deposits, saving deposits of urban and rural residents, rural deposits and etc.

Loan is a form of credit activities by which banks and other credit institutions provide funds at certain interest rate to enterprises and individuals in the light of the principle of unconditional repayment. Loans from Chinese banks include circulating capital loans, agriculture loans, fixed assets loans, etc.

The Saving Deposits of Urban and Rural Residents include the saving deposits balance of urban and rural residents at end of the year. The deposits of industrial and mining enterprises, military units, government agencies and institutions are not included.

Income of Premiums refers to the fees paid by the insurant to the insurer according to contract agreed terms.

Expenditure of Premiums refers to the indemnity, payment for death, injury and medical treatment, payment at maturity and annuity payment that the insurer paid to the insurant according to the contract agreed terms.

06 ENERGY 能源

PAGE 115-138

资料整理人员

焦有梅　郭骞擘　张艳鹏
武鹏程　吕　洁　康秀芳

能 源
ENERGY

能源消费总量	Total Energy Consumption	20273.5	万吨标准煤	(10 000 tons of SCE)
全社会发电装机容量	Total Installed Electricity Capacity	5767	万千瓦	(10 000 kw)
#6000千瓦及以上火电	Thermal Power of 6000 Kilowatt and Above	5180	万千瓦	(10 000 kw)
全社会用电量	Total Electricity Consumption	1832.3	亿千瓦小时	(100 million kwh)

煤炭外调量（万吨）

Coal Transferred to the Other Provinces and Exported (10 000 tons)

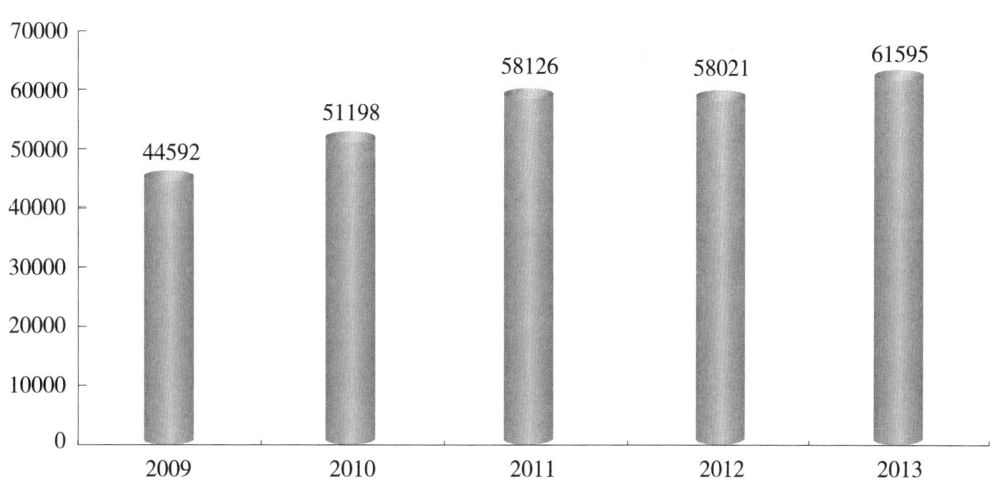

电力外调量（亿千瓦小时）

Electricity Transferred to the Other Provinces and Exported (100 million kwh)

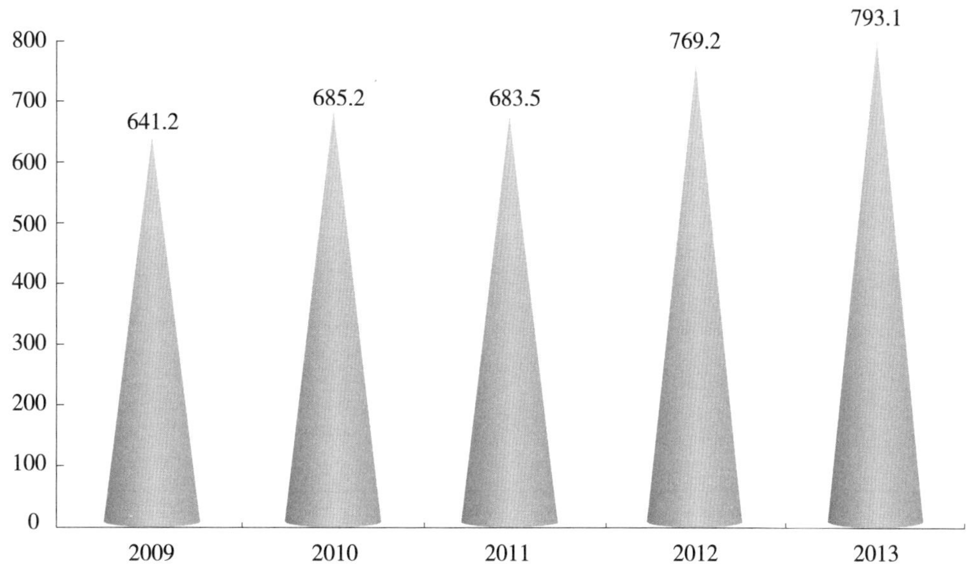

6-1 能源生产、外调、使用平衡表
BALANCE SHEET OF ENERGY PRODUCTION, TRANSFER AND USE

单位：万吨标准煤　　(10 000 tons of SCE)

项　目	Item	2005	2010	2013
一、资　源	Resources	43839.94	65274.19	79932.27
年初库存	Stock of Year Beginning	2826.26	3377.39	5588.55
一次能源生产量	Primary Energy Output	39767.60	56098.74	71978.39
外省市调入量	Transfer from Other Provinces	917.70	5466.26	2265.38
回收能	Recvery of Energy	328.38	331.80	99.95
二、加工转换投入产出差数	Margin of Input and Output for Conversion	2001.22	2734.44	3539.83
加工转换投入量	Input for Conversion	25291.10	34471.73	46964.79
加工转换产出量	Output for Conversion	23289.88	31737.29	43424.96
三、外调出省、出口	Transfer to Other Provinces and Export	37847.16	45730.99	54712.43
调给外省市	Transfer to Other Provinces	34911.29	45268.31	54635.82
供应外贸出口	Export	2935.87	462.68	76.61
四、终端消费	Final Consumption	10117.06	13820.47	16427.08
(一)第一产业	Primary Industry	299.45	337.65	374.30
农林牧渔业	Farming, Forestry, Animal Husbandry And Fishery	299.45	337.65	374.30
(二)第二产业	Secondry Industry	8209.93	10489.37	12520.04
工　业	Industry	8127.39	10343.91	12345.61
轻工业	Light Industry	238.96	202.37	250.43
重工业	Heavy Industry	7888.43	10141.54	12095.17
建筑业	Construction	82.54	145.46	174.44
(三)第三产业	Tertiary Industry	772.15	1661.76	1916.15
交通运输、仓储和邮政业	Transport, Storage and Post	452.48	887.83	1026.14
批发、零售业和住宿、餐饮业	Wholesale and Retail Trade, Hotels and Catering Services	167.87	339.74	413.52
其　他	Others	151.80	434.19	476.49
(四)人民生活	Residential Consumption	835.53	1331.69	1616.58
城　镇	Cities and Towns	443.55	774.12	962.16
乡　村	Rural Areas	391.98	557.57	654.42
五、损失量	Losses	193.61	253.12	316.51
#运输变电损失	Losses in Transmission	192.82	253.12	316.51
六、年末库存量	Stock of Year End	2474.59	3956.72	4846.41

注：2005-2007年部分数据未做调整，与2008年之后数据不可比，下同。

Note: Part of the data from 2005 to 2007 isn't adjusted,which isn't comparable with the data since 2008. The same applies to the follwing.

6-2 煤炭生产、外调、使用平衡表
BALANCE SHEET OF COAL PRODUCTION, TRANSFER AND USE

单位：万吨 (10 000 tons)

项 目	Item	2005	2010	2013
一、资 源	Resources	59351.76	83330.02	104030.07
年初库存	Stock of Year Beginning	3436.18	3226.07	6665.30
一次能源生产量	Primary Energy Product	55426.00	74096.00	96257.22
外省市调入量	Transfer from Other Provinces	489.58	6007.95	1107.55
二、加工转换投入产出差数	Margin of Input and Output for Conversion	21418.35	24186.40	29527.25
加工转换投入量	Input for Conversion	33021.72	42727.04	59669.04
加工转换产出量	Output for Conversion	11603.37	18540.64	30141.79
三、外调出省、出口	Transfer to Other Provinces and Export	43277.00	51197.64	61594.76
调给外省市	Transfer to Other Provinces	39983.00	50714.22	61474.76
供应外贸出口	Export	3294.00	483.42	120.00
四、终端消费	Final Consumption	4262.59	5678.70	7626.13
(一)第一产业	Primary Industry	140.00	175.55	208.60
农林牧渔业	Farming, Forestry, Animal Husbandry And Fishery	140.00	175.55	208.60
(二)第二产业	Secondry Industry	3136.92	3921.41	5666.34
工 业	Industry	3091.12	3849.34	5596.84
轻工业	Light Industry	168.42	146.91	237.42
重工业	Heavy Industry	2922.70	3702.43	5359.42
建筑业	Construction	45.80	72.07	69.50
(三)第三产业	Tertiary Industry	165.00	499.28	582.09
交通运输、仓储和邮政业	Transport, Storage and Post	68.00	54.94	61.56
批发、零售业和住宿、餐饮业	Wholesale and Retail Trade, Hotels and Catering services	52.00	219.19	271.46
其 他	Others	45.00	225.15	249.07
(四)人民生活	Residential Consumption	820.67	1082.46	1169.10
城 镇	Cities and Towns	246.50	421.46	436.50
乡 村	Rural Areas	574.17	661.00	732.60
五、损失量	Losses			
#运输变电损失	Losses in Transmission			
六、年末库存量	Stock of Year End	2393.82	4267.28	5281.93

6-3 焦炭生产、外调、使用平衡表
BALANCE SHEET OF COKE PRODUCTION, TRANSFER AND USE

单位：万吨 (10 000 tons)

项　目	Item	2005	2010	2013
一、资　源	Resources	324.52	916.71	513.26
年初库存	Stock of Year Beginning	324.52	916.71	513.26
二、加工转换投入产出差数	Margin of Input and Output for Conversion	7981.04	8476.44	9076.82
加工转换投入量	Input for Conversion			
加工转换产出量	Output for Conversion	7981.04	8476.44	9076.82
三、外调出省、出口	Transfer to Other Provinces and Export	5474.00	6121.00	6475.81
调给外省市	Transfer to Other Provinces	4877.60	5954.93	6475.81
供应外贸出口	Export	596.40	166.07	
四、终端消费	Final Consumption	2139.90	2589.22	2318.16
(一)第一产业	Primary Industry	20.00		
农林牧渔业	Farming, Forestry, Animal Husbandry And Fishery	20.00		
(二)第二产业	Secondry Industry	2049.40	2586.93	2313.58
工　业	Industry	2040.50	2586.73	2313.55
轻工业	Light Industry	0.51	0.24	0.27
重工业	Heavy Industry	2039.99	2586.48	2313.28
建筑业	Construction	8.90	0.20	0.03
(三)第三产业	Tertiary Industry	45.50	1.11	2.01
交通运输、仓储和邮政业	Transport, Storage and Post			0.04
批发、零售业和住宿、餐饮业	Wholesale and Retail Trade, Hotels and Catering services	45.50	1.11	1.97
其　他	Others			
(四)人民生活	Residential Consumption	25.00	1.18	2.57
城　镇	Cities and Towns	10.00	1.10	1.15
乡　村	Rural Areas	15.00	0.08	1.42
五、损失量	Losses			
运输变电损失	Losses in Transmission			
六、年末库存量	Stock of Year End	691.66	682.93	796.11

6-4 电力生产、外调、使用平衡表
BALANCE SHEET OF ELECTRICITY PRODUCTION, TRANSFER AND USE

单位：万千瓦小时 (10 000 kwh)

项 目	Item	2005	2010	2013
一、资 源	Resources	239300	915400	1115200
一次能源生产量	Primary Energy Output	203200	462100	977700
外省市调入量	Transfer from Other Provinces	36100	453300	137500
二、加工转换投入产出差数	Margin of Input and Output for Conversion	12916500	21043500	25276200
加工转换投入量	Input for Conversion			
加工转换产出量	Output for Conversion	12916500	21043500	25276200
三、外调出省、出口	Transfer to Other Provinces and Export	3692600	7358400	8068000
调给外省市	Transfer to Other Provinces	3692600	7358400	8068000
四、终端消费	Final Consumption	8924600	13812500	17314800
(一)第一产业	Primary Industry	356400	351400	378200
农林牧渔业	Farming, Forestry, Animal Husbandry And Fishery	356400	351400	378200
(二)第二产业	Secondry Industry	7384400	11273900	13961000
工 业	Industry	7334900	11112100	13746600
轻工业	Light Industry	322700	284300	228500
重工业	Heavy Industry	7012200	10827800	13518100
建筑业	Construction	49500	161800	214400
(三)第三产业	Tertiary Industry	724100	1132400	1546200
交通运输、仓储和邮政业	Transport, Storage and Post	310700	456300	557800
批发、零售业和住宿、餐饮业	Wholesale and Retail Trade, Hotels and Catering services	154900	201700	309500
其 他	Others	258500	474400	678900
(四)人民生活	Residential Consumption	459700	1054800	1429400
城 镇	Cities and Towns	281000	641200	890200
乡 村	Rural Areas	178700	413600	539200
五、损失量	Losses	538600	788000	1008600
运输变电损失	Losses in Transmission	538600	788000	1008600

6-5 石油制品生产、外调、使用平衡表
BALANCE SHEET OF PETROLEUM PRODUCTS PRODUCTION, TRANSFER AND USE

单位：万吨标准煤 (10 000 tons SCE)

项　　目	Item	2005	2010	2013
一、资　源	Resources	601.72	1183.83	1287.72
年初库存	Stock of Year Beginning	47.19	64.27	75.95
外省市调入量	Transfer from Other Provinces	554.53	1119.56	1211.77
二、加工转换投入产出差数	Margin of Input and Output for Conversion			
加工转换投入量	Input for Conversion			
加工转换产出量	Output for Conversion			
三、外调出省、出口	Transfer to Other Provinces and Export	1.35		
调给外省市	Transfer to Other Provinces	1.35		
四、终端消费	Final Consumption	537.46	1103.77	1212.54
(一)第一产业	Primary Industry	52.43	100.14	109.55
农林牧渔业	Farming, Forestry, Animal Husbandry And Fishery	52.43	100.14	109.55
(二)第二产业	Secondry Industry	140.59	172.23	209.27
工　业	Industry	124.27	131.31	153.41
轻工业	Light Industry	2.32	2.39	1.88
重工业	Heavy Industry	121.95	128.91	151.52
建筑业	Construction	16.32	40.92	55.86
(三)第三产业	Tertiary Industry	329.95	743.48	797.58
交通运输、仓储和邮政业	Transport, Storage and Post	292.67	643.12	734.25
批发、零售业和住宿、餐饮业	Wholesale and Retail Trade, Hotels and Catering services	10.17	47.06	20.72
其　他	Others	27.11	53.30	42.61
(四)人民生活	Residential Consumption	14.49	87.92	96.13
城　镇	Cities and Towns	10.30	54.25	49.02
乡　村	Rural Areas	4.19	33.68	47.11
五、损失量	Losses	0.79	1.76	1.73
运输变电损失及仓储	Losses in Transmission and Storage	0.79	1.76	1.73
六、年末库存量	Stock of Year End	62.12	78.30	73.45

6-6 主要年份一、二次能源生产量及构成
PRODUCTION AND COMPOSITION OF PRIMARY AND SECONDARY ENERGY IN MAJOR YEARS

年 份 Year	一次能源产量(万吨标准煤) Primary Energy Production (10 000 tons of SCE)	占能源产量(%) Percentage			加工转换能源占一次能源产量(%) Conversion As Percentage of Primary Energy(%)			
		原 煤 Coal	水电和风电 Hydro Power and Wind Power	瓦 斯 Gas		火 电 Thermal Power	洗精煤 Washed Coal	焦 炭 Coke
1980	10310.32	99.71	0.18	0.04	11.28	4.68	3.02	3.57
1985	18237.45	99.82	0.16	0.02	8.85	4.06	2.23	2.56
1990	24341.19	99.86	0.13	0.01	17.08	5.37	5.29	6.42
1995	29760.94	99.88	0.10	0.02	38.73	6.77	14.67	17.29
2000	21457.60	99.63	0.31	0.06	53.72	11.44	19.79	22.50
2005	47233.52	99.74	0.17	0.09	47.04	11.05	19.58	16.41
2006	49590.18	99.66	0.19	0.15	52.50	12.24	22.23	18.03
2007	53755.77	99.65	0.19	0.16	56.00	13.04	25.07	17.89
2008	55902.23	99.71	0.17	0.12	50.02	12.81	22.65	14.56
2009	52526.52	99.58	0.19	0.23	50.91	14.22	22.44	14.25
2010	63326.74	99.45	0.23	0.32	47.20	13.43	20.77	13.00
2011	74481.77	99.55	0.26	0.19	45.31	12.46	21.05	11.80
2012	78182.88	99.30	0.47	0.23	45.89	12.62	22.57	10.70
2013	82402.06	99.29	0.48	0.23	48.78	12.39	25.69	10.70

6-7 主要年份煤炭消费量
COAL CONSUMPTION IN MAJOR YEARS

单位：万吠 (10 000 tons)

年 份 Year	总 计 Total	生产建设消费 Production and Construction Consumption	#发 电 Electricity Generation	#炼 焦 Coking	生活用 Living Consumption
1980	4326	3378	727	642	948
1985	5566	4539	1028	1169	1027
1990	7292	6451	1692	2383	841
1995	13373	12757	2717	7264	616
2000	12704	12179	3128	6298	525
2005	22631	21811	6550	11208	820
2006	25514	24671	7340	13094	842
2007	27772	26953	7989	13800	819
2008	26879	25855	8469	11662	1024
2009	26149	25030	8610	10757	1119
2010	28180	27098	9968	11640	1082
2011	30896	29702	10980	12498	1194
2012	31085	29840	11547	11800	1245
2013	33475	32306	12037	12414	1169

注：本表煤炭消费量包括终端消费量和用于加工转换消费量。

Note: Data of coal consumption in this table includes end-use consumption and consumption during the process of energy conversion.

6-8 主要年份石油制品、焦炭消费量

PETROLEUM PRODUCTS AND COKE CONSUMPTION IN MAJOR YEARS

单位：吨 (ton)

年 份 Year	石油制品(标准煤) Petroleum Products (SCE)	#工业交通 Industry And Transportation	#农 业 Agriculture	焦 炭 Coke	#工业生产 Industry	#建 筑 Construction
1980	1084440	684270	351519	2995572	2553669	9840
1985	1582990	913600	462500	3698900	3118000	17500
1990	1987500	1481400	380400	8326800	7611200	12100
1995	2581000	1828700	449300	12764800	10114700	40800
2000	2751900	1988800	455100	12769000	10103000	62000
2005	5374600	4169400	524300	21399000	20405000	89000
2006	5990500	4583200	652800	24169000	23189000	70000
2007	6347400	4805500	702800	25263700	24521700	62000
2008	9197600	6895200	689800	23587600	23577600	
2009	12119700	8483000	959500	24383900	24353600	1700
2010	11037700	7744300	1001400	25892200	25867300	2000
2011	11105000	8238700	1004700	25585500	25546900	1500
2012	11296100	8331900	1068700	29385500	29344200	1600
2013	12125400	8876600	1095500	23181600	23135500	300

6-9 主要年份社会用电量

TOTAL ELECTRICITY CONSUMPTION IN MAJOR YEARS

单位：万千瓦小时 (10 000 kwh)

年 份 Year	社会用电量 Total Consumption	#农 业 Agriculture	#工 业 Industry	#电 力 工 业 Electricity	#化 学 工 业 Chemistry	#煤 炭 工 业 Coal	#黑 色 金 属 Ferrous Metal	#交 通 运 输 Transportation	#市 政 生 活 Civicism
1980	1185877	171092	962483	248288	218915	146197	131800	5502	46798
1985	1634743	159100	1343101	321440	268079	232152	173668	37281	85000
1990	2552179	146279	2127321	480095	403856	386180	272555	89230	157301
1995	3782338	232387	3280436	809643	547112	553580	391889	121693	298126
2000	5020917	261338	4114046	939969	684945	603963	493088	147750	392327
2005	9463268	356384	7873556	1704567	1380229	1101659	1223916	310704	701698
2006	10976771	332557	9226217	2002767	1347675	1236806	1434010	373158	797896
2007	13488115	283769	11555987	2446779	1559778	1480152	1901101	419210	983014
2008	13143332	273224	11027563	2435403	1466808	1495149	1718484	406581	1163913
2009	12675376	320375	10277414	2393917	1257705	1508344	1799597	411778	1346817
2010	14600467	351399	11900099	2725517	1323372	1718512	2096358	456362	1482910
2011	16504098	387461	13451317	2933961	1500490	1943094	2223308	507130	1651314
2012	17657848	373888	14340495	3261393	1646993	2129660	2491088	519249	1659972
2013	18323479	378267	14755243	3252894	1676244	2347403	2624159	557756	1824445

6-10 主要年份一、二次能源外调量及构成

TRANSFRRED QUANTITY AND COMPOSITION OF PRIMARY AND SECONDRY ENERGY IN MAJOR YEARS

年 份 Year	合 计 Total	原 煤 Coal	电 力 Electricity	洗 煤 Washed Coal	焦 炭 Coke
	实物量 (万吨、亿千瓦小时) Physical Quantity (10 000 tons,100 million kwh)				
1985		13562	20.1	284	176.1
1990		19218	64.7	1050	826.4
1995		20641	123.8	1776	2217.4
2000		20341	119.1	2201	2393.6
2005		40202	369.3	3075	5474.0
2006		42403	432.2	4240	6284.6
2007		49168	462.6	4460	6983.8
2008		48601	485.6	4723	6422.2
2009		39616	641.2	5976	5413.1
2010		44917	685.2	6280	6121.0
2011		50127	683.5	7999	6505.3
2012		51405	769.2	6796	5557.8
2013		53955	793.1	7640	6476.0
	标准量 (万吨标准煤) Standard Quantity (10 000 tons of SCE)				
1985	12035.5	11527.7	81.1	255.6	171.1
1990	18358.2	16334.9	275.5	945.0	802.7
1995	21809.6	17545.9	512.5	1598.7	2152.6
2000	22077.3	17289.9	481.3	1980.9	2325.2
2005	43748.5	34171.3	1491.8	2767.9	5317.5
2006	47709.9	36042.3	1746.1	3816.2	6105.3
2007	54459.8	41792.8	1868.9	4014.0	6784.1
2008	53761.9	41311.1	1962.1	4250.4	6238.5
2009	46900.6	33673.5	2590.3	5378.6	5258.3
2010	52546.2	38179.8	2768.3	5652.2	5945.9
2011	58887.3	42608.0	2761.1	7199.0	6319.3
2012	58316.8	43694.5	3107.5	6116.0	5398.9
2013	62232.3	45861.8	3203.9	6876.0	6290.6
	构成 (%) Composition (%)				
1985	100.0	95.8	0.7	2.1	1.4
1990	100.0	89.0	1.5	5.1	4.4
1995	100.0	80.4	2.4	7.3	9.9
2000	100.0	78.4	2.2	9.0	10.5
2005	100.0	78.1	3.4	6.3	12.2
2006	100.0	75.5	3.7	8.0	12.8
2007	100.0	76.7	3.4	7.4	12.5
2008	100.0	76.8	3.7	7.9	11.6
2009	100.0	71.8	11.5	5.5	11.2
2010	100.0	72.7	5.3	10.8	11.3
2011	100.0	72.4	4.7	12.2	10.7
2012	100.0	74.9	10.5	5.3	9.2
2013	100.0	73.7	5.2	11.1	10.1

6-11 分省(市、区)晋煤销售量(2013年)
SALES OF SHANXI COAL TO OTHER PROVINCES(2013)

单位：万吨 (10 000 tons)

省(市、区)	Region	总 计 Total	铁路外运 Sales to Outside by Railway	公路外销 Sales to Outside by Highway
总 计	**Total**	**61618.35**	**47765.77**	**13852.58**
北京市	Beijing	1067.57	1067.57	
天津市	Tianjin	1716.70	1696.36	20.34
河北省	Hebei	19715.57	9442.67	10272.90
内蒙区	Inner Mongolia	261.21	199.56	61.65
辽宁省	Liaoning	1526.38	1526.38	
吉林省	Jilin	64.08	64.08	
黑龙江省	Heilongjiang	31.28	31.28	
上海市	Shanghai	2862.44	2862.44	
江苏省	Jiangsu	8720.09	8719.46	0.63
浙江省	Zhejiang	3593.49	3593.49	
安徽省	Anhui	1097.52	1093.87	3.65
福建省	Fujian	581.84	581.84	
江西省	Jiangxi	326.32	325.95	0.37
山东省	Shandong	9744.81	8579.41	1165.40
河南省	Henan	4600.71	2320.54	2280.17
湖北省	Hubei	1979.35	1979.08	0.27
湖南省	Hunan	896.50	896.50	
广东省	Guangdong	2360.26	2360.26	
海南省	Hainan	18.49	18.49	
广西区	Guangxi	43.73	43.73	
重庆市	Chongqing	4.43	4.43	
四川省	Sichuan	58.73	58.73	
贵州省	Guizhou	30.50	30.50	
云南省	Yunnan	4.34	4.34	
西藏区	Xizang			
陕西省	Shanxi	77.10	55.10	22.00
青海省	Qinghai	19.10		19.10
宁夏区	Ningxia			
甘肃省	Gansu			
新疆区	Xinjiang	96.07	89.97	6.10
出口	Export	119.74	119.74	

6-12 主要年份能源生产弹性系数
ELASTICITY RATIO OF ENERGY PRODUCTION IN MAJOR YEARS

单位：% (%)

年 份 Year	能源生产 比上年增长 Growth Rate of Energy Production Over Preceding Year	电力生产 比上年增长 Growth Rate of Electricity Over Preceding Year	地区生产总值 比上年增长 Growth Rate of Gross Domestic Product Over Preceding Year	能源生产 弹性系数 Elasticity Ratio of Energy Production	电力生产 弹性系数 Elasticity Ratio of Electricity Production
1980	11.10	5.38	2.00	5.55	2.69
1985	14.46	10.18	7.10	2.04	1.43
1990	3.96	3.64	5.00	0.79	0.73
1995	5.26	10.73	12.00	0.44	0.89
2000	1.12	9.62	9.40	0.12	1.02
2005	10.85	21.59	12.60	0.86	1.71
2006	4.43	16.34	11.80	0.38	1.38
2007	12.72	15.34	14.40	0.88	1.07
2008	1.79	2.01	8.10	0.22	0.25
2009	-5.72	-5.65	5.40	-1.06	-1.05
2010	24.87	14.97	13.90	1.79	1.08
2011	15.75	9.01	13.00	1.21	0.69
2012	4.94	8.13	10.10	0.49	0.80
2013	5.62	3.57	8.90	0.63	0.40

6-13 主要年份能源消费弹性系数
ELASTICITY RATIO OF ENERGY CONSUMPTION IN MAJOR YEARS

单位：% (%)

年 份 Year	能源消费 比上年增长 Growth Rate of Energy Consumption Over Preceding Year	煤炭消费 比上年增长 Growth Rate of Coal Consumption Over Preceding Year	电力消费 比上年增长 Growth Rate of Electricity Consumption Over Preceding Year	地区生产总值 比上年增长 Growth Rate of Gross Domestic Product Over Preceding Year	能源消费 弹性系数 Elasticity Ratio of Energy Consumption	煤炭消费 弹性系数 Elasticity Ratio of Coal Consumption	电力消费 弹性系数 Elasticity Ratio of Electricity Consumption
1980	3.92	8.31	-4.22	2.00	1.96	4.16	-2.11
1985	10.25	7.20	14.85	7.10	1.44	1.01	2.09
1990	-0.19	-12.57	2.98	5.00	-0.04	-2.51	0.60
1995	10.03	5.85	10.82	12.00	0.84	0.49	0.90
2000	3.60	2.44	11.61	9.40	0.38	0.26	1.24
2005	8.61	3.30	14.24	12.60	0.68	0.26	1.13
2006	9.62	5.75	16.09	11.80	0.82	0.49	1.36
2007	8.32	13.37	22.55	14.40	0.58	0.93	1.57
2008	0.30	7.57	-2.48	8.10	0.04	0.93	-0.31
2009	3.32	6.07	-2.49	5.40	0.61	1.12	-0.46
2010	7.91	-3.22	15.47	13.90	0.57	-0.23	1.11
2011	8.97	9.77	14.12	13.00	0.69	0.75	1.09
2012	5.57	3.03	6.10	10.10	0.55	0.30	0.60
2013	4.85	7.69	3.53	8.90	0.54	0.86	0.40

6-14 主要年份能源加工转换投入产出情况
EFFICIENCY OF ENERGY CONVERSION IN MAJOR YEARS

年 份 Year	投入及转换总效率 Total Efficiency		发电及供热投入原煤 (万吨) Coal Input in Electricity And Heat (10 000 tons)	洗选加工投入原煤 (万吨) Coal Input in Washing (10 000 tons)
	投入总量 (万吨标准煤) Total Input (10 000 tons of SCE)	投入产出总效率(%) Efficiency(%)		
1980	1512.30	54.35	727.18	617.16
1985	2214.09	61.77	1108.00	802.00
1990	4792.46	73.22	1812.74	2162.71
1995	13076.80	82.56	2946.49	6864.89
2000	12867.25	81.44	3127.88	6958.75
2005	25291.10	79.72	6597.20	14652.96
2006	29328.52	81.22	7423.29	17175.78
2007	33682.00	82.02	8061.21	19648.54
2008	30901.52	82.03	8393.23	18479.56
2009	30047.10	79.09	8540.95	18034.44
2010	34407.94	80.18	9977.89	20225.00
2011	39760.22	80.86	11085.49	24827.28
2012	42285.31	81.08	11742.37	28952.95
2013	46964.79	82.09	12331.46	33820.09

年 份 Year	炼焦投入量 Input in Coking		制气投入原 煤 (万吨) Coal Input in Making Gas (10 000 tons)	产出总量 (万吨标准煤) Total Output (10 000 tons of SCE)
	原 煤 (万吨) Coal (10 000 tons)	洗精煤 (万吨) Washed Coal (10 000 tons)		
1980	474.00	168.00		821.90
1985	834.00	234.74		1367.69
1990	1772.80	610.24	72.59	3509.20
1995	3964.26	3298.52	63.97	10796.47
2000	3250.02	3045.74	58.03	10478.69
2005	2633.60	8571.16	136.14	20161.30
2006	2595.72	10498.75	36.33	23820.89
2007	1227.37	12556.60	15.24	27624.47
2008	599.30	11048.78	38.76	25349.81
2009	435.41	10318.22	33.53	23763.43
2010	223.61	11414.74	33.76	27587.12
2011	297.20	12180.33	55.57	32149.49
2012	67.32	11732.62	55.09	34283.93
2013	25.27	12389.16	52.79	38552.82

注：本表炼焦产出的焦炉煤气从2005年起包括了加热炼焦炉用气。

Note: The gas output of coking in this table includes the gas used to heat up the coke ovens from 2005 .

6-14 续表 continued

年 份 Year	发电及供热产出 Output of Electricity And Heat		炼焦产出 Output of Coking	
	电 力 (万千瓦小时) Electricity (10 000 kwh)	热 力 (万百万千焦) Heat (10 billion kilo-joule)	焦 炭 (万吨) Coke (10 000 tons)	焦炉煤气 (万立方米) Gas (10 000 cu.m)
1980	1156600		320.95	
1985	1777200	1297.88	568.66	55634
1990	3068800	2324.00	1586.57	81600
1995	4988500	3930.40	5294.97	159800
2000	6087300	2367.70	4967.22	179900
2005	12916500	6020.60	7981.04	1440000
2006	15025400	7410.87	9202.18	1714000
2007	17347600	9068.98	9897.29	1777600
2008	17727600	10067.00	8376.50	1728100
2009	18487600	9801.65	7705.83	1485200
2010	21043500	12089.93	8476.44	1607200
2011	22964500	14472.47	9047.91	1868200
2012	24429600	16014.55	8612.66	1674300
2013	25276200	17916.84	9076.82	1780300

年 份 Year	洗选煤产出 Output of Washed Coal		制气产出 Output of Making Gas	
	炼焦精煤 (万吨) Coking Coal (10 000 tons)	其他洗煤 (万吨) Others (10 000 tons)	焦炉煤气 (万立方米) Gas (10 000 cu.m)	其他煤气 (万立方米) Others (10 000 cu.m)
1980	409.00			
1985	518.55	158.91		
1990	1429.65	366.30	9400	136400
1995	4850.20	710.59	1100	230000
2000	4818.21	590.05		191800
2005	10275.88	1327.49		417900
2006	12249.46	2054.58		108000
2007	14975.82	3255.20		110600
2008	14069.18	3022.46		94100
2009	13095.28	3180.80		81200
2010	14863.17	3537.38		101600
2011	17426.68	4652.97		168300
2012	19604.71	5698.09		156000
2013	23522.41	6430.09		117900

6-15 终端能源消费量和构成(2013年)

单位：万吨标准煤

项　目	Ietm	合计 Total
消费总计	**Total Consumption**	**16427.08**
一、第一产业	Primary Industry	374.30
农林牧渔业	Farming, Forestry, Animal Husbandry And Fishery	374.30
二、第二产业	Secondry Industry	12520.04
工　业	Industry	12345.61
轻工业	Light Industry	250.43
重工业	Heavy Industry	12095.17
建筑业	Construction	174.44
三、第三产业	Tertiary Industry	1916.15
交通运输、仓储及邮电通讯业	Transport, Storage, Post and Telecommunication	1026.14
批发、零售业和住宿、餐饮业	Wholesale and Retail Trade, Hotels and Catering Services	413.52
其　他	Others	476.49
四、人民生活	Residential Consumption	1616.58
部门构成 (%)	**Composition of Department(%)**	
消费总计	**Total Consumption**	**100.00**
一、第一产业	Primary Industry	2.28
农林牧渔业	Farming, Forestry, Animal Husbandry And Fishery	2.28
二、第二产业	Secondry Industry	76.22
工　业	Industry	75.15
轻工业	Light Industry	1.52
重工业	Heavy Industry	73.63
建筑业	Construction	1.06
三、第三产业	Tertiary Industry	11.66
交通运输、仓储及邮电通讯业	Transport, Storage, Post and Telecommunication	6.25
批发、零售业和住宿、餐饮业	Wholesale and Retail Trade, Hotels and Catering Services	2.52
其　他	Others	2.90
四、人民生活	Residential Consumption	9.84
品种构成 (%)	**Composition of Variety(%)**	
消费总计	**Total Consumption**	**100.00**
一、第一产业	Primary Industry	100.00
农林牧渔业	Farming,Forestry,Animal Husbandry And Fishery	100.00
二、第二产业	Secondry Industry	100.00
工　业	Industry	100.00
轻工业	Light Industry	100.00
重工业	Heavy Industry	100.00
建筑业	Construction	100.00
三、第三产业	Tertiary Industry	100.00
交通运输、仓储和邮政业	Transport,Storage and Post	100.00
批发、零售业和住宿、餐饮业	Wholesale and Retail Trade, Hotels and Catering Services	100.00
其　他	Others	100.00
四、人民生活	Residential Consumption	100.00

CONSUMPTION AND COMPOSITION OF TERMINAL ENERGY(2013)

(10 000 tons of SCE)

原 煤 Coal	洗精煤及其他洗煤 Washed Coal and Others	焦 炭 Coke	石油制品 Petroleum Products	电 力 Electricity	天然气煤气及其他 Natural Gas, Gas and Others
4586.66	**690.94**	**2251.86**	**1212.54**	**5403.86**	**2281.22**
146.48			109.55	118.03	0.23
146.48			109.55	118.03	0.23
3664.81	421.14	2247.41	209.27	4357.16	1620.26
3616.00	421.14	2247.38	153.41	4290.24	1617.43
160.29	4.39	0.26	1.88	71.31	12.29
3455.71	416.75	2247.12	151.52	4218.93	1605.14
48.80		0.03	55.86	66.91	2.83
406.08		1.95	797.58	482.56	227.98
43.23		0.04	734.25	174.09	74.53
187.95		1.91	20.72	96.59	106.35
174.90			42.61	211.88	47.10
369.30	269.80	2.50	96.13	446.11	132.74
100.00	**100.00**	**100.00**	**100.00**	**100.00**	**100.00**
3.19			9.04	2.18	0.01
3.19			9.04	2.18	0.01
79.90	60.95	99.80	17.26	80.63	71.03
78.84	60.95	99.80	12.65	79.39	70.90
3.49	0.64	0.01	0.16	1.32	0.54
75.34	60.32	99.79	12.50	78.07	70.36
1.06			4.61	1.24	0.12
8.85		0.09	65.78	8.93	9.99
0.94			60.55	3.22	3.27
4.10		0.08	1.71	1.79	4.66
3.81			3.51	3.92	2.06
8.05	39.05	0.11	7.93	8.26	18.97
27.92	**4.21**	**13.71**	**7.38**	**32.90**	**13.89**
39.13			29.27	31.53	0.06
39.13			29.27	31.53	0.06
29.27	3.36	17.95	1.67	34.80	12.94
29.29	3.41	18.20	1.24	34.75	13.10
64.01	1.75	0.10	0.75	28.48	4.91
28.57	3.45	18.58	1.25	34.88	13.27
27.98		0.02	32.03	38.36	1.62
21.19		0.10	41.62	25.18	11.90
4.21			71.55	16.97	7.26
45.45		0.46	5.01	23.36	25.72
36.71			8.94	44.47	9.89
22.84	16.69	0.15	5.95	27.60	26.77

6-16 分行业能源消费总量(2013年)

单位：万吨标准煤

行　业	Sector	能源消费总量 Total Energy Consumption
消费总计	**Total**	**20273.50**
农、林、牧、渔业	**Farming, Forestry, Animal Husbandry And Fishery**	**374.30**
工　业	**Industry**	**16190.29**
轻工业	Light Industry	267.25
重工业	Heavy Industry	15923.04
按工业行业分	Grouped by Industry Sector	
采矿业	Mining	4631.61
煤炭开采和洗选业	Coal Mining and Dressing	4437.32
石油和天然气开采业	Petroleum and Natural Gas Extraction	17.27
黑色金属矿采选业	Ferrous Metals Mining and Dressing	168.77
有色金属矿采选业	Nonferrous Metals Mining and Dressing	5.16
非金属矿采选业	Nonmetal Minerals Mining and Dressing	2.38
开采辅助活动	Mining Auxiliary Activities	0.71
其他采矿业	Other Minerals Mining	
制造业	Manufacturing	10259.73
农副食品加工业	Farm and Sideline Food Processing	69.59
食品制造业	Food Manufacturing	27.17
酒、饮料和精制茶制造业	Alcohol, Beverage and Refined Tea Manufacturing	31.99
烟草制品业	Tobacoo Manufaturing	0.88
纺织业	Textile Industry	21.77
纺织服装、服饰业	Manufacture of Garments and Accessories	1.51
皮革、毛皮、羽毛及其制品和制鞋业	Manufacture of Leather, Fur, Feather and their Products and Footwear	0.30
木材加工和木、竹、藤、棕、草制品业	Processing of Timber, Manufacture of Wood, Bamboo, Rattan, Palm, and Straw Products	2.42
家具制造业	Manufacture of Funiture	0.34
造纸和纸制品业	Manufacture of Paper and Paper Products	23.82
印刷和记录媒介复制业	Printing and Record Medium Reproduction	2.43
文教、工美、体育和娱乐用品制造业	Manufacture of Articles For Culture, Education and Sport Activity	0.58

ENERGY CONSUMPTION BY SECTOR(2013)

(10 000 tons of SCE)

煤 炭 (万吨) Coal (10 000 tons)	电 力 (亿千瓦小时) Electricity (100 million kwh)	焦 炭 (万吨) Coke (10 000 tons)	汽 油 (万吨) Gasoline (10 000 tons)	柴 油 (万吨) Diesel Oil (10 000 tons)
33475.06	**1832.34**	**2318.16**	**233.32**	**541.39**
208.60	**37.82**		**35.24**	**39.60**
31445.77	**1475.52**	**2313.55**	**16.03**	**79.20**
479.04	22.85	0.27	0.82	0.46
30966.73	1452.67	2313.28	15.21	78.74
3281.17	322.55	33.77	10.19	61.79
3242.52	276.80	21.55	9.83	51.83
	5.38		0.30	0.02
37.37	38.92	12.22	0.07	8.12
0.57	0.80			1.56
0.72	0.42			0.26
	0.23			
17230.03	775.17	2279.78	5.38	16.24
75.83	4.67	0.24	0.13	0.04
26.40	1.69	0.03	0.16	0.02
27.23	2.51		0.07	0.02
0.58	0.11			
17.78	2.91		0.03	0.01
0.77	0.16		0.03	
0.15	0.06			
1.03	0.52	0.01		0.02
0.01	0.09		0.03	
31.38	1.67		0.10	0.09
1.38	0.38		0.07	0.06
0.26	0.08		0.03	0.01

6-16 续表

单位：万吨标准煤

行　业	Sector	能源消费总量 Total Energy Consumption
石油加工、炼焦和核燃料加工业	Petroleum Processing ,Coking and Nuclear Fuel Processing	1874.89
化学原料和化学制品制造业	Manufacture Raw Chemical Materials and Chemical Products	2017.66
医药制造业	Manufacture of Medical Products	69.49
化学纤维制造业	Manufacture of Chemical Fibers	0.22
橡胶和塑料制品业	Manufacture of Rubber and Plastic Products	17.38
非金属矿物制品业	Manufacture of Nonmetals Mineral Products	980.30
黑色金属冶炼和压延加工业	Smelting and Pressing of Ferrous Metals	3854.71
有色金属冶炼和压延加工业	Smelting and Pressing of Nonferrous Metals	1043.52
金属制品业	Manufacture of Metal Products	70.61
通用设备制造业	Manufacture of Universal Purpose Equipment	18.37
专用设备制造业	Manufacture of Special Purpose Equipment	42.37
汽车制造业	Manufacture of Motor Vehicles	14.21
铁路、船舶、航空航天和其他运输设备制造业	Manufacture of Railways, Ships, Aviation, Aircrafts and Other Transportation Equipments	16.63
电气机械和器材制造业	Manufacture of Electrical Equipment and Machinery	6.95
通信设备、计算机和其他电子设备制造业	Manufacture of Computer, Telecommunication and Other Electronic Equipments	29.67
仪器仪表制造业	Manufacture of Measuring Instrument and Machinery	1.70
其他制造业	Other Manufacturing	17.16
废弃资源综合利用业	Comprehensive Utilization of Waste	0.33
金属制品、机械和设备修理业	Repair of Metal Products, Machinery and Equipment	0.75
电力、热力、燃气及水生产和供应业	Production and Supply of Electricity, Heat, Gas and Water	1298.95
电力、热力生产和供应业	Production and Supply of Electricity and Heat	1289.42
燃气生产和供应业	Production and Supply of Gas	7.00
水的生产和供应业	Production and Supply of Water	2.54
建筑业	**Construction**	**174.44**
交通运输、仓储和邮政业	**Transport, Storage and Post**	**1027.88**
批发、零售业和住宿、餐饮业	**Wholesale and Retail Trade, Hotels and Catering Services**	**413.52**
人民生活及其他	**Residential Consumption and Others**	**2093.07**

continued

(10 000 tons of SCE)

煤 炭 (万吨) Coal (10 000 tons)	电 力 (亿千瓦小时) Electricity (100 million kwh)	焦 炭 (万吨) Coke (10 000 tons)	汽 油 (万吨) Gasoline (10 000 tons)	柴 油 (万吨) Diesel Oil (10 000 tons)
11146.27	59.51	47.46	0.66	4.57
1713.10	158.29	40.49	0.76	0.88
58.94	8.45		0.16	0.07
0.22	0.03			
2.91	3.26		0.40	0.10
1118.46	60.46	8.70	0.40	3.52
2383.46	281.18	2170.56	0.56	4.68
296.13	158.89	7.95	0.07	1.12
48.96	6.14	3.47	0.36	0.22
15.80	3.24	0.45	0.33	0.22
5.49	6.09	0.26	0.46	0.21
3.58	3.43	0.08	0.03	0.09
10.13	2.22	0.10	0.33	0.07
1.07	1.48		0.10	0.02
2.30	7.27		0.10	0.05
0.81	0.24			
239.10	0.07			0.01
	0.04			0.14
0.52	0.05			
10934.56	377.80		0.46	1.17
10916.05	376.59		0.23	1.14
17.77	0.65		0.07	0.01
0.74	0.56		0.16	0.02
69.50	**21.44**	**0.03**	**12.18**	**25.69**
61.56	**55.78**	**0.04**	**114.58**	**369.03**
271.46	**30.95**	**1.97**	**5.47**	**5.61**
1418.17	**210.83**	**2.57**	**49.82**	**22.26**

主要统计指标解释

能源资源 指报告期全省各种能源资源总量。能源品种包括原煤、洗精煤、焦炭、原油、汽油、柴油、煤油、燃料油、天然气、焦炉煤气、其他煤气、其他焦化制品、热力、电力等品种。能源资源组成包括三部分：

1.期初、期末库存量是指一定时点各种能源的库存量，其中包括产成品库存量，各种能源库存量。产成品库存量中，还包括乡村企业能源产成品库存量。

2.一次能源生产量是指报告期一次能源的生产量，其中包括原煤、水电、风电、天然气（煤矿瓦斯）的生产量。由一次能源加工转换产出的二次能源产量不包括在内。

3.外省市调入量是指报告期调入的各种能源数量。我省从外省市调入的能源主要是石油制品：汽油、柴油、煤油、燃料油及电网交界处输入部分电力和相邻省调入的部分煤炭。

能源消费总量 是指报告期全省用于生产、生活的各种能源消费量的总和。能源消费总量按标准煤折算。能源消费总量中包括：原煤、原油及其制品、天然气、电力，不包括生物能和太阳能等的利用。能源消费总量包括三部分：

1.能源终端消费量 指报告期全省物质生产部门、非物质生产部门的各种能源消费量。不包括加工转换损失量和运输、管理中的损失量。

2.能源加工转换损失量 指全省投入加工转换的各种能源数量和与产出能源及制品之和的差数，是能源加工转换过程的消费量，也称加工转换损失量。

3.损失量 指能源的运输、储存中发生的经营管理损失量，包括煤炭库存中的水冲、自燃等损失量。

能源生产弹性系数 是研究能源生产量的增长与国民经济增长之间关系的指标。国民经济年平均增长速度，可根据不同目的的需要，用工农业总产值、国内生产总值等指标来计算，本资料是采用国内生产总值指标计算的。其计算公式为：

$$\text{能源生产弹性系数}=\frac{\text{能源生产量年平均增长速度}}{\text{国内生产总值年平均增长速度}}\times 100\%$$

电力生产弹性系数 是研究电力生产的增长与国民经济增长之间关系的指标。其计算公式为：

$$\text{电力生产弹性系数}=\frac{\text{电力生产量年平均增长速度}}{\text{国内生产总值年平均增长速度}}\times 100\%$$

能源消费弹性系数 是反映能源消费增长速度与国民经济增长速度之间比例关系的指标。其计算公式为：

$$\text{能源消费弹性系数}=\frac{\text{能源消费年平均增长速度}}{\text{国内生产总值年平均增长速度}}\times 100\%$$

电力消费弹性系数 是反映电力消费增长速度与国民经济增长速度之间比例关系的指标。其计算公式为：

$$\text{电力消费弹性系数}=\frac{\text{电力消费年平均增长速度}}{\text{国内生产总值年平均增长速度}}\times 100\%$$

能源加工转换效率 是指报告期内一次能源产品经过加工转换后，产出的各种能源产品及其制品的数量，与同期投入加工转换的各种一次能源数量的比率。它是观察能源加工转换装置和生产工艺先进与落后、管理水平高低等的重要指标。

能源外调量 是报告期通过铁路、公路售给外省市、供应外贸出口的各种能源数量。

一、二次能源外调量构成 是报告期各种能源外调量在能源外调总量中的结构比，反映外调能源结构变化，同时反映能源产业结构的变化。

Explanatory Notes on Main Statistical Indicators

Energy Resources refers to total resources of all energy in the province in the reference period. It includes coal, washed coal, coke, crude oil, gasoline, diesel oil, kerosene, fuel oil, natural gas, gas and other gas, other coking products, heat and electricity, etc. It includes three parts:

1. Stock in the beginning and end of the year refers to stock of all kind of energy at a certain point of time, including products stock and energy stock. The stock of rural enterprises energy products is also included.

2. Primary Energy Production refers to the total production of primary energy in the reference period, including production of coal, hydropower, wind power and gas, excluding secondary energy converted from the primary energy.

3. Energy Quantity Transferred from other Province refers to energy quantity transferred in a given period of time. Energy transferred from other province mostly is crude oil product including gasoline, diesel oil, kerosene, fuel oil, some electricity input in the juncture of electricity nets and some coals.

Total Energy Consumption refers to the total consumption of various kinds by production and households in the province in a given period of time. It is converted by SCE. The total energy includes that of coal, crude oil and their products, natural gas and electricity. It excludes bioenergy and solar energy. It can be divided into three parts:

1. Final energy consumption refers to total energy consumption by material production sectors, non-material production sectors in the province in a given period of time, but excludes the loss in the conversion and transportation.

2. Loss during the Process of Energy Conversion refers to the total input of various kinds of energy for conversion, minus total output of various kinds of energy in the province in a given period of time. It is energy consumption during the process of energy conversion, also called loss of energy conversation.

3. Loss refers to the loss of energy during the course of energy transportation and storage, include coal loss caused by washed away by the water and self-ignite in the storage.

Elasticity Ratio of Energy Production refers to indicators to show the relationship between the growth rate of energy production and the growth rate of the national economy. Average annual growth rate of national economy can be shown by the gross domestic product, gross output value of industry and agriculture, depending upon the purposes or need. The gross domestic product is used in calculation of the indicator in this chapter. The formula is:

$$\text{Elasticity Ratio of Energy Production} = \frac{\text{Average Annual Growth Rate of Energy Production}}{\text{Average Annual Growth Rate of Gross Demestic Product}} \times 100\%$$

Elasticity Ratio of Electricity Production refers to indicators to show the relationship between the growth rate of electricity production and the growth rate of the national economy. The formula is:

$$\text{Elasticity Ratio of Electricity Production} = \frac{\text{Average Annual Growth Rate of Electricity Production}}{\text{Average Annual Growth Rate of Gross Demestic Product}} \times 100\%$$

Elasticity Ratio of Energy Consumption refers to indicators to show the relationship between the growth rate of energy consumption and the growth rate of the national economy. The formula is:

$$\text{Elasticity Ratio of Energy Consumption} = \frac{\text{Average Annual Growth Rate of Energy Consumption}}{\text{Average Annual Growth Rate of Gross Demestic Product}} \times 100\%$$

Elasticity Ratio of Electricity Consumption refers to indicators to show the relationship between the growth rate of electricity consumption and the growth rate of the national economy. The formula is:

$$\text{Elasticity Ratio of Electricity Consumption} = \frac{\text{Average Annual Growth Rate of Electricity Consumption}}{\text{Average Annual Growth Rate of Gross Demestic Product}} \times 100\%$$

Efficiency of Energy Processing and Conversion refers to the ratio of the total output of energy products of various kinds after processing and conversion and the total input of energy of various kinds for processing and conversion in the same reference period. It is an important indicator to show the current conditions of energy processing and conversion equipment, production technique and management.

Energy Transferred to Other Provinces refers to the amount of energy sold to other provinces by railway and highway, or exported to foreign countries in the reference period.

Composition of Primary and Secondary Energy Transferred to Other Provinces refers to the composition of energy transferred to other provinces in the reference period. It reflects structure change of energy transferred and energy industry.

07 固定资产投资

INVESTMENT IN FIXED ASSETS

PAGE

139-210

资料整理人员

杨艳文　邱慧东　任启龙

固定资产投资

INVESTMENT IN FIXED ASSETS

全社会固定资产投资	Total Investment in Fixed Assets	11200.2	亿元 (100 million yuan)
第一产业	Primary Industry	714.0	亿元 (100 million yuan)
第二产业	Secondary Industry	4657.9	亿元 (100 million yuan)
第三产业	Tertiary Industry	5828.3	亿元 (100 million yuan)
全社会竣工房屋面积	Total Floor Space of Completed Buildings	8308	万平方米 (10 000 sq.m)
#住　宅	Residential Buildings	5514	万平方米 (10 000 sq.m)

全社会固定资产投资总额构成 (%)

Composition of Total Investment in Fixed Assets (%)

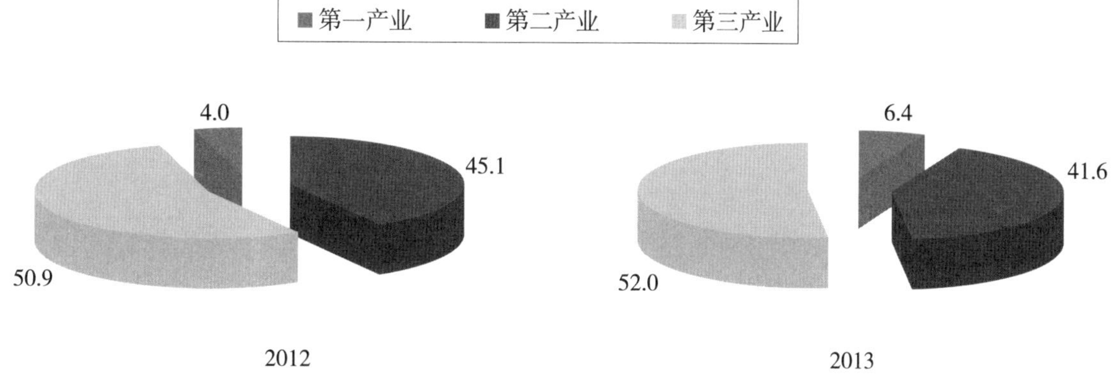

全社会固定资产投资 (亿元)

Total Investment in Fixed Assets (100 million yuan)

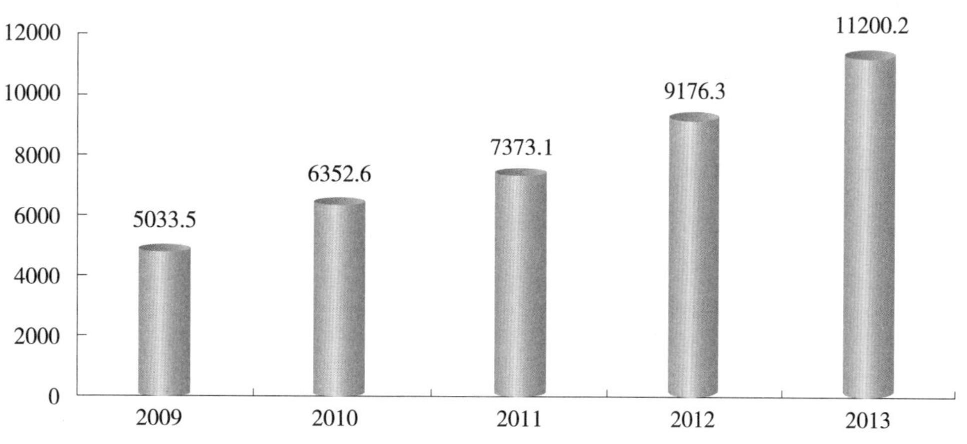

7-1 全社会固定资产投资主要指标

MAJOR INDICATORS OF TOTAL INVESTMENT IN FIXED ASSETS

单位：万元 (10 000 yuan)

指　标	Item	2012	2013
一、投资总额	**Total**	**91763142**	**112002376**
#房地产开发投资	Real Estate Investment	10104513	13086275
#农户投资	Rural Households Investment	2784109	2865426
#住　宅	Residential Buildings	14670489	16889560
按登记注册类型分	Grouped by Type of Registration Status		
内　资	Domestic-funded Enterprises	90103668	110673259
港、澳、台商投资	Enterprises with Investment from Hong Kong, Macao and Taiwan	897412	724651
外商投资	Enterprises with Foreign Investment	762062	604466
按构成分	Grouped by Composition		
建筑工程	Construction	56477711	69338120
安装工程	Installation	7227412	10099182
设备工器具购置	Purchase of Equipment and Instruments	17197533	20409818
其他费用	Other Expenses	10860486	12155255
按三次产业分	Grouped by Type of Industry		
第一产业	Primary Industry	3660868	7140003
第二产业	Secondary Industry	41354020	46579278
第三产业	Tertiary Industry	46748254	58283095
二、新增固定资产	**Newly Increased Fixed Assets**	**55040892**	**65082762**
三、房屋建筑面积(万平方米)	**Floor Space of Buildings (10 000 sq.m)**		
本年施工房屋面积	Floor Space of Buildings Under Construction	25556	29494
#住　宅	Residential Buildings	16860	17922
本年竣工房屋面积	Floor Space of Buildings Completed This Year	7038	8308
#住　宅	Residential Buildings	4813	5514
本年竣工房屋价值(万元)	Value of Buildings Completed This Year (10 000 yuan)	11933806	14203798
#住　宅	Residential Buildings	7845371	8679751
四、本年资金来源小计	**Total Sources of Funds This Year**	**85169306**	**100161445**
国家预算内资金	State Budgetary Appropriation	4699569	6471198
国内贷款	Domestic Loans	9412229	7991687
利用外资	Foreign Investment	229129	294197
自筹资金	Self-Raised Funds	62851472	76421063
#企事业单位自有资金	Own Funds of Enterprises and Institutions	23056225	27718800
其　他	Others	7976907	8983299

7-2 全社会固定资产投资
TOTAL INVESTMENT IN FIXED ASSETS

单位：万元 (10 000 yuan)

年 份 Year	总 计 Total	#房地产开发 Real Estate Development	#农 户 Rural Households	#住 宅 Residential Buildings	第一产业 Primary Industry	第二产业 Secondary Industry	第三产业 Tertiary Industry
1978	214935		11313	15006	1645	132080	81210
1979	232713		14940	38261	10752	131838	90123
1980	281960		21173	59117	17560	162157	102243
1981	254719		38452	76511	13723	129473	111523
1982	345486		38244	95144	20698	186438	138350
1983	448347		57569	96277	26159	257200	164988
1984	688991		63475	114800	15352	384594	289045
1985	916918		87387	158060	11443	554744	350731
1986	970247		106473	176525	22578	600777	346892
1987	1062371	6207	136987	193745	25621	597032	439718
1988	1076779	5421	141201	169236	33359	662277	381143
1989	1079587	2370	136709	184680	28614	668424	382549
1990	1234137	28486	164556	220354	51962	756324	425851
1991	1495206	32642	202269	238231	56159	934621	504426
1992	1727858	51869	119330	240328	48795	1079071	599992
1993	2512628	129685	191765	415095	84534	1424294	1003800
1994	2909041	116512	201153	464303	63897	1427878	1417266
1995	2955570	150886	188798	456871	76160	1401945	1477465
1996	3334714	147893	302383	666374	90324	1587144	1657246
1997	3983959	181736	317673	708704	104368	2008130	1871461
1998	5346852	278653	331200	920980	83706	2135036	3128110
1999	5753507	350458	245781	1083149	103046	2261965	3388496
2000	6251628	394556	344392	1113447	119648	2896273	3235707
2001	7083468	466464	399594	1021534	205239	3090533	3787696
2002	8382683	674331	462572	1173468	334467	3793232	4254984
2003	11163486	950740	533216	1210898	359529	6127825	4676132
2004	14776985	1449898	621851	1551521	362856	8697815	5716314
2005	18593969	1779937	757098	2245567	501034	11304223	6788712
2006	23214735	2086231	933279	3503467	651894	13463726	9099115
2007	29271653	2589251	1157947	4619967	838947	16171517	12261189
2008	36351396	3279807	1443268	5651842	1119701	18688907	16542788
2009	50335333	4772748	1785790	7600820	2203844	21636020	26495469
2010	63526011	5922376	2179375	9003350	2812813	26281280	34431918
2011	73730582	7901982	2353725	11877169	2712048	33485814	37532720
2012	91763142	10104513	2784109	14670489	3660868	41354020	46748254
2013	112002376	13086275	2865426	16889560	7140003	46579278	58283095

7-3 按登记注册类型和控股情况分全社会固定资产投资
TOTAL INVESTMENT IN FIXED ASSETS BY REGISTRATION STATUS AND SHARE HOLDING

单位：万元 (10 000 yuan)

指　标	Item	2012	2013
总　计	**Total**	**91763142**	**112002376**
按登记注册类型分	**Grouped by Type of Registration Status**		
内　资	Domestic-Funded Enterprises	90103668	110673259
国　有	State-owned Enterprises	37162900	41916496
集　体	Collective-owned Enterprises	3912227	5456690
股份合作	Share Cooperative Enterprises	735552	696018
国有联营	State Joint Ownership Enterprises	417527	279731
集体联营	Collective Joint Ownership Enterprises	55919	40874
国有与集体联营	Joint State-collective Enterprises	77182	76274
其他联营	Other Joint Ownership Enterprises	35941	64240
国有独资公司	State-funded Corporations	1242814	1240650
其他有限责任公司	Other Limited Liability Corporations	22247782	24974440
股份有限公司	Share-holding Corporations Ltd.	4837681	6731322
私　营	Private Enterprises	14654482	21538081
个体户	Self-employed Individuals	2941664	3148489
个人合伙	Individual Partnership Enterprises	108778	328381
其　他	Others	1673219	4181573
港澳台投资	Enterprises with Investment from Hong Kong, Macao and Taiwan	897412	724651
港澳台合资经营	Joint-venture Enterprises	199154	198933
港澳台合作经营	Cooperative Enterprises	1220	2500
港澳台独资	Enterprises with Sole Investment	326241	415699
港澳台股份有限	Share-holding Corporations Ltd.	111009	68443
其他港、澳、台商投资企业	Others	259788	39076
外商投资	Enterprises with Foreign Investment	762062	604466
外商合资经营	Joint-venture Enterprises	251545	93361
外商合作经营	Cooperative Enterprises	104539	187718
外商独资	Enterprises with Sole Foreign Investment	350966	232331
外商股份有限	Share Corporations Ltd.	52031	65421
其他外商投资企业	Others	2981	25635
按控股情况分	**Grouped by Share Holding**		
国有控股	State-owned Enterprises	45212240	50351409
集体控股	Collective-owned Enterprises	6381563	8320664
私人控股	Private Enterprises	35218548	45540056
港澳台商控股	Enterprises with Investment from Hong Kong, Macao and Taiwan	519031	548057
外商控股	Enterprises with Foreign Investment	545711	434343
其　他	Others	3886049	6807847

7-4 按国民经济行业分全社会固定资产投资(2013年)
TOTAL INVESTMENT IN FIXED ASSETS BY ECONOMIC SECTOR(2013)

单位：万元 (10 000 yuan)

行　业	Sector	全社会固定资产投资 Total Investment in Fixed Assets	#农户投资 Rural Households Investment
总　计	**Total**	**112002376**	**2865426**
农、林、牧、渔业	Farming, Forestry, Animal Husbandry and Fishery	7661557	540145
采矿业	Mining	14750100	
制造业	Manufacturing	25387576	3210
电力、热力、燃气及水生产和供应业	Production and Supply of Electricity, Heat, Gas and Water	6869756	
建筑业	Construction	116913	8345
批发和零售业	Wholesale and Retail Trade	2488938	44326
交通运输、仓储和邮政业	Transport, Storage and Post	11246179	275950
住宿和餐饮业	Hotels and Catering Services	822194	20101
信息传输、软件和信息技术服务业	Information Transmission, Software and Information Technology Services	632708	
金融业	Banking and Insurance	39215	
房地产业	Real Estate Trade	24807193	1906858
租赁和商务服务业	Lease and Business Affairs Services	583278	20441
科学研究和技术服务业	Scientific Reseach and Technical Services	392826	
水利、环境和公共设施管理业	Water, Environmental Protection and Public Facility Management	12465668	
居民服务、修理和其他服务业	Resident Services, Repair and Other Services	232502	
教　育	Education	1522196	27061
卫生和社会工作	Health Care and Social Work	568381	16200
文化、体育和娱乐业	Culture, Sports and Recreation	866774	2787
公共管理、社会保障和社会组织	Public Management, Social Security and Social Organization	548420	

7-5 固定资产投资

单位：万元

年 份 Year	施工项目(个) Number of Projects Under Construction (unit)	新开工项目(个) Number of Newly Started Projects (unit)	建成投产项目(个) Number of Projects Completed (unit)	固定资产投资 Investment in Fixed Assets	#住 宅 Residential Buildings
1978	4477	548	2424	197409	11507
1979	2282	509	841	203476	21911
1980	3253	878	1204	227885	34960
1981	3398	878	1290	186890	33669
1982	4848	989	2172	263473	49408
1983	4354	848	2015	331972	46070
1984	4049	1216	1913	523864	51023
1985	5249	1656	2250	728498	68621
1986	4335	1063	2053	789593	98173
1987	4173	1071	1981	859390	94857
1988	4219	942	1863	861514	83192
1989	3618	542	1695	873928	90315
1990	3017	582	1401	981331	113872
1991	3417	582	1628	1187970	113389
1992	3702	819	1867	1490073	185171
1993	3833	841	1902	2144908	324911
1994	4124	2043	2043	2546950	341533
1995	3815	892	2004	2550276	367761
1996	4416	2713	2539	2859217	470490
1997	5718	3781	3678	3488553	508095
1998	4011	1481	1896	4812052	695634
1999	4497	2679	2627	5273575	885847
2000	4937	3343	3107	5518198	847573
2001	4851	3464	3148	6325861	751015
2002	5542	4264	3584	7526897	859174
2003	5419	4076	2948	10143163	898601
2004	5060	3323	2663	13490264	1302098
2005	5090	3764	2975	16992979	1723145
2006	5846	3902	3331	21214238	2741836
2007	6558	4336	3972	26659240	3525849
2008	6803	4571	3898	32985514	4435275
2009	9656	7389	6097	45999284	6112434
2010	12861	9425	8031	58160325	7316208
2011	9941	6621	6494	71376857	10348491
2012	10777	7285	6593	88979033	12810088
2013	12689	8458	8286	109136950	14982702

注：2010年以前为城镇固定资产投资，下同。

Note: Data coverage in the table is urban investment in fixed assets before 2010. The same applies to the following.

INVESTMENT IN FIXED ASSETS

(10 000 yuan)

第一产业 Primary Industry	第二产业 Secondary Industry	第三产业 Tertiary Industry	工 业 Industry	轻工业 Light Industry	重工业 Heavy Industry	#能源工业 Energy Industry
1592	130133	65684	130534	3573	126961	66664
3392	127372	72712	127800	44571	83229	74156
4038	152567	71280	158672	10202	148470	88460
1891	119232	65767	118886	8224	110662	73167
2744	173884	86845	168500	12998	155502	98593
4167	236887	90918	235600	11440	224160	140591
3227	359278	161359	361794	16198	345596	214490
4961	506000	217537	503455	23596	479859	257108
5351	565154	219088	536314	31439	504875	330956
4993	566917	287480	544004	33077	510927	347642
4966	613805	242743	605667	43721	561946	381904
5146	628569	240213	621684	40844	580840	415226
7880	708513	264938	704105	25287	678818	489747
6740	876223	305007	868290	32581	835709	602208
6879	1017443	465751	1007817	38803	969014	638782
8971	1305601	830336	1292477	55174	1237303	733737
6515	1371463	1168972	1287314	34898	1252416	699372
7003	1300878	1242395	1259735	71793	1187942	727468
10983	1513878	1334356	1490037	87527	1402510	919671
45001	1918423	1525129	1811050	38473	1772577	1262414
21302	2015391	2775359	1974814	84854	1889960	1378520
33087	2194339	3046149	2143590	134705	2008885	1508720
72412	2593464	2852322	2532148	165447	2366701	1706272
103986	2836651	3385224	2766524	228006	2538518	1661777
215901	3577905	3733091	3527500	397139	3130361	1826431
235450	5833360	4074353	5795798	584801	5210997	3046474
192183	8306909	4991172	8269361	664565	7604796	4930625
253784	10701927	6037268	10660374	541604	10118770	6027304
353720	12846351	8014167	12782402	857080	11925322	6856405
485984	15443603	10729653	15348518	1162724	14185794	8627639
671437	17628300	14685777	17459436	836878	16622558	10231350
1477215	20640157	23881912	20423626	1286480	19137146	12194046
1609380	25367665	31183280	25201300	1990317	23210983	15207315
2227834	33478939	35670084	33389789	3228708	30161081	19190472
3134957	41348398	44495678	41296706	5416452	35880254	21126315
6599858	46567723	55969369	47004222	7089092	39915130	20978446

7-6 工业固定资产投资

单位：万元

年 份 Year	工业合计 Total Industry	煤炭工业 Coal Industry	食品工业 Food Industry	纺织工业 Textile Industry	炼焦工业 Coking Industry	医药工业 Medical Industry
1978	130534	42326	595	3731	2452	
1979	127800	44571	1273	3672	3159	301
1980	158672	61543	2700	6663	2584	1451
1981	118886	56227	1134	5417	1928	920
1982	168500	71532	3074	8297	1529	1534
1983	235600	98328	4601	7646	3615	1502
1984	361794	153277	9504	9122	6228	1609
1985	503455	179652	10790	14680	1856	4808
1986	536314	244082	9891	11892	1437	1044
1987	544004	250597	11898	9956	1465	2566
1988	605667	257214	7945	10549	3639	3879
1989	621684	270039	4871	11630	4321	2695
1990	704105	324577	10867	7944	1681	3281
1991	868290	377988	6560	11377	1201	2689
1992	1007817	407803	11047	16381	1874	3373
1993	1292477	435372	20448	30578	3728	4621
1994	1287314	405070	20562	14013	9622	4206
1995	1259735	473255	10174	29886	21173	7312
1996	1490037	598324	36195	26176	25246	8213
1997	1811050	671205	35400	17395	46370	8462
1998	1974814	480879	24755	8534	32066	6540
1999	2143590	421932	29734	9428	67568	13885
2000	2532148	365536	42995	15450	118894	15977
2001	2766524	466135	35928	13640	227631	57351
2002	3527500	674181	103161	33102	266173	97095
2003	5795798	903602	228361	26114	761553	119907
2004	8269361	1523924	237363	31665	1231811	217946
2005	10660374	2587510	234051	36801	940325	119171
2006	12782402	3056054	448909	60892	744919	114432
2007	15348518	3639235	630765	51605	923172	82769
2008	17459436	4640781	480582	44382	1014761	116958
2009	20423626	5986723	638705	136310	1025476	213235
2010	25201300	9295058	844184	87951	964168	266805
2011	33389789	12402352	1408809	159945	922900	560131
2012	41296706	13522238	2292109	214322	965519	618691
2013	47004222	11579546	2628882	297289	1135629	908555

INDUSTRY INVESTMENT IN FIXED ASSETS

(10 000 yuan)

化学工业 Chemical Industry	建材工业 Building Materials Industry	冶金工业 Metallurgical Industry	机械工业 Machinery Industry	电力工业 Power Industry	其他工业 Others
14665	2827	19577	19225	21886	3250
7974	3366	11823	18336	26426	6899
8790	4402	12983	17229	24333	15994
7194	2010	7041	13131	15012	8872
12055	4397	18899	19895	25532	1756
12089	4569	20637	20584	38648	23381
41986	8416	29405	16561	54985	30701
75494	14595	59590	34519	70424	37047
58768	18490	55891	33104	80994	20721
32144	30402	66666	33664	87301	17345
37512	24226	77954	39492	112286	30971
36350	18079	80367	29048	136334	27950
46013	15541	69476	39446	154818	30461
68093	24920	94526	32441	206166	42329
66447	35103	150136	47118	200365	68170
39808	65250	264320	40015	273695	114642
32096	75502	355916	56577	266244	47506
54248	83759	228823	68076	213791	69238
88097	57404	228823	84496	264519	72544
27638	42921	179755	108587	524099	149218
92894	80906	228381	109525	823699	86635
78552	50793	234689	119146	933944	183919
125360	59112	359334	136555	1155472	137463
195203	95932	433812	143919	917135	179838
224754	159615	797834	135082	819672	216831
417828	266663	1411434	184932	1243865	231539
361725	258973	1558100	547290	1993540	307024
551373	311073	2565294	707231	2351865	255680
854895	399107	2834415	1049695	2859992	359092
1168096	575193	2383560	1533976	3559634	800513
1669419	795012	2402164	1379377	3860768	1055232
1356876	1350349	2167187	1826408	4084562	1637795
1301352	1823683	2514715	2299351	3628893	2175140
1987466	1989882	3516824	3762369	3973930	2705181
2720478	3435742	4756524	4747496	3826177	4197410
3287996	4048065	5229945	7175055	4201362	6511898

7-7 按国民经济行业分固定资产投资
INVESTMENT IN FIXED ASSETS BY ECONOMIC SECTOR

单位：万元 (10 000 yuan)

行　业	Sector	2012	2013
总　计	**Total**	**88979033**	**109136950**
农、林、牧、渔业	Farming, Forestry, Animal Husbandry and Fishery	3288161	7121412
农　业	Farming	1370838	2415184
林　业	Forestry	583462	1368112
畜牧业	Animal Husbandry	1146287	2729424
渔　业	Fishery	34370	87138
农、林、牧、渔服务业	Farming, Forestry, Animal Husbandry and Fishery Services	153204	521554
采矿业	Mining	15816922	14750100
煤炭开采和洗选业	Coal Mining and Washsing	13522238	11579546
石油和天然气开采业	Extraction of Petroleum and Natural Gas	883138	1116311
黑色金属矿采选业	Mining and Dressing of Ferrous Metals	815998	1015657
有色金属矿采选业	Mining and Dressing of Nonferrous Metals	326830	237266
非金属矿采选业	Mining and Dressing of Nonmetal Ores	196296	257208
开采辅助活动	Mining Auxiliary Activities	62480	515326
其他采矿业	Others	9942	28786
制造业	Manufacturing	19415141	25384366
农副食品加工业	Farm and Sideline Food Processing	1135839	1473019
食品制造业	Food Manufacturing	532772	622140
酒、饮料和精制茶制造业	Alcohol, Beverage and Refined Tea Manufacturing	608253	528514
烟草制品业	Tobacoo Manufaturing	15245	5209
纺织业	Textile Industry	154954	214557
纺织服装、服饰业	Manufacture of Garments and Accessories	121870	99879
皮革、毛皮、羽毛及其制品和制鞋业	Manufacture of Leather, Fur, Feather and their Products and Footwear	4775	15748
木材加工和木、竹、藤、棕、草制品业	Processing of Timber, Manufacture of Wood, Bamboo, Rattan, Palm, and Straw Products	78567	204746
家具制造业	Manufacture of Funiture	55045	84670
造纸和纸制品业	Manufacture of Paper and Paper Products	208460	372280
印刷和记录媒介复制业	Printing and Record Medium Reproduction	62847	42911
文教、工美、体育和娱乐用品制造业	Manufacture of Articles For Culture, Education and Sport Activity	55157	66686
石油加工、炼焦和核燃料加工业	Petroleum Processing ,Coking and Nuclear Fuel Processing	1017827	1971335
化学原料和化学制品制造业	Manufacture Raw Chemical Materials and Chemical Products	2278537	2737760
医药制造业	Manufacture of Medical Products	618691	908555
化学纤维制造业	Manufacture of Chemical Fibers	59368	82732
橡胶和塑料制品业	Manufacture of Rubber and Plastic Products	441941	550236
非金属矿物制品业	Manufacture of Nonmetals Mineral Products	3239446	3790857
黑色金属冶炼和压延加工业	Smelting and Pressing of Ferrous Metals	2205888	1939202
有色金属冶炼和压延加工业	Smelting and Pressing of Nonferrous Metals	1407808	2037820
金属制品业	Manufacture of Metal Products	616299	934962
通用设备制造业	Manufacture of Universal Purpose Equipment	677284	944956
专用设备制造业	Manufacture of Special Purpose Equipment	1080522	1307256
汽车制造业	Manufacture of Motor Vehicles	499584	1250391

7-7 续表1 continued

单位：万元 (10 000 yuan)

行 业	Sector	2012	2013
铁路、船舶、航空航天和其他运输设备制造业	Manufacture of Railways, Ships, Aviation, Aircrafts and Other Transportation Equipments	362247	802577
电气机械和器材制造业	Manufacture of Electrical Equipment and Machinery	1023447	1200910
计算机、通信和其他电子设备制造业	Manufacture of Computer, Telecommunication and Other Electronic Equipments	432206	540705
仪器仪表制造业	Manufacture of Measuring Instrument and Machinery	55907	193298
其他制造业	Other Manufacturing	39748	59350
废弃资源综合利用业	Comprehensive Utilization of Waste	274504	371364
金属制品、机械和设备修理业	Repair of Metal Products, Machinery and Equipment	50103	29741
电力、热力、燃气及水生产和供应业	Production and Supply of Electricity, Heat, Gas and Water	6064643	6869756
电力、热力生产和供应业	Production and Supply of Electricity and Heat	5009699	5508374
燃气生产和供应业	Production and Supply of Gas	693413	802880
水的生产和供应业	Production and Supply of Water	361531	558502
建筑业	Construction	164275	108568
房屋建筑业	Buildings Construction	13023	55031
土木工程建筑业	Civil Engineering	98226	43503
建筑装饰和其他建筑业	Building Decoration and Other Construction	53026	10034
批发和零售业	Wholesale and Retail Trade	1927898	2444612
批发业	Wholesale Trade	787240	1243841
零售业	Retail Trade	1140658	1200771
交通运输、仓储和邮政业	Transport, Storage and Post	12939533	10970229
铁路运输业	Railway Transport	4625147	3695216
道路运输业	Highway Transport	7409395	5896424
航空运输业	Air Transport	61918	65799
管道运输业	Transport Via Pipelines	87622	62160
装卸搬运和运输代理业	Loading, Unloading and Other Transport Services	188451	300374
仓储业	Storage	567000	949736
邮政业	Post		520
住宿和餐饮业	Hotels and Catering Services	593605	802093
住宿业	Hotels	450705	587312
餐饮业	Catering Services	142900	214781
信息传输、软件和信息技术服务业	Information Transmission, Software and Information Technology Services	356055	632708
电信、广播电视和卫星传输服务	Transimission Services of Telecommunication, Broadcast, Television and Satellite	166787	210458
互联网和相关服务	Internet and Relative Services	24590	97035
软件和信息技术服务业	Software and Information Technology Services	164678	325215
金融业	Banking and Insurance	20188	39215
货币金融服务	Monetary Banking	20188	36190

7-7 续表2 continued

单位：万元 (10 000 yuan)

行　业	Sector	2012	2013
资本市场服务	Capital Market		
保险业	Insurance		
其他金融业	Other Financial Activities		3025
房地产业	Real Estate Trade	16706678	22900335
房地产业	Real Estate Trade	16706678	22900335
租赁和商务服务业	Lease and Business Affairs Services	258983	562837
租赁业	Leasing	3500	11649
商务服务业	Business Affairs Services	255483	551188
科学研究和技术服务业	Scientific Reseach and Technical Services	348860	392826
研究和试验发展	Reserch and Experimental Development	134619	68548
专业技术服务业	Professional Technical Services	41686	145969
科技推广和应用服务业	Services of Science and Technology Exchanges and Promotion	172555	178309
水利、环境和公共设施管理业	Management of Water Conservancy, Environment and Public Facilities	7420271	12465668
水利管理业	Water Conservancy	724137	1301863
生态保护和环境治理业	Ecological Protection and Enviromental Management	495888	1154534
公共设施管理业	Public Facilities	6200246	10009271
居民服务、修理和其他服务业	Resident Services, Repair and Other Services	131842	205441
居民服务业	Residence Services	60765	164518
机动车、电子产品和日用产品修理业	Repair of Motor Vehicles, Electronic Products and Daily Products	23965	31890
其他服务业	Other Services	47112	9033
教　育	Education	1685437	1522196
教　育	Education	1685437	1522196
卫生和社会工作	Health Care and Social Work	541903	552181
卫　生	Health Care	454640	419612
社会工作	Social Work	87263	132569
文化、体育和娱乐业	Culture, Sports and Recreation	830933	863987
新闻和出版业	Journalism and Publishing Activities	22472	8543
广播、电视、电影和影视录音制作业	Broadcasting, Movies, Televisions and Audiovisual Activities	10069	9371
文化艺术业	Culture and Arts Activities	505292	440987
体　育	Sports Activities	76094	253785
娱乐业	Entertainment	217006	151301
公共管理、社会保障和社会组织	Public Management, Social Security and Social Organization	467705	548420
中国共产党机关	Organs of CPC		21496
国家机构	Government Agencies	402754	440409
社会保障	Social Security	10434	12772
群众团体、社会团体和其他成员组织	Mass Organizations, Social Organizations and Other Member Organizations	7234	13414
基层群众自治组织	Grass Roots Self-governing Organizations	47283	60329

7-8 固定资产投资主要指标
MAJOR INDICATORS OF INVESTMENT IN FIXED ASSETS

单位：万元 (10 000 yuan)

指　标	Item	2012	2013
一、投资总额	**Total Investment**	**88979033**	**109136950**
#国有经济控股	State-Controlled Share Holding	45212240	50351409
#住　宅	Residential Buildings	12810088	14982702
按隶属关系分	Grouped by Administrative Relationship		
中　央	Central Investment	9420014	6488574
地　方	Local Investment	79559019	102648376
按登记注册类型分	Grouped by Type of Registration Status		
内　资	Domestic-Funded Enterprises	87319559	107807833
港、澳、台商投资	Enterprises with Investment from Hong Kong, Macao and Taiwan	897412	724651
外商投资	Enterprises with Foreign Investment	762062	604466
按构成分	Grouped by Composition		
建筑工程	Construction	54575909	67344869
安装工程	Installation	7227412	10099182
设备工器具购置	Purchase of Equipment and Instruments	16508257	19682179
其他费用	Others	10667455	12010720
按建设性质分(不含房地产投资)	Grouped by Type of Construction		
新　建	New Construction	43180240	57760609
扩　建	Expansion	15014344	19045287
改建和技术改造	Reconstruction and Technical Reformation	15219965	13765083
单纯建造生活设施	Construction of Living Facilities	4215814	4525800
其　他	Others	1244157	953896
按三次产业分	Grouped by Type of Industry		
第一产业	Primary Industry	3134957	6599858
第二产业	Secondary Industry	41348398	46567723
第三产业	Tertiary Industry	44495678	55969369
二、新增固定资产	**Newly Increased Fixed Assets**	**52523892**	**62293323**
三、建设项目(个)	**Construction Projects (unit)**		
施工项目	Projects Under Construction	10777	12689
#本年新开工	Projects Newly Started This Year	7285	8458
本年投产项目	Projects Put into Use This Yesr	6593	8286
四、房屋建筑面积(万平方米)	**Floor Space of Buildings (10 000 sq.m)**		
本年施工房屋面积	Floor Space Under Construction	22879.6	26793.3
#住　宅	Residential Buildings	14401.4	15390.6
本年竣工房屋面积	Floor Space Completed	5018.0	5943.0
#住　宅	Residential Buildings	2905.8	3250.6
本年竣工房屋价值(万元)	Value of Buildings Completed (10 000yuan)	10603466	12295892
#住　宅	Residential Buildings	6523704	6847359
五、投资资金来源合计	**Grouped by Source of Funds**	**88717067**	**103249262**
上年结余资金	Balance of Funds Last Year	6331870	5953243
本年资金来源小计	Subtotal Source of Funds This Year	82385197	97296019
国家预算内资金	State-budgetary Appropriation	4699569	6471198
国内贷款	Domestic Loans	9298896	7758516
利用外资	Foreign Investment	229129	294197
自筹资金	Self-raised Funds	60191196	73900846
#企事业单位自有资金	Own Funds of Enterprises and Institutions	23056225	27718800
其　他	Others	7966407	8871262

7-9 固定资产投资规模(2013年)

单位：万元

指 标	Item	计划总投资 Total Planned Investment	自开始建设至本年底累计完成投资 Accumulated Investment Completed This Year
总 计	**Total**	**257843127**	**177947102**
#本年新开工项目	Projects Newly Started This Year	88667953	52519334
#本年投产项目	Projects Put into Use This Year	65684396	68063950
按隶属关系分	Grouped By Administrative Relationship		
中 央	Central Investment	30087574	24419140
地 方	Local Investment	227755553	153527962
按登记注册类型分	Grouped by Type of Registration Status		
内 资	Domestic-Funded Enterprises	253774154	175353598
港、澳、台商投资	Enterprises with Investment from Hong Kong, Macao and Taiwan	2307910	1501423
外商投资	Enterprises with Foreign Investment	1761063	1092081
按建设性质分	Grouped by Type of Construction		
新 建	New Construction	166124542	109919917
扩 建	Expansion	47947140	33240186
改建和技术改造	Reconstruction and Technical Reforming	29976127	24397952
单纯建造生活设施	Construction of Living Facilities	12018109	8912746
其 他	Others	1777209	1476301
按控股情况分	Grouped by Share Holding		
国有控股	State-owned Enterprises	145704697	103020591
集体控股	Collective-owned Enterprises	19521294	13300621
私人控股	Private Enterprises	78664193	51756658
港澳台商控股	Enterprises with Investment from Hong Kong, Macao and Taiwan	1996058	1267008
外商控股	Enterprises with Foreign Investment	1247834	711443
其 他	Others	10709051	7890781
按三次产业分	Grouped by Type of Industry		
第一产业	Primary Industry	10130866	7727241
第二产业	Secondary Industry	136326186	90178844
第三产业	Tertiary Industry	111386075	80041017
按投资总规模分	Grouped by Scale of Investment		
500－5000万元	5 million-10 million yuan	14589528	13682741
5000万元－1亿元	50 million-100 million yuan	23353667	20375419
1亿元－5亿元	100 million-500 million yuan	60413631	47296136
5亿元－10亿元	500 million-1 billion yuan	28183035	19391709
10亿元以上	1 billion yuan and Above	131303266	77201097

注：本表不含房地产开发投资。

Note：Data in this table excludes investment in real estate development.

SCALE OF FIXED ASSETS INVESTMENT(2013)

(10 000 yuan)

#本年完成投资 Investment Completed This Year	本年新增固定资产 Newly Increased Fixed Assets This Year	施工项目(个) Number of Projects under Construction (unit)	#本年新开工 Newly Started This Year	本年投产项目(个) Number of Projects Put into Use This Year (unit)
96050675	**56853614**	**12689**	**8458**	**8286**
52508496	28780515	8458	8458	5775
41944942	55526228	8286	5775	8286
6420780	1779194	290	146	133
89629895	55074420	12399	8312	8153
94901083	56140857	12591	8413	8223
685238	403139	50	23	36
464354	309618	48	22	27
57760609	29765447	7401	5194	4698
19045287	12393830	2569	1622	1770
13765083	10502450	1904	1229	1363
4525800	3494944	744	372	414
953896	696943	71	41	41
48298884	25635465	5452	3403	3401
7957816	6161593	1269	859	897
33241533	21130272	4997	3499	3366
508644	289440	26	11	14
295199	178357	24	11	15
5748599	3458487	921	675	593
6599858	5124205	1757	1450	1353
46567723	27655189	4681	2838	2961
42883094	24074220	6251	4170	3972
11703871	10948600	6489	5016	5208
16642918	13786851	3024	2124	1908
30204421	21233835	2358	1110	1014
9112311	5397900	416	100	110
28387154	5486428	402	108	46

7-10 按登记注册类型分固定资产投资(2013年)

单位：万元

行 业	Sector	总 计 Total
总 计	**Total**	**109136950**
农、林、牧、渔业	Farming, Forestry, Animal Husbandry and Fishery	7121412
农 业	Farming	2415184
林 业	Forestry	1368112
畜牧业	Animal Husbandry	2729424
渔 业	Fishery	87138
农、林、牧、渔服务业	Farming, Forestry, Animal Husbandry and Fishery Services	521554
采矿业	Mining	14750100
煤炭开采和洗选业	Coal Mining and Washsing	11579546
石油和天然气开采业	Extraction of Petroleum and Natural Gas	1116311
黑色金属矿采选业	Mining and Dressing of Ferrous Metals	1015657
有色金属矿采选业	Mining and Dressing of Nonferrous Metals	237266
非金属矿采选业	Mining and Dressing of Nonmetal Ores	257208
开采辅助活动	Mining Auxiliary Activities	515326
其他采矿业	Others	28786
制造业	Manufacturing	25384366
农副食品加工业	Farm and Sideline Food Processing	1473019
食品制造业	Food Manufacturing	622140
酒、饮料和精制茶制造业	Alcohol, Beverage and Refined Tea Manufacturing	528514
烟草制品业	Tobacoo Manufaturing	5209
纺织业	Textile Industry	214557
纺织服装、服饰业	Manufacture of Garments and Accessories	99879
皮革、毛皮、羽毛及其制品和制鞋业	Manufacture of Leather, Fur, Feather and their Products and Footwear	15748
木材加工和木、竹、藤、棕、草制品业	Processing of Timber, Manufacture of Wood, Bamboo, Rattan, Palm, and Straw Products	204746
家具制造业	Manufacture of Funiture	84670
造纸和纸制品业	Manufacture of Paper and Paper Products	372280
印刷和记录媒介复制业	Printing and Record Medium Reproduction	42911
文教、工美、体育和娱乐用品制造业	Manufacture of Articles For Culture, Education and Sport Activity	66686
石油加工、炼焦和核燃料加工业	Petroleum Processing ,Coking and Nuclear Fuel Processing	1971335
化学原料和化学制品制造业	Manufacture Raw Chemical Materials and Chemical Products	2737760
医药制造业	Manufacture of Medical Products	908555
化学纤维制造业	Manufacture of Chemical Fibers	82732
橡胶和塑料制品业	Manufacture of Rubber and Plastic Products	550236
非金属矿物制品业	Manufacture of Nonmetals Mineral Products	3790857
黑色金属冶炼和压延加工业	Smelting and Pressing of Ferrous Metals	1939202
有色金属冶炼和压延加工业	Smelting and Pressing of Nonferrous Metals	2037820
金属制品业	Manufacture of Metal Products	934962
通用设备制造业	Manufacture of Universal Purpose Equipment	944956

INVESTMENT IN FIXED ASSETS BY REGISTRATION STATUS(2013)

(10 000 yuan)

内资 Domestic-Funded Enterprises	国有 State-owned Enterprises	集体 Collective-owned Enterprises	股份合作 Share Cooperative Enterprises	国有联营 State Joint Ownership Enterprises	集体联营 Collective Joint Ownership Enterprises	国有与集体联营 Joint State-collective Enterprises	其他联营 Other Joint Ownership Enterprises
107807833	**41916496**	**5456690**	**696018**	**279731**	**40874**	**76274**	**64240**
7105677	1778913	201228	99308		33766	6000	12048
2415184	507686	130187	79580		15146		
1368112	763657	14740				6000	
2713689	314451	48083	19728		18620		6334
87138	9426	5018					
521554	183693	3200					5714
14584490	6186924	60093	109104	166158	3378	47140	
11558910	4955519	59593	93393	166158	3378	12568	
972637	547783						
1015657	269614		14661				
237266	7570						
255908	5227	500	1050			34572	
515326	401211						
28786							
24829577	4247343	212870	385299	69000	1530	6590	4410
1452519	38523	23819					
618307		5700			1530		
503866		7995					
5209	4309						
214557							
99879	20776						
15748	2438						
204746	863						
84670							
372280	17432						
42911	5579						
66686	4900	19150	5050				
1941335	726342	51637	49176				
2737760	813533	12430					
888644	13706	1111		69000			
82732	60408						
546759	4360	18093	95882				
3783607	330099	60129	100276				3600
1938633	1073127	6668	24450			6590	
2008420	356360		32680				
864258	98505	4078					810
904617	118212		36100				

7-10 续表1

单位：万元

行　业	Sector	总 计 Total
专用设备制造业	Manufacture of Special Purpose Equipment	1307256
汽车制造业	Manufacture of Motor Vehicles	1250391
铁路、船舶、航空航天和其他运输设备制造业	Manufacture of Railways, Ships, Aviation, Aircrafts and Other Transportation Equipments	802577
电气机械和器材制造业	Manufacture of Electrical Equipment and Machinery	1200910
计算机、通信和其他电子设备制造业	Manufacture of Computer, Telecommunication and Other Electronic Equipments	540705
仪器仪表制造业	Manufacture of Measuring Instrument and Machinery	193298
其他制造业	Other Manufacturing	59350
废弃资源综合利用业	Comprehensive Utilization of Waste	371364
金属制品、机械和设备修理业	Repair of Metal Products, Machinery and Equipment	29741
电力、热力、燃气及水生产和供应业	Production and Supply of Electricity, Heat, Gas and Water	6869756
电力、热力生产和供应业	Production and Supply of Electricity and Heat	5508374
燃气生产和供应业	Production and Supply of Gas	802880
水的生产和供应业	Production and Supply of Water	558502
建筑业	Construction	108568
房屋建筑业	Buildings Construction	55031
土木工程建筑业	Civil Engineering	43503
建筑安装业	Building Installation	
建筑装饰和其他建筑业	Building Decoration and Other Construction	10034
批发和零售业	Wholesale and Retail Trade	2444612
批发业	Wholesale Trade	1243841
零售业	Retail Trade	1200771
交通运输、仓储和邮政业	Transport, Storage and Post	10970229
铁路运输业	Railway Transport	3695216
道路运输业	Highway Transport	5896424
水上运输业	Water Transport	
航空运输业	Air Transport	65799
管道运输业	Transport Via Pipelines	62160
装卸搬运和运输代理业	Loading, Unloading and Other Transport Services	300374
仓储业	Storage	949736
邮政业	Post	520
住宿和餐饮业	Hotels and Catering Services	802093
住宿业	Hotels	587312
餐饮业	Catering Services	214781
信息传输、软件和信息技术服务业	Information Transmission, Software and Information Technology Services	632708
电信、广播电视和卫星传输服务	Transimission Services of Telecommunication, Broadcast, Television and Satellite	210458
互联网和相关服务	Internet and Relative Services	97035
软件和信息技术服务业	Software and Information Technology Services	325215

continued

(10 000 yuan)

内资 Domestic-Funded Enterprises	国有 State-owned Enterprises	集体 Collective-owned Enterprises	股份合作 Share Cooperative Enterprises	国有联营 State Joint Ownership Enterprises	集体联营 Collective Joint Ownership Enterprises	国有与集体联营 Joint State-collective Enterprises	其他联营 Other Joint Ownership Enterprises
1291360	170861	1400	1480				
1250258	44144						
802577	70502						
1172920	59402		40205				
297733	3850						
193298	2300						
59350	1380	660					
355797	193996						
28141	11436						
6709623	3760560	137314	7854	23828			
5375430	3148950	73067	7074	23828			
775691	281160	38759	780				
558502	330450	25488					
108568	57428						
55031	22879						
43503	34549						
10034							
2440924	233869	176911	33125		600		1000
1243841	109106	73413					
1197083	124763	103498	33125		600		1000
10968029	8905110	192433	22656	20100			
3695216	3242057	19795	13366	20100			
5896424	5374827	106471					
65799	65799						
62160	57793						
298174	68469	32000					
949736	95645	34167	9290				
520	520						
791153	101504	85996					
576372	42678	72361					
214781	58826	13635					
462391	155403	2350					
185422	108565						
8936	4036						
268033	42802	2350					

7-10 续表2

单位：万元

行业	Sector	总计 Total
金融业	Banking and Insurance	39215
货币金融服务	Monetary Banking	36190
资本市场服务	Capital Market	
保险业	Insurance	
其他金融业	Other Financial Activities	3025
房地产业	Real Estate Trade	22900335
房地产业	Real Estate Trade	22900335
租赁和商务服务业	Lease and Business Affairs Services	562837
租赁业	Leasing	11649
商务服务业	Business Affairs Services	551188
科学研究和技术服务业	Scientific Reseach and Technical Services	392826
研究和试验发展	Reserch and Experimental Development	68548
专业技术服务业	Professional Technical Services	145969
科技推广和应用服务业	Services of Science and Technology Exchanges and Promotion	178309
水利、环境和公共设施管理业	Management of Water Conservancy, Environment and Public Facilities	12465668
水利管理业	Water Conservancy	1301863
生态保护和环境治理业	Ecological Protection and Enviromental Management	1154534
公共设施管理业	Public Facilities	10009271
居民服务、修理和其他服务业	Resident Services, Repair and Other Services	205441
居民服务业	Residence Services	164518
机动车、电子产品和日用产品修理业	Repair of Motor Vehicles, Electronic Products and Daily Products	31890
其他服务业	Other Services	9033
教育	Education	1522196
教育	Education	1522196
卫生和社会工作	Health Care and Social Work	552181
卫生	Health Care	419612
社会工作	Social Work	132569
文化、体育和娱乐业	Culture, Sports and Recreation	863987
新闻和出版业	Journalism and Publishing Activities	8543
广播、电视、电影和影视录音制作业	Broadcasting, Movies, Televisions and Audiovisual Activities	9371
文化艺术业	Culture and Arts Activities	440987
体育	Sports Activities	253785
娱乐业	Entertainment	151301
公共管理、社会保障和社会组织	Public Management, Social Security and Social Organization	548420
中国共产党机关	Organs of CPC	21496
国家机构	Government Agencies	440409
人民政协、民主党派	PPCC and Democratic Parties	
社会保障	Social Security	12772
群众团体、社会团体和其他成员组织	Mass Organizations, Social Organizations and Other Member Organizations	13414
基层群众自治组织	Grass Roots Self-governing Organizations	60329

continued

(10 000 yuan)

内资 Domestic-Funded Enterprises	国有 State-owned Enterprises	集体 Collective-owned Enterprises	股份合作 Share Cooperative Enterprises	国有联营 State Joint Ownership Enterprises	集体联营 Collective Joint Ownership Enterprises	国有与集体联营 Joint State-collective Enterprises	其他联营 Other Joint Ownership Enterprises
39215	15942	9940					
36190	15942	6915					
3025		3025					
22693266	4675091	3444520	8102		1600		39122
22693266	4675091	3444520	8102		1600		39122
562837	270478	179649					
11649		2440					
551188	270478	177209					
391606	175666	16855	2600				
67328	40198						
145969	99719	7705	800				
178309	35749	9150	1800				
12439124	8756518	420502	26640	645		8332	7660
1300819	1063946	91924					
1154534	536010	31403	1910				
9983771	7156562	297175	24730	645		8332	7660
205441	113380	21766				8212	
164518	107989	21766				8212	
31890	3230						
9033	2161						
1522196	1209495	62131	1330				
1522196	1209495	62131	1330				
552181	430778	61788					
419612	365486	27202					
132569	65292	34586					
853115	387057	126916					
8543							
9371	9371						
430115	297351	53872					
253785	73945	35361					
151301	6390	37683					
548420	455037	43428					
21496	21496						
440409	403725	1684					
12772	12772						
13414	2660	5679					
60329	14384	36065					

7-10 续表3

单位：万元

行业	Sector	国有独资公司 State-funded Corporations
总计	**Total**	**1240650**
农、林、牧、渔业	Farming, Forestry, Animal Husbandry and Fishery	
农业	Farming	
林业	Forestry	
畜牧业	Animal Husbandry	
渔业	Fishery	
农、林、牧、渔服务业	Farming, Forestry, Animal Husbandry and Fishery Services	
采矿业	Mining	230408
煤炭开采和洗选业	Coal Mining and Washsing	159408
石油和天然气开采业	Extraction of Petroleum and Natural Gas	51000
黑色金属矿采选业	Mining and Dressing of Ferrous Metals	
有色金属矿采选业	Mining and Dressing of Nonferrous Metals	
非金属矿采选业	Mining and Dressing of Nonmetal Ores	
开采辅助活动	Mining Auxiliary Activities	20000
其他采矿业	Others	
制造业	Manufacturing	124878
农副食品加工业	Farm and Sideline Food Processing	
食品制造业	Food Manufacturing	800
酒、饮料和精制茶制造业	Alcohol, Beverage and Refined Tea Manufacturing	
烟草制品业	Tobacoo Manufaturing	
纺织业	Textile Industry	
纺织服装、服饰业	Manufacture of Garments and Accessories	
皮革、毛皮、羽毛及其制品和制鞋业	Manufacture of Leather, Fur, Feather and their Products and Footwear	
木材加工和木、竹、藤、棕、草制品业	Processing of Timber, Manufacture of Wood, Bamboo, Rattan, Palm, and Straw Products	
家具制造业	Manufacture of Funiture	
造纸和纸制品业	Manufacture of Paper and Paper Products	
印刷和记录媒介复制业	Printing and Record Medium Reproduction	
文教、工美、体育和娱乐用品制造业	Manufacture of Articles For Culture, Education and Sport Activity	
石油加工、炼焦和核燃料加工业	Petroleum Processing ,Coking and Nuclear Fuel Processing	8542
化学原料和化学制品制造业	Manufacture Raw Chemical Materials and Chemical Products	20663
医药制造业	Manufacture of Medical Products	
化学纤维制造业	Manufacture of Chemical Fibers	
橡胶和塑料制品业	Manufacture of Rubber and Plastic Products	
非金属矿物制品业	Manufacture of Nonmetals Mineral Products	
黑色金属冶炼和压延加工业	Smelting and Pressing of Ferrous Metals	
有色金属冶炼和压延加工业	Smelting and Pressing of Nonferrous Metals	11469
金属制品业	Manufacture of Metal Products	
通用设备制造业	Manufacture of Universal Purpose Equipment	9823

continued

(10 000 yuan)

其他有限责任公司 Other Limited Liability Corporations	股份有限公司 Share Co. Ltd.	私营 Private Enterprises	个体户 Self-employed Individuals	个体合伙 Individual Partnership Enterprises	其他 Others	港澳台商投资 Enterprises with Investment from HongKong, Macao and Taiwan	外商投资 Enterprises with Foreign Investment
24974440	**6731322**	**21538081**	**283063**	**328381**	**4181573**	**724651**	**604466**
1307622	73177	1982771	203804	226458	1180582	2500	13235
455282	15336	657643	23535	95098	435691		
210701	3140	199909	28882	9425	131658		
570063	53101	972610	114725	119735	476239	2500	13235
22600		29814	3400	1000	15880		
48976	1600	122795	33262	1200	121114		
4977128	1024197	1704620	1000	19470	54870	1300	164310
4344130	940961	781844		19470	22488		20636
283717	56953	30184			3000		143674
143163		564619			23600		
98964		130732					
56597	25497	125683	1000		5782	1300	
22557		71558					
28000	786						
9915549	3105993	5824261	35294	46664	849896	361560	193229
457620	79859	722649		4495	125554	11500	9000
315738	35375	248264		8100	2800		3833
262748	59418	169585			4120	24648	
		900					
146550	3950	57807			6250		
42730		26666			9707		
1900		9510			1900		
147260	888	47223	2012		6500		
43963		25057			15650		
215788	26200	88160			24700		
15217	6337	15778					
12541		25045					
404179	342967	358492				30000	
1158150	289227	357211		1200	85346		
256775	297692	220568	5412		24380	5995	13916
18004		4320					
243854	39858	119627			25085		3477
1710373	247673	1122412	18670	20319	170056	6690	560
488090	16105	321503			2100		569
1108647	288819	135300	9200		65945	29400	
344801	23354	353347			39363	33674	37030
463301	16868	223908		8000	28405		40339

7-10 续表4

单位：万元

行　　业	Sector	国有独资公　　司 State-funded Corporations
专用设备制造业	Manufacture of Special Purpose Equipment	73581
汽车制造业	Manufacture of Motor Vehicles	
铁路、船舶、航空航天和其他运输设备制造业	Manufacture of Railways, Ships, Aviation, Aircrafts and Other Transportation Equipments	
电气机械和器材制造业	Manufacture of Electrical Equipment and Machinery	
计算机、通信和其他电子设备制造业	Manufacture of Computer, Telecommunication and Other Electronic Equipments	
仪器仪表制造业	Manufacture of Measuring Instrument and Machinery	
其他制造业	Other Manufacturing	
废弃资源综合利用业	Comprehensive Utilization of Waste	
金属制品、机械和设备修理业	Repair of Metal Products, Machinery and Equipment	
电力、热力、燃气及水生产和供应业	Production and Supply of Electricity, Heat, Gas and Water	63075
电力、热力生产和供应业	Production and Supply of Electricity and Heat	47493
燃气生产和供应业	Production and Supply of Gas	1882
水的生产和供应业	Production and Supply of Water	13700
建筑业	Construction	
房屋建筑业	Buildings Construction	
土木工程建筑业	Civil Engineering	
建筑安装业	Building Installation	
建筑装饰和其他建筑业	Building Decoration and Other Construction	
批发和零售业	Wholesale and Retail Trade	2612
批发业	Wholesale Trade	2612
零售业	Retail Trade	
交通运输、仓储和邮政业	Transport, Storage and Post	
铁路运输业	Railway Transport	
道路运输业	Highway Transport	
水上运输业	Water Transport	
航空运输业	Air Transport	
管道运输业	Transport Via Pipelines	
装卸搬运和运输代理业	Loading, Unloading and Other Transport Services	
仓储业	Storage	
邮政业	Post	
住宿和餐饮业	Hotels and Catering Services	13888
住宿业	Hotels	
餐饮业	Catering Services	13888
信息传输、软件和信息技术服务业	Information Transmission, Software and Information Technology Services	
电信、广播电视和卫星传输服务	Transimission Services of Telecommunication, Broadcast, Television and Satellite	
互联网和相关服务	Internet and Relative Services	
软件和信息技术服务业	Software and Information Technology Services	

continued

(10 000 yuan)

其他有限责任公司 Other Limited Liability Corporations	股份有限公司 Share Co. Ltd.	私营 Private Enterprises	个体户 Self-employed Individuals	个体合伙 Individual Partnership Enterprises	其他 Others	港澳台商投资 Enterprises with Investment from HongKong, Macao and Taiwan	外商投资 Enterprises with Foreign Investment
453757	117990	452546			19745		15896
352101	579939	215014			59060		133
82650	569497	79928					
803092	47813	203348		4550	14510	22990	5000
179734	16164	92085			5900	196663	46309
41100		37078			112820		
22274		35036					
122612		39189					15567
		16705					1600
1424465	644311	555155	4200		88861	112648	47485
1022236	592864	384774			75144	85459	47485
259951	48317	132096			12746	27189	
142278	3130	38285	4200		971		
21085		28555			1500		
12037		18615			1500		
8048		906					
1000		9034					
887929	144203	792347	15520		152808	3688	
524371	89565	401429	7020		36325		
363558	54638	390918	8500		116483	3688	
923895	239328	608275		1000	55232	2200	
257815	27414	114669					
148249	85123	150592			31162		
4367							
73025		124680				2200	
440439	126791	218334		1000	24070		
167809	72752	331469	10810	100	6825		10940
149436	7496	287146	10810	100	6345		10940
18373	65256	44323			480		
147930	96327	20001			40380	162926	7391
	76857					17645	7391
4900						88099	
143030	19470	20001			40380	57182	

7-10 续表5

单位：万元

行　业	Sector	国有独资公司 State-funded Corporations
金融业	Banking and Insurance	
货币金融服务	Monetary Banking	
资本市场服务	Capital Market	
保险业	Insurance	
其他金融业	Other Financial Activities	
房地产业	Real Estate Trade	517736
房地产业	Real Estate Trade	517736
租赁和商务服务业	Lease and Business Affairs Services	17903
租赁业	Leasing	
商务服务业	Business Affairs Services	17903
科学研究和技术服务业	Scientific Reseach and Technical Services	
研究和试验发展	Reserch and Experimental Development	
专业技术服务业	Professional Technical Services	
科技推广和应用服务业	Services of Science and Technology Exchanges and Promotion	
水利、环境和公共设施管理业	Management of Water Conservancy, Environment and Public Facilities	260150
水利管理业	Water Conservancy	
生态保护和环境治理业	Ecological Protection and Enviromental Management	13488
公共设施管理业	Public Facilities	246662
居民服务、修理和其他服务业	Resident Services, Repair and Other Services	
居民服务业	Residence Services	
机动车、电子产品和日用产品修理业	Repair of Motor Vehicles, Electronic Products and Daily Products	
其他服务业	Other Services	
教　育	Education	
教　育	Education	
卫生和社会工作	Health Care and Social Work	
卫　生	Health Care	
社会工作	Social Work	
文化、体育和娱乐业	Culture, Sports and Recreation	10000
新闻和出版业	Journalism and Publishing Activities	
广播、电视、电影和影视录音制作业	Broadcasting, Movies, Televisions and Audiovisual Activities	
文化艺术业	Culture and Arts Activities	10000
体　育	Sports Activities	
娱乐业	Entertainment	
公共管理、社会保障和社会组织	Public Management, Social Security and Social Organization	
中国共产党机关	Organs of CPC	
国家机构	Government Agencies	
人民政协、民主党派	PPCC and Democratic Parties	
社会保障	Social Security	
群众团体、社会团体和其他成员组织	Mass Organizations, Social Organizations and Other Member Organizations	
基层群众自治组织	Grass Roots Self-governing Organizations	

continued

(10 000 yuan)

其他有限责任公司 Other Limited Liability Corporations	股份有限公司 Share Co. Ltd.	私营 Private Enterprises	个体户 Self-employed Individuals	个体合伙 Individual Partnership Enterprises	其他 Others	港澳台商投资 Enterprises with Investment from HongKong, Macao and Taiwan	外商投资 Enterprises with Foreign Investment
	13333						
	13333						
3754205	587729	8372858	11435		1280868	66957	140112
3754205	587729	8372858	11435		1280868	66957	140112
22933	31034	36420		4420			
		4789		4420			
22933	31034	31631					
70251	24005	79429			22800		1220
3766		23364					1220
6150	20105	11490					
60335	3900	44575			22800		
1093575	622628	869460		28213	344801		26544
34332	103535	1492			5590		1044
188022	344832	37849			1020		
871221	174261	830119		28213	338191		25500
24482	13161	11442	1000	370	11628		
12689		6042			7820		
11493	9397	5400	1000	370	1000		
300	3764				2808		
53221	1876	145596			48547		
53221	1876	145596			48547		
18254	5957	22813		600	11991		
3733		18000			5191		
14521	5957	4813		600	6800		
129107	31311	152609		1086	15029	10872	
6000					2543		
38630		19190		1086	9986	10872	
60163	25358	58958					
24314	5953	74461			2500		
35000					14955		
35000							
					5075		
					9880		

7-11 按构成分固定资产投资(2013年)

单位：万元

行　业	Sector	本年完成投资 Investment Completed This Year
总　计	**Total**	**109136950**
农、林、牧、渔业	Farming, Forestry, Animal Husbandry and Fishery	7121412
农　业	Farming	2415184
林　业	Forestry	1368112
畜牧业	Animal Husbandry	2729424
渔　业	Fishery	87138
农、林、牧、渔服务业	Farming, Forestry, Animal Husbandry and Fishery Services	521554
采矿业	Mining	14750100
煤炭开采和洗选业	Coal Mining and Washsing	11579546
石油和天然气开采业	Extraction of Petroleum and Natural Gas	1116311
黑色金属矿采选业	Mining and Dressing of Ferrous Metals	1015657
有色金属矿采选业	Mining and Dressing of Nonferrous Metals	237266
非金属矿采选业	Mining and Dressing of Nonmetal Ores	257208
开采辅助活动	Mining Auxiliary Activities	515326
其他采矿业	Others	28786
制造业	Manufacturing	25384366
农副食品加工业	Farm and Sideline Food Processing	1473019
食品制造业	Food Manufacturing	622140
酒、饮料和精制茶制造业	Alcohol, Beverage and Refined Tea Manufacturing	528514
烟草制品业	Tobacoo Manufaturing	5209
纺织业	Textile Industry	214557
纺织服装、服饰业	Manufacture of Garments and Accessories	99879
皮革、毛皮、羽毛及其制品和制鞋业	Manufacture of Leather, Fur, Feather and their Products and Footwear	15748
木材加工和木、竹、藤、棕、草制品业	Processing of Timber, Manufacture of Wood, Bamboo, Rattan, Palm, and Straw Products	204746
家具制造业	Manufacture of Funiture	84670
造纸和纸制品业	Manufacture of Paper and Paper Products	372280
印刷和记录媒介复制业	Printing and Record Medium Reproduction	42911
文教、工美、体育和娱乐用品制造业	Manufacture of Articles For Culture, Education and Sport Activity	66686
石油加工、炼焦和核燃料加工业	Petroleum Processing ,Coking and Nuclear Fuel Processing	1971335
化学原料和化学制品制造业	Manufacture Raw Chemical Materials and Chemical Products	2737760
医药制造业	Manufacture of Medical Products	908555
化学纤维制造业	Manufacture of Chemical Fibers	82732
橡胶和塑料制品业	Manufacture of Rubber and Plastic Products	550236
非金属矿物制品业	Manufacture of Nonmetals Mineral Products	3790857
黑色金属冶炼和压延加工业	Smelting and Pressing of Ferrous Metals	1939202
有色金属冶炼和压延加工业	Smelting and Pressing of Nonferrous Metals	2037820
金属制品业	Manufacture of Metal Products	934962
通用设备制造业	Manufacture of Universal Purpose Equipment	944956

INVESTMENT IN FIXED ASSETS BY COMPOSITION(2013)

(10 000 yuan)

#住 宅 Residential Buildings	建筑工程 Construction	安装工程 Installation	设备工器具购置 Purchase of Equipment and Instruments	其他费用 Others
14982702	**67344869**	**10099182**	**19682179**	**12010720**
12081	4616888	425121	1147227	932176
3699	1771203	150507	246135	247339
50	762514	63808	208207	333583
3652	1679151	177902	595412	276959
	50828	6408	13419	16483
4680	353192	26496	84054	57812
28634	7017569	1795907	4034369	1902255
27493	5509863	1321518	3023714	1724451
	806322	87459	179605	42925
841	403991	69713	447089	94864
	86487	38988	93938	17853
300	127816	31514	81538	16340
	67041	245348	200947	1990
	16049	1367	7538	3832
42050	10796187	2910179	9652428	2025572
4508	874008	132721	392746	73544
200	285888	63008	233660	39584
	341729	24753	126251	35781
	800		4409	
3000	69775	12537	97072	35173
	60858	9622	24920	4479
	5360	2017	7948	423
	82978	4972	113407	3389
3070	47673	8732	24798	3467
	167238	33949	143729	27364
210	26999	8081	7531	300
	39673	6980	15024	5009
	539879	197210	803840	430406
3151	919005	326206	1187080	305469
	585796	70994	215219	36546
	30946	14699	25270	11817
28	285326	70055	181769	13086
8475	1737823	473508	1396271	183255
2500	600605	266649	907351	164597
	791223	340207	772134	134256
1400	383595	83625	419602	48140
1156	431353	83382	369445	60776

7-11 续表1

单位：万元

行 业	Sector	本年完成投资 Investment Completed This Year
专用设备制造业	Manufacture of Special Purpose Equipment	1307256
汽车制造业	Manufacture of Motor Vehicles	1250391
铁路、船舶、航空航天和其他运输设备制造业	Manufacture of Railways, Ships, Aviation, Aircrafts and Other Transportation Equipments	802577
电气机械和器材制造业	Manufacture of Electrical Equipment and Machinery	1200910
计算机、通信和其他电子设备制造业	Manufacture of Computer, Telecommunication and Other Electronic Equipments	540705
仪器仪表制造业	Manufacture of Measuring Instrument and Machinery	193298
其他制造业	Other Manufacturing	59350
废弃资源综合利用业	Comprehensive Utilization of Waste	371364
金属制品、机械和设备修理业	Repair of Metal Products, Machinery and Equipment	29741
电力、热力、燃气及水生产和供应业	Production and Supply of Electricity, Heat, Gas and Water	6869756
电力、热力生产和供应业	Production and Supply of Electricity and Heat	5508374
燃气生产和供应业	Production and Supply of Gas	802880
水的生产和供应业	Production and Supply of Water	558502
建筑业	Construction	108568
房屋建筑业	Buildings Construction	55031
土木工程建筑业	Civil Engineering	43503
建筑安装业	Building Installation	
建筑装饰和其他建筑业	Building Decoration and Other Construction	10034
批发和零售业	Wholesale and Retail Trade	2444612
批发业	Wholesale Trade	1243841
零售业	Retail Trade	1200771
交通运输、仓储和邮政业	Transport, Storage and Post	10970229
铁路运输业	Railway Transport	3695216
道路运输业	Highway Transport	5896424
水上运输业	Water Transport	
航空运输业	Air Transport	65799
管道运输业	Transport Via Pipelines	62160
装卸搬运和运输代理业	Loading, Unloading and Other Transport Services	300374
仓储业	Storage	949736
邮政业	Post	520
住宿和餐饮业	Hotels and Catering Services	802093
住宿业	Hotels	587312
餐饮业	Catering Services	214781
信息传输、软件和信息技术服务业	Information Transmission, Software and Information Technology Services	632708
电信、广播电视和卫星传输服务	Transimission Services of Telecommunication, Broadcast, Television and Satellite	210458
互联网和相关服务	Internet and Relative Services	97035
软件和信息技术服务业	Software and Information Technology Services	325215

continued

(10 000 yuan)

#住　宅 Residential Buildings	建筑工程 Construction	安装工程 Installation	设备工器具购置 Purchase of Equipment and Instruments	其他费用 Others
8340	676315	105760	430656	94525
4000	579276	162227	453424	55464
	316399	161783	307355	17040
2012	507245	154092	437818	101755
	144177	24715	298442	73371
	115201	10290	37215	30592
	27742	5113	17516	8979
	113911	46663	185033	25757
	7391	5629	15493	1228
77	2771779	1211302	2317066	569609
51	2002979	952745	2020307	532343
26	448372	154681	172842	26985
	320428	103876	123917	10281
	60399	3041	42381	2747
	52469			2562
	3178	91	40049	185
	4752	2950	2332	
5900	1747294	199532	206802	290984
3220	910062	64102	125761	143916
2680	837232	135430	81041	147068
11342	8646175	389884	527499	1406671
	2755105	112203	191135	636773
9783	5059305	88121	95102	653896
	33572	100	12627	19500
	27025	17743	14821	2571
1269	190931	78813	20183	10447
290	579717	92904	193631	83484
	520			
1250	577373	119025	45128	60567
1250	410941	90428	31543	54400
	166432	28597	13585	6167
	216854	148962	200406	66486
	12784	71989	91366	34319
	38271	9289	45859	3616
	165799	67684	63181	28551

7-11 续表2

单位：万元

行　业	Sector	本年完成投资 Investment Completed This Year
金融业	Banking and Insurance	39215
货币金融服务	Monetary Banking	36190
资本市场服务	Capital Market	
保险业	Insurance	
其他金融业	Other Financial Activities	3025
房地产业	Real Estate Trade	22900335
房地产业	Real Estate Trade	22900335
租赁和商务服务业	Lease and Business Affairs Services	562837
租赁业	Leasing	11649
商务服务业	Business Affairs Services	551188
科学研究和技术服务业	Scientific Reseach and Technical Services	392826
研究和试验发展	Reserch and Experimental Development	68548
专业技术服务业	Professional Technical Services	145969
科技推广和应用服务业	Services of Science and Technology Exchanges and Promotion	178309
水利、环境和公共设施管理业	Management of Water Conservancy, Environment and Public Facilities	12465668
水利管理业	Water Conservancy	1301863
生态保护和环境治理业	Ecological Protection and Enviromental Management	1154534
公共设施管理业	Public Facilities	10009271
居民服务、修理和其他服务业	Resident Services, Repair and Other Services	205441
居民服务业	Residence Services	164518
机动车、电子产品和日用产品修理业	Repair of Motor Vehicles, Electronic Products and Daily Products	31890
其他服务业	Other Services	9033
教　育	Education	1522196
教　育	Education	1522196
卫生和社会工作	Health Care and Social Work	552181
卫　生	Health Care	419612
社会工作	Social Work	132569
文化、体育和娱乐业	Culture, Sports and Recreation	863987
新闻和出版业	Journalism and Publishing Activities	8543
广播、电视、电影和影视录音制作业	Broadcasting, Movies, Televisions and Audiovisual Activities	9371
文化艺术业	Culture and Arts Activities	440987
体　育	Sports Activities	253785
娱乐业	Entertainment	151301
公共管理、社会保障和社会组织	Public Management, Social Security and Social Organization	548420
中国共产党机关	Organs of CPC	21496
国家机构	Government Agencies	440409
人民政协、民主党派	PPCC and Democratic Parties	
社会保障	Social Security	12772
群众团体、社会团体和其他成员组织	Mass Organizations, Social Organizations and Other Member Organizations	13414
基层群众自治组织	Grass Roots Self-governing Organizations	60329

continued

(10 000 yuan)

#住 宅 Residential Buildings	建筑工程 Construction	安装工程 Installation	设备工器具购置 Purchase of Equipment and Instruments	其他费用 Others
	35063	2952		1200
	34063	927		1200
	1000	2025		
14789109	17864659	1916746	370281	2748649
14789109	17864659	1916746	370281	2748649
11500	499761	39735	11679	11662
	10249	900	500	
11500	489512	38835	11179	11662
9150	196673	94894	46903	54356
	41979	782	7982	17805
	45704	78607	19698	1960
9150	108990	15505	19223	34591
46044	9364832	478505	817830	1804501
	999707	59132	153834	89190
	758157	65691	158788	171898
46044	7606968	353682	505208	1543413
50	164819	14793	16641	9188
	139881	10295	10888	3454
50	17782	3886	4654	5568
	7156	612	1099	166
7401	1224182	167734	64346	65934
7401	1224182	167734	64346	65934
11021	432631	34539	60430	24581
6400	321155	26764	52692	19001
4621	111476	7775	7738	5580
5743	666656	96548	83741	17042
	7743	800		
	4162	1872	3307	30
5743	367067	48351	17196	8373
	192839	21907	35859	3180
	94845	23618	27379	5459
1350	445075	49783	37022	16540
	19996	1500		
1340	347742	42982	35184	14501
10	11377	290	295	810
	12195	370		849
	53765	4641	1543	380

7-12 按建设性质分固定资产投资(2013年)

单位：万元

行　业	Sector	新　建 New Construction
总　计	**Total**	**57760609**
农、林、牧、渔业	Farming, Forestry, Animal Husbandry and Fishery	5416936
农　业	Farming	1732466
林　业	Forestry	1120997
畜牧业	Animal Husbandry	2074078
渔　业	Fishery	79408
农、林、牧、渔服务业	Farming, Forestry, Animal Husbandry and Fishery Services	409987
采矿业	Mining	5382193
煤炭开采和洗选业	Coal Mining and Washsing	3317305
石油和天然气开采业	Extraction of Petroleum and Natural Gas	955738
黑色金属矿采选业	Mining and Dressing of Ferrous Metals	399115
有色金属矿采选业	Mining and Dressing of Nonferrous Metals	117118
非金属矿采选业	Mining and Dressing of Nonmetal Ores	197440
开采辅助活动	Mining Auxiliary Activities	366691
其他采矿业	Others	28786
制造业	Manufacturing	15300878
农副食品加工业	Farm and Sideline Food Processing	995264
食品制造业	Food Manufacturing	475923
酒、饮料和精制茶制造业	Alcohol, Beverage and Refined Tea Manufacturing	327036
烟草制品业	Tobacoo Manufaturing	1435
纺织业	Textile Industry	126628
纺织服装、服饰业	Manufacture of Garments and Accessories	46668
皮革、毛皮、羽毛及其制品和制鞋业	Manufacture of Leather, Fur, Feather and their Products and Footwear	5048
木材加工和木、竹、藤、棕、草制品业	Processing of Timber, Manufacture of Wood, Bamboo, Rattan, Palm, and Straw Products	178373
家具制造业	Manufacture of Funiture	36907
造纸和纸制品业	Manufacture of Paper and Paper Products	236449
印刷和记录媒介复制业	Printing and Record Medium Reproduction	35685
文教、工美、体育和娱乐用品制造业	Manufacture of Articles For Culture, Education and Sport Activity	19849
石油加工、炼焦和核燃料加工业	Petroleum Processing ,Coking and Nuclear Fuel Processing	1026045
化学原料和化学制品制造业	Manufacture Raw Chemical Materials and Chemical Products	2113088
医药制造业	Manufacture of Medical Products	516827
化学纤维制造业	Manufacture of Chemical Fibers	74612
橡胶和塑料制品业	Manufacture of Rubber and Plastic Products	375650
非金属矿物制品业	Manufacture of Nonmetals Mineral Products	2235258
黑色金属冶炼和压延加工业	Smelting and Pressing of Ferrous Metals	333928
有色金属冶炼和压延加工业	Smelting and Pressing of Nonferrous Metals	678681
金属制品业	Manufacture of Metal Products	565971
通用设备制造业	Manufacture of Universal Purpose Equipment	609143

注：本表不含房地产开发投资。

Note: Investment in this table doesn't include investment in real estate development.

INVESTMENT IN FIXED ASSETS BY TYPE OF CONSTRUCTION(2013)

(10 000 yuan)

扩 建 Expansion	改建和技术改造 Reconstruction and Technical Reformation	单纯建造生活设施 Construction of Living Facilities	迁 建 Movement Construction	恢 复 Resumption Construction	单纯购置 Purchase of Equipment and Instruments
19045287	**13765083**	**4525800**	**360306**	**62302**	**531288**
1546553	149158	1100	3602	1200	2863
591156	91562				
219549	26466	1100			
644184	7560		3602		
7730					
83934	23570			1200	2863
5080544	3996934	45562	8239		236628
4371967	3629118	25212	8239		227705
119504	41069				
402768	213774				
113460	6688				
48045	2800				8923
24800	103485	20350			
6270212	3496272	12290	149824	23820	131070
410069	67386		300		
112416	30753				3048
169084	25746		6648		
	1163				2611
45677	42252				
28711	24500				
1900	8800				
24570	1803				
47763					
86431	49400				
6150					1076
35947	10890				
761147	180143	4000			
339372	285300				
251749	78352		61627		
8120					
151939	19170				3477
1042470	445649		53550		13930
573594	1025060				6620
924871	431514				2754
193799	155440		6000		13752
138233	166526		4026		27028

7-12 续表1

单位：万元

行　业	Sector	新　建 New Construction
专用设备制造业	Manufacture of Special Purpose Equipment	918758
汽车制造业	Manufacture of Motor Vehicles	535988
铁路、船舶、航空航天和其他运输设备制造业	Manufacture of Railways, Ships, Aviation, Aircrafts and Other Transportation Equipments	754885
电气机械和器材制造业	Manufacture of Electrical Equipment and Machinery	1098662
计算机、通信和其他电子设备制造业	Manufacture of Computer, Telecommunication and Other Electronic Equipments	443532
仪器仪表制造业	Manufacture of Measuring Instrument and Machinery	174723
其他制造业	Other Manufacturing	27424
废弃资源综合利用业	Comprehensive Utilization of Waste	304834
金属制品、机械和设备修理业	Repair of Metal Products, Machinery and Equipment	27604
电力、热力、燃气及水生产和供应业	Production and Supply of Electricity, Heat, Gas and Water	4359050
电力、热力生产和供应业	Production and Supply of Electricity and Heat	3500379
燃气生产和供应业	Production and Supply of Gas	549761
水的生产和供应业	Production and Supply of Water	308910
建筑业	Construction	63756
房屋建筑业	Buildings Construction	52816
土木工程建筑业	Civil Engineering	906
建筑安装业	Building Installation	
建筑装饰和其他建筑业	Building Decoration and Other Construction	10034
批发和零售业	Wholesale and Retail Trade	1961461
批发业	Wholesale Trade	1024499
零售业	Retail Trade	936962
交通运输、仓储和邮政业	Transport, Storage and Post	8774516
铁路运输业	Railway Transport	3445363
道路运输业	Highway Transport	4215531
水上运输业	Water Transport	
航空运输业	Air Transport	2457
管道运输业	Transport Via Pipelines	62160
装卸搬运和运输代理业	Loading, Unloading and Other Transport Services	251053
仓储业	Storage	797952
邮政业	Post	
住宿和餐饮业	Hotels and Catering Services	528376
住宿业	Hotels	402147
餐饮业	Catering Services	126229
信息传输、软件和信息技术服务业	Information Transmission, Software and Information Technology Services	521382
电信、广播电视和卫星传输服务	Transimission Services of Telecommunication, Broadcast, Television and Satellite	136588
互联网和相关服务	Internet and Relative Services	92999
软件和信息技术服务业	Software and Information Technology Services	291795

continued

(10 000 yuan)

扩　建 Expansion	改建和技术改造 Reconstruction and Technical Reformation	单纯建造生活设施 Construction of Living Facilities	迁　建 Movement Construction	恢　复 Resumption Construction	单纯购置 Purchase of Equipment and Instruments
163911	216297	8290			
582627	131776				
27551	16941				3200
44851	30028		1549	23820	2000
33672	5053		16124		42324
8861	5614				4100
15251	16675				
37339	24041				5150
2137					
1639911	847772	3485			19538
1306308	697493	1756			2438
170774	63516	1729			17100
162829	86763				
4763					40049
2215					
2548					40049
288841	174866		19444		
107169	95729		16444		
181672	79137		3000		
966733	1186942	15596	1480		24962
219358	16333				14162
557733	1097277	13603	1480		10800
	63342				
40828	6500	1993			
148294	3490				
520					
200717	72838	162			
151992	33011	162			
48725	39827				
38952	58262				14112
38952	33146				1772
	4036				
	21080				12340

7-12 续表2

单位：万元

行　业	Sector	新　建 New Construction
金融业	Banking and Insurance	28680
货币金融服务	Monetary Banking	25655
资本市场服务	Capital Market	
其他金融业	Other Financial Activities	3025
房地产业	Real Estate Trade	4370821
房地产业	Real Estate Trade	4370821
租赁和商务服务业	Lease and Business Affairs Services	538396
租赁业	Leasing	11649
商务服务业	Business Affairs Services	526747
科学研究和技术服务业	Scientific Reseach and Technical Services	268297
研究和试验发展	Reserch and Experimental Development	42975
专业技术服务业	Professional Technical Services	81196
科技推广和应用服务业	Services of Science and Technology Exchanges and Promotion	144126
水利、环境和公共设施管理业	Management of Water Conservancy, Environment and Public Facilities	7537891
水利管理业	Water Conservancy	705981
生态保护和环境治理业	Ecological Protection and Enviromental Management	565750
公共设施管理业	Public Facilities	6266160
居民服务、修理和其他服务业	Resident Services, Repair and Other Services	196020
居民服务业	Residence Services	159358
机动车、电子产品和日用产品修理业	Repair of Motor Vehicles, Electronic Products and Daily Products	28290
其他服务业	Other Services	8372
教　育	Education	1094939
教　育	Education	1094939
卫生和社会工作	Health Care and Social Work	370195
卫　生	Health Care	249933
社会工作	Social Work	120262
文化、体育和娱乐业	Culture, Sports and Recreation	588094
新闻和出版业	Journalism and Publishing Activities	8543
广播、电视、电影和影视录音制作业	Broadcasting, Movies, Televisions and Audiovisual Activities	6047
文化艺术业	Culture and Arts Activities	277719
体　育	Sports Activities	169493
娱乐业	Entertainment	126292
公共管理、社会保障和社会组织	Public Management, Social Security and Social Organization	458728
中国共产党机关	Organs of CPC	21496
国家机构	Government Agencies	367988
人民政协、民主党派	PPCC and Democratic Parties	
社会保障	Social Security	8490
群众团体、社会团体和其他成员组织	Mass Organizations, Social Organizations and Other Member Organizations	9164
基层群众自治组织	Grass Roots Self-governing Organizations	51590

continued

(10 000 yuan)

扩　建 Expansion	改建和技术改造 Reconstruction and Technical Reformation	单纯建造生活设施 Construction of Living Facilities	迁　建 Movement Construction	恢　复 Resumption Construction	单纯购置 Purchase of Equipment and Instruments
10535					
10535					
332669	621190	4392832	96548		
332669	621190	4392832	96548		
17641	6800				
17641	6800				
28225	73866		20841		1597
	3135		20841		1597
4585	60188				
23640	10543				
1897332	2950961	27403	1798	28283	22000
286005	303729	2787		3361	
63134	523852		1798		
1548193	2123380	24616		24922	22000
7530		300		1591	
4860		300			
2670				930	
				661	
320603	45149	15843	42728		2934
320603	45149	15843	42728		2934
127462	14366	168	7800		32190
122397	12592		6000		28690
5065	1774	168	1800		3500
202283	61959	4715		5754	1182
342	1800				1182
94620	58179	4715		5754	
82312	1980				
25009					
63781	7748	6344	8002	1654	2163
53383	5529	3344	8002		2163
3763	519				
150	1100	3000			
6485	600			1654	

7-13 按控股情况分固定资产投资(2013年)

单位：万元

行　业	Sector	本年完成投资 Investment Completed This Year
总　计	**Total**	**109136950**
农、林、牧、渔业	Farming, Forestry, Animal Husbandry and Fishery	7121412
农　业	Farming	2415184
林　业	Forestry	1368112
畜牧业	Animal Husbandry	2729424
渔　业	Fishery	87138
农、林、牧、渔服务业	Farming, Forestry, Animal Husbandry and Fishery Services	521554
采矿业	Mining	14750100
煤炭开采和洗选业	Coal Mining and Washsing	11579546
石油和天然气开采业	Extraction of Petroleum and Natural Gas	1116311
黑色金属矿采选业	Mining and Dressing of Ferrous Metals	1015657
有色金属矿采选业	Mining and Dressing of Nonferrous Metals	237266
非金属矿采选业	Mining and Dressing of Nonmetal Ores	257208
开采辅助活动	Mining Auxiliary Activities	515326
其他采矿业	Others	28786
制造业	Manufacturing	25384366
农副食品加工业	Farm and Sideline Food Processing	1473019
食品制造业	Food Manufacturing	622140
酒、饮料和精制茶制造业	Alcohol, Beverage and Refined Tea Manufacturing	528514
烟草制品业	Tobacoo Manufaturing	5209
纺织业	Textile Industry	214557
纺织服装、服饰业	Manufacture of Garments and Accessories	99879
皮革、毛皮、羽毛及其制品和制鞋业	Manufacture of Leather, Fur, Feather and their Products and Footwear	15748
木材加工和木、竹、藤、棕、草制品业	Processing of Timber, Manufacture of Wood, Bamboo, Rattan, Palm, and Straw Products	204746
家具制造业	Manufacture of Funiture	84670
造纸和纸制品业	Manufacture of Paper and Paper Products	372280
印刷和记录媒介复制业	Printing and Record Medium Reproduction	42911
文教、工美、体育和娱乐用品制造业	Manufacture of Articles For Culture, Education and Sport Activity	66686
石油加工、炼焦和核燃料加工业	Petroleum Processing ,Coking and Nuclear Fuel Processing	1971335
化学原料和化学制品制造业	Manufacture Raw Chemical Materials and Chemical Products	2737760
医药制造业	Manufacture of Medical Products	908555
化学纤维制造业	Manufacture of Chemical Fibers	82732
橡胶和塑料制品业	Manufacture of Rubber and Plastic Products	550236
非金属矿物制品业	Manufacture of Nonmetals Mineral Products	3790857
黑色金属冶炼和压延加工业	Smelting and Pressing of Ferrous Metals	1939202
有色金属冶炼和压延加工业	Smelting and Pressing of Nonferrous Metals	2037820
金属制品业	Manufacture of Metal Products	934962
通用设备制造业	Manufacture of Universal Purpose Equipment	944956

INVESTMENT IN FIXED ASSETS BY SHARE HOLDING(2013)

(10 000 yuan)

国有控股 State-owned	集体控股 Collective-owned	私人控股 Private	港澳台商控股 Investment from Hong Kong, Mcao and Taiwan	外商控股 Foreign Investment	其　他 Others
50351409	**8320664**	**42674630**	**548057**	**434343**	**6807847**
1845920	463771	3944221			867500
525976	250150	1302805			336253
780662	40010	445995			101445
338563	164993	1857134			368734
9426	5018	56814			15880
191293	3600	281473			45188
9361681	812797	3943675	1300	150174	480473
7757936	788692	2674003		6500	352415
836451	3394	50045		143674	82747
288914	14661	686637			25445
7570		226690			3006
49599	6050	186392	1300		13867
421211		91908			2207
		28000			786
5752930	1217337	16563740	332500	115343	1402516
62453	29433	1158356		11500	211277
12600	7230	594157		3833	4320
15564	16179	472123	24648		
4309		900			
		200894			13663
20776	18050	43846			17207
2438		11410			1900
863		191895			11988
		53504			31166
17432		351948			2900
15205		21369			6337
4900	24200	37586			
737928	100813	1073435	30000		29159
1012006	193582	1392102			140070
174595	43124	590290	5995		94551
74612		8120			
31620	113975	382174		3477	18990
413902	202730	2912806	5630		255789
1144321	46508	742379			5994
498625	78523	1399619	12900		48153
203493	4078	561817	33674		131900
156715	63352	657093		22028	45768

7-13 续表1

单位：万元

行　业	Sector	本年完成投资 Investment Completed This Year
专用设备制造业	Manufacture of Special Purpose Equipment	1307256
汽车制造业	Manufacture of Motor Vehicles	1250391
铁路、船舶、航空航天和其他运输设备制造业	Manufacture of Railways, Ships, Aviation, Aircrafts and Other Transportation Equipments	802577
电气机械和器材制造业	Manufacture of Electrical Equipment and Machinery	1200910
计算机、通信和其他电子设备制造业	Manufacture of Computer, Telecommunication and Other Electronic Equipments	540705
仪器仪表制造业	Manufacture of Measuring Instrument and Machinery	193298
其他制造业	Other Manufacturing	59350
废弃资源综合利用业	Comprehensive Utilization of Waste	371364
金属制品、机械和设备修理业	Repair of Metal Products, Machinery and Equipment	29741
电力、热力、燃气及水生产和供应业	Production and Supply of Electricity, Heat, Gas and Water	6869756
电力、热力生产和供应业	Production and Supply of Electricity and Heat	5508374
燃气生产和供应业	Production and Supply of Gas	802880
水的生产和供应业	Production and Supply of Water	558502
建筑业	Construction	108568
房屋建筑业	Buildings Construction	55031
土木工程建筑业	Civil Engineering	43503
建筑安装业	Building Installation	
建筑装饰和其他建筑业	Building Decoration and Other Construction	10034
批发和零售业	Wholesale and Retail Trade	2444612
批发业	Wholesale Trade	1243841
零售业	Retail Trade	1200771
交通运输、仓储和邮政业	Transport, Storage and Post	10970229
铁路运输业	Railway Transport	3695216
道路运输业	Highway Transport	5896424
水上运输业	Water Transport	
航空运输业	Air Transport	65799
管道运输业	Transport Via Pipelines	62160
装卸搬运和运输代理业	Loading, Unloading and Other Transport Services	300374
仓储业	Storage	949736
邮政业	Post	520
住宿和餐饮业	Hotels and Catering Services	802093
住宿业	Hotels	587312
餐饮业	Catering Services	214781
信息传输、软件和信息技术服务业	Information Transmission, Software and Information Technology Services	632708
电信、广播电视和卫星传输服务	Transimission Services of Telecommunication, Broadcast, Television and Satellite	210458
互联网和相关服务	Internet and Relative Services	97035
软件和信息技术服务业	Software and Information Technology Services	325215

continued

(10 000 yuan)

国有控股 State-owned	集体控股 Collective-owned	私人控股 Private	港澳台商控股 Investment from Hong Kong, Mcao and Taiwan	外商控股 Foreign Investment	其 他 Others
449140	18732	784379		15896	39109
62104	2300	1126794		133	59060
270502		531125			950
151365	253868	684333	22990	5000	83354
3850		297283	196663	42309	600
2300		59097			131901
1380	660	57310			
194896		148891		11167	16410
13036		16705			
4929923	263992	1431625	73514	449	170253
4090115	171004	1057519	53925	449	135362
397268	67500	286733	19589		31790
442540	25488	87373			3101
62928		43601			2039
22879		30113			2039
40049		3454			
		10034			
255311	223102	1529009	3688		433502
120745	73413	757577			292106
134566	149689	771432	3688		141396
9079443	215089	1538315	200		137182
3319631	33161	316424			26000
5449143	106471	315457	200		25153
65799					
62160					
68469	32000	150303			49602
113721	43457	756131			36427
520					
123220	91780	509813		10940	66340
50506	73560	416037		10940	36269
72714	18220	93776			30071
232260	2350	149664	94842	18293	135299
185422			6743	18293	
4036		4900	88099		
42802	2350	144764			135299

7-13 续表2

单位：万元

行　业	Sector	本年完成投资 Investment Completed This Year
金融业	Banking and Insurance	39215
货币金融服务	Monetary Banking	36190
资本市场服务	Capital Market	
其他金融业	Other Financial Activities	3025
房地产业	Real Estate Trade	22900335
房地产业	Real Estate Trade	22900335
租赁和商务服务业	Lease and Business Affairs Services	562837
租赁业	Leasing	11649
商务服务业	Business Affairs Services	551188
科学研究和技术服务业	Scientific Reseach and Technical Services	392826
研究和试验发展	Reserch and Experimental Development	68548
专业技术服务业	Professional Technical Services	145969
科技推广和应用服务业	Services of Science and Technology Exchanges and Promotion	178309
水利、环境和公共设施管理业	Management of Water Conservancy, Environment and Public Facilities	12465668
水利管理业	Water Conservancy	1301863
生态保护和环境治理业	Ecological Protection and Enviromental Management	1154534
公共设施管理业	Public Facilities	10009271
居民服务、修理和其他服务业	Resident Services, Repair and Other Services	205441
居民服务业	Residence Services	164518
机动车、电子产品和日用产品修理业	Repair of Motor Vehicles, Electronic Products and Daily Products	31890
其他服务业	Other Services	9033
教　育	Education	1522196
教　育	Education	1522196
卫生和社会工作	Health Care and Social Work	552181
卫　生	Health Care	419612
社会工作	Social Work	132569
文化、体育和娱乐业	Culture, Sports and Recreation	863987
新闻和出版业	Journalism and Publishing Activities	8543
广播、电视、电影和影视录音制作业	Broadcasting, Movies, Televisions and Audiovisual Activities	9371
文化艺术业	Culture and Arts Activities	440987
体　育	Sports Activities	253785
娱乐业	Entertainment	151301
公共管理、社会保障和社会组织	Public Management, Social Security and Social Organization	548420
中国共产党机关	Organs of CPC	21496
国家机构	Government Agencies	440409
人民政协、民主党派	PPCC and Democratic Parties	
社会保障	Social Security	12772
群众团体、社会团体和其他成员组织	Mass Organizations, Social Organizations and Other Member Organizations	13414
基层群众自治组织	Grass Roots Self-governing Organizations	60329

continued

(10 000 yuan)

国有控股 State-owned	集体控股 Collective-owned	私人控股 Private	港澳台商控股 Investment from Hong Kong, Mcao and Taiwan	外商控股 Foreign Investment	其 他 Others
17342	21873				
17342	18848				
	3025				
6314168	3714424	10169492	42013	139144	2521094
6314168	3714424	10169492	42013	139144	2521094
297062	180771	60576			24428
	2440	9209			
297062	178331	51367			24428
176666	21105	163645			31410
40198		26740			1610
100719	8505	29745			7000
35749	12600	107160			22800
9185338	767615	2126317			386398
1079278	183639	33312			5634
622459	217097	300178			14800
7483601	366879	1792827			365964
129756	21766	43291			10628
116201	21766	18731			7820
7630		24260			
5925		300			2808
1209495	64027	204135			44539
1209495	64027	204135			44539
444049	65521	31420			11191
366287	30935	18000			4390
77762	34586	13420			6801
469000	126916	222091			45980
6000					2543
9371					
322594	53872	38445			26076
124645	35361	85821			7958
6390	37683	97825			9403
464917	46428				37075
21496					
403725	1684				35000
12772					
2660	8679				2075
24264	36065				

7-14 按资金来源分固定资产投资(2013年)

单位：万元

行　业	Sector	本年资金来源小计 Total Source of Funds
总　计	**Total**	**97296019**
农、林、牧、渔业	Farming, Forestry, Animal Husbandry and Fishery	6523684
农　业	Farming	2256960
林　业	Forestry	1244409
畜牧业	Animal Husbandry	2432515
渔　业	Fishery	67142
农、林、牧、渔服务业	Farming, Forestry, Animal Husbandry and Fishery Services	522658
采矿业	Mining	13544697
煤炭开采和洗选业	Coal Mining and Washsing	10490800
石油和天然气开采业	Extraction of Petroleum and Natural Gas	990118
黑色金属矿采选业	Mining and Dressing of Ferrous Metals	1074403
有色金属矿采选业	Mining and Dressing of Nonferrous Metals	228026
非金属矿采选业	Mining and Dressing of Nonmetal Ores	223357
开采辅助活动	Mining Auxiliary Activities	515206
其他采矿业	Others	22787
制造业	Manufacturing	22862130
农副食品加工业	Farm and Sideline Food Processing	1321174
食品制造业	Food Manufacturing	627522
酒、饮料和精制茶制造业	Alcohol, Beverage and Refined Tea Manufacturing	508625
烟草制品业	Tobacoo Manufaturing	5215
纺织业	Textile Industry	210280
纺织服装、服饰业	Manufacture of Garments and Accessories	107684
皮革、毛皮、羽毛及其制品和制鞋业	Manufacture of Leather, Fur, Feather and their Products and Footwear	15818
木材加工和木、竹、藤、棕、草制品业	Processing of Timber, Manufacture of Wood, Bamboo, Rattan, Palm, and Straw Products	204361
家具制造业	Manufacture of Funiture	77617
造纸和纸制品业	Manufacture of Paper and Paper Products	301877
印刷和记录媒介复制业	Printing and Record Medium Reproduction	49213
文教、工美、体育和娱乐用品制造业	Manufacture of Articles For Culture, Education and Sport Activity	44068
石油加工、炼焦和核燃料加工业	Petroleum Processing ,Coking and Nuclear Fuel Processing	1553317
化学原料和化学制品制造业	Manufacture Raw Chemical Materials and Chemical Products	2010196
医药制造业	Manufacture of Medical Products	788416
化学纤维制造业	Manufacture of Chemical Fibers	107295
橡胶和塑料制品业	Manufacture of Rubber and Plastic Products	444874
非金属矿物制品业	Manufacture of Nonmetals Mineral Products	3560343
黑色金属冶炼和压延加工业	Smelting and Pressing of Ferrous Metals	1838348
有色金属冶炼和压延加工业	Smelting and Pressing of Nonferrous Metals	1918978
金属制品业	Manufacture of Metal Products	875195
通用设备制造业	Manufacture of Universal Purpose Equipment	838557

INVESTMENT IN FIXED ASSETS BY SOURCE OF FUNDS(2013)

(10 000 yuan)

国家预算内资金 State Budgetary Appropriation	国内贷款 Domestic Loans	利用外资 Foreign Investment	自筹资金 Self-raised Funds	#企业事业单位自有资金 Own Funds of Enterprises and Institutions	其他资金 Others
6471198	**7758516**	**294197**	**73900846**	**27718800**	**8871262**
642079	356053		5386342	1491712	139210
62505	180731		1973432	581382	40292
337061	14180		863996	285157	29172
132741	151692		2112579	539295	35503
1038	6200		58704	8412	1200
108734	3250		377631	77466	33043
67005	827172	19071	12490089	5384757	141360
16005	751575	1900	9613151	4273033	108169
51000	12800	17171	904289	437511	4858
	14300		1034570	429451	25533
	21447		206579	144496	
	5050		215507	66097	2800
	22000		493206	34169	
			22787		
151269	1395759	226606	20567657	9398191	520839
8040	54431		1244439	463367	14264
2183	26538		458517	131442	140284
300	21160		486622	301196	543
420			4795	4795	
	35470		160910	49991	13900
	7000		99484	52060	1200
	1000		14818	8820	
	1800		202561	28626	
	7500		70117	30556	
	1500		297177	85880	3200
	3600		45613	8249	
	2300		41768	16751	
25000	141252		1387065	1002991	
17010	256947		1721527	821562	14712
540	65548		705526	218417	16802
500	38500		68295	57747	
200	7100		415724	258884	21850
4943	206347	4200	3303068	1462285	41785
	66815		1731183	307471	40350
30480	118024	6800	1726724	1189266	36950
8000	53900		796835	358361	16460
785	64793		769971	363115	3008

7-14 续表1

单位：万元

行　业	Sector	本年资金来源小计 Total Source of Funds
专用设备制造业	Manufacture of Special Purpose Equipment	1307076
汽车制造业	Manufacture of Motor Vehicles	1188650
铁路、船舶、航空航天和其他运输设备制造业	Manufacture of Railways, Ships, Aviation, Aircrafts and Other Transportation Equipments	789980
电气机械和器材制造业	Manufacture of Electrical Equipment and Machinery	1085464
计算机、通信和其他电子设备制造业	Manufacture of Computer, Telecommunication and Other Electronic Equipments	551432
仪器仪表制造业	Manufacture of Measuring Instrument and Machinery	170581
其他制造业	Other Manufacturing	52718
废弃资源综合利用业	Comprehensive Utilization of Waste	281673
金属制品、机械和设备修理业	Repair of Metal Products, Machinery and Equipment	25583
电力、热力、燃气及水生产和供应业	Production and Supply of Electricity, Heat, Gas and Water	6026038
电力、热力生产和供应业	Production and Supply of Electricity and Heat	4828993
燃气生产和供应业	Production and Supply of Gas	718869
水的生产和供应业	Production and Supply of Water	478176
建筑业	Construction	102034
房屋建筑业	Buildings Construction	49931
土木工程建筑业	Civil Engineering	42269
建筑安装业	Building Installation	
建筑装饰和其他建筑业	Building Decoration and Other Construction	9834
批发和零售业	Wholesale and Retail Trade	2377732
批发业	Wholesale Trade	1288947
零售业	Retail Trade	1088785
交通运输、仓储和邮政业	Transport, Storage and Post	8247154
铁路运输业	Railway Transport	2547514
道路运输业	Highway Transport	4304659
水上运输业	Water Transport	
航空运输业	Air Transport	26387
管道运输业	Transport Via Pipelines	62175
装卸搬运和运输代理业	Loading, Unloading and Other Transport Services	294489
仓储业	Storage	1011410
邮政业	Post	520
住宿和餐饮业	Hotels and Catering Services	763703
住宿业	Hotels	561079
餐饮业	Catering Services	202624
信息传输、软件和信息技术服务业	Information Transmission, Software and Information Technology Services	593983
电信、广播电视和卫星传输服务	Transimission Services of Telecommunication, Broadcast, Television and Satellite	181300
互联网和相关服务	Internet and Relative Services	97936
软件和信息技术服务业	Software and Information Technology Services	314747

continued

(10 000 yuan)

国家预算内资金 State Budgetary Appropriation	国内贷款 Domestic Loans	利用外资 Foreign Investment	自筹资金 Self-raised Funds	#企事业单位自有资金 Own Funds of Enterprises and Instiutions	其他资金 Others
5520	86956	17500	1139008	423241	58092
	59460		1117536	745421	11654
1062	20100		739860	62651	28958
2300	30954	5000	1029918	679903	17292
	4600	193106	353726	140461	
43686	5419		86692	50847	34784
	3845		48822	29424	51
300	2900		275373	44411	3100
			23983		1600
342927	1115047	10972	4428849	1674785	128243
237142	1010855	10972	3459071	1217420	110953
17542	87721		607599	277063	6007
88243	16471		362179	180302	11283
	10800		90534	8127	700
	800		48431	346	700
	10000		32269	7781	
			9834		
15891	53850	3050	2151269	797891	153672
13743	17770		1216354	462158	41080
2148	36080	3050	934915	335733	112592
784956	1960545	30000	4814854	1522004	656799
154974	836213	30000	1060627	310402	465700
625925	1060676		2481985	703190	136073
1887			2000		22500
	23196		38979	13725	
100	11700		259909	22343	22780
1550	28760		971354	472344	9746
520					
23800	20114		678521	147373	41268
21000	13300		518711	93925	8068
2800	6814		159810	53448	33200
5436	1400		587147	323782	
1400			179900	123004	
4036			93900		
	1400		313347	200778	

7-14 续表2

单位：万元

行 业	Sector	本年资金来源小计 Total Source of Funds
金融业	Banking and Insurance	36672
货币金融服务	Monetary Banking	33647
其他金融服务	Other Financial Activities	3025
房地产业	Real Estate Trade	22633307
房地产业	Real Estate Trade	22633307
租赁和商务服务业	Lease and Business Affairs Services	399261
租赁业	Leasing	12958
商务服务业	Business Affairs Services	386303
科学研究和技术服务业	Scientific Reseach and Technical Services	369447
研究和试验发展	Reserch and Experimental Development	56092
专业技术服务业	Professional Technical Services	136162
科技推广和应用服务业	Services of Science and Technology Exchanges and Promotion	177193
水利、环境和公共设施管理业	Management of Water Conservancy, Environment and Public Facilities	9641381
水利管理业	Water Conservancy	1097913
生态保护和环境治理业	Ecological Protection and Enviromental Management	1010648
公共设施管理业	Public Facilities	7532820
居民服务、修理和其他服务业	Resident Services, Repair and Other Services	200549
居民服务业	Residence Services	160056
机动车、电子产品和日用产品修理业	Repair of Motor Vehicles, Electronic Products and Daily Products	30980
其他服务业	Other Services	9513
教 育	Education	1223727
教 育	Education	1223727
卫生和社会工作	Health Care and Social Work	500933
卫 生	Health Care	383680
社会工作	Social Work	117253
文化、体育和娱乐业	Culture, Sports and Recreation	781707
新闻和出版业	Journalism and Publishing Activities	7743
广播、电视、电影和影视录音制作业	Broadcasting, Movies, Televisions and Audiovisual Activities	7822
文化艺术业	Culture and Arts Activities	398067
体 育	Sports Activities	225124
娱乐业	Entertainment	142951
公共管理、社会保障和社会组织	Public Management, Social Security and Social Organization	467880
中国共产党机关	Organs of CPC	21496
国家机构	Government Agencies	383726
人民政协、民主党派	PPCC and Democratic Parties	
社会保障	Social Security	8715
群众团体、社会团体和其他成员组织	Mass Organizations, Social Organizations and Other Member Organizations	6763
基层群众自治组织	Grass Roots Self-governing Organizations	47180

continued

(10 000 yuan)

国家预算内资金 State Budgetary Appropriation	国内贷款 Domestic Loans	利用外资 Foreign Investment	自筹资金 Self-raisied Funds	#企事业单位自有资金 Own Funds of Enterprises and Instiutions	其他资金 Others
2602			32645	10520	1425
2602			31045	10520	
			1600		1425
442270	859735		14934946	4594648	6396356
442270	859735		14934946	4594648	6396356
33649	17300		333755	139406	14557
	1300		7418		4240
33649	16000		326337	139406	10317
26996	4800		335748	102442	1903
	150		55940	32842	2
3689			131573	17035	900
23307	4650		148235	52565	1001
3012305	924651	4218	5212360	1546598	487847
547213	43590		441965	137440	65145
113027	104234		771835	320258	21552
2352065	776827	4218	3998560	1088900	401150
5532	2300		100669	16110	92048
1641			66447	16110	91968
3230	2000		25750		
661	300		8472		80
364685	159921	280	673862	175724	24979
364685	159921	280	673862	175724	24979
112668	32499		332144	117282	23622
95888	28680		240945	70485	18167
16780	3819		91199	46797	5455
205194	16400		519147	226807	40966
			7743		
1800			6022	1632	
144026	3300		223773	84364	26968
30746	7000		175880	81702	11498
28622	6100		105729	59109	2500
231934	170		230308	40641	5468
20500			996		
197579	100		180579	26596	5468
3825			4890	1027	
150			6613	3229	
9880	70		37230	9789	

7-15 固定资产投资规模及新增生产能力(2013年)

生产能力(或效益)名称		Item	建设规模 Construction Scale
原煤开采	(万吨/年)	Coal Mining (10 000 tons/year)	53557
洗　煤	(万吨/年)	Coal Washing (10 000 tons/year)	22338
焦　炭	(万吨/年)	Coke (10 000 tons/year)	3443
天然气开采	(亿立方米/年)	Extraction of Natural Gas(100 million cu.m/year)	128
铁矿开采(原矿)	(万吨/年)	Iron-Ore Mining (10 000 tons/year)	1298
铁矿选矿处理量	(万吨/年)	Iron Ore Dressing (10 000 tons/year)	743
生　铁	(万吨/年)	Pig Iron (10 000 tons/year)	275
粗　钢	(万吨/年)	Crude Steel (10 000 tons/year)	162
铁合金	(折标吨/年)	Iron Alloy (10 000 tons /year)	54
钢　材	(万吨/年)	Rolled Steel (10 000 tons /year)	3815
铜采矿(原矿)	(万吨/年)	Copper Ore Mining (10 000 tons/year)	690
铜选矿：处理原矿	(吨/年)	Copper Ore Dressing: Crude Ore Dressing (ton/year)	725
铜含量	(吨/年)	Copper Content (ton/year)	30890
铅冶炼	(吨/年)	Plumbum Smelting (ton/year)	10000
镍冶炼	(万吨/年)	Nickel Smelting (10 000 tons/year)	305000
氧化铝	(吨/年)	Oxide Aluminium (ton/year)	5030000
电解铝	(吨/年)	Electrolytic Aluminium (ton/year)	230000
铝加工	(吨/年)	Aluminium Fabrication (ton/year)	2968000
铜加工材	(吨/年)	Copper Manufacturing Materials (ton/year)	50000
黄　金	(公斤/年)	Gold (kg/year)	200
发电机组容量	(万千瓦)	Capacity of Power Generating Sets (10 000 kw)	3079
水力发电	(万千瓦)	Hydraulic Power(10 000 kw)	517
火力发电	(万千瓦)	Fire Power (10 000 kw)	1385
风力发电	(万千瓦)	Wind Power (10 000 kw)	587
太阳能发电	(万千瓦)	Solar Power (10 000 kw)	27
其　他	(万千瓦)	Others (10 000 kw)	563
输电线路长度(11万伏及以上)	(公里)	Length of Power Transmission Line (≥110 kv) (km)	4655
水　泥	(万吨/年)	Cement (10 000 tons/year)	6616
平板玻璃	(万重量箱/年)	Plate Glass (10 000 weight cases/year)	43
农用氮、磷、钾化学肥料	(吨/年)	Chemical Fertilizers (ton/year)	1048626
氮　肥	(吨/年)	Nitrogen Fertilizers (ton/year)	951926
磷　肥	(吨/年)	Phosphate Fertilizers (ton/year)	77000
钾　肥	(吨/年)	Potash Fertilizers (ton/year)	19700
化学农药原药	(吨/年)	Chemical Pesticide (ton/ year)	9999
塑料树脂及共聚物	(吨/年)	Plastics (ton/year)	661600
合成橡胶	(吨/年)	Synthetic Rubber (ton/year)	7486

SCALE OF INVESTMENT IN FIXED ASSETS AND NEWLY INCREASED PRODUCTION CAPACITY(2013)

本年施工规模 Construction Scale This Year	#本年新开工 Newly Started This Year	累计新增生产能力 Accumulated Newly Increased Production Capacity	#本年新增 Newly Increased This Year
40320	9660	19833	11153
20032	11120	14612	13062
3258	397	1063	1042
65	33	48	24
1298	662	618	538
743	653	633	633
145		22	15
114	103	21	6
54	47	38	38
3595	3010	3310	3310
690			
720	90	74	69
30890			
10000	10000		
65000	60000	65000	65000
3830000	1830000	30000	30000
230000	230000	200000	200000
2634000	1203000	1511000	1233000
50000			
200	200	200	200
2149	1132	736	437
17	1	1	1
1145	560	199	40
410	240	337	202
22	16	19	19
555	315	181	176
4368	2913	3162	2918
5897	1616	4686	1821
42	12	1	
917700	627700	446700	398700
821000	541000	411000	363000
77000	77000	26000	26000
19700	9700	9700	9700
5000	5000	5000	5000
652549	51049	35749	33249
4386	3000	7486	4386

7-15 续表

生产能力(或效益)名称		Item	建设规模 Construction Scale
轮胎外胎	(万条/年)	Tire Cover (10 000 units/year)	290
化学纤维	(吨/年)	Chemical Fibre (ton/year)	10000
棉纺锭	(锭)	Cotton Spinning Spindel (unit)	141500
酒	(万吨/年)	Alcoholic Drink (10 000 tons/year)	51
#啤 酒	(万吨/年)	Beer (10 000 tons/year)	27
白 酒	(万吨/年)	White Spirit(10 000 tons/year)	12
其他酒	(万吨/年)	Other Alcohols (10 000 tons/year)	13
家用洗衣机	(万台/年)	Household Washing Machines (10 000 units/year)	100
程控交换机 (指安装能力)	(万线/年)	Program-controlled Telephone Switching Machines (10 000 lines/year)	461
新建铁路投产里程	(公里)	Operating Length of Newly Built Railways (km)	605
复线里程	(公里)	Length of Mutiple Line (km)	9
新建高速铁路里程	(公里)	Length of Newly Built High Speed Railways (km)	89
新建公路	(公里)	Length of Newly Built Highways (km)	3506
#高速公路	(公里)	Express Way (km)	1305
一级公路	(公里)	First Class (km)	265
二级公路	(公里)	Second Class (km)	515
改建公路	(公里)	Reconstructed Highways (km)	5534
#高速公路	(公里)	Express Way (km)	2
一级公路	(公里)	First Class (km)	246
二级公路	(公里)	Second Class (km)	1684
新建独立公路桥梁	(延长米)	Length of Newly Built Highway Bridges (extended m)	7537
新建独立公路桥梁	(座)	Number of Newly Built Highway Bridges (unit)	10
新建独立公路隧道	(延长米)	Length of Newly Built Highway Tunnels (extended m)	510
新建独立公路隧道	(座)	Number of Newly Built Highway Tunnels (unit)	1
新(扩)建公路客、货运站	(个)	Highway Passenger and Freight Station of Newly Built or Extended (unit)	18
新(扩)建公路客、货运站	(平方米)	Highway Passenger and Freight Station of Newly Built or Extended (sq.m)	208726
民航机场跑道	(条)	Runways of Civil Aviation Airport (unit)	4
民航机场跑道	(米)	Runways of Civil Aviation Airport (meter)	6700
候机楼	(座)	Terminal Buildings (unit)	3
候机楼	(延长米)	Terminal Buildings (extended m)	14400
城市自来水供水能力	(万吨/日)	City Tap Water Supply Capacity (10 000 tons/day)	32
城市污水处理能力	(万吨/日)	City Sewage Treatment Capacity (10 000 tons/day)	70

continued

本年施工规模 Construction Scale This Year	#本年新开工 Newly Started This Year	累计新增生产能力 Accumulated Newly Increased Production Capacity	#本年新增 Newly Increased This Year
110	48	248	68
5450	5450	5900	5000
141500	126500	97000	97000
23	2	27	1
1	1	27	1
12	1		
11	1		
40			
461	461	461	461
499	262	10	7
9	5	4	4
11			
2506	1476	2013	1437
882	148	548	161
162	113	102	72
479	303	416	385
4895	2862	4357	3827
2	2		
194	52	103	103
1626	1274	1155	1094
7537	4215	5519	5388
10	7	6	5
510	510		
1	1		
18	11	12	12
189790	102831	76559	73559
4		1	1
6700		2600	2600
3		1	1
14400		3000	3000
31	29	6	5
34	24	30	25

7-16 固定资产投资总规模及新增固定资产(2013年)

单位：万元

行　业	Sector	计划总投资 Total Planned Investment
总　计	**Total**	**315736041**
农、林、牧、渔业	Farming, Forestry, Animal Husbandry and Fishery	10921857
农　业	Farming	4440789
林　业	Forestry	1600729
畜牧业	Animal Husbandry	3968091
渔　业	Fishery	121257
农、林、牧、渔服务业	Farming, Forestry, Animal Husbandry and Fishery Services	790991
采矿业	Mining	49165314
煤炭开采和洗选业	Coal Mining and Washsing	40065518
石油和天然气开采业	Extraction of Petroleum and Natural Gas	4481076
黑色金属矿采选业	Mining and Dressing of Ferrous Metals	2524556
有色金属矿采选业	Mining and Dressing of Nonferrous Metals	1099157
非金属矿采选业	Mining and Dressing of Nonmetal Ores	362107
开采辅助活动	Mining Auxiliary Activities	522181
其他采矿业	Others	110719
制造业	Manufacturing	67959707
农副食品加工业	Farm and Sideline Food Processing	3024155
食品制造业	Food Manufacturing	1178025
酒、饮料和精制茶制造业	Alcohol, Beverage and Refined Tea Manufacturing	1618374
烟草制品业	Tobacoo Manufaturing	10774
纺织业	Textile Industry	539886
纺织服装、服饰业	Manufacture of Garments and Accessories	202240
皮革、毛皮、羽毛及其制品和制鞋业	Manufacture of Leather, Fur, Feather and their Products and Footwear	45203
木材加工和木、竹、藤、棕、草制品业	Processing of Timber, Manufacture of Wood, Bamboo, Rattan, Palm, and Straw Products	466763
家具制造业	Manufacture of Funiture	122070
造纸和纸制品业	Manufacture of Paper and Paper Products	692134
印刷和记录媒介复制业	Printing and Record Medium Reproduction	84344
文教、工美、体育和娱乐用品制造业	Manufacture of Articles For Culture, Education and Sport Activity	122969
石油加工、炼焦和核燃料加工业	Petroleum Processing ,Coking and Nuclear Fuel Processing	5849592
化学原料和化学制品制造业	Manufacture Raw Chemical Materials and Chemical Products	7831192
医药制造业	Manufacture of Medical Products	2022940
化学纤维制造业	Manufacture of Chemical Fibers	215410
橡胶和塑料制品业	Manufacture of Rubber and Plastic Products	1102236
非金属矿物制品业	Manufacture of Nonmetals Mineral Products	7585108
黑色金属冶炼和压延加工业	Smelting and Pressing of Ferrous Metals	4472039
有色金属冶炼和压延加工业	Smelting and Pressing of Nonferrous Metals	6433107
金属制品业	Manufacture of Metal Products	1756399
通用设备制造业	Manufacture of Universal Purpose Equipment	1980937

注：本表项目个数不含房地产开发投资。

Note: Number of projects in this table doesn't include investment in real estate development.

SCALE OF INVESTMENT AND NEWLY INCREASED FIXED ASSETS(2013)

(10 000 yuan)

自开始建设至本年底累计完成投资 Accumulated Investment Completed This Year	#本年完成投资 Investment Completed This Year	施工项目(个) Number of Projects under Construction (unit)	#本年新开工 Newly Started This Year	本年投产项目(个) Number of Projects Put into Use This Year (unit)	本年新增固定资产 Newly Increased Fixed Assets This Year
214641689	**109136950**	**12689**	**8458**	**8286**	**62293323**
8304108	7121412	1883	1555	1446	5442216
3021266	2415184	614	480	435	1689703
1455162	1368112	307	273	250	1072135
3139040	2729424	809	678	645	2278285
111773	87138	27	19	23	84082
576867	521554	126	105	93	318011
36526854	14750100	1188	566	665	9910145
29833538	11579546	871	337	448	7720721
2884450	1116311	48	23	28	905335
2214157	1015657	147	108	98	531145
693713	237266	17	12	7	19470
340352	257208	80	64	64	222226
524426	515326	23	21	19	483248
36218	28786	2	1	1	28000
41157217	25384366	2742	1785	1829	13988246
2051121	1473019	348	245	263	1141897
987650	622140	98	66	60	312614
1216711	528514	79	47	48	257764
5304	5209	4	3	1	900
272415	214557	36	30	27	158317
135481	99879	16	8	12	87001
15748	15748	5	5	4	13310
248317	204746	26	18	21	62870
118586	84670	18	14	16	105077
496373	372280	37	27	28	159209
83671	42911	10	6	6	35503
107778	66686	24	13	18	59472
3203322	1971335	60	24	36	919114
4376802	2737760	227	160	142	1332955
1519708	908555	111	68	68	639658
141440	82732	5	3	2	57780
763930	550236	65	41	42	373748
5447002	3790857	616	458	464	2736642
3363904	1939202	147	95	100	1111490
4102604	2037820	98	51	52	679910
1383715	934962	144	85	85	802978
1366961	944956	134	85	94	680735

7-16 续表1

单位：万元

行　业	Sector	计划总投资 Total Planned Investment
专用设备制造业	Manufacture of Special Purpose Equipment	4124071
汽车制造业	Manufacture of Motor Vehicles	3798283
铁路、船舶、航空航天和其他运输设备制造业	Manufacture of Railways, Ships, Aviation, Aircrafts and Other Transportation Equipments	2129327
电气机械和器材制造业	Manufacture of Electrical Equipment and Machinery	7133957
计算机、通信和其他电子设备制造业	Manufacture of Computer, Telecommunication and Other Electronic Equipments	1975754
仪器仪表制造业	Manufacture of Measuring Instrument and Machinery	286176
其他制造业	Other Manufacturing	164038
废弃资源综合利用业	Comprehensive Utilization of Waste	896732
金属制品、机械和设备修理业	Repair of Metal Products, Machinery and Equipment	95472
电力、热力、燃气及水生产和供应业	Production and Supply of Electricity, Heat, Gas and Water	19684078
电力、热力生产和供应业	Production and Supply of Electricity and Heat	16910758
燃气生产和供应业	Production and Supply of Gas	1553001
水的生产和供应业	Production and Supply of Water	1220319
建筑业	Construction	134740
房屋建筑业	Buildings Construction	76999
土木工程建筑业	Civil Engineering	45241
建筑安装业	Building Installation	
建筑装饰和其他建筑业	Building Decoration and Other Construction	12500
批发和零售业	Wholesale and Retail Trade	5570453
批发业	Wholesale Trade	2723412
零售业	Retail Trade	2847041
交通运输、仓储和邮政业	Transport, Storage and Post	40914761
铁路运输业	Railway Transport	18605079
道路运输业	Highway Transport	17758670
水上运输业	Water Transport	
航空运输业	Air Transport	210162
管道运输业	Transport Via Pipelines	73872
装卸搬运和运输代理业	Loading, Unloading and Other Transport Services	544174
仓储业	Storage	3722284
邮政业	Post	520
住宿和餐饮业	Hotels and Catering Services	1425870
住宿业	Hotels	1118450
餐饮业	Catering Services	307420
信息传输、软件和信息技术服务业	Information Transmission, Software and Information Technology Services	1857513
电信、广播电视和卫星传输服务	Transimission Services of Telecommunication, Broadcast, Television and Satellite	276028
互联网和相关服务	Internet and Relative Services	479210
软件和信息技术服务业	Software and Information Technology Services	1102275

continued

(10 000 yuan)

自开始建设至本年底累计完成投资 Accumulated Investment Completed This Year	#本年完成投资 Investment Completed This Year	施工项目(个) Number of Projects under Construction (unit)	#本年新开工 Newly Started This Year	本年投产项目(个) Number of Projects Put into Use This Year (unit)	本年新增固定资产 Newly Increased Fixed Assets This Year
2119239	1307256	168	90	101	846765
1555480	1250391	47	27	22	345672
1284650	802577	24	14	11	147141
2820017	1200910	95	55	47	410215
1038172	540705	26	9	10	269493
227503	193298	17	9	8	44773
74514	59350	15	11	10	42271
567615	371364	33	13	24	119157
61484	29741	9	5	7	33815
12967817	6869756	769	501	484	4220649
10806678	5508374	504	326	305	3043469
1270932	802880	137	86	91	740771
890207	558502	128	89	88	436409
112866	108568	14	12	9	53212
55349	55031	8	7	4	7811
43503	43503	2	2	1	35387
14014	10034	4	3	4	10014
3684834	2444612	372	265	251	1538295
1698242	1243841	181	126	119	557908
1986592	1200771	191	139	132	980387
31994909	10970229	839	590	558	4122298
15556379	3695216	49	25	15	245412
14288020	5896424	584	416	410	3042329
187253	65799	3	1	1	94734
67371	62160	7	4	4	24184
403685	300374	22	14	11	204265
1491681	949736	173	129	116	510854
520	520	1	1	1	520
1152213	802093	115	69	71	677690
848019	587312	80	45	49	441768
304194	214781	35	24	22	235922
861144	632708	55	33	33	287417
248824	210458	30	20	22	185407
120825	97035	3	2	2	8936
491495	325215	22	11	9	93074

7-16 续表2

单位：万元

行　业	Sector	计划总投资 Total Planned Investment
金融业	Banking and Insurance	45982
货币金融服务	Monetary Banking	35082
资本市场服务	Capital Market	
保险业	Insurance	
其他金融业	Other Financial Activities	10900
房地产业	Real Estate Trade	81048557
房地产业	Real Estate Trade	81048557
租赁和商务服务业	Lease and Business Affairs Services	1263674
租赁业	Leasing	12500
商务服务业	Business Affairs Services	1251174
科学研究和技术服务业	Scientific Reseach and Technical Services	1169350
研究和试验发展	Reserch and Experimental Development	554761
专业技术服务业	Professional Technical Services	186956
科技推广和应用服务业	Services of Science and Technology Exchanges and Promotion	427633
水利、环境和公共设施管理业	Management of Water Conservancy, Environment and Public Facilities	26420070
水利管理业	Water Conservancy	3853641
生态保护和环境治理业	Ecological Protection and Enviromental Management	2090157
公共设施管理业	Public Facilities	20476272
居民服务、修理和其他服务业	Resident Services, Repair and Other Services	253442
居民服务业	Residence Services	196247
机动车、电子产品和日用产品修理业	Repair of Motor Vehicles, Electronic Products and Daily Products	41162
其他服务业	Other Services	16033
教　育	Education	3846620
教　育	Education	3846620
卫生和社会工作	Health Care and Social Work	1120113
卫　生	Health Care	949899
社会工作	Social Work	170214
文化、体育和娱乐业	Culture, Sports and Recreation	2023954
新闻和出版业	Journalism and Publishing Activities	33300
广播、电视、电影和影视录音制作业	Broadcasting, Movies, Televisions and Audiovisual Activities	11561
文化艺术业	Culture and Arts Activities	1091895
体　育	Sports Activities	478537
娱乐业	Entertainment	408661
公共管理、社会保障和社会组织	Public Management, Social Security and Social Organization	909986
中国共产党机关	Organs of CPC	28976
国家机构	Government Agencies	775165
人民政协、民主党派	PPCC and Democratic Parties	
社会保障	Social Security	25312
群众团体、社会团体和其他成员组织	Mass Organizations, Social Organizations and Other Member Organizations	23649
基层群众自治组织	Grass Roots Self-governing Organizations	56884

continued

(10 000 yuan)

自开始建设至本年底累计完成投资 Accumulated Investment Completed This Year	#本年完成投资 Investment Completed This Year	施工项目(个) Number of Projects under Construction (unit)	#本年新开工 Newly Started This Year	本年投产项目(个) Number of Projects Put into Use This Year (unit)	本年新增固定资产 Newly Increased Fixed Assets This Year
50700	39215	13	9	12	49410
38375	36190	11	8	10	37085
12325	3025	2	1	2	12325
52918599	22900335	1542	924	801	11831635
52918599	22900335	1542	924	801	11831635
857444	562837	64	44	43	265547
11649	11649	5	5	4	9079
845795	551188	59	39	39	256468
734084	392826	92	57	56	221151
325702	68548	21	8	10	32057
174216	145969	28	21	19	125567
234166	178309	43	28	27	63527
16688861	12465668	1861	1330	1251	7074949
2127284	1301863	298	220	220	680309
1729933	1154534	130	77	87	664125
12831644	10009271	1433	1033	944	5730515
226121	205441	51	43	41	191762
181013	164518	31	27	26	162068
36075	31890	15	11	13	27833
9033	9033	5	5	2	1861
3305596	1522196	424	268	309	953507
3305596	1522196	424	268	309	953507
884320	552181	184	112	123	476776
723670	419612	138	81	90	367483
160650	132569	46	31	33	109293
1509976	863987	236	154	152	607094
23543	8543	2			
11641	9371	6	4	5	9029
865878	440987	154	104	104	353086
314716	253785	46	30	27	166224
294198	151301	28	16	16	78755
704026	548420	245	141	152	381324
29496	21496	4	3	4	21496
573376	440409	200	110	118	284757
20632	12772	17	11	11	11086
18110	13414	9	4	5	9843
62412	60329	15	13	14	54142

7-17 农户固定资产投资主要指标

MAJOR INDICATORS OF RURAL HOUSEHOLDS INVESTMENT IN FIXED ASSETS

单位：万元 (10 000 yuan)

指　标	Item	2012	2013
一、本年新增固定资产原值	Original Value of Newly Increased Fixed Assets This Year	2517000	2789439
二、本年固定资产投资完成额	Completed Investment in Fixed Assets This Year	2784109	2865426
按投资来源分	Grouped by Source of Funds		
国内贷款	Domestic Loans	113333	319361
自筹资金	Self-raised Funds	2660276	2520217
其他资金	Others	10500	25847
按投资构成分	Grouped by Composition		
建筑工程	Construction	1901802	1993251
#水　利	Conservancy		1656
房　屋	Buildings	1901802	1983926
#住　宅	Residential Buildings	1860401	1906858
安装工程	Installation		
设备工器具购置	Purchase of Equipment and Instruments	689276	727639
#生产设备	Production Equipment	489125	727639
其　他	Others	193031	144535
按具体投资项目分	Grouped by Investment Projects		
房　屋	Buildings	1901802	1983926
#住　宅	Residential Buildings	1860401	1906858
道　路	Roadway		
桥　梁	Bridge		
设　备	Equipment	689276	727639
水　利	Conservancy		1656
其　他	Others	193031	152205
三、本年施工房屋面积(万平方米)	Floor Space of Buildings Under Construction This Year (10 000 sq.m)	2676	2700
#住　宅	Residential Buildings	2459	2531
#当年新开工	Newly Started in The Current Year	2301	2628
四、本年竣工房屋面积(万平方米)	Floor Space of Buildings Completed This Year (10 000 sq.m)	2020	2365
#住　宅	Residential Buildings	1907	2264
五、本年竣工房屋投资额	Investment in Buildings Completed This Year	1330340	1907906
#住　宅	Residential Buildings	1321667	1832392

7-18 主要年份农户固定资产投资
INVESTMENT IN FIXED ASSETS OF RURAL HOUSEHOLDS IN MAJOR YEARS

年份 Year	竣工房屋面积(万平方米) Floor Space of Buildings Completed (10 000 sq.m)	#住宅 Residential Buildings	本年竣工房屋投资额(万元) Investment in Buildings Completed This Year (10 000 yuan)	#住宅 Residential Buildings	购置生产性固定资产投资(万元) Purchase of Productive Fixed Assets (10 000 yuan)
1985	1327	1165	67840	58794	19547
1990	1214	1192	152724	103171	10971
1995	406	403	85050	84528	97111
2000	793	765	236059	227276	58651
2001	862	826	258909	246602	49381
2002	954	932	304384	298523	91453
2003	1152	1023	332777	320480	131960
2004	1164	1077	377435	362733	158117
2005	1320	1298	456869	448930	158022
2006	1545	1507	596264	577144	205530
2007	1702	1666	783527	769298	176299
2008	1617	1554	869494	824246	357467
2009	1700	1599	960717	904851	413236
2010	1899	1714	1107868	1022321	451000
2011	1929	1815	1155259	1123754	473729
2012	2020	1907	1330340	1321667	489125
2013	2365	2264	1907906	1832392	727639

主要统计指标解释

全社会固定资产投资 是以货币形式表现的在一定时期内全社会建造和购置固定资产的工作量以及与此有关的费用的总称。该指标是反映固定资产投资规模、结构和发展速度的综合性指标，又是观察工程进度和考核投资效果的重要依据。全社会固定资产投资按登记注册类型可分为国有、集体、个体、联营、股份制、外商、港澳台商、其他等。

从2011年起，城镇固定资产投资数据发布口径改为固定资产投资（不含农户），固定资产投资（不含农户）等于原口径的城镇固定资产投资加上农村企事业组织项目投资，除房地产投资、农村个人投资外，固定资产投资统计起点由50万元提高到500万元，增长速度按可比口径计算。

房地产开发投资 指各种登记注册类型的房地产开发法人单位统一开发的包括统代建、拆迁还建的住宅、厂房、仓库、饭店、宾馆、度假村、写字楼、办公楼等房屋建筑物，配套的服务设施，土地开发工程（如道路、给水、排水、供电、供热、通讯、平整场地等基础设施工程）和土地购置的投资；不包括单纯的土地交易活动。

固定资产投资的资金来源 指固定资产投资单位在报告期收到的，用于固定资产投资的各种货币资金。根据固定资产投资的资金来源不同，分为国家预算资金、国内贷款、债券、利用外资、自筹资金和其他资金。

(1)国家预算资金：自2011年起，各级财政的所有资金，包括税收和非税收入，均必须纳入预算管理，因此各级政府用于固定资产投资的财政资金均为预算资金。由于已经没有预算外资金，因此名称改为国家预算资金，包括中央预算资金和地方预算资金，旧的国家预算内资金的内容和现中央预算资金的内容基本一致。

国家预算包括一般预算、政府性基金预算、国有资本经营预算和社保基金预算。各类预算中用于固定资产投资的资金全部作为国家预算资金填报，其中一般预算中用于固定资产投资的部分包括基建投资、车购税、灾后恢复重建基金和其他财政投资。各级政府债券也应归入国家预算资金。

(2)国内贷款：指报告期固定资产投资项目单位向银行及非银行金融机构借入的用于固定资产投资的各种国内借款，包括银行贷款、非银行金融机构贷款等。

银行贷款：是指向各商业银行、政策性银行借入的用于固定资产投资的各项贷款。

非银行金融机构贷款：是指向除上述银行之外从事金融业务的机构借入的用于固定资产投资的各项贷款。非银行金融机构包括保险公司和养老基金（企业年金）、信托投资公司、金融租赁公司、金融资产管理公司、汽车金融服务公司、金融担保公司、证券公司、投资基金、证券交易所、其他金融辅助机构。

投资项目单位从上级部门、总公司或公司股东处取得的用于固定资产投资的资金中，来源于银行或非银行金融机构贷款的部分，也应归入国内贷款。

通过银行理财产品和信托产品筹集的资金，如果是用于固定资产投资的，也作为国内贷款统计。

报告期固定资产投资单位向银行及非银行金融机构借入的用于固定资产投资的长期借款和短期借款，均以报告期实际发生额计算。

(3)利用外资：指报告期收到的用于固定资产建造和购置的国外资金(包括设备、材料、技术在内)。包括对外借款(外国政府、国际金融组织贷款、出口信贷、外国银行商业贷款、对外发行债券和股票)、外商直接投资及外商其他投资。不包括我国自有外汇资金(国家外汇、地方外汇、留成外汇、调剂外汇和中国银行自有资金发行的外汇贷款等)。计算利用外资时，需要折算成人民币，折算中所使用的外汇汇率按现汇计算，即按使用外汇时的汇率计算。

(4)自筹资金：指固定资产投资单位在报告期收到的，由各企事业单位筹集用于固定资产投资的资金，包括各类企事业单位的自有资金和从其他单位筹集的用于固定资产投资的资金，但不包括各类财政性资金、从各类金融机借入资金和国外资金。自筹资金包括以下三项内容：企、事业单位自有资金、股东投入资金、借入资金。

(5)其他资金：指在报告期收到的除以上各种资金之外其他用于固定资产投资的资金，包括企业或金融机构通过发行各种债券筹集到的资金、群众集资、个人资金、无偿捐赠的资金及其他单位拨入的资金等。

固定资产投资按国民经济行业分 根据建设项目建成投产后的主要产品或主要用途及社会经济活动性质来确定国民经济行业。一般情况下，一个建设项目只能属于一种国民经济行业。

固定资产投资按隶属关系分 是按建设单位或企业、事业、行政单位的主管上级机关确定的。

(1)中央：是指中共中央、人大常委会和国务院各部、委、局、总公司以及直属机构直接领导的建设项目和企业、事业、行政单位。这些单位的固定资产投资计划由国务院各部门直接编制和下达，建设中所需物资、主要设备以及建设中的问题都由中央有关部门安排和解决。

(2)地方：是由省（自治区、直辖市）、地区（州、盟、省辖市）、县（旗、县级市）三级政府及业务主管部门直接领导和管理的建设项目、企业、事业、行政单位。地方项目还包括不隶属以上各级政府及主管部门的建设项目和企业、事业单位，如外商投资企业和无主管部门的企业等。

固定资产投资按建设性质分 根据整个建设项目情况来确定。建设项目的性质一般分为新建、扩建、改建和技术改造、迁建、恢复。

(1)新建：一般指从无到有“平地起家”开始建设的企业、事业和行政单位或建设项目。现有企业、事业、行政单位一般不属于新建。但如有的单位原有基础很小，经过建设后新增的固定资产价值超过该企、事业、行政单位原有固定资产价值(原值)三倍以上的也应作为新建。

(2)扩建：指在厂内或其他地点，为扩大原有产品的生产能力(或效益)或增加新的产品生产能力，而增建主要的生产车间(或主要工程)、分厂、独立的生产线。行政、事业单位在原单位增建业务用房(如学校增建教学用房、医院增建门诊部、病房等)也作为扩建。

现有企、事业单位为扩大原有主要产品生产能力或增加新的产品生产能力，增建一个或几个主要生产车间(或主要工程)、分厂，同时进行一些更新改造工程的，也应作为扩建。

(3)改建和技术改造：指现有企业、事业单位，对原有设施进行技术改造或更新(包括相应配套的辅助性生产、生活福利设施) 的建设项目。现有企业、事业单位为适应市场变化的需要，而改变企业的主要产品种类(如军工企业转产民用品等) 的建设项目，应作为改建。原有产品生产作业线由于各工序(车间)之间能力不平衡，为填平补齐充分发挥原有生产能力而增建不增加本企业主要产品设计能力的车间，也应作为改建。技术改造是指企业、事业单位在现有基础上，用先进的技术代替落后的技术，用先进的工艺和装备代替落后的工艺和装备，以改变企业落后的技术经济面貌，实现以内涵为主的扩大再生产，达到提高产品质量、促进产品更新换代、节约能源、降低消耗、扩大生产规模、全面提高社会经济效益的目的。技术改造具体包括以下内容：机器设备和工具的更新改造；生产工艺改革、节约能源和原材料的改造；厂房建筑和公共设施的改造；劳动条件和生产环境的改造等。

固定资产投资按构成分 固定资产投资活动按其工作内容和实现方式分为建筑安装工程，设备、工具、器具购置，其他费用三个部分。

(1)建筑安装工程(建筑安装工作量)：指各种房屋、建筑物的建造工程和各种设备、装置的安装工程。包括各种房屋建造工程；各种用途设备基础和各种工业窑炉的砌筑工程及金属结构工程；为施工而进行的各种准备工作和临时工程以及完工后的清理工作等；铁路、道路的铺设，矿井的开凿及石油管道的架设等；水利工程；防空地下建筑等特殊工程；列入房屋工程预算内的暖气、卫生、通风、照明、煤气等设备的价值及装设油饰工程；列入建筑工程预算内的各种管道(蒸汽、压缩空气、石油、给排水等管道)、电力、电讯电缆导线等的敷设工程；以及各种机械设备的安装工程；为测定安装工程质量，对设备进行的试运工作；房地产开发单位进行的商品房屋开发建设工程、土地开发工程。

在安装工程中，不包括被安装设备本身的价值。

(2)设备、工具、器具购置：指建设单位或企、事业单位购置或自制的，达到固定资产标准的设备、工具、器具的价值。新建单位及扩建单位的新建车间，按照设计或计划要求购置或自制的全部设备、工具、器具，不论是否达到固定资产标准均计入"设备、工具、器具购置"中。

(3)其他费用：指在固定资产建造和购置过程中发生的，除上述几项内容以外的各种应分摊计入固定资产的费用。

施工项目 指报告期内进行过建筑或安装施工活动的项目。凡是报告期内施过工的建设项目，不论施工时间长短，均作为施工项目统计。施工项目个数可以反映一定时期固定资产投资的实际规模，与同期全部建成投产项目个数相比，可以从建设速度的角度反映固定资产投资的效果。根据建设项目施工活动的不同性质，施工项目又分为：本年正式施工项目、本年收尾项目和以前年度全部停缓建项目。

全部建成投产项目 工业项目指设计文件规定形成生产能力的主体工程及其相应配套的辅助设施全部建成，经负荷试运转，证明具备生产设计规定合格产品的条件，并经过验收鉴定合格或达到竣工验收标准，与生产性工程配套的生活福利设施可以满足近期正常生产的需要，正式移交生产的建设项目。非工业项目指设计文件规定的主体工程和相应的配套工程全部建成，能够发挥设计规定的全部效益，经验收鉴定合格或达到竣工验收标准，正式移交使用的建设项目。

新增生产能力(或工程效益) 指通过固定资产投资活动而增加的设计能力(或工程效益)，主要指标包括建设规模、本年施工规模、自开始建设累计新增生产能力（或工程效益）、本年新增生产能力(或工程效益)。

建设规模 指建设项目或工程设计文件中规定的全部设计能力(或工程效益)。包括已经建成投产和尚未建成投产的工程的生产能力(或工程效益)。

本年施工规模 指报告期内施工的单项工程（或更新改造项目）的设计能力(或工程效益)，包括报告期以前已开工跨入本年继续施工的工程的设计能力和报告期新开工工程的设计能力。也包括报告期内建成投产或报告期施工后又停缓建的单项工程设计能力。不包括在报告期以前建成投产或已经停、缓建的工程，以及报告期内尚未正式开工的工程的设计能力。

自开始建设累计新增生产能力(或工程效益) 指自开始建设至本年底止建成投产的全部单项工程累计新增生产能力(或工

程效益)。包括报告期以前已经建成投产和报告期内建成投产的单项工程的生产能力(或工程效益)。

本年新增生产能力(或工程效益) 指在本年度内按照新增生产能力(或工程效益)的计算条件和标准，实际建成投入生产或交付使用的生产能力(或工程效益)。

房屋施工面积 指报告期内施工的全部房屋建筑面积。包括本期新开工的面积、上期跨入本期继续施工的房屋面积、上期停缓建在本期恢复施工的房屋面积、本期竣工的房屋面积以及本期施工后又停缓建的房屋面积。多层建筑应填各层建筑面积之和。

房屋竣工面积 指在报告期内房屋建筑按照设计要求已全部完工，达到住人和使用条件，经验收鉴定合格或达到竣工验收标准，可正式移交使用的各栋房屋建筑面积的总和。

房屋竣工价值 指在报告期内按规定已经上报竣工的房屋本身的建造价值。一般按房屋设计和预算规定的内容计算。包括竣工房屋本身的基础、结构、屋面、装修以及水、电、卫等附属工程的建造价值，也包括作为房屋建筑组成部分而列入房屋建筑工程预算内的设备（如电梯、通风设备等）的购置和安装费用。不包括厂房内的工艺设备、工艺管线的购置和安装，工艺设备基础的建造，室外的水、暖、电、卫、道路工程、挡土墙等环境工程的费用，办公及生活用家具的购置等费用，购置土地的费用，迁移补偿费和场地平整的费用及城市建设配套投资。

新增固定资产 指报告期内已经完成建造和购置过程，并已交付生产或使用单位的固定资产价值。该指标是表示固定资产投资成果的价值指标，也是反映建设进度，计算固定资产投资效果的重要指标。

项目建设投产率 指一定时期内全部建成投产项目个数与同期施工项目个数的比率。该指标是从建设单位建设速度的角度反映投资效果的指标。

固定资产交付使用率 指一定时期新增固定资产与同期完成投资额的比率。该指标是反映固定资产动用速度，衡量建设过程中宏观投资效果的综合指标。由于新增固定资产是较长时期内形成的结果，而投资额则是当年完成的，因此，该指标一般适宜于反映较长时期内固定资产的动用情况。

Explanatory Notes on Main Statistical Indicators

Total Investment in Fixed Assets refers to the volume of activities in construction and purchases of fixed assets and related fees, expressed in monetary terms during the reference period. It is a comprehensive indicator which shows the size, structure and growth of the investment in fixed assets, providing a basis for observing the progress of construction projects and evaluating results of investment. Total investment in fixed assets in the whole country includes, by type of ownership, the investment by State-owned units, collective-owned units, individuals, joint ownership units, share-holding units, as well as investments by entrepreneurs from foreign countries and from Hong Kong, Macao and Taiwan, and by other units.

The former urban Investment in fixed assets changed into fixed assets without agriculture households since 2011. Fixed assets without agriculture households contain the former urban investment in fixed assets and project investment of rural enterprises and institutions. The cut-off point of investment statistics is changed from a minimum of 50 thousand yuan to a minimum of 5 million yuan, except real estate investment and rural individual investment, and the increase rate are calculated by the comparable coverage.

Investment in Real Estate Development refers to investment by real estate development corporation units of various types of ownership in the construction of buildings, such as residential buildings, factory buildings, warehouses, hotels, guesthouses, holiday villages, office buildings complementary service facilities, land development projects and land purchase, such as roads, water supply, water drainage, power supply, heating supply, telecommunications, land leveling and other infrastructural projects. It does not include activities in pure land transactions.

Sources of Funds for Investment in Fixed Assets refer to all kinds of money funds that the investment units received at the reference period for investment in fixed assets. They are categorized as funds from the State budget, domestic loans, bonds, foreign investment, self-raised funds, and others, depending on the sources of investment.

(1) Fund from the State budget: Governments at all levels investment funds are budget funds because of all the governments' funds must count as budget management including taxes and non-taxes since 2011. And it is called state budget funds which include central government budget funds and local government budget funds. And the content of former state inner budget funds are basically the same with the new central government budget funds.

State budget contains general budget, government funds budget, state capital management budget and social security budget. Budget funds used for investing in fixed assets are all filled out a form as state budget funds, in which general budget used for investment in fixed assets usually contain construction investment, motors purchasing taxes, rebuild funds after disasters and other financial investments. Governments' bonds at all levels are also belonging to the state budget funds.

(2) Domestic loans refer to loans of various forms borrowed by investing units from banks and non-bank financial institutions during the reference period for the purpose of investment in fixed assets, including bank loans and non-bank financial institutions loans.

Bank Loans refer to loans borrowed from commercial banks and policy banks for the investment in fixed assets.

Non-bank Financial Institutions Loans refer to loans borrowed from financial institutions except the above banks for investing in fixed assets. The financial institutions contain insurance companies, pension funds (enterprise pension), trust and investment corporations, financial leasing companies, financial assets management companies, motor financial service companies, financial guarantee companies, security companies, investment funds, stock exchange and other financial assistant agencies.

Funds coming from bank loans or non-bank financial institutions loans, which got from upper department and head offices or company share holders for investing in fixed assets, are included in the domestic loans.

Long-term and short-term loans fixed assets investment units borrowed at reference period from banks and non-bank financial institutions are calculated at the actual amounts of the reference period.

(3) Foreign investment refers to foreign funds received during the reference period for the construction and purchase of investment in fixed assets (covering equipment, materials and technology), including foreign borrowings (loans from foreign governments and international financial institutions, export credit, commercial loans from foreign banks, issue of bonds and stocks overseas), foreign direct investment and other foreign investments. Excluded from this category is capital in foreign exchanges owned by China (foreign exchanges owned by the central and local governments, foreign exchanges retained by enterprises, foreign exchanges by enterprises through the regulating mechanism, loans in foreign exchanges issued by the Bank of China with its own fund,

etc.). In calculating the utilization of foreign capital, foreign currencies are converted into Chinese RMB applying the current exchange rate when the foreign capitals are actually used.

(4) Self-raised funds refer to funds raised by investing units from enterprises and institutions for investment in fixed assets received during the reference period, including self-raised funds of enterprises and institutions and other units for investment in fixed assets. Self-raised funds don't include financial funds, funds borrowed from financial institutions and foreign funds. Self-raised funds include self owned funds of enterprises and institutions, shareholders funds and borrowed funds.

(5) Others refer to funds for investment in fixed assets received from sources other than those listed above, including capital raised through issuing bonds by enterprises or financial institutions, funds raised from individuals and through donations, and funds transferred from other units.

Investment in Fixed Assets by Sector The classification of construction projects by sector is determined by the major products or the purpose of the projects when they are put into production or use, and by the nature of their social economic activities. In general, one project or one enterprise or institution can only be classified into one sector.

Investment in Fixed Assets by Administrative Relationship refers to the classification of investment by the competent authorities under which investment is made by construction units, enterprises, institutions or administrative units.

(1) Central investment refers to the investment in projects or by enterprises, institutions or administrative units which are under the direct leadership and management of the State Council and of the national commissions, ministries, agencies and State-owned large corporations. Various ministries and departments of the State Council prepare and implement plans for investment in fixed assets by those departments, and arrange and ensure the supply of materials and key equipment required for the projects.

(2) Local investment refers to the investment in projects or by enterprises, institutions or administrative units which are under the direct leadership and management of departments under the provincial, prefecture and county governments. Also included are projects by foreign-invested enterprises and enterprises without competent managing authorities.

Investment in Fixed Assets by Type of Construction Construction projects in general can be classified, by the type of construction, into new construction, expansion, reconstruction and technical transformation, moving and restoration. However, investment by type of construction is not applied to investment by real-estate development units, investment in rural areas and private investment in housing construction in urban areas and in industrial and mining areas.

(1) New construction in general refers to construction projects, which start from scratch, of enterprises, institutions, administrative agencies. Construction in existing enterprises, institutions or agencies is generally not considered as new construction. In case the size of the existing unit is quite small, and the value of newly added fixed assets is more than three times of the the original value, the expansion will be considered as new construction.

(2) Expansion refers to construction of new major production workshop, branch factory or independent production line within a factory or in other locations, for the purpose of increasing the production capacity (or improving efficiency) or adding new production capacity. Newly constructed accommodation for the operation of institutions and administrative organizations (such as newly constructed buildings for teaching in schools, buildings for clinics or wards in hospitals, etc.) are also classified as expansion.

Also included in expansion are investments by existing enterprises or institutions in building major production lines or branch factories along with some work on innovation, for the purpose of expanding the production capacity of original products or producing new products.

(3) Reconstruction and technical transformation refers to construction projects by existing enterprises or institutions in innovation or technical transformation of the old facilities (including auxiliary production equipment and welfare facilities). Also considered as reconstruction is the construction of new workshops by the existing enterprises or institutions to change the variety of products to meet the market demand (such as the production of civil products by defence industries), or to bring the designed production capacity into full play through a more balanced production process on production lines. Technical transformation refers to replacement of old technology or equipment by new technology or equipment, in order to expand the reproduction through improvement of technology contents in production, to improve product quality, to promote new products, to save energy, to reduce consumption, to expand the production scale and to improve overall social-economic efficiency. Contents of technical transformation include: updating of machinery, equipment and tools; reforming production process by using energy or materials saving technology; construction of factory workshops and transformation of public facilities; improvement of working conditions and environment, etc.

Investment in Fixed Assets by Composition By their contents and the mode of implementation, investment activities are classified into 3 categories, i.e. construction and installation, purchase of equipment and instrument, and other expenses.

(1) Construction and installation (work volume of construction and installation) refers to the construction of houses and

buildings and the installation of various kinds of equipment and instruments. They include construction of houses; equipment foundations, industrial kilns and stoves, and metal structure work; preparation works and temporary works for project construction, and clearing up works post project construction; pavement of railways and roads, drilling of mines and putting up of oil pipes; construction of water conservancy; construction of underground air-raid shelters and construction of other special projects; value of equipment for heating, sanitation, ventilation, lighting, gas, painting, etc. that are covered by the budget of housing projects; laying out of various pipelines (for steam, compressed air, petroleum, tap water and sewage) and wiring and cabling for electric power and for communications; installation of various machinery and equipment; testing operation for pre-testing the quality of installation projects, and land and other development work conducted by real estate developers for commercialized housing. The value of equipment installed is itself not included in the value of installation projects.

(2) Purchase of equipment and instruments refers to the total value of equipment, tools, and instruments purchased or self-produced which come up to the cut-off point for fixed assets by the construction units or investing enterprises or institutions. Equipment, tools and instruments purchased or self-produced for new workshops by newly established or expanded units are categorized as "purchase of equipment and instruments" no matter whether they come up to the cut-off point for fixed assets.

(3) Other expenses refer to expenses arising during the construction or purchase of fixed assets other than those mentioned above.

Projects Under Construction refer to projects with construction or installation activities in the reference period, no matter how long the activities last. Number of projects under construction can reflect the actual scale of investment in a given period, and it can demonstrate the results of investment in fixed assets when compared with the number of projects completed and put into use. Projects under construction can be divided into projects actually under construction in the year, projects closure in the year and projects started this year but suspended or postponed in current year by nature of construction activities.

Projects Completed and Put into Use Industrial projects refer to the major projects and auxiliary facilities having been completed in accordance with the design documents, resulting in forming production capacity and having checked and accepted after relevant tests, while the living and welfare facilities having been completed and being capable of ensuring normal production. Non-industrial projects refer to the major projects and auxiliary facilities which have been completed in accordance with the design documents; have been checked, accepted after relevant examination; and have been formally delivered for use.

Newly Increased Production Capacity (Project Efficiency) refers to the increase in design capacity (or project efficiency) through investment in fixed assets. Its main indicators include construction scale, scale of projects under construction in current year, the accumulated newly increased production capacity (project efficient) since the start of the projects, the newly increased production capacity (project efficiency) of current year.

Construction Scale refers to the total designed production capacity (project efficiency) of the construction projects in accordance with the design document, including those have been put into operation and those that have not been completed.

Scale of Projects under Construction in Current Year refers to the designed production capacity (project efficiency) of a single project under construction in the reference period, including designed production capacity of projects that have been under construction before the reference period and newly start construction. It also includes the single designed production capacity of projects that completed or started in the reference period and then suspended. It doesn't include the designed production capacity of projects that completed, have been stopped or suspended before the reference period, or projects don't come into operation during the reference period.

The Accumulated Newly Increased Production Capacity (Project Efficiency) since the Start of the Projects refers to the accumulated newly increased production capacity of all the single projects which have been put into use from the beginning of the projects till the end of current year. It includes the production capacity (project efficiency) of single projects that have been constructed and put into operation before and during the reference period.

The newly Increased Production Capacity (Project Efficiency) of Current Year refers to the production capacity (project efficiency) that has been completed and put into operation in current year according to the calculation conditions and standards on newly increased production capacity (project efficiency).

Floor Space of Buildings under Construction refers to total floor space of all buildings under construction during the reference period, including floor space of newly started buildings during the reference period, floor space of construction extended from the previous period to the current period, and floor space of construction suspended during the previous period and resumed in the current period. Floor space of construction completed in the current period, and floor space of construction started and then suspended in the current period are also included in the floor space under construction of the current year. Floor space of multistoried buildings is the sum of space of every floor.

Floor Space of Buildings Completed refers to the floor space of all buildings completed in the reference period, which have been appraised, accepted (or come up to the designed standards) and transferred to owner units.

Value of Buildings Completed refers to construction value of completed buildings which has been reported in the reference period. It is usually calculated by the contents of building design and budget, including the construction value of completed buildings' backbone, structure, roof, decoration and appurtenant works such as water, electricity and sanitation. The purchasing and installation charges of budgetary facilities, such as elevators and ventilating devices, as a part of the composition of buildings, are also included in the value of completed buildings. The costs of purchasing and installation of plant processing equipments and pipelines and basic construction, costs of environmental projects outdoors, such as water, heating, electricity, sanitation, road projects and retaining walls, costs of purchasing of office and life furniture, costs of land purchasing, costs of residence moving and site formation and costs of supporting investment of urban construction are not included in the value of completed buildings.

Newly Increased Fixed Assets refer to the newly increased value of fixed assets, constructed or purchased, that have been transferred to the investors. This is an indicator that demonstrates the results of investment in fixed assets in monetary terms, and an important indicator to reflect the speed of construction and to calculate the efficiency of investment.

Rate of Construction Projects Completed and Put into Use refers to the ratio of the number of construction projects completed and put into use in a certain period of time to the number of projects under construction in the same period. This reflects the investment efficiency from the perspective of the speed of projects construction.

Rate of Projects of Fixed Assets Completed and Put into Operation refers to the ratio of the newly increased fixed assets to the total investment made in the same period. This is a comprehensive indicator reflecting the speed of the employment of fixed assets and the investment efficiency at the macro-level. As the newly increase fixed assets is the result of a long period while the investment is completed in the current year, this indicator is expected to be used to reflect the employment of fixed assets over a long period of time.

08 对外经济贸易

FOREIGN TRADE AND ECONOMIC COOPERATION

资料整理人员

王玉凤

对外经济贸易
FOREIGN TRADE AND ECONOMIC COOPERATION

海关进出口总额	Total Value of Imports and Exports of Customs	158.0	亿美元	(USD 100 million)
出口总额	Total Value of Exports	80.0	亿美元	(USD 100 million)
进口总额	Total Value of Imports	78.0	亿美元	(USD 100 million)
实际利用外资额	Actual Utilization of Foreign Capital	29.9	亿美元	(USD 100 million)

海关进出口总额（亿美元）

Total Value of Imports and Exports of Customs (USD 100 million)

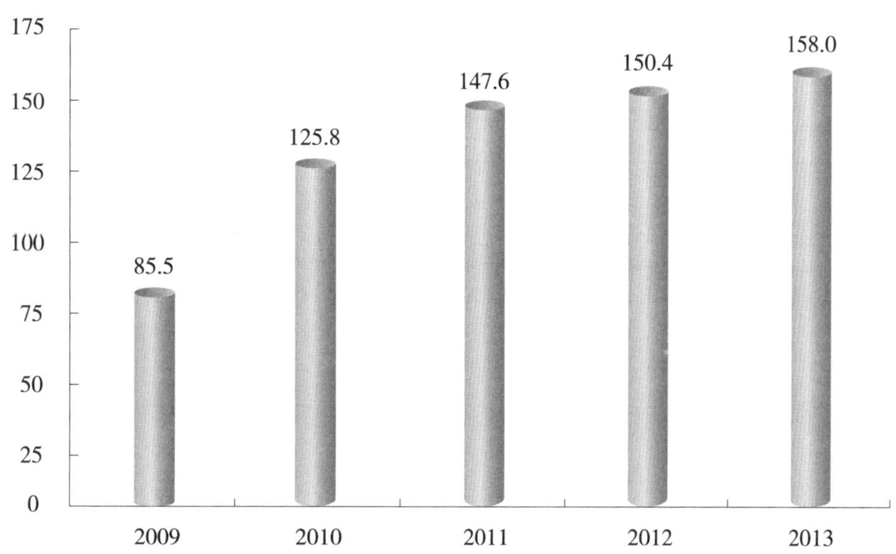

2013年合同利用外资额构成（%）

Composition of Contract Utilization of Foreign Capital in 2013 (%)

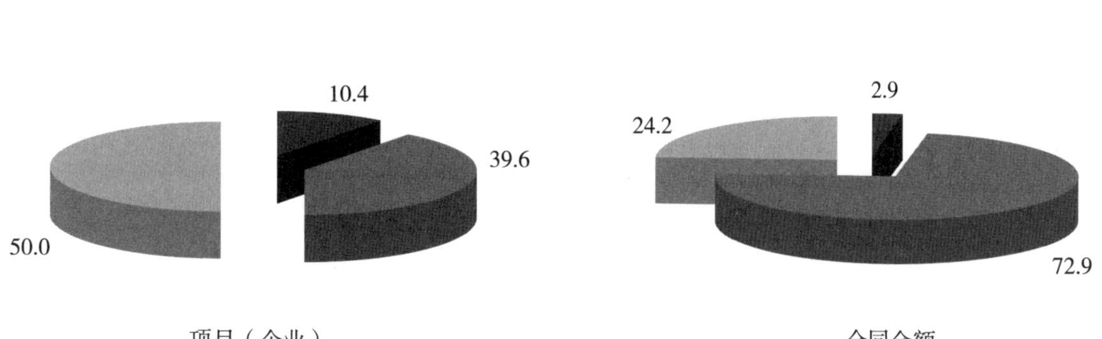

8-1 主要年份海关进出口贸易总额
TOTAL VALUE OF IMPORTS AND EXPORTS OF CUSTOMS IN MAJOR YEARS

单位：万美元 (USD 10 000)

年份 Year	进出口总额 Total	出口总额 Exports	进口总额 Imports
1990	35000	26300	8700
1995	140769	114367	26402
2000	176438	123687	52751
2005	554597	352871	201726
2006	662779	414030	248749
2007	1157047	653296	503751
2008	1439004	924474	514530
2009	855432	283836	571596
2010	1257839	470930	786909
2011	1475981	542823	933158
2012	1504325	701620	802705
2013	1579785	799649	780136

8-2 海关进出口贸易总额(2013年)
TOTAL VALUE OF IMPORTS AND EXPORTS OF CUSTOMS(2013)

单位：万美元 (USD 10 000)

项目	Item	进出口总额 Total	出口总额 Exports	进口总额 Imports
总额	**Total**	**1579785**	**799649**	**780136**
一、按企业性质分	**Grouped by Ownership**			
国有企业	State-Owned Enterprises	469340	172166	297174
外商投资企业	Foreign Funded Enterprises	542052	360423	181629
合作企业	Sino-Foreign Cooperative Operation Enterprises	2450	2385	65
合资企业	Sino-Foreign Joint Ventures Enterprises	348279	215819	132460
独资企业	Solely Foreign-Funded Enterprises	191323	142219	49104
集体企业	Collective-owned Enterprises	47611	6514	41097
私人企业	Private-owned Enterprises	519788	259589	260199
个体工商户	Self-employed Business	959	957	2
其他	Others	35		35
二、按贸易方式分	**Grouped by The Mode of Trade**			
一般贸易	Original Trade	904021	387039	516982
国家间、国际组织无偿援助和赠送的物资	Aid and Donation between Countries and from International	624	624	
加工贸易	Processing Trade	570220	401553	168667
来料加工装配贸易	Processing and Assembly Trade for Income Material	908	451	457
进料加工贸易	Processing Trade for Imported Material	569312	401102	168210
对外承包工程出口货物	Exported Goods on Contracted Projects	8230	8230	
外商投资企业作为投资进口的设备、物品	Equipments and Goods Imported as Foreign Investment	651		651
易货贸易	Barter Trade	85		85
保税仓库进出境货物	Goods of Bonded Warehouse	95604	2112	93492
其他	Others	350	91	259

8-3 海关进出口主要商品分类总额(2013年)
TOTAL VALUE OF IMPORTS AND EXPORTS OF CUSTOMS BY CATEGORY OF MAIN COMMODITIES(2013)

单位：万美元 (USD 10 000)

项　目	Item	出口总额 Exports	进口总额 Imports
合　计	**Total**	**799649**	**780136**
1. 活动物及动物产品	Live Animals and Animal Products	1319	240
2. 植物产品	Vegetables, Fruits and Cereals	5409	11443
3. 动、植物油脂及分解产品；精制的食用油脂、动植物脂	Animals and Vegetables Oils, Fats and Waxs, Refined Edibles Oils and Fats	1	51
4. 食品、饮料、酒及醋；烟草及烟草代品的制品	Foods, Beverages, Liquor and Vinegar, Tobacco and Tobacco Substitutes	4287	179
5. 矿产品	Minerals	43978	414416
6. 化学工业及其相关工业的产品	Chemicals and Related Products	54241	5669
7. 塑料及其制品；橡胶及其制品	Plastics and Related Products, Rubber and Related Products	16194	10427
8. 生皮、皮革、毛皮及其制品；鞍具及挽具;旅行用品、手提包及类似品；动物肠线(蚕胶丝除外)制品	Raw Hides, Leather, Furs and Related Products, Saddle, Travel Articles, Handbags and Similar Containers, Animal Intestines Products	6351	14
9. 木及木制品；木炭；软木及软木制品稻草、秸秆、针茅或其他编结材料制品、蓝筐及柳条编结品	Wood and Wooden Products, Charcoal, Cork and Related Products, Straws, Plaited Products, Baskets and Wickerwork	661	193
10. 木浆及其他纤维状纤维素浆；纸及纸板的废碎品；纸、纸板及其制品废碎品；纸、纸板及其制品	Paper Pulp and Cellulose Pulp, Paper and Paperboard Waste, Paper and Paperboard Products	3594	3718
11. 纺织原料及纺织制品	Textile Materials and Products	20821	646
12. 鞋、帽、伞、仗、鞭及其零件；已加工的羽毛及其制品；人造花；人发制品	Footwear, Headgear, Umbrellas, Canes, Whips, Processed Feather, Artificial Flowers, Wigs	6263	13
13. 石料、石膏、水泥、石棉、云母及类似材料的制品；陶瓷产品；玻璃及其制品	Gypsum, Cement, Asbestos, Mica and Related Products, Ceramics, Glass and Glassware	31346	836
14. 天然或养殖珍珠、宝石或半宝石、贵金属包贵金属及其制品；仿首饰；硬币	Natural or Cultivated Pearls, Precious or Semi-Precious Stones, Jewelery of Precious Metal or Rolled Precious Metal, Artificial Jewerlery, Coins	48	6
15. 贱金属及其制品	Base Metals and Related Products	172351	129628
16. 机器、机械器具、电气设备及其零件；录音机及放声机、电视图像、声音的录制和重放设备及其零件附件	Machinery, Mechanical Appliances, Electric Equipment and Accessorie, Recorders, Reproducers, TV Image, Videorecorders and Accessories	371974	178094
17. 车辆、航空器、船舶及有关运输设备	Locomotives, Vehicles, Aircraft,Ship and Related Trasportation Equipment	27567	7149
18. 光学、照相、电影、计量、检验、医疗或外科用仪器及设备、精密仪器及设备；钟表；乐器；上述物品的零件附件	Optical, Photographic, Film, Measuring, Checking and Medical Instruments and Equipments, Precision Instruments and Equipments, Clocks, Musical Instruments,Sundry Goods and Related Products	4069	17237
19. 杂项制品	Miscellaneous Products	29065	141
20. 艺术品；收藏品及古物	Works of Art, Collectors' Pieces and Antiques	110	1
21. 特殊交易商品及未分类商品	Special Trading Goods and Non-classified Goods		35

8-4 海关分国别(地区)进出口贸易总额(2013年)
TOTAL VALUE OF IMPORTS AND EXPORTS OF CUSTOMS BY COUNTRY(REGION)(2013)

单位：万美元 (USD 10 000)

国 别 (地区)	Country (Region)	进出口总额 Total	出口总额 Exports	进口总额 Imports
总 计	**Total**	**1579785**	**799649**	**780136**
亚 洲	**Asia**	**553348**	**299231**	**254117**
#香 港	Hong Kong	35865	35769	96
印 度	India	51836	42669	9167
日 本	Japan	62420	23924	38496
韩 国	Republic of Korea	86584	58555	28029
印度尼西亚	Indonesia	41454	10870	30584
马来西亚	Malaysia	17357	11935	5422
新加坡	Singapore	22469	19939	2530
泰 国	Thailand	15912	15391	521
中华人民共和国	China	49484		49484
台 湾	Taiwan	35573	23383	12190
土耳其	Turkey	19141	9836	9305
伊 朗	Iran	15058	2861	12197
越 南	Vietnam	11315	6276	5039
哈萨克斯坦	Kazakhstan	43890	306	43584
非 洲	**Africa**	**67678**	**29053**	**38625**
#南 非	South Africa	35722	9044	26678
安哥拉	Angola	6523	6523	
埃 及	Egypt	1638	1638	
欧 洲	**Europe**	**365007**	**241362**	**123645**
#英 国	United Kingdom	27087	20182	6905
德 国	Germany	61672	19812	41860
法 国	France	10140	3901	6239
意大利	Italy	40232	25453	14779
荷 兰	Netherlands	94331	92445	1886
俄罗斯	Russia	30231	18770	11461
拉丁美洲	**Latin America**	**192257**	**46875**	**145382**
#阿根廷	Argentina	1240	1240	
巴 西	Brazil	119446	17581	101865
古 巴	Cuba	9187	142	9045
墨西哥	Mexico	18008	16101	1907
秘 鲁	Peru	6538	1281	5257
北美洲	**North America**	**186469**	**165589**	**20880**
#加拿大	Canada	15819	15229	590
美 国	United States	170649	150360	20289
大洋洲	**Oceania**	**215014**	**17539**	**197475**
#澳大利亚	Australia	208594	15238	193356
新西兰	New Zealand	2318	2255	63
东盟组织	**ASEAN**	**113183**	**68849**	**44334**
欧盟组织	**EU**	**315449**	**220250**	**95199**

注：各大洲进口不包括国别不详、联合国机构及国际组织。
Note: Data from countries unkown, UN agencies and international organizations is not included in imports figure.

8-5 实际利用外资额
ACTURAL UTILIZATION OF FOREIGN CAPITAL

单位：万美元 (USD 10 000)

项　目	Item	2005	2010	2013
总　计	**Total**	**106369**	**116512**	**299096**
一、对外借款	**Foreign Loans**	**78853**	**45091**	**18429**
外国政府贷款	Government Loans	22484	4874	
国际金融组织贷款	Loans form International Financial Organizations	17835	12480	5615
一般商业贷款	General Commercial Loans		20589	12814
买方信贷	Buyer Credit	1361	7147	
出口信贷	Export Credit			
向国外企业私人借款	Loans from Private of Foreign Enterprises			
贸易信贷	External Bonds Trade Credit			
二、外商直接投资	**Foreign Direct Investments**	**27516**	**71421**	**280667**
独资企业	Solely Foreign-Funded Enterprises	14238	34009	65933
合资企业	Joint Ventures Enterprises	11899	34900	168944
合作企业	Cooperative Operation Enterprises	1379	2512	5405
股份制企业	Foreign Investment Share Enterprises			38185
其　他	Others			2200

注：2011年起，实际利用外资额为全口径，下同。

Note: The coverage of actural utilization of foreign capital has changed to whole society since 2011.The same applies to the follwing.

8-6 主要年份实际利用外资额
ACTURAL UTILIZATION OF FOREIGN CAPITAL IN MAJOR YEARS

单位：万美元 (USD 10 000)

年　份 Year	利用外资总　额 Total	对外借款 Foreign Loans	外商直接投资 Foreign Direct Investments	外商其他投资 Other Foreign Investments
1985	176	55	43	78
1990	3763	3006	340	417
1995	16085	7662	6383	2040
2000	63188	40716	22472	
2001	56600	33207	23393	
2002	39352	14436	24916	
2003	63636	41601	22035	
2004	62184	53163	9021	
2005	106369	78853	27516	
2006	132438	85239	47199	
2007	191471	57188	134283	
2008	172174	69892	102282	
2009	82646	33331	49315	
2010	116512	45091	71421	
2011	249530	42252	207278	
2012	276711	26332	250379	
2013	299096	18429	280667	

8-7 主要年份合同利用外资金额(外商直接投资)
CONTRACT UTILIZATION OF FOREIGN CAPITAL IN MAJOR YEARS(DIRECT INVESTMENT)

年份 Year	项目投资总额 Total Value of Project Investment	合同利用外资情况 Contract Utilization of Foreign Capital	独资企业 Solely Foreign-funded Enterprises	合资企业 Joint Venture Enterprises	合作企业 Cooperative Operation Enterprises	外商投资股份制 Foreign-funded Joint-stock
一、合同项目(个)						
Number of Projects (unit)						
1985		4		4		
1990		26		24	2	
1995		178	26	138	14	
2000		71	11	48	12	
2001		75	17	40	18	
2002		73	26	27	20	
2003		89	29	40	20	
2004		90	28	41	21	
2005		85	28	35	21	
2006		150	51	71	28	
2007		152	39	98	15	
2008		77	25	37	15	
2009		58	20	25	13	
2010		52	15	28	6	3
2011		62	35	21	6	
2012		39	12	18	7	2
2013		48	24	23	1	
二、合同金额(万美元)						
Contracted Value (USD10 000)						
1985	201	53		53		
1990	2160	1194		458	736	
1995	40058	23133	3206	17223	2704	
2000	44409	26174	732	15028	10414	
2001	58585	29859	6806	6462	16591	
2002	59672	28940	11960	3165	13815	
2003	92511	48100	22646	9425	16029	
2004	135741	40439	13860	13576	13004	
2005	244292	110208	30712	35877	43619	
2006	338880	134207	53339	37109	43759	
2007	834379	247174	50496	175153	21525	
2008	171644	107758	48949	30175	28634	
2009	109438	66893	22326	22548	22019	
2010	132039	100301	32528	56198	7436	4139
2011	291687	155636	50325	7157	11539	86615
2012	144834	35605	6734	24009	4574	288
2013	286998	96152	27089	64083	4980	

8-8 按行业分合同利用外商直接投资额(2013年)
CONTRACT UTILIZATION OF FOREIGN DIRECT INVESTMENT CAPITAL BY SECTOR(2013)

单位：万美元 (USD 10 000)

行　业	Item	项目(企业)(个) Number of Projects (unit)	合同金额 Contract Value
总　计	**Total**	**48**	**96152**
农、林、牧、渔业	Farming, Forestry, Animal Husbandry and Fishery	5	2786
采矿业	Mining and Quarrying		–268
制造业	Manufacturing	13	56706
电力、热力、燃气及水生产和供应业	Production and Supply of Electricity, Heat, Gas and Water	6	13688
交通运输、仓储和邮政业	Transport, Storage and Post	2	18024
批发和零售业	Wholesale and Retail Trade	10	2997
住宿和餐饮业	Lodging and Catering Services	3	12
房地产业	Real Estate Trade	1	
租赁和商务服务业	Lease and Business Affairs Services	5	1661
科学研究、技术服务和地质勘查业	Scientific Reseach, Technical Services and Geological Prospecting	3	546

8-9 按国别(地区)分利用外商直接投资额(2013年)
UTILIZATION OF FOREIGN DIRECT INVESTMENT CAPITAL BY COUNTRY(REGION)(2013)

单位：万美元 (USD 10 000)

国　别(地区)	Country (Region)	新批项目(企业)(个) Number of New Projects (unit)	合同外资金额 Contract Value	实际使用外资金额 Actual Value
合　计	**Total**	**48**	**96152**	**280667**
香　港	Hong Kong	23	71787	219724
新加坡	Singapore	2	48	1065
韩　国	Republic of Korea	2	12	324
台湾省	Taiwan Province	2	73	4130
塞舌尔	Seychelles	1	47	
英　国	United Kingdom	2	2262	228
奥地利	Austria	1	34	1967
波　兰	Poland	1	2	
英属维尔京群岛	British Virgin Is.	2	4032	5022
加拿大	Canada	1	124	
美　国	America	2	627	8155
澳大利亚	Australia	2	–178	35
投资性公司投资	Investment Companies	7	22325	15725
其　他	Others		–5043	24293

8-10 主要年份对外承包工程和劳务合作

CONTRACTED PROJECTS AND LABOR COOPERATION WITH FOREIGN COUNTRIES OR REGIONS IN MAJOR YEARS

年 份 Year	新签合同份数 (个) Number of New Contracts (unit)	新签合同额 (万美元) New Contracted Value (USD 10 000)	完成营业额 (万美元) Value of Business (USD 10 000)	派出人数 (人) Persons Posted Abroad (person)	年末在外人数 (人) Persons Abroad at Year-end (person)
1985	1	101	132		
1990	12	186	118		73
1995	43	1537	728		574
2000	50	5563	3892		1518
2001	25	3323	5071	815	1539
2002	24	4346	5049	520	1509
2003	23	1823	4125	491	1338
2004	70	14834	30134	769	1729
2005	55	22187	20200	1195	2263
2006	105	28573	28669	1155	2642
2007	86	28424	33462	1605	3945
2008	73	70894	52592	2662	5021
2009	54	49591	114921	2022	6113
2010	8	48179	72228	1224	6147
2011	71	42187	70018	2447	5934
2012	42	64018	44927	3264	3513
2013	20	23599	76505	1816	4073

8-11 高新经济技术开发区综合情况

KEY STATISTICS OF NEW AND HIGH-TECH DEVELOPMENT ZONES

单位：亿元 (100 million yuan)

指 标	Item	2012	2013
当年工业总产值	Gross Industry Output Value	3234.9	3634.8
当年进出口总额(万美元)	Total Value of Imports and Exports(USD 10 000)	429061.8	581489.8
出口总额	Total Value of Exports	227069.3	408398.8
进口总额	Total Value of Imports	201992.6	173091.0
当年财政收入	Financial Revenue	159.4	184.3
#税收收入	Tax Revenue	145.9	161.0
实际到位外资金额(万美元)	Paid-in Foreign Funds(USD 10 000)	106751.7	170012.2
实际到位境内省外资金额	Paid-in Funds from Other Provinces	501.2	946.3
全区从业人员 (万人)	Employees (10 000 persons)	57.0	55.2
企业主营业务收入	Major Business Revenue of Enterprises	4552.1	5429.8

8-12 各开发区综合发展情况(2013年)
KEY STATISTICS OF DEVELOPMENT ZONES(2013)

单位：亿元 (100 million yuan)

开发区	Development Zone	企业主营业务收入 Major Business Revenue of Enterprises	工业总产值 Gross Industry Output Value	税收收入 Tax Revenue	进出口总额(万美元) Total Value of Imports and Exports (USD 10 000)
总计	**Total**	**5429.8**	**3634.8**	**161.0**	**581490**
太原经济技术开发区	Taiyuan Economic and Technical Development Zone	609.1	521.6	24.2	394572
太原高新技术产业开发区	Taiyuan High-tech Industrial Development Zone	1550.0	1320.0	16.3	26947
太原民营经济开发区	Taiyuan Private Economic Development Zone	180.0	6.8	7.9	116
太原不锈钢产业园区	Taiyuan Stainless Steel Industry Zone	44.4	48.8	1.7	2971
清徐经济开发区	Qingxu Economic Development Zone	45.5	44.2	2.3	2466
大同经济技术开发区	Datong Economic and Technical Development Zone	75.9	76.2	6.2	15373
朔州经济开发区	Shuozhou Economic Development Zone	86.7	69.2	3.7	339
忻州经济开发区	Xinzhou Economic Development Zone	101.6	54.7	3.0	356
孝义经济开发区	Xiaoyi Economic Development Zone	258.8	245.0	13.9	450
文水经济开发区	Wenshui Economic Development Zone	29.6	30.4	0.8	3083
交城经济开发区	Jiaocheng Economic Development Zone	131.8	146.6	3.7	13804
阳泉经济开发区	Yangquan Economic Development Zone	108.4	31.2	2.9	5546
晋中经济技术开发区	Jinzhong Economic and Technical Development Zone	295.0	58.0	7.6	2038
榆次工业园区	Yuci Industry Zone	146.4	159.8	5.0	5653
祁县经济开发区	Qixian Economic Development Zone	44.8	34.8	2.0	3700
长治高新技术产业开发区	Changzhi High-tech Industrial Development Zone	280.5	229.4	23.6	1142
壶关经济开发区	Huguan Economic Development Zone	53.1	54.4	0.9	6724
晋城经济技术开发区	Jincheng Economic and Technical Development Zone	213.8	135.1	20.8	38282
临汾经济开发区	Linfen Economic Development Zone	267.7	21.1	3.3	5239
侯马经济开发区	Houma Economic Development Zone	186.9	24.0	2.1	36612
运城经济开发区	Yuncheng Economic Development Zone	377.3	115.6	3.0	7541
运城空港经济开发区	Yuncheng Konggang Economic Development Zone	170.2	58.6	1.8	1515
运城盐湖工业园区	Yuncheng Yanhu Industry Zone	74.2	65.3	0.6	3839
绛县经济开发区	Jiangxian Economic Development Zone	36.2	36.8	0.4	2482
风陵渡经济开发区	Fenglingdu Economic Development Zone	61.9	47.3	3.4	699

8-13 人民币对主要外币年平均汇价(中间价)
AVERAGE EXCHANGE RATE OF RMB YUAN AGAINST MAIN CONVERTIBLE CURRENCIES (MIDDLE RATE)

单位：人民币元 (RMB yuan)

年 份 Year	100美元 100 US Dollars	100日元 100 Japanese Yen	100港元 100 Hong Kong Dollars	100欧元 100 Euros
1985	293.66	1.25	37.57	
1986	345.28	2.07	44.22	
1987	372.21	2.58	47.74	
1988	372.21	2.91	47.70	
1989	376.51	2.74	48.28	
1990	478.32	3.32	61.39	
1991	532.33	3.96	68.45	
1992	551.46	4.36	71.24	
1993	576.20	5.20	74.41	
1994	861.87	8.44	111.53	
1995	835.10	8.92	107.96	
1996	831.42	7.64	107.51	
1997	828.98	6.86	107.09	
1998	827.91	6.35	106.88	
1999	827.83	7.29	106.66	
2000	827.84	7.69	106.18	
2001	827.70	6.81	106.08	
2002	827.70	6.62	106.07	800.58
2003	827.70	7.15	106.24	936.13
2004	827.68	7.66	106.23	1029.00
2005	819.17	7.45	105.30	1019.53
2006	797.18	6.86	102.62	1001.90
2007	760.40	6.46	97.46	1041.75
2008	694.51	6.74	89.19	1022.27
2009	682.78	7.68	88.11	1020.76
2010	662.27	8.11	85.09	878.96
2011	633.59	8.19	81.29	843.89
2012	630.00	7.67	81.30	816.73
2013	613.76	6.02	79.16	830.72

注：欧元自2002年开始进入市场流通。

Note：ECU enters the circulating market from 2002.

主要统计指标解释

进出口总额 指实际进出我国国境的货物总金额。包括对外贸易实际进出口货物，来料加工装配进出口货物，国家间、联合国及国际组织无偿援助物资和赠送品，华侨、港澳台同胞和外籍华人捐赠品，租赁期满归承租人所有的租凭货物，进料加工进出口货物，边境地方贸易及边境地区小额贸易进出口货物(边民互市贸易除外)，中外合资经营企业、中外合作经营企业、外商独资经营企业进出口货物和公用物品，到、离岸价格在规定限额以上的进出口货样和广告品(无商业价值、无使用价值和免费提供出口的除外)，从保税仓库提取在中国境内销售的进出口货物，以及其他进出口货物。进出口总额用以观察一个国家在对外贸易方面的总规模。我国规定出口货物按离岸价格统计，进口货物按到岸价格统计。

实际利用外资 指我国各级政府、部门、企业和其他经济组织通过对外借款、吸收外商直接投资以及用其他方式筹措的境外现汇、设备、技术等。

对外借款 是我国利用外资的主要部分。包括我国通过外国政府贷款、国际金融组织贷款、外国银行商业贷款、出口信贷以及对外发行债券、股票等方式，从境外筹措的资金。

外商直接投资 是指外国企业和经济组织或个人(包括华侨、港澳台同胞以及我国在境外注册的企业)按我国有关政策、法规，用现汇、实物、技术等在我国境内开办外商独资企业，与我国境内的企业或经济组织共同举办中外合资经营企业、合作经营业或合作开发资源的投资(包括外商投资收益的再投资)以及经政府有关部门批准的项目投资总额内企业从境外借入的资金。

对外承包工程 包括各对外承包公司以招标议标承包方式承揽下列业务：(1)承包国外工程建设项目；(2)承包我国对外经援项目；(3)承包我国驻外机构的工程建设项目；(4)承包我国境内利用外资进行建设的工程项目；(5)与外国承包公司合营或联合承包工程项目时我国公司分包部分；(6)以服务成果向业主收费的技术服务项目(包括承揽地形地貌测绘；地质资源勘探与普查；建区域规划；提供设计文件、图纸、生产工艺技术资料和工程技术经济咨询；工程项目的可行性考察、研究和评估；进行技术指导和训人员等)；(7)对外承包兼劳营的房屋开发业务。对外承包工程的营业额是以货币表现的本期内完成的对外承包工程的工作量，包括以前年度签订的合同和本年度新签订的合同在报告期完成的工作量。

Explanatory Notes on Main Statistical Indicators

Total Value of Imports and Exports refers to the real value of commodities imported and exported across the border of China. They include the actual imports and exports through foreign trade, imported and exported goods under the processing and assembling trades and materials, supplies and gifts as aid given gratis between governments and by the United Nations and other international organizations, and contributions donated by overseas Chinese, compatriots in Hong Kong and Macao and Chinese with foreign citizenship, leasing commodities owned by tenant at the expiration of leasing period, the imported and exported commodities processed with imported materials, commodities trading in border areas (excluding mutual exchange goods), the imported and exported commodities and articles for public use of the Sino-foreign joint ventures, cooperative enterprises and ventures with sole foreign investment. Also included is import or export of samples and advertising goods for which CIF or FOB value are beyond the permitted ceiling (excluding goods of no trading or use value and free commodities for export), imported goods sold in China from bonded warehouses and other imported or exported goods. The indicator of the total imports and exports at customs can be used to observe the total size of external trade in a country. In accordance with the stipulation of the Chinese government, imports are calculated at CIF, while exports are calculated at FOB.

Actual Utilization of Foreign Capital refers to remittance, equipment and technology financed from abroad, by loans, foreign direct investment and other forms undertaken by the Chinese governments at all levels, by various departments, enterprises and other economic units.

Foreign Borrowings refer to funds borrowed from abroad through formal signing of borrowing agreements with foreign institutions, including loans of foreign governments, loans of international financial institutions, commercial loans of foreign banks, export credit, and funds raised by Chinese bonds (and shares before 1996) issued abroad. It is an important part of China's utilization of foreign capitals.

Foreign Direct Investment refers to the investments inside china by foreign enterprises and economic organizations or individuals (including overseas Chinese, compatriots from Hong Kong and Macao, and Chinese enterprises registered abroad), following the relevant policies and laws of china, for the establishment of ventures exclusively with foreign own investment, Sino-foreign joint ventures and cooperative enterprises or for cooperative exploration of resources with enterprises or economic organizations in China. It includes the re-investment of the foreign entrepreneurs with the profits gained from the investment and the funds that enterprises borrow from abroad in the total investment of projects which are approved by the relevant department of the government.

Contracted Projects with Foreign Countries or Regions refer to projects undertaken by Chinese contractors (project contracting companies) through bidding process. They include: (1)overseas civil engineering construction projects financed by foreign investors; (2)overseas projects financed by the Chinese government through its foreign aid programs; (3)construction projects of Chinese diplomatic missions, trade offices and other institutions stationed abroad; (4) construction projects in china financed by foreign investment;(5) sub—contracted projects to be taken by Chinese contractors through a joint umbrella project with foreign contractor (s) ; (6) projects with charges for technical services from overseas operators. it includes geographic and topographic mappings geological resource prospecting and survey planning of construction areas provision of design documents blueprints materials on production process and techniques as well as engineering technical and economic consultation feasibility study research and evaluation of projects technical supervising and staff training. (7) housing development projects. The business income from international contracted projects is the work volume of contracted projects completed during the reference period, expressed in monetary terms, including completed work on projects signed in previous years.

09 农业

AGRICULTURE

PAGE 225-244

资料整理人员

程英翠　李怀民　郝静敏
王翠翠　王爱兵　习朝瑞

农　业

AGRICULTURE

农作物播种面积	Sown Areas of Farm Crops	3782.4	千公顷	(1 000 ha)
#粮　食	Sown Areas of Grain	3274.3	千公顷	(1 000 ha)
粮食产量	Output of Grain	1312.8	万吨	(10 000 tons)
油料产量	Output of Oil-bearing Crops	19.5	万吨	(10 000 tons)
肉类产量	Output of Meat	83.2	万吨	(10 000 tons)

农林牧渔业总产值构成 (%)

Composition of Gross Output Value of Farming, Forestry, Animal Husbandry and Fishery (%)

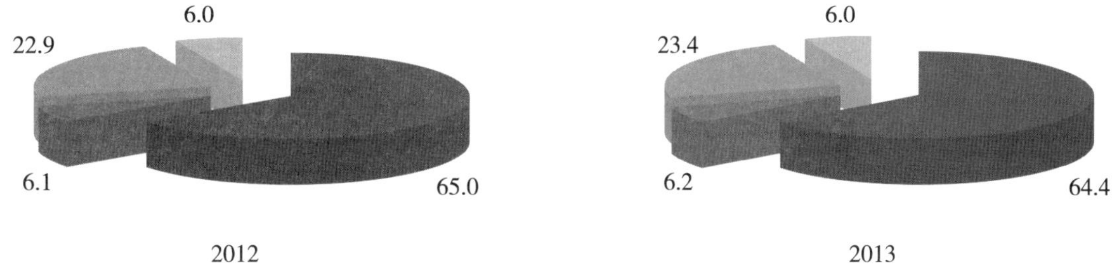

粮食总产量 (万吨)

Output of Grain (10 000 tons)

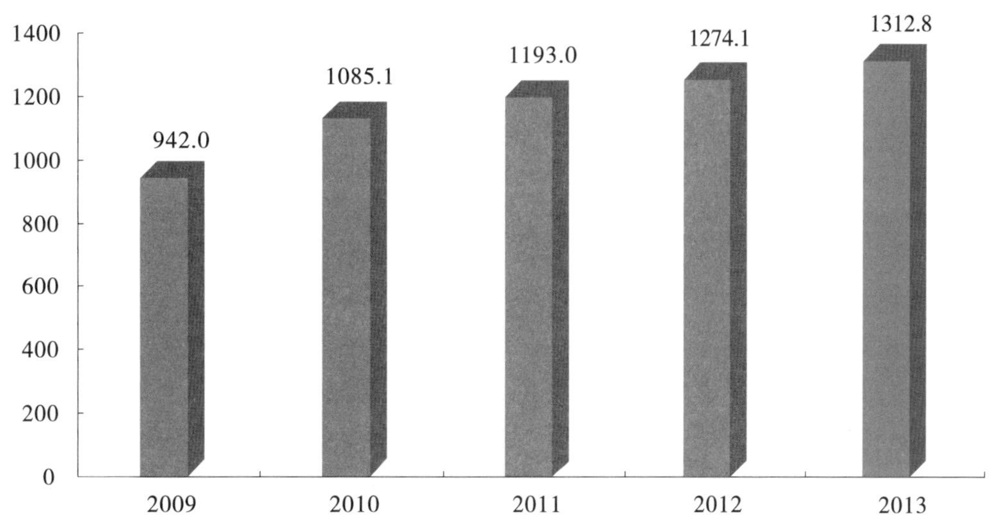

9-1 农村基层组织情况
BASIC CONDITIONS OF RURAL GRASS-ROOTS UNITS

指　标		Item	2005	2010	2013
一、农村基层组织情况		**Basic Conditions of Rural Grass-roots Units**			
1.乡(镇)政府	(个)	Number of Township and Town Governments (unit)	1196	1196	1196
#镇政府		Number of Town Governments	561	563	564
2.村民委员会	(个)	Number of Villager Committees (unit)	28323	28242	28218
二、乡村户数	**(万户)**	**Number of Rural Households (10 000 households)**	**638.39**	**694.42**	**811.92**
三、乡村人口	**(万人)**	**Rural Population (10 000 persons)**	**2354.94**	**2393.83**	**2426.57**
四、乡村从业人员	**(万人)**	**Number of Rural Laborers (10 000 persons)**	**1035.73**	**1100.01**	**1146.71**
1.按性别分		Grouped by Sexual Distinction			
男		Male	573.60	609.86	636.59
女		Female	462.13	490.15	510.12
2.按行业分		Grouped by Sector			
农、林、牧、渔业		Farming, Forestry, Animal Husbandry and Fishery	637.44	632.44	643.85
工　业		Industry	141.94	148.36	153.20
建筑业		Construction	62.67	86.31	98.08
交通运输、仓储和邮政业		Transportation, Storage and Post	62.72	64.97	66.91
批发、零售贸易业、住宿和餐饮业		Wholesale, Retail Trade, Hotels and Catering Services	61.89	89.53	99.37
其他行业		Others	69.07	78.40	85.29

9-2 主要年份农林牧渔业总产值

GROSS OUTPUT VALUE OF FARMING, FORESTRY, ANIMAL HUSBANDRY AND FISHERY IN MAJOR YEARS

按当年价格计算 (at current price)

年 份 Year	农林牧渔业总产值(万元) Total (10 000 yuan)	农 业 Farming	林 业 Forestry	牧 业 Animal Husbandry	渔 业 Fishery	农林牧渔服务业 Farming, Forestry, Animal Husbandry and Fishery Service
1978	290133	239742	17391	32934	66	
1980	382302	286574	40154	55492	82	
1985	629163	484341	41218	102941	663	
1990	1247781	889037	78275	276170	4299	
1995	2996751	2033892	133136	817463	12260	
2000	3223544	2183303	127258	896667	16316	
2005	4837972	2817384	165153	1485882	26945	342608
2006	4418484	2921543	153420	1194034	23339	126148
2007	4983892	3226482	175856	1401804	34881	144868
2008	5959205	3661605	202405	1853677	42320	199198
2009	9087428	5563352	667047	2309425	52604	495000
2010	10478483	6689937	650089	2508360	61097	569000
2011	12075686	7671421	734651	2956927	75187	637500
2012	13042557	8474140	790686	2988314	84168	705250
2013	14470052	9321433	900699	3388152	94768	765000

9-3 农林牧渔业总产值及增加值(按当年价格计算)

GROSS OUTPUT VALUE AND VALUE ADDED OF FARMING, FORESTRY, ANIMAL HUSBANDRY AND FISHERY(AT CURRENT PRICE)

单位：万元 (10 000 yuan)

指 标	Item	2012	2013
一、农林牧渔业总产值	**Gross Output Value**	**13042557**	**14470052**
农 业	Farming	8474140	9321433
林 业	Forestry	790686	900699
牧 业	Animal Husbandry	2988314	3388152
渔 业	Fishery	84168	94768
农林牧渔服务业	Farming, Forestry, Animal Husbandry and Fishery Service	705250	765000
二、农林牧渔业中间消耗	**Intermediate Material Consumption**	**6059270**	**6704266**
农 业	Farming	3681594	4030546
林 业	Forestry	469000	529641
牧 业	Animal Husbandry	1492806	1692818
渔 业	Fishery	37856	41933
农林牧渔服务业	Farming, Forestry, Animal Husbandry and Fishery Service	378014	409328
三、农林牧渔业增加值	**Value Added**	**6983288**	**7765786**
农 业	Farming	4792546	5290887
林 业	Forestry	321686	371058
牧 业	Animal Husbandry	1495508	1695334
渔 业	Fishery	46312	52835
农林牧渔服务业	Farming, Forestry, Animal Husbandry and Fishery Service	327236	355672

9-4 主要年份耕地情况
CULTIVATED AREA IN MAJOR YEARS

单位：千公顷 (1 000 ha)

年份 Year	耕地总资源 Resoruces of Cultivated Area	有效灌溉面积 Effective Irrigated Area	#机电排灌面积 Mechanical and Electrical Irrigated Area	机耕地面积 Area Cultivated by Machine
1978	3923.41	1092.48	766.30	1936.99
1980	3921.46	1115.14	775.22	1777.76
1985	3761.09	1079.10	776.98	1916.74
1990	3692.51	1134.45	836.74	1987.08
1995	3645.09	1201.99	891.74	2143.55
2000	4341.94	1105.04	939.07	2270.24
2005	3793.19	1088.59	946.39	2042.27
2006	4054.30	1172.10	944.90	2022.50
2007	4053.45	1255.69	943.31	2056.37
2008	4055.82	1254.56	945.72	2179.93
2009	4068.40	1261.00	948.53	2367.46
2010	4064.18	1274.15	961.90	2559.72
2011	4064.51	1324.78	1012.03	2525.92
2012	4064.19	1319.16	1042.43	2573.45
2013		1382.79	1052.79	2609.24

9-5 主要年份主要农作物播种面积
SOWN AREAS OF MAJOR FARM CROPS IN MAJOR YEARS

单位：千公顷 (1 000 ha)

年份 Year	总播种面积 Total Sown Area	#粮食作物 Grain Crops	#谷物 Cereal	#油料 Oil-bearing Crops	#棉花 Cotton	#甜菜 Beetroots	#蔬菜 Vegetables
1978	4389.25	3692.43	3279.15	165.16	237.53	9.00	
1980	4266.60	3508.76	3117.22	231.46	224.31	9.69	92.37
1985	3978.23	3055.05	2634.17	505.61	121.14	10.79	104.94
1990	4016.89	3290.79	2755.55	356.33	130.34	16.89	110.59
1995	3895.55	3151.48	2425.09	342.42	127.10	21.76	156.79
2000	4042.42	3186.46	2326.74	417.06	43.04	7.56	242.13
2005	3795.35	3033.59	2333.37	273.38	97.45	1.22	244.93
2006	3471.30	2833.27	2306.81	172.29	119.87	3.40	243.23
2007	3653.15	3028.21	2443.35	166.76	103.99	5.76	240.13
2008	3726.49	3111.33	2556.59	179.16	89.07	6.40	240.99
2009	3692.14	3146.67	2617.09	169.93	70.16	4.06	220.57
2010	3763.92	3239.23	2714.82	156.95	58.72	4.89	228.47
2011	3797.42	3287.85	2774.28	149.97	53.32	5.61	228.58
2012	3796.43	3291.50	2776.91	145.86	37.36	8.55	247.81
2013	3782.44	3274.30	2763.53	140.32	23.44	4.60	252.77

9-6 农作物播种面积
SOWN AREA OF FARM CROPS

单位：千公顷 (1 000 ha)

指　标	Item	2005	2010	2013
农作物总播种面积	**Total Sown Area**	**3795.35**	**3763.92**	**3782.44**
一、粮　食	**Grain**	**3033.59**	**3239.23**	**3274.30**
(一)谷　物	Cereal	2333.37	2714.82	2763.53
#稻　谷	Rice	2.68	1.04	0.98
小　麦	Wheat	721.03	728.47	677.47
玉　米	Corn	1183.72	1548.93	1670.04
谷　子	Millet	216.54	204.96	210.03
高　粱	Sorghum	38.55	34.09	28.77
燕　麦	Nakedoats	56.45	62.48	56.37
(二)豆　类	Beans	346.25	334.03	320.25
#大　豆	Soybean	217.93	195.07	199.48
(三)薯　类	Tubers	353.97	190.38	190.52
#马铃薯	Potato	311.95	170.19	168.55
二、油　料	**Oil-bearing Crops**	**273.38**	**156.95**	**140.32**
#花　生	Peanuts	14.57	9.04	7.91
油　菜	Rapeseeds	10.12	6.07	5.01
芝　麻	Sesame	5.96	4.45	3.05
胡　麻	Benne	82.10	62.81	59.72
向日葵	Sunflower	113.64	43.04	32.71
三、棉　花	**Cotton**	**97.45**	**58.72**	**23.44**
四、麻　类	**Fiber Crops**	**0.05**	**0.15**	**0.07**
五、甜　菜	**Beetroots**	**1.22**	**4.89**	**4.60**
六、烟　叶	**Tobacco**	**2.66**	**3.38**	**3.29**
七、药　材	**Medicinal Materials**	**31.56**	**21.83**	**30.81**
八、蔬　菜	**Vegetables**	**244.93**	**228.47**	**252.77**
#设施蔬菜	Greenhouse Vegetables		35.14	52.06
九、瓜果类	**Melons**	**30.39**	**22.96**	**26.62**
十、其他作物	**Others**	**80.12**	**27.34**	**26.22**
#青饲料	Green feed	63.04	21.75	17.10

9-7 主要年份主要农作物产量

OUTPUT OF MAJOR FARM CROPS IN MAJOR YEARS

单位：吨 (ton)

年份 Year	粮食 Grain	1.谷物 Cereal	#稻谷 Rice	#小麦 Wheat	#玉米 Corn	#谷子 Millet
1978	7069560	6363715	58990	1288415	2711625	891140
1980	6857060	6201675	69290	1184780	2628820	960370
1985	8226767	7408051	58472	2950507	2098065	883671
1990	9690053	8643731	54429	3192990	3054441	876631
1995	9171000	8162190	41450	2701000	4035207	627530
2000	8533500	7029713	32770	2151500	3547500	602218
2005	9780000	8820582	8974	2022800	6161300	381889
2006	10245000	9534200	7000	2271000	6660000	357900
2007	10070500	9165155	6161	2201500	6403600	320183
2008	10280000	9483300	1403	2530000	6828000	66221
2009	9420000	8958055	4979	2111100	6542700	157305
2010	10851000	10351600	4615	2322400	7660000	203000
2011	11930000	11383900	5000	2403000	8546000	262000
2012	12741000	12146500	6000	2591800	9038700	312000
2013	13128000	12460000	6700	2307200	9554700	367600

年份 Year	#高粱 Sorghum	2.豆类 Beans	#大豆 Soybean	3.薯类 Tubers	#马铃薯 Potato	油料 Oil-bearing Crops
1978	959400	137420	137420	568425		42290
1980	766805	130620	130620	524765		133672
1985	770607	176898	176898	641818	477197	444478
1990	767132	302242	302242	744080	585814	393810
1995	519119	366840	220104	641970	430120	222635
2000	299801	577822	359542	925965	704063	448259
2005	111894	366750	259806	592668	461451	212620
2006	99300	396800	271000	314000	246000	146852
2007	84344	397190	265919	508155	393261	134537
2008	16051	347464	228527	449236	361770	191185
2009	40461	215305	138312	246640	193662	170188
2010	53249	240500	154500	258900	212300	175892
2011	54000	244000	162400	302100	249300	187044
2012	62000	276000	182000	318500	261600	195672
2013	69900	307700	207600	360300	295800	194660

9-7 续表 continued

单位：吨 (ton)

年 份 Year	棉 花 Cotton	麻 类 Fiber Crops	甜 菜 Beetroots	烟 叶 Tobacco	蔬 菜 Vegetables
1978	69430	5000	54605	1650	
1980	77500	5792	117024	1001	1804220
1985	73455	3779	248541	4702	2915412
1990	111526	1048	431641	8860	3474121
1995	90817	2155	396978	10455	5428701
2000	44796	680	210313	16319	9203364
2005	102907	38	39617	6327	9015370
2006	129000	58	108000	7040	7908063
2007	115076	93	210929	7733	8215047
2008	106735	116	234395	8410	8527544
2009	83991	130	154191	9663	8931437
2010	69311	227	225768	12002	9090901
2011	63364	207	324347	11021	9819032
2012	46981	42	407752	9939	10733368
2013	30634	53	224571	9994	11984947

9-8 主要年份主要油料作物产量
OUTPUT OF MAJOR OIL-BEARING CROPS IN MAJOR YEARS

单位：吨 (ton)

年 份 Year	花生果 Peanuts	油菜籽 Rapeseeds	芝 麻 Sesame	胡麻籽 Benne Seeds	向日葵籽 Sunflower Seeds
1978	888	2229	968	20437	3488
1980	5025	2800	2214	54932	31452
1985	50247	6766	11810	80071	164865
1990	48539	7758	23469	75102	139664
1995	48611	14759	11716	28820	78645
2000	41404	8638	19081	51279	257370
2005	28583	7676	4268	37889	102668
2006	18000	3000	4341	48418	59721
2007	25301	5770	3519	39770	49295
2008	22068	8890	3664	61839	62876
2009	21828	6939	3943	49959	57045
2010	21085	6360	4301	55026	57025
2011	21799	5888	4827	60302	56122
2012	20321	6570	3555	72553	53261
2013	18303	7174	3302	70263	53850

9-9 主要年份主要农作物单位面积产量
MAJOR FARM CROPS OUTPUT PER HECTARE IN MAJOR YEARS

单位：公斤/公顷 (kg/ha)

年份 Year	粮食 Grain	谷物 Cereal	稻谷 Rice	小麦 Wheat	玉米 Corn	谷子 Millet	高粱 Sorghum
1978	1915	1941	5207	1169	3419	1579	3171
1980	1954	1989	5670	1191	3541	1743	3269
1985	2693	2812	6871	2912	4221	2234	4315
1990	2945	3137	5923	3141	4797	2296	4532
1995	2910	3366	6436	2945	5253	2101	4430
2000	2678	3021	7234	2409	4470	2150	4393
2005	3224	3780	3349	2805	5205	1764	2903
2006	3616	4133	4762	3443	5284	1855	3161
2007	3326	3751	4163	3091	5040	1387	2375
2008	3304	3709	1231	3628	4953	294	477
2009	2994	3423	4368	2902	4508	788	1455
2010	3350	3813	4438	3188	4945	990	1562
2011	3629	4103	4902	3384	5190	1272	1834
2012	3871	4374	5941	3762	5416	1508	2160
2013	4009	4509	6837	3406	5721	1750	2430

年份 Year	豆类 Beans	薯类 Tubers	油料 Oil-bearing Crops	棉花 Cotton	麻类 Fiber Crops	甜菜 Beetroots	烟叶 Tobacco
1978	1188	1910	256	292	522	6067	851
1980	943	2074	578	346	695	12077	1125
1985	1066	2517	879	606	1050	23034	2387
1990	1200	2627	1105	856	1092	25556	1897
1995	884	2061	650	715	1390	18243	1700
2000	1194	2465	1075	1041	1236	27819	2042
2005	1059	1674	778	1056	760	32473	2379
2006	1124	1811	852	1076	1450	31765	4069
2007	1140	2149	807	1107	1329	36620	2197
2008	999	2170	1067	1198	2320	36624	2628
2009	640	1277	1012	1146	1704	37139	2567
2010	720	1360	1090	1112	1373	40099	3237
2011	760	1571	1209	1151	2045	43613	3293
2012	851	1674	1341	1257	602	47718	3197
2013	961	1891	1387	1307	790	48858	3035

9-10 主要年份造林和果园面积
AREA OF AFFORESTATION AND ORCHARDS IN MAJOR YEARS

年 份 Year	当年造林面积 (千公顷) Afforestation Area in the year (1 000 ha)	#用材林 Timber Forest	零星植树 (万株) Planting Trees Piecemeal (10 000 unit)	年末果园面积 (千公顷) Area of Orchards (1 000 ha)	#苹果园面积 Area of Apple Orchards
1978	173.65	123.71	21992	64.00	37.57
1980	221.57	122.94	23129	68.21	40.80
1985	243.33	137.87	28764	111.47	56.98
1990	191.05	91.31	21057	184.71	101.15
1995	405.18	128.58	21418	286.34	188.47
2000	404.86	50.84	17176	288.89	177.98
2005	140.26	0.67	10596	279.69	151.40
2006	288.50	14.28	11855	270.15	145.97
2007	291.92	1.80	10353	274.03	144.31
2008	300.95	11.76	9382	277.20	148.21
2009	353.73	0.60	11212	281.16	145.23
2010	291.10	0.01	11098	294.38	137.63
2011	302.53	0.03	10803	322.57	144.73
2012	307.22	1.73	10415	342.36	150.69
2013	303.00	2.50	10504	348.34	154.12

9-11 造林和果园面积
AREA OF AFFORESTATION AND ORCHARDS

单位：千公顷 (1 000 ha)

指 标	Item	2005	2010	2013
一、当年造林面积	**Afforestation Area in the Year**	**140.3**	**291.1**	**303.0**
#用材林	Timber Forest	0.7		2.5
经济林	Economic Forest	4.1	52.3	84.4
防护林	Shelter Forest	135.4	223.7	202.2
薪炭林	Fuel Forest	0.1	6.3	9.7
二、育苗面积	**Area of Growing Seedings**	**32.6**	**40.0**	**56.1**
#本年新育	Area of Growing Seedings in the Year	16.1	19.2	24.0
三、零星植树(万株)	**Planting Trees Piecemeal (10 000 unit)**	**10596**	**11098**	**10504**
四、年末果园面积	**Area of Orchards at Year-end**	**279.7**	**294.4**	**348.3**
#苹果园	Apple Orchards	151.4	137.6	154.1
梨 园	Pears Orchards	30.0	28.1	36.0
葡萄园	Grapes Orchards	13.2	9.6	11.1

9-12 主要林产品和水果产量

OUTPUT OF MAJOR FOREST PRODUCTS AND FRUITS

单位：吨 (ton)

指 标	Item	2005	2010	2013
一、主要林产品产量	**Output of Major Forest Products**			
核 桃	Walnuts	53432	65156	63489
板 栗	Chinese Chestnut	622	1346	2605
二、水果产量	**Output of Fruits**	**2454962**	**4084560**	**6309604**
#苹 果	Apples	1648413	2566472	3962213
梨	Pears	246247	342202	587586
葡 萄	Grapes	119187	219513	206787
红 枣(鲜枣)	Red Jujube(Fresh Jujube)	196858	421167	551788
柿 子(鲜柿)	Persimmon(Fresh Persimmon)	55169	95516	167939
桃	Peach	132355	321002	623579

9-13 主要年份肉类产量和猪羊头数

OUTPUT OF MEAT AND NUMBER OF HOGS, SHEEP AND GOATS IN MAJOR YEARS

年 份 Year	猪牛羊肉产量 (万吨) Output of Pork, Beef and Mutton (10 000 tons)	肉猪出栏头数 (万头) Slaughtered Fattened Hogs (10 000 heads)	猪年末头数 (万头) Hogs at Year-end (10 000 heads)	羊年末只数 (万只) Sheep and Goats at Year-end (10 000 heads)	山 羊 Goats	绵 羊 Sheep
1978	18.23	274.10	578.50	872.04	532.45	339.59
1980	17.34	277.31	531.16	909.86	535.73	374.13
1985	20.85	270.56	372.12	414.28	174.06	240.22
1990	29.27	308.59	363.14	709.58	303.92	405.66
1995	56.09	569.36	560.99	915.01	408.03	506.98
2000	59.24	589.92	519.52	1058.42	474.86	583.56
2005	80.99	805.23	626.07	1196.35	488.82	707.52
2006	49.90	530.50	377.30	733.90	354.80	379.10
2007	53.18	568.20	422.20	746.40	374.58	371.82
2008	54.70	584.70	452.20	744.00	416.28	327.72
2009	61.10	663.40	498.80	747.70	375.10	372.60
2010	63.60	683.97	474.84	734.70	353.40	381.30
2011	62.30	672.10	446.10	778.70	369.20	409.50
2012	67.10	723.90	473.80	834.00	364.20	469.80
2013	72.57	786.16	502.18	877.97	387.45	490.52

9-14 畜牧业生产情况
NUMBER OF LIVESTOCK AND LIVESTOCK PRODUCTS

指 标	Item	2005	2010	2013
一、大牲畜年末存栏 (万头)	**Larger Animals at Year-end (10 000 heads)**	**312.67**	**127.64**	**123.86**
1.牛 (万头)	Cattle and Buffaloes (10 000 heads)	245.22	90.10	94.81
#良种及改良种乳牛	Milch Cows of Fine Breed and Improved Varieties	29.87	28.80	32.06
2.马 (万匹)	Horses (10 000 heads)	3.90	1.71	1.50
3.驴 (万头)	Donkeys (10 000 heads)	32.43	18.87	15.60
4.骡 (万头)	Mules (10 000 heads)	31.11	16.96	11.90
二、猪年末存栏 (万头)	**Hogs at Year-end (10 000 heads)**	**626.07**	**474.84**	**502.18**
#能繁殖的母猪	Reproducible Hogs	55.72	53.54	58.03
三、羊年末存栏 (万只)	**Sheep and Goats at Year-end (10 000 heads)**	**1196.35**	**734.70**	**877.97**
1.山 羊	Goats	488.82	353.40	387.45
2.绵 羊	Sheep	707.52	381.30	490.52
四、家禽年末存栏 (万只)	**Poultry at Year-end (10 000 heads)**	**8338.60**	**5694.68**	**9294.47**
五、养兔年末存栏 (万只)	**Rabbits at Year-end (10 000 heads)**	**308.80**	**322.09**	**282.53**
六、猪、牛、羊出栏	**Slaughtered Hogs, Cattle Buffaloes and Sheep**			
猪全年出栏 (万头)	Slaughtered Hog in the Year (10 000 heads)	805.23	683.97	786.16
牛全年出栏 (万头)	Slaughtered Cattle Buffaloes in the Year (10 000 heads)	73.45	34.98	36.07
羊全年出栏 (万只)	Slaughtered Mutton in the Year (10 000 heads)	673.52	405.60	446.22
七、当年肉类总产量 (万吨)	**Total Output of Meat (10 000 tons)**	**90.59**	**72.44**	**83.21**
#猪肉产量	Pork	60.97	53.09	61.17
牛肉产量	Beef	10.07	4.92	5.20
羊肉产量	Mutton	9.96	5.60	6.20
禽肉产量	Poultry	7.85	7.11	9.09
兔肉产量	Rabbit	0.74	0.75	0.80
八、畜禽产品产量 (吨)	**Output of Animal and Poulty Products (ton)**			
1.奶 类	Milk	737541	749374	872119
#牛 奶	Cow Milk	712781	732250	862090
2.绵羊毛产量	Sheep Wool	8805	7094	7608
3.山羊毛产量	Goat Wool	1740	1285	1254
4.羊绒产量	Cashmere	795	666	787
5.禽蛋产量	Poultry Eggs	568789	706836	798921
6.蜂蜜产量	Honey	2812	3156	4564
7.蚕茧产量	Silkworm Cocoons	4340	5384	6227

9-15 渔业生产情况
PRODUCTION OF FISHERY

指　　标	Item	2005	2010	2013
淡水产品产量(吨)	**Freshwater Aquatic Products (ton)**	**37542**	**31700**	**45621**
#鱼类产量	Fish	36013	30514	43963
1.养殖产量	Aquiculture Products	36109	30869	44499
#池　塘	Pond	25466	18933	29921
湖　泊	Lakes	774	917	744
水　库	Reservoir	9044	10682	13543
河　沟	Brook	627	240	98
2.捕捞产量	Fishing Products	1433	831	1122
淡水养殖面积(公顷)	**Freshwater Aquatic Area (ha)**	**18318**	**14840**	**15462**

9-16 主要年份按人口平均的主要农产品产量
MAJOR AGRICULTURAL PRODUCTS OUTPUT PER CAPITA IN MAJOR YEARS

单位：公斤/人 (kg/person)

年　份 Year	粮　食 Grain	油　料 Oil-bearing Crops	棉　花 Cotton	猪牛羊肉 Pork, Beef and Mutton	禽　蛋 Poultry-Eggs
1978	293	1.8	2.9	6.3	
1980	279	5.4	3.1	7.0	
1985	310	16.8	2.8	7.9	4.1
1990	337	13.7	3.9	10.2	5.5
1995	300	7.3	3.0	18.3	11.8
2000	265	13.9	1.4	18.4	12.5
2005	292	6.4	3.1	24.2	17.0
2006	304	4.4	3.8	24.7	15.6
2007	298	4.0	3.4	15.7	13.9
2008	302	5.6	3.1	16.1	18.1
2009	276	5.0	2.5	17.9	22.1
2010	310	5.0	2.0	18.2	20.2
2011	333	5.2	1.8	17.4	19.8
2012	354	5.4	1.3	18.6	20.7
2013	363	5.4	0.8	20.0	22.1

9-17 农业机械拥有量
AGRICULTURAL MACHINERY

年末数 (end of year)

指 标		Item	2005	2010	2013
农业机械总动力	**(万千瓦)**	**Total Power of Agricultural Machinery (10 000 kw)**	**2288.70**	**2809.17**	**3183.30**
柴油发动机动力	(万千瓦)	Diesel Engine Power(10 000 kw)		2369.83	2718.72
汽油发动机动力	(万千瓦)	Gasoline Engine Power(10 000 kw)		86.17	67.36
电动机动力	(万千瓦)	Motor Power(10 000 kw)		353.17	397.21
大中型农用拖拉机	(台)	Large and Medium Tractors for Agriculture (unit)	35928	73178	107177
	(万千瓦)	(10 000 kw)	127.69	261.25	386.09
小型农用拖拉机	(台)	Mini-tractors for Agriculture (unit)	251260	299453	347380
	(万千瓦)	(10 000 kw)	234.78	276.82	324.68
大中型拖拉机配套机具	(部)	Number of Large and Medium Tractor Towing Farm Machinery (unit)	74607	151727	221016
小型拖拉机配套机具	(部)	Mini-Tractor Towing Farm Machinery (unit)	305367	390537	483051
农用排灌动力机械	(台)	Drainage and Irrigation Machinery (unit)	133965	156780	171399
	(万千瓦)	(10 000 kw)	159.49	186.94	209.56
农用水泵	(台)	Pumps for Agricultural Use (unit)	133858	139517	152846
联合收割机	(台)	Combine Harvesters (unit)	6436	12771	26988
机动脱粒机	(台)	Motorized Threshers (unit)	53724	60629	85234
农用运输车	(辆)	Wagones for Agriculture(unit)	819940	965199	986081

9-18 农业现代化情况
AGRICULTURAL MODERNIZATION

指 标		Item	2005	2010	2013
一、农业机械化情况		**Agricultural Mechanization**			
1.当年实际机耕面积	(千公顷)	Area Cultivated by Machine at This Year (1 000 ha)	2042.27	2559.72	2609.24
2.当年机械播种面积	(千公顷)	Area Sown by Machine at This Year (1 000 ha)	1517.64	2181.66	2516.57
占总播种面积	(%)	Percentage to Total Sown Area (%)	40.0	58.0	66.5
3.当年机械收获面积	(千公顷)	Mechanical Harvest Area at This Year (1 000 ha)	649.22	1026.62	1703.11
占总播种面积	(%)	Percentage to Total Sown Area (%)	17.1	27.3	45.0
二、农田水利情况		**Farm Water Conservancy Condition**			
年末有效灌溉面积	(千公顷)	Effective Irrigated Area at Year-end (1 000 ha)	1088.59	1274.15	1382.79
#机电排灌面积	(千公顷)	Mechanical and Electrical Irrigated Area (1 000 ha)	946.39	961.90	1052.79
配套机电井数量	(眼)	Number of Motor-electric-pumped Matching Well (unit)	83103	81166	90801
三、农村用电情况		**Electricity Consumed Condition**			
1.农村用电量	(万千瓦小时)	Electricity Consumed in Rural Areas (10 000 kwh)	669390	811763	997819
2.农村小型水电站个数	(个)	Small Hyrdopower Station in Rural Areas (unit)	87	72	63
装机容量	(千瓦)	Installed Capacity (kw)	22994	29264	24963
四、农用化肥情况		**Chemical Fertilizers Condition**			
农用化肥施用折纯量	(吨)	Effective Component of Chemical Fertilizers (ton)	956999	1103663	1210196
1.氮 肥		Nitrogenous Fertilizer	410520	400203	383819
2.磷 肥		Phosphate Fertilizer	190374	199996	186694
3.钾 肥		Potash Fertilizer	68608	85069	98695
4.复合肥		compownd Fertilizer	287497	418395	540988

9-19 主要年份化肥施用量、小水电站和农村用电量
CONSUMPTION OF CHEMICAL FERTILIZER, NUMBER OF SMALL HYDROPOWER STATION AND ELECTRICITY CONSUMPTION IN RURAL AREAS IN MAJOR YEARS

年 份 Year	农用化肥施用量 (折纯量, 吨) Consumption of Chemical Fertilizer (ton)	农村小型水电站 Small Hydropower Station in Rural Areas		农村用电量 (万千瓦小时) Electricity Consumption in Rural Areas (10 000 kwh)
		个 数 (个) Number (unit)	装机容量 (千瓦) Installed Capacity (kw)	
1978	355990	401	18678	122683
1980	302904	407	23191	135870
1985	397907	231	26762	151085
1990	565624	197	30414	259437
1995	780568	142	31401	460583
2000	869882	106	24900	531441
2005	956999	87	22994	669390
2006	983000	69	22729	692109
2007	1008000	70	23880	759390
2008	1034042	74	25379	789864
2009	1043239	73	29000	811966
2010	1103663	72	29264	811763
2011	1145667	71	29177	865984
2012	1182795	71	28093	949517
2013	1210196	63	24963	997819

9-20 农民家庭平均每户生产性固定资产原值
ORIGINAL VALUE OF FIXED ASSETS FOR PRODUCTION PER RURAL HOUSEHOLD

单位：元 (yuan)

指 标	Item	2005	2010	2013
总 计	**Total**	**4329.27**	**6364.49**	**12239.97**
1.役畜、产品畜	Draught and Commodity Animals	546.42	715.37	1456.59
2.大中型铁木农具	Large and Medium Wood and Iron Farm Tools	150.17	204.89	258.38
3.农林牧渔业机械	Machinery of Farming, Forestry Animal Husbandry and Fishery	1193.50	1792.16	2839.69
4.工业机械	Industrial Machinery	103.28	76.47	169.41
5.交通运输业机械	Transport Machinery	1078.29	1157.35	3056.23
6.其 他	Others	1257.61	2418.25	4459.67

9-21 农民家庭平均每百户拥有主要生产性固定资产数量
NUMBER OF MAJOR FIXED ASSETS FOR PRODUCTION PER 100 RURAL HOUSEHOLDS

指 标	Item	2005	2010	2013
汽 车 (辆)	Motor Vehicles (unit)	3.00	3.10	5.83
大中型拖拉机 (台)	Large and Medium Tractors (unit)	2.29	2.10	2.93
小型和手扶拖拉机 (台)	Mini and Walking Tractors (unit)	19.02	13.71	18.57
机动脱粒机 (台)	Motorized Threshing Machines (unit)	1.62	1.24	3.70
胶轮大车 (辆)	Carts with Rubber Tires (unit)	6.90	4.76	2.89
水 泵 (台)	Pumps (unit)	3.57	6.67	6.54
役 畜 (头)	Draught Animals (head)	18.50	12.90	14.50
产品畜 (头)	Commodity Animals (head)	49.14	56.81	88.20

9-22 农民家庭平均每人生产和销售的主要农林产品
PER CAPITA PRODUCTION AND SALES OF MAJOR FARM AND FOREST PRODUCTS BY RURAL HOUSEHOLDS

单位：公斤 (kg)

指 标	Item	生产量 Output			出售量 Sales		
		2005	2010	2013	2005	2010	2013
粮 食	Grain	545.21	608.63	856.90	177.14	331.13	426.82
棉 花	Cotton	23.21	6.24	1.78	23.19	5.71	1.74
油 料	Oil-bearing Crops	16.56	10.08	13.41	5.74	3.90	6.16
糖 料	Sugar Crops	9.12	5.69	23.85	9.11	5.63	18.82
蔬 菜	Vegetables	255.04	332.54	367.77	209.62	285.30	183.14
水 果	Fruits	181.45	204.39	245.09	152.19	194.46	189.62

主要统计指标解释

乡村户数 指长期(一年以上)居住在乡镇(不包括城关镇)行政管理区域内的住户，还包括居住在城关镇所辖行政村范围内的农村住户。户口不在本地而在本地居住一年及以上的住户也包括在本地农村住户内；有本地户口，但举家外出谋生一年以上的住户，无论是否保留承包耕地都不包括在本地农村住户范围内。不包括乡村地区内的国有经济的机关、团体、学校、企业、事业单位的集体户。

乡村人口 乡村地区常住居民户数中的常住人口数，即经常在家或在家居住6个月以上，而且经济和生活与本户连成一体的人口。外出从业人员在外居住时间虽然在6个月以上,但收入主要带回家中,经济与本户连为一体，仍视为家庭常住人口；在家居住，生活和本户连成一体的国家职工、退休人员也为家庭常住人口，但是现役军人、中专及以上（走读生除外）的在校学生以及常年在外（不包括探亲、看病等）且已有稳定的职业与居住场所的外出从业人员，不应当作家庭常住人口。

乡村从业人员 指乡村人口中16岁以上实际参加生产经营活动并取得实物或货币收入的人员，既包括劳动年龄内经常参加劳动的人员，也包括超过劳动年龄但经常参加劳动的人员。但不包括户口在家的在外学生、现役军人和丧失劳动能力的人，也不包括待业人员和家务劳动者。从业人员年龄为16岁以上。从业人员按从事主业时间最长（时间相同按收入）分为农业从业人员、工业从业人员、建筑业从业人员、交运仓储及邮政从业人员、信息传输、计算机服务业和软件业从业人员、批发与零售业从业人员、住宿和餐饮业从业人员、其他行业从业人员。

农林牧渔业总产值 指以货币表现的农林牧渔业的全部产品总量和对农林牧渔业生产进行的各种支持性服务活动的价值。它反映一定时期内农林牧渔业生产总规模和总成果，是观察农林牧渔业生产水平和发展速度，研究农林牧渔业内部比例关系、农林牧渔业与工业、农林牧渔业与国家建设、人民生活比例关系的重要指标，同时也是计算农林牧渔业劳动生产率和农林牧渔业增加值的基础资料。

农林牧渔业增加值 指农、林、牧、渔业生产及农林牧渔服务业提供服务活动所增加的价值，为农林牧渔业现价总产值扣除农林牧渔业中间消耗后的余额。

耕地总资源 指种植农作物的土地。包括熟地，新开发、复垦、整理地，休闲地（含轮歇地、轮作地）；以种植农作物（含蔬菜）为主，间有零星果树、桑树或其他树木的土地；平均每年能保证收获一季的已是滩地和海涂。耕地中包括南方宽度＜1.0米、北方宽度＜2.0米固定的沟、渠、路和地坎（梗）；临时种植药材、草皮、花卉、苗木等的耕地，以及其他临时改变用途的耕地。

有效灌溉面积 具有一定水源，地块比较平整,灌溉工程或设备已经配套，在一般年景下当年能够进行正常灌溉的耕地面积。在一般情况下，有效灌溉面积应等于灌溉工程或设备已经配套，能够进行正常灌溉的水田和水浇地之和。

农作物播种面积 指实际播种或移植有农作物的面积。凡是实际种植有农作物的面积，不论种植在耕地上还是种植在非耕地上，均包括在农作物播种面积中。在播种季节基本结束后，因遭灾而重新改种和补种的农作物面积，也包括在内。

农作物总产量 指本年度内生产的各种农作物总产量，不论计划内外、数量多少，耕地与非耕地上的农作物产量，都应统计在内。包括粮食、棉花、油料、麻类、糖类、药材、蔬菜、瓜类及其他农作物。

农业机械总动力 指指主要用于农、林、牧、渔业的各种动力机械的动力总和。包括耕作机械、排灌机械、收获机械、农用运输机械、植物保护机械、牧业机械、林业机械、渔业机械和其他农业机械。总动力按法定计算单位千瓦计算。（注：1马力=735.5瓦特=0.735千瓦）

农用化肥施用量 指本年内实际用于农业生产的化肥数量，包括氮肥、磷肥、钾肥和复合肥。化肥施用量要求按折纯量计算数量。折纯量是指把氮肥、磷肥、钾肥分别按含氮、含五氧化二磷、含氧化钾的百分之百成份进行折算后的数量。复合肥按其所含主要成分折算。公式为：折纯量=实物量×某种化肥有效成份含量的百分比

农村用电量 本年度内，扣除在农村中的国有工业、交通、基建等单位的用电量以后的农村生产和生活的全年用电总量。包括国家电网供电和农村自办电站供电量。

Explanatory Notes on Main Statistical Indicators

Number of Rural Households refers to households resident on a long term basis (i.e. 1 year or more) in administrative districts in townships (not including urban townships), including rural households resident in areas under the jurisdiction of urban townships. Households whose household registration is not in the locality yet resident for one year or more are included among the rural households. Households having local household registration yet the whole household having left for somewhere else for work for one year or more, whether still retaining contracted farmland, are not included among the local rural households. Also not included are collective households associated with institutions of the State economy, organizations, schools and enterprises.

Rural Population refers to residential population of residential households in rural areas, i.e. who stay at home usually or residing at home above 6 months and link closely to the household in economy and livelihood. Persons who engaged outside above 6 months while take their income back to home and link closely with the household in economy, are still calculated as rural population. National workers and retirees who reside at home at the same time link closely with the household are still calculated as rural population, while enlisted man, secondary specialized and above students (except day-students) and persons engaged outside (except family visit and medical treatment) for years having stable jobs and living places can't be calculated as rural population.

Rural Laborers refer to persons in the rural labor force aged over 16 years who are engaged in actual production and management activities and receive payment in kind or wages, including those covered within the labor force age bracket and regularly participating in production activities, and those who are out of the labor force age bracket yet also participating in production activities regularly. Students studying in other places with their permanent residence registered in local areas, servicemen and persons incapable of working are not included. Unemployed persons and domestic workers are also not included. Persons employed are classified as persons engaged in agriculture, forestry, animal husbandry or fishery activities; persons engaged in industrial activities; persons engaged in construction activities; persons engaged in transport, storage and telecommunications activities; persons engaged in information transmission, computer services and software industry; persons engaged in wholesale and retail trade and catering activities; and persons engaged in other non-agriculture activities. In case the person is engaged in more than one type of work, classification is according to the industry in which he works most of the time.

Gross Output of Farming, Forestry, Animal Husbandry and Fishery refers to the total volume of products of farming, forestry, animal husbandry and fishery and value of service for farming, forestry, animal husbandry and fishery productive activity in value terms. It reflects total scale and results of farming, forestry, animal husbandry and fishery productive in a period time. It's a important indicator to watch production level and rate, research interior percentage, percentage with industry, state construction and people's livelihood. It's also basic to calculate productivity and value added.

Value Added of Farming, Forestry, Animal Husbandry and Fishery refers to new increasing value through farming, forestry, animal husbandry and fishery and services activities, which equals to gross output of farming, forestry, animal husbandry and fishery minus their intermediate consumption.

Resources of Cultivated Area refers to farm land for growing crops, including cultivated land, newly cultivated land and land planted crops in the current year, fallow land including swidden and rotation land, land which are mainly planted with crops including vegetables and scattered with fruit trees, mulberry trees and other trees, beaches and shoal land which can gains at least one season. Cultivated Area includes channels, ditches, footpaths and ridges which are not wider than one meter in the south while 2 meters in the north, land temporarily plant with medical materials, turfs, flowers and nursery stocks, and other lands which temporarily change usage.

Effective Irrigated Area refers to area of land that are effectively irrigated, i.e. relatively level land, where there are water sources or complete sets of irrigation facilities to lift and move adequate water for irrigation purpose under normal conditions. Under normal institutions, irrigated area is the sum of watered fields and irrigated fields where irrigation systems or equipment have been installed for regular irrigation purpose.

Sown Area of Farm Crops refers to area of land sown or transplanted with crops regardless of being in cultivated area or non-cultivated area, area of land re-sown due to natural disasters is also included.

Total Output of Farm Crops refers to the total output of all kinds of crops this year. It does not matter if they are included in the plans the amount is large or small or the crops are grown on the cultivated land or on uncultivated land. The crops include grain cotton oil hemp sugar herbs vegetables melons and other crops.

Total Power of Agricultural Machinery refers to total mechanical power of machinery in farming forestry, animal husbandry and fishery including plough irrigation and drainage harvesting transport plant protection stock breeding forestry and fishery. The total power of farm machinery is calculated by the unit of account kilowatt (1 horsepower = 735.5 watt = 0.735 kilowatt).

Consumption of Chemical Fertilizers refers to the quantity of chemical fertilizers applied in agriculture in the year, including nitrogenous fertilizer, phosphate fertilizer, potash fertilizer and compound fertilizer. It is calculated in terms of volume of effective components by means of converting the gross weight of the respective fertilizers into weight containing effective component (e.g. nitrogen content in nitrogenous fertilizer, phosphorous pentoxide contents in phosphate fertilizer and potassium oxide contents in potash fertilizer). Compound fertilizer is converted in regard to its major components. The formula is: Volume of effective component = physical quantity × effective component of certain chemical fertilizer (%)

Electricity Consumption in Rural Areas refers to the total electricity consumption for rural production and living in the year, which deduct consumption of national industry, transportation and capital construction units in rural areas. It includes the supply of national power grid and power station building by rural residents.

10 工业

INDUSTRY

PAGE

245-312

资料整理人员

刘香元　童　超　杨　健　武晓冬

工 业
INDUSTRY

工业企业单位数	Number of Industrial Enterprises	3979	个	(unit)
产品产量(全社会)	Output of Prodncts(Total Socidty)	6006.1	亿元	(100 million yuan)
原煤产量	Output of Coal	96257	万吨	(10 000 tons)
发电量	Output of Electricity	2603.7	亿千瓦小时	(100 million kwh)
生铁产量	Output of Pig Iron	4310.7	万吨	(10 000 tons)
粗钢产量	Output of Crude Steel	4671.4	万吨	(10 000 tons)
水泥产量	Output of Cement	5269.1	万吨	(10 000 tons)

工业增加值构成 (%)

Composition of Value Added of Industry (%)

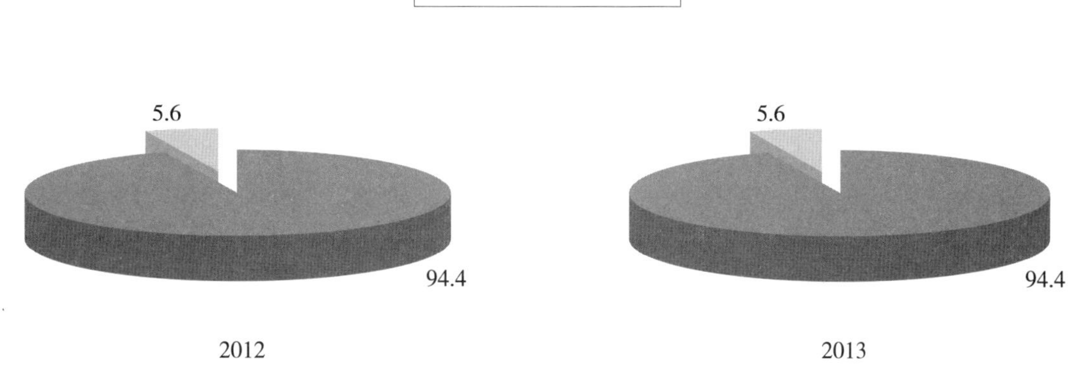

工业增加值 (亿元)

Value Added of Industry (100 million yuan)

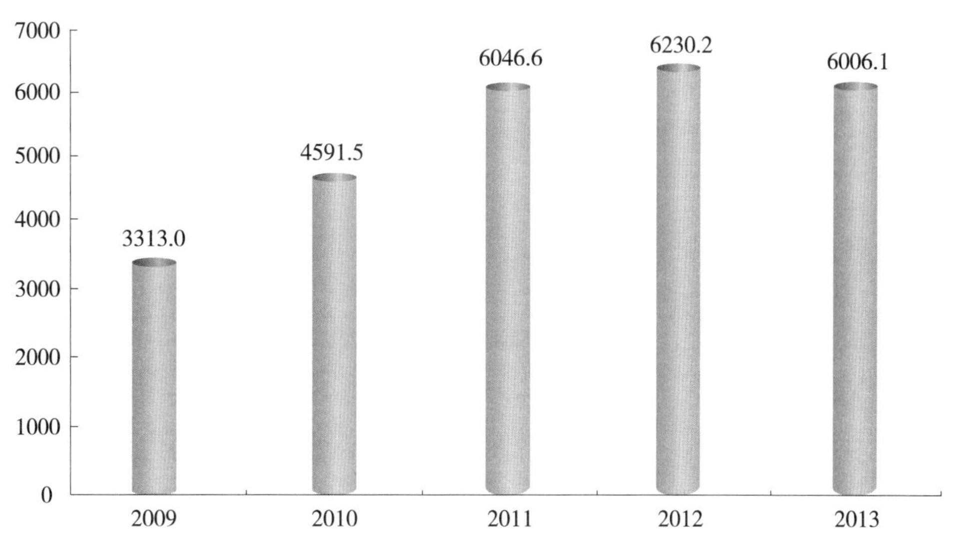

10-1 主要年份工业企业单位数
NUMBER OF INDUSTRIAL ENTERPRISES IN MAJOR YEARS

单位：个 (unit)

年 份 Year	工业企业单位数 Number of Industrial Enterprises	按隶属关系分 Grouped by Jurisdiction of Management		按经济类型分 Grouped by Ownership		
		中央企业 Central Enterprise	地方企业 Local Enterprise	国有经济 State-owned Enterprise	集体经济 Collective-owned Enterprise	其他经济 Other Ownership
1978	9381	100	9281	2547	6834	
1980	9533	112	9421	2524	7009	
1985	11004	168	10836	2421	8577	6
1990	12122	187	11935	2776	9318	28
1995	12086	183	11903	3042	8698	346
2000	3275	110	3165	1537	766	972
2005	4441	95	4346	879	928	2634
2006	4668	94	4574	752	972	2944
2007	4472	101	4371	352	715	3405
2008	4415	99	4316	310	443	3662
2009	4023	119	3904	286	248	3489
2010	4240	120	4120	266	181	3793
2011	3673	135	3538	227	114	3332
2012	3905	150	3755	237	97	3571
2013	3979	148	3831	110	72	3797

年 份 Year	按轻重工业分 Grouped by Light & Heavy Industry		按企业规模分 Grouped by Size of Enterprises			
	轻工业 Light Industry	重工业 Heavy Industry	大型企业 Large-size Enterprise	中型企业 Medium-size Enterprise	小型企业 Small-size Enterprise	微型企业 Micro-size Enterprises
1978	4463	4918	36	117	9228	
1980	4528	5005	50	94	9389	
1985	4875	6129	75	144	10785	
1990	4922	7200	97	169	11856	
1995	4080	8006	122	252	11712	
2000	944	2331	137	228	2910	
2005	761	3680	87	757	3597	
2006	777	3891	98	829	3741	
2007	618	3854	114	873	3485	
2008	653	3762	129	934	3352	
2009	716	3307	127	876	3020	
2010	737	3503	149	970	3121	
2011	546	3127	300	924	2297	152
2012	569	3336	295	889	2513	208
2013	586	3393	277	913	2542	247

注：(1)工业企业统计范围1998-2006年为国有企业、大中型企业和年产品销售收入500万元及以上非国有企业；2007-2010年为年主营业务收入500万元以上的工业法人企业；2011年及以后为年主营业务收入2000万元以上的工业法人企业。

(2)2011年起企业规模划分采用新标准。

Notes: (1)Enterprises in this table contains enterprises which is state-owned, large & medium-sized and non-state-owned with sales above 5 million yuan from 1998 to 2006; enterprises whose major business revenue is above 5 million yuan from 2007 to 2010; enterprises whose major business revenue is above 20 million yuan since 2011.

(2)New standards of enterprise size have been used since 2011.

10-2 主要年份主要工业产品产量
OUTPUT OF MAJOR INDUSTRIAL PRODUCTS IN MAJOR YEARS

年份 Year	原煤 (万吨) Coal (10 000 tons)	发电量 (亿千瓦小时) Electricity (100 million kwh)	粗钢 (万吨) Crude Steel (10 000 tons)	钢材 (万吨) Steel Products (10 000 tons)	生铁 (万吨) Pig Iron (10 000 tons)	焦炭 (万吨) Coke (10 000 tons)	铜(吨) Copper(ton)
1978	9825	106.63	119.99	74.04	150.39	356.51	13583
1980	12103	120.24	149.38	86.42	171.39	320.95	26607
1985	21418	184.59	183.74	110.80	229.54	417.34	24400
1990	28597	314.16	238.58	128.78	454.88	1609.27	25147
1995	34731	505.97	339.80	217.09	1438.29	5297.62	27530
2000	25152	624.71	472.73	392.60	1628.00	4967.00	28544
2005	55426	1316.50	1654.72	1368.60	3229.80	7981.00	27225
2006	58142	1526.40	1949.28	1677.63	3556.43	9202.00	68025
2007	63021	1760.50	2506.36	2097.27	3727.64	9897.29	102276
2008	65577	1793.78	2350.75	1984.90	2780.37	8295.87	91245
2009	61535	1873.80	2648.49	2289.10	3166.84	7705.83	67051
2010	74096	2150.56	3048.82	2866.35	3402.43	8502.10	80610
2011	87228	2344.00	3490.42	3371.16	3786.08	9047.91	87785
2012	91333	2534.99	3950.17	3799.47	4009.64	8612.66	98134
2013	96257	2603.72	4671.44	4487.04	4310.66	9076.82	88564

年份 Year	水泥 (万吨) Cement (10 000 tons)	平板玻璃 (万重量箱) Plate Glass (10 000 weight cases)	化学肥料(折有效成份100%，万吨) Chemical Fertilizer (calculated on100% effective content，10 000 tons)			化学农药 (万吨) Chemical Pesticide (10 000 tons)	塑料 (万吨) Plastics (10 000 tons)
			合计 Total	#氮肥 Nitrogenous	#磷肥 Phosphate		
1978	255.87	47.09	32.33	30.24	2.09	0.90	0.57
1980	287.88	52.74	40.15	34.91	5.24	0.77	0.55
1985	458.68	113.33	39.31	37.41	1.89	0.29	0.94
1990	612.47	181.58	71.94	60.06	11.88	0.38	1.82
1995	1169.85	241.44	102.31	83.31	18.93	0.71	2.64
2000	1434.00	357.98	170.17	137.55	18.82	0.40	3.04
2005	2310.68	360.24	353.51	336.35	13.10	0.74	29.28
2006	2681.13	814.16	314.57	303.16	10.48	0.20	37.39
2007	2780.91	971.91	368.68	357.00	9.72	0.03	55.69
2008	2451.67	1327.27	397.10	384.93	12.17	0.32	50.75
2009	2753.18	1275.70	375.17	365.61	9.56	0.16	16.26
2010	3670.29	1673.37	331.84	321.60	10.24	0.17	20.24
2011	4101.47	1847.64	363.75	353.73	10.02	0.15	23.01
2012	5076.21	1975.81	389.07	379.23	9.84	0.08	24.73
2013	5269.09	2065.28	446.13	439.79	6.34	0.05	26.12

注：本表产量为全社会口径。

Note: Coverage of products in the table is total society.

10-2 续表 continued

年 份 Year	轮胎外胎(万条) Tires Cover (10 000 units)	矿山设备(吨) Mining Equipment (ton)	金属切削机床(台) Metal-cutting Machine Tools (unit)	纱(吨) Yarn(ton)	布(万米) Cloth(10 000 m)
1978	9.97	18214	3131	72193	32756
1980	14.44	9349	1706	84145	38652
1985	29.25	16345	1288	77762	37555
1990	57.33	25717	1678	94237	42948
1995	112.45	23675	688	72165	35593
2000	154.30	6857	832	84765	33253
2005	135.11	109570	1813	149828	36256
2006	117.44	123055	1947	129150	27813
2007	98.43	153923	2133	99920	20472
2008	105.44	127906	1895	66004	6648
2009	137.38	252239	1025	43077	5242
2010	173.51	329442	1822	53913	7381
2011	164.86	354327	1937	54012	8139
2012	170.26	434304	834	61575	7499
2013	166.57	430963	466	56923	7553

年 份 Year	化学纤维(吨) Chemical Fiber (ton)	糖(吨) Sugar(ton)	卷 烟(万箱) Cigarettes (10 000 cases)	机制纸及纸板(万吨) Machine-made Paper and Paperboard (10 000 tons)	合成洗涤剂(吨) Synthetic Detergents (ton)
1978	1668	5319	16.77	9.35	14409
1980	3642	11111	18.62	11.55	18505
1985	14581	30118	18.72	18.75	60746
1990	19839	30514	24.17	35.44	68951
1995	25345	36850	28.43	59.69	135359
2000	28987	7660	30.34	27.00	189235
2005	27051	4111	25.00	40.49	162303
2006	35089	28738	26.00	45.77	166934
2007	43522	25697	28.00	44.40	154132
2008	30371	31450	29.00	31.55	117795
2009	8878	34150	29.00	16.95	127758
2010	10023	43547	29.50	21.78	119774
2011	6446	43480	31.00	20.48	98419
2012	4504	52607	31.20	33.39	101898
2013	2396	27436	37.10	34.17	108199

10-3 工业增加值(2013年)
VALVE ADDED OF INDUSTRY(2013)

单位：万元 (10 000 yuan)

指 标	Item	2013
总 计	**Total**	**60060902**
按轻重工业分	Grouped by Light and Heavy Industry	
轻工业	Light Industry	3381524
重工业	Heavy Industry	56679378
按企业规模分	Grouped by Size of Enterprises	
大型企业	Large-size Enterprise	31372967
中型企业	Medium-size Enterprise	13671707
小型企业	Small-size Enterprise	14504355
微型企业	Micro-size Enterprise	511873
按行业大类分	Grouped by Sector	
采矿业	Mining	36480497
煤炭开采和洗选业	Coal Mining and Dressing	34586310
石油和天然气开采业	Petroleum and Natural Gas Extraction	223176
黑色金属矿采选业	Ferrous Metals Mining and Dressing	1524198
有色金属矿采选业	Nonferrous Metals Mining and Dressing	132793
非金属矿采选业	Nonmetal Minerals Mining and Dressing	14019
开采辅助活动	Mining Auxiliary Activities	
其他采矿业	Other Mining Industry	
制造业	Manufacturing	18861124
农副食品加工业	Farm Products Processing	952392
食品制造业	Food Manufacturing	287344
酒、饮料和精制茶制造业	Beverage Manufacturing	708167
烟草制品业	Tobacoo Products Manfacturing	331918
纺织业	Textile Industry	78808
纺织服装、服饰业	Textile Garments Manufacturing	48963
皮革、毛皮、羽毛及其制品和制鞋业	Leather, Fur, Feather and Its Products and Footwear	5264
木材加工及木、竹、藤、棕、草制品业	Timber Processing, Bamboo, Cane, Palm Fiber and Straw Products	22785
家俱制造业	Furniture Manufacturing	20282
造纸及纸制品业	Paper Making and Paper Products	46356
印刷业和记录媒介的复制	Printing and Record Medium Reproduction	57662
文教、工美、体育和娱乐用品制造业	Cultural, Educational, Sports and Entertainment Products	28824
石油加工、炼焦及核燃料加工业	Petroleum Processing,Coking and Nuclear Fuel Processing	2445483
化学原料及化学制品制造业	Raw Chemical Materials and Chemical Products	1707731
医药制造业	Medical and Pharmaceutical Products	454656
化学纤维制造业	Chemical Fiber	159
橡胶和塑料制品业	Rubber and Plastic Products	132160
非金属矿物制品业	Nonmetal Mineral Products	1157933
黑色金属冶炼及压延加工业	Smelting and Pressing of Ferrous Metals	4718620
有色金属冶炼及压延加工业	Smelting and Pressing of Non-ferrous Metals	966649
金属制品业	Metal Prodcuts	484685
通用设备制造业	Ordinary Machinery Manufacturing	533176
专用设备制造业	Special Purpose Equipment Manufacturing	686813
交通运输设备制造业	Automobile Manufacturing Industry	189747
铁路、船舶、航空航天和其他运输设备制造业	Railroad, Marine, Aviation and Other Transport Equipment Manufacturing Industry	267183
电气机械和器材制造业	Electrical Machinery and Equipment Manufacturing Industry	312269
通信设备、计算机及其他电子设备制造业	Telecommunication Equipment, Computer and Other Electronic Product	1992722
仪器仪表制造业	Equipments and Instruments Manufacturing	155373
其他制造业	Other Mafufacturing Industry	18591
废弃资源综合利用业	Comprehensive Utilization of Waste Resources	1850
金属制品、机械和设备修理业	Metal products, Machinery and Equipment Repair Industry	46559
电力、热力、燃气及水生产和供应业	Production and Supply of Electricity, Heat, Gas and Water	4719282
电力、热力生产和供应业	Production and Supply of Electricity and Heat	4400336
燃气生产和供应业	Production and Supply of Gas	251024
水的生产和供应业	Production and Supply of Water	67922

10-4 工业企业主要经济指标(2013年)

单位：万元

指 标	Item	单位数(个) Number of Enterprises (unit)
总 计	**Total**	**3979**
一、按隶属关系分	Grouped by Belongs	
中央企业	Central Enterprises	148
省属企业	Province-owned Enterprises	307
市属企业	Cities-owned Enterprises	175
县(市、区)属企业	County-owned Enterprises	482
城市街道企业	Cities' Subdistrict-owned Enterprises	6
镇属企业	Small Town-owned Enterprises	40
乡属企业	Township Enterprises	23
居委会办企业	Neighbourhood Committee-run Enterprises	1
村办企业	Village Enterprises	39
其 他	Enterprises of Other Types of Ownership	2758
二、按登记注册类型分	Grouped by Registered Kind	
内资企业	Civil Funded Enterprises	3834
国有企业	State-owned Enterprises	110
集体企业	Collective Owned Enterprises	72
股份合作企业	Share Holding Cooperative Enterprises	3
联营企业	Joint Owned Enterprises	2
有限责任公司	Limited Responsibility Company	1184
国有独资公司	Company Exclusively with Investment from State	81
其他有限责任公司	Other Limited Responsibility Company	1103
股份有限公司	Share Holding Limited Company	123
私营企业	Privately Owned Enterprises	2332
私营独资企业	Enterprise Exclusively with Investment from Private	173
私营合伙企业	Private Partner Enterprises	16
私营有限责任公司	Privately Owned Limited Responsibility Company	2053
私营股份有限公司	Privately Owned Share Holding Limited Company	90
其他企业	Enterprises of Other Types of Ownership	8
港、澳、台商投资企业	Enterprises Funded by HongKong, Macao and Taiwan	50
合资经营企业(港或澳、台资)	Joint Venture	32
合作经营企业(港或澳、台资)	Cooperative Enterprise	1
港澳台商独资企业	Ventures Exclusively with HongKong，Macao and Taiwan Investment	14
港澳台商投资股份有限公司	Share Holding Limited Company	3
外商投资企业	Foreign Funded Enterprises	95
中外合资经营企业	Joint Venture	65
中外合作经营企业	Cooperative Enterprises	3
外资企业	Enterprises Funded By Foreign Investments	24
外商投资股份有限公司	Share Holding Limited Company	2
其他外商投资企业	Other Foreign Funded Enterprises	1
三、在总计中: 亏损企业	Of the Total: Loss-making Enterprises	1426
在总计中: 国有控股企业	Of the Total: State-Controlled Share Holding Enterprises	764
在总计中: 农村工业	Of the Total: Rural Industry	62
在总计中: 轻工业	Of the Total: Light Industry	586
重工业	Heavy Industry	3393
在总计中: 大型企业	Of the Total: Large-size Enterprises	277
中型企业	Medium-size Enterprises	913
小型企业	Small-size Enterprises	2542
微型企业	Micro-size Enterprises	247

MAIN ECONOMIC INDICATORS OF INDUSTRIAL ENTERPRISES(2013)

(10 000 yuan)

#亏损企业 Loss-making Enterprises	工业销售产值 Industrial Sales Output Value	资产总计 Total Assets	流动资产合计 Total Circulating Funds	固定资产合计 Total Fixed Assets	固定资产原价 Original Value of Fixed Assets
1426	**165858003**	**283398979**	**113124882**	**110101187**	**153394245**
38	27992353	44327532	11352131	24415948	35829785
128	44214206	103767338	38145745	41512459	56874742
85	6864028	14769495	6020740	5303424	7300976
186	13483971	29927279	11353687	10328059	11911695
2	83259	132510	69253	16871	23148
13	1743732	1680804	1090995	451950	579602
11	432678	1232673	612489	285308	291207
	3042	4105	3342	763	1560
12	1179884	1493838	755068	506749	647910
951	69860852	86063406	43721432	27279656	39933619
1377	154378208	266171688	106002162	101925784	141350476
58	12926139	16313867	4181828	8723899	13550138
18	1635274	1002465	566791	312275	585757
2	35175	15148	8281	6324	9502
1	108655	188081	87566	90767	271799
494	73510868	165237172	62085056	64498246	82816037
28	18431468	35383167	14960682	10454539	17203400
466	55079401	129854004	47124374	54043707	65612636
36	13468889	25002413	7985421	10755393	16841564
766	52607095	58177216	30922182	17504394	27232179
49	2667684	1052288	739453	265014	402105
1	155487	67488	46090	18938	22853
693	46377710	53538067	28301677	16229851	25472361
23	3406214	3519373	1834961	990591	1334860
2	86113	235327	165039	34487	43501
18	6238726	7045039	3486557	3102724	4443397
15	4463036	4086686	1862016	2020211	2870647
	157523	544003	417798	71591	103845
3	1353004	1811038	763153	881625	1241807
	265163	603313	443591	129298	227098
31	5241069	10182252	3636162	5072679	7600372
20	3243487	6959742	2560269	3225070	4087214
	946586	1489023	434930	816449	2046973
11	990020	1590425	620266	912397	1329833
	56232	34282	20209	10474	26792
	4744	108778	489	108290	109560
1426	38883313	96817498	39950425	35871672	46367324
323	82663911	177047379	59167045	76930365	105577013
23	1612562	2726511	1367557	792057	939117
137	10456038	12039432	5976236	4469619	5705453
1289	155401965	271359547	107148646	105631568	147688791
69	86756537	159372723	65745069	60050467	88466786
375	42433889	80509963	28546199	32991284	44250521
860	35288678	38204226	17407739	15269545	18968217
122	1378899	5312068	1425876	1789891	1708721

10-4 续表1

单位：万元

指标	Item	累计折旧 Total Depreciation
总　计	**Total**	**62185569**
一、按隶属关系分	Grouped by Jurisdiction of Management	
中央企业	Central Enterprises	14900927
省属企业	Province-owned Enterprises	25002086
市属企业	Cities-owned Enterprises	2764843
县(市、区)属企业	County-owned Enterprises	3304297
城市街道企业	Cities' Subdistrict-owned Enterprises	6345
镇属企业	Small Town-owned Enterprises	190397
乡属企业	Township Enterprises	92236
居委会办企业	Neighbourhood Committee -run Enterprises	797
村办企业	Village Enterprises	225722
其　他	Enterprises of Other Types of Ownership	15697919
二、按登记注册类型分	Grouped by Registered Kind	
内资企业	Civil Funded Enterprises	57635969
国有企业	State-owned Enterprises	6419205
集体企业	Collective Owned Enterprises	316791
股份合作企业	Share Holding Cooperative Enterprises	3288
联营企业	Joint Owned Enterprises	181033
有限责任公司	Limited Responsibility Company	32291904
国有独资公司	Company Exclusively with Investment from State	7821393
其他有限责任公司	Other Limited Responsibility Company	24470511
股份有限公司	Share Holding Limited Company	6898924
私营企业	Privately Owned Enterprises	11511782
私营独资企业	Enterprise Exclusively with Investment from Private	153163
私营合伙企业	Private Partner Enterprises	4242
私营有限责任公司	Privately Owned Limited Responsibility Company	10898327
私营股份有限公司	Privately Owned Share Holding Limited Company	456050
其他企业	Enterprises of Other Types of Ownership	13041
港、澳、台商投资企业	Enterprises Funded by HongKong, Macao and Taiwan	1401287
合资经营企业(港或澳、台资)	Joint Venture	871704
合作经营企业(港或澳、台资)	Cooperative Enterprise	49638
港澳台商独资企业	Ventures Exclusively with HongKong, Macao and Taiwan Investment	379735
港澳台商投资股份有限公司	Share Holding Limited Company	100211
外商投资企业	Foreign Funded Enterprises	3148313
中外合资经营企业	Joint Venture	1400873
中外合作经营企业	Cooperative Enterprises	1230523
外资企业	Enterprises Funded By Foreign Investments	499327
外商投资股份有限公司	Share Holding Limited Company	16318
其他外商投资企业	Other Foreign Funded Enterprises	1271
三、在总计中:亏损企业	Of the Total: Loss-making Enterprises	18751218
在总计中:国有控股企业	Of the Total: State-Controlled Share Holding Enterprises	43690096
在总计中:农村工业	Of the Total: Rural Industry	317959
在总计中:轻工业	Of the Total: Light Industry	1890776
重工业	Heavy Industry	60294793
在总计中:大型企业	Of the Total: Large-size Enterprises	40723142
中型企业	Medium-size Enterprises	15711547
小型企业	Small-size Enterprises	5274200
微型企业	Micro-size Enterprises	476680

continued

(10 000 yuan)

流动负债 Liquid Liabilities	负债合计 Total Liabilities	年末所有者权益 Creditors' Equity at Year-end	主营业务收入 Revenue of Major Business	主营业务成本 Costs of Major Business	主营业务税金及附加 Tax and Extra Charges of Major Business	营业费用 Costs of Business	管理费用 Costs of Administration
136110437	**203900547**	**79224902**	**183933277**	**155399264**	**1605220**	**5460957**	**10384884**
15395500	30598540	13715652	28582338	23221333	414895	1304699	1484332
44364352	75580421	28108333	64378456	54384635	577564	1868971	4596389
7452582	10397497	4370284	6688828	5363743	59022	188475	604906
14924337	21326250	8588287	12673231	9803055	156387	408110	1237967
69401	104458	26502	78496	74788	528	1840	3090
1164443	1338198	342446	1737132	1434625	21964	36941	51700
618142	709346	522009	439545	256180	4826	22363	38385
3700	3700	392	3042	2833	13	22	85
963681	1122970	363869	1152562	1024763	6871	23178	39803
51154300	62719168	23187130	68199649	59833311	363151	1606358	2328226
127542307	192535083	73372673	172173024	146190616	1541570	5195832	9905488
4633635	11545212	4841801	12270068	10844337	80041	72507	852612
880009	918330	75851	1544126	1278757	17366	58572	104468
14651	14732	416	37121	35922	32	218	1385
190129	195592	-7511	85665	100726	1050	829	7366
76638973	121764967	43271449	93347382	78577989	1002766	2446411	6468478
15982748	24586174	10774556	25404205	21991463	215029	541848	1547611
60656225	97178793	32496893	67943176	56586527	787738	1904563	4920867
9369825	14531830	10429913	13580280	9420001	199212	1520427	961294
35625364	43361508	14728404	51222334	45874525	239312	1095127	1498817
665124	799393	259386	2589588	2289883	19884	63459	41903
35831	39176	27852	125242	110613	571	4157	2332
33329760	40257072	13181083	45495125	40794749	203273	953265	1362109
1594649	2265867	1260084	3012379	2679280	15585	74245	92473
189722	202911	32350	86048	58359	1791	1741	11068
3868590	5038318	2006512	6435054	5121146	16011	78153	156771
2363818	3165478	921207	4764553	3685485	9956	40741	86719
436560	436560	107443	52880	49700		1002	1004
685817	958844	851985	1354994	1161952	5073	27750	47011
382394	477435	125877	262627	224009	982	8660	22037
4699540	6327146	3845717	5325200	4087502	47640	186972	322626
3249597	4640314	2318537	3374484	2630106	24587	159505	191811
535445	632604	856419	950140	591065	10788	12148	43332
838974	978407	603523	937781	810670	12023	12606	84663
8847	9144	25138	58051	52403	205	2713	2111
66677	66677	42101	4744	3260	37		709
55633201	82353374	14363931	50016274	46559421	311358	1478079	3419977
73885188	127098979	49876148	102858082	85384107	1125145	3400745	7281031
1581823	1832316	885877	1592107	1280943	11697	45542	78189
5384447	6612658	5377800	11015932	8628918	347094	623251	545020
130725990	197287889	73847102	172917346	146770346	1258126	4837707	9839864
71647502	110517407	48748938	107606059	89703643	1029176	3726366	6368012
42372508	61494085	19015749	41428870	35382715	361272	790761	2907500
19345171	27559226	10549565	33839296	29363219	208711	923282	997643
2745257	4329830	910649	1059053	949687	6061	20548	111729

10-4 续表2

单位：万元

指　标	Item	财务费用 Costs of Finance
总　计	**Total**	**5532264**
一、按隶属关系分	Grouped by Jurisdiction of Management	
中央企业	Central Enterprises	818284
省属企业	Province-owned Enterprises	2014561
市属企业	Cities-owned Enterprises	219251
县(市、区)属企业	County-owned Enterprises	564819
城市街道企业	Cities' Subdistrict-owned Enterprises	2811
镇属企业	Small Town-owned Enterprises	71467
乡属企业	Township Enterprises	39238
居委会办企业	Neighbourhood Committee -run Enterprises	
村办企业	Village Enterprises	40254
其　他	Enterprises of Other Types of Ownership	1761579
二、按登记注册类型分	Grouped by Registered Kind	
内资企业	Civil Funded Enterprises	5206035
国有企业	State-owned Enterprises	235390
集体企业	Collective Owned Enterprises	26498
股份合作企业	Share Holding Cooperative Enterprises	751
联营企业	Joint Owned Enterprises	3311
有限责任公司	Limited Responsibility Company	3294035
国有独资公司	Company Exclusively with Investment from State	463906
其他有限责任公司	Other Limited Responsibility Company	2830128
股份有限公司	Share Holding Limited Company	351313
私营企业	Privately Owned Enterprises	1274721
私营独资企业	Enterprise Exclusively with Investment from Private	21390
私营合伙企业	Private Partner Enterprises	353
私营有限责任公司	Privately Owned Limited Responsibility Company	1170993
私营股份有限公司	Privately Owned Share Holding Limited Company	81985
其他企业	Enterprises of Other Types of Ownership	20016
港、澳、台商投资企业	Enterprises Funded by HongKong, Macao and Taiwan	132014
合资经营企业(港或澳、台资)	Joint Venture	92645
合作经营企业(港或澳、台资)	Cooperative Enterprise	698
港澳台商独资企业	Ventures Exclusively with HongKong, Macao and Taiwan Investment	32330
港澳台商投资股份有限公司	Share Holding Limited Company	6341
外商投资企业	Foreign Funded Enterprises	194216
中外合资经营企业	Joint Venture	173790
中外合作经营企业	Cooperative Enterprises	6228
外资企业	Enterprises Funded By Foreign Investments	14049
外商投资股份有限公司	Share Holding Limited Company	109
其他外商投资企业	Other Foreign Funded Enterprises	41
三、在总计中:亏损企业	Of the Total: Loss-making Enterprises	2277888
在总计中:国有控股企业	Of the Total: State-Controlled Share Holding Enterprises	3220409
在总计中:农村工业	Of the Total: Rural Industry	79492
在总计中:轻工业	Of the Total: Light Industry	164125
重工业	Heavy Industry	5368139
在总计中:大型企业	Of the Total: Large-size Enterprises	3024769
中型企业	Medium-size Enterprises	1736075
小型企业	Small-size Enterprises	730092
微型企业	Micro-size Enterprises	41328

continued

(10 000 yuan)

#利息支出 Interest Expenditure	利润总额 Total Profits	亏损企业亏损额 Loss of Loss-making Enterprises	利税总额 Total Pre-tax Profits	应付薪酬总额 Total Wages Payable	应交所得税 Income Taxes Payable	应交增值税 Value Added Taxes Payable
5582709	**6145913**	**3723744**	**15334061**	**15286419**	**1655670**	**7521810**
896786	1839554	269444	3790152	2208096	352547	1528376
2222521	1474297	1206032	4794046	7845330	606152	2706017
237570	377232	360371	779965	870842	159529	342321
540541	553502	515956	1481079	1239026	191966	758625
2425	-4306	4910	-2127	6843	20	1651
70991	137746	24422	199254	59159	4155	39341
38134	79927	39689	120683	45205	27221	35930
	89		140	261		39
37690	17772	11525	72623	46235	5055	47981
1536051	1670100	1291397	4098244	2965422	309026	2061530
5292776	5397514	3544319	14099156	14277675	1477920	7099165
230863	531379	153156	1156357	1236552	92163	542520
19214	60068	23097	175765	144290	4424	97080
538	-1051	1352	-779	2122	45	239
2800	-14965	15427	-12162	5266	2	1754
3548393	2293637	2325620	7279411	9899378	858663	3930244
585652	760985	275340	1692188	2065087	121491	701074
2962741	1532652	2050280	5587223	7834291	737172	3229170
378234	1291177	138476	2470822	1313179	334071	978921
1112346	1245785	876946	3028574	1668349	188179	1540516
13374	115801	9529	240577	37929	12397	104830
179	6968	205	10036	2917	330	2497
1040881	1041786	827323	2610008	1545472	164086	1362773
57912	81229	39889	167952	82030	11367	70415
389	-8515	10247	1168	8540	373	7892
100434	227705	24040	348072	421453	23126	104156
66010	138788	21586	215143	240363	13117	66200
	475		3453	16498		2978
29449	81985	2455	113943	144095	9845	26885
4975	6457		15533	20498	164	8094
189498	520693	155385	886833	587290	154624	318488
159031	239571	103702	418999	263810	74066	154841
10667	287579		402466	98465	73565	104089
19739	-10893	51683	58790	222060	6985	57658
61	3738		5343	2441	8	1400
	698		1234	515		500
2167885	-3723744	3723744	-1919670	5501638	129108	1451283
3519479	3571125	2070792	9578595	11512906	1139897	4837674
75824	97699	51214	193306	91440	32275	83910
163641	787348	101291	1489529	722370	78135	354546
5419067	5358565	3622453	13844532	14564049	1577535	7167264
3220911	4021222	1370499	9630771	10878982	1101044	4542225
1649299	864294	1664973	3062689	3364317	335749	1828114
676026	1351898	543304	2701744	936785	216662	1127277
36473	-91501	144967	-61143	106335	2215	24194

10-4 续表3

单位：万元

指　标	Item	单位数 (个) Number of Enterprises (unit)
四、按工业行业大类分	Grouped by Sector	3979
采掘业	Mining	1497
煤炭开采和洗选业	Coal Mining and Dressing	1256
石油和天然气开采业	Petroleum and Natural Gas Extraction	12
黑色金属矿采选业	Ferrous Metals Mining and Dressing	208
有色金属矿采选业	Nonferrous Metals Mining and Dressing	9
非金属矿采选业	Nonmetal Minerals Mining and Dressing	12
开采辅助活动	Mining Auxiliary Activities	
其他采矿业	Other Mining Industry	
制造业	Manufacturing	2327
农副食品加工业	Farm Products Processing	134
食品制造业	Food Manufacturing	79
酒、饮料和精制茶制造业	Beverage Manufacturing	59
烟草制品业	Tobacoo Products Manfacturing	1
纺织业	Textile Industry	38
纺织服装、服饰业	Textile Garments Manufacturing	9
皮革、毛皮、羽毛及其制品和制鞋业	Leather, Fur, Feather and Its Products and Footwear	1
木材加工和木、竹、藤、棕、草制品业	Timber Processing,Bamboo,Cane,Palm Fiber and Straw Products	12
家具制造业	Furniture Manufacturing	5
造纸和纸制品业	Paper Making and Paper Products	24
印刷和记录媒介复制业	Printing and Record Medium Reproduction	23
文教、工美、体育和娱乐用品制造业	Cultural, Educational, Sports and Entertainment Products	12
石油加工、炼焦和核燃料加工业	Petroleum Processing, Coking and Nuclear Fuel Processing	160
化学原料和化学制品制造业	Raw Chemical Materials and Chemical Products	230
医药制造业	Medical and Pharmaceutical Products	82
化学纤维制造业	Chemical Fiber	1
橡胶和塑料制品业	Rubber and Plastic Products	51
非金属矿物制品业	Nonmetal Mineral Products	441
黑色金属冶炼和压延加工业	Smelting and Pressing of Ferrous Metals	262
有色金属冶炼和压延加工业	Smelting and Pressing of Non-ferrous Metals	95
金属制品业	Metal Prodcuts	130
通用设备制造业	Ordinary Machinery Manufacturing	120
专用设备制造业	Special Purpose Equipment Manufacturing	141
汽车制造业	Automobile Manufacturing Industry	47
铁路、船舶、航空航天和其他运输设备制造业	Railroad, Marine, Aviation and Other Transport Equipment Manufacturing Industry	30
电气机械和器材制造业	Electrical Machinery and Equipment Manufacturing Industry	70
计算机、通信和其他电子设备制造业	Telecommunication Equipment, Computer and Other Electronic Product	30
仪器仪表制造业	Equipments and Instruments Manufacturing	18
其他制造业	Other Mafufacturing Industry	6
废弃资源综合利用业	Comprehensive Utilization of Waste Resources	4
金属制品、机械和设备修理业	Metal products, Machinery and Equipment Repair Industry	12
电力、热力、燃气及水生产和供应业	Production and Supply of Electricity, Heat, Gas and Water	155
电力、热力生产和供应业	Production and Supply of Electricity and Heat	123
燃气生产和供应业	Production and Supply of Gas	18
水的生产和供应业	Production and Supply of Water	14

continued

(10 000 yuan)

#亏损企业 Loss-making Enterprises	工业销售产值 Industrial Sales Output Value	资产总计 Total Assets	流动资产合计 Total Circul-ating Funds	固定资产合计 Total Fixed Assets	固定资产原价 Original Value Of Fixed Assets
1426	165858003	283398979	113124882	110101187	153394245
611	67132383	143309997	54757697	49992673	61227419
557	62912840	136794860	52436699	47935065	58689791
4	366432	2298920	612710	1009237	1117772
42	3606904	3812549	1479543	891972	1204066
3	192941	300939	145333	139781	194723
5	53266	102729	83412	16617	21067
752	81789660	111541777	53489339	39918580	61582058
28	3543430	2275341	1118495	914959	1119618
9	1171042	991307	490689	384491	494139
13	1431646	2117564	1197952	586741	778055
	413467	287304	201782	82750	135751
13	419839	636312	401987	156608	249686
	190638	172887	93516	46241	73740
	69671	12993	8599	2228	3262
4	128184	526595	224781	140931	142437
	57474	74385	49999	12247	13741
4	197487	216969	96583	89765	121908
6	167729	268785	126488	97432	152570
2	108429	200628	132495	51794	56677
97	12666222	23611716	12308554	6543488	11331539
84	6543073	12265023	4519142	6243545	8254086
20	1487422	2650119	1060841	1180669	1246936
1	1919	5810	3488	543	502
11	812470	917502	524524	251205	356745
164	3830521	6576282	2835539	3026189	3979000
90	26682138	28156719	11174657	10802869	20070726
46	4861482	7342078	2884067	3427746	5310780
30	2356008	2995017	1718341	1046000	1434382
31	2061938	2252081	1444313	575549	685380
39	3604018	6951925	4918491	1306316	1602929
18	850671	1423716	694003	466496	625186
6	1305205	1803958	1121887	612365	593730
21	1357923	1998514	1142614	516672	582793
9	4902588	3990204	2415452	1210896	1943886
1	390278	609502	450190	78994	108408
1	69763	99731	63437	30352	51626
1	9317	16708	10656	3191	3827
3	97669	94106	55783	29308	58017
63	16935960	28547205	4877846	20189934	30584767
45	15889794	25868623	4161561	18848996	28906303
6	881176	1980102	500657	967241	1083373
12	164990	698479	215628	373697	595091

10-4 续表4

单位：万元

指　　标	Item	累计折旧 Total Depreciation
四、按工业行业大类分	Grouped by Sector	**62185569**
采掘业	Mining	24731302
煤炭开采和洗选业	Coal Mining and Dressing	23951803
石油和天然气开采业	Petroleum and Natural Gas Extraction	217133
黑色金属矿采选业	Ferrous Metals Mining and Dressing	452369
有色金属矿采选业	Nonferrous Metals Mining and Dressing	104739
非金属矿采选业	Nonmetal Minerals Mining and Dressing	5257
开采辅助活动	Mining Auxiliary Activities	
其他采矿业	Other Mining Industry	
制造业	Manufacturing	25444858
农副食品加工业	Farm Products Processing	348804
食品制造业	Food Manufacturing	159466
酒、饮料和精制茶制造业	Beverage Manufacturing	255506
烟草制品业	Tobacoo Products Manfacturing	56590
纺织业	Textile Industry	105085
纺织服装、服饰业	Garments,Shoes and Hats Manufacturing	27720
皮革、毛皮、羽毛及其制品和制鞋业	Leather, Fur, Feather and Its Products and Footwear	1034
木材加工和木、竹、藤、棕、草制品业	Timber Processing, Bamboo, Cane, Palm Fiber and Straw Products	21308
家具制造业	Furniture Manufacturing	2493
造纸和纸制品业	Paper Making and Paper Products	36675
印刷和记录媒介复制业	Printing and Record Medium Reproduction	71704
文教、工美、体育和娱乐用品制造业	Cultural, Educational, Sports and Entertainment Products	8425
石油加工、炼焦和核燃料加工业	Petroleum Processing, Coking and Nuclear Fuel Processing	5608415
化学原料和化学制品制造业	Raw Chemical Materials and Chemical Products	2681394
医药制造业	Medical and Pharmaceutical Products	323524
化学纤维制造业	Chemical Fiber	67
橡胶和塑料制品业	Rubber and Plastic Products	115147
非金属矿物制品业	Nonmetal Mineral Products	1255596
黑色金属冶炼和压延加工业	Smelting and Pressing of Ferrous Metals	9506148
有色金属冶炼和压延加工业	Smelting and Pressing of Non-ferrous Metals	2060294
金属制品业	Metal Prodcuts	550316
通用设备制造业	Ordinary Machinery Manufacturing	236783
专用设备制造业	Special Purpose Equipment Manufacturing	507177
汽车制造业	Automobile Manufacturing Industry	200874
铁路、船舶、航空航天和其他运输设备制造业	Railroad, Marine, Aviation and Other Transport Equipment Manufacturing Industry	244306
电气机械和器材制造业	Electrical Machinery and Equipment Manufacturing Industry	190050
计算机、通信和其他电子设备制造业	Telecommunication Equipment,Computer and Other Electronic Product	772703
仪器仪表制造业	Equipments and Instruments Manufacturing	42305
其他制造业	Other Mafufacturing Industry	25210
废弃资源综合利用业	Comprehensive Utilization of Waste Resources	1002
金属制品、机械和设备修理业	Metal products, Machinery and Equipment Repair Industry	28737
电力、热力、燃气及水生产和供应业	Production and Supply of Electricity, Heat, Gas and Water	12009410
电力、热力生产和供应业	Production and Supply of Electricity and Heat	11622316
燃气生产和供应业	Production and Supply of Gas	144691
水的生产和供应业	Production and Supply of Water	242402

continued

(10 000 yuan)

流动负债 Liquid Liabilities	负债合计 Total Liabilities	年末所有者权益 Creditors' Equity at Year-end	主营业务收入 Revenue of Major Business	主营业务成本 Costs of Major Business	主营业务税金及附加 Taxes and Extra Charges of Major Business	营业费用 Costs of Business	管理费用 Costs of Administration
136110437	**203900547**	**79224902**	**183933277**	**155399264**	**1605220**	**5460957**	**10384884**
64793163	101094482	42153095	76429228	59773927	977452	3189682	6205593
62094433	97157716	39578608	72319976	56484604	920041	3157340	5967244
1039830	1364540	934381	465237	333228	3311	5160	53666
1351566	2230149	1579157	3412543	2760691	51365	20351	170012
215878	247329	52969	178131	152194	2001	5228	12610
91455	94748	7981	53341	43209	735	1604	2061
63614663	80441270	30921830	90318724	80820790	542273	2208018	3511714
1043511	1222617	1044108	3496334	3120688	2227	43158	57958
381444	472490	504742	1215095	996782	3608	67935	46164
897125	1017453	1099944	1995348	1318999	144512	232674	112818
33037	33037	254267	404055	130783	175677	4172	25089
446036	478811	156158	416903	377404	667	6077	11852
79651	83737	89150	159059	131532	451	3461	11520
382	401	12592	69671	67560	594	187	277
276453	327779	198452	169658	150951	649	1690	6367
42208	42208	31521	58767	51577	199	2329	1501
85620	142061	74308	201245	178339	612	2799	4622
119675	140103	128506	185128	149118	1027	7212	16503
127595	151756	48873	80568	69898	335	4563	6907
16760922	20192986	3358552	13227702	12237783	40087	546187	395229
6725275	8899499	3346658	7804263	7082505	20173	183501	410634
1128769	1590495	1052123	1485590	994961	11011	199754	148769
4599	4599	1210	2189	1999	4		77
404559	555032	353610	870330	762933	2737	22512	25406
3665714	4713227	1844241	3720981	3164396	21647	144230	220237
14796091	19662912	8474430	32709670	30858176	47290	331173	796796
3738591	5656677	1674300	5147206	4798010	19188	73222	132890
1416026	1782996	1211300	2328912	2040080	6473	39165	179849
1253130	1547626	703055	1973054	1660968	4801	53679	125410
4467084	5219470	1725777	3831012	3283561	11355	110445	275194
806301	1012608	411011	854668	766841	1697	36509	71349
1117377	1327526	476431	1278287	1046244	5627	25200	121919
1084597	1364605	632291	1067817	946865	4253	32627	87765
2327020	2371586	1618616	4942552	3957093	12480	14042	171379
264148	288206	321296	446181	326994	2090	13707	32568
33868	43863	55868	71303	59367	94	2530	4133
13487	15584	3654	9306	8380	93	364	759
74370	79318	14788	95870	80003	616	2915	9776
7702611	22364795	6149977	17185325	14804547	85496	63257	667577
6914048	20521165	5315026	16085275	13987729	78875	9865	567185
588705	1533148	446954	935415	676068	5022	44003	64069
199857	310482	387997	164635	140750	1599	9390	36322

10-4 续表5

单位：万元

指　标	Item	财务费用 Costs of Finance
四、按工业行业大类分	Grouped by Sector	5532264
采掘业	Mining	2683348
煤炭开采和洗选业	Coal Mining and Dressing	2538525
石油和天然气开采业	Petroleum and Natural Gas Extraction	34570
黑色金属矿采选业	Ferrous Metals Mining and Dressing	106581
有色金属矿采选业	Nonferrous Metals Mining and Dressing	200
非金属矿采选业	Nonmetal Minerals Mining and Dressing	3473
开采辅助活动	Mining Auxiliary Activities	
其他采矿业	Other Mining Industry	
制造业	Manufacturing	2073613
农副食品加工业	Farm Products Processing	43283
食品制造业	Food Manufacturing	19043
酒、饮料和精制茶制造业	Beverage Manufacturing	13067
烟草制品业	Tobacoo Products Manfacturing	-2245
纺织业	Textile Industry	13518
纺织服装、服饰业	Garments,Shoes and Hats Manufacturing	2137
皮革、毛皮、羽毛及其制品和制鞋业	Leather, Fur, Feather and Its Products and Footwear	102
木材加工和木、竹、藤、棕、草制品业	Timber Processing, Bamboo, Cane, Palm Fiber and Straw Products	10539
家具制造业	Furniture Manufacturing	1477
造纸和纸制品业	Paper Making and Paper Products	5597
印刷和记录媒介复制业	Printing and Record Medium Reproduction	4378
文教、工美、体育和娱乐用品制造业	Cultural, Educational, Sports and Entertainment Products	581
石油加工、炼焦和核燃料加工业	Petroleum Processing, Coking and Nuclear Fuel Processing	587492
化学原料和化学制品制造业	Raw Chemical Materials and Chemical Products	285129
医药制造业	Medical and Pharmaceutical Products	33501
化学纤维制造业	Chemical Fiber	143
橡胶和塑料制品业	Rubber and Plastic Products	18109
非金属矿物制品业	Nonmetal Mineral Products	131065
黑色金属冶炼和压延加工业	Smelting and Pressing of Ferrous Metals	478442
有色金属冶炼和压延加工业	Smelting and Pressing of Non-ferrous Metals	177824
金属制品业	Metal Prodcuts	42506
通用设备制造业	Ordinary Machinery Manufacturing	25181
专用设备制造业	Special Purpose Equipment Manufacturing	84228
汽车制造业	Automobile Manufacturing Industry	15265
铁路、船舶、航空航天和其他运输设备制造业	Railroad, Marine, Aviation and Other Transport Equipment Manufacturing Industry	27912
电气机械和器材制造业	Electrical Machinery and Equipment Manufacturing Industry	43292
计算机、通信和其他电子设备制造业	Telecommunication Equipment,Computer and Other Electronic Product	10997
仪器仪表制造业	Equipments and Instruments Manufacturing	-21
其他制造业	Other Mafufacturing Industry	491
废弃资源综合利用业	Comprehensive Utilization of Waste Resources	332
金属制品、机械和设备修理业	Metal products, Machinery and Equipment Repair Industry	250
电力、热力、燃气及水生产和供应业	Production and Supply of Electricity, Heat, Gas and Water	775303
电力、热力生产和供应业	Production and Supply of Electricity and Heat	741423
燃气生产和供应业	Production and Supply of Gas	30809
水的生产和供应业	Production and Supply of Water	3072

continued

(10 000 yuan)

#利息支出 Interest Expenditure	利润总额 Total Profits	亏损企业亏损额 Loss of Loss-making Enterprises	利税总额 Total Pre-tax Profits	应付薪酬总额 Total Wages Payable	应交所得税 Income Taxes Payable	年应交增值税 Value Added Taxes Payable
5582709	6145913	3723744	15334061	15286419	1655670	7521810
2768525	3958101	1700610	9863755	9363923	1197569	4887122
2628742	3649104	1653215	9314755	9198449	1149291	4705329
33352	73536	6789	102018	43708	12292	24434
103664	214785	36878	410247	103320	34448	144036
534	18698	1504	32276	16499	1174	11578
2234	1979	2225	4459	1947	364	1746
2013105	1067828	1776358	3439823	4764588	263627	1813656
40635	255974	15590	286354	85940	3172	28116
17020	91058	4395	122321	57278	9424	27627
18443	173201	12420	426546	154549	9719	108812
	70111		294214	35214	17528	48426
10268	5882	6946	18278	23185	2489	11727
2238	17668		22208	18152	3197	3901
100	951		1949	635	190	404
8489	4559	9189	6641	7019		1434
1433	1961		2516	1842	296	356
5313	9412	1377	13412	10140	800	3388
4136	12532	667	17185	20190	752	3616
489	5070	1117	9421	7902	91	3859
515670	-403306	623245	-86760	453824	13117	275201
283449	-121881	384597	21464	452007	37221	123102
31843	108356	17995	195607	132848	16505	76226
143	-34	34	-2	148		28
16761	44380	1643	55985	41778	7177	8812
118095	81880	128071	256506	299843	26269	152464
516993	230379	306040	824101	1134222	46148	533876
167407	-9800	109381	132382	293060	7979	122989
40961	69187	12895	107292	232406	10085	31619
22621	110390	13858	146958	128928	7451	31675
77739	98858	27798	175925	263373	15343	65199
15737	-3857	24806	9176	81808	2230	11121
28006	63875	3384	109752	139417	6540	40159
42141	12714	44890	47039	82288	6078	30040
24854	80641	24268	148219	549952	8629	55098
802	47571	109	58212	31631	3605	8476
781	4653	5	5671	4781	304	924
332	1700	186	2375	1082	6	582
207	3746	1452	8879	19144	1282	4399
801079	1119984	246776	2030483	1157908	194473	821031
767874	1045432	220987	1917334	1055516	169337	789612
29868	92871	6839	120368	59139	24992	22000
3337	-18319	18950	-7218	43253	144	9420

10-5 国有控股工业企业主要经济指标(2013年)

单位：万元

指　标	Item	单位数(个) Number of Enterprises (unit)	#亏损企业 Loss-making Enterprises
总　计	**Total**	**764**	**323**
在总计中:	Of the Total:		
亏损企业	Loss-making Enterprises	323	323
按隶属关系分	Grouped by Jurisdiction of Management		
中央企业	Central Enterprises	141	33
地方企业	Local Enterprises	623	290
#省属企业	Province-owned Enterprises	285	121
市属企业	City-owned Enterprises	109	61
县属企业	County-owned Enterprises	172	81
在总计中:	Of the Total:		
轻工业	Light Industry	62	28
重工业	Heavy Industry	702	295
在总计中:	Of the Total:		
大型企业	Large-size Enterprises	165	40
中型企业	Medium-size Enterprises	319	159
小型企业	Small-size Enterprises	225	100
微型企业	Micro-size Enterprises	55	24
按工业行业大类分	Grouped by Sector		
采掘业	Mining	364	157
煤炭开采和洗选业	Coal Mining and Dressing	348	153
石油和天然气开采业	Petroleum and Natural Gas Extraction	6	2
黑色金属矿采选业	Ferrous Metals Mining and Dressing	7	1
有色金属矿采选业	Nonferrous Metals Mining and Dressing	3	1
非金属矿采选业	Nonmetal Minerals Mining and Dressing		
开采辅助活动	Mining Auxiliary Activities		
其他采矿业	Other Mining Industry		
制造业	Manufacturing	290	123
农副食品加工业	Farm Products Processing	6	2
食品制造业	Food Manufacturing	1	
酒、饮料和精制茶制造业	Wine, Beverages and Refined Tea Manufacturing	11	4
烟草制品业	Tobacoo Products Manfacturing	1	
纺织业	Textile Industry	3	1
纺织服装、服饰业	Textile Garments Manufacturing	5	

MAIN INDICATORS OF STATE-HOLDING INDUSTRIAL ENTERPRISES(2013)

(10 000 yuan)

工业销售产值 Industrial Sales Output Value	资产总计 Total Assets	流动资产合计 Total Circulating Funds	固定资产合计 Total Fixed Assets	固定资产原价 Original Value Of Fixed Assets
82663911	**177047379**	**59167045**	**76930365**	**105577013**
19915584	58308103	20641611	25131472	30922186
27741784	44106478	11284068	24298592	35684150
54922127	132940901	47882976	52631773	69892863
43176415	102403282	37648372	40851688	55809507
4663438	12131840	4394405	4520811	6175609
5530201	14353217	4580186	5380634	5932488
2241031	4020855	1998179	1551585	2022392
80422879	173026524	57168866	75378780	103554620
57403168	121733468	46426747	47714552	68865080
20254637	39460609	9562164	20550342	27016385
4859177	12676749	2619129	7594074	8915214
146928	3176553	559004	1071397	780334
37902072	103417676	34826755	40056859	49147192
37186297	100141729	34099304	39237495	48131484
254896	1880998	527986	691078	803534
368637	1226294	98917	64100	74052
92243	168656	100548	64186	138122
28503616	47473412	20056589	18302241	27745581
54961	85234	46137	27647	36986
3113	3273	2573	374	1110
789581	1194133	823426	192055	311216
413467	287304	201782	82750	135751
25069	50764	27182	21206	53405
107957	97571	55846	17633	31261

10-5 续表1

单位：万元

指　标	Item	累计折旧 Total Depreciation	流动负债 Liquid Liabilities
总　计	**Total**	**43690096**	**73885188**
在总计中:	Of the Total:		
亏损企业	Loss-making Enterprises	12698304	28795967
按隶属关系分	Grouped by Belongs		
中央企业	Central Enterprises	14868137	15254413
地方企业	Local Enterprises	28821959	58630775
#省属企业	Province-owned Enterprises	24532653	43638418
市属企业	City-owned Enterprises	2247317	5986711
县属企业	County-owned Enterprises	1551564	6933723
在总计中:	Of the Total:		
轻工业	Light Industry	695087	1788618
重工业	Heavy Industry	42995009	72096569
在总计中:	Of the Total:		
大型企业	Large-size Enterprises	32100530	49300381
中型企业	Medium-size Enterprises	9541844	17422352
小型企业	Small-size Enterprises	1874287	5432196
微型企业	Micro-size Enterprises	173435	1730259
按工业行业大类分	Grouped by Sector		
采掘业	Mining	20837092	42273147
煤炭开采和洗选业	Coal Mining and Dressing	20568769	41264687
石油和天然气开采业	Petroleum and Natural Gas Extraction	171942	753801
黑色金属矿采选业	Ferrous Metals Mining and Dressing	19825	97203
有色金属矿采选业	Nonferrous Metals Mining and Dressing	76556	157456
非金属矿采选业	Nonmetal Minerals Mining and Dressing		
开采辅助活动	Mining Auxiliary Activities		
其他采矿业	Other Mining Industry		
制造业	Manufacturing	11191453	24809877
农副食品加工业	Farm Products Processing	15611	75558
食品制造业	Food Manufacturing	736	1742
酒、饮料和精制茶制造业	Wine, Beverages and Refined Tea Manufacturing	124584	543409
烟草制品业	Tobacoo Products Manfacturing	56590	33037
纺织业	Textile Industry	32634	22179
纺织服装、服饰业	Textile Garments Manufacturing	13777	52641

continued

(10 000 yuan)

负债合计 Total Liabilities	年末所有者权益 Creditors' Equity at Year-end	主营业务收入 Revenue of Major Business	主营业务成本 Costs of Major Business	主营业务税金及附加 Taxes and Extra Charges of Major Business	营业费用 Costs of Business	管理费用 Costs of Administration
127098979	**49876148**	**102858082**	**85384107**	**1125145**	**3400745**	**7281031**
48704165	9538887	31571005	28955154	204816	921047	2471866
30457185	13635952	28345650	23033833	414248	1261988	1475181
96641795	36240195	74512432	62350274	710897	2138757	5805850
74649058	27684756	63279509	53525543	564168	1815909	4528753
8742205	3387923	4695733	3948618	37473	97932	464955
10264600	4120139	4997495	3606933	86620	185081	660050
2268853	1751835	2779814	1832742	303516	236140	219210
124830126	48124312	100078268	83551366	821629	3164605	7061821
84134818	37493868	78219014	64668252	888498	3052730	5354964
30093603	9435696	20248240	17205698	194772	226759	1638679
10171208	2473165	4275170	3446651	40515	117590	210419
2699350	473419	115658	63507	1359	3666	76970
72570086	30849124	48881236	37332778	667897	2517360	4815755
70650742	29493162	48120594	36736170	660789	2516271	4747223
1039020	841978	346893	245840	2841	1033	44641
722869	503425	337385	276350	2832	55	21579
157456	10558	76365	74417	1435		2312
34047102	13384956	37456285	33801443	375768	831385	1833254
79244	5989	66732	64314	84	1566	4550
1936	1336	12241	10049	74	959	508
557382	636585	1336943	814969	123961	188067	80175
33037	254267	404055	130783	175677	4172	25089
32598	18166	28060	25848	122	978	2866
56726	40845	75358	61408	300	2787	8753

10-5 续表2

单位：万元

指　标	Item	财务费用 Costs of Finance	#利息支出 Interest Expenditure
总　计	**Total**	**3220409**	**3519479**
在总计中:	Of the Total:		
亏损企业	Loss-making Enterprises	1237158	1263058
按隶属关系分	Grouped by Belongs		
中央企业	Central Enterprises	817898	896693
地方企业	Local Enterprises	2402511	2622785
#省属企业	Province-owned Enterprises	1986449	2195300
市属企业	City-owned Enterprises	176984	196222
县属企业	County-owned Enterprises	183433	178750
在总计中:	Of the Total:		
轻工业	Light Industry	29217	39358
重工业	Heavy Industry	3191192	3480120
在总计中:	Of the Total:		
大型企业	Large-size Enterprises	2194575	2478899
中型企业	Medium-size Enterprises	716102	706915
小型企业	Small-size Enterprises	292236	318352
微型企业	Micro-size Enterprises	17496	15313
按工业行业大类分	Grouped by Sector		
采掘业	Mining	1709802	1885454
煤炭开采和洗选业	Coal Mining and Dressing	1640358	1816953
石油和天然气开采业	Petroleum and Natural Gas Extraction	30389	29830
黑色金属矿采选业	Ferrous Metals Mining and Dressing	39051	38671
有色金属矿采选业	Nonferrous Metals Mining and Dressing	4	
非金属矿采选业	Nonmetal Minerals Mining and Dressing		
开采辅助活动	Mining Auxiliary Activities		
其他采矿业	Other Mining Industry		
制造业	Manufacturing	795689	890491
农副食品加工业	Farm Products Processing	910	1194
食品制造业	Food Manufacturing	45	44
酒、饮料和精制茶制造业	Wine, Beverages and Refined Tea Manufacturing	1511	8216
烟草制品业	Tobacoo Products Manfacturing	-2245	
纺织业	Textile Industry	64	83
纺织服装、服饰业	Textile Garments Manufacturing	288	354

continued

(10 000 yuan)

利润总额 Total Profits	亏损企业亏损额 Loss of Loss-making Enterprises	利税总额 Total Pre-tax Profits	应付薪酬总额 Total Wages Payable	应交所得税 Income Taxes Payable	应交增值税 Value Added Taxes Payable
3571125	**2070792**	**9578595**	**11512906**	**1139897**	**4837674**
-2070792	2070792	-856132	4551385	133243	981292
1843513	262470	3789805	2199075	353033	1524717
1727612	1808322	5788790	9313830	786865	3312956
1379774	1187188	4609485	7738561	591875	2630275
70520	317797	330223	714769	89301	220936
275657	238741	773097	692923	98592	410058
178344	52330	648420	298673	25702	166316
3392782	2018462	8930176	11214233	1114195	4671357
2826049	1018993	7303268	9212140	891711	3551573
607489	821056	1885186	1997910	185095	1076180
177556	160367	423827	229722	62065	205027
-39968	70376	-33686	73134	1027	4894
2443086	1111913	6546847	8180931	868031	3396885
2382166	1087940	6433062	8119268	856963	3351865
50982	4063	75114	36759	8506	20553
-4181	18721	16079	16120	2561	17427
14118	1188	22593	8783		7040
15770	774886	1038994	2227236	86000	645539
-3604	4127	-2100	4097	5	1421
601		1182	1319	150	508
125690	5153	340946	119624	4750	91295
70111		294214	35214	17528	48426
-1847	1886	-806	5078	1	919
8260		11399	14392	962	2652

10-5 续表3

单位：万元

指 标	Item	单位数 (个) Number of Enterprises (unit)
皮革、毛皮、羽毛及其制品和制鞋业	Leather, Fur, Feather and its products and Footwear	
木材加工和木、竹、藤、棕、草制品业	Timber Processing, Bamboo, Cane, Palm Fiber and Straw Products	
家具制造业	Furniture Manufacturing	
造纸和纸制品业	Paper Making and Paper Products	
印刷和记录媒介复制业	Printing and Record Medium Reproduction	6
文教、工美、体育和娱乐用品制造业	Cultural,Educational, Sports and Entertainment Products	1
石油加工、炼焦和核燃料加工业	Petroleum Processing,Coking and Nuclear Fuel Processing	20
化学原料和化学制品制造业	Raw Chemical Materials and Chemical Products	45
医药制造业	Medical and Pharmaceutical Products	7
化学纤维制造业	Chemical Fiber	
橡胶和塑料制品业	Rubber and Plastic Products	9
非金属矿物制品业	Nonmetal Mineral Products	41
黑色金属冶炼和压延加工业	Smelting and Pressing of Ferrous Metals	11
有色金属冶炼和压延加工业	Smelting and Pressing of Non-ferrous Metals	14
金属制品业	Metal Prodcuts	12
通用设备制造业	Ordinary Machinery Manufacturing	16
专用设备制造业	Special Purpose Equipment Manufacturing	29
汽车制造业	Automobile Manufacturing Industry	11
铁路、船舶、航空航天和其他运输设备制造业	Railroad, Marine, Aviation and Other Transport Equipment Manufacturing Industry	9
电气机械和器材制造业	Electrical Machinery and Equipment Manufacturing Industry	13
计算机、通信和其他电子设备制造业	Telecommunication Equipment,Computer and Other Electronic Product	3
仪器仪表制造业	Equipments and Instruments Manufacturing	5
其他制造业	Other Mafufacturing Industry	1
废弃资源综合利用业	Comprehensive Utilization of Waste Resources	
金属制品、机械和设备修理业	Metal Products, Machinery and Equipment Repair Industry	10
电力、热力、燃气及水生产和供应业	Production and Supply of Electricity, Heat, Gas and Water	110
电力、热力生产和供应业	Production and Supply of Electricity and Heat	88
燃气生产和供应业	Production and Supply of Gas	9
水的生产和供应业	Production and Supply of Water	13

continued

(10 000 yuan)

#亏损企业 Loss-making Enterprises	工业销售产值 Industrial Sales Output Value	资产总计 Total Assets	流动资产合计 Total Circulating Funds	固定资产合计 Total Fixed Assets	固定资产原价 Original Value Of Fixed Assets
3	50383	89684	38072	21683	50800
1	8503	72992	43073	24760	25636
12	2488393	4599857	1736794	1445777	1998477
25	2957958	7330823	2453297	3971160	5314662
3	404255	828531	200117	600095	528705
2	392189	435967	230156	117437	156600
24	603635	1471451	523772	799486	1013143
6	10435323	13815456	4085888	5352857	10133318
6	2538242	4431147	1467684	2287622	3957631
4	1508642	2092832	1115881	795958	1071190
6	399261	1057149	679844	291039	339538
7	2626994	5345359	3819947	999508	1190801
5	282952	630655	330976	206833	296009
2	1041891	1407705	877066	484119	411367
7	936882	1409163	776546	401832	434452
1	128343	232555	167932	55413	91606
	194735	362475	260274	64607	84644
	21911	53730	41937	11794	21464
2	88978	87601	50389	28597	55811
43	16258222	26156291	4283700	18571266	28684239
28	15375130	23697334	3627931	17355603	27149964
4	722762	1767833	440622	846331	948463
11	160330	691125	215147	369332	585812

10-5 续表4

单位：万元

指　　标	Item	累积折旧 Total Depreciation
皮革、毛皮、羽毛及其制品和制鞋业	Leather, Fur, Feather and Its Products and Footwear	
木材加工和木、竹、藤、棕、草制品业	Timber Processing, Bamboo, Cane, Palm Fiber and Straw Products	
家具制造业	Furniture Manufacturing	
造纸和纸制品业	Paper Making and Paper Products	
印刷和记录媒介复制业	Printing and Record Medium Reproduction	29117
文教、工美、体育和娱乐用品制造业	Cultural,Educational, Sports and Entertainment Products	876
石油加工、炼焦和核燃料加工业	Petroleum Processing, Coking and Nuclear Fuel Processing	777751
化学原料和化学制品制造业	Raw Chemical Materials and Chemical Products	1788975
医药制造业	Medical and Pharmaceutical Products	65287
化学纤维制造业	Chemical Fiber	
橡胶和塑料制品业	Rubber and Plastic Products	39433
非金属矿物制品业	Nonmetal Mineral Products	288465
黑色金属冶炼和压延加工业	Smelting and Pressing of Ferrous Metals	4815955
有色金属冶炼和压延加工业	Smelting and Pressing of Non-ferrous Metals	1670450
金属制品业	Metal Prodcuts	415419
通用设备制造业	Ordinary Machinery Manufacturing	136443
专用设备制造业	Special Purpose Equipment Manufacturing	363596
汽车制造业	Automobile Manufacturing Industry	119472
铁路、船舶、航空航天和其他运输设备制造业	Railroad, Marine, Aviation and Other Transport Equipment Manufacturing Industry	188567
电气机械和器材制造业	Electrical Machinery and Equipment Manufacturing Industry	141339
计算机、通信和其他电子设备制造业	Telecommunication Equipment, Computer and Other Electronic Product	36538
仪器仪表制造业	Equipments and Instruments Manufacturing	32927
其他制造业	Other Mafufacturing Industry	9671
废弃资源综合利用业	Comprehensive Utilization of Waste Resources	
金属制品、机械和设备修理业	Metal Products, Machinery and Equipment Repair Industry	27242
电力、热力、燃气及水生产和供应业	Production and Supply of Electricity, Heat, Gas and Water	11661550
电力、热力生产和供应业	Production and Supply of Electricity and Heat	11294961
燃气生产和供应业	Production and Supply of Gas	129102
水的生产和供应业	Production and Supply of Water	237488

continued

(10 000 yuan)

流动负债 Liquid Liabilities	负债合计 Total Liabilities	年末所有者权益 Creditors' Equity at Year-end	主营业务收入 Revenue of Major Business	主营业务成本 Costs of Major Business	主营业务税金及附加 Taxes and Extra Charges of Major Business	营业费用 Costs of Business	管理费用 Costs of Administration
48750	57381	32303	50833	42223	242	222	8687
65169	65169	7823	7728	7657	1	60	232
3078384	3742322	817535	3070806	2904115	6444	88596	77386
4201886	5505999	1825823	4269228	3988645	8962	79487	280281
395034	655393	173139	407290	346373	623	18595	27123
179723	319126	116841	441014	392761	1377	7936	9934
802859	1203945	266954	605203	504085	4039	26871	56522
6254092	9523578	4291878	16827573	15859624	23638	196073	563327
1811692	3245907	1185240	2739620	2572245	11042	38450	80027
894380	1196213	896619	1513549	1310847	3806	19803	142768
606244	804256	252894	385925	312527	1252	15619	51328
3339178	4003739	1339987	2794082	2380545	6513	85053	183078
356560	469036	161618	288139	260458	612	11552	35066
838073	1024581	383124	1021881	841250	3709	20816	96765
784940	1021011	388152	650114	591794	2471	18129	64369
175068	180831	51724	134022	106593	94	483	11610
168214	174402	188074	221769	186274	202	2098	12469
12016	19292	34438	16941	14738	40	96	1841
69052	74000	13601	87178	71318	486	2915	8501
6802164	20481791	5642068	16520561	14249887	81480	52001	632022
6112428	18775590	4889311	15601548	13578856	75842	6862	544383
494669	1404155	363677	759037	534066	4077	35780	52570
195068	302045	389079	159975	136965	1561	9360	35069

10-5 续表5

单位：万元

指　　标	Item	财务费用 Costs of Finance
皮革、毛皮、羽毛及其制品和制鞋业	Leather, Fur, Feather and Its Products and Footwear	
木材加工和木、竹、藤、棕、草制品业	Timber Processing, Bamboo, Cane, Palm Fiber and Straw Products	
家具制造业	Furniture Manufacturing	
造纸和纸制品业	Paper Making and Paper Products	
印刷和记录媒介复制业	Printing and Record Medium Reproduction	536
文教、工美、体育和娱乐用品制造业	Cultural,Educational, Sports and Entertainment Products	1
石油加工、炼焦和核燃料加工业	Petroleum Processing, Coking and Nuclear Fuel Processing	88316
化学原料和化学制品制造业	Raw Chemical Materials and Chemical Products	181140
医药制造业	Medical and Pharmaceutical Products	13867
化学纤维制造业	Chemical Fiber	
橡胶和塑料制品业	Rubber and Plastic Products	11792
非金属矿物制品业	Nonmetal Mineral Products	35028
黑色金属冶炼和压延加工业	Smelting and Pressing of Ferrous Metals	196888
有色金属冶炼和压延加工业	Smelting and Pressing of Non-ferrous Metals	116969
金属制品业	Metal Prodcuts	25329
通用设备制造业	Ordinary Machinery Manufacturing	7393
专用设备制造业	Special Purpose Equipment Manufacturing	61065
汽车制造业	Automobile Manufacturing Industry	4456
铁路、船舶、航空航天和其他运输设备制造业	Railroad, Marine, Aviation and Other Transport Equipment Manufacturing Industry	21967
电气机械和器材制造业	Electrical Machinery and Equipment Manufacturing Industry	32595
计算机、通信和其他电子设备制造业	Telecommunication Equipment, Computer and Other Electronic Product	-1326
仪器仪表制造业	Equipments and Instruments Manufacturing	-754
其他制造业	Other Mafufacturing Industry	-394
废弃资源综合利用业	Comprehensive Utilization of Waste Resources	
金属制品、机械和设备修理业	Metal Products, Machinery and Equipment Repair Industry	248
电力、热力、燃气及水生产和供应业	Production and Supply of Electricity, Heat, Gas and Water	714918
电力、热力生产和供应业	Production and Supply of Electricity and Heat	687645
燃气生产和供应业	Production and Supply of Gas	24226
水的生产和供应业	Production and Supply of Water	3048

continued

(10 000 yuan)

#利息支出 Interest Expenditure	利润总额 Total Profits	亏损企业亏损额 Loss of Loss-making Enterprises	利税总额 Total Pre-tax Profits	应付薪酬总额 Total Wages Payable	应交所得税 Income Taxes Payable	应交增值税 Value Added Taxes Payable
580	3025	251	4749	8580	57	1483
-1	-227	227	1025	271		1251
96330	-77711	113390	-13335	135050	2400	57878
189586	-252814	337934	-208688	306420	17263	35095
11603	3418	3657	6443	32949	702	2394
12079	19403	128	23156	21435	288	2377
35601	-10702	57098	29323	51210	8102	35705
267653	-30407	138935	150545	620860	6859	156431
114351	-47394	59106	51421	192777	3503	87773
26283	40545	2058	58461	169180	3600	14110
7677	4421	4895	13656	61790	1232	7976
59023	82825	1107	132179	180015	11462	42842
5227	-5540	9026	-145	44622	226	4571
22089	47984	1035	77929	112227	4461	26144
31829	-6759	32694	14902	57945	631	19159
375	18417	777	18961	14836		451
109	23852		24843	21210	581	716
	581		933	2328		312
207	3645	1402	7799	13805	1239	3654
743534	1112269	183993	1992754	1104740	185866	795250
716571	1047699	162349	1893048	1011740	164254	766092
23651	82811	2773	107250	52489	21468	20070
3312	-18241	18872	-7544	40511	144	9088

10-6 外商投资和港澳台投资工业企业主要经济指标(2013年)

单位：万元

指 标	Item	单位数(个) Number of Enterprises (unit)
总 计	**Total**	**145**
港、澳、台商投资企业	Enterprises Funded by HongKong, Macao and Taiwan	50
合资经营企业(港或澳、台资)	Joint Venture	32
合作经营企业(港或澳、台资)	Cooperative Enterprise	1
港澳台商独资经营企业	Ventures Exclusively with HongKong, Macao and Taiwan Investment	14
港澳台商投资股份有限公司	Share Holding Limited Company	3
外商投资企业	Foreign Funded Enterprises	95
中外合资经营企业	Joint Venture	65
中外合作经营企业	Cooperative Enterprises	3
外资企业	Enterprises Funded By Foreign Investments	24
外商投资股份有限公司	Enterprises Invested By Foreign Investments	2
其他外商投资企业	Others	1
在总计中:亏损企业	Of the Total:Loss-making Enterprises	49
在总计中:国有控股企业	Of the Total:State Holding Enterprises	22
在总计中:轻工业	Of the Total:Light Industry	39
重工业	Heavy Industry	106
在总计中:大型企业	Of the Total:Large-size Enterprises	24
中型企业	Medium-size Enterprises	35
小型企业	Small-size Enterprises	83
微型企业	Micro-size Enterprises	3
按工业行业大类分	Grouped by Sector	
采矿业	Mining	17
煤炭开采和洗选业	Coal Mining and Dressing	11
石油和天然气开采业	Petroleum and Natural Gas Extraction	5
非金属矿采选业	Nonmetal Minerals Mining and Dressing	1
制造业	Manufacturing	107
农副食品加工业	Farm Products Processing	2
食品制造业	Food Manufacturing	6
酒、饮料和精制茶制造业	Wine, Beverages and Refined Tea Manufacturing	14
纺织业	Textile Industry	2
印刷业和记录媒介的复制业	Printing and Record Medium Reproduction	1
石油加工、炼焦及核燃料加工业	Petroleum Processing,Coking and Nuclear	13
化学原料及化学制品制造业	Raw Chemical Materials and Chemical Products	14
医药制造业	Medical and Pharmaceutical Products	8
橡胶和塑料制品业	Rubber and Plastic Products	4
非金属矿物制品业	Nonmetal Mineral Products	10
黑色金属冶炼和压延加工业	Smelting and Pressing of Ferrous Metals	6
有色金属冶炼和压延加工业	Smelting and Pressing of Non-ferrous Metals	5
金属制品业	Metal Prodcuts	1
通用设备制造业	Ordinary Machinery Manufacturing	3
专用设备制造业	Special Purpose Equipment Manufacturing	4
汽车制造业	Automobile Manufacturing Industry	3
铁路、船舶、航空航天和其他运输设备制造业	Railroad, Marine, Aviation and Other Transport Equipment Manufacturing Industry	2
电气机械及器材制造业	Electrical Machinery and Equipment Manufacturing Industry	3
计算机、通信和其他电子设备制造业	Telecommunication Equipment, Computer and Other Electronic Product	4
仪器仪表制造业	Equipments and Instruments Manufacturing	1
其他制造业	Other Mafufacturing Industry	
金属制品、机械和设备修理业	Metal products, Machinery and Equipment Repair Industry	1
电力、热力、燃气及水生产和供应业	Production and Supply of Electricity, Heat, Gas and Water	21
电力、热力的生产和供应业	Production and Supply of Electricity and Heat	16
燃气生产和供应业	Production and Supply of Gas	5

MAIN INDICATORS OF INDUSTRIAL ENTERPRISES WITH HONG KONG, MACAO, TAIWAN AND FOREIGN FUNDS(2013)

(10 000 yuan)

#亏损企业 Loss-making Enterprises	工业销售产值 Industrial Sales Output Value	资产总计 Total Assets	流动资产合计 Total Circul-ating Funds	固定资产合计 Total Fixed Assets	固定资产原价 Original Value Of Fixed Assets
49	**11479796**	**17227291**	**7122720**	**8175403**	**12043768**
18	6238726	7045039	3486557	3102724	4443397
15	4463036	4086686	1862016	2020211	2870647
	157523	544003	417798	71591	103845
3	1353004	1811038	763153	881625	1241807
	265163	603313	443591	129298	227098
31	5241069	10182252	3636162	5072679	7600372
20	3243487	6959742	2560269	3225070	4087214
	946586	1489023	434930	816449	2046973
11	990020	1590425	620266	912397	1329833
	56232	34282	20209	10474	26792
	4744	108778	489	108290	109560
49	1021355	2161902	825902	1034776	1500050
5	2128799	4505893	891390	3235842	5105905
12	805642	1282657	419603	814549	873173
37	10674154	15944634	6703116	7360855	11170595
4	7940765	10990718	5048408	4434588	7007608
11	2108022	3977797	1356722	2310274	3184744
33	1335798	2056813	658753	1297255	1660807
1	95210	201964	58837	133287	190609
4	1603814	3670676	1125324	1702063	1888091
2	1493118	3305547	1063796	1405710	1597158
1	109126	363559	61167	295586	290933
1	1571	1571	361	768	
38	8651898	10197552	5442284	3804441	5738543
	29213	32745	20052	10464	11002
	103125	53759	28188	21212	46844
6	159126	240765	90119	140366	206036
1	10491	36270	18939	11945	21926
1	2596	5747	2359	3341	5293
5	1296289	3005002	1811355	660080	1393298
5	950950	1269569	478353	748748	1060035
	445144	827678	218080	585617	505714
1	74654	94101	43676	48731	82419
8	172462	431043	81887	296509	316895
1	131804	131760	82326	45792	96501
4	124186	173306	107668	59196	88286
	12105	16868	7439	8769	15324
1	10615	15158	8992	5837	11126
1	170650	222958	164726	46181	91100
2	9095	43711	33703	7252	10197
	174708	205966	129215	64785	113044
1	64672	66887	60657	3466	8502
1	4593461	3226526	1992837	1028350	1641770
	104954	87792	55161	5273	9392
	11601	9942	6552	2530	3840
7	1224083	3359062	555111	2668899	4417134
5	1146325	3220391	513507	2586850	4328093
2	77759	138671	41605	82049	89040

10-6 续表1

单位：万元

指　标	Item	累计折旧 Total Depreciation
总　计	**Total**	**4549600**
港、澳、台商投资企业	Enterprises Funded by HongKong, Macao and Taiwan	1401287
合资经营企业(港或澳、台资)	Joint Venture	871704
合作经营企业(港或澳、台资)	Cooperative Enterprise	49638
港澳台商独资经营企业	Ventures Exclusively with HongKong, Macao and Taiwan Investment	379735
港澳台商投资股份有限公司	Share Holding Limited Company	100211
外商投资企业	Foreign Funded Enterprises	3148313
中外合资经营企业	Joint Venture	1400873
中外合作经营企业	Cooperative Enterprises	1230523
外资企业	Enterprises Funded By Foreign Investments	499327
外商投资股份有限公司	Enterprises Invested By Foreign Investments	16318
其他外商投资企业	Others	1271
在总计中:亏损企业	Of the Total:Loss-making Enterprises	562105
在总计中:国有控股企业	Of the Total:State Holding Enterprises	2041525
在总计中:轻工业	Of the Total:Light Industry	199390
重工业	Heavy Industry	4350210
在总计中:大型企业	Of the Total:Large-size Enterprises	3054637
中型企业	Medium-size Enterprises	1015413
小型企业	Small-size Enterprises	409267
微型企业	Micro-size Enterprises	70283
按工业行业大类分	Grouped by Sector	
采矿业	Mining	547545
煤炭开采和洗选业	Coal Mining and Dressing	503085
石油和天然气开采业	Petroleum and Natural Gas Extraction	44460
非金属矿采选业	Nonmetal Minerals Mining and Dressing	
制造业	Manufacturing	2178217
农副食品加工业	Farm Products Processing	745
食品制造业	Food Manufacturing	25633
酒、饮料和精制茶制造业	Wine, Beverages and Refined Tea Manufacturing	67033
纺织业	Textile Industry	10184
印刷业和记录媒介的复制业	Printing and Record Medium Reproduction	1952
石油加工、炼焦及核燃料加工业	Petroleum Processing, Coking and Nuclear	778802
化学原料及化学制品制造业	Raw Chemical Materials and Chemical Products	326280
医药制造业	Medical and Pharmaceutical Products	58820
橡胶和塑料制品业	Rubber and Plastic Products	33698
非金属矿物制品业	Nonmetal Mineral Products	43971
黑色金属冶炼和压延加工业	Smelting and Pressing of Ferrous Metals	58930
有色金属冶炼和压延加工业	Smelting and Pressing of Non-ferrous Metals	35352
金属制品业	Metal Prodcuts	6556
通用设备制造业	Ordinary Machinery Manufacturing	5845
专用设备制造业	Special Purpose Equipment Manufacturing	47248
汽车制造业	Automobile Manufacturing Industry	3125
铁路、船舶、航空航天和其他运输设备制造业	Railroad, Marine, Aviation and Other Transport Equipment Manufacturing Industry	49159
电气机械及器材制造业	Electrical Machinery and Equipment Manufacturing Industry	5036
计算机、通信和其他电子设备制造业	Telecommunication Equipment, Computer and Other Electronic Product	614421
仪器仪表制造业	Equipments and Instruments Manufacturing	4120
其他制造业	Other Mafufacturing Industry	
金属制品、机械和设备修理业	Metal Products, Machinery and Equipment Repair Industry	1310
电力、热力、燃气及水生产和供应业	Production and Supply of Electricity, Heat, Gas and Water	1823838
电力、热力的生产和供应业	Production and Supply of Electricity and Heat	1816470
燃气生产和供应业	Production and Supply of Gas	7368

continued

(10 000 yuan)

流动负债 Liquid Liabilities	负债合计 Total Liabilities	年末所有者权益 Creditors' Equity at Year-end	主营业务收入 Revenue of Major Business	主营业务成本 Costs of Major Business	主营业务税金及附加 Taxes and Extra Charges of Major Business	营业费用 Costs of Business	管理费用 Costs of Administration
8568130	**11365464**	**5852229**	**11760254**	**9208648**	**63651**	**265125**	**479396**
3868590	5038318	2006512	6435054	5121146	16011	78153	156771
2363818	3165478	921207	4764553	3685485	9956	40741	86719
436560	436560	107443	52880	49700		1002	1004
685817	958844	851985	1354994	1161952	5073	27750	47011
382394	477435	125877	262627	224009	982	8660	22037
4699540	6327146	3845717	5325200	4087502	47640	186972	322626
3249597	4640314	2318537	3374484	2630106	24587	159505	191811
535445	632604	856419	950140	591065	10788	12148	43332
838974	978407	603523	937781	810670	12023	12606	84663
8847	9144	25138	58051	52403	205	2713	2111
66677	66677	42101	4744	3260	37		709
1606875	2022285	138724	1027504	965066	6518	53311	65144
1711102	3112673	1393220	2352207	1839558	16458	20776	103087
604403	876320	397632	847634	694655	5902	56126	49341
7963727	10489144	5454597	10912619	8513993	57749	208999	430055
5624692	7003385	3987332	7959557	6148053	39495	106771	329672
2021427	2933774	1035527	2383572	1930458	13434	68128	89366
851628	1264356	791355	1341769	1055703	10529	90226	59946
70384	163949	38015	75356	74434	193		414
1425849	1911087	1759590	1642602	959878	22007	79105	130477
1166890	1637119	1668428	1525043	872701	21557	75064	121829
257614	272624	90935	115934	85515	446	4041	8508
1344	1344	227	1625	1662	4		141
6126227	7053817	3134138	8669276	7114380	30994	178654	326842
14405	14405	18340	33348	29042		596	557
12400	13017	40738	103125	89865	367	5817	4093
143511	165927	74838	185826	145454	3894	18668	9986
16680	16881	19389	10187	8745	16	203	745
323	1806	3941	2385	2272	14	72	202
2256147	2574110	430893	1316220	1150801	5560	72793	48186
518534	723236	546332	939922	827916	2678	8635	19287
385634	627133	200341	454696	369072	1361	28076	30746
26635	31448	54157	77589	65411	421	2887	3136
292337	315585	115458	147764	118977	1170	6566	22347
51687	71962	59799	131083	109744	277	6384	6723
107829	115093	57321	110073	101964	173	1050	3706
5336	5336	11532	12106	8319	103	761	1219
8685	8757	6401	11029	10029	33	565	951
124615	184277	38681	162264	141702	712	4191	16426
36119	37114	6597	13439	12012	43	396	1400
116084	116084	89883	173613	135179	1228	4384	12762
39237	43837	23049	64892	44335	557	2969	1923
1926775	1937738	1288788	4593461	3667793	11596	8042	134009
39610	46427	41365	114653	66136	765	5599	7764
3646	3646	6296	11601	9612	28		676
1016054	2400561	958501	1448376	1134391	10650	7366	22077
962911	2322253	898138	1369671	1074594	10106		15329
53143	78308	60363	78705	59797	544	7366	6749

10-6 续表2

单位：万元

指　标	Item	财务费用 Costs of Finance
总　计	**Total**	**326230**
港、澳、台商投资企业	Enterprises Funded by HongKong, Macao and Taiwan	132014
合资经营企业(港或澳、台资)	Joint Venture	92645
合作经营企业(港或澳、台资)	Cooperative Enterprise	698
港澳台商独资经营企业	Ventures Exclusively with HongKong, Macao and Taiwan Investment	32330
港澳台商投资股份有限公司	Share Holding Limited Company	6341
外商投资企业	Foreign Funded Enterprises	194216
中外合资经营企业	Joint Venture	173790
中外合作经营企业	Cooperative Enterprises	6228
外资企业	Enterprises Funded By Foreign Investments	14049
外商投资股份有限公司	Enterprises Invested By Foreign Investments	109
其他外商投资企业	Others	41
在总计中:亏损企业	Of the Total:Loss-making Enterprises	94975
在总计中:国有控股企业	Of the Total:State Holding Enterprises	119433
在总计中:轻工业	Of the Total:Light Industry	17945
重工业	Heavy Industry	308285
在总计中:大型企业	Of the Total:Large-size Enterprises	147291
中型企业	Medium-size Enterprises	124285
小型企业	Small-size Enterprises	49891
微型企业	Micro-size Enterprises	4762
按工业行业大类分	Grouped by Sector	
采矿业	Mining	47444
煤炭开采和洗选业	Coal Mining and Dressing	43672
石油和天然气开采业	Petroleum and Natural Gas Extraction	3771
非金属矿采选业	Nonmetal Minerals Mining and Dressing	
制造业	Manufacturing	171775
农副食品加工业	Farm Products Processing	605
食品制造业	Food Manufacturing	321
酒、饮料和精制茶制造业	Wine, Beverages and Refined Tea Manufacturing	2079
纺织业	Textile Industry	1296
印刷业和记录媒介的复制业	Printing and Record Medium Reproduction	-20
石油加工、炼焦及核燃料加工业	Petroleum Processing,Coking and Nuclear	95897
化学原料及化学制品制造业	Raw Chemical Materials and Chemical Products	29848
医药制造业	Medical and Pharmaceutical Products	13609
橡胶和塑料制品业	Rubber and Plastic Products	-371
非金属矿物制品业	Nonmetal Mineral Products	8236
黑色金属冶炼和压延加工业	Smelting and Pressing of Ferrous Metals	1707
有色金属冶炼和压延加工业	Smelting and Pressing of Non-ferrous Metals	6759
金属制品业	Metal Prodcuts	346
通用设备制造业	Ordinary Machinery Manufacturing	314
专用设备制造业	Special Purpose Equipment Manufacturing	96
汽车制造业	Automobile Manufacturing Industry	955
铁路、船舶、航空航天和其他运输设备制造业	Railroad, Marine, Aviation and Other Transport Equipment Manufacturing Industry	4066
电气机械及器材制造业	Electrical Machinery and Equipment Manufacturing Industry	390
计算机、通信和其他电子设备制造业	Telecommunication Equipment, Computer and Other Electronic Product	5392
仪器仪表制造业	Equipments and Instruments Manufacturing	249
其他制造业	Other Mafufacturing Industry	
金属制品、机械和设备修理业	Metal products, Machinery and Equipment Repair Industry	1
电力、热力、燃气及水生产和供应业	Production and Supply of Electricity, Heat, Gas and Water	107011
电力、热力的生产和供应业	Production and Supply of Electricity and Heat	101461
燃气生产和供应业	Production and Supply of Gas	5550

continued

(10 000 yuan)

#利息支出 Interest Expenditure	利润总额 Total Profits	亏损企业亏损额 Loss of Loss-making Enterprises	利税总额 Total Pre-tax Profits	应付薪酬总额 Total Wages Payable	应交所得税 Income Taxes Payable	应交增值税 Value Added Taxes Payable
289933	**748398**	**179425**	**1234905**	**1008744**	**177750**	**422645**
100434	227705	24040	348072	421453	23126	104156
66010	138788	21586	215143	240363	13117	66200
	475		3453	16498		2978
29449	81985	2455	113943	144095	9845	26885
4975	6457		15533	20498	164	8094
189498	520693	155385	886833	587290	154624	318488
159031	239571	103702	418999	263810	74066	154841
10667	287579		402466	98465	73565	104089
19739	-10893	51683	58790	222060	6985	57658
61	3738		5343	2441	8	1400
	698		1234	515		500
84589	-179425	179425	-141140	87765	-921	31765
85209	264485	4646	418968	166225	55097	138016
14897	31677	7046	56825	57823	5300	19244
275035	716721	172379	1178080	950920	172450	403401
157516	532834	79761	851103	848363	135716	278765
81029	166713	29326	278374	104720	22243	98026
47435	84168	31048	137753	49772	19235	43055
3953	-35316	39291	-32324	5889	555	2799
53584	417789	12762	614934	206318	103079	175138
50471	394916	10355	587943	199895	99294	171470
3113	23057	2223	27142	6362	3786	3639
	-184	184	-151	60		29
163770	174934	116782	367715	732591	41220	161585
587	2547		2587	302		40
161	6501		10073	5243	781	3205
2020	4972	5146	16507	16963	1839	7639
1163	-791	799	-591	835		184
	-150	150	-20	363		117
77880	-31523	81751	3898	49416	2832	29661
29811	53044	4207	82417	22066	14244	26696
11119	16440		24652	29364	1793	6851
-425	6341	47	9142	5022	1600	2380
7598	-7228	11883	1109	25348	-378	7167
1752	6077	484	8354	10481	1116	2001
6569	7605	2649	12480	4673	1136	4702
346	1425		2580	989	220	1051
100	-717	738	-508	1707	3	176
371	2090	1796	7768	19084	14	4967
826	-1143	1542	-1061	1216		38
4043	18731		30001	8932	3065	10041
465	14639	450	19604	4661	3800	4408
19123	66537	5140	126646	521465	7602	48513
260	7955		10133	3255	1199	1413
	1582		1943	1209	355	333
72579	155675	49881	252256	69835	33451	85922
67479	156301	45814	251682	65923	32687	85265
5100	-626	4066	575	3911	764	656

10-7 大中型工业企业主要经济指标(2013年)

单位：万元

指　　标	Item	单位数(个) Number of Enterprises (unit)
总　计	**Total**	**1190**
一、按隶属关系分	Grouped by Jurisdiction of Management	
中央企业	Central Enterprises	97
省属企业	Province-owned Enterprises	208
市属企业	Cities-owned Enterprises	95
县(市、区)属企业	County-owned Enterprises	200
城市街道企业	Cities' Subdistrict-owned Enterprises	1
镇属企业	Small Town-owned Enterprises	10
乡属企业	Township Enterprises	8
居委会办企业	Neighbourhood Committee -run Enterprises	
村办企业	Village Enterprises	11
其　他	Enterprises of Other Types of Ownership	560
二、按登记注册类型分	Grouped by Registered Kind	
内资企业	Civil Funded Enterprises	1131
国有企业	State-owned Enterprises	70
集体企业	Collective Owned Enterprises	20
股份合作企业	Share Holding Cooperative Enterprises	1
联营企业	Joint Owned Enterprises	2
有限责任公司	Limited Responsibility Company	567
国有独资公司	Company Exclusively with Investment from State	57
其他有限责任公司	Other Limited Responsibility Company	510
股份有限公司	Share Holding Limited Company	77
私营企业	Privately Owned Enterprises	393
私营独资企业	Enterprise Exclusively with Investment from Private	5
私营合伙企业	Private Partner Enterprises	
私营有限责任公司	Privately Owned Limited Responsibility Company	369
私营股份有限公司	Privately Owned Share Holding Limited Company	19
其他企业	Enterprises of Other Types of Ownership	1
港、澳、台商投资企业	Enterprises Funded by HongKong, Macao and Taiwan	18
合资经营企业(港或澳、台资)	Joint Venture	13
合作经营企业(港或澳、台资)	Cooperative Enterprise	1
港澳台商独资企业	Ventures Exclusively with HongKong, Macao and Taiwan Investment	2
港澳台商投资股份有限公司	Share Holding Limited Company	2
外商投资企业	Foreign Funded Enterprises	41
中外合资经营企业	Joint Venture	29
中外合作经营企业	Cooperative Enterprises	3
外资企业	Enterprises Funded By Foreign Investments	9
外商投资股份有限公司	Share Holding Limited Company	
其他外商投资企业	Other Foreign Funded Enterprises	
三、在总计中:亏损企业	Of the Total: Loss-making Enterprises	444
在总计中:国有控股企业	Of the Total: State-Controlled Share Holding Enterprises	484
在总计中:农村工业	Of the Total: Rural Industry	19
在总计中:轻工业	Of the Total: Light Industry	157
重工业	Heavy Industry	1033
在总计中:大型企业	Of the Total: Large-size Enterprises	277
中型企业	Medium-size Enterprises	913

MAIN ECONOMIC INDICATORS OF LARGE AND MEDIUM-SIZE INDUSTRIAL ENTERPRISES(2013)

(10 000 yuan)

#亏损企业 Loss-making Enterprises	工业销售产值 Industrial Sales Output Value	资产总计 Total Assets	流动资产合计 Total Circulating Funds	固定资产合计 Total Fixed Assets	固定资产原价 Original Value of Fixed Assets
444	**129190426**	**239882685**	**94291267**	**93041751**	**132717307**
26	25836486	38823838	10492057	20849448	31380679
88	42891343	97813463	37242436	38275662	53533555
49	5980516	12932872	5278910	4582059	6412582
73	9674895	23567182	8652386	8040347	9358018
1	12839	113336	53434	13516	16789
2	1318267	1447015	934291	384550	500132
4	280922	1147545	566316	252184	249536
2	688095	1231328	601047	419344	540889
199	42507064	62806107	30470391	20224640	30725126
429	119141639	224914171	87886137	86296889	122524954
38	12193737	14989487	3922833	7997676	12830157
6	729480	732981	400910	247577	470359
1	29198	6222	1715	3964	5058
1	108655	188081	87566	90767	271799
235	64975302	145842063	56032234	56001856	73479560
18	18157544	34325589	14694470	10128079	16816291
217	46817758	111516474	41337764	45873776	56663269
17	12693550	23181619	7475585	9579483	15285149
130	28369369	39767981	19822119	12348745	20146962
1	160159	209050	144269	44921	63550
125	25861939	37245667	18618049	11599762	19114240
4	2347271	2313264	1059801	704062	969172
1	42348	205737	143176	26822	35911
4	5722485	6118288	3211860	2511094	3684370
4	4079987	3494735	1701838	1614825	2304380
	157523	544003	417798	71591	103845
	1223068	1482115	651277	698313	1052893
	261907	597436	440947	126365	223252
11	4326302	8850227	3193270	4233768	6507982
8	2602420	6097229	2265883	2695276	3398574
	946586	1489023	434930	816449	2046973
3	777296	1263975	492458	722043	1062436
444	30096725	79441194	32393424	29566784	38862863
199	77657805	161194077	55988911	68264894	95881465
6	969017	2378873	1167363	671528	790426
35	6803496	8070261	3875468	3127408	3906234
409	122386930	231812424	90415799	89914343	128811072
69	86756537	159372722	65745069	60050466	88466786
375	42433889	80509963	28546199	32991284	44250521

10-7 续表1

单位：万元

指　标	Item	累计折旧 Total Depreciation
总　计	**Total**	**56434689**
一、按隶属关系分	Grouped by Jurisdiction of Management	
中央企业	Central Enterprises	13801258
省属企业	Province-owned Enterprises	24401338
市属企业	Cities-owned Enterprises	2490627
县(市、区)属企业	County-owned Enterprises	2701279
城市街道企业	Cities' Subdistrict-owned Enterprises	3273
镇属企业	Small Town-owned Enterprises	165012
乡属企业	Township Enterprises	81896
居委会办企业	Neighbourhood Committee -run Enterprises	
村办企业	Village Enterprises	198802
其　他	Enterprises of Other Types of Ownership	12591203
二、按登记注册类型分	Grouped by Registered Kind	
内资企业	Civil Funded Enterprises	52364639
国有企业	State-owned Enterprises	6261443
集体企业	Collective Owned Enterprises	259002
股份合作企业	Share Holding Cooperative Enterprises	1094
联营企业	Joint Owned Enterprises	181033
有限责任公司	Limited Responsibility Company	30242068
国有独资公司	Company Exclusively with Investment from State	7731958
其他有限责任公司	Other Limited Responsibility Company	22510110
股份有限公司	Share Holding Limited Company	6478798
私营企业	Privately Owned Enterprises	8932114
私营独资企业	Enterprise Exclusively with Investment from Private	26279
私营合伙企业	Private Partner Enterprises	
私营有限责任公司	Privately Owned Limited Responsibility Company	8548450
私营股份有限公司	Privately Owned Share Holding Limited Company	357384
其他企业	Enterprises of Other Types of Ownership	9088
港、澳、台商投资企业	Enterprises Funded by HongKong, Macao and Taiwan	1197891
合资经营企业(港或澳、台资)	Joint Venture	694458
合作经营企业(港或澳、台资)	Cooperative Enterprise	49638
港澳台商独资企业	Ventures Exclusively with HongKong, Macao and Taiwan Investment	354579
港澳台商投资股份有限公司	Share Holding Limited Company	99216
外商投资企业	Foreign Funded Enterprises	2872159
中外合资经营企业	Joint Venture	1234551
中外合作经营企业	Cooperative Enterprises	1230523
外资企业	Enterprises Funded By Foreign Investments	407085
外商投资股份有限公司	Share Holding Limited Company	
其他外商投资企业	Other Foreign Funded Enterprises	
三、在总计中:亏损企业	Of the Total: Loss-making Enterprises	16707972
在总计中:国有控股企业	Of the Total: State-Controlled Share Holding Enterprises	41642374
在总计中:农村工业	Of the Total: Rural Industry	280698
在总计中:轻工业	Of the Total: Light Industry	1284750
重工业	Heavy Industry	55149939
在总计中:大型企业	Of the Total: Large-size Enterprises	40723142
中型企业	Medium-size Enterprises	15711547

continued

(10 000 yuan)

流动负债 Liquid Liabilities	负债合计 Total Liabilities	年末所有者权益 Creditors' Equity at Year-end	主营业务收入 Revenue of Major Business	主营业务成本 Costs of Major Business	主营业务税金及附加 Taxes and Extra Charges of Major Business	营业费用 Costs of Business	管理费用 Costs of Administration
114020010	**172011491**	**67764687**	**149034929**	**125086358**	**1390448**	**4517127**	**9275511**
13313600	26054028	12767723	26777561	21838387	405043	1259367	1436688
41579201	70888088	26848415	63119941	53389479	571151	1854884	4507976
6477901	9060800	3871891	5834021	4648931	48536	154375	543779
11670384	16416825	7148617	9188324	6836719	127249	267874	1036596
60491	95547	17762	11555	11038	332	679	1502
995558	1151059	295956	1327953	1075757	20357	26983	43333
563971	642268	504459	279200	152200	4411	19214	33045
768392	927175	304153	682267	603198	2706	3176	32234
38590513	46775701	16005712	41814106	36530650	210662	930575	1640358
106373892	162074332	62741828	138691800	117007847	1337519	4342228	8856474
3947908	10446229	4618820	11914084	10544983	76549	58924	809701
697824	723384	9597	629874	476581	10849	42960	81656
8842	8842	-2620	31167	31060		183	507
190129	195592	-7511	85665	100726	1050	829	7366
67235992	106577729	39126024	85196366	71824025	933995	2199793	6051044
15447954	23690558	10630059	25126918	21787792	205614	538384	1522317
51788038	82887170	28495965	60069448	50036233	728381	1661409	4528726
8796823	13266804	9874762	12814128	8792789	194699	1508249	938334
25318445	30676209	9096562	27978167	25219705	118725	530767	958447
175345	181520	27530	168420	137815	1671	1110	6360
24155154	29105046	8146383	25700554	23206510	106970	475827	894526
987946	1389642	922650	2109193	1875380	10085	53829	57561
177928	179544	26193	42348	17979	1652	524	9419
3531641	4471635	1646653	5912836	4737553	12154	42193	129303
2127581	2802606	692129	4379174	3370588	7502	29071	72998
436560	436560	107443	52880	49700		1002	1004
589334	759334	722781	1221471	1095996	3673	3555	33665
378166	473135	124301	259311	221269	979	8565	21637
4114477	5465524	3376207	4430293	3340958	40775	132707	289734
2894214	4092783	2004446	2730604	2115347	19134	110834	169365
535445	632604	856419	950140	591065	10788	12148	43332
684818	740137	515342	749549	634547	10853	9726	77037
45392028	67761709	11603107	41396485	38376371	256217	1200513	2978154
66722732	114228421	46929563	98467254	81873950	1083270	3279490	6993643
1332362	1569443	808612	961467	755398	7118	22390	65280
3558970	4400171	3654370	7435895	5572947	328845	481193	402049
110461040	167611320	64110317	141599034	119513410	1061603	4035934	8873463
71647502	110517407	48748938	107606059	89703643	1029176	3726366	6368012
42372508	61494085	19015749	41428870	35382715	361272	790761	2907499

10-7 续表2

单位：万元

指　标	Item	财务费用 Costs of Finance
总　计	**Total**	**4760844**
一、按隶属关系分	Grouped by Jurisdiction of Management	
中央企业	Central Enterprises	664043
省属企业	Province-owned Enterprises	1908595
市属企业	Cities-owned Enterprises	197851
县(市、区)属企业	County-owned Enterprises	480573
城市街道企业	Cities' Subdistrict-owned Enterprises	2186
镇属企业	Small Town-owned Enterprises	67973
乡属企业	Township Enterprises	37487
居委会办企业	Neighbourhood Committee -run Enterprises	
村办企业	Village Enterprises	34045
其　他	Enterprises of Other Types of Ownership	1368091
二、按登记注册类型分	Grouped by Registered Kind	
内资企业	Civil Funded Enterprises	4489267
国有企业	State-owned Enterprises	214668
集体企业	Collective Owned Enterprises	24080
股份合作企业	Share Holding Cooperative Enterprises	743
联营企业	Joint Owned Enterprises	3311
有限责任公司	Limited Responsibility Company	2983218
国有独资公司	Company Exclusively with Investment from State	454297
其他有限责任公司	Other Limited Responsibility Company	2528921
股份有限公司	Share Holding Limited Company	297220
私营企业	Privately Owned Enterprises	946726
私营独资企业	Enterprise Exclusively with Investment from Private	7260
私营合伙企业	Private Partner Enterprises	
私营有限责任公司	Privately Owned Limited Responsibility Company	883232
私营股份有限公司	Privately Owned Share Holding Limited Company	56233
其他企业	Enterprises of Other Types of Ownership	19303
港、澳、台商投资企业	Enterprises Funded by HongKong, Macao and Taiwan	110037
合资经营企业(港或澳、台资)	Joint Venture	77434
合作经营企业(港或澳、台资)	Cooperative Enterprise	698
港澳台商独资企业	Ventures Exclusively with HongKong, Macao and Taiwan Investment	25719
港澳台商投资股份有限公司	Share Holding Limited Company	6186
外商投资企业	Foreign Funded Enterprises	161540
中外合资经营企业	Joint Venture	148099
中外合作经营企业	Cooperative Enterprises	6228
外资企业	Enterprises Funded By Foreign Investments	7213
外商投资股份有限公司	Share Holding Limited Company	
其他外商投资企业	Other Foreign Funded Enterprises	
三、在总计中:亏损企业	Of the Total: Loss-making Enterprises	1967982
在总计中:国有控股企业	Of the Total: State-Controlled Share Holding Enterprises	2910677
在总计中:农村工业	Of the Total: Rural Industry	71531
在总计中:轻工业	Of the Total: Light Industry	98614
重工业	Heavy Industry	4662230
在总计中:大型企业	Of the Total: Large-size Enterprises	3024769
中型企业	Medium-size Enterprises	1736075

continued

(10 000 yuan)

#利息支出 Interest Expenditure	利润总额 Total Profits	亏损企业亏损额 Loss of Loss-making Enterprises	利税总额 Total Pre-tax Profits	应付薪酬总额 Total Wages Payable	应交所得税 Income Taxes Payable	应交增值税 Value Added Taxes Payable
4870210	**4885516**	**3035472**	**12693460**	**14243299**	**1436793**	**6370339**
712702	1652324	252784	3485205	2138386	314676	1420920
2118022	1424538	1129298	4680321	7739001	586362	2648510
217427	348067	317255	707110	812674	141924	309366
467617	483427	379065	1269028	1070351	161802	657451
2015	-4431	4431	-3815	4621		283
68744	108718	21056	164404	54126	3625	35129
37153	34039	36264	73577	41405	15195	35127
33584	7006	4245	27423	37578	2059	17710
1212944	831827	891076	2290209	2345159	211150	1245844
4631666	4185969	2926386	11563984	13290216	1278833	5993549
210307	553576	114114	1156348	1193454	90674	523806
17299	10525	17036	80612	125176	803	57991
531	-1321	1321	-1321	1778		
2800	-14965	15427	-12162	5266	2	1754
3225481	1924058	2060653	6533396	9513358	758278	3634774
576186	734347	271321	1646109	2044190	118285	691059
2649294	1189711	1789332	4887287	7469167	639994	2943715
324794	1233619	120834	2364965	1282497	318399	935335
850454	490657	586823	1444142	1162498	110677	833358
1339	18104	300	28729	9287	3267	8953
813258	392520	582808	1275969	1093657	99428	775077
35857	80033	3715	139444	59553	7982	49327
	-10179	10179	-1996	6190		6531
81281	174702	9094	266361	402951	11942	79305
50575	108566	9094	164718	226391	4500	48450
	475		3453	16498		2978
25826	59209		82666	139951	7280	19784
4880	6452		15525	20111	162	8094
157263	524845	99992	863115	550132	146017	297485
133383	209708	91821	368096	242370	66320	139253
10667	287579		402466	98465	73565	104089
13213	27558	8172	92554	209297	6133	54144
1894921	-3035472	3035472	-1499724	5100724	130100	1250744
3185814	3433538	1840049	9188454	11210050	1076805	4627753
70738	41045	40509	101000	78983	17254	52837
107282	604678	65035	1218687	579765	56660	284729
4762929	4280838	2970437	11474773	13663534	1380133	6085611
3220911	4021222	1370499	9630771	10878982	1101044	4542225
1649299	864294	1664973	3062689	3364317	335749	1828114

10-7 续表3

单位：万元

指　标	Item	单位数(个) Number of Enterprises (unit)
四、按工业行业大类分	Grouped by Sector	
采掘业	Mining	446
煤炭开采和洗选业	Coal Mining and Dressing	419
石油和天然气开采业	Petroleum and Natural Gas Extraction	3
黑色金属矿采选业	Ferrous Metals Mining and Dressing	21
有色金属矿采选业	Nonferrous Metals Mining and Dressing	3
非金属矿采选业	Nonmetal Minerals Mining and Dressing	
开采辅助活动	Mining Auxiliary Activities	
其他采矿业	Other Mining Industry	
制造业	Manufacturing	682
农副食品加工业	Farm Products Processing	18
食品制造业	Food Manufacturing	15
酒、饮料和精制茶制造业	Beverage Manufacturing	17
烟草制品业	Tobacoo Products Manfacturing	1
纺织业	Textile Industry	8
纺织服装、服饰业	Garments,Shoes and Hats Manufacturing	6
皮革、毛皮、羽毛及其制品和制鞋业	Leather, Fur, Feather and Its Products and Footwear	1
木材加工和木、竹、藤、棕、草制品业	Timber Processing, Bamboo, Cane, Palm Fiber and Straw Products	1
家具制造业	Furniture Manufacturing	
造纸和纸制品业	Paper Making and Paper Products	4
印刷和记录媒介复制业	Printing and Record Medium Reproduction	6
文教、工美、体育和娱乐用品制造业	Cultural, Educational, Sports and Entertainment Products	4
石油加工、炼焦和核燃料加工业	Petroleum Processing, Coking and Nuclear Fuel Processing	123
化学原料和化学制品制造业	Raw Chemical Materials and Chemical Products	74
医药制造业	Medical and Pharmaceutical Products	24
化学纤维制造业	Chemical Fiber	
橡胶和塑料制品业	Rubber and Plastic Products	12
非金属矿物制品业	Nonmetal Mineral Products	89
黑色金属冶炼和压延加工业	Smelting and Pressing of Ferrous Metals	94
有色金属冶炼和压延加工业	Smelting and Pressing of Non-ferrous Metals	35
金属制品业	Metal Prodcuts	28
通用设备制造业	Ordinary Machinery Manufacturing	27
专用设备制造业	Special Purpose Equipment Manufacturing	35
汽车制造业	Automobile Manufacturing Industry	19
铁路、船舶、航空航天和其他运输设备制造业	Railroad, Marine, Aviation and Other Transport Equipment Manufacturing Industry	12
电气机械和器材制造业	Electrical Machinery and Equipment Manufacturing Industry	10
计算机、通信和其他电子设备制造业	Telecommunication Equipment, Computer and Other Electronic Product	10
仪器仪表制造业	Equipments and Instruments Manufacturing	3
其他制造业	Other Mafufacturing Industry	2
废弃资源综合利用业	Comprehensive Utilization of Waste Resources	
金属制品、机械和设备修理业	Metal products, Machinery and Equipment Repair Industry	4
电力、热力、燃气及水生产和供应业	Production and Supply of Electricity, Heat, Gas and Water	62
电力、热力生产和供应业	Production and Supply of Electricity and Heat	45
燃气生产和供应业	Production and Supply of Gas	6
水的生产和供应业	Production and Supply of Water	11

continued

(10 000 yuan)

#亏损企业 Loss-making Enterprises	工业销售产值 Industrial Sales Output Value	资产总计 Total Assets	流动资产合计 Total Circulating Funds	固定资产合计 Total Fixed Assets	固定资产原价 Original Value Of Fixed Assets
170	45811555	123993213	45857281	44587992	55548269
166	44494419	120461858	44701420	43574128	54247928
	214429	1265851	472211	606271	664166
4	975254	2084998	581225	329513	476826
	127453	180506	102425	78080	159349
245	69106895	96079031	44993988	34872812	54604563
3	2176241	1254404	577970	536709	581005
	655299	518524	249440	194795	248360
4	1027045	1407034	885669	331309	459134
	413467	287304	201782	82750	135751
1	220457	391258	267043	92325	139270
	181110	165093	88810	44818	71670
	69671	12993	8599	2228	3262
	69262	178332	88062	59666	54410
	65905	101004	32098	53330	76054
1	53335	104632	50687	31944	67660
	28231	61757	31577	21934	24240
75	11903908	22955494	11991312	6292063	10994775
32	5249679	10922884	3857806	5698177	7516757
6	1075658	2040018	717660	1015061	1019816
2	556758	654508	373277	192980	277004
31	1904199	3276617	1348145	1605965	2103727
36	25080498	26688871	10318708	10350986	19191910
13	4152308	6642539	2425481	3212910	5080286
5	1781734	2415412	1331503	886382	1211292
9	1516798	1550521	966541	421100	486818
8	2894635	5849971	4133083	1117565	1342043
7	722789	1170753	578934	392254	532447
1	1200995	1679183	1027605	583241	549103
5	983923	1381627	760238	379918	419651
4	4783806	3845261	2326807	1177275	1882772
	273271	417496	285773	68597	88484
	43221	74768	51602	19430	29674
2	22692	30773	17776	7100	17188
29	14271979	19810443	3440000	13580947	22564476
16	13424384	17410215	2802539	12403186	21068296
3	691167	1729209	432619	818651	923776
10	156428	671019	204842	359110	572404

10-7 续表4

单位：万元

指　标	Item	累计折旧 Total Depredation
四、按工业行业大类分	Grouped by Sector	
采掘业	Mining	23160636
煤炭开采和洗选业	Coal Mining and Dressing	22713392
石油和天然气开采业	Petroleum and Natural Gas Extraction	164934
黑色金属矿采选业	Ferrous Metals Mining and Dressing	195790
有色金属矿采选业	Nonferrous Metals Mining and Dressing	86520
非金属矿采选业	Nonmetal Minerals Mining and Dressing	
开采辅助活动	Mining Auxiliary Activities	
其他采矿业	Other Mining Industry	
制造业	Manufacturing	22952099
农副食品加工业	Farm Products Processing	149742
食品制造业	Food Manufacturing	86140
酒、饮料和精制茶制造业	Beverage Manufacturing	168771
烟草制品业	Tobacoo Products Manfacturing	56590
纺织业	Textile Industry	55674
纺织服装、服饰业	Garments,Shoes and Hats Manufacturing	27002
皮革、毛皮、羽毛及其制品和制鞋业	Leather, Fur, Feather and Its Products and Footwear	1034
木材加工和木、竹、藤、棕、草制品业	Timber Processing, Bamboo, Cane, Palm Fiber and Straw Products	1300
家具制造业	Furniture Manufacturing	
造纸和纸制品业	Paper Making and Paper Products	25697
印刷和记录媒介复制业	Printing and Record Medium Reproduction	40884
文教、工美、体育和娱乐用品制造业	Cultural, Educational, Sports and Entertainment Products	5591
石油加工、炼焦和核燃料加工业	Petroleum Processing, Coking and Nuclear Fuel Processing	5470012
化学原料和化学制品制造业	Raw Chemical Materials and Chemical Products	2424055
医药制造业	Medical and Pharmaceutical Products	232030
化学纤维制造业	Chemical Fiber	
橡胶和塑料制品业	Rubber and Plastic Products	88382
非金属矿物制品业	Nonmetal Mineral Products	670292
黑色金属冶炼和压延加工业	Smelting and Pressing of Ferrous Metals	9053510
有色金属冶炼和压延加工业	Smelting and Pressing of Non-ferrous Metals	1998424
金属制品业	Metal Prodcuts	470247
通用设备制造业	Ordinary Machinery Manufacturing	176492
专用设备制造业	Special Purpose Equipment Manufacturing	417641
汽车制造业	Automobile Manufacturing Industry	174604
铁路、船舶、航空航天和其他运输设备制造业	Railroad, Marine, Aviation and Other Transport Equipment Manufacturing Industry	228201
电气机械和器材制造业	Electrical Machinery and Equipment Manufacturing Industry	139858
计算机、通信和其他电子设备制造业	Telecommunication Equipment, Computer and Other Electronic Product	736816
仪器仪表制造业	Equipments and Instruments Manufacturing	32778
其他制造业	Other Mafufacturing Industry	10244
废弃资源综合利用业	Comprehensive Utilization of Waste Resources	
金属制品、机械和设备修理业	Metal products, Machinery and Equipment Repair Industry	10088
电力、热力、燃气及水生产和供应业	Production and Supply of Electricity, Heat, Gas and Water	10321952
电力、热力生产和供应业	Production and Supply of Electricity and Heat	9964547
燃气生产和供应业	Production and Supply of Gas	123103
水的生产和供应业	Production and Supply of Water	234302

continued

(10 000 yuan)

流动负债 Liquid Liabilities	负债合计 Total Liabilities	年末所有者权益 Creditors' Equity at Year-end	主营业务收入 Revenue of Major Business	主营业务成本 Costs of Major Business	主营业务税金及附加 Tax and Extra Charges of Major Business	营业费用 Costs of Business	管理费用 Costs of Administration
53788938	86258739	37725986	56541949	42340160	835708	2643926	5721054
52544039	84224311	36229064	55053051	41188850	811123	2631066	5598026
587943	668462	597389	307342	221687	2243	1256	34282
503617	1211927	873066	1070607	829675	20726	11408	84209
153339	154039	26467	110949	99948	1616	196	4537
55378288	70543618	25454830	77963760	69986269	481717	1823747	2959321
581282	676120	578284	2229325	1962331	693	20275	30025
210325	267728	250795	650200	523272	2274	42632	26141
621660	653723	753311	1599119	1006548	136330	213502	94025
33037	33037	254267	404055	130783	175677	4172	25089
318427	340484	50685	220137	192216	358	3416	6770
75263	79349	85744	150025	123498	416	3362	11240
382	401	12592	69671	67560	594	187	277
70198	74048	104284	72725	63665		230	436
27652	77566	23439	76844	69872	132	376	1641
50738	57614	46842	60173	43420	693	5637	8229
27168	38623	23134	31753	24206	173	3427	4149
16292328	19538483	3358016	12506107	11567839	29994	529353	373441
6060726	8025914	2892738	6530554	5969059	16926	138405	356120
840458	1192358	847660	1087733	708029	7187	151135	113472
271054	396101	249910	603943	525801	2111	17609	17377
1929208	2598590	669579	1830320	1549131	9818	62569	116989
13927558	18656228	8044536	31297300	29516285	42152	312954	761871
3339926	5177688	1455434	4430367	4152651	17792	65149	116196
1077217	1423035	991624	1771431	1539371	3824	23330	153271
882031	1124775	424774	1456390	1231180	2862	38084	89338
3750351	4479227	1369878	3104920	2656040	9041	93790	229399
710582	864716	306005	727034	655106	1356	32508	61708
1036001	1245669	433515	1177833	963151	5119	23067	112756
776835	992619	389008	693416	612440	3064	21684	64470
2249975	2287764	1557497	4806930	3845922	11982	10047	161558
184350	196361	221135	309134	231066	844	5719	17654
20455	27731	47037	43310	36048	40	1128	2931
13101	17666	13107	23011	19779	265		2748
4852786	15209134	4583873	14529220	12759930	73024	49456	595137
4194201	13557589	3835190	13648406	12123530	67350	5184	507994
467924	1350728	378481	724422	503304	4156	34884	51545
190661	300817	370202	156392	133096	1518	9388	35598

10-7 续表5

单位：万元

指　　标	Item	财务费用 Costs of Finance
四、按工业行业大类分	Grouped by Sector	
采掘业	Mining	2451349
煤炭开采和洗选业	Coal Mining and Dressing	2343138
石油和天然气开采业	Petroleum and Natural Gas Extraction	25817
黑色金属矿采选业	Ferrous Metals Mining and Dressing	82654
有色金属矿采选业	Nonferrous Metals Mining and Dressing	-260
非金属矿采选业	Nonmetal Minerals Mining and Dressing	
开采辅助活动	Mining Auxiliary Activities	
其他采矿业	Other Mining Industry	
制造业	Manufacturing	1827615
农副食品加工业	Farm Products Processing	26321
食品制造业	Food Manufacturing	7630
酒、饮料和精制茶制造业	Beverage Manufacturing	3131
烟草制品业	Tobacoo Products Manfacturing	-2245
纺织业	Textile Industry	10496
纺织服装、服饰业	Garments,Shoes and Hats Manufacturing	2077
皮革、毛皮、羽毛及其制品和制鞋业	Leather, Fur, Feather and Its Products and Footwear	102
木材加工和木、竹、藤、棕、草制品业	Timber Processing, Bamboo, Cane, Palm Fiber and Straw Products	2002
家具制造业	Furniture Manufacturing	
造纸和纸制品业	Paper Making and Paper Products	1838
印刷和记录媒介复制业	Printing and Record Medium Reproduction	2008
文教、工美、体育和娱乐用品制造业	Cultural, Educational, Sports and Entertainment Products	382
石油加工、炼焦和核燃料加工业	Petroleum Processing, Coking and Nuclear Fuel Processing	580840
化学原料和化学制品制造业	Raw Chemical Materials and Chemical Products	259697
医药制造业	Medical and Pharmaceutical Products	24092
化学纤维制造业	Chemical Fiber	
橡胶和塑料制品业	Rubber and Plastic Products	13467
非金属矿物制品业	Nonmetal Mineral Products	81106
黑色金属冶炼和压延加工业	Smelting and Pressing of Ferrous Metals	456677
有色金属冶炼和压延加工业	Smelting and Pressing of Non-ferrous Metals	163819
金属制品业	Metal Prodcuts	31738
通用设备制造业	Ordinary Machinery Manufacturing	15311
专用设备制造业	Special Purpose Equipment Manufacturing	72072
汽车制造业	Automobile Manufacturing Industry	11001
铁路、船舶、航空航天和其他运输设备制造业	Railroad, Marine, Aviation and Other Transport Equipment Manufacturing Industry	26581
电气机械和器材制造业	Electrical Machinery and Equipment Manufacturing Industry	29244
计算机、通信和其他电子设备制造业	Telecommunication Equipment, Computer and Other Electronic Product	8372
仪器仪表制造业	Equipments and Instruments Manufacturing	-512
其他制造业	Other Mafufacturing Industry	175
废弃资源综合利用业	Comprehensive Utilization of Waste Resources	
金属制品、机械和设备修理业	Metal products, Machinery and Equipment Repair Industry	193
电力、热力、燃气及水生产和供应业	Production and Supply of Electricity, Heat, Gas and Water	481879
电力、热力生产和供应业	Production and Supply of Electricity and Heat	455705
燃气生产和供应业	Production and Supply of Gas	23518
水的生产和供应业	Production and Supply of Water	2656

continued

(10 000 yuan)

#利息支出 Interest Expenditure	利润总额 Total Profits	亏损企业亏损额 Loss of Loss-making Enterprises	利税总额 Total Pre-tax Profits	应付薪酬总额 Total Wages Payable	应交所得税 Income Taxes Payable	应交增值税 Value Added Taxes Payable
2581932	3258055	1369737	8270270	9005880	1088702	4136745
2474497	3138706	1346228	8047978	8909932	1067740	4058714
24850	49751		67968	31418	4651	15647
82585	50225	23509	125523	51881	15137	54572
	19373		28801	12649	1174	7812
1804269	722547	1525822	2763968	4169562	210378	1555800
27226	212959	6019	235106	58073	1339	21453
7091	51871		72161	31955	7026	18016
10155	142727	8394	379127	140387	4919	100070
	70111		294214	35214	17528	48426
7416	6425	355	9362	15093	1538	2579
2177	17131		21339	17446	3174	3605
100	951		1949	635	190	404
1566	10146		10146	1369		
1837	3284		4310	3344	20	895
1965	2922	173	5590	13418	622	1976
355	268		2221	5446	49	1622
509241	-385142	593702	-87583	440884	11047	266307
260104	-165033	358680	-48866	394378	31873	99172
23575	91722	11721	157252	111291	13572	58334
12974	32533	844	40203	29805	2758	5504
77934	36225	70838	129253	181139	18412	82869
498535	242904	270635	798979	1075550	44608	513040
155052	-40086	95446	95725	270795	5262	118018
32363	54893	4375	77130	193048	6905	18406
14968	90389	9045	113676	96046	5137	20416
68028	70904	20617	131715	217077	11182	51352
12791	-4582	19331	4904	68761	2121	7917
26766	59854	2046	102202	127963	6410	37137
28551	14211	29831	40105	62587	4696	22800
22425	71277	23269	135810	542365	8042	52551
367	30147		32525	21687	1550	1461
560	2950		3304	3851	115	314
147	586	501	2109	9955	283	1156
484011	904913	139913	1659223	1067855	137714	677795
458537	844896	118995	1565226	974032	117432	649634
22554	78008	2870	101661	51685	20267	19435
2920	-17991	18048	-7664	42138	15	8726

10-8 工业企业主要经济效益指标(2013年)

单位：%

指 标	Item	亏损面 Range of Deficits
总 计	**Total**	**35.84**
一、按隶属关系分	Grouped by Jurisdiction of Management	
中央企业	Central Enterprises	25.68
省属企业	Province-owned Enterprises	41.69
市属企业	Cities-owned Enterprises	48.57
县(市、区)属企业	County-owned Enterprises	38.59
城市街道企业	Cities' Subdistrict-owned Enterprises	33.33
镇属企业	Small Town-owned Enterprises	32.50
乡属企业	Township Enterprises	47.83
居委会办企业	Neighbourhood Committee -run Enterprises	
村办企业	Village Enterprises	30.77
其 他	Enterprises of Other Types of Ownership	34.48
二、按登记注册类型分	Grouped by Registered Kind	
内资企业	Civil Funded Enterprises	35.92
国有企业	State-owned Enterprises	52.73
集体企业	Collective Owned Enterprises	25.00
股份合作企业	Share Holding Cooperative Enterprises	66.67
联营企业	Joint Owned Enterprises	50.00
有限责任公司	Limited Responsibility Company	41.72
国有独资公司	Company Exclusively with Investment from State	34.57
其他有限责任公司	Other Limited Responsibility Company	42.25
股份有限公司	Share Holding Limited Company	29.27
私营企业	Privately Owned Enterprises	32.85
私营独资企业	Enterprise Exclusively with Investment from Private	28.32
私营合伙企业	Private Partner Enterprises	6.25
私营有限责任公司	Privately Owned Limited Responsibility Company	33.76
私营股份有限公司	Privately Owned Share Holding Limited Company	25.56
其他企业	Enterprises of Other Types of Ownership	25.00
港、澳、台商投资企业	Enterprises Funded by HongKong, Macao and Taiwan	36.00
合资经营企业(港或澳、台资)	Joint Venture	46.88
合作经营企业(港或澳、台资)	Cooperative Enterprise	
港澳台商独资企业	Ventures Exclusively with HongKong,Macao and Taiwan Investment	21.43
港澳台商投资股份有限公司	Share Holding Limited Company	
外商投资企业	Foreign Funded Enterprises	32.63
中外合资经营企业	Joint Venture	30.77
中外合作经营企业	Cooperative Enterprises	
外资企业	Enterprises Funded By Foreign Investments	45.83
外商投资股份有限公司	Share Holding Limited Company	
其他外商投资企业	Other Foreign Funded Enterprises	
三、在总计中:亏损企业	Of the Total: Loss-making Enterprises	100.00
在总计中:国有控股企业	Of the Total: State-Controlled Share Holding Enterprises	42.28
在总计中:农村工业	Of the Total: Rural Industry	37.10
在总计中:轻工业	Of the Total: Light Industry	23.38
重工业	Heavy Industry	38.00
在总计中:大型企业	Of the Total: Large-size Enterprises	24.91
中型企业	Medium-size Enterprises	41.07
小型企业	Small-size Enterprises	33.83
微型企业	Micro-size Enterprises	49.39

MAIN ECONOMIC BENEFIT INDICATORS OF INDUSTRIAL ENTERPRISES(2013)

(%)

总资产贡献率 Ratio of Profits, Taxes and Interests to Average Assets	资产负债率 Ratio of Debts to Assets	成本费用利润率 Ratio of Profits to Total Costs	利润率 Ratio of Profits to Revenue of Major Business	产品销售率 Ratio of Sales to Gross Output Value
7.23	**71.95**	**3.29**	**3.16**	**95.16**
10.51	69.03	6.75	6.33	98.52
6.50	72.84	2.07	2.03	93.63
6.77	70.40	5.59	5.36	97.55
6.67	71.26	4.56	4.31	92.19
0.22	78.83	-5.22	-5.41	98.85
16.01	79.62	8.61	7.91	95.10
12.89	57.55	22.43	18.16	94.00
3.41	90.13	3.01	2.91	98.18
7.36	75.17	1.57	1.54	96.77
6.45	72.88	2.52	2.42	95.19
7.14	72.33	3.06	2.96	95.25
8.46	70.77	4.36	4.29	98.48
19.43	91.61	3.07	2.95	103.08
-1.60	97.25	-2.74	-2.83	100.81
-4.98	103.99	-13.32	-15.22	99.16
6.36	73.69	2.31	2.25	93.91
6.11	69.49	2.99	2.88	96.77
6.43	74.84	2.07	2.03	92.99
11.28	58.12	10.30	9.26	96.94
7.06	74.53	2.48	2.40	95.70
24.00	75.97	4.78	4.47	98.16
15.14	58.05	5.93	5.56	88.48
6.76	75.19	2.33	2.26	95.56
6.34	64.38	2.76	2.67	96.12
0.65	86.23	-6.96	-7.12	96.42
6.23	71.52	4.12	3.52	92.17
6.71	77.46	3.53	2.90	92.37
0.63	80.25	0.91	0.90	99.93
7.81	52.94	6.45	6.04	91.68
3.30	79.14	2.36	2.33	87.32
10.37	62.14	10.58	9.59	96.38
8.06	66.67	7.50	7.01	95.59
27.47	42.48	44.00	30.20	97.69
4.96	61.52	-1.07	-1.09	97.39
15.72	26.67	6.43	6.35	103.52
1.13	61.30	17.40	14.71	100.00
0.18	85.06	-6.34	-6.76	91.46
7.22	71.79	3.30	3.20	95.28
9.86	67.20	6.57	6.12	96.01
13.58	54.92	7.81	7.06	93.75
6.95	72.70	3.03	2.93	95.26
7.85	69.35	3.60	3.45	94.98
5.78	76.38	2.07	2.04	94.75
8.79	72.14	4.19	3.96	95.62
-0.48	81.51	-7.57	-8.31	109.54

10-8 续表

单位：%

指　　标	Item	亏损面 Range of Deficits
四、按工业行业大类分	Grouped by Sector	
采掘业	Mining	40.81
煤炭开采和洗选业	Coal Mining and Dressing	44.35
石油和天然气开采业	Petroleum and Natural Gas Extraction	33.33
黑色金属矿采选业	Ferrous Metals Mining and Dressing	20.19
有色金属矿采选业	Nonferrous Metals Mining and Dressing	33.33
非金属矿采选业	Nonmetal Minerals Mining and Dressing	41.67
开采辅助活动	Mining Auxiliary Activities	
其他采矿业	Other Mining Industry	
制造业	Manufacturing	32.32
农副食品加工业	Farm Products Processing	20.90
食品制造业	Food Manufacturing	11.39
酒、饮料和精制茶制造业	Beverage Manufacturing	22.03
烟草制品业	Tobacoo Products Manfacturing	
纺织业	Textile Industry	34.21
纺织服装、服饰业	Garments,Shoes and Hats Manufacturing	
皮革、毛皮、羽毛及其制品和制鞋业	Leather, Fur, Feather and Its Products and Footwear	
木材加工和木、竹、藤、棕、草制品业	Timber Processing, Bamboo, Cane, Palm Fiber and Straw Products	33.33
家具制造业	Furniture Manufacturing	
造纸和纸制品业	Paper Making and Paper Products	16.67
印刷和记录媒介复制业	Printing and Record Medium Reproduction	26.09
文教、工美、体育和娱乐用品制造业	Cultural, Educational, Sports and Entertainment Products	16.67
石油加工、炼焦和核燃料加工业	Petroleum Processing, Coking and Nuclear Fuel Processing	60.62
化学原料和化学制品制造业	Raw Chemical Materials and Chemical Products	36.52
医药制造业	Medical and Pharmaceutical Products	24.39
化学纤维制造业	Chemical Fiber	100.00
橡胶和塑料制品业	Rubber and Plastic Products	21.57
非金属矿物制品业	Nonmetal Mineral Products	37.19
黑色金属冶炼和压延加工业	Smelting and Pressing of Ferrous Metals	34.35
有色金属冶炼和压延加工业	Smelting and Pressing of Non-ferrous Metals	48.42
金属制品业	Metal Prodcuts	23.08
通用设备制造业	Ordinary Machinery Manufacturing	25.83
专用设备制造业	Special Purpose Equipment Manufacturing	27.66
汽车制造业	Automobile Manufacturing Industry	38.30
铁路、船舶、航空航天和其他运输设备制造业	Railroad, Marine, Aviation and Other Transport Equipment Manufacturing Industry	20.00
电气机械和器材制造业	Electrical Machinery and Equipment Manufacturing Industry	30.00
计算机、通信和其他电子设备制造业	Telecommunication Equipment, Computer and Other Electronic Product	30.00
仪器仪表制造业	Equipments and Instruments Manufacturing	5.56
其他制造业	Other Mafufacturing Industry	16.67
废弃资源综合利用业	Comprehensive Utilization of Waste Resources	25.00
金属制品、机械和设备修理业	Metal products, Machinery and Equipment Repair Industry	25.00
电力、热力、燃气及水生产和供应业	Production and Supply of Electricity, Heat, Gas and Water	40.65
电力、热力生产和供应业	Production and Supply of Electricity and Heat	36.59
燃气生产和供应业	Production and Supply of Gas	33.33
水的生产和供应业	Production and Supply of Water	85.71

continued

(%)

总资产贡献率 Ratio of Profits, Taxes and Interests to Average Assets	资产负债率 Ratio of Debts to Assets	成本费用利润率 Ratio of Profits to Total Costs	利润率 Ratio of Profits to Revenue of Major Business	产品销售率 Ratio of Sales to Gross Output Value
8.63	70.54	4.97	4.70	93.84
8.54	71.02	4.81	4.56	93.99
5.86	59.36	16.90	15.49	99.22
13.44	58.49	7.00	6.28	90.77
10.77	82.19	10.93	9.55	93.98
6.49	92.23	3.76	3.56	98.67
4.76	72.12	1.18	1.15	95.73
14.31	53.73	7.82	7.30	96.62
14.02	47.66	7.81	7.26	93.84
20.65	48.05	10.20	8.59	93.58
101.62	11.50	42.71	17.08	99.47
4.40	75.25	1.40	1.36	93.10
14.07	48.43	11.78	10.96	99.60
15.77	3.09	1.40	1.36	86.02
2.82	62.24	2.68	2.67	87.33
5.31	56.74	3.45	3.34	84.50
8.53	65.48	4.92	4.68	89.82
7.86	52.12	6.60	6.38	98.46
4.92	75.64	6.18	5.62	62.69
1.71	85.52	−2.87	−2.96	94.89
2.33	72.56	−1.51	−1.54	95.70
8.47	60.02	7.80	7.23	92.33
2.42	79.17	−1.52	−1.54	95.22
7.85	60.49	5.30	5.04	91.22
5.67	71.67	2.22	2.18	94.34
4.54	69.83	0.70	0.69	97.93
4.05	77.04	−0.19	−0.18	89.94
4.85	59.53	2.98	2.94	95.41
7.49	68.72	5.25	5.00	101.21
3.60	75.08	2.58	2.51	94.68
1.51	71.12	−0.41	−0.43	96.37
7.60	73.59	5.08	4.86	98.42
7.60	73.59	5.08	4.86	98.42
4.17	59.44	1.91	1.62	95.55
9.52	47.29	12.69	10.59	98.64
6.07	43.98	6.83	6.53	97.94
16.20	93.27	17.29	18.27	100.00
9.68	84.29	3.83	3.80	99.32
9.89	78.34	6.77	6.44	97.84
10.35	79.33	6.74	6.44	98.16
7.51	77.43	11.15	9.57	92.46
−0.59	44.45	−9.55	−10.82	97.55

10-9 国有控股工业企业主要经济效益指标(2013年)

单位：%

指　标	Item	亏损面 Range of Deficits
总　计	**Total**	**42.28**
在总计中:	Of the Total:	
亏损企业	Loss-making Enterprises	100.00
在总计中:	Of the Total:	
中央企业	Central Enterprises	23.40
地方企业	Local Enterprises	46.55
#省属企业	Province-owned Enterprises	42.46
地、市属企业	Prefectures, Cities-owned Enterprises	55.96
县(旗)属企业	County-owned Enterprises	47.09
在总计中:	Of the Total:	
轻工业	Light Industry	45.16
重工业	Heavy Industry	42.08
在总计中:	Of the Total:	
大型企业	Large-size Enterprises	24.24
中型企业	Medium-size Enterprises	49.84
小型企业	Small-size Enterprises	44.44
微型企业	Micro-size Enterprises	43.64
按工业行业大类分	Grouped by Sector	
采矿业	Mining	43.13
煤炭开采和洗选业	Coal Mining and Dressing	43.97
石油和天然气开采业	Petroleum and Natural Gas Extraction	33.33
黑色金属矿采选业	Ferrous Metals Mining and Dressing	14.29
有色金属矿采选业	Nonferrous Metals Mining and Dressing	33.33
非金属矿采选业	Nonmetal Minerals Mining and Dressing	
其他采矿业	Other Mining Industry	
制造业	Manufacturing	42.41
农副食品加工业	Farm Products Processing	33.33
食品制造业	Food Manufacturing	
饮料制造业	Wine, Beverages and Refined Tea Manufacturing	36.36
烟草制品业	Tobacoo Products Manfacturing	
纺织业	Textile Industry	33.33
纺织服装、鞋、帽制造业	Textile Garments Manufacturing	

MAIN ECONOMIC BENEFIT INDICATORS OF STATE-HOLDING INDUSTRIAL ENTERPRISES(2013)

(%)

总资产贡献率 Ratio of Profits, Taxes and Interests to Average Assets	资产负债率 Ratio of Debts to Assets	成本费用利润率 Ratio of Profits to Total Costs	利润率 Ratio of Profits to Revenue of Major Business	产品销售率 Ratio of Sales to Gross Output Value
7.22	**71.79**	**3.30**	**3.20**	**95.28**
0.61	83.53	-5.42	-5.72	91.58
10.56	69.05	6.82	6.39	98.53
6.11	72.70	2.13	2.09	93.71
6.38	72.90	1.97	1.93	93.55
4.24	72.06	1.46	1.46	97.77
6.57	71.51	5.90	5.48	92.02
16.81	56.43	7.57	6.32	97.96
7.00	72.14	3.21	3.12	95.20
7.80	69.11	3.37	3.26	94.97
6.52	76.26	3.04	2.97	95.93
5.82	80.24	4.29	4.08	96.78
-0.60	84.98	-22.35	-32.39	80.39
7.95	70.17	4.54	4.34	93.32
8.03	70.55	4.49	4.29	93.27
5.56	55.24	15.43	14.31	98.96
4.46	58.95	-1.24	-1.24	95.05
13.39	93.36	18.40	15.29	95.20
3.85	71.72	0.04	0.04	96.56
-1.41	92.97	-5.01	-5.34	105.15
37.41	59.17	5.20	4.91	95.00
28.62	46.68	11.52	9.36	102.10
101.62	11.50	42.71	17.08	99.47
-1.47	64.22	-6.17	-6.54	96.50
11.96	58.14	11.08	10.66	100.89

10-9 续表

单位：%

指　　标	Item	亏损面 Range of Deficits
皮革、毛皮、羽毛及其制品和制鞋业	Leather, Fur, Feather and Its Products and Footwear	
木材加工和木、竹、藤、棕、草制品业	Timber Processing, Bamboo, Cane, Palm Fiber and Straw Products	
家具制造业	Furniture Manufacturing	
造纸和纸制品业	Paper Making and Paper Products	
印刷和记录媒介复制业	Printing and Record Medium Reproduction	50.00
文教、工美、体育和娱乐用品制造业	Cultural,Educational, Sports and Entertainment Products	100.00
石油加工、炼焦和核燃料加工业	Petroleum Processing, Coking and Nuclear Fuel Processing	60.00
化学原料和化学制品制造业	Raw Chemical Materials and Chemical Products	55.56
医药制造业	Medical and Pharmaceutical Products	42.86
化学纤维制造业	Chemical Fiber	
橡胶和塑料制品业	Rubber and Plastic Products	22.22
非金属矿物制品业	Nonmetal Mineral Products	58.54
黑色金属冶炼和压延加工业	Smelting and Pressing of Ferrous Metals	54.55
有色金属冶炼和压延加工业	Smelting and Pressing of Non-ferrous Metals	42.86
金属制品业	Metal Prodcuts	33.33
通用设备制造业	Ordinary Machinery Manufacturing	37.50
专用设备制造业	Special Purpose Equipment Manufacturing	24.14
汽车制造业	Automobile Manufacturing Industry	45.45
铁路、船舶、航空航天和其他运输设备制造业	Railroad, Marine, Aviation and Other Transport Equipment Manufacturing Industry	22.22
电气机械和器材制造业	Electrical Machinery and Equipment Manufacturing Industry	53.85
计算机、通信和其他电子设备制造业	Telecommunication Equipment, Computer and Other Electronic Product	33.33
仪器仪表制造业	Equipments and Instruments Manufacturing	
其他制造业	Other Mafufacturing Industry	
废弃资源综合利用业	Comprehensive Utilization of Waste Resources	
金属制品、机械和设备修理业	Metal products, Machinery and Equipment Repair Industry	20.00
电力、热力、燃气及水生产和供应业	Production and Supply of Electricity, Heat, Gas and Water	39.09
电力、热力生产和供应业	Production and Supply of Electricity and Heat	31.82
燃气生产和供应业	Production and Supply of Gas	44.44
水的生产和供应业	Production and Supply of Water	84.62

continued

(%)

总资产贡献率 Ratio of Profits, Taxes and Interests to Average Assets	资产负债率 Ratio of Debts to Assets	成本费用利润率 Ratio of Profits to Total Costs	利润率 Ratio of Profits to Revenue of Major Business	产品销售率 Ratio of Sales to Gross Output Value
5.88	63.98	5.06	5.08	103.56
1.40	89.28	-2.86	-2.94	15.39
1.64	81.36	-2.45	-2.52	99.59
-0.47	75.11	-5.49	-5.80	99.12
2.08	79.10	0.83	0.82	100.49
8.01	73.20	4.53	4.34	89.31
4.39	81.82	-1.69	-1.74	96.70
2.62	68.93	-0.18	-0.18	97.98
3.70	73.25	-1.67	-1.69	87.06
3.93	57.16	2.69	2.65	98.06
1.96	76.08	1.09	1.10	94.18
3.54	74.90	3.01	2.90	95.07
0.59	74.37	-1.65	-1.84	92.09
7.06	72.78	4.73	4.54	98.70
3.30	72.46	-0.57	-0.58	93.45
7.57	77.76	14.92	13.73	102.62
6.62	48.11	11.89	10.73	99.81
1.00	35.91	3.25	3.43	100.25
9.17	84.47	4.15	4.06	99.26
10.43	78.31	7.04	6.67	97.76
10.98	79.23	7.00	6.67	98.10
7.33	79.43	12.50	10.50	90.96
-0.65	43.70	-9.82	-11.18	98.32

10-10 外商投资和港澳台投资工业企业主要经济效益指标(2013年)

单位：%

指　标	Item	亏损面 Range of Deficits
总　计	**Total**	**33.79**
港、澳、台商投资企业	Enterprises Funded by HongKong, Macao and Taiwan	36.00
合资经营企业(港或澳、台资)	Joint Venture	46.88
合作经营企业(港或澳、台资)	Cooperative Enterprise	
港澳台商独资经营企业	Ventures Exclusively with HongKong, Macao and Taiwan Investment	21.43
港澳台商投资股份有限公司	Share Holding Limited Company	
外商投资企业	Foreign Funded Enterprises	32.63
中外合资经营企业	Joint Venture	30.77
中外合作经营企业	Cooperative Enterprises	
外资企业	Enterprises Funded By Foreign Investments	45.83
外商投资股份有限公司	Enterprises Invested By Foreign Investments	
其他外商投资企业	Others	
在总计中:亏损企业	Of the Total:Loss-making Enterprises	100.00
在总计中:国有控股企业	Of the Total:State Holding Enterprises	22.73
在总计中:轻工业	Of the Total:Light Industry	30.77
重工业	Heavy Industry	34.91
在总计中:大型企业	Of the Total:Large-size Enterprises	16.67
中型企业	Medium-size Enterprises	31.43
小型企业	Small-size Enterprises	39.76
微型企业	Micro-size Enterprises	33.33
按工业行业大类分	Grouped by Sector	
采矿业	Mining Industry	23.53
煤炭开采和洗选业	Coal Mining and Dressing	18.18
石油和天然气开采业	Petroleum and Natural Gas Extraction	20.00
非金属矿采选业	Nonmetal Minerals Mining and Dressing	100.00
制造业	Manufacturing	35.51
农副食品加工业	Farm Products Processing	
食品制造业	Food Manufacturing	
酒、饮料和精制茶制造业	Wine, Beverages and Refined Tea Manufacturing	42.86
纺织业	Textile Industry	50.00
印刷业和记录媒介的复制业	Printing and Record Medium Reproduction	100.00
石油加工、炼焦及核燃料加工业	Petroleum Processing, Coking and Nuclear	38.46
化学原料及化学制品制造业	Raw Chemical Materials and Chemical Products	35.71
医药制造业	Medical and Pharmaceutical Products	
橡胶和塑料制品业	Rubber and Plastic Products	25.00
非金属矿物制品业	Nonmetal Mineral Products	80.00
黑色金属冶炼和压延加工业	Smelting and Pressing of Ferrous Metals	16.67
有色金属冶炼和压延加工业	Smelting and Pressing of Non-ferrous Metals	80.00
金属制品业	Metal Prodcuts	
通用设备制造业	Ordinary Machinery Manufacturing	33.33
专用设备制造业	Special Purpose Equipment Manufacturing	25.00
汽车制造业	Automobile Manufacturing Industry	66.67
铁路、船舶、航空航天和其他运输设备制造业	Railroad, Marine, Aviation and Other Transport Equipment Manufacturing Industry	
电气机械及器材制造业	Electrical Machinery and Equipment Manufacturing Industry	33.33
计算机、通信和其他电子设备制造业	Telecommunication Equipment, Computer and Other Electronic Product	25.00
仪器仪表制造业	Equipments and Instruments Manufacturing	
其他制造业	Other Mafufacturing Industry	
金属制品、机械和设备修理业	Metal products, Machinery and Equipment Repair Industry	
电力、热力、燃气及水生产和供应业	Production and Supply of Electricity, Heat, Gas and Water	33.33
电力、热力的生产和供应业	Production and Supply of Electricity and Heat	31.25
燃气生产和供应业	Production and Supply of Gas	40.00

MAIN ECONOMIC BENEFIT INDICATORS OF INDUSTRIAL ENTERPRISES WITH HONG KONG, MACAO, TAIWAN AND FOREIGN FUNDS(2013)

(%)

总资产贡献率 Ratio of Profits, Taxes and Interests to Average Assets	资产负债率 Ratio of Debts to Assets	成本费用利润率 Ratio of Profits to Total Costs	利润率 Ratio of Profits to Revenue of Major Business	产品销售率 Ratio of Sales to Gross Output Value
8.68	**65.97**	**7.16**	**6.29**	**94.04**
6.23	71.52	4.12	3.52	92.17
6.71	77.46	3.53	2.90	92.37
0.63	80.25	0.91	0.90	99.93
7.81	52.94	6.45	6.04	91.68
3.30	79.14	2.36	2.33	87.32
10.37	62.14	10.58	9.59	96.38
8.06	66.67	7.50	7.01	95.59
27.47	42.48	44.00	30.20	97.69
4.96	61.52	−1.07	−1.09	97.39
15.72	26.67	6.43	6.35	103.52
1.13	61.30	17.40	14.71	100.00
−2.91	93.54	−14.42	−16.96	92.33
11.12	69.08	12.54	11.07	87.93
5.50	68.32	3.76	3.65	92.58
8.93	65.78	7.46	6.50	94.16
8.95	63.72	7.82	6.63	95.98
8.95	73.75	7.49	6.93	86.64
8.92	61.47	6.61	6.20	95.09
−14.08	81.18	−26.28	−37.09	100.00
17.91	52.06	34.22	25.35	94.59
18.98	49.53	35.35	25.81	94.22
8.29	74.99	22.64	19.87	99.81
−9.59	85.58	−10.21	−11.33	100.00
5.04	69.17	2.22	2.00	95.71
9.67	43.99	7.86	7.64	84.88
19.02	24.21	6.39	6.20	87.51
7.65	68.92	2.66	2.54	85.73
1.57	46.54	−7.20	−7.76	97.37
−0.35	31.42	−5.90	−6.22	111.24
2.46	85.66	−2.30	−2.39	92.92
8.72	56.97	5.91	5.58	100.64
4.22	75.77	3.67	3.56	97.85
8.91	33.42	8.82	8.07	96.72
1.98	73.21	−4.62	−4.81	101.00
7.59	54.62	4.84	4.60	100.23
10.92	66.41	6.63	6.83	90.13
17.34	31.63	13.38	11.68	82.45
−2.69	57.77	−6.05	−6.48	104.84
3.39	82.65	1.20	1.18	89.19
−0.56	84.91	−7.74	−8.49	88.58
16.49	56.36	11.98	10.72	99.62
29.96	65.54	29.50	22.54	102.87
4.35	60.06	1.72	1.44	95.79
11.81	52.88	9.97	6.94	100.00
11.81	52.88	9.97	6.94	100.00
19.53	36.67	15.37	13.64	100.00
9.61	71.47	11.65	10.44	83.19
9.85	72.11	12.44	11.07	82.25
4.04	56.47	−0.79	−0.79	100.00

10-11 大中型工业企业主要经济效益指标(2013年)

单位：%

指　标	Item	亏损面 Range of Deficits
总　计	**Total**	**37.31**
一、按隶属关系分	Grouped by Jurisdiction of Management	
中央企业	Central Enterprises	26.80
省属企业	Province-owned Enterprises	42.31
市属企业	Cities-owned Enterprises	51.58
县(市、区)属企业	County-owned Enterprises	36.50
城市街道企业	Cities' Subdistrict-owned Enterprises	100.00
镇属企业	Small Town-owned Enterprises	20.00
乡属企业	Township Enterprises	50.00
居委会办企业	Neighbourhood Committee -run Enterprises	
村办企业	Village Enterprises	18.18
其　他	Enterprises of Other Types of Ownership	35.54
二、按登记注册类型分	Grouped by Registered Kind	
内资企业	Civil Funded Enterprises	37.93
国有企业	State-owned Enterprises	54.29
集体企业	Collective Owned Enterprises	30.00
股份合作企业	Share Holding Cooperative Enterprises	100.00
联营企业	Joint Owned Enterprises	50.00
有限责任公司	Limited Responsibility Company	41.45
国有独资公司	Company Exclusively with Investment from State	31.58
其他有限责任公司	Other Limited Responsibility Company	42.55
股份有限公司	Share Holding Limited Company	22.08
私营企业	Privately Owned Enterprises	33.08
私营独资企业	Enterprise Exclusively with Investment from Private	20.00
私营合伙企业	Private Partner Enterprises	
私营有限责任公司	Privately Owned Limited Responsibility Company	33.88
私营股份有限公司	Privately Owned Share Holding Limited Company	21.05
其他企业	Enterprises of Other Types of Ownership	100.00
港、澳、台商投资企业	Enterprises Funded by HongKong, Macao and Taiwan	22.22
合资经营企业(港或澳、台资)	Joint Venture	30.77
合作经营企业(港或澳、台资)	Cooperative Enterprise	
港澳台商独资企业	Ventures Exclusively with HongKong, Macao and Taiwan Investment	
港澳台商投资股份有限公司	Share Holding Limited Company	
外商投资企业	Foreign Funded Enterprises	26.83
中外合资经营企业	Joint Venture	27.59
中外合作经营企业	Cooperative Enterprises	
外资企业	Enterprises Funded By Foreign Investments	33.33
外商投资股份有限公司	Share Holding Limited Company	
其他外商投资企业	Others	
三、在总计中: 亏损企业	Of the Total: Loss-making Enterprises	100.00
在总计中: 国有控股企业	Of the Total: State-Controlled Share Holding Enterprises	41.12
在总计中: 农村工业	Of the Total: Rural Industry	31.58
在总计中: 轻工业	Of the Total: Light Industry	22.29
重工业	Heavy Industry	39.63
在总计中: 大型企业	Of the Total: Large-size Enterprises	24.91
中型企业	Medium-size Enterprises	41.07

MAIN ECONOMIC BENEFIT INDICATORS OF LARGE AND MEDIUM-SIZE INDUSTRIAL ENTERPRISES(2013)

(%)

总资产贡献率 Ratio of Profits, Taxes and Interests to Average Assets	资产负债率 Ratio of Debts to Assets	成本费用利润率 Ratio of Profits to Total Costs	利润率 Ratio of Profits to Revenue of Major Business	产品销售率 Ratio of Sales to Gross Output Value
7.15	**71.71**	**3.18**	**3.07**	**94.90**
10.75	67.11	6.45	6.07	98.34
6.68	72.47	2.03	1.99	93.52
7.02	70.06	5.89	5.64	98.28
7.26	69.66	5.56	5.18	92.15
-1.59	84.30	-28.76	-38.34	93.08
16.05	79.55	8.93	8.17	96.33
9.66	55.97	14.06	12.18	92.30
4.93	75.30	1.04	1.03	97.32
5.47	74.48	2.03	1.95	94.43
7.04	72.06	2.90	2.82	94.99
9.08	69.69	4.70	4.60	98.52
13.34	98.69	0.96	0.94	110.81
-12.72	142.11	-4.07	-4.24	101.18
-4.98	103.99	-13.32	-15.22	99.16
6.47	73.08	2.10	2.05	93.77
6.14	69.02	2.91	2.81	96.86
6.58	74.33	1.79	1.76	92.62
11.48	57.23	10.44	9.38	97.49
5.71	77.14	1.75	1.73	94.91
14.38	86.83	11.87	10.75	99.45
5.55	78.14	1.52	1.50	94.80
7.50	60.07	3.89	3.75	95.76
-0.97	87.27	-21.55	-23.86	100.66
5.54	73.09	3.45	2.94	91.86
5.97	80.20	3.04	2.47	91.75
0.63	80.25	0.91	0.90	99.93
7.24	51.23	5.10	4.84	92.33
3.32	79.19	2.39	2.36	87.18
11.30	61.76	13.17	11.67	96.63
7.95	67.13	8.16	7.59	95.52
27.47	42.48	44.00	30.20	97.69
8.41	58.56	3.62	3.52	99.17
0.41	85.30	-6.15	-6.55	90.88
7.48	70.86	3.31	3.20	95.22
7.21	65.97	4.49	4.27	95.81
16.23	54.52	9.13	8.05	96.15
6.84	72.30	2.92	2.83	94.83
7.85	69.35	3.60	3.45	94.98
5.78	76.38	2.07	2.04	94.75

10-11 续表

单位：%

指　　标	Item	亏损面 Range of Deficits
四、按工业行业大类分	Grouped by Sector	
采掘业	Mining	38.12
煤炭开采和洗选业	Coal Mining and Dressing	39.62
石油和天然气开采业	Petroleum and Natural Gas Extraction	
黑色金属矿采选业	Ferrous Metals Mining and Dressing	19.05
有色金属矿采选业	Nonferrous Metals Mining and Dressing	
非金属矿采选业	Nonmetal Minerals Mining and Dressing	
开采辅助活动	Mining Auxiliary Activities	
其他采矿业	Other Mining Industry	
制造业	Manufacturing	35.92
农副食品加工业	Farm Products Processing	16.67
食品制造业	Food Manufacturing	
酒、饮料和精制茶制造业	Beverage Manufacturing	23.53
烟草制品业	Tobacoo Products Manfacturing	
纺织业	Textile Industry	12.50
纺织服装、服饰业	Garments,Shoes and Hats Manufacturing	
皮革、毛皮、羽毛及其制品和制鞋业	Leather, Fur, Feather and Its Products and Footwear	
木材加工和木、竹、藤、棕、草制品业	Timber Processing, Bamboo, Cane, Palm Fiber and Straw Products	
家具制造业	Furniture Manufacturing	
造纸和纸制品业	Paper Making and Paper Products	
印刷和记录媒介复制业	Printing and Record Medium Reproduction	16.67
文教、工美、体育和娱乐用品制造业	Cultural, Educational, Sports and Entertainment Products	
石油加工、炼焦和核燃料加工业	Petroleum Processing, Coking and Nuclear Fuel Processing	60.98
化学原料和化学制品制造业	Raw Chemical Materials and Chemical Products	43.24
医药制造业	Medical and Pharmaceutical Products	25.00
化学纤维制造业	Chemical Fiber	
橡胶和塑料制品业	Rubber and Plastic Products	16.67
非金属矿物制品业	Nonmetal Mineral Products	34.83
黑色金属冶炼和压延加工业	Smelting and Pressing of Ferrous Metals	38.30
有色金属冶炼和压延加工业	Smelting and Pressing of Non-ferrous Metals	37.14
金属制品业	Metal Prodcuts	17.86
通用设备制造业	Ordinary Machinery Manufacturing	33.33
专用设备制造业	Special Purpose Equipment Manufacturing	22.86
汽车制造业	Automobile Manufacturing Industry	36.84
铁路、船舶、航空航天和其他运输设备制造业	Railroad, Marine, Aviation and Other Transport Equipment Manufacturing Industry	8.33
电气机械和器材制造业	Electrical Machinery and Equipment Manufacturing Industry	50.00
计算机、通信和其他电子设备制造业	Telecommunication Equipment, Computer and Other Electronic Product	40.00
仪器仪表制造业	Equipments and Instruments Manufacturing	
其他制造业	Other Mafufacturing Industry	
废弃资源综合利用业	Comprehensive Utilization of Waste Resources	
金属制品、机械和设备修理业	Metal products, Machinery and Equipment Repair	50.00
电力、热力、燃气及水生产和供应业	Production and Supply of Electricity, Heat, Gas and Water	46.77
电力、热力生产和供应业	Production and Supply of Electricity and Heat	35.56
燃气生产和供应业	Production and Supply of Gas	50.00
水的生产和供应业	Production and Supply of Water	90.91

continued

(%)

总资产贡献率 Ratio of Profits, Taxes and Interests to Average Assets	资产负债率 Ratio of Debts to Assets	成本费用利润率 Ratio of Profits to Total Costs	利润率 Ratio of Profits to Revenue of Major Business	产品销售率 Ratio of Sales to Gross Output Value
8.55	69.57	5.35	5.07	92.44
8.52	69.92	5.28	5.01	92.47
7.32	52.81	17.42	16.10	100.00
9.97	58.13	4.94	4.65	88.85
15.81	85.34	18.41	15.17	99.61
4.61	73.42	0.92	0.90	96.07
20.84	53.90	10.43	9.54	96.26
15.27	51.63	8.61	7.94	95.15
27.13	46.46	10.75	8.88	102.01
101.62	11.50	42.71	17.08	99.47
4.16	87.02	2.88	2.74	96.94
14.17	48.06	12.13	11.26	99.30
15.77	3.09	1.40	1.36	86.02
6.57	41.52	15.29	13.95	90.04
6.08	76.79	4.45	4.27	92.09
7.16	55.06	4.12	4.17	91.96
4.12	62.54	0.83	0.84	71.04
1.73	85.11	−2.89	−2.98	94.96
1.76	73.48	−2.42	−2.49	96.75
8.73	58.45	9.09	8.33	93.90
8.03	60.52	5.60	5.30	91.17
6.28	79.31	1.97	1.94	94.86
4.63	69.90	0.77	0.76	97.17
3.74	77.95	−0.88	−0.88	89.83
4.41	58.91	3.11	3.07	96.55
8.24	72.54	5.67	5.40	106.28
3.36	76.57	2.28	2.22	94.60
1.26	73.86	−0.57	−0.60	98.59
7.64	74.18	5.16	4.94	98.31
7.64	74.18	5.16	4.94	98.31
3.94	59.50	1.75	1.47	95.90
7.65	47.03	11.85	9.74	99.95
4.64	37.09	7.05	6.81	100.76
7.45	57.41	2.28	2.55	100.00
10.79	76.77	6.45	6.17	97.51
11.60	77.87	6.39	6.14	97.89
7.10	78.11	12.45	10.43	90.58
−0.75	44.83	−9.84	−11.19	97.42

主要统计指标解释

工业 从事自然资源的开采，对采掘品和农产品进行加工和再加工的物质生产部门。具体包括：(1)对自然资源的开采，如采矿、晒盐、森林采伐等(但不包括禽兽捕猎和水产捕捞)；(2)对农副产品的加工、再加工，如粮油加工、食品加工、轧花、缫丝、纺织、制革等；(3)对采掘品的加工、再加工，如炼铁、炼钢、化工生产、石油加工、机器制造、木材加工等，以及电力、自来水、煤气的生产和供应等；(4)对工业品的修理、翻新，如机器设备的修理、交通运输工具(包括小卧车)的修理等。

1984年以前农村的村及村以下办工业归属农业，1984年以后划归工业。

工业统计调查单位 工业统计调查单位分为两类：独立核算法人工业企业和工业活动单位。

(1)独立核算法人工业企业 指从事工业生产经营活动的单位。独立核算法人工业企业应同时具备以下条件：①依法成立，有自己的名称、组织机构和场所，能够承担民事责任；②独立拥有和使用资产，承担负债，有权与其他单位签订合同；③独立核算盈亏，并能够编制资产负债表。

(2)工业活动单位 指在一个场所从事一种或主要从事一种工业生产活动的经济单位。它包括独立核算工业企业按主营业务活动(即工业生产活动)划分的主营业务活动单位和非工业企业所属的工业生产活动单位(即原非独立核算工业生产单位)。工业活动单位，一般应同时具备以下三个条件：①具有一个场所，从事一种或主要从事一种工业活动；②单独组织工业生产、经营或业务活动；③单独核算收入和支出。

本年鉴中涉及的企业登记注册类型：

国有控股企业 国有企业和国有控股企业。国有企业（即过去的全民所有制工业或国营工业）是指企业全部资产归国家所有，并按《中华人民共和国企业法人登记管理条例》规定登记注册的非公司制的经济组织。包括国有企业、国有独资公司和国有联营企业。1957年以前的公私合营和私营工业，后均改造为国营工业，1992年改为国有工业，这部分工业的资料不单独分列时，均包括在国有企业内。国有控股企业是对混合所有制经济的企业进行的“国有控股”分类。它是指这些企业的全部资产中国有资产（股份）相对其他所有者中的任何一个所有者占资（股）最多的企业。该分组反映了国有经济控股情况。

集体企业 企业资产归集体所有，并按《中华人民共和国企业法人登记管理条例》规定登记注册的经济组织。是社会主义公有制经济的组成部分。包括城乡所有使用集体投资举办的企业，以及部分个人通过集资自愿放弃所有权并依法经工商行政管理机关认定为集体所有制的企业。

股份有限公司 根据《中华人民共和国企业法人登记管理条例》规定登记注册，其全部注册资本由等额股份构成并通过发行股票筹集资本，股东以其认购的股份对公司承担有限责任，公司以其全部资产对其债务承担责任的经济组织。

港、澳、台商投资企业 企业注册登记类型中的港、澳、台资合资、合作、独资经营企业和股份有限公司之和。

外商投资企业 企业注册登记类型中的中外合资、合作经营企业、外资企业和外商投资股份有限公司之和。

本年鉴中主要年份工业企业单位数涉及的名称为“其他”的企业 指除国有企业、集体企业以外的其他类型工业企业（单位)。包括股份合作企业、联营企业、私营企业、股份有限公司、有限责任公司；外商投资企业(中外合资经营、中外合作经营、外资企业)；港、澳、台投资企业(与大陆合资经营、与大陆合作经营、港、澳、台独资企业)及其他企业。

轻工业 主要提供生活消费品和制作手工工具的工业。按其所使用的原料不同，可分为两大类：(1)以农产品为原料的轻工业，是指直接或间接以农产品为基本原料的轻工业。主要包括食品制造、饮料制造、烟草加工、纺织、缝纫、皮革和毛皮制作、造纸以及印刷等工业；(2)以非农产品为原料的轻工业，是指以工业品为原料的轻工业。主要包括文教体育用品、化学药品制造、合成纤维制造、日用化学制品、日用玻璃制品、日用金属制品、手工工具制造、医疗器械制造、文化和办公用机械制造等工业。

重工业 指为国民经济各部门提供物质技术基础的主要生产资料的工业。按其生产性质和产品用途，可以分为下列三类：(1)采掘工业，是指对自然资源的开采，包括石油开采、煤炭开采、金属矿开采、非金属矿开采和木材采伐等工业；(2)原材料工业，指向国民经济各部门提供基本材料、动力和燃料的工业。包括金属冶炼及加工、炼焦及焦炭、化学、化工原料、水泥、人造板以及电力、石油和煤炭加工等工业；(3)加工工业，是指对工业原材料进行再加工制造的工业。包括装备国民经济各部门的机械设备制造工业、金属结构、水泥制品等工业，以及为农业提供的生产资料如化肥、农药等工业。

根据上述划分原则，修理业中以重工业产品为修理作业对象的划为重工业，反之划为轻工业。从2003年起轻、重工业内部不再细划分。

工业增加值 指工业企业在报告期内以货币表现的工业生产活动的最终成果。

资产合计 企业拥有或控制的能以货币计量的经济资源。包括各种财产、债权和其他权利。资产按其流动性划分为流动资产、长期投资、固定资产、无形及递延资产和其他资产。

(1)流动资产 企业可以在一年内或者超过一年的一个生产周期内变现或耗用的资产合计。包括现金及各种存款、短期投资、应收及预付款项、存货等。

(2)固定资产 企业固定资产净值、固定资产清理、在建工程、待处理固定资产损失所占用的资金合计。

负债合计 企业承担的能以货币计量，将以资产或劳务偿付的债务。负债一般按偿还期长短分为流动负债和长期负债、递延税项等。

流动负债 企业在一年内或者超过一年的一个营业周期内需要偿还的债务合计，其中包括短期借款、应付及预收款项、应付工资、应交税金和应交利润等。

所有者权益 企业投资人对企业净资产的所有权。企业净资产等于企业全部资产减去全部负债后的余额，其中包括投资者对企业的最初投入，以及资本公积金、盈余公积金和未分配利润，股份制企业即为股东权益。

固定资产原价 企业在建造、购置、安装、改建、扩建、技术改造某项固定资产时所支出的全部货币总额。它一般包括买价、包装费、运杂费和安装费等。

主营业务收入 企业销售产品和提供劳务等主要经营业务取得的业务总额。

主营业务成本 企业销售产品和提供劳务等主要经营业务的实际成本。

主营业务税金及附加 企业销售产品和提供工业性劳务等主要经营业务应负担的城市维护建设税、消费税、资源税和教育费附加。

利润总额 企业在生产经营过程中各种收入扣除各种耗费后的盈余，反映企业在报告期内实现的亏盈总额，包括营业利润、补贴收入、投资净收益和营业外收支净额。

应交增值税 企业按税法规定，从事货物销售或提供加工、修理修配劳务等增加货物价值的活动报告期应交纳的增值税额。计算公式为：

应交增值税=销项税额-（进项税额-进项税额转出）-出口抵减内销产品应纳税额-减免税款+出口退税

总资产贡献率 反映企业全部资产的获利能力，是企业经营业绩和管理水平的集中体现，是评价和考核企业盈利能力的核心指标。计算公式为：

总资产贡献率(%) =（利润总额+税金总额+利息支出）/平均资产总额 × 100%

资产负债率 指标既反映企业经营风险的大小，也反映企业利用债权人提供的资金从事经营活动的能力。计算公式:

资产负债率(%) = 负债总额/资产总额 × 100%

工业成本费用利润率 在一定时期内实现的利润与成本费用之比，是反映工业生产成本及费用投入的经济效益指标，同时也是反映降低成本的经济效益的指标。计算公式为：

工业成本费用利润率(%) = 利润总额/成本费用总额 × 100%

产品销售率 指报告期工业销售产值与同期工业总产值之比，是反映工业产品已实现销售的程度，分析工业产销衔接情况，研究工业产品满足社会需求程度的指标。计算公式为：

产品销售率(%) = 工业销售产值/工业总产值 × 100%

亏损面 指亏损企业单位数占全部工业企业单位数的比重。计算公式为：

亏损面(%) = 亏损企业单位数/全部工业企业单位数 × 100%。

销售收入利润率 指企业实现的总利润对同期的销售收入的比率，用以反映企业销售收入与利润之间的关系。计算公式为：

销售收入利润率 = 利润总额/营业收入 × 100%

Explanatory Notes on Main Statistical Indicators

Industry refers to the material production sector which is engaged in extraction of natural resources and processing and reprocessing of minerals and agricultural products, including (1) extraction of natural resources, such as mining, salt production, logging (but not including hunting and fishing); (2) processing and reprocessing of farm and sideline produces, such as rice husking, flour milling, wine making, oil pressing, cotton ginning, silk reeling, spinning and weaving, and leather making; (3) manufacture of industrial products, such as steel making, iron smelting, chemicals manufacturing, petroleum processing, machine building, timber processing; water and gas production and electricity generation and supply; (4)repairing of industrial products such as the repairing of machinery and means of transport (including cars).

Prior to 1984, the rural industry run by villages and cooperative organizations under village was classified into agriculture. Since 1984, it has been grouped into industry.

Units of Industrial Statistics and Inquiry they are classified into two categories corporate industrial enterprises with independent accounting system and industrial establishments.

(1)**Corporate Industrial Enterprises with Independent Accounting System** refer to enterprises engaging in industrial production activities, which meet the following requirements: ①They are established legally, having their own names, organizations, location, able to take civil liability; ②They possess and use their assets independently, assume liabilities, and are entitled to sign contracts with other units; ③They are financially independent and compile their own balance sheets.

(2)**Industrial Establishments** refer to economic units which located in one single place and engaged entirely or primarily in one kind of industrial activity, including financially independent industrial enterprises and units engaged in industrial activities under the non industrial enterprises (or financially dependent). Industrial establishments generally meet the following requirements: ① They have each one location and are engaged in one kind of industrial activity each; ② They operate and manage their industrial production activities separately; ③ They have accounts of income and expenditures separately.

Types of registration status concerned in this yearbook:

State-holding Enterprises refer to state-owned enterprises and the enterprises which state holds majority shares. State-owned enterprises (industry ownership by the whole people or state-run industry) refers to non-corporation economic units, where the entire assets are owned by the state and which have registered in accordance with the Regulation of the People Republic of China on the Management of Registration of Corporate Enterprises, including the state-owned enterprise, sole state-funded corporation and state-owned joint ownership enterprise. Joint state-private industries and private industries, which existed before 1957, have been transformed into state-run industries. Since 1992, those were named state-owned industries. Statistics on these enterprises has been included in the state-industries since 1957 when separation of data was no longer necessary.

Collective-owned Enterprises refers to industrial enterprises where the means of production are owned collectively including urban and rural enterprises invested by collectives and some enterprises which were formerly owned privately but have been registered in industrial and commercial administration agency as collective units through raising fund from the public.

Share-holding Corporations Ltd. refer to economic units registered in accordance with the regulation of the people's republic of china on the management of registration of corporate enterprises with total registered capitals divided into equal shares and raised through issuing stocks. Each investor bears limited liability to the corporation depending on the holding of shares and the corporation bears liability to its debt to the maximum of its total assets.

Enterprises Funded by Hong Kong, Macao and Taiwan refer to all industrial enterprises as the joint-venture, cooperative, sole investment industrial enterprises and limited liability corporations with funds from Hong Kong, Macao and Taiwan.

Foreign Funded Enterprises refer to all industrial enterprises registered as the joint-venture, cooperative, sole investment industrial enterprises and limited liability corporations with foreign funds.

Other Enterprises Related in Number of Industrial Enterprises in Major Years refer to other types of industrial enterprises or units except for state-owned enterprises and collective enterprises, including share holding cooperative enterprises, joint-venture enterprises, private enterprises, share holding limited enterprises, foreign funded enterprises, enterprises funded by Hong Kong, Macao and Taiwan and other enterprises.

Light Industry refers to the industry that produces consumer goods and hand tools. It consists of two categories depending on the raw materials used:

(1)Industries using farm products as raw materials. These are branches of light industry which directly or indirectly use farm products as basic raw materials, including the manufacture of food and beverages, tobacco processing, textile, clothing, fur and leather manufacturing, paper making, printing, etc. (2)Industries using non farm products as raw materials. These are branches of light industry which use manufactured goods as raw materials, including the manufacture of cultural, educational articles and sports goods chemicals synthetic fiber chemical products for daily use glass products for daily use metal products for daily use hand tools medical apparatus and instruments and the manufacture of cultural and clerical machinery.

Heavy Industry refers to the industry which produces capital goods and provides various sectors of the national economy with necessary material and technical basis. It consists of the following three branches according to the purpose of production or the use of products: (1)Mining and Quarrying Industry refers to the industry that extracts natural resources including extraction of petroleum coal metal and non-metal ores and logging. (2)Raw Materials Industry refers to the industry that provides various sectors of the national economy with raw materials fuels and power. it includes smelting and processing of metals coking and coke chemistry chemical materials and building materials such as cement plywood and power petroleum refining and coal dressing. (3)Manufacturing Industry refers to the industry that processes raw materials. It includes machine building industry which equips sectors of the national economy industries of metal structure and cement products industries producing means of agricultural production such as chemical fertilizers and pesticides.

According to the above principle of classification the repairing trades which are engaged primarily in repairing products of heavy industry are classified into heavy industry while those engaged in repairing products of light industry are classified into light industry. It is not divided further in the interior of light industry and heavy industry from 2003.

Value Added of Industry refers to the final results of industrial production of the industrial trade in money terms during the reference period.

Total Assets refer to all economic resources owned or controlled by enterprises that could be measured in monetary terms including properties creditor equity and other economic rights of all forms. classified by the degree of equitability total assets include circulating assets long term investment fixed assets intangible assets and deferred assets and other assets.

(1)Circulating Assets refers to assets which can be cashed in or spent or consumed in an operating cycle of one year or over one year including cash all kinds of deposits short term investment receivables advance payment stock etc.

(2)Fixed Assets refers to the net value of fixed assets clearance of fixed assets project under construction fixed assets losses in suspense. these are corporations fund holdings.

Total Liabilities refers to the debts measured in monetary terms that enterprises are responsible for repayment in the form of cash assets or labor. Classified by terms of repayment liability include liquid liabilities and long-term liabilities.

Liquid Liabilities refers to enterprises total debt payable within an operating cycle of one year or over one year, including short term loans, payables and advance payments, wage payable, taxes payable and profit payable, etc.

Creditors' Equity refers to investors' ownership of net assets of the enterprise. It is equal to the total assets of the enterprise minus its total liabilities, including the primary input from investors, capital accumulation fund, surplus accumulation fund and undistributed profit. it is the shareholders equity in share—holding companies.

Original Value of Fixed Assets refers to the original value of all fixed assets owned by industrial enterprises calculated the cost paid at the time of purchase installation reconstruction expansion and technical innovation and transformation of at the said assets which includes expenses on purchase package transportation and installation etc.

Revenue of Major Business refers to the revenue from the sales of products by industrial enterprises and the revenue from services provided and etc.

Cost of Major Business refers to the actual cost of products of industrial enterprises and industrial services provided etc.

Taxes and Extra Charges of Major Business refer to the tax on city maintenance and construction consumption tax resources tax and extra charges for education which should be borne by the enterprises in selling products and providing industrial services.

Total Profits refer to the surplus gained by enterprises by deducting costs from all kinds of revenues in business, which reflects the total profits and losses of enterprises in reporting period, including business profits, subsidy revenue, net investment profit and net amount of non-business revenue and expenditure.

Value Added Taxes Payable refers to the amount of value-added tax which should be paid by enterprises which are engaged in value-added activities such as goods selling, processing and repairing according to the tax laws of enterprise. It is calculated as follows.

Value Added Taxes Payable = Tax on Sales - (Tax on Purchase-Transferred Tax on Purchase) - Tax Payable for the Exported Goods Sold on the Domestic Market - Derated Tax + Export Rebate.

Ratio of Profits, Taxes and Interests to Average Assets reflects the profit-making capability of all assets of the enterprise and is a key indicator manifesting the performance and management and evaluating the profit-making potential of the enterprise. It is calculated as follows:

Ratio of profits taxes and interests to average assets (%) = [(Total profits + total Taxes + interest payment) ÷ average assets]×100%

Ratio of Debts to Assets reflect both the operation risk and the capability of the enterprise in making use of the capital from the creditors. It is calculated as follows:

Ratio of debts to assets (%) = (Total debts ÷ total assets) ×100%

Ratio of Profits to Total Industrial Costs refers to the ratio of profits realized in a given period to the total costs in the same period, which reflects the economic efficiency of input cost and is calculated as follows:

Ratio of Profits to Total Industrial Cost (%) = (Total Profits ÷ Total Costs) ×100%

Ratio of Sales to Gross Output Value refers to the sales of industrial products to the gross industrial output value during the reference period and is important in reflecting the linkage between production and sales and the extent of the needs of the society that has been met by the supply of industrial products. It is calculated as follows:

Ratio of Sales to Gross Output Value = Industrial sales ÷ Gross industrial output value (at current prices) ×100%

Range of Deficits refers to the proportion of loss-making enterprises in the number of all industrial enterprises. The formula is as follows:

Range of Deficits (%) = (Number of loss-making enterprises ÷ Number of All Industrial Enterprises) ×100%

Ratio of Profits to Sales Revenue refers to the total profits to the business revenue in the same period, which reflects the linkage between sales revenue and profits. The formula is as follows:

Ratio of Profits to Sales Revenue (%) = (Total Profits ÷ Business Revenue) ×100%

11 建筑业

CONSTRUCTION

PAGE

313-334

资料整理人员

张利云　陈烨松

建筑业
CONSTRUCTION

建筑业企业单位数	Number of Construction Enterprises	2181	个	(unit)
建筑业总产值	Gross Output Value of Construction	3034.4	亿元	(100 million yuan)
建筑业竣工产值	Completed Output Value of Costruction	1393.7	亿元	(100 million yuan)
建筑业房屋建筑竣工面积	Floor Space of Buildings Completed of Construction	3722	万平方米	(10 000 sq.m)

建筑业总产值构成 (%)

Composition of Total Output Value of Construction (%)

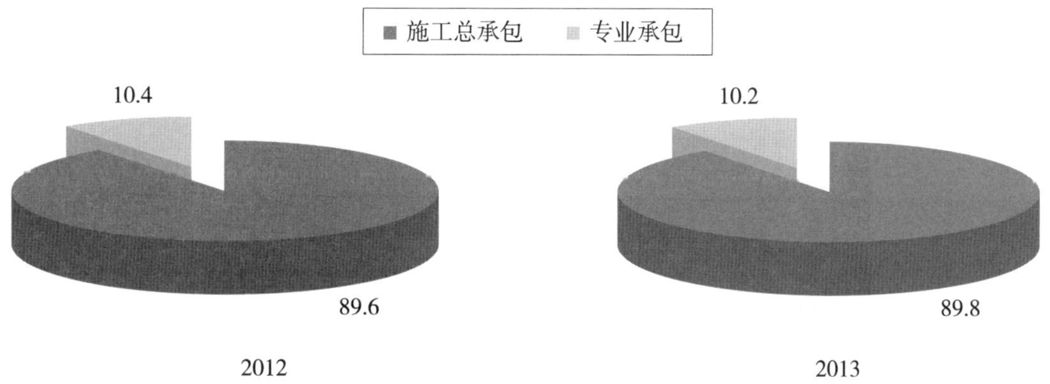

建筑业总产值 (亿元)

Total Output Value of Construction (100 million yuan)

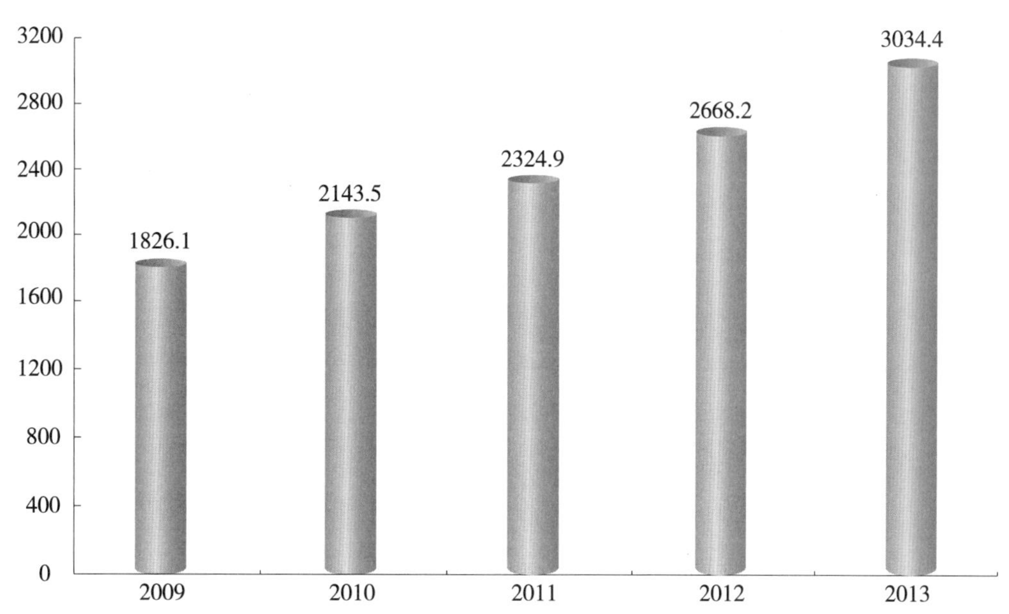

11-1 建筑施工企业主要经济指标
MAJOR ECONOMIC INDICATORS OF CONSTRUCTION ENTERPRISES

指 标	Item	2012	2013
施工企业个数(个)	Number of Construction Enterprises (unit)	2016	2181
直接从事生产经营活动的平均人数(万人)	Average Number of People Directly Engaged in Production and Operating Activities (10 000 persons)	94	105
从业人员期末人数(万人)	Number of Employees at The End of Period (10 000 persons)	66	63
固定资产原价(万元)	Original Value of Fixed Assets (10 000 yuan)	3894305	4081729
固定资产合计(万元)	Total Fixed Assets (10 000 yuan)	2677869	2739061
自有机械设备总台数(台)	Number of Machinery and Equipment Owned (set)	208493	212416
自有机械设备净值(万元)	Net Value of Machinery and Equipment Owned (10 000 yuan)	1211129	1233749
自有机械设备总功率(万千瓦)	Total Power of Machinery and Equipment Owned (10 000 kw)	658	610
建筑业总产值 (万元)	Output Value of Construction (10 000 yuan)	26681679	30343656
竣工产值 (万元)	Output Value of Buildings Completed (10 000 yuan)	11290236	13936707
固定资产折旧 (万元)	Depreciation of Fixed Assets (10 000 yuan)	290756	303414
施工面积 (万平方米)	Floor Space of Buildings Under Construction (10 000 sq.m)	10991	13107
竣工面积 (万平方米)	Floor Space of Buildings Completed (10 000 sq.m)	3162	3722
营业利润 (万元)	Profits of Business (10 000 yuan)	680726	873805
管理费用 (万元)	Costs of Administration (10 000 yuan)	1206571	1247633
利润总额 (万元)	Total Profits (10 000 yuan)	693319	897318
上缴税金 (万元)	Tax Turned Over to the State (10 000 yuan)	815456	922864
按总产值计算的全员劳动生产率(元/人)	Overall Labor Productivity in Terms of Total Output Value (yuan/person)	282965	287957
实收资本金(万元)	Capitals Hold (10 000 yuan)	4794315	5418288
资产总计 (万元)	Total Assets (10 000 yuan)	29761637	34202261
负债合计 (万元)	Total Liabilities (10 000 yuan)	22955850	25650153
所有者权益合计 (万元)	Total Creditors Quity (10 000 yuan)	6804943	8552108
竣工率(按产值计算) (%)	Rate of Completed (By Output Value) (%)	42.3	45.9
技术装备率(元/人)	Value of Machines per Laborer (yuan/person)	18275	19562
动力装备率(千瓦/人)	Power of Machines per Laborer (kw/person)	9.9	9.7
资产负债率(%)	Ratio of Debts to Assets (%)	77.1	75.0
产值利润率(%)	Ratio of Profit to Gross Output Value (%)	2.6	3.0

11-2 建筑业企业总产值和竣工产值(2013年)

GROSS OUTPUT VALUE AND COMPLETED VALUE OF CONSTRUCTION ENTERPRISES(2013)

单位：万元 (10 000 yuan)

指 标	Item	建筑业总产值 Total Output Value	#建筑工程 Construction	#安装工程 Installation	竣工产值 Output Value of Buildings Completed
总 计	**Total**	**30343656**	**25893066**	**3289930**	**13936707**
#国有及国有控股	State Owned and State Controlling Share	18502615	16266520	1767207	5932180
按登记注册类型分组	**Grouped by Registered Kind**				
内资企业	Civil Funded Enterprises	30257667	25823543	3283962	13903871
国有企业	State-owned Enterprises	3837223	3260136	503927	1990117
集体企业	Collective-owned Enterprises	480531	350720	112111	291029
股份合作企业	Share Cooperative Enterprises				
联营企业	Joint Ownership Enterprises				
有限责任公司	Limited Responsibility Corporations	16988401	15098975	1399913	7380428
国有独资公司	Company Exclusively with Investment from State	2330601	2105710	131932	538738
其他有限责任公司	Other Limited Responsibility Company	14657800	12993265	1267980	6841690
股份有限公司	Share-holding Limited Corporations	506962	342284	160132	134340
私营企业	Private-owned Enterprises	8441210	6770359	1107121	4105910
私营独资企业	Enterprise Exclusively with Investment from Private	9466	8564	195	4367
私营合伙企业	Private Partnership Enterprises	832			
私营有限责任公司	Private Limited Responsibility Corporations	6999673	5674811	845938	3889114
私营股份有限公司	Private Share-holding Limited Corporations	1431239	1086984	260988	212429
其他企业	Other Enterprises	3340	1069	758	2046
港、澳、台商投资企业	Enterprises Funded by HongKong, Macao and Taiwan	42067	36061	5968	18876
外商投资企业	Foreign Funded Enterprises	43921	33461		13960
按国民经济行业分组	**Grouped by Economic Sector**				
房屋和土木工程建筑业	Housing and Civil Engineering Construction	27868173	24604190	2368322	12629518
房屋工程建筑	Housing	12270287	11148647	876317	5839908
土木工程建筑	Civil Engineering	15597886	13455543	1492005	6789611
建筑安装业	Building Installation	1423679	502815	847261	628491
建筑装饰业	Building Fiting and Decoration	404963	322097	35216	242348
其他建筑业	Other Construction	646842	463964	39131	436350
按隶属关系分组	**Grouped by Subordination**				
#中 央	Central	9969377	8887044	944306	4504543
省	Province	7544273	6566714	665389	2890163
地 区	Prefecture	2340014	1991729	324072	1246622
县	County	829562	660728	115519	521959
按企业资质等级分组	**Grouped by Qualification Criteria**				
施工总承包	Overall Contract	27237319	23904837	2493875	12383259
专业承包	Specialized Contract	3106337	1988229	796055	1553448

11-3 按主要用途分的房屋建筑竣工面积(2013年)

单位：平方米

指　标	Item	总　计 Total	住宅房屋 Residential Buildings
总　计	**Total**	**37221212**	**26898331**
#国有及国有控股	State Owned and State Controlling Share	15022309	10068264
按登记注册类型分组	**Grouped by Registered Kind**		
内资企业	Civil Funded Enterprises	37134404	26811523
国有企业	State-owned Enterprises	7010851	4520871
集体企业	Collective-owned Enterprises	1228917	989973
股份合作企业	Share Cooperative Enterprises		
联营企业	Joint Ownership Enterprises		
有限责任公司	Limited Responsibility Corporations	12614988	8948420
国有独资公司	Company Exclusively with Investment from State	2614848	2104771
其他有限责任公司	Other Limited Responsibility Company	10000140	6843649
股份有限公司	Share-holding Limited Corporations	154412	67493
私营企业	Private-owned Enterprises	16123336	12282866
私营独资企业	Enterprise Exclusively with Investment from Private	8460	8460
私营合伙企业	Private Partnership Enterprises		
私营有限责任公司	Private Limited Responsibility Corporations	15088715	11527199
私营股份有限公司	Private Share-holding Limited Corporations	1026161	747207
其他企业	Other Enterprises	1900	1900
港、澳、台商投资企业	Enterprises Funded by HongKong，Macao and Taiwan	61808	61808
外商投资企业	Foreign Funded Enterprises	25000	25000
按国民经济行业分组	**Grouped by Economic Sector**		
房屋和土木工程建筑业	Housing and Civil Engineering Construction	36576496	26616147
房屋工程建筑	Housing	34064327	24972775
土木工程建筑	Civil Engineering	2512169	1643372
建筑安装业	Building Installation	546129	239059
建筑装饰业	Building Fiting and Decoration		
其他建筑业	Other Construction	98587	43125
按隶属关系分组	**Grouped by Subordination**		
#中　央	Central	1138190	612944
省	Province	10970136	7388967
地　区	Prefecture	3693308	2547099
县	County	2433270	1881096
按企业资质等级分组	**Grouped by Qualification Criteria**		
施工总承包	Overall Contract	36632687	26822619
专业承包	Specialized Contract	588525	75712

FLOOR SPACE OF BUILDINGS COMPLETED BY MAJOR USE(2013)

(sq.m)

商业及服务用房屋 Commercial and Service Buildings	办公用房 Oiffices	科研、教育、医疗用房屋 Scientific Research, Education and Healthcare Buildings	文化、体育、娱乐用房屋 Culture, Sports and Entertaninment Buildings	厂房及建筑物 Factory Buildings	仓　库 Warehouses	其他未列明的房屋建筑物 Other Unlisted Buildings
1772028	**2790567**	**2446381**	**272338**	**2250709**	**177015**	**613843**
967542	1069098	1383203	103960	1146167	27597	256478
1772028	2790567	2446381	272338	2250709	177015	613843
535950	476398	854149	43708	544094	14478	21203
11756	80180	30530	20078	50091	25834	20475
630149	1027232	806687	137486	674044	46050	344920
41276	92213	48693	10837	230900	2649	83509
588873	935019	757994	126649	443144	43401	261411
				86919		
594173	1206757	755015	71066	895561	90653	227245
594173	1145225	673871	71066	759283	90653	227245
	61532	81144		136278		
1753164	2763554	2442881	267304	1947323	177015	609108
1719333	2634024	2413580	256467	1341694	177015	549439
33831	129530	29301	10837	605629		59669
18864	27013	3500	5034	247924		4735
				55462		
18794	113551	75538		239051		78312
808583	792634	1041318	88960	755324	19910	74440
220548	410594	204149	12737	236485	8000	53696
57633	137209	164167	15259	77787	28608	71511
1770672	2777688	2433508	272338	1770684	176815	608363
1356	12879	12873		480025	200	5480

11-4 按主要用途分的房屋建筑竣工价值(2013年)

单位：万元

指 标	Item	总 计 Total	住宅房屋 Residential Buildings
总 计	**Total**	**5338842**	**3573083**
#国有及国有控股	State Owned and State Controlling Share	2408126	1422660
按登记注册类型分组	**Grouped by Registered Kind**		
内资企业	Civil Funded Enterprises	5329451	3563691
国有企业	State-owned Enterprises	1117828	630152
集体企业	Collective-owned Enterprises	133910	103188
股份合作企业	Share Cooperative Enterprises		
联营企业	Joint Ownership Enterprises		
有限责任公司	Limited Responsibility Corporations	1984496	1270034
国有独资公司	Company Exclusively with Investment from State	370429	262995
其他有限责任公司	Other Limited Responsibility Company	1614066	1007038
股份有限公司	Share-holding Limited Corporations	27657	9072
私营企业	Private-owned Enterprises	2065006	1550692
私营独资企业	Enterprise Exclusively with Investment from Private	592	592
私营合伙企业	Private Partnership Enterprises		
私营有限责任公司	Private Limited Responsibility Corporations	1970680	1484692
私营股份有限公司	Private Share-holding Limited Corporations	93734	65408
其他企业	Other Enterprises	554	554
港、澳、台商投资企业	Enterprises Funded by HongKong, Macao and Taiwan	5891	5891
外商投资企业	Foreign Funded Enterprises	3500	3500
按国民经济行业分组	**Grouped by Economic Sector**		
房屋和土木工程建筑业	Housing and Civil Engineering Construction	5265628	3529569
房屋工程建筑	Housing	4855376	3304387
土木工程建筑	Civil Engineering	410252	225182
建筑安装业	Building Installation	62926	36857
建筑装饰业	Builing Fiting and Decoration		
其他建筑业	Other Construction	10288	6657
按隶属关系分组	**Grouped by Subordination**		
#中 央	Central	252030	101276
省	Province	1775262	1066335
地 区	Prefecture	556132	359240
县	County	295463	213615
按企业资质等级分组	**Grouped by Qualification Criteria**		
施工总承包	Overall Contract	5300561	3568035
专业承包	Specialized Contract	38282	5048

VALUE OF BUILDINGS COMPLETED BY MAJOR USE(2013)

(10 000 yuan)

商业及服务用房屋 Commercial and Service Buildings	办公用房 Oiffices	科研、教育、医疗用房屋 Scientific Research, Education and Healthcare Buildings	文化、体育、娱乐用房屋 Culture, Sports and Entertaninment Buildings	厂房及建筑物 Factory Buildings	仓 库 Warehouses	其他未列明的房屋建筑物 Other Unlisted Buildings
277687	**487451**	**415949**	**70831**	**394065**	**28016**	**91761**
138114	230848	264156	37104	258073	4601	52571
277687	487451	415949	70831	394065	28016	91761
80227	85707	166811	9330	141759	1845	1998
1492	8959	3555	2978	7375	3638	2724
104476	233446	137017	46158	119328	12266	61771
15369	24627	7741	2435	43553	390	13319
89107	208820	129276	43723	75775	11876	48453
				18585		
91492	159339	108566	12366	107018	10267	25268
91492	155640	100545	12366	90410	10267	25268
	3699	8020		16608		
275980	479639	415589	70410	374902	28016	91524
269833	441751	412103	67975	251220	28016	80092
6147	37887	3486	2435	123682		11433
1707	7812	360	421	15531		237
				3632		
3739	29868	21365		71408		24374
116113	173244	206592	33988	164142	3448	11400
41614	86897	26283	2461	32382	2020	5235
9066	20760	24880	3116	13247	3971	6809
277327	486721	414866	70831	364822	28007	89953
360	730	1083		29243	9	1808

11-5 建筑业企业房屋建筑面积(2013年)
BUILDING FLOOR SPACE OF CONSTRUCTION ENTERPRISES(2013)

单位: 平方米 (sq.m)

指 标	Item	房屋建筑施工面积 Floor Space of Buildings Under Construction	#本年新开工面积 Floor Space of Started This Year	#投标承包的面积 Floor Space of Enter a Bid Contract
总 计	**Total**	**131072137**	**47082071**	**111900987**
#国有及国有控股	State Owned and State Controlling Share	75647425	19595520	72273424
按登记注册类型分组	**Grouped by Registered Kind**			
内资企业	Civil Funded Enterprises	130248147	46562886	111076997
国有企业	State-owned Enterprises	26415512	7636493	25214135
集体企业	Collective-owned Enterprises	2793428	1815787	1731499
股份合作企业	Share Cooperative Enterprises			
联营企业	Joint Ownership Enterprises			
有限责任公司	Limited Responsibility Corporations	58376118	16143301	54126853
国有独资公司	Company Exclusively with Investment from State	4291155	1918758	4122455
其他有限责任公司	Other Limited Responsibility Company	54084963	14224543	50004398
股份有限公司	Share-holding Limited Corporations	3395837	1145816	3097761
私营企业	Private-owned Enterprises	39248252	19802489	26906749
私营独资企业	Enterprise Exclusively with Investment from Private	33837	8460	33837
私营合伙企业	Private Partnership Enterprises			
私营有限责任公司	Private Limited Responsibility Corporations	37308275	18568002	25391396
私营股份有限公司	Private Share-holding Limited Corporations	1906140	1226027	1481516
其他企业	Other Enterprises	19000	19000	
港、澳、台商投资企业	Enterprises Funded by HongKong, Macao and Taiwan	469472	278670	469472
外商投资企业	Foreign Funded Enterprises	354518	240515	354518
按国民经济行业分组	**Grouped by Economic Sector**			
房屋和土木工程建筑业	Housing and Civil Engineering Construction	129793059	46395159	111258813
房屋工程建筑	Housing	117705968	41684938	100800424
土木工程建筑	Civil Engineering	12087091	4710221	10458389
建筑安装业	Building Installation	1155171	678887	580049
建筑装饰业	Building Fiting and Decoration			
其他建筑业	Other Construction	123907	8025	62125
按隶属关系分组	**Grouped by Subordination**			
#中 央	Central	25003708	4849067	24706246
省	Province	43678814	11246643	41483412
地 区	Prefecture	9782457	3657046	8696757
县	County	4233255	2922225	3250373
按企业资质等级分组	**Grouped by Qualification Criteria**			
施工总承包	Overall Contract	129569202	46133326	111422438
专业承包	Specialized Contract	1502935	948745	478549

11-6 建筑业企业机械设备情况(2013年)
MACHINARY AND EQUIPMENT OF CONSTRUCTION ENTERPRISES(2013)

指 标	Item	自有机械设备年末总台数(台) Number of Machinery and Equipment Owned(unit)	自有机械设备年末总功率(千瓦) Total Power of Machinery and Equipment Owned(kw)	自有机械设备净值(万元) Net Value of Machinery and Equipment Owned (10 000 yuan)
总 计	**Total**	**212416**	**6097219**	**1233749**
#国有及国有控股	State Owned and State Controlling Share	80650	3526387	613943
按登记注册类型分组	**Grouped by Registered Kind**			
内资企业	Civil Funded Enterprises	210305	6068832	1226734
国有企业	State-owned Enterprises	27633	643092	93662
集体企业	Collective-owned Enterprises	13393	135747	21333
股份合作企业	Share Cooperative Enterprises			
联营企业	Joint Ownership Enterprises			
有限责任公司	Limited Responsibility Corporations	66100	3419800	610091
国有独资公司	Company Exclusively with Investment from State	8813	244758	37171
其他有限责任公司	Other Limited Responsibility Company	57287	3175042	572920
股份有限公司	Share-holding Limited Corporations	4616	63925	13415
私营企业	Private-owned Enterprises	98541	1804755	485680
私营独资企业	Enterprise Exclusively with Investment from Private	18	262	127
私营合伙企业	Private Partnership Enterprises	7	280	515
私营有限责任公司	Private Limited Responsibility Corporations	89581	1652527	452823
私营股份有限公司	Private Share-holding Limited Corporations	8935	151686	32215
其他企业	Other Enterprises	22	1513	2553
港、澳、台商投资企业	Enterprises Funded by HongKong, Macao and Taiwan	1355	16191	3780
外商投资企业	Foreign Funded Enterprises	756	12196	3235
按国民经济行业分组	**Grouped by Economic Sector**			
房屋和土木工程建筑业	Housing and Civil Engineering Construction	182001	5558089	1107123
房屋工程建筑	Housing	111140	1933703	354806
土木工程建筑	Civil Engineering	70861	3624386	752317
建筑安装业	Building Installation	17061	264449	53510
建筑装饰业	Building Fiting and Decoration	9062	93559	13754
其他建筑业	Other Construction	4292	181122	59363
按隶属关系分组	**Grouped by Subordination**			
#中 央	Central	28031	2126227	412992
省	Province	31488	801238	133864
地 区	Prefecture	23798	853047	106823
县	County	18141	303545	49866
按企业资质等级分组	**Grouped by Qualification Criteria**			
施工总承包	Overall Contract	178564	5391687	1065308
专业承包	Specialized Contract	33852	705532	168441

11-7 建筑业企业劳动生产率(2013年)
LABOR PRODUCTIVITY OF CONSTRUCTION ENTERPRISES(2013)

指　标	Item	企业个数(个) Number of Enterprises (unit)	从事建筑业活动的从业人员平均人数(人) Average Number of Employees Engaged in Construction Activities(person)	按总产值计算的劳动生产率(元/人) Overall Labor Productivity in Terms of Total Output Value (yuan/person)	人均竣工产值(元/人) Per Capita Output Value of Buildings Completed (yuan/person)
总　计	**Total**	**2181**	**1053758**	**287957**	**132257**
#国有及国有控股	State Owned and State Controlling Share	281	560488	330116	105840
按登记注册类型分组	**Grouped by Registered Kind**				
内资企业	Civil Funded Enterprises	2170	1049220	288382	132516
国有企业	State-owned Enterprises	122	140812	272507	141331
集体企业	Collective-owned Enterprises	99	24886	193093	116945
股份合作企业	Share Cooperative Enterprises				
联营企业	Joint Ownership Enterprises				
有限责任公司	Limited Responsibility Corporations	362	515309	329674	143223
国有独资公司	Company Exclusively with Investment from State	25	49274	472988	109335
其他有限责任公司	Other Limited Responsibility Company	337	466035	314521	146806
股份有限公司	Share-holding Limited Corporations	22	10969	462177	122472
私营企业	Private-owned Enterprises	1559	357030	236429	115002
私营独资企业	Enterprise Exclusively with Investment from Private	4	435	217602	100384
私营合伙企业	Private Partnership Enterprises	1	13	639692	
私营有限责任公司	Private Limited Responsibility Corporations	1480	309298	226308	125740
私营股份有限公司	Private Share-holding Limited Corporations	74	47284	302690	44926
其他企业	Other Enterprises	6	214	156084	95603
港、澳、台商投资企业	Enterprises Funded by HongKong, Macao and Taiwan	7	2029	207331	93033
外商投资企业	Foreign Funded Enterprises	4	2509	175055	55641
按国民经济行业分组	**Grouped by Economic Sector**				
房屋和土木工程建筑业	Housing and Civil Engineering Construction	1198	941152	296107	134192
房屋工程建筑	Housing	699	485056	252966	120397
土木工程建筑	Civil Engineering	499	456096	341987	148864
建筑安装业	Building Installation	408	63065	225748	99658
建筑装饰业	Building Fiting and Decoration	380	24978	162128	97024
其他建筑业	Other Construction	195	24563	263340	177645
按隶属关系分组	**Grouped by Subordination**				
#中　央	Central	52	262826	379315	171389
省	Province	97	229563	328636	125898
地　区	Prefecture	194	101559	230409	122749
县	County	142	51262	161828	101822
按企业资质等级分组	**Grouped by Qualification Criteria**				
施工总承包	Overall Contract	1034	920330	295952	134552
专业承包	Specialized Contract	1147	133428	232810	116426

11-8 建筑业企业资本金及资产(2013年)
CAPITAL AND ASSETS OF CONSTRUCTION ENTERPRISES(2013)

单位：万元 (10 000 yuan)

指 标	Item	实收资本 Capitals Hold	资产总计 Total Assets	#流动资产合计 Total Circulating Funds	#固定资产合计 Total Fixed Assets
总 计	**Total**	**5418288**	**34202261**	**26150562**	**2739061**
#国有及国有控股	State Owned and State Controlling Share	1992734	21056713	16230738	1098049
按登记注册类型分组	**Grouped by Registered Kind**				
内资企业	Civil Funded Enterprises	5393163	34129735	26090996	2727318
国有企业	State-owned Enterprises	331749	2952655	2477070	307589
集体企业	Collective-owned Enterprises	113689	527194	411405	74932
股份合作企业	Share Cooperative Enterprises				
联营企业	Joint Ownership Enterprises				
有限责任公司	Limited Responsibility Corporations	2113806	21937295	16677436	1032447
国有独资公司	Company Exclusively with Investment from State	340210	4669561	2578541	103448
其他有限责任公司	Other Limited Responsibility Company	1773596	17267734	14098895	928999
股份有限公司	Share-holding Limited Corporations	63140	579558	502934	50436
私营企业	Private-owned Enterprises	2766050	8101829	5995062	1258113
私营独资企业	Enterprise Exclusively with Investment from Private	4690	7564	4436	3128
私营合伙企业	Private Partnership Enterprises	750	2507	1822	685
私营有限责任公司	Private Limited Responsibility Corporations	2622788	7444249	5463199	1183300
私营股份有限公司	Private Share-holding Limited Corporations	137822	647509	525605	71000
其他企业	Other Enterprises	4730	31204	27090	3802
港、澳、台商投资企业	Enterprises Funded by HongKong, Macao and Taiwan	16212	53154	45343	7100
外商投资企业	Foreign Funded Enterprises	8914	19373	14223	4643
按国民经济行业分组	**Grouped by Economic Sector**				
房屋和土木工程建筑业	Housing and Civil Engineering Construction	4424714	30986109	23605719	2297642
房屋工程建筑	Housing	1986261	9237915	7276911	936627
土木工程建筑	Civil Engineering	2438454	21748194	16328807	1361015
建筑安装业	Building Installation	501034	1727479	1406622	200887
建筑装饰业	Building Fiting and Decoration	262414	611816	484749	76645
其他建筑业	Other Construction	230126	876858	653473	163887
按隶属关系分组	**Grouped by Subordination**				
#中 央	Central	1096947	12484283	10263994	555837
省	Province	748895	8829747	6015680	356332
地 区	Prefecture	387031	2357352	1929558	295354
县	County	164512	808300	629235	126474
按企业资质等级分组	**Grouped by Qualification Criteria**				
施工总承包	Overall Contract	4264385	30328946	23053474	2194296
专业承包	Specialized Contract	1153904	3873315	3097089	544766

11-9 建筑业企业负债及所有者权益(2013年)
LIABILITIES AND CREDITORS' EQUITY OF CONSTRUCTION ENTERPRISES(2013)

单位：万元 (10 000 yuan)

指　标	Item	负债合计 Total Liabilities	#流动负债 Liquid Liabilities	#非流动负债合计 Illiquid Liabilities	所有者权益合计 Total Creditors' Equity
总　计	**Total**	**25650153**	**23205622**	**1972152**	**8552108**
#国有及国有控股	State Owned and State Controlling Share	17581832	15761350	1601154	3474881
按登记注册类型分组	**Grouped by Registered Kind**				
内资企业	Civil Funded Enterprises	25609413	23164882	1972152	8520322
国有企业	State-owned Enterprises	2604091	2525437	59497	348565
集体企业	Collective-owned Enterprises	400961	372270	8842	126233
股份合作企业	Share Cooperative Enterprises				
联营企业	Joint Ownership Enterprises				
有限责任公司	Limited Responsibility Corporations	17953368	15922133	1752559	3983926
国有独资公司	Company Exclusively with Investment from State	3582551	2179590	1206369	1087009
其他有限责任公司	Other Limited Responsibility Company	14370817	13742543	546190	2896917
股份有限公司	Share-holding Limited Corporations	504565	472485	26207	74993
私营企业	Private-owned Enterprises	4119921	3861012	110108	3981908
私营独资企业	Enterprise Exclusively with Investment from Private	2199	2199		5365
私营合伙企业	Private Partnership Enterprises	1756	1756		750
私营有限责任公司	Private Limited Responsibility Corporations	3709425	3460782	101983	3734825
私营股份有限公司	Private Share-holding Limited Corporations	406541	396275	8125	240968
其他企业	Other Enterprises	26507	11545	14939	4697
港、澳、台商投资企业	Enterprises Funded by HongKong, Macao and Taiwan	27271	27271		25882
外商投资企业	Foreign Funded Enterprises	13469	13469		5904
按国民经济行业分组	**Grouped by Economic Sector**				
房屋和土木工程建筑业	Housing and Civil Engineering Construction	23748988	21452370	1862929	7237121
房屋工程建筑	Housing	6534795	6139936	281537	2703120
土木工程建筑	Civil Engineering	17214192	15312434	1581392	4534002
建筑安装业	Building Installation	1103038	1002169	83384	624440
建筑装饰业	Building Fiting and Decoration	264948	249837	4042	346867
其他建筑业	Other Construction	533179	501246	21798	343679
按隶属关系分组	**Grouped by Subordination**				
#中　央	Central	10803245	10445703	357541	1681039
省	Province	7220813	5941030	1242883	1608934
地　区	Prefecture	1738180	1583290	97456	619172
县	County	586085	383042	8089	222216
按企业资质等级分组	**Grouped by Qualification Criteria**				
施工总承包	Overall Contract	23322419	21003246	1913003	7006527
专业承包	Specialized Contract	2327734	2202376	59149	1545581

11-10 建筑业企业收入及成本情况(2013年)
REVENUE AND COST OF CONSTRUCTION ENTERPRISES(2013)

单位：万元 (10 000 yuan)

指 标	Item	营业收入 Revenue of Business	#主营业务收入 Revenue of Major Business	主营业务成本 Cost of Major Business
总 计	**Total**	**30502184**	**29865170**	**26663894**
#国有及国有控股	State Owned and State Controlling Share	19277171	18806585	17017670
按登记注册类型分组	**Grouped by Registered Kind**			
内资企业	Civil Funded Enterprises	30426056	29789053	26595152
国有企业	State-owned Enterprises	3567875	3528108	3231306
集体企业	Collective-owned Enterprises	477174	464900	398691
股份合作企业	Share Cooperative Enterprises			
联营企业	Joint Ownership Enterprises			
有限责任公司	Limited Responsibility Corporations	17912800	17467125	15760346
国有独资公司	Company Exclusively with Investment	2166055	2105086	1912370
其他有限责任公司	Other Limited Responsibility Company	15746745	15362039	13847976
股份有限公司	Share-holding Limited Corporations	500255	496741	444025
私营企业	Private-owned Enterprises	7965395	7829622	6758590
私营独资企业	Enterprise Exclusively with Investment from Private	8924	8924	7976
私营合伙企业	Private Partnership Enterprises	832	832	685
私营有限责任公司	Private Limited Responsibility Corporations	6526836	6480554	5498183
私营股份有限公司	Private Share-holding Limited Corporations	1428803	1339312	1251745
其他企业	Other Enterprises	2557	2557	2196
港、澳、台商投资企业	Enterprises Funded by HongKong, Macao and Taiwan	42923	42923	37240
外商投资企业	Foreign Funded Enterprises	33205	33194	31501
按国民经济行业分组	**Grouped by Economic Sector**			
房屋和土木工程建筑业	Housing and Civil Engineering Construction	27979699	27393085	24593548
房屋工程建筑	Housing	11098015	11026047	9948634
土木工程建筑	Civil Engineering	16881684	16367038	14644914
建筑安装业	Building Installation	1474786	1432499	1204722
建筑装饰业	Building Fiting and Decoration	402974	396780	319668
其他建筑业	Other Construction	644725	642805	545956
按隶属关系分组	**Grouped by Subordination**			
#中 央	Central	10831000	10796261	9726143
省	Province	7327114	6928237	6341466
地 区	Prefecture	2338076	2300832	2062284
县	County	811171	788383	689542
按企业资质等级分组	**Grouped by Qualification Criteria**			
施工总承包	Overall Contract	27336105	26761606	24043673
专业承包	Specialized Contract	3166079	3103563	2620221

11-11 建筑业企业费用情况(2013年)
EXPENSES OF CONSTRUCTION ENTERPRISES(2013)

单位：万元 (10 000 yuan)

指 标	Item	销售费用 Sales Expenses	管理费用 Adminis-trative Expenses	财务费用 Financial Expenses
总 计	**Total**	**91758**	**1247633**	**168301**
#国有及国有控股	State Owned and State Controlling Share	15606	775386	75453
按登记注册类型分组	**Grouped by Registered Kind**			
内资企业	Civil Funded Enterprises	91750	1243497	168158
国有企业	State-owned Enterprises	5235	163218	8704
集体企业	Collective-owned Enterprises	5683	33069	885
股份合作企业	Share Cooperative Enterprises			
联营企业	Joint Ownership Enterprises			
有限责任公司	Limited Responsibility Corporations	18130	704982	75721
国有独资公司	Company Exclusively with Investment from State	1069	65371	14212
其他有限责任公司	Other Limited Responsibility Company	17061	639611	61508
股份有限公司	Share-holding Limited Corporations	1056	12416	5914
私营企业	Private-owned Enterprises	61641	329554	76920
私营独资企业	Enterprise Exclusively with Investment from Private	17	128	4
私营合伙企业	Private Partnership Enterprises	13	49	4
私营有限责任公司	Private Limited Responsibility Corporations	58479	307509	73640
私营股份有限公司	Private Share-holding Limited Corporations	3132	21868	3272
其他企业	Other Enterprises	6	259	15
港、澳、台商投资企业	Enterprises Funded by HongKong, Macao and Taiwan		2193	64
外商投资企业	Foreign Funded Enterprises	8	1942	79
按国民经济行业分组	**Grouped by Economic Sector**			
房屋和土木工程建筑业	Housing and Civil Engineering Construction	60575	1062216	153665
房屋工程建筑	Housing	35872	388029	42640
土木工程建筑	Civil Engineering	24703	674187	111025
建筑安装业	Building Installation	15362	108656	5647
建筑装饰业	Building Fiting and Decoration	6013	31232	3270
其他建筑业	Other Construction	9807	45528	5719
按隶属关系分组	**Grouped by Subordination**			
#中 央	Central	4026	440480	48295
省	Province	5734	280458	31578
地 区	Prefecture	6657	112332	4196
县	County	6557	40280	3503
按企业资质等级分组	**Grouped by Qualification Criteria**			
施工总承包	Overall Contract	56705	1005123	153813
专业承包	Specialized Contract	35053	242510	14488

11-12 建筑业企业薪酬及利润情况(2013年)
REMUNERATION AND PROFITS OF CONSTRUCTION ENTERPRISES(2013)

单位：万元 (10 000 yuan)

指标	Item	应付职工薪酬 Remuneration Payable of Staff and Workers	营业利润 Business Profits	其他业务利润 Profits of Other Business
总计	**Total**	**2161829**	**873805**	**63810**
#国有及国有控股	State Owned and State Controlling Share	1109171	499649	43062
按登记注册类型分组	**Grouped by Registered Kind**			
内资企业	Civil Funded Enterprises	2150040	873006	63799
国有企业	State-owned Enterprises	259665	11333	9340
集体企业	Collective-owned Enterprises	68573	8353	2241
股份合作企业	Share Cooperative Enterprises			
联营企业	Joint Ownership Enterprises			
有限责任公司	Limited Responsibility Corporations	1060864	552804	38135
国有独资公司	Company Exclusively with Investment from State	160054	66546	10729
其他有限责任公司	Other Limited Responsibility Company	900810	486258	27407
股份有限公司	Share-holding Limited Corporations	35049	16958	403
私营企业	Private-owned Enterprises	725344	283557	13679
私营独资企业	Enterprise Exclusively with Investment from Private	801	423	
私营合伙企业	Private Partnership Enterprises	38	29	
私营有限责任公司	Private Limited Responsibility Corporations	671476	269481	12807
私营股份有限公司	Private Share-holding Limited Corporations	53028	13625	872
其他企业	Other Enterprises	545	1	
港、澳、台商投资企业	Enterprises Funded by HongKong, Macao and Taiwan	4625	2115	
外商投资企业	Foreign Funded Enterprises	7165	-1316	10
按国民经济行业分组	**Grouped by Economic Sector**			
房屋和土木工程建筑业	Housing and Civil Engineering Construction	1928871	787181	53949
房屋工程建筑	Housing	955650	196236	13930
土木工程建筑	Civil Engineering	973221	590945	40020
建筑安装业	Building Installation	142799	49730	9176
建筑装饰业	Building Fiting and Decoration	42373	18702	-57
其他建筑业	Other Construction	47787	18193	742
按隶属关系分组	**Grouped by Subordination**			
#中央	Central	461834	389203	4479
省	Province	479217	87243	34630
地区	Prefecture	258431	51043	4959
县	County	133364	21262	3907
按企业资质等级分组	**Grouped by Qualification Criteria**			
施工总承包	Overall Contract	1859438	768531	50772
专业承包	Specialized Contract	302392	105274	13037

11-13 建筑业企业利润及税金情况(2013年)

PROFITS AND TAXES OF CONSTRUCTION ENTERPRISES(2013)

单位：万元 (10 000 yuan)

指 标	Item	利润总额 Total Profits	税金总额 Total Taxes	主营业务税金及附加 Taxes and Extra Charges of Major Business	管理费用中的税金 Taxes in Costs of Administration
总 计	**Total**	**897318**	**922864**	**885267**	**37598**
#国有及国有控股	State Owned and State Controlling Share	517773	546983	529083	17900
按登记注册类型分组	**Grouped by Registered Kind**				
内资企业	Civil Funded Enterprises	896517	920300	882966	37334
国有企业	State-owned Enterprises	17427	113640	109227	4413
集体企业	Collective-owned Enterprises	8874	17948	17254	694
股份合作企业	Share Cooperative Enterprises				
联营企业	Joint Ownership Enterprises				
有限责任公司	Limited Responsibility Corporations	566471	494821	478367	16454
国有独资公司	Company Exclusively with Investment from State	67938	68010	60530	7480
其他有限责任公司	Other Limited Responsibility Company	498533	426811	417837	8975
股份有限公司	Share-holding Limited Corporations	16896	15281	14795	487
私营企业	Private-owned Enterprises	286853	278524	263242	15282
私营独资企业	Enterprise Exclusively with Investment from Private	424	380	376	4
私营合伙企业	Private Partnership Enterprises	29	53	51	1
私营有限责任公司	Private Limited Responsibility Corporations	272860	229300	214522	14778
私营股份有限公司	Private Share-holding Limited Corporations	13540	48791	48292	500
其他企业	Other Enterprises	-3	85	81	4
港、澳、台商投资企业	Enterprises Funded by HongKong, Macao and Taiwan	2121	1526	1311	215
外商投资企业	Foreign Funded Enterprises	-1320	1039	990	49
按国民经济行业分组	**Grouped by Economic Sector**				
房屋和土木工程建筑业	Housing and Civil Engineering Construction	803962	844968	815247	29722
房屋工程建筑	Housing	204095	377077	366602	10475
土木工程建筑	Civil Engineering	599866	467891	448645	19247
建筑安装业	Building Installation	51599	46379	40893	5486
建筑装饰业	Building Fiting and Decoration	18896	13890	12723	1167
其他建筑业	Other Construction	22862	17627	16404	1223
按隶属关系分组	**Grouped by Subordination**				
#中 央	Central	395795	279366	275276	4090
省	Province	98434	216455	206198	10256
地 区	Prefecture	53537	76314	72083	4230
县	County	20993	31635	29292	2344
按企业资质等级分组	**Grouped by Qualification Criteria**				
施工总承包	Overall Contract	783669	836013	806006	30006
专业承包	Specialized Contract	113650	86852	79260	7591

主要统计指标解释

签订的合同额 指建筑业企业在报告期直接同建设单位签订合同的总价款和以前年度同建设单位签定合同的未完工程跨入本年度继续施工工程合同的总价款余额。

本年新签合同额 指建筑业企业在报告期内同建设单位直接新签订的各种国内工程合同的总价款,不包括与其他建筑业企业新签的分包合同额。

建筑业总产值 建筑业总产值是以货币表现的建筑业企业在一定时期内生产的建筑业产品和服务的总和。建筑业总产值包括建筑工程产值、安装工程产值和其他产值三部分内容。

竣工产值 一般是以单位工程为对象,当该工程按照设计所规定的工程内容全部完成,达到了设计规定的交工条件,经有关部门检查验收鉴定合格的单位工程价值,即为竣工产值。竣工产值包括范围应是报告期内竣工单位工程从开工到竣工的全部自行完成的价值,竣工产值不包括附属辅助企业或内部核算的其他单位为外单位生产和服务的价值。

房屋施工面积 指报告期内施工的全部房屋建筑面积,它包括本期新开工的面积、上期跨入本期继续施工的房屋面积、上期停缓建在本期恢复施工的房屋面积、本期竣工的房屋面积以及本期施工后又停缓建的房屋面积。

房屋竣工面积 指在报告期内房屋建筑按照设计要求已全部完工,达到住人和使用条件,经验收鉴定合格或达到竣工验收标准,可正式移交使用的各栋房屋建筑面积总和。

房屋竣工价值 指在报告期内按规定已经上报竣工的房屋本身的建造价值。一般按房屋设计和预算规定的内容计算。一般按结算价格(或中标价)计算。

固定资产合计 指企业为生产商品、提供劳务、出租或经营管理而持有的,使用寿命超过一个会计年度的有形资产。包括使用期限超过一年的房屋、建筑物、机器、机械、运输工具以及其他与生产、经营有关的设备、器具、工具等。

资产总计 指企业过去的交易或者事项形成的、由企业拥有或者控制的、预期会给企业带来经济利益的资源。资产一般按流动性分为流动资产和非流动资产。

执行 2006 年《企业会计准则》的企业:资产合计 = 流动资产合计 + 非流动资产合计;

未执行 2006 年《企业会计准则》的企业:资产合计 = 流动资产合计 + 长期投资 + 固定资产合计 + 无形及递延资产小计 + 其他资产。

负债合计 指企业过去的交易或者事项形成的,预期会导致经济利益流出企业的现时义务。负债一般按偿还期长短分为流动负债和非流动负债。

所有者权益合计 指企业资产扣除负债后由所有者享有的剩余权益。公司的所有者权益又称股东权益。包括实收资本、资本公积、盈余公积、未分配利润等。

主营业务收入 指企业确认的销售商品、提供劳务等主营业务的收入。

执行 2006 年《企业会计准则》的企业,如未设置该科目,以"营业收入"代替填报。

销售费用 指企业从事施工生产活动过程中发生的各项费用,包括应由企业负担的运输费、装卸费、包装费、保险费、维修费、展览费、差旅费、广告费和其他经费。

营业利润 指企业从事生产经营活动所取得的利润。

执行 2006 年《企业会计准则》的企业,营业利润为营业收入减去营业成本、营业税金及附加、销售费用、管理费用、财务费用、资产减值损失,再加上公允价值变动收益和投资收益。

未执行 2006 年《企业会计准则》的企业,营业利润为主营业务收入减去主营业务成本、主营业务税金及附加,加上其他业务利润后,再减去销售费用、管理费用、财务费用后的金额。

利润总额 指企业在一定会计期间的经营成果,是生产经营过程中各种收入扣除各种耗费后的盈余,反映企业在报告期内实现的亏盈总额。

执行 2006 年《企业会计准则》的企业,利润总额为营业利润加上营业外收入,减去营业外支出后的金额。

未执行 2006 年《企业会计准则》的企业,利润总额为营业利润加上投资收益、补贴收入、营业外收入,再减去营业外支出后的金额。

应付职工薪酬 指企业为获得职工提供的服务而给予各种形式的报酬以及其他相关支出。包括职工工资、奖金、津贴和补贴，职工福利费，医疗保险费、养老保险费、失业保险费、工伤保险费和生育保险费等社会保险费，住房公积金，工会经费和职工教育经费，非货币性福利，因解除与职工的劳动关系给予的补偿，其他与获得职工提供的服务相关的支出。

Explanatory Notes on Main Statistical Indicators

Contract Amount Signed refers to the contract total amount that construction enterprises signed directly with the constructed units in the reference period and the remaining sum of contract amount that construction enterprises signed in the previous years, with construction project are in process and extending to continue in current year.

Contract Amount Newly Signed This Year refers to total amount of domestic project contracts that construction enterprises newly signed directly with constructed units in the reference period, excluding subcontracts that construction enterprises newly signed with other construction enterprises.

Gross Output Value of Construction refers to total of construction products and services, expressed in money terms, completed by construction enterprises during a given period of time. It includes three parts: output value of construction projects, output value of installation projects and output value of others.

Output Value of Buildings Completed refers to the value of unit project that is completed in accordance with the requirements of the design, up to the standard for handing in, and has been checked and accepted by concerned departments as qualified one. It includes entire value of the completed project from start to completing in the reference period. If a project is under construction in two years, the output value of building completed should include completed value last year. Some large projects, such as large factory building, senior hotel, pipelines, roads, railways, which can be constructed by span, layer or fragment and can be put into use separately by contract, can calculate their output value separately. It excludes the value of products and services which affiliated enterprises or other inner accounting units provide to outer units.

Floor Space of Buildings under Construction refers to total floor space of buildings under construction during the reference period, including newly started buildings, buildings started earlier and continued during the reference period, and buildings suspended earlier but restarted during the reference period, buildings completed during the reference period, and buildings under construction and then suspended during the reference period.

Floor Space of Buildings Completed refers to the floor space of buildings that are completed in the reference period in accordance with the requirement of the design, up to the standard for being resided in and put into use, and have been checked and accepted by concerned departments as qualified ones or up to the standard of buildings completed and can be handed over fore putting into use.

Value of Buildings Completed refers to the constructing value of buildings which have reported completing in accordance with the requirement in reference period. Generally, it calculates by stipulated items in design and budget. It can report in term of settling value or value of attaining contract.

Total Fixed Assets refer to tangible assets enterprises possess for production, service supplying, leasing or management, with life operation is longer than a fiscal year. Total Fixed Assets include houses, buildings, machines, machineries, transport tools and other relevant equipments, appliances and tools which use longer than a year.

Total Assets refer to resources, formed by former transaction or events, owned or controlled by enterprises, and it can bring economic profits in future. Total assets normally include liquid assets and illiquid assets.

For enterprises implement Accounting Standards of 2006,

Total Assets = Liquid Assets + Illiquid Assets.

For enterprises don’t implement Accounting Standards of 2006,

Total Assets = Liquid Assets + Long Term Investment + Fixed Assets + Intangible Assets + Deferred Assets + Other Assets.

Total Liabilities refer to the debts, formed by former transaction or events, and it can bring economic profits in future. The liabilities include liability include liquid liabilities and illiquid liabilities by terms of repayment.

Creditors' Equity refers to the residual equity enjoyed by the owners, which equals to assets deducting liabilities, including capital hold, capital accumulation fund, surplus accumulation fund and undistributed profit.

Revenue of Major Business refers to enterprises confirmed revenue of products sales, services supply and so on.

It is can be substituted by business revenue for enterprises implementing Accounting Standards of 2006 which don’t set the account.

Sales Expenses refer to kinds of costs through constructing activities, which include costs of transport, loading and unloading, packing, insurance, maintaining, showing, business trip, advertisement and others.

Profits of Business refer to profits realized through the business of enterprises.

For enterprises implement Accounting Standards of 2006, profits of business equal to business revenue minus business costs, business taxes and extra charges, costs of sales, administrative expenses, fiscal costs, assets devaluation, and plus proceeds of changes in fair value and investment income.

For enterprises don't implement Accounting Standards of 2006, profits of business equal to business revenue of major business minus business costs of major business, taxes and extra charges of major business, plus other business profits, and minus costs of sales, administrative expenses, and fiscal costs.

Total Profits refer to business results of enterprises in a certain account period, i.e. enterprises' business surplus of income deduct losses in the production and operation process, reflecting total profits and losses during the reference period.

For enterprises implement Accounting Standards of 2006, total profits equal business profits plus non-business income, and minus non-business expenses.

For enterprises don't implement Accounting Standards of 2006, total profits equal business profits plus investment income, subside income, non-business income, and plus non-business expenses.

Remuneration Payable of Staff and Workers refers to all kinds of payments and other relevant expenditures that enterprises pay for getting services of staff and workers. It includes wages, bonus, allowances, subsides, welfare fees, health insurance premiums, endowment insurance premiums, unemployment insurance premiums, employment injury insurance premiums, birth insurance premiums, housing provident funds, labor union expenditures, educational expenditures, non-monetary welfare, compensation for terminal labor relations and other relevant expenditures.

12 房地产 REAL ESTATE

PAGE

335-372

资料整理人员

郝志军

房地产

REAL ESTATE

房地产开发投资	Investment in Real Estate Development	1308.6	亿元 (100 million yuan)
#住　宅	Residential Buildings	958.8	亿元 (100 million yuan)
房地产施工面积	Floor Space of Buildings under Construction	14040.0	万平方米 (10 000 sq.m)
#住　宅	Residential Buildings	10754.9	万平方米 (10 000 sq.m)
房地产竣工面积	Floor Space of Buildings Completed	2284.8	万平方米 (10 000 sq.m)
#住　宅	Residential Buildings	1848.0	万平方米 (10 000 sq.m)

房地产完成投资构成（亿元）

Composition of Investment in Real Estate (100 million yuan)

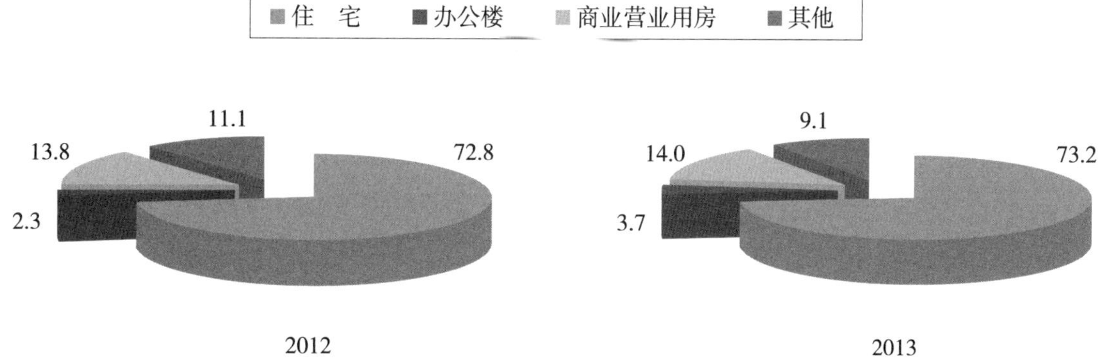

房地产开发投资（亿元）

Investment in Real Estate Development (100 million yuan)

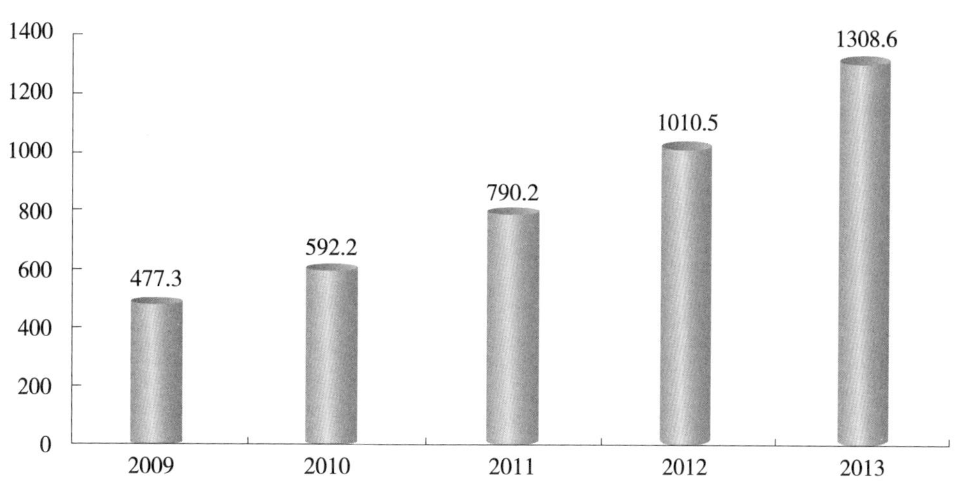

12-1 房地产开发企业主要指标

MAJOR INDICATORS OF REAL ESTATE DEVELOPMENT ETERPRISES

单位：万元 (10 000 yuan)

指 标	Item	2012	2013
一、企业个数(个)	**Number of Enterprises (unit)**	**2221**	**2269**
二、本年完成投资	**Investment Completed This Year**	**10104513**	**13086275**
按工程用途分	Grouped by Use of Projects		
住 宅	Residential Buildings	7356137	9588469
办公楼	Office Buildings	227958	484284
商业营业用房	Buildings for Business Operation	1392518	1825554
其 他	Other Expenses	1127900	1187968
三、本年新增固定资产	**Newly Increased Fixed Assets This Year**	**4242793**	**5439709**
四、本年购置土地面积(平方米)	**Land Area Purchased This Year (sq.m)**	**7183623**	**8759043**
五、本年实际到位资金小计	**Total Actual Funds in Place This Year**	**10336916**	**13771593**
国内贷款	Domestic Loans	608744	657898
自寿资金	Self-raised Fund	5507027	7583132
其他资金来源	Others	4220892	5530563
六、房屋建筑面积(平方米)	**Floor Space of Buildings (sq.m)**		
房屋施工面积	Floor Space of Buildings Under Construction	117142849	140400463
#住 宅	Residential Buildings	92996204	107549465
本年新开工面积	Floor Space of Buildings Newly Started Construction This Year	41663385	36733362
#住 宅	Residential Buildings	32711068	27233857
房屋竣工面积	Floor Space of Buildings Completed	17329943	22848204
#住 宅	Residential Buildings	14356940	18479861
七、商品房销售(平方米)	**Selling of Commercial Buildings (sq.m)**		
商品房销售面积	Floor Space of Commercial Buildings Sold	14978843	16428225
#住 宅	Residential Buildings	13904422	14843733
商品房销售额(万元)	Sales of Commercial Buildings (10 000 yuan)	5798872	7282585
#住 宅	Residential Buildings	5131950	6251438
八、经营状况	**Operation Condition**		
资产总计	Total Assets	37384680	47700735
营业收入	Business Revenue	4727911	5357170
#主营业务收入	Revenue of Major Business	4606447	5333749
营业利润	Business Profits	61637	38632
利润总额	Total Profits	50811	44211
九、从业人员平均人数(人)	**Average Number of Employees (person)**	**52389**	**55391**

12-2 房地产开发企业完成投资
COMPLETED INVESTMENT OF REAL ESTATE ETERPRISES

单位：万元 (10 000 yuan)

年 份 Year	本年完成投资 Investement Completed This Year	住 宅 Residential Buildings	办公楼 Office Buildings	商业营业用房 Buildings for Business Operation	其 他 Others
1990	28486	24635	342	2108	1401
1991	32642	27132			5510
1992	51869	41963	1473	1451	6982
1993	129685	102732		2362	24591
1994	116512	87606	2964	6169	19773
1995	150866	101914	12353	13841	22758
1996	147893	107111	6442	7471	26869
1997	181736	151687	6258	6990	16801
1998	278653	199862	9774	21609	47408
1999	350458	270496	7771	30307	41884
2000	394556	272280	19201	48178	54897
2001	466464	288916	17639	67861	92048
2002	674331	369041	46104	88518	170668
2003	950740	473991	53641	211630	211478
2004	1449898	846989	110917	353485	138507
2005	1779937	1168931	107448	274199	229359
2006	2086231	1558224	83778	238224	206005
2007	2589251	1902509	51973	245495	389274
2008	3279807	2287311	81888	389808	520800
2009	4772748	3778904	106264	437877	449703
2010	5922376	4574340	125367	604588	618081
2011	7901982	6153199	172888	736434	839461
2012	10104513	7356137	227958	1392518	1127900
2013	13086275	9588469	484284	1825554	1187968

12-3 房地产开发企业施工、销售和待售情况(2013年)

指　　标	Item	合　计 Total	住　宅 Residential Buildings
房屋施工面积　(平方米)	Floor Space of Buildings under Construction (sq.m)	140400463	107549465
#本年新开工面积	Buildings Newly Started Construction This Year	36733362	27233857
房屋竣工面积　(平方米)	Floor Space of Buildings Completed (sq.m)	22848204	18479861
#不可销售面积	Buildings Unable to be Sold	2798039	2127366
住宅竣工套数　(套)	Sets of Residential Buildings Completed (set)		181251
房屋竣工价值　(万元)	Value of Buildings Completed (10 000 yuan)	4984611	4015974
房屋出租面积　(平方米)	Floor Space of Buildings Leased (sq.m)	12703	190
商品房销售面积(平方米)	Floor Space of Commercial Residential Buildings Sold (sq.m)	16428225	14843733
现　房	Completed Buildings	6510153	5479102
期　房	Forward Delivery Buildings	9918072	9364631
商品房销售额　(万元)	Sales of Commercial Buildings (10 000 yuan)	7282585	6251438
现　房	Completed Buildings	2157462	1658769
期　房	Forward Delivery Buildings	5125123	4592669
商品住宅销售套数(套)	Sets of Commercial Residential Buildings Sold (set)		129403
现　房	Completed Buildings		49154
期　房	Forward Delivery Buildings		80249
待售面积　(平方米)	Floor Space for Sale (sq.m)	10575232	7994666
#待售1-3年面积	Floor Space for Sale in 1-3 Years	4512653	3414798
待售3年以上面积	Floor Space for Sale More Than 3 Years	98829	42301

BUILDINGS UNDER CONSTRUCTION, SELLING AND FOR SALE OF REAL ESTATE DEVELOPMENT ENTERPRISES(2013)

#90平方米及以下住房 90 sq.m and Below	#144平方米以上住房 Above 144 sq.m	#别墅、高档公寓 Villas and High-grade Apartment Buildings	办公楼 Office Buildings	商业营业用房 Buildings for Business Operation	其他 Others
26653159	18387368	933719	3271129	16478129	13101740
6159620	3056996	204985	764671	4727956	4006878
6744334	2987774	90443	307505	2729776	1331062
1887732	14872		33809	296509	340355
92960	14075	456			
1509566	628577	21976	71181	622214	275242
190			1330	11183	
2868995	2992755	211070	152959	1160047	271486
1203438	908700	5582	84779	735915	210357
1665557	2084055	205488	68180	424132	61129
1039652	1767673	213582	146378	809052	75717
354204	344077	4431	41656	398407	58630
685448	1423596	209151	104722	410645	17087
35053	16491	962			
14979	5128	46			
20074	11363	916			
1592654	2062055	65162	180258	1725987	674321
967882	786112	31668	88740	769940	239175
	10029		6133	50395	

12-4 房地产开发企业投资完成情况(2013年)

单位：万元

指　标	Item	企业个数(个) Number of Enterprises (unit)
总　计	**Total**	**2269**
按登记注册类型	**Grouped by Type of Registration Status**	
内　资	Domestic-Funded Enterprises	2254
国　有	State-owned Enterprises	73
集　体	Collective-owned Enterprises	10
股份合作	Share Cooperative Enterprises	
国有联营	State Joint Ownership Enterprises	
集体联营	Collective Joint Ownership Enterprises	
国有与集体联营	Joint State-collective Enterprises	
其他联营	Other Joint Ownership Enterprises	
国有独资公司	State-funded Corporations	31
其他有限责任公司	Other Limited Liability Corporations	369
股份有限公司	Share Corporations Ltd.	24
私营独资	Private-funded Enterprises	1
私营合伙	Private Partnership Enterprises	
私营有限责任公司	Private Limited Liability Corporations	1678
私营股份有限公司	Private Share-holding Corporations Ltd.	67
其　他	Others	1
港澳台投资	Enterprises with Investment from Hong Kong, Macao and Taiwan	9
合资经营	Joint-venture Enterprises	5
合作经营	Cooperative Enterprises	
独　资	Enterprises with Sole Investment	4
股份有限	Share Corporations Ltd.	
其　他	Others	
外商投资	Enterprises with Foreign Investment	6
合资经营	Joint-Venture Enterprises	3
合作经营	Cooperative Enterprises	
独　资	Enterprises with Sole Foreign Investment	3
股份有限	Share Corporations Ltd.	
其　他	Others	
按控股情况分	**Grouped by Share Holding**	
国有控股	State Holding Enterprises	181
集体控股	Collective-owned Holding Enterprises	49
私人控股	Private Holding Enterprises	1920
港澳台商控股	Hongkong, Macao and Taiwan Holding Enterprises	6
外商控股	Foreign Holding Enterprises	5
其　他	Others	108

COMPLETED INVESTMENT OF REAL ESTATE DEVELOPMENT ENTERPRISES(2013)

(10 000 yuan)

计划总投资 Total Planned Investment	累计完成投资 Accumulative Investment Completed	本年完成投资 Investment Completed This Year	建筑工程 Construction	安装工程 Installation
57892914	**36694587**	**13086275**	**9799247**	**1323524**
56956168	35895385	12906750	9634543	1314834
2129870	1560174	782759	640813	100102
272213	242815	180933	126891	25260
1331408	808094	409616	343495	10404
15072032	9518042	3054584	2181240	346173
898855	714977	386438	345377	4250
2405	2395	90	90	
36103763	22425655	7927563	5869171	809392
1120378	615633	161178	125906	18733
25244	7600	3589	1560	520
388749	254471	39413	26258	7024
14000	14902	14902	10267	
374749	239569	24511	15991	7024
547997	544731	140112	138446	1666
82879	71277	7848	6267	1581
465118	473454	132264	132179	85
8672729	5366086	2052525	1539392	194731
1088636	959977	362848	270129	48700
42962240	26794472	9433097	6958334	993722
388749	254471	39413	26258	7024
524997	522094	139144	138079	1065
4255563	2797487	1059248	867055	78282

12-4 续表1

单位：万元

指　标	Item	设备工器具购置 Purchase of Equipment and Instruments
总　计	**Total**	**143612**
按登记注册类型	**Grouped by Type of Registration Status**	
内　资	Domestic-Funded Enterprises	142412
国　有	State-owned Enterprises	1839
集　体	Collective-owned Enterprises	988
股份合作	Share Cooperative Enterprises	
国有联营	State Joint Ownership Enterprises	
集体联营	Collective Joint Ownership Enterprises	
国有与集体联营	Joint State-collective Enterprises	
其他联营	Other Joint Ownership Enterprises	
国有独资公司	State-funded Corporations	3321
其他有限责任公司	Other Limited Liability Corporations	31887
股份有限公司	Share Corporations Ltd.	
私营独资	Private-funded Enterprises	
私营合伙	Private Partnership Enterprises	
私营有限责任公司	Private Limited Liability Corporations	102152
私营股份有限公司	Private Share-holding Corporations Ltd.	1825
其　他	Others	400
港澳台投资	Enterprises with Investment from Hong Kong, Macao and Taiwan	1200
合资经营	Joint-venture Enterprises	
合作经营	Cooperative Enterprises	
独　资	Enterprises with Sole Investment	1200
股份有限	Share Corporations Ltd.	
其　他	Others	
外商投资	Enterprises with Foreign Investment	
合资经营	Joint-Venture Enterprises	
合作经营	Cooperative Enterprises	
独　资	Enterprises with Sole Foreign Investment	
股份有限	Share Corporations Ltd.	
其　他	Others	
按控股情况分	**Grouped by Share Holding**	
国有控股	State Holding Enterprises	9761
集体控股	Collective-owned Holding Enterprises	1638
私人控股	Private Holding Enterprises	128444
港澳台商控股	Hongkong, Macao and Taiwan Holding Enterprises	1200
外商控股	Foreign Holding Enterprises	
其　他	Others	2569

continued

(10 000 yuan)

其他费用 Other Expenses	#旧建筑物购置费 Purchse of old Building	#土地购置费 Purchase of Land	住宅 Residential Buildings	#90平方米及以下住房 90 sq.m and Below
1819892	**66494**	**1079909**	**9588469**	**2902892**
1814961	66494	1077374	9550179	2895185
40005		28475	610453	378586
27794		5850	156025	114489
52396		5414	332190	99486
495284	16080	292339	2210951	431102
36811	500	34059	351708	262791
			90	90
1146848	49714	700634	5772047	1573784
14714		10403	114365	33857
1109	200	200	2350	1000
4931		2535	16714	
4635		2535		
296			16714	
			21576	7707
			7008	6932
			14568	775
308641		150873	1510554	555280
42381	500	9479	284801	130651
1352597	62824	847069	6829309	1817606
4931		2535	16714	
			21448	7655
111342	3170	69953	925643	391700

12-4 续表2

单位：万元

指 标	Item	#144平方米以上住房 Above 144 sq.m
总 计	**Total**	**1935760**
按登记注册类型	**Grouped by Type of Registration Status**	
内 资	Domestic-Funded Enterprises	1912565
国 有	State-owned Enterprises	9318
集 体	Collective-owned Enterprises	
股份合作	Share Cooperative Enterprises	
国有联营	State Joint Ownership Enterprises	
集体联营	Collective Joint Ownership Enterprises	
国有与集体联营	Joint State-collective Enterprises	
其他联营	Other Joint Ownership Enterprises	
国有独资公司	State-funded Corporations	20738
其他有限责任公司	Other Limited Liability Corporations	543831
股份有限公司	Share Corporations Ltd.	16979
私营独资	Private-funded Enterprises	
私营合伙	Private Partnership Enterprises	
私营有限责任公司	Private Limited Liability Corporations	1270041
私营股份有限公司	Private Share-holding Corporations Ltd.	50308
其 他	Others	1350
港澳台投资	Enterprises with Investment from Hong Kong, Macao and Taiwan	16714
合资经营	Joint-venture Enterprises	
合作经营	Cooperative Enterprises	
独 资	Enterprises with Sole Investment	16714
股份有限	Share Corporations Ltd.	
其 他	Others	
外商投资	Enterprises with Foreign Investment	6481
合资经营	Joint-Venture Enterprises	76
合作经营	Cooperative Enterprises	
独 资	Enterprises with Sole Foreign Investment	6405
股份有限	Share Corporations Ltd.	
其 他	Others	
按控股情况分	**Grouped by Share Holding**	
国有控股	State Holding Enterprises	111701
集体控股	Collective-owned Holding Enterprises	23363
私人控股	Private Holding Enterprises	1570307
港澳台商控股	Hongkong, Macao and Taiwan Holding Enterprises	16714
外商控股	Foreign Holding Enterprises	6405
其 他	Others	207270

continued

(10 000 yuan)

#别墅、高档公寓 Villas and Highgrade Apartment Buildings	办公楼 Office Buildings	商业营业用房 Buildings for Business Operation	其他 Others	本年新增固定资产 Newly Increased Fixed Assets This Year
137297	**484284**	**1825554**	**1187968**	**5439709**
126883	429305	1751160	1176106	5367072
	1030	118568	52708	578336
		13977	10931	153764
	19443	31204	26779	26076
85223	169783	374141	299709	1561005
	844	5461	28425	259779
				917
41174	237342	1196206	721968	2731177
486	863	10484	35466	56018
		1119	120	
7414	50	20849	1800	50000
		14902		
7414	50	5947	1800	50000
3000	54929	53545	10062	22637
	66	759	15	22637
3000	54863	52786	10047	
	120497	219791	201683	910077
	8078	32320	37649	197750
42155	281542	1441775	880471	3870491
7414	50	20849	1800	50000
3000	54863	52786	10047	
84728	19254	58033	56318	411391

12-5 房地产开发企业资金来源情况(2013年)

单位：万元

指 标	Item	本年资金来源合计 Total Funds This Year	上年末结余资金 Remaining Funds at The End of Last Year
总 计	**Total**	**16221188**	**2449595**
按登记注册类型	**Grouped by Type of Registration Status**		
内 资	Domestic-Funded Enterprises	16019611	2447113
国 有	State-owned Enterprises	593805	56682
集 体	Collective-owned Enterprises	152021	
股份合作	Share Cooperative Enterprises		
国有联营	State Joint Ownership Enterprises		
集体联营	Collective Joint Ownership Enterprises		
国有与集体联营	Joint State-collective Enterprises		
其他联营	Other Joint Ownership Enterprises		
国有独资公司	State-funded Corporations	464965	140187
其他有限责任公司	Other Limited Liability Corporations	4214799	618418
股份有限公司	Share Corporations Ltd.	324269	27892
私营独资	Private-funded Enterprises	100	
私营合伙	Private Partnership Enterprises		
私营有限责任公司	Private Limited Liability Corporations	10024893	1553972
私营股份有限公司	Private Share-holding Corporations Ltd.	240334	49962
其 他	Others	4425	
港澳台投资	Enterprises with Investment from Hong Kong, Macao and Taiwan	40460	1180
合资经营	Joint-venture Enterprises	14707	36
合作经营	Cooperative Enterprises		
独 资	Enterprises with Sole Investment	25753	1144
股份有限	Share Corporations Ltd.		
其 他	Others		
外商投资	Enterprises with Foreign Investment	161117	1302
合资经营	Joint-Venture Enterprises	12432	1192
合作经营	Cooperative Enterprises		
独 资	Enterprises with Sole Foreign Investment	148685	110
股份有限	Share Corporations Ltd.		
其 他	Others		
按控股情况分	**Grouped by Share Holding**		
国有控股	State Holding Enterprises	2375245	497141
集体控股	Collective-owned Holding Enterprises	433100	41724
私人控股	Private Holding Enterprises	11771776	1737862
港澳台商控股	Hongkong, Macao and Taiwan Holding Enterprises	40460	1180
外商控股	Foreign Holding Enterprises	156628	1173
其 他	Others	1443979	170515

SOURCE OF FUNDS FOR REAL ESTATE DEVELOPMENT ENTERPRISES(2013)

(10 000 yuan)

本年资金来源小计 Subtotal Funds This Year	国内贷款 Domestic Loans	自筹资金 Self-raised Funds	其他资金来源 Others	#定金及预付款 Deposit and Advanced Payment	个人按揭贷款 Individual Mortgage
13771593	**657898**	**7583132**	**5530563**	**4170338**	**944219**
13572498	653848	7419091	5499559	4139402	944151
537123	4590	390910	141623	63137	1650
152021		141516	10505	418	
324778	24716	271592	28470	26696	
3596381	138257	1731799	1726325	1344751	243527
296377	31268	164341	100768	70437	
100		100			
8470921	453617	4626614	3390690	2554412	681128
190372	800	88394	101178	79551	17846
4425	600	3825			
39280		27803	11477	11409	68
14671		13805	866	798	68
24609		13998	10611	10611	
159815	4050	136238	19527	19527	
11240	300	4060	6880	6880	
148575	3750	132178	12647	12647	
1878104	75476	1032692	769936	561841	71073
391376	5733	192596	193047	142484	39013
10033914	537039	5411743	4085132	3093192	741409
39280		27803	11477	11409	68
155455	3750	132178	19527	19527	
1273464	35900	786120	451444	341885	92656

12-6 房地产开发企业土地购置、开发和待售情况(2013年)

单位：平方米

指　标	Item	待开发土地面积 Land Area Pending Development
总　　计	**Total**	**9889894**
按登记注册类型	**Grouped by Type of Registration Status**	
内　资	Domestic-Funded Enterprises	9889894
国　有	State-owned Enterprises	21532
集　体	Collective-owned Enterprises	
股份合作	Share Cooperative Enterprises	
国有联营	State Joint Ownership Enterprises	
集体联营	Collective Joint Ownership Enterprises	
国有与集体联营	Joint State-collective Enterprises	
其他联营	Other Joint Ownership Enterprises	
国有独资公司	State-funded Corporations	125501
其他有限责任公司	Other Limited Liability Corporations	928308
股份有限公司	Share Corporations Ltd.	322715
私营独资	Private-funded Enterprises	30127
私营合伙	Private Partnership Enterprises	
私营有限责任公司	Private Limited Liability Corporations	8266217
私营股份有限公司	Private Share-holding Corporations Ltd.	195494
其　他	Others	
港澳台投资	Enterprises with Investment from Hong Kong, Macao and Taiwan	
合资经营	Joint-venture Enterprises	
合作经营	Cooperative Enterprises	
独　资	Enterprises with Sole Investment	
股份有限	Share Corporations Ltd.	
其　他	Others	
外商投资	Enterprises with Foreign Investment	
合资经营	Joint-Venture Enterprises	
合作经营	Cooperative Enterprises	
独　资	Enterprises with Sole Foreign Investment	
股份有限	Share Corporations Ltd.	
其　他	Others	
按控股情况分	**Grouped by Share Holding**	
国有控股	State Holding Enterprises	672808
集体控股	Collective-owned Holding Enterprises	7325
私人控股	Private Holding Enterprises	9031100
港澳台商控股	Hongkong, Macao and Taiwan Holding Enterprises	
外商控股	Foreign Holding Enterprises	
其　他	Others	178661

LAND PURCHASING, DEVELOPPING AND FOR SALE OF REAL ESTATE DEVELOPMENT ENTERPRISES(2013)

(sq.m)

本年购置土地面积 Land Area Purchased This Year	本年土地成交价款(万元) Deal Value of Land This Year (10 000 yuan)	待售面积 Land Area for Sale	#待售面积(一年至三年) Land Area for Sale in 1-3 Years	#待售面积(三年以上) Land Area for Sale More Than Three Years
8759043	**1444124**	**10575232**	**4512653**	**98829**
8758230	1443914	10495085	4463859	98829
57753	15531	60898	23857	
		39969		
312459	99144	152290	2642	
2159972	424178	2912114	1680266	
120927	35999	458067		
46724	819			
5955696	849321	6665310	2748124	85421
82143	17062	206437	8970	13408
22556	1860			
		80147	48794	
		48794	48794	
		31353		
813	210			
813	210			
837339	244471	1257477	478287	
31373	3030	197090	38209	
6901779	1011150	8683130	3724979	98829
		80147	48794	
813	210			
987739	185263	357388	222384	

12-7 房地产开发企业施工和销售情况(2013年)

单位：平方米

指　标	Item	房屋施工面积 Floor Space of Buildings under Construction	住　宅 Residential Buildings
总　计	**Total**	**140400463**	**107549465**
按登记注册类型	**Grouped by Type of Registration Status**		
内　资	Domestic-Funded Enterprises	138428323	106543514
国　有	State-owned Enterprises	8387346	7028434
集　体	Collective-owned Enterprises	1070330	914182
股份合作	Share Cooperative Enterprises		
国有联营	State Joint Ownership Enterprises		
集体联营	Collective Joint Ownership Enterprises		
国有与集体联营	Joint State-collective Enterprises		
其他联营	Other Joint Ownership Enterprises		
国有独资公司	State-funded Corporations	2894866	2233680
其他有限责任公司	Other Limited Liability Corporations	32766220	25233427
股份有限公司	Share Corporations Ltd.	2629516	2305745
私营独资	Private-funded Enterprises	16597	16597
私营合伙	Private Partnership Enterprises		
私营有限责任公司	Private Limited Liability Corporations	88350150	67066747
私营股份有限公司	Private Share-holding Corporations Ltd.	2180706	1634226
其　他	Others	132592	110476
港澳台投资	Enterprises with Investment from Hong Kong, Macao and Taiwan	695407	536041
合资经营	Joint-venture Enterprises	35662	
合作经营	Cooperative Enterprises		
独　资	Enterprises with Sole Investment	659745	536041
股份有限	Share Corporations Ltd.		
其　他	Others		
外商投资	Enterprises with Foreign Investment	1276733	469910
合资经营	Joint-Venture Enterprises	272090	161516
合作经营	Cooperative Enterprises		
独　资	Enterprises with Sole Foreign Investment	1004643	308394
股份有限	Share Corporations Ltd.		
其　他	Others		
按控股情况分	**Grouped by Share Holding**		
国有控股	State Holding Enterprises	21536635	17267491
集体控股	Collective-owned Holding Enterprises	3073450	2589369
私人控股	Private Holding Enterprises	104715645	79123951
港澳台商控股	Hongkong, Macao and Taiwan Holding Enterprises	695407	536041
外商控股	Foreign Holding Enterprises	1097974	401725
其　他	Others	9281352	7630888

CONSTRUCTION AND SALES OF REAL ESTATE DEVELOPMENT ENTERPRISES(2013)

(sq.m)

#90平方米及以下住房 90 sq.m and Below	#144平方米以上住房 Above 144 sq.m	#别墅、高档公寓 Villas and High-grade Apartment Buildings	办公楼 Office Buildings	商业营业用房 Buildings for Business Operation	其 他 Others
26653159	**18387368**	**933719**	**3271129**	**16478129**	**13101740**
26465936	17765019	594910	3062137	16027964	12794708
4706504	112081		9275	696445	653192
488365	13978			60134	96014
689269	51172		157059	206558	297569
4855032	4861594	323103	910370	3369133	3253290
1292682	517473		3434	202863	117474
14077118	11356819	251827	1925175	11231568	8126660
283246	815146	19980	56824	242147	247509
73720	36756			19116	3000
52000	484041	286700	5000	95792	58574
				35662	
52000	484041	286700	5000	60130	58574
135223	138308	52109	203992	354373	248458
100831	8280		69638	22184	18752
34392	130028	52109	134354	332189	229706
6987653	1649683		537060	1705701	2026383
724620	249915		28187	136977	318917
16811691	14157344	301754	2355713	13622113	9613868
52000	484041	286700	5000	95792	58574
98223	130028	52109	134354	332189	229706
1978972	1716357	293156	210815	585357	854292

12-7 续表1

单位：平方米

指 标	Item	本年新开工面积 Floor Space of Builings Newly Started Construction	住 宅 Residential Buildings
总 计	**Total**	**36733362**	**27233857**
按登记注册类型	**Grouped by Type of Registration Status**		
内 资	Domestic-Funded Enterprises	36521446	27213366
国 有	State-owned Enterprises	1702168	1030606
集 体	Collective-owned Enterprises	495485	353772
股份合作	Share Cooperative Enterprises		
国有联营	State Joint Ownership Enterprises		
集体联营	Collective Joint Ownership Enterprises		
国有与集体联营	Joint State-collective Enterprises		
其他联营	Other Joint Ownership Enterprises		
国有独资公司	State-funded Corporations	1159549	1040225
其他有限责任公司	Other Limited Liability Corporations	7830244	5451568
股份有限公司	Share Corporations Ltd.	436697	359652
私营独资	Private-funded Enterprises		
私营合伙	Private Partnership Enterprises		
私营有限责任公司	Private Limited Liability Corporations	24265551	18659848
私营股份有限公司	Private Share-holding Corporations Ltd.	544752	239695
其 他	Others	87000	78000
港澳台投资	Enterprises with Investment from Hong Kong, Macao and Taiwan	35662	
合资经营	Joint-venture Enterprises	35662	
合作经营	Cooperative Enterprises		
独 资	Enterprises with Sole Investment		
股份有限	Share Corporations Ltd.		
其 他	Others		
外商投资	Enterprises with Foreign Investment	176254	20491
合资经营	Joint-Venture Enterprises	12981	12981
合作经营	Cooperative Enterprises		
独 资	Enterprises with Sole Foreign Investment	163273	7510
股份有限	Share Corporations Ltd.		
其 他	Others		
按控股情况分	**Grouped by Share Holding**		
国有控股	State Holding Enterprises	4596787	3134205
集体控股	Collective-owned Holding Enterprises	952950	723738
私人控股	Private Holding Enterprises	28426483	21369671
港澳台商控股	Hongkong, Macao and Taiwan Holding Enterprises	35662	
外商控股	Foreign Holding Enterprises	176254	20491
其 他	Others	2545226	1985752

continued

(sq.m)

#90平方米及以下住房 90 sq.m and Below	#144平方米以上住房 Above 144 sq.m	#别墅、高档公寓 Villas and High-grade Apartment Buildings	办公楼 Office Buildings	商业营业用房 Buildings for Business Operation	其 他 Others
6159620	**3056996**	**204985**	**764671**	**4727956**	**4006878**
6146639	3049486	204985	697343	4603859	4006878
272399	3009			529427	142135
87938				55699	86014
463852	7000		18983	42047	58294
940469	890553	173839	263322	979907	1135447
57673	30152		2219	9897	64929
4174523	1981111	31146	411190	2874418	2320095
99755	109691		1629	106464	196964
50030	27970			6000	3000
				35662	
				35662	
12981	7510		67328	88435	
12981					
	7510		67328	88435	
815522	161349		178975	711777	571830
224858	43365		500	88879	139833
4934699	2582106	33658	437739	3551055	3068018
				35662	
12981	7510		67328	88435	
171560	262666	171327	80129	252148	227197

12-7 续表2

单位：平方米

指　标	Item	房屋竣工面积 Floor Space of Buildings Completed	住宅 Residential Buildings
总　计	**Total**	**22848204**	**18479861**
按登记注册类型	**Grouped by Type of Registration Status**		
内　资	Domestic-Funded Enterprises	22585756	18359676
国　有	State-owned Enterprises	3216754	2561064
集　体	Collective-owned Enterprises	386243	371808
股份合作	Share Cooperative Enterprises		
国有联营	State Joint Ownership Enterprises		
集体联营	Collective Joint Ownership Enterprises		
国有与集体联营	Joint State-collective Enterprises		
其他联营	Other Joint Ownership Enterprises		
国有独资公司	State-funded Corporations	62078	17405
其他有限责任公司	Other Limited Liability Corporations	5639564	4550387
股份有限公司	Share Corporations Ltd.	1222503	1082231
私营独资	Private-funded Enterprises	3164	3164
私营合伙	Private Partnership Enterprises		
私营有限责任公司	Private Limited Liability Corporations	11796957	9551776
私营股份有限公司	Private Share-holding Corporations Ltd.	258493	221841
其　他	Others		
港澳台投资	Enterprises with Investment from Hong Kong, Macao and Taiwan	83689	52000
合资经营	Joint-venture Enterprises		
合作经营	Cooperative Enterprises		
独　资	Enterprises with Sole Investment	83689	52000
股份有限	Share Corporations Ltd.		
其　他	Others		
外商投资	Enterprises with Foreign Investment	178759	68185
合资经营	Joint-Venture Enterprises	178759	68185
合作经营	Cooperative Enterprises		
独　资	Enterprises with Sole Foreign Investment		
股份有限	Share Corporations Ltd.		
其　他	Others		
按控股情况分	**Grouped by Share Holding**		
国有控股	State Holding Enterprises	4678908	3806760
集体控股	Collective-owned Holding Enterprises	620579	563040
私人控股	Private Holding Enterprises	15861273	12669046
港澳台商控股	Hongkong, Macao and Taiwan Holding Enterprises	83689	52000
外商控股	Foreign Holding Enterprises		
其　他	Others	1603755	1389015

continued

(sq.m)

#90平方米及以下住房 90 sq.m and Below	#144平方米以上住房 Above 144 sq.m	#别墅、高档公寓 Villas and High-grade Apartment Buildings	办公楼 Office Buildings	商业营业用房 Buildings for Business Operation	其他 Others
6744334	**2987774**	**90443**	**307505**	**2729776**	**1331062**
6655334	2979494	90443	237867	2675903	1312310
2044477	59238		3508	529155	123027
341100				4435	10000
8236			4346	22499	17828
1347675	1058827	27435	95185	656742	337250
637011	391200			133125	7147
2259675	1313719	63008	131531	1307444	806206
17160	156510		3297	22503	10852
52000				31689	
52000				31689	
37000	8280		69638	22184	18752
37000	8280		69638	22184	18752
2625614	519163		7854	704455	159839
341100	48228			8777	48762
3006588	2070870	90443	228483	1901881	1061863
52000				31689	
719032	349513		71168	82974	60598

12-7 续表3

单位：万元

指　标	Item	房屋竣工价　值 Value of Buildings Completed	住　宅 Residential Buildings
总　计	**Total**	**4984611**	**4015974**
按登记注册类型	**Grouped by Type of Registration Status**		
内　资	Domestic-Funded Enterprises	4946910	3997550
国　有	State-owned Enterprises	566894	433179
集　体	Collective-owned Enterprises	153654	148445
股份合作	Share Cooperative Enterprises		
国有联营	State Joint Ownership Enterprises		
集体联营	Collective Joint Ownership Enterprises		
国有与集体联营	Joint State-collective Enterprises		
其他联营	Other Joint Ownership Enterprises		
国有独资公司	State-funded Corporations	11561	2610
其他有限责任公司	Other Limited Liability Corporations	1393283	1129189
股份有限公司	Share Corporations Ltd.	259687	239719
私营独资	Private-funded Enterprises	917	917
私营合伙	Private Partnership Enterprises		
私营有限责任公司	Private Limited Liability Corporations	2504896	1995518
私营股份有限公司	Private Share-holding Corporations Ltd.	56018	47973
其　他	Others		
港澳台投资	Enterprises with Investment from Hong Kong, Macao and Taiwan	15064	9360
合资经营	Joint-venture Enterprises		
合作经营	Cooperative Enterprises		
独　资	Enterprises with Sole Investment	15064	9360
股份有限	Share Corporations Ltd.		
其　他	Others		
外商投资	Enterprises with Foreign Investment	22637	9064
合资经营	Joint-Venture Enterprises	22637	9064
合作经营	Cooperative Enterprises		
独　资	Enterprises with Sole Foreign Investment		
股份有限	Share Corporations Ltd.		
其　他	Others		
按控股情况分	**Grouped by Share Holding**		
国有控股	State Holding Enterprises	878178	706246
集体控股	Collective-owned Holding Enterprises	197640	184890
私人控股	Private Holding Enterprises	3500758	2763318
港澳台商控股	Hongkong, Macao and Taiwan Holding Enterprises	15064	9360
外商控股	Foreign Holding Enterprises		
其　他	Others	392971	352160

continued

(10 000 yuan)

#90平方米及以下住房 90 sq.m and Below	#144平方米以上住房 Above 144 sq.m	#别墅、高档公寓 Villas and High-grade Apartment Buildings	办公楼 Office Buildings	商业营业用房 Buildings for Business Operation	其 他 Others
1509566	**628577**	**21976**	**71181**	**622214**	**275242**
1498945	627477	21976	62530	613637	273193
322493	10235		772	107189	25754
140766				1073	4136
1235			652	5625	2674
342458	285593	6809	23692	173249	67153
201207	32026			18968	1000
487865	267381	15167	36590	301992	170796
2921	32242		824	5541	1680
5704				5704	
5704				5704	
4917	1100		8651	2873	2049
4917	1100		8651	2873	2049
482968	61648		1424	137332	33176
140766	6772			1724	11026
662544	491977	21976	60838	458590	218012
5704				5704	
217584	68180		8919	18864	13028

12-7 续表4

单位：平方米

指　标	Item	商品房销售面积 Floor Space of Commercial Buildings Sold	住 宅 Residential Buildings
总　计	**Total**	**16428225**	**14843733**
按登记注册类型	**Grouped by Type of Registration Status**		
内　资	Domestic-Funded Enterprises	16287439	14736750
国　有	State-owned Enterprises	542103	510930
集　体	Collective-owned Enterprises	32014	23797
股份合作	Share Cooperative Enterprises		
国有联营	State Joint Ownership Enterprises		
集体联营	Collective Joint Ownership Enterprises		
国有与集体联营	Joint State-collective Enterprises		
其他联营	Other Joint Ownership Enterprises		
国有独资公司	State-funded Corporations	187481	187481
其他有限责任公司	Other Limited Liability Corporations	3948846	3497503
股份有限公司	Share Corporations Ltd.	193378	161699
私营独资	Private-funded Enterprises	5670	5670
私营合伙	Private Partnership Enterprises		
私营有限责任公司	Private Limited Liability Corporations	11177306	10164300
私营股份有限公司	Private Share-holding Corporations Ltd.	200641	185370
其　他	Others		
港澳台投资	Enterprises with Investment from Hong Kong, Macao and Taiwan	75108	41885
合资经营	Joint-venture Enterprises	1534	
合作经营	Cooperative Enterprises		
独　资	Enterprises with Sole Investment	73574	41885
股份有限	Share Corporations Ltd.		
其　他	Others		
外商投资	Enterprises with Foreign Investment	65678	65098
合资经营	Joint-Venture Enterprises	13561	12981
合作经营	Cooperative Enterprises		
独　资	Enterprises with Sole Foreign Investment	52117	52117
股份有限	Share Corporations Ltd.		
其　他	Others		
按控股情况分	**Grouped by Share Holding**		
国有控股	State Holding Enterprises	1577695	1492892
集体控股	Collective-owned Holding Enterprises	361677	338980
私人控股	Private Holding Enterprises	13421772	12070466
港澳台商控股	Hongkong, Macao and Taiwan Holding Enterprises	75108	41885
外商控股	Foreign Holding Enterprises	65098	65098
其　他	Others	926875	834412

continued

(sq.m)

#90平方米及以下住房 90 sq.m and Below	#144平方米以上住房 Above 144 sq.m	#别墅、高档公寓 Villas and High-grade Apartment Buildings	办公楼 Office Buildings	商业营业用房 Buildings for Business Operation	其他 Others
2868995	**2992755**	**211070**	**152959**	**1160047**	**271486**
2831192	2963654	173547	152379	1126824	271486
234940	39595		1112	22397	7664
566				8217	
5004	68761				
610081	730630	132664	43177	294541	113625
52	46013			31679	
1941709	2017394	40883	108090	761638	143278
38840	61261			8352	6919
20647	21238	21238		33223	
				1534	
20647	21238	21238		31689	
17156	7863	16285	580		
12981			580		
4175	7863	16285			
337892	296937	2207	1464	58854	24485
22715	76321			12074	10623
2403835	2353346	42972	133102	991929	226275
20647	21238	21238		33223	
17156	7863	16285			
66750	237050	128368	18393	63967	10103

12-7 续表5

单位：万元

指　标	Item	商品房销售额 Sales of Commercial Buildings	住　宅 Residential Buildings
总　计	**Total**	**7282585**	**6251438**
按登记注册类型	**Grouped by Type of Registration Status**		
内　资	Domestic-Funded Enterprises	7194731	6174030
国　有	State-owned Enterprises	158673	147145
集　体	Collective-owned Enterprises	20794	9056
股份合作	Share Cooperative Enterprises		
国有联营	State Joint Ownership Enterprises		
集体联营	Collective Joint Ownership Enterprises		
国有与集体联营	Joint State-collective Enterprises		
其他联营	Other Joint Ownership Enterprises		
国有独资公司	State-funded Corporations	82200	82200
其他有限责任公司	Other Limited Liability Corporations	1906424	1628238
股份有限公司	Share Corporations Ltd.	73013	53341
私营独资	Private-funded Enterprises	1644	1644
私营合伙	Private Partnership Enterprises		
私营有限责任公司	Private Limited Liability Corporations	4828360	4134833
私营股份有限公司	Private Share-holding Corporations Ltd.	123623	117573
其　他	Others		
港澳台投资	Enterprises with Investment from Hong Kong, Macao and Taiwan	38455	28473
合资经营	Joint-venture Enterprises	476	
合作经营	Cooperative Enterprises		
独　资	Enterprises with Sole Investment	37979	28473
股份有限	Share Corporations Ltd.		
其　他	Others		
外商投资	Enterprises with Foreign Investment	49399	48935
合资经营	Joint-Venture Enterprises	7344	6880
合作经营	Cooperative Enterprises		
独　资	Enterprises with Sole Foreign Investment	42055	42055
股份有限	Share Corporations Ltd.		
其　他	Others		
按控股情况分	**Grouped by Share Holding**		
国有控股	State Holding Enterprises	663495	608953
集体控股	Collective-owned Holding Enterprises	174048	155448
私人控股	Private Holding Enterprises	5718021	4873522
港澳台商控股	Hongkong, Macao and Taiwan Holding Enterprises	38455	28473
外商控股	Foreign Holding Enterprises	48935	48935
其　他	Others	639631	536107

continued

(10 000 yuan)

#90平方米及以下住房 90 sq.m and Below	#144平方米以上住房 Above 144 sq.m	#别墅、高档公寓 Villas and High-grade Apartment Buildings	办公楼 Office Buildings	商业营业用房 Buildings for Business Operation	其他 Others
1039652	**1767673**	**213582**	**146378**	**809052**	**75717**
1024939	1737063	170094	145914	799070	75717
61128	9795		323	9236	1969
83				11738	
1246	38541				
239930	470511	146669	40816	202141	35229
6	15883			19672	
708404	1124121	23425	104775	551017	37735
14142	78212			5266	784
6194	22279	22279		9982	
				476	
6194	22279	22279		9506	
8519	8331	21209	464		
6880			464		
1639	8331	21209			
122099	158684	3031	608	45035	8899
13179	46626			13224	5376
861305	1325720	24142	115455	670749	58295
6194	22279	22279		9982	
8519	8331	21209			
28356	206033	142921	30315	70062	3147

12-8 房地产开发企业财务状况(2013年)

单位：万元

指　　标	Item	固定资产原　　价 Original Value of Fixed Assets
总　　计	**Total**	**1070315**
按登记注册类型	**Grouped by Type of Registration Status**	
内　资	Domestic-Funded Enterprises	1060989
国　有	State-owned Enterprises	29246
集　体	Collective-owned Enterprises	3118
股份合作	Share Cooperative Enterprises	
国有联营	State Joint Ownership Enterprises	
集体联营	Collective Joint Ownership Enterprises	
国有与集体联营	Joint State-collective Enterprises	
其他联营	Other Joint Ownership Enterprises	
国有独资公司	State-funded Corporations	19590
其他有限责任公司	Other Limited Liability Corporations	176835
股份有限公司	Share Corporations Ltd.	6413
私营独资	Private-funded Enterprises	
私营合伙	Private Partnership Enterprises	
私营有限责任公司	Private Limited Liability Corporations	789498
私营股份有限公司	Private Share-holding Corporations Ltd.	36076
其　他	Others	213
港澳台投资	Enterprises with Investment from Hong Kong, Macao and Taiwan	5891
合资经营	Joint-venture Enterprises	5020
合作经营	Cooperative Enterprises	
独　资	Enterprises with Sole Investment	871
股份有限	Share Corporations Ltd.	
其　他	Others	
外商投资	Enterprises with Foreign Investment	3435
合资经营	Joint-Venture Enterprises	3323
合作经营	Cooperative Enterprises	
独　资	Enterprises with Sole Foreign Investment	112
股份有限	Share Corporations Ltd.	
其　他	Others	
按控股情况分	**Grouped by Share Holding**	
国有控股	State Holding Enterprises	71093
集体控股	Collective-owned Holding Enterprises	20800
私人控股	Private Holding Enterprises	909800
港澳台商控股	Hongkong, Macao and Taiwan Holding Enterprises	1735
外商控股	Foreign Holding Enterprises	3237
其　他	Others	63650

FINANCIAL CONDITION OF REAL ESTATE DEVELOPMENT ENTERPRISES(2013)

(10 000 yuan)

固定资产累计折旧 Accumulative Depreciation of Fixed Assets	#本年折旧 Depreciation of This Year	资产总计 Total Assets	负债合计 Total Liabilities	所有者权益合计 Total Creditors' Equity	#实收资金 Paid-in Capital
294243	**77963**	**47700735**	**41750265**	**5950469**	**5462319**
290227	77610	46952007	41170607	5781400	5350184
9660	1061	1203358	1162138	41220	94592
751	60	53384	48821	4564	5038
2953	547	1475067	1234899	240168	173483
53929	10564	12524028	10941451	1582577	1250012
2331	629	920461	793756	126705	66457
		1019	508	511	511
211046	62357	29512573	25941447	3571126	3563963
9451	2371	1250379	1036388	213992	195628
107	21	11738	11200	538	500
2942	166	311150	193730	117420	60714
2823	136	76898	50550	26348	26610
119	30	234252	143180	91072	34104
1075	188	437578	385928	51650	51422
989	150	115010	116928	-1917	2107
86	37	322568	269001	53567	49315
18540	2534	6516747	5736626	780121	698026
5436	787	1035592	922035	113558	52169
246621	70206	35529392	31160390	4369002	4170869
569	79	281478	172638	108840	51104
918	182	419734	372466	47268	50488
22160	4175	3917791	3386110	531681	439663

12-8 续表1

单位：万元

指　　标	Item	营业收入 Business Revenue
总　　计	**Total**	**5357170**
按登记注册类型	**Grouped by Type of Registration Status**	
内　资	Domestic-Funded Enterprises	5293673
国　有	State-owned Enterprises	54446
集　体	Collective-owned Enterprises	2356
股份合作	Share Cooperative Enterprises	
国有联营	State Joint Ownership Enterprises	
集体联营	Collective Joint Ownership Enterprises	
国有与集体联营	Joint State-collective Enterprises	
其他联营	Other Joint Ownership Enterprises	
国有独资公司	State-funded Corporations	198942
其他有限责任公司	Other Limited Liability Corporations	1510721
股份有限公司	Share Corporations Ltd.	28525
私营独资	Private-funded Enterprises	100
私营合伙	Private Partnership Enterprises	
私营有限责任公司	Private Limited Liability Corporations	3333417
私营股份有限公司	Private Share-holding Corporations Ltd.	164333
其　他	Others	832
港澳台投资	Enterprises with Investment from Hong Kong, Macao and Taiwan	22479
合资经营	Joint-venture Enterprises	1274
合作经营	Cooperative Enterprises	
独　资	Enterprises with Sole Investment	21205
股份有限	Share Corporations Ltd.	
其　他	Others	
外商投资	Enterprises with Foreign Investment	41018
合资经营	Joint-Venture Enterprises	571
合作经营	Cooperative Enterprises	
独　资	Enterprises with Sole Foreign Investment	40447
股份有限	Share Corporations Ltd.	
其　他	Others	
按控股情况分	**Grouped by Share Holding**	
国有控股	State Holding Enterprises	772953
集体控股	Collective-owned Holding Enterprises	115066
私人控股	Private Holding Enterprises	3918394
港澳台商控股	Hongkong, Macao and Taiwan Holding Enterprises	22104
外商控股	Foreign Holding Enterprises	40455
其　他	Others	488199

continued

(10 000 yuan)

#主营业务收　　入 Revenue of Major Business	土地转让收　　入 Land Transferred Revenue	商品房屋销售收入 Sales Revenue of Commercial Buildings	房屋出租收　　入 Revenue from Buildings Leasing	其他收入 Other Revenue
5333749	**8060**	**5161401**	**53399**	**110889**
5270252	8060	5098385	53361	110445
53124	10	48373	2664	2077
2193		1438	16	739
196919		145315	1946	49658
1499225	3819	1466748	3289	25369
28329	310	27431	145	444
100				100
3325197	3921	3247133	44527	29616
164333		161116	775	2442
832		832		
22479		22104	31	345
1274		899	31	345
21205		21205		
41018		40912	7	100
571		464	7	100
40447		40447		
764500	320	700004	5029	59147
113436		111072	1384	981
3908822	3926	3814673	46198	44025
22104		22104		
40455		40447	7	
484433	3814	473100	781	6737

12-8 续表2

单位：万元

指　　标	Item	营业成本 Business Costs
总　　计	**Total**	**4099531**
按登记注册类型	**Grouped by Type of Registration Status**	
内　资	Domestic-Funded Enterprises	4061826
国　有	State-owned Enterprises	39519
集　体	Collective-owned Enterprises	1548
股份合作	Share Cooperative Enterprises	
国有联营	State Joint Ownership Enterprises	
集体联营	Collective Joint Ownership Enterprises	
国有与集体联营	Joint State-collective Enterprises	
其他联营	Other Joint Ownership Enterprises	
国有独资公司	State-funded Corporations	166396
其他有限责任公司	Other Limited Liability Corporations	1188878
股份有限公司	Share Corporations Ltd.	24930
私营独资	Private-funded Enterprises	30
私营合伙	Private Partnership Enterprises	
私营有限责任公司	Private Limited Liability Corporations	2532392
私营股份有限公司	Private Share-holding Corporations Ltd.	107385
其　他	Others	749
港澳台投资	Enterprises with Investment from Hong Kong, Macao and Taiwan	16011
合资经营	Joint-venture Enterprises	598
合作经营	Cooperative Enterprises	
独　资	Enterprises with Sole Investment	15413
股份有限	Share Corporations Ltd.	
其　他	Others	
外商投资	Enterprises with Foreign Investment	21693
合资经营	Joint-Venture Enterprises	256
合作经营	Cooperative Enterprises	
独　资	Enterprises with Sole Foreign Investment	21437
股份有限	Share Corporations Ltd.	
其　他	Others	
按控股情况分	**Grouped by Share Holding**	
国有控股	State Holding Enterprises	630031
集体控股	Collective-owned Holding Enterprises	81555
私人控股	Private Holding Enterprises	2978272
港澳台商控股	Hongkong, Macao and Taiwan Holding Enterprises	15970
外商控股	Foreign Holding Enterprises	21437
其　他	Others	372266

continued

(10 000 yuan)

#主营业务成本 Costs of Major Business	营业税金及附加 Business Tax and Extra Charges	#主营业务税金及附加 Tax and Extra Charges of Major Business	营业利润 Business Profits	利润总额 Total Profits	应交所得税 Income Taxes Payable	从业人员期末人数(人) Number of Employees at The End of Period (person)
4056412	**498328**	**482448**	**38632**	**44211**	**139319**	**55391**
4018708	489463	473583	37552	43754	138247	54961
39338	4316	4080	-2568	-2448	373	2794
1480	86	86	96	162	3	340
165627	9888	9085	17824	17116	3857	932
1184512	120754	116753	51128	48732	37140	11131
18727	1955	1941	-9234	91	681	774
30	30	30	10	10		16
2500864	336918	326194	-42003	-42081	87830	37641
107380	15457	15355	22361	22234	8363	1325
749	59	59	-61	-61		8
16011	3013	3013	-6883	-7370	-1377	199
598	1193	1193	-8869	-8870	-1855	100
15413	1820	1820	1986	1500	479	99
21693	5852	5852	7963	7828	2449	231
256	50	50	-2253	-2289		148
21437	5802	5802	10217	10117	2449	83
620672	55501	54176	28980	27651	15058	5938
80941	9479	9412	10805	10679	3518	1347
2945254	381590	368260	-29910	-22132	105117	44038
15970	2952	2952	-6702	-7188	-1377	154
21437	5802	5802	8076	7976	2449	188
372138	43004	41846	27383	27226	14553	3726

主要统计指标解释

房地产开发投资 指各种登记注册类型的房地产开发法人单位统一开发的包括统代建、拆迁还建的住宅、厂房、仓库、饭店、宾馆、度假村、写字楼、办公楼等房屋建筑物，配套的服务设施，土地开发工程（如道路、给水、排水、供电、供热、通讯、平整场地等基础设施工程）和土地购置的投资；不包括单纯的土地开发和交易活动。

本年实际到位资金小计 指房地产开发企业在报告期内实际拨入的，用于房地产开发的各种货币资金。包括国内贷款、利用外资、自筹资金和其他资金。

本年土地购置面积 指在报告期内通过各种方式获得土地使用权的土地面积。

本年土地成交价款 指在报告期内进行土地使用权交易活动的最终金额。在土地一级市场，是指土地最后的划拨款、“招拍挂”价格和出让价；在土地二级市场是指土地转让、出租、抵押等最后确定的合同价格。土地成交价款与土地购置面积同口径，可以计算土地的平均购置价格。

房屋新开工面积 指报告期内新开工建设的房屋建筑面积，以单位工程为核算对象，即整栋房屋的全部建筑面积，不能分割计算。不包括在上期开工跨入报告期继续施工的房屋建筑面积和上期停缓建而在本期恢复施工的房屋建筑面积。房屋的开工应以房屋正式开始破土刨槽（地基处理或打永久桩）的日期为准。

房屋竣工面积 指报告期内房屋建筑按照设计要求已全部完工，达到住人和使用条件，经验收鉴定合格或达到竣工验收标准，可正式移交使用的各栋房屋建筑面积的总和。

住宅竣工套数 指报告期内按照设计要求已全部完工，经验收合格，达到住人或使用条件的正式交给开发公司的成套住宅数量（以设计图纸为准）。

房屋竣工价值 指报告期内按规定已经上报竣工的房屋本身的建造价值。一般按房屋设计和预算规定的内容计算。包括竣工房屋本身的基础、结构、屋面、装修以及水、电、卫等附属工程的建筑价值；也包括作为房屋建筑组成部分而列入房屋建筑工程预算内的设备（如电梯、通风设备等）的购置和安装费用。不包括厂房内的工艺设备、工艺管线的购置和安装，工艺设备基础的建造；室外的水、暖、电、卫、道路工程、挡土墙等环境工程的费用；办公和生活用家具的购置等费用；购置土地的费用；迁移补偿费和场地平整的费用及城市建设配套投资。

房屋竣工价值不仅包括该竣工房屋在报告期内完成的价值，也包括跨年施工的房屋在本期以前完成的价值。未竣工而转让给其他单位的房屋建筑工程，出让单位不计算竣工价值，待接受单位继续施工并符合竣工条件后，由接受单位计算其竣工价值，包括出让单位在出让前所完成的价值。房屋竣工价值一般按结算价格（或中标价）计算。

商品房销售面积 指报告期内出售商品房屋的合同总面积（即双方签署的正式买卖合同中所确定的建筑面积）。商品房销售面积由现房销售面积和期房销售面积两部分组成。

商品房销售额 指报告期内出售商品房屋的合同总价款（即双方签署的正式买卖合同中所确定的合同总价）。该指标与商品房销售面积同口径，由现房销售额和期房销售额两部分组成。

待售面积 指报告期末已竣工的可供销售或出租的商品房屋建筑面积中，尚未销售或出租的商品房屋建筑面积，包括以前年度竣工和本期竣工的房屋面积，但不包括报告期已竣工的拆迁还建、统建代建、公共配套建筑、房地产公司自用及周转房等不可销售或出租的房屋面积。按照商品房待售时间的长短可以划分为待售一年以下、待售一到三年（含一年）和待售三年以上（含三年）。

Explanatory Notes on Main Statistical Indicators

Investment in Real Estate Development refers to investment by real estate development corporation units of various types of ownership in the construction of buildings, such as residential buildings, factory buildings, warehouses, hotels, guesthouses, holiday villages, office buildings, complementary service facilities, land development projects and land purchase, such as roads, water supply, water drainage, power supply, heating supply, telecommunications, land leveling and other infrastructural projects. It does not include activities in pure land transactions.

Total Actual Funds in Place This Year refers to all kinds of monetary funds real estate enterprises actually invested for real estate development in the reference period, including domestic loans, foreign investment, self-raising fund and other funds.

Land Area Purchased This Year refers to the land area which has been got the land use right by all means in the reference period.

Value of Land Transaction refers to the final value of land use right in the land transaction in the reference period. It refers to the final appropriations of land, remising price and transfer price in primary land market, while it refers to the contract price of land transfer, lease and mortgage in the secondary land market. Value of land transaction has the same coverage with land area purchased, which can be used to calculate the average price of land purchased.

Floor Space of Buildings under Construction refers to total floor space of all buildings under construction during the reference period, including floor space of newly started buildings during the reference period, floor space of construction extended from the previous period to the current period, and floor space of construction suspended during the previous period and resumed in the current period. Floor space of construction completed in the current period, and floor space of construction started and then suspended in the current period are also included in the floor space under construction of the current year. Floor space of multistoried buildings is the sum of space of every floor.

Floor Space of Buildings Completed refers to the floor space of all buildings completed in the reference period, which has been appraised, accepted or reached the designed standards and transferred to owner units.

Sets of Residential Buildings Completed refers to the sets of completed residential buildings handed over to the development companies in the reference period, which has been constructed according to the designed standards, accepted and reached the living or using standards.

Value of Buildings Completed refers to construction value of completed buildings which has been reported in the reference period. It is usually calculated by the contents of building design and budget, including the construction value of completed buildings' backbone, structure, roof, decoration and appurtenant works such as water, electricity and sanitation. The purchasing and installation charges of budgetary facilities, such as elevators and ventilating devices, as a part of the composition of buildings, are also included in the value of completed buildings. The costs of purchasing and installation of plant processing equipments and pipelines and basic construction, costs of environmental projects outdoors, such as water, heating, electricity, sanitation, road projects and retaining walls, costs of purchasing of office and life furniture, costs of land purchasing, costs of residence moving and site formation and costs of supporting investment of urban construction are not included in the value of completed buildings.

Value of buildings completed includes not only value of buildings completed in the reference period, but also includes the previous value of buildings extended the previous period to the current period. The building value of construction projects, which uncompleted and transferred to other units, cannot be calculated by the transferred units. It should be calculated by the receiving units after the projects are completed and reached the relevant standards. Value of buildings completed is usually calculated at the settlement price or the bidding price.

Floor Space of Commercial Buildings Sold refers to total contracted area of commercialized buildings sold, i.e. area of floor space as designated in the formal contracts signed by both sides, during the reference time. It consists of floor space of completed buildings sold and forward delivery buildings sold.

Sales of Commercial Buildings refers to the total contracted value, i.e. value of commercialized builings as designated in the contract signed by both sides, during the reference period. This indicator has the same coverage with the area of commercialized buildings sold, and it consists of sales of completed buildings and sales of forward delivery buildings.

Floor Space for Sale refers to the floor space of commercial buildings hasn't been sold or leased which is marketable or rentable in the reference period. It includes floor space of building which has been completed in the previous and current period, excluding floor space of completed buildings, such as relocation building, buildings built for employees by the government agencies and institutions units, auxiliary facilities of public buildings, buildings of real estate enterprises for self use, temporary houses, which cannot be sold or rent. Floor space for sale can be divided into floor space for sale less than a year, floor space for sale in 1-3 years, floor space for sale more than 3years according to the sales time.

13 批发和零售业

WHOLESALE AND RETAIL TRADE

资料整理人员

雷士伟　张艳芳　张艳君　邓　娜

批发和零售业
WHOLESALE AND RETAIL TRADE

社会消费品零售总额	Total Retail Sales of Consumer Goods	5139.3	亿元	(100 million yuan)
城　镇	Town	4192.5	亿元	(100 million yuan)
乡　村	Village	946.8	亿元	(100 million yuan)

社会消费品零售总额构成 (%)

Composition of Total Retail Sales of Consumer Goods (%)

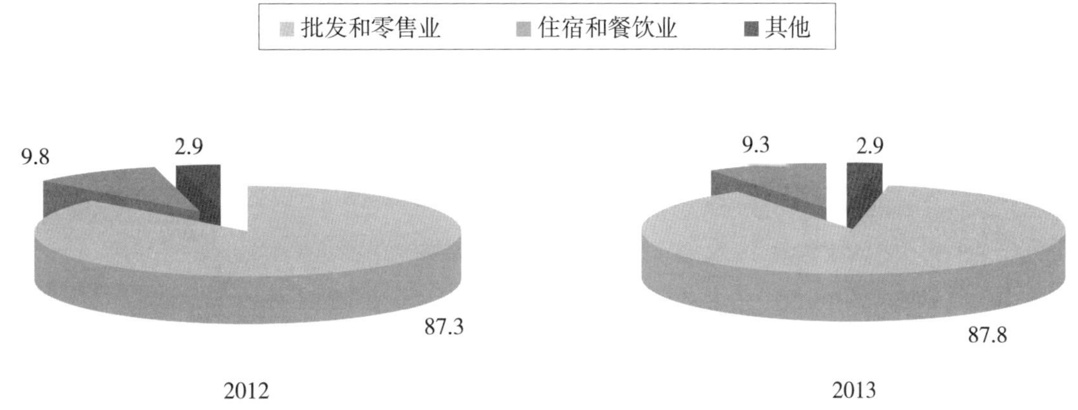

社会消费品零售总额 (亿元)

Total Retail Sales of Consumer Goods (100 million yuan)

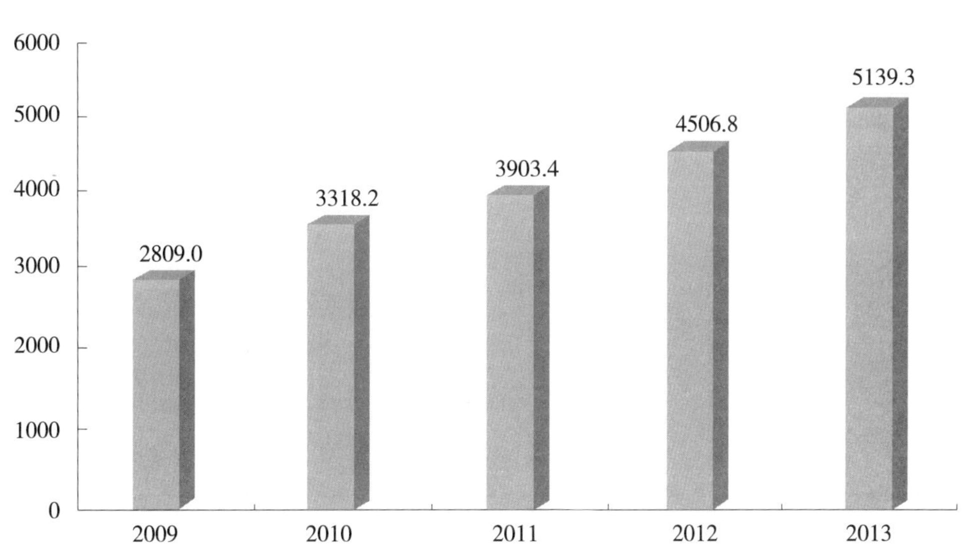

13-1 主要年份社会消费品零售总额
TOTAL RETAIL SALES OF CONSUMER GOODS IN MAJOR YEARS

单位：万元　　(10 000 yuan)

年 份 Year	社会消费品零售总额 Total Retail Sales of Consumer Goods	市 City	县 County	县以下 Below County
1952	57436	19536	37900	
1957	119600	52278	67322	
1962	146532	59686	86846	
1965	153257	57252	96005	
1970	190949	63853	127096	
1975	265190	108543	133713	22934
1978	323837	121772	113985	88080
1980	426597	163154	122191	141252
1985	894413	394784	278646	220983
1990	1580415	848543	413831	318041
1995	3759500	2130633	861482	767385
2000	7226579	4240688	1521837	1464054
2001	7811932	4691960	1559178	1560794
2002	8671245	5218448	1720096	1732701
2003	10049972	6495135	1862970	1691867
2004	12190617	8002017	2181917	2006683
2005	14106531	9084606	2637921	2384004
2006	16353948	10630067	3025480	2698401
2007	19532597	12735253	3593998	3203346
2008	24210825	15785458	4479003	3946364
2009	28089708	17476248	5796850	4816610
2010	33181548	26697874	6483674	
2011	39034283	31885231	7149052	
2012	45068327	36825267	8243060	
2013	51393373	41925304	9468069	

注：2010年起分区域划分为城镇和乡村。
Note: Regions are divided into town and village since 2010.

13-2 社会消费品零售总额
TOTAL RETAIL SALES OF CONSUMER GOODS

单位：万元 (10 000 yuan)

指　　标	Item	2012	2013
社会消费品零售总额	**Total**	**45068327**	**51393373**
按销售地区分	By Selling Region		
城　镇	Town	36825267	41925304
#城　区	Urban Area	24423493	27974203
乡　村	Village	8243060	9468069
按行业分	By Sector		
批发零售贸易业	Wholesale and Retail Sale Trades	39359740	45116588
限额以上贸易企业	Enterprises above Designated	19191603	22786975
限额以下及个体户贸易业	Enterprises below Designated and Individuals	20168137	22329614
住宿和餐饮业	Hotels and Catering Trade	4398352	4766342
限额以上企业	Enterprises above Designated	1265240	1076619
限额以下企业及个体户	Enterprises below Designated and Individuals	3133112	3689723
其　他	Others	1310235	1510442
按消费形态分	By Consumption Pattern		
商品零售	Retail Sales	40902296	46696338
餐饮收入	Catering Income	4166031	4697035

13-3 限额以上连锁批发零售业经营情况(2013年)
MANAGEMENT OF CHAIN ENTERPRISES ABOVE DESIGNATED SIZE IN WHOLESALE AND RETAIL TRADE(2013)

指　　标	Item	合　计 Total	直营店 Regular Chain	加盟店 Franchise Chain
一、门店总数 (个)	**Number of Store (uint)**	**3047**	**1877**	**1170**
二、年末零售业营业面积 (平方米)	**Areas of Stores (sq.m)**	**2445157**	**2373522**	**71635**
三、年末从业人员 (人)	**Employees (person)**	**43078**	**37736**	**5342**
四、商品购进总额 (万元)	**Total Purchases Value (10 000 yuan)**	**4047908**	**3889928**	**157980**
#统一配送商品购进额	Value of Unified Distribution	2809718	2802900	6818
#自有配送中心配送商品购进额	Disrtibuted by Owned Distribution Center	1462518	1462518	
非自有配送中心配送商品购进额	Distributed by Other Distribution Center	186786	186786	
五、商品销售额 (万元)	**Total Sales Value (10 000 yuan)**	**5791935**	**5635079**	**156856**
#零售额	Retail Sales	4743397	4586901	156496

13-4 限额以上批发和零售业法人企业商品购销存情况(2013年)

单位：万元

指　标	Item	法人企业数(个) Number of Corporation Enterprises (unit)
总　计	**Total**	**3090**
一、批发业	**Wholesale Trade**	**1103**
1.按登记注册类型分组	Grouped by Registered Kind	
内资企业	Civil Funded Enterprises	1097
国有企业	State-owned Enterprises	116
集体企业	Collective-owned Enterprises	32
股份合作企业	Share Cooperative Enterprises	1
联营企业	Joint Ownership Enterprises	1
集体联营企业	Collective Joint Enterprises	1
有限责任公司	Limited Responsibility Corporations	302
国有独资公司	Company Exclusively with Investment from State	56
其他有限责任公司	Other Limited Responsibility Company	246
股份有限公司	Share-holding Limited Corporations	19
私营企业	Private-owned Enterprises	623
私营独资企业	Enterprise Exclusively with Investment from Private	8
私营合伙企业	Private Partnership Enterprises	2
私营有限责任公司	Private Limited Responsibility Corporations	595
私营股份有限公司	Private Share-holding Limited Corporations	18
其他企业	Others	3
港澳台商投资企业	Enterprises Funded by HongKong，Macao and Taiwan	4
与港澳台商合资经营企业	Joint Venture Enterprises	1
港澳台商独资企业	Solely Owned Entersprises	1
港澳台商投资股份有限公司	Share Holding Limited Corporation	2
外商投资企业	Foreign Funded Enterprises	2
中外合资经营企业	Joint Venture Enterprises	2
2.按批发行业小类分	Grouped by Wholesale Trade	
农、林、牧产品批发	Wholesale of Agricultural, Forestry and Animal Husbandry Products	44
#谷物、豆及薯类批发	Wholesale of Cereal, Beans and Potatos	36
食品、饮料及烟草制品批发	Wholesale of Food，Beverage and Tobaccos	109
#米、面制品及食用油批发	Rice, Flour and Edible Oil	23
烟草制品批发	Tobacoo Products Manufacturing	12
纺织、服装及家庭用品批发	Wholesale of Textiles,Garments and Family Articles	31
#服装批发	Wholesale of Garments	7
文化、体育用品及器材批发	Wholesale of Culture , Sports Articles and Equipments	11
医药及医疗器材批发	Wholesale of Medicines and Medical Appliances	57
#西药批发	Wholesale of Western Medicine	30
中药批发	Wholesale of Chinese Traditional and Patent Medicine	20
矿产品、建材及化工产品批发	Wholesale of Mineral Products, Building and Chemical Products	703
#煤炭及制品批发	Coal and Related Products	436
石油及制品批发	Petroleum and Related Products	29
金属及金属矿批发	Metals and Metals Materials	149
建材批发	Building Materials	39
化肥批发	Chemical Fertilizer	18
机械设备、五金产品及电子产品批发	Wholesale of Machinery, Hardwaresand Electronic Products	120
#汽车批发	Motor Vehicles	33
计算机、软件及辅助设备批发	Computer, Sofeware and Accessories	8
贸易经纪与代理	Trade Broker and Agency	3
其他批发业	Other Wholesales	25

TOTAL VALUE OF COMMODITIES' PURCHASING, SELLING AND INVENTORY OF CORPORATION ENTERPRISES ABOVE DESIGNATED SIZE IN WHOLESALE AND RETAIL TRADE(2013)

(10 000 yuan)

从业人员期末人数(人) Number of Employees at The End of Period (person)	商品购进额 Total Purchases Value	商品销售额 Total Sales Value			期末商品库存额 Total Value of Storing at the End of Period	年末零售营业面积(平方米) Retail Operating Area at Year-end (sq.m)
			批发额 Wholesale Value	零售额 Retail Value		
269604	**112333934**	**120726512**	**99554605**	**21171908**	**5736479**	**14841940**
105547	**94315376**	**98709602**	**97753099**	**956503**	**3548599**	**6591253**
104066	94209138	98597650	97641270	956380	3537473	6590532
17843	9940300	10805284	10423003	382281	455045	959661
7225	902479	954855	935054	19801	59753	435609
16	3056	3271	3271		2013	
16	2500	2308	2308		192	300
16	2500	2308	2308		192	300
53776	66225661	69049732	68865607	184125	1474224	2392058
14553	21047580	22321888	22272096	49792	259940	460009
39223	45178081	46727844	46593511	134332	1214283	1932049
1522	3079291	3180401	3170115	10286	323415	100237
23591	14010051	14556422	14203034	353388	1221775	2698565
111	68998	68824	65690	3134	1316	25605
24	38040	30524	30524		7547	200
22312	13333322	13823097	13487105	335992	1150199	2399965
1144	569691	633977	619716	14262	62713	272795
77	45801	45379	38879	6500	1057	4102
1154	90123	94242	94119	123	10833	621
289	60099	60099	60099			1
838	22039	26094	26094		10833	400
27	7985	8049	7925	123		220
327	16114	17711	17711		293	100
327	16114	17711	17711		293	100
4962	299346	305383	284621	20762	78973	258203
4140	246897	234560	220886	13674	65526	233473
14874	3969017	4890740	4754498	136242	377089	802951
1614	208849	210291	196749	13542	48818	138000
6963	2653081	3530567	3525351	5216	229037	148799
3247	425406	455399	417159	38240	75392	22080
1701	85861	104841	104841		41863	3183
1435	628256	704192	686409	17783	110859	11011
5862	1250796	1347478	1317552	29926	97907	56347
3148	776048	805237	787343	17894	66500	34768
2271	316868	360667	352654	8013	20855	18709
67979	81994633	85074862	84445380	629482	2581656	5048223
59055	56054859	58573938	58424959	148979	1859762	4395143
2229	1297219	1437589	1045715	391875	191542	158977
3749	14419000	14774277	14693425	80852	395445	345122
982	9505389	9531528	9523752	7776	52391	77161
558	462909	472404	472404		67673	34274
5998	5031046	5113853	5030168	83685	164710	326530
1329	486532	490698	477215	13483	47986	236166
170	31554	32167	28703	3464	2141	882
136	316409	401960	401960		14079	4276
1054	400467	415736	415352	384	47934	61632

13-4 续表1

单位：万元

指　　标	Item	法人企业数（个）Number of Corporation Enterprises (unit)
3.按控股情况分	Grouped by Share Holding	
国有控股	State Holding Enterprises	346
集体控股	Collective-owned Holding Enterprises	52
私人控股	Private Holding Enterprises	658
港澳台商控股	Hongkong, Macao and Taiwan Holding Enterprises	4
外商控股	Foreign Holding Enterprises	
其　他	Others	43
4.按经营形式分	Grouped by Management Form	
独立门店	Independent Stores	841
连锁总店(总部)	Chain Headquarters	5
连锁门店	Chain Stores	5
其　他	Others	252
5.按单位规模分	Grouped by Enterprise Size	
大　型	Large-size	73
中　型	Medium-size	436
小　型	Small-size	485
微　型	Micro-size	109
二、零售业	**Retail Trade**	**1987**
1.按登记注册类型分组	Grouped by Registered Kind	
内资企业	Civil Funded Enterprises	1971
国有企业	State-owned Enterprises	144
集体企业	Collective-owned Enterprises	86
股份合作企业	Share Cooperative Enterprises	2
联营企业	Joint Ownership Enterprises	2
国有联营企业	State-owned Enterprises	1
集体联营企业	Collective Joint Enterprises	1
有限责任公司	Limited Responsibility Corporations	272
国有独资公司	Solely State-owned Enterprises	8
其他有限责任公司	Other Limited Responsibility Company	264
股份有限公司	Share-holding Limited Corporations	43
私营企业	Private-owned Enterprises	1410
私营独资企业	Enterprise Exclusively with Investment from Private	137
私营合伙企业	Private Partnership Enterprises	11
私营有限责任公司	Private Limited Responsibility Corporations	1237
私营股份有限公司	Private Share-holding Limited Corporations	25
其他企业	Others	12
港澳台商投资企业	Enterprises Funded by HongKong，Macao and Taiwan	11
与港澳台商合资经营企业	Joint Venture Enterprises	4
港澳台商独资企业	Solely Owned Enterspprises	6
港澳台商投资股份有限公司	Share Holding Limited Corporation	1
外商投资企业	Foreign Funded Enterprises	5
中外合资经营企业	Joint Venture	2
外资企业	Enterprises with Sole Investment from Foreign	3
2.按零售行业小类分	Grouped by Wholesale Trade	
综合零售	General Retail Sales Trade	351
百货零售	Daily Goods	167
超级市场零售	Supermarkets	149
其他综合零售	Others	35
食品、饮料及烟草制品专门零售	Retail of Food,Beverage and Tobaccos	131
#粮油零售	Grains and Oils	26
果品、蔬菜零售	Fruit and Vegetables	19

continued

(10 000 yuan)

从业人员期末人数(人) Number of Employees at The End of Period (person)	商品购进额 Total Purchases Value	商品销售额 Total Sales Value	批发额 Wholesale Value	零售额 Retail Value	期末商品库存额 Total Value of Storing at the End of Period	年末零售营业面积(平方米) Retail Operating Area at Year-end (sq.m)
65066	76807322	80336663	79826023	510640	2114207	2324362
8233	1685939	1789258	1743911	45348	88690	496149
25461	14568057	15149402	14776776	372627	1264808	3009001
1154	90123	94242	94119	123	10833	621
5633	1163935	1340037	1312272	27765	70062	761120
65363	66215418	68730435	68239426	491009	1841049	4206782
2290	2171016	2205269	2201366	3903	218274	12380
406	113595	117311	117311		5857	203250
37488	25815347	27656587	27194996	461591	1483420	2168841
43766	31471733	33339141	32995674	343467	1378914	891529
47148	36556143	38415390	37943306	472084	1807970	3507925
13191	7275453	7851799	7728017	123782	290346	1563746
1442	19012047	19103272	19086102	17170	71369	628053
164057	**18018558**	**22016910**	**1801506**	**20215404**	**2187880**	**8250687**
160570	17683700	21637003	1781586	19855418	2138601	8109292
5812	569390	606456	19407	587049	41284	158362
4325	537190	574983	87648	487335	31621	231883
57	31788	32553	860	31693	5236	8000
54	8707	10112		10112	417	1929
19	720	720		720	13	129
35	7987	9392		9392	404	1800
33775	2485139	3382066	223140	3158926	481859	1418093
1636	109593	114211	511	113700	14041	29824
32139	2375545	3267855	222628	3045226	467819	1388269
13353	3861380	5954236	717086	5237150	208432	1142353
102544	10147631	11033410	732577	10300833	1361507	5121447
4142	225825	236292	23020	213271	22217	215032
345	90290	89878	75135	14743	2286	16435
83628	9070630	9813858	611951	9201906	1264627	4294161
14429	760886	893383	22470	870913	72377	595819
650	42475	43189	869	42320	8246	27225
2066	283315	319197	19920	299277	40931	62352
1222	122467	128019	8525	119494	33681	18410
680	160848	175723	11395	164328	7227	31548
164		15455		15455	23	12394
1421	51544	60710		60710	8347	79043
610	17288	21069		21069	2801	38000
811	34256	39641		39641	5547	41043
59630	2730121	3323769	111706	3212063	447216	2600036
22879	1187677	1413879	10390	1403489	266871	1176666
33355	1102663	1378093	7301	1370792	167425	1249401
3396	439781	531797	94015	437782	12920	173969
5853	404100	478650	70596	408055	90614	216797
693	48681	61852	28502	33350	9120	13442
1028	106861	131306	8155	123151	45677	100469

13-4 续表2

单位：万元

指　　标	Item	法人企业数(个) Number of Corporation Enterprises (unit)
纺织、服装及日用品专门零售	Retail of Textiles, Garments and Daily Articles	114
#服装零售	Garments	93
文化、体育用品及器材专门零售	Retail of Culture,Sports Articles and Equipments	124
#图书、报刊零售	Books and Mangzines	90
珠宝首饰零售	Jewelry	20
医药及医疗器材专门零售	Retail of Medicines and Medical Appliances	79
#药品零售	Medicines	76
汽车、摩托车、燃料及零配件专门零售	Retail of Motor Vehicles, Motorcycles, Feuls and Parts	765
#汽车零售	Motor Vehicles	558
机动车燃料零售	Vehicle Feuls	190
家用电器及电子产品专门零售	Retail of Household Electronic Equipments and Products	238
#日用家电设备零售	Household Appliance	130
计算机、软件及辅助设备零售	Computer, Software and Auxiliary Equipments	58
通信设备零售	Communication Equipments	17
五金、家具及室内装修材料专门零售	Retail of Hardwares, Furniture and Room Decorative Building	99
#五金零售	Retail of Hardwares	34
家具零售	Retail of Furniture	38
货摊、无店铺及其他零售业	Retail of Stall, Non-store and Others	86
3.按控股情况分	Grouped by Share Holding	
国有控股	State Holding Enterprises	245
集体控股	Collective-owned Holding Enterprises	130
私人控股	Private Holding Enterprises	1509
港澳台商控股	Hongkong, Macao and Taiwan Holding Enterprises	8
外商控股	Foreign Holding Enterprises	6
其　他	Others	89
4.按经营形式分	Grouped by Management Form	
独立门店	Independent Stores	1793
连锁总店	Chain Headquarters	70
连锁门店	Chain Stores	48
其　他	Others	76
5.按单位规模分	Grouped by Enterprise Size	
大　型	Large-size	55
中　型	Medium-size	644
小　型	Small-size	995
微　型	Micro-size	293
6.按零售业态分	Grouped by Retail Format	
有店铺零售	Store-based	1982
食杂店	Grocery Store	7
便利店	Convenient Store	23
折扣店	Discount Store	1
超　市	Supermarket	192
大型超市	Hypermarket	39
仓储会员店	Warehouse Club	5
百货店	Department Store	201
专业店	Specialized Shop	829
专卖店	Exclusive Shop	560
家居建材商店	Home Center	38
购物中心	Shopping Center	42
厂家直销中心	Factory Outlet Center	45
无店铺零售	Non-store	5
#网上商店	Online	3

continued

(10 000 yuan)

从业人员期末人数(人) Number of Employees at The End of Period (person)	商品购进额 Total Purchases Value	商品销售额 Total Sales Value	批发额 Wholesale Value	零售额 Retail Value	期末商品库存额 Total Value of Storing at the End of Period	年末零售营业面积(平方米) Retail Operating Area at Year-end (sq.m)
14798	870855	1029264	22230	1007034	140453	845098
13214	780630	941956	22219	919736	132275	803645
5664	465021	518489	57816	460672	127830	75421
3235	220001	233872	16936	216936	28598	45804
1718	226559	257822	40202	217620	93735	15451
8870	291398	721621	127300	594321	79887	122082
8567	280995	711302	127300	584002	78615	119897
48832	11463305	13942268	1284109	12658159	1056374	3098825
31487	6630538	6900301	83098	6817203	824220	1459974
16821	4742851	6944040	1193702	5750338	228910	1618843
9300	949282	1003768	58918	944850	183912	406269
6149	616552	647141	17102	630039	151345	283603
1210	124118	140449	28729	111720	10276	25821
478	66874	71691	6778	64914	3474	8947
3423	397345	521769	38410	483359	32226	427636
549	76933	80842	6174	74668	4498	30495
1974	169608	278785	785	278000	14876	345426
7687	447132	477312	30420	446892	29368	458523
28974	4995916	7610725	873028	6737697	481834	1603683
9355	901777	986437	99182	887255	84760	429151
116508	10958985	12008942	741496	11267445	1465397	5737416
1619	185532	216627	10699	205928	31970	36404
1763	136980	149007	9221	139787	9408	103561
5838	839368	1045172	67880	977293	114510	340472
122091	13549782	16497623	1488990	15008633	1790822	6385965
18789	2330142	2434522	91383	2343139	210957	974653
15217	1434138	2005778	138518	1867260	133287	568861
7960	704496	1078987	82615	996373	52813	321208
54390	7092505	10034962	809860	9225103	740042	3010298
81072	7477233	8186443	684146	7502297	899262	3108028
26105	3031058	3322675	268825	3053850	506052	1750535
2490	417764	472830	38675	434155	42524	381826
163566	17986502	21985170	1801486	20183685	2187097	8248802
452	50644	52220	8093	44128	42080	21152
2770	333514	415031	54265	360766	13050	120290
48	1558	1506		1506	234	190
13548	433193	459288	9526	449762	63547	395184
29369	984433	1242513	632	1241881	131932	1217863
336	439519	434055	361796	72260	8963	118693
22310	1570793	1874176	93284	1780891	302394	1227750
48139	7813835	9830387	908494	8921893	837200	2872196
30659	5396587	6090213	270173	5820040	658357	1270980
1700	156643	271266	26700	244566	19074	305369
8699	454287	562526	308	562218	38313	569770
5536	351498	751990	68216	683774	71953	129365
491	32056	31740	20	31720	783	1885
462	29980	29682	20	29662	299	1585

13-5 限额以上批发和零售业法人企业财务状况(2013年)

单位：万元

指　　标	Item	年初存货 Beginning Inventory
总　　计	**Total**	**4180078**
一、批发业	**Wholesale Trade**	**2555296**
1.按登记注册类型分组	Grouped by Registered Kind	
内资企业	Civil Funded Enterprises	2546059
国有企业	State-owned Enterprises	393077
集体企业	Collective-owned Enterprises	59982
股份合作企业	Share Cooperative Enterprises	2206
联营企业	Joint Ownership Enterprises	
集体联营企业	Collective Joint Enterprises	
有限责任公司	Limited Responsibility Corporations	824741
国有独资公司	Company Exclusively with Investment from State	131925
其他有限责任公司	Other Limited Responsibility Company	692816
股份有限公司	Share-holding Limited Corporations	285093
私营企业	Private-owned Enterprises	980468
私营独资企业	Enterprise Exclusively with Investment from Private	808
私营合伙企业	Private Partnership Enterprises	7425
私营有限责任公司	Private Limited Responsibility Corporations	928209
私营股份有限公司	Private Share-holding Limited Corporations	44026
其他企业	Others	493
港澳台商投资企业	Enterprises Funded by HongKong, Macao and Taiwan	9000
与港澳台商合资经营企业	Joint Venture Enterprises	
港澳台商独资企业	Solely Owned Entersprises	9000
港澳台商投资股份有限公司	Share Holding Limited Corporation	
外商投资企业	Foreign Funded Enterprises	236
中外合资经营企业	Joint Venture Enterprises	236
2.按批发行业小类分	Grouped by Wholesale Trade	
农、林、牧产品批发	Wholesale of Agricultural, Forestry and Animal Husbandry Products	90135
#谷物、豆及薯类批发	Wholesale of Cereal, Beans and Potatos	64051
食品、饮料及烟草制品批发	Wholesale of Food, Beverage and Tobaccos	239799
#米、面制品及食用油批发	Rice, Flour and Edible Oil	34458
烟草制品批发	Tobacoo Products Manufacturing	149762
纺织、服装及家庭用品批发	Wholesale of Textiles,Garments and Family Articles	63562
#服装批发	Wholesale of Garments	23674
文化、体育用品及器材批发	Wholesale of Culture , Sports Articles and Equipments	73655
医药及医疗器材批发	Wholesale of Medicines and Medical Appliances	83616
#西药批发	Wholesale of Western Medicine	54342
中药批发	Wholesale of Chinese Traditional and Patent Medicine	16573
矿产品、建材及化工产品批发	Wholesale of Mineral Products, Building and Chemical Products	1770863
#煤炭及制品批发	Coal and Related Products	1174430
石油及制品批发	Petroleum and Related Products	218194
金属及金属矿批发	Metals and Metals Materials	247389
建材批发	Building Materials	63472
化肥批发	Chemical Fertilizer	42670
机械设备、五金产品及电子产品批发	Wholesale of Machinery, Hardwares and Electronic Products	162795
#汽车批发	Motor Vehicles	49686
计算机、软件及辅助设备批发	Computer, Sofeware and Accessories	1449
贸易经纪与代理	Trade Broker and Agency	33258
其他批发业	Other Wholesales	37612

FINANCIAL CONDITION OF CORPORATION ENTERPRISES IN WHOLESALE AND RETAIL TRADE ABOVE DESIGNATED SIZE(2013)

(10 000 yuan)

流动资产合计 Total Circulating Assets	#应收帐款 Accounts Receivable	#存货 Inventory	固定资产合计 Total Fixed Assets	累计折旧 Accumulated Depreciation	#本年折旧 Depreciation This Year	资产总计 Total Assets
35391342	**6896886**	**4867814**	**3652580**	**1568237**	**278066**	**46092285**
28353217	**5969252**	**2907959**	**1837736**	**884870**	**157647**	**35696229**
28298201	5958369	2896180	1830485	881926	156911	35631469
2632908	232340	488328	355381	198537	27398	3243330
241449	38197	58046	56137	47205	5617	360245
2082	69	2013	122	341	69	3897
221		138	206	248	23	482
221		138	206	248	23	482
15430473	3832844	833278	865797	396480	88113	18988345
4089866	1099677	172487	404457	145140	35323	5782380
11340607	2733167	660790	461340	251340	52790	13205965
2644526	287431	323036	134513	77052	3213	3837139
7342678	1567458	1190886	416968	160127	31443	9192783
6851	3520	896	967	528	83	10208
13030	7606	4315	2169	1005	197	15388
7037493	1469890	1155342	371397	148265	28582	8784700
285305	86442	30333	42436	10330	2581	382486
3865	31	456	1361	1937	1035	5248
47487	10944	11496	1035	1108	406	48568
25635	2024		77	97	97	25712
21298	8458	11496	958	1011	309	22302
554	462					554
7529	-61	282	6216	1836	331	16193
7529	-61	282	6216	1836	331	16193
147275	23457	85738	53699	17274	1243	228338
102252	14986	66963	28087	14271	759	144512
1071333	89298	338711	307226	161279	27692	1527598
95609	7627	58128	18732	9862	580	134741
699413	536	208922	225713	124515	21943	988631
239215	88182	77426	6436	4272	989	274348
137641	58114	41420	4328	2665	573	168779
459309	95014	73949	20390	8043	1469	500055
607960	260341	97658	42750	13206	3401	688024
384775	144005	65734	28848	8975	2152	431543
155305	78080	21538	13063	3622	869	186955
24543724	4799505	2012169	1327475	644562	114854	30995916
19695049	3744694	1232409	1093159	502163	98393	25098921
571430	120743	252805	133190	89885	3034	963696
2932729	456814	409918	42442	24897	3484	3426447
1070625	456874	58257	29792	18197	7371	1123313
149148	14085	43032	12001	3146	626	170121
1042453	598088	165962	52626	23708	6178	1194031
207299	101866	51131	15312	5021	1012	234303
8161	2825	1844	99	1315	32	8520
141185	357	14089	16745	5696	849	171230
100763	15010	42257	10389	6829	973	116689

13-5 续表1

单位：万元

指 标	Item	年初存货 Beginning Inventory
3.按控股情况分	Grouped by Share Holding	
国有控股	State Holding Enterprises	1348738
集体控股	Collective-owned Holding Enterprises	71487
私人控股	Private Holding Enterprises	1029901
港澳台商控股	Hongkong, Macao and Taiwan Holding Enterprises	9000
外商控股	Foreign Holding Enterprises	
其 他	Others	96170
4.按经营形式分	Grouped by Management Form	
独立门店	Independent Stores	1569331
连锁总店(总部)	Chain Headquarters	23227
连锁门店	Chain Stores	4147
其 他	Others	958592
5.按单位规模分	Grouped by Enterprise Size	
大 型	Large-size	573229
中 型	Medium-size	1621079
小 型	Small-size	271285
微 型	Micro-size	89703
二、零售业	**Retail Trade**	**1624782**
1.按登记注册类型分组	Grouped by Registered Kind	
内资企业	Civil Funded Enterprises	1569420
国有企业	State-owned Enterprises	36117
集体企业	Collective-owned Enterprises	26524
股份合作企业	Share Cooperative Enterprises	623
联营企业	Joint Ownership Enterprises	1444
国有联营企业	State-owned Enterprises	26
集体联营企业	Collective Joint Enterprises	1418
有限责任公司	Limited Responsibility Corporations	257558
国有独资公司	Solely State-owned Enterprises	5440
其他有限责任公司	Other Limited Responsibility Company	252118
股份有限公司	Share-holding Limited Corporations	206010
私营企业	Private-owned Enterprises	1033562
私营独资企业	Enterprise Exclusively with Investment from Private	20580
私营合伙企业	Private Partnership Enterprises	1760
私营有限责任公司	Private Limited Responsibility Corporations	951827
私营股份有限公司	Private Share-holding Limited Corporations	59395
其他企业	Others	7582
港澳台商投资企业	Enterprises Funded by HongKong，Macao and Taiwan	49988
与港澳台商合资经营企业	Joint Venture Enterprises	31822
港澳台商独资企业	Solely Owned Entersprises	18152
港澳台商投资股份有限公司	Share Holding Limited Corporation	14
外商投资企业	Foreign Funded Enterprises	5374
中外合资经营企业	Joint Venture	1758
外资企业	Enterprises with Sole Investment from Foreign	3616
2.按零售行业小类分	Grouped by Wholesale Trade	
综合零售	General Retail Sales Trade	224389
百货零售	Daily Goods	74410
超级市场零售	Supermarkets	140992
其他综合零售	Others	8987
食品、饮料及烟草制品专门零售	Retail of Food,Beverage and Tobaccos	51672
#粮油零售	Grains and Oils	14251
果品、蔬菜零售	Fruit and Vegetables	4966

continued

(10 000 yuan)

流动资产合计 Total Circulating Assets	#应收帐款 Accounts Receivable	#存货 Inventory	固定资产合计 Total Fixed Assets	累计折旧 Accumulated Depreciation	#本年折旧 Depreciation This Year	资产总计 Total Assets
19313981	4014129	1492692	1137686	598793	99088	23992964
822253	82402	75586	119427	70010	11686	1284118
7605714	1668538	1238806	478339	182648	38833	9541154
47487	10944	11496	1035	1108	406	48568
563782	193240	89378	101249	32312	7634	829426
17018749	3998847	1752633	1240413	548364	110085	21423805
1056264	19781	244526	59680	33718	3816	1193850
71201	1273	5654	1800	2452	221	100469
10207004	1949351	905145	535844	300335	43526	12978105
10918256	1594779	890464	826174	381793	80296	13949972
14190483	3248217	1676766	806160	399894	62068	17838160
1881040	649448	273414	158510	82431	12006	2271243
1363438	476808	67314	46892	20751	3277	1636854
7038125	**927634**	**1959855**	**1814844**	**683367**	**120418**	**10396056**
6890578	915468	1894575	1735993	661215	112830	10141742
143139	38993	31182	54701	27309	2683	261012
87151	11347	25349	26516	20213	1431	125504
5198	779	506	2957	700	109	15765
2832	956	100	345	380		3528
208	20	100	6	2		565
2624	936		339	378		2963
1279262	216205	263085	525758	178207	39005	2053450
88431	3922	5939	97961	12503	3202	223016
1190831	212284	257146	427797	165704	35803	1830434
1120248	125594	448833	253496	132562	11476	1518326
4224820	518420	1118971	865644	300876	57957	6125330
49955	9515	20583	16344	3790	595	72354
11282	-3932	1730	1625	871	232	13274
3815754	491709	1026928	778271	267998	52614	5532677
347829	21129	69731	69404	28217	4516	507025
27927	3175	6548	6577	967	171	38827
128552	12022	57932	70944	17168	6138	225318
79735	8742	42004	41386	10203	3548	141949
47042	3280	15915	12493	5673	2587	60753
1776		12	17065	1293	2	22616
18995	144	7349	7906	4984	1451	28996
5194	144	2488	5374	2736	1132	10632
13802		4861	2532	2249	318	18364
1428467	58490	239155	409406	148024	19285	2429288
670547	19887	66637	168747	50996	7861	1205485
694955	35533	162499	213732	89882	9866	1110146
62965	3070	10019	26927	7147	1558	113656
147506	24992	57878	70027	20109	2438	258993
33220	5455	18298	14398	3327	445	48597
11892	4754	3913	33548	2128	507	48431

13-5 续表2

单位：万元

指　标	Item	年初存货 Beginning Inventory
纺织、服装及日用品专门零售	Retail of Textiles, Garments and Daily Articles	70618
#服装零售	Garments	59469
文化、体育用品及器材专门零售	Retail of Culture,Sports Articles and Equipments	87711
#图书、报刊零售	Books and Mangzines	26634
珠宝首饰零售	Jewelry	55866
医药及医疗器材专门零售	Retail of Medicines and Medical Appliances	59739
#药品零售	Medicines	59393
汽车、摩托车、燃料及零配件专门零售	Retail of Motor Vehicles, Motorcycles, Feuls and Parts	933950
#汽车零售	Motor Vehicles	678236
机动车燃料零售	Vehicle Feuls	249237
家用电器及电子产品专门零售	Retail of Household Electronic Equipments and Products	92651
#日用家电设备零售	Household Appliance	65117
计算机、软件及辅助设备零售	Computer, Software and Auxiliary Equipments	8929
通信设备零售	Communication Equipments	3843
五金、家具及室内装修材料专门零售	Retail of Hardwares, Furniture and Room Decorative Building	72562
#五金零售	Retail of Hardwares	4650
家具零售	Retail of Furniture	6883
货摊、无店铺及其他零售业	Retail of Stall, Non-store and Others	31490
3.按控股情况分	Grouped by Share Holding	
国有控股	State Holding Enterprises	305291
集体控股	Collective-owned Holding Enterprises	65536
私人控股	Private Holding Enterprises	1121174
港澳台商控股	Hongkong, Macao and Taiwan Holding Enterprises	29241
外商控股	Foreign Holding Enterprises	17415
其　他	Others	86126
4.按经营形式分	Grouped by Management Form	
独立门店	Independent Stores	1352013
连锁总店	Chain Headquarters	132688
连锁门店	Chain Stores	97222
其　他	Others	42859
5.按单位规模分	Grouped by Enterprise Size	
大　型	Large-size	489084
中　型	Medium-size	708349
小　型	Small-size	342033
微　型	Micro-size	85316
6.按零售业态分	Grouped by Retail Format	
有店铺零售	Store-based	1624110
食杂店	Grocery Store	859
便利店	Convenient Store	10817
折扣店	Discount Store	274
超　市	Supermarket	57625
大型超市	Hypermarket	124065
仓储会员店	Warehouse Club	3537
百货店	Department Store	64349
专业店	Specialized Shop	681150
专卖店	Exclusive Shop	548031
家居建材商店	Home Center	62469
购物中心	Shopping Center	30136
厂家直销中心	Factory Outlet Center	40800
无店铺零售	Non-store	671
#网上商店	Online	315

continued

(10 000 yuan)

流动资产合计 Total Circulating Assets	#应收帐款 Accounts Receivable	#存货 Inventory	固定资产合计 Total Fixed Assets	累计折旧 Accumulated Depreciation	#本年折旧 Depreciation This Year	资产总计 Total Assets
320143	49024	70876	120711	44925	10486	558905
303563	44896	64400	101713	42770	9951	516975
223943	43103	92029	58563	30123	4334	364022
102975	35492	20037	36902	20476	2209	196365
106613	2806	66606	19714	9043	1978	150811
346913	144985	70184	17115	8263	2498	395331
338838	144514	67333	16692	7882	2422	386823
3720135	436988	1237935	598365	287118	46337	4782264
2257725	273074	739066	286929	124381	29769	2788753
1440340	157372	492520	309217	161703	16368	1965633
338587	50872	96589	80843	18121	3674	458322
225832	21734	68108	67724	11778	1895	326338
47591	14591	8967	3681	2743	1046	53112
14072	5490	3341	1799	674	145	16271
188703	57085	53619	47520	12028	3363	333507
41591	23794	4848	3331	1449	148	56970
47715	6436	7308	29573	3614	767	119579
323729	62096	41589	412294	114655	28004	815425
1751485	301608	542326	660431	270759	40530	2748943
199548	32065	61949	66369	39802	5583	319551
4647828	559838	1212577	947680	328394	63308	6693990
91049	8057	39501	63087	12559	3757	179959
46307	2656	17909	15739	9463	3823	64140
301908	23411	85594	61538	22390	3417	389472
4967257	727754	1428182	1280047	478677	89750	7216210
715575	37829	153512	164526	64511	8637	1239572
374936	24256	97144	94371	42065	1429	631726
980357	137796	281017	275900	98115	20603	1308548
2898723	304315	767524	662181	279474	39808	4315333
2832866	341734	808061	875538	299660	61034	4218961
1166190	242944	346651	244917	88034	17861	1621474
140346	38641	37620	32207	16199	1715	240289
7027869	927494	1955955	1813751	682932	120340	10383841
5487	1217	979	3904	381	59	10851
66947	2712	11299	21920	5794	1259	109716
1339	68	464	132	40	13	1471
152240	22999	59095	57884	18775	2697	232788
675197	28411	145340	147339	72589	7222	994962
47815	4607	8963	3428	1447	172	51604
689662	24189	53667	255831	81994	13334	1339642
3213512	547296	942379	649189	252121	36194	4287663
1816799	236000	615080	360037	134705	30637	2488043
83484	20980	22862	25136	6704	2098	185772
124485	18067	33190	21221	12126	5158	238764
150903	20948	62637	267730	96257	21498	442566
10257	140	3901	1093	435	79	12214
9667	136	3416	853	394	63	11383

13-5 续表3

单位：万元

指 标	Item	流动负债合计 Total Liquid Liabilities
总 计	**Total**	**30925761**
一、批发业	**Wholesale Trade**	**23491576**
1.按登记注册类型分组	Grouped by Registered Kind	
内资企业	Civil Funded Enterprises	23455672
国有企业	State-owned Enterprises	1614753
集体企业	Collective-owned Enterprises	240996
股份合作企业	Share Cooperative Enterprises	2223
联营企业	Joint Ownership Enterprises	418
集体联营企业	Collective Joint Enterprises	418
有限责任公司	Limited Responsibility Corporations	12330303
国有独资公司	Company Exclusively with Investment from State	3450077
其他有限责任公司	Other Limited Responsibility Company	8880226
股份有限公司	Share-holding Limited Corporations	2158193
私营企业	Private-owned Enterprises	7107159
私营独资企业	Enterprise Exclusively with Investment from Private	7233
私营合伙企业	Private Partnership Enterprises	15978
私营有限责任公司	Private Limited Responsibility Corporations	6824832
私营股份有限公司	Private Share-holding Limited Corporations	259116
其他企业	Others	1628
港澳台商投资企业	Enterprises Funded by HongKong, Macao and Taiwan	25986
与港澳台商合资经营企业	Joint Venture Enterprises	25144
港澳台商独资企业	Solely Owned Entersprises	718
港澳台商投资股份有限公司	Share Holding Limited Corporation	124
外商投资企业	Foreign Funded Enterprises	9919
中外合资经营企业	Joint Venture Enterprises	9919
2.按批发行业小类分	Grouped by Wholesale Trade	
农、林、牧产品批发	Wholesale of Agricultural, Forestry and Animal Husbandry Products	128671
#谷物、豆及薯类批发	Wholesale of Cereal, Beans and Potatos	96709
食品、饮料及烟草制品批发	Wholesale of Food, Beverage and Tobaccos	435307
#米、面制品及食用油批发	Rice, Flour and Edible Oil	92892
烟草制品批发	Tobacoo Products Manufacturing	104425
纺织、服装及家庭用品批发	Wholesale of Textiles,Garments and Family Articles	171581
#服装批发	Wholesale of Garments	65770
文化、体育用品及器材批发	Wholesale of Culture , Sports Articles and Equipments	434468
医药及医疗器材批发	Wholesale of Medicines and Medical Appliances	565890
#西药批发	Wholesale of Western Medicine	369409
中药批发	Wholesale of Chinese Traditional Medicine	140597
矿产品、建材及化工产品批发	Wholesale of Mineral Products, Building and Chemical Products	20588949
#煤炭及制品批发	Coal and Related Products	16154971
石油及制品批发	Petroleum and Related Products	469057
金属及金属矿批发	Metals and Metals Materials	2655555
建材批发	Building Materials	1046771
化肥批发	Chemical Fertilizer	136337
机械设备、五金产品及电子产品批发	Wholesale of Machinery, Hardwares and Electronic Products	968872
#汽车批发	Motor Vehicles	156611
计算机、软件及辅助设备批发	Computer, Sofeware and Accessories	4883
贸易经纪与代理	Trade Broker and Agency	106584
其他批发业	Other Wholesales	91254

continued

(10 000 yuan)

应付帐款 Accounts Payable	负债合计 Total Liabilities	所有者权益合计 Total Creditors' Equity	#实收资本 Capital Hold	#国家资本 State	#集体资本 Collective	#法人资本 Legal Person	#个人资本 Individual
6886613	**36855135**	**9237150**	**4885784**	**1028331**	**233131**	**2271406**	**1305596**
5403399	**28921044**	**6775185**	**3232018**	**754388**	**172913**	**1563540**	**714707**
5377819	28884709	6746759	3200260	751189	172913	1561250	714707
258609	1978029	1265301	240065	212564	439	27062	
65635	254749	105497	50230	251	49803	176	
401	2223	1674	2012				2012
99	418	64	46		46		
99	418	64	46		46		
3125977	15878078	3110267	1406833	319516	115417	900263	71637
676116	4751481	1030899	316756	122223		194532	
2449861	11126598	2079368	1090078	197293	115417	705731	71637
377869	3032476	804663	294947	204152	3609	49922	37264
1548921	7737075	1455707	1204930	14705	3100	583827	603097
1735	7335	2874	3996		10	520	3466
3123	15978	-589	4502				4502
1493382	7443930	1340770	1134130	14705	3057	550337	565830
50682	269833	112653	62301		33	32970	29298
309	1661	3587	1198		500		698
20382	26416	22152	21043				
20090	25144	568					
171	718	21584	21043				
122	554						
5198	9919	6274	10716	3200		2290	
5198	9919	6274	10716	3200		2290	
17540	139728	88611	43000	13706	2789	19893	6612
9570	104048	40464	19006	13043	2789	1836	1338
145563	507625	1019973	96009	18128	11916	26968	38997
15694	105355	29386	20322	10263		7239	2820
50909	104425	884206	14123	2713		11409	
60233	172608	101740	50514		238	20971	8263
12314	65970	102809	42227			18484	2700
142534	434468	65586	26426	14626		8600	3200
249509	580788	107237	79412	8646	30	27454	43282
157575	371478	60064	39397	2941	30	13748	22678
67514	152787	34167	26754	4900		5295	16559
4137271	25820488	5175428	2772424	667432	156543	1390394	552628
3267847	20892412	4206508	1979313	427552	73699	1199370	273266
226739	863787	99908	65234	9693	3379	26295	25868
372801	2703729	722718	568001	203028	74927	95308	194737
238820	1047251	76061	102353	22000		49431	30921
20845	140950	29171	18392		4172	6294	7925
571729	1036974	157056	142178	26491	540	66889	48258
73996	216498	17805	27551	568	401	14685	11897
2803	4883	3637	3530			1045	2485
51272	134369	36861	5066				5066
27750	93995	22694	16990	5360	858	2371	8401

13-5 续表4

单位：万元

指　　标	Item	流动负债合　　计 Total Liquid Liabilities
3.按控股情况分	Grouped by Share Holding	
国有控股	State Holding Enterprises	14829708
集体控股	Collective-owned Holding Enterprises	674848
私人控股	Private Holding Enterprises	7360164
港澳台商控股	Hongkong, Macao and Taiwan Holding Enterprises	25986
外商控股	Foreign Holding Enterprises	
其　他	Others	600870
4.按经营形式分	Grouped by Management Form	
独立门店	Independent Stores	14317239
连锁总店(总部)	Chain Headquarters	995179
连锁门店	Chain Stores	68994
其　他	Others	8110165
5.按单位规模分	Grouped by Enterprise Size	
大　型	Large-size	7873314
中　型	Medium-size	12622200
小　型	Small-size	1686326
微　型	Micro-size	1309736
二、零售业	**Retail Trade**	**7434184**
1.按登记注册类型分组	Grouped by Registered Kind	
内资企业	Civil Funded Enterprises	7259973
国有企业	State-owned Enterprises	159515
集体企业	Collective-owned Enterprises	80300
股份合作企业	Share Cooperative Enterprises	10731
联营企业	Joint Ownership Enterprises	1426
国有联营企业	State-owned Enterprises	210
集体联营企业	Collective Joint Enterprises	1216
有限责任公司	Limited Responsibility Corporations	1510521
国有独资公司	Solely State-owned Enterprises	103223
其他有限责任公司	Other Limited Responsibility Company	1407298
股份有限公司	Share-holding Limited Corporations	1068793
私营企业	Private-owned Enterprises	4400927
私营独资企业	Enterprise Exclusively with Investment from Private	41105
私营合伙企业	Private Partnership Enterprises	11124
私营有限责任公司	Private Limited Responsibility Corporations	3892951
私营股份有限公司	Private Share-holding Limited Corporations	455748
其他企业	Others	27760
港澳台商投资企业	Enterprises Funded by HongKong，Macao and Taiwan	145909
与港澳台商合资经营企业	Joint Venture Enterprises	91750
港澳台商独资企业	Solely Owned Entersprises	29957
港澳台商投资股份有限公司	Share Holding Limited Corporation	24202
外商投资企业	Foreign Funded Enterprises	28303
中外合资经营企业	Joint Venture	14094
外资企业	Enterprises with Sole Investment from Foreign	14209
2.按零售行业小类分	Grouped by Wholesale Trade	
综合零售	General Retail Sales Trade	1782968
百货零售	Daily Goods	728256
超级市场零售	Supermarkets	975379
其他综合零售	Others	79334
食品、饮料及烟草制品专门零售	Retail of Food,Beverage and Tobaccos	140474
#粮油零售	Grains and Oils	27465
果品、蔬菜零售	Fruit and Vegetables	10549

continued

(10 000 yuan)

应付帐款 Accounts Payable	负债合计 Total Liabilities	所有者权益合计 Total Creditors' Equity	#实收资本 Capital Hold	#国家资本 State	#集体资本 Collective	#法人资本 Legal Person	#个人资本 Individual
3489127	19469720	4523243	1637198	730963	16481	827379	57148
106568	762913	521206	164005	251	148244	5211	10299
1626096	8032301	1508853	1261398	14705	3274	606332	636887
20382	26416	22152	21043				
161226	629694	199731	148375	8469	4915	124618	10373
3397187	17521938	3901867	2059516	467707	113856	952908	519619
59043	996685	197165	66416	1727	35	4574	60080
1260	69748	30722	29919	8035	1884	20000	
1945909	10332674	2645431	1076167	276919	57138	586059	135009
1398267	11193638	2756334	651558	153167	31240	350226	116925
3020828	14539474	3298686	1840545	429018	122388	940406	322464
580716	1818423	452820	435543	42545	15045	157165	220787
403588	1369509	267345	304372	129658	4240	115743	54531
1483213	**7934091**	**2461965**	**1653766**	**273942**	**60217**	**707866**	**590889**
1442078	7754054	2387688	1612663	273942	60217	694046	584394
52971	162267	98745	55876	9879	110	45366	521
26849	84409	41096	21756	134	20395	257	970
9364	10758	5008	2096	567	529	1000	
176	1426	2102	599	299			300
	210	355	299	299			
176	1216	1747	300				300
399890	1726596	326854	320963	156569	20759	98512	45123
59739	154067	68949	3006	1996		1010	
340152	1572529	257905	317957	154573	20759	97502	45123
106	1070024	448302	144974	104152	1214	36792	2816
948581	4670164	1455166	1054018	2313	17021	509898	524723
15764	44504	27850	21067	200	310	7239	13318
10302	11124	2151	1557			1044	513
869800	4152961	1379716	1008163	2113	16457	492210	497320
52714	461576	45449	23231		254	9405	13572
4140	28412	10416	12382	30	190	2222	9940
32018	151116	74202	34709			12470	6296
20152	94648	47301	18119			3970	6296
9686	32266	28487	16091			8000	
2180	24202	-1586	500			500	
9117	28921	75	6394			1350	199
2812	14094	-3462	3696			1350	199
6306	14828	3537	2698				
390676	1956524	472763	212147	9559	19277	71569	107431
200401	855030	350456	85490	4877	8519	39672	29761
158580	1013482	96664	109847	3155	6369	26225	72448
31695	88013	25644	16810	1527	4389	5672	5223
30015	165799	93194	57626	7579	5100	16833	27394
6674	31725	16872	6649	1219	10	1700	3720
2761	11599	36833	20401	421	3406	1974	14600

13-5 续表5

单位：万元

指　　标	Item	流动负债合　　计 Total Liquid Liabilities
纺织、服装及日用品专门零售	Retail of Textiles, Garments and Daily Articles	381851
#服装零售	Garments	358615
文化、体育用品及器材专门零售	Retail of Culture,Sports Articles and Equipments	190500
#图书、报刊零售	Books and Mangzines	94856
珠宝首饰零售	Jewelry	87410
医药及医疗器材专门零售	Retail of Medicines and Medical Appliances	254509
#药品零售	Medicines	244925
汽车、摩托车、燃料及零配件专门零售	Retail of Motor Vehicles, Motorcycles, Feuls and Parts	3600058
#汽车零售	Motor Vehicles	2184256
机动车燃料零售	Vehicle Feuls	1395202
家用电器及电子产品专门零售	Retail of Household Electronic Equipments and Products	337507
#日用家电设备零售	Household Appliance	253867
计算机、软件及辅助设备零售	Computer, Software and Auxiliary Equipments	30523
通信设备零售	Communication Equipments	10785
五金、家具及室内装修材料专门零售	Retail of Hardwares, Furniture and Room Decorative Building	156248
#五金零售	Retail of Hardwares	42429
家具零售	Retail of Furniture	69760
货摊、无店铺及其他零售业	Retail of Stall, Non-store and Others	590069
3.按控股情况分	Grouped by Share Holding	
国有控股	State Holding Enterprises	1873644
集体控股	Collective-owned Holding Enterprises	217060
私人控股	Private Holding Enterprises	4871958
港澳台商控股	Hongkong, Macao and Taiwan Holding Enterprises	117849
外商控股	Foreign Holding Enterprises	46488
其　他	Others	307185
4.按经营形式分	Grouped by Management Form	
独立门店	Independent Stores	4951921
连锁总店	Chain Headquarters	733023
连锁门店	Chain Stores	535172
其　他	Others	1214068
5.按单位规模分	Grouped by Enterprise Size	
大　型	Large-size	3110304
中　型	Medium-size	3129601
小　型	Small-size	1072223
微　型	Micro-size	122057
6.按零售业态分	Grouped by Retail Format	
有店铺零售	Store-based	7422865
食杂店	Grocery Store	4816
便利店	Convenient Store	76268
折扣店	Discount Store	1107
超　市	Supermarket	146482
大型超市	Hypermarket	920776
仓储会员店	Warehouse Club	39612
百货店	Department Store	818162
专业店	Specialized Shop	3016994
专卖店	Exclusive Shop	1755628
家居建材商店	Home Center	80521
购物中心	Shopping Center	145972
厂家直销中心	Factory Outlet Center	416529
无店铺零售	Non-store	11320
#网上商店	Online	10771

continued

(10 000 yuan)

应付帐款 Accounts Payable	负债合计 Total Liabilities	所有者权益合计 Total Creditors' Equity	#实收资本 Capital Hold	#国家资本 State	#集体资本 Collective	#法人资本 Legal Person	#个人资本 Individual
120559	428606	130299	92335	642	2655	36706	46233
110730	402490	114485	85792	518	1271	35416	43487
86827	192269	171753	86627	2731	1151	53256	28341
52442	95514	100851	51855	2731	3	47612	1510
29132	88054	62757	30503		1148	4159	24048
129715	257970	137360	131427	102939	40	13795	14654
125296	248345	138479	130077	102939	40	12745	14354
438478	3705631	1076632	763295	131130	21189	361326	242280
354764	2259504	529250	524040	27434	14784	272323	202129
77509	1424098	541535	232584	103691	5905	86825	36163
97393	356374	101948	93213	452	473	29148	63139
67204	268258	58080	52610	300	281	10975	41053
13146	30722	22390	20057	152	192	6598	13115
3314	10922	5349	4596			2750	1846
47873	165227	168280	113489	1791	2636	75239	33326
18224	43020	13950	12746	1671	2463	4907	3705
8043	72350	47229	21585	121	173	9722	11073
141677	705691	109734	103607	17119	7697	49993	28092
262065	2019209	729734	387057	266454	2294	113079	5230
59882	246805	72746	43266	374	30506	9576	2809
1061524	5163148	1530842	1117283	2313	21961	539306	553639
21124	120747	59212	21420			4180	6296
18558	49415	14725	19344			9350	199
60061	334768	54705	65398	4801	5457	32374	22716
1192285	5342662	1873548	1419777	214765	55836	605765	534383
214396	790510	449062	86506	10803	371	31644	32719
36926	537839	93887	49314	32481	1188	12976	2519
39607	1263080	45468	98169	15893	2822	57481	21268
479554	3259319	1056014	452670	212099	4279	148969	81618
647057	3427847	791113	669630	45453	30766	277240	302255
322126	1120102	501372	415959	12821	22809	203673	175923
34476	126823	113466	115507	3569	2363	77984	31093
1479660	7922771	2461070	1650507	273942	60217	705137	590359
1441	5360	5491	2012		156	1230	626
29712	83494	26222	14018	5344	2076	2609	3989
387	1107	364	50				50
56036	154514	78274	44231	682	1552	17050	24933
164116	946536	48426	82372	2264	5221	16733	53856
26938	40912	10692	6739	18		6203	518
190092	984068	355575	117521	6423	12548	53094	45456
573220	3112298	1175366	736354	182619	22002	314464	215499
328098	1891540	596503	492800	64141	12501	206577	201063
17091	87183	98589	83016		2100	67453	12967
54786	152973	85790	35703		150	11739	18814
37743	462787	-20221	35691	12451	1912	7984	12588
3554	11320	895	3259			2729	530
3504	10771	612	3200			2700	500

13-5 续表6

单位：万元

指　标	Item	营业收入 Business Revenue
总　计	**Total**	**112998384**
一、批发业	**Wholesale Trade**	**93096623**
1.按登记注册类型分组	Grouped by Registered Kind	
内资企业	Civil Funded Enterprises	92986676
国有企业	State-owned Enterprises	10141379
集体企业	Collective-owned Enterprises	958036
股份合作企业	Share Cooperative Enterprises	3271
联营企业	Joint Ownership Enterprises	1196
集体联营企业	Collective Joint Enterprises	1196
有限责任公司	Limited Responsibility Corporations	65229353
国有独资公司	Company Exclusively with Investment from State	21052057
其他有限责任公司	Other Limited Responsibility Company	44177296
股份有限公司	Share-holding Limited Corporations	3116686
私营企业	Private-owned Enterprises	13491656
私营独资企业	Enterprise Exclusively with Investment from Private	66350
私营合伙企业	Private Partnership Enterprises	26089
私营有限责任公司	Private Limited Responsibility Corporations	12745540
私营股份有限公司	Private Share-holding Limited Corporations	653677
其他企业	Others	45099
港澳台商投资企业	Enterprises Funded by HongKong，Macao and Taiwan	94057
与港澳台商合资经营企业	Joint Venture Enterprises	60476
港澳台商独资企业	Solely Owned Enterspprises	26094
港澳台商投资股份有限公司	Share Holding Limited Corporation	7487
外商投资企业	Foreign Funded Enterprises	15890
中外合资经营企业	Joint Venture Enterprises	15890
2.按批发行业小类分	Grouped by Wholesale Trade	
农、林、牧产品批发	Wholesale of Agricultural, Forestry and Animal Husbandry Products	309023
#谷物、豆及薯类批发	Wholesale of Cereal, Beans and Potatos	232938
食品、饮料及烟草制品批发	Wholesale of Food，Beverage and Tobaccos	4221206
#米、面制品及食用油批发	Rice, Flour and Edible Oil	210792
烟草制品批发	Tobacoo Products Manufacturing	3050753
纺织、服装及家庭用品批发	Wholesale of Textiles,Garments and Family Articles	428303
#服装批发	Wholesale of Garments	104400
文化、体育用品及器材批发	Wholesale of Culture , Sports Articles and Equipments	632872
医药及医疗器材批发	Wholesale of Medicines and Medical Appliances	1232128
#西药批发	Wholesale of Western Medicine	736828
中药批发	Wholesale of Chinese Traditional and Patent Medicine	335971
矿产品、建材及化工产品批发	Wholesale of Mineral Products, Building and Chemical Products	81046028
#煤炭及制品批发	Coal and Related Products	56080805
石油及制品批发	Petroleum and Related Products	1315976
金属及金属矿批发	Metals and Metals Materials	13598941
建材批发	Building Materials	9323157
化肥批发	Chemical Fertilizer	465950
机械设备、五金产品及电子产品批发	Wholesale of Machinery, Hardwares and Electronic Products	4528750
#汽车批发	Motor Vehicles	495019
计算机、软件及辅助设备批发	Computer, Sofeware and Accessories	28011
贸易经纪与代理	Trade Broker and Agency	344932
其他批发业	Other Wholesales	353380

continued

(10 000 yuan)

主营业务收入 Revenue of Major Business	营业成本 Business Costs	主营业务成本 Costs of Major Business	营业税金及附加 Business Taxes and Extra Charges	主营业务税金及附加 Taxes and Extra Charges in Major Business	其他业务利润 Profits of Other Business	销售费用 Costs of Sales	管理费用 Costs of Administration
108680799	**107960984**	**104024682**	**339410**	**331282**	**509339**	**2085691**	**1371336**
89032920	**89831562**	**85982046**	**269731**	**263426**	**350053**	**1254641**	**862109**
88923735	89731302	85882232	269564	263259	349727	1248605	859242
10117146	9212167	9210274	187909	187848	16273	109754	223158
950004	789128	784020	4933	4925	3974	105234	37822
3271	3235	3235	12	12	128	414	27
1196	1062	1062	2	2		69	58
1196	1062	1062	2	2		69	58
61245843	63833551	60026984	51219	45293	301927	536527	431941
20868873	20623924	20514877	11493	9582	245099	138339	129750
40376970	43209627	39512107	39726	35711	56828	398188	302191
3108891	3058986	3058213	2227	1974	96	37885	8367
13452300	12790395	12755666	23233	23176	27328	457569	156971
66350	60091	60091	780	780		4683	315
26089	27237	27237	38	38		2599	292
12707884	12091166	12056437	20794	20737	25673	434443	142228
651978	611901	611901	1621	1621	1655	15845	14137
45083	42780	42780	29	29		1153	899
94048	86478	86478	119	119	9	5191	1228
60476	57769	57769				2240	53
26094	21358	21358	119	119		2950	1127
7478	7350	7350			9		48
15137	13782	13336	49	49	317	846	1640
15137	13782	13336	49	49	317	846	1640
304949	271904	269471	259	214	384	7443	9786
232684	210877	210875	141	141	10	5381	6681
4218177	3348189	3345592	185335	185322	7826	98435	191357
210718	201695	200790	560	560	-2905	5119	6920
3049316	2286425	2286398	182993	182984	1231	41347	155931
427502	386288	385682	1154	1153	2554	24197	9991
104400	79377	79377	556	556	790	8732	7626
631857	599548	599046	823	811	111	10290	11066
1228228	1126136	1125376	2216	2202	2455	56956	25390
734598	681724	681146	1105	1105	1527	27142	14017
335191	292864	292682	869	855	925	26672	8670
77000251	79000920	75160258	75313	69149	334544	993684	566029
52143830	54310588	50577845	60799	54722	328644	846914	505319
1314112	1258150	1257780	1894	1894	2456	34300	2834
13500426	13439692	13336222	10379	10376	1387	90722	30910
9317184	9295527	9292195	1172	1093	929	6346	13774
464602	456525	455929	352	349	748	6206	3867
4524480	4430640	4428700	3942	3888	1834	49506	38768
494801	478555	478553	1668	1666	578	14871	5386
28011	26748	26721	17	17	23	506	306
344699	336401	336401	322	322	92	2595	2426
352777	331537	331521	366	365	253	11536	7297

13-5 续表7

单位：万元

指 标	Item	营业收入 Business Revenue
3.按控股情况分	Grouped by Share Holding	
国有控股	State Holding Enterprises	75919003
集体控股	Collective-owned Holding Enterprises	1739989
私人控股	Private Holding Enterprises	14060784
港澳台商控股	Hongkong, Macao and Taiwan Holding Enterprises	94057
外商控股	Foreign Holding Enterprises	
其 他	Others	1282790
4.按经营形式分	Grouped by Management Form	
独立门店	Independent Stores	64822212
连锁总店(总部)	Chain Headquarters	1913055
连锁门店	Chain Stores	110385
其 他	Others	26250971
5.按单位规模分	Grouped by Enterprise Size	
大 型	Large-size	30436278
中 型	Medium-size	36440996
小 型	Small-size	7062029
微 型	Micro-size	19157319
二、零售业	**Retail Trade**	**19901761**
1.按登记注册类型分组	Grouped by Registered Kind	
内资企业	Civil Funded Enterprises	19540651
国有企业	State-owned Enterprises	543783
集体企业	Collective-owned Enterprises	543991
股份合作企业	Share Cooperative Enterprises	33282
联营企业	Joint Ownership Enterprises	10112
国有联营企业	State-owned Enterprises	720
集体联营企业	Collective Joint Enterprises	9392
有限责任公司	Limited Responsibility Corporations	3094963
国有独资公司	Solely State-owned Enterprises	100697
其他有限责任公司	Other Limited Responsibility Company	2994266
股份有限公司	Share-holding Limited Corporations	5119706
私营企业	Private-owned Enterprises	10151623
私营独资企业	Enterprise Exclusively with Investment from Private	230394
私营合伙企业	Private Partnership Enterprises	90511
私营有限责任公司	Private Limited Responsibility Corporations	9105209
私营股份有限公司	Private Share-holding Limited Corporations	725510
其他企业	Others	43190
港澳台商投资企业	Enterprises Funded by HongKong, Macao and Taiwan	308917
与港澳台商合资经营企业	Joint Venture Enterprises	139255
港澳台商独资企业	Solely Owned Entersprises	155486
港澳台商投资股份有限公司	Share Holding Limited Corporation	14177
外商投资企业	Foreign Funded Enterprises	52193
中外合资经营企业	Joint Venture	17204
外资企业	Enterprises with Sole Investment from Foreign	34989
2.按零售行业小类分	Grouped by Wholesale Trade	
综合零售	General Retail Sales Trade	2897646
百货零售	Daily Goods	1225796
超级市场零售	Supermarkets	1155672
其他综合零售	Others	516177
食品、饮料及烟草制品专门零售	Retail of Food,Beverage and Tobaccos	470904
#粮油零售	Grains and Oils	60788
果品、蔬菜零售	Fruit and Vegetables	131422

continued

(10 000 yuan)

主营业务收入 Revenue of Major Business	营业成本 Business Costs	主营业务成本 Costs of Major Business	营业税金及附加 Business Taxes and Extra Charges	主营业务税金及附加 Taxes and Extra Charges	其他业务利润 Profits of Other Business	销售费用 Costs of Sales	管理费用 Costs of Administration
71909408	73705343	69896982	234808	228657	307834	596049	608989
1730920	1528206	1522791	6112	6078	4167	113556	58529
14020063	13330691	13295961	25667	25610	35692	479910	168727
94048	86478	86478	119	119	9	5191	1228
1278481	1180845	1179835	3025	2963	2351	59935	24637
60944543	62811089	59065151	148787	143887	297560	730675	567821
1902275	1702182	1691874	37459	37459	471	68230	35617
110074	104708	104686	92	92	289	1949	3350
26076027	25213582	25120335	83393	81988	51733	453787	255322
30221887	28595455	28561416	214996	209730	295326	492987	450530
32690691	35265801	31542420	43497	42708	41508	625554	321846
7052925	6864331	6863165	8738	8588	11755	116958	67549
19067417	19105975	19015045	2502	2402	1465	19142	22184
19647879	**18129423**	**18042636**	**69678**	**67856**	**159286**	**831049**	**509227**
19290327	17829114	17742762	67335	65623	157822	799811	494177
540703	488492	486892	2428	2399	4219	30629	17238
537612	480314	479710	2677	2660	1455	12470	17659
33162	23419	23419	103	88		36	619
10112	9650	9650	12	12	52		344
720	650	650	2	2			8
9392	9000	9000	10	10	52		336
2998597	2743901	2735828	18308	18125	36170	134104	101440
100432	87544	87481	459	453	272	4139	5009
2898165	2656357	2648348	17849	17671	35897	129964	96430
5093960	4833143	4794411	4291	4285	11406	164741	40955
10033096	9210640	9173358	38774	37429	104497	456040	314595
230151	204438	199387	2063	1665	835	7708	9330
90511	87919	87919	266	266	223	1079	725
9030938	8288703	8259635	31930	30982	64449	363337	289816
681496	629581	626417	4516	4516	38990	83916	14725
43086	39554	39493	743	624	24	1792	1327
305359	257530	257095	2073	1963	1375	22794	12069
137787	114603	114348	799	799	1214	11220	6453
154358	131271	131091	1074	964	154	9932	4241
13215	11656	11656	201	201	7	1642	1376
52193	42779	42779	270	270	89	8444	2980
17204	14396	14396	118	118		2971	2168
34989	28384	28384	152	152	89	5473	812
2799021	2469897	2451001	21443	20697	91519	214926	118466
1191958	1043911	1031479	10052	9757	29752	74976	63818
1093423	962360	956763	6360	5990	59624	133549	47431
513640	463626	462759	5031	4950	2143	6401	7217
469761	406456	405716	3329	3119	2591	22864	15449
60663	55475	55475	96	96	197	2279	1892
131237	110902	110864	1240	1221	631	3566	1912

13-5 续表8

单位：万元

指　　标	Item	营业收入 Business Revenue
纺织、服装及日用品专门零售	Retail of Textiles, Garments and Daily Articles	917502
#服装零售	Garments	830292
文化、体育用品及器材专门零售	Retail of Culture,Sports Articles and Equipments	451497
#图书、报刊零售	Books and Mangzines	195383
珠宝首饰零售	Jewelry	229433
医药及医疗器材专门零售	Retail of Medicines and Medical Appliances	652905
#药品零售	Medicines	644183
汽车、摩托车、燃料及零配件专门零售	Retail of Motor Vehicles, Motorcycles, Feuls and Parts	12498211
#汽车零售	Motor Vehicles	6341656
机动车燃料零售	Vehicle Feuls	6060842
家用电器及电子产品专门零售	Retail of Household Electronic Equipments and Products	1007007
#日用家电设备零售	Household Appliance	654001
计算机、软件及辅助设备零售	Computer, Software and Auxiliary Equipments	132797
通信设备零售	Communication Equipments	74746
五金、家具及室内装修材料专门零售	Retail of Hardwares, Furniture and Room Decorative Building	509438
#五金零售	Retail of Hardwares	83191
家具零售	Retail of Furniture	250630
货摊、无店铺及其他零售业	Retail of Stall, Non-store and Others	496652
3.按控股情况分	Grouped by Share Holding	
国有控股	State Holding Enterprises	6611628
集体控股	Collective-owned Holding Enterprises	903775
私人控股	Private Holding Enterprises	11063862
港澳台商控股	Hongkong, Macao and Taiwan Holding Enterprises	217897
外商控股	Foreign Holding Enterprises	129765
其　他	Others	974833
4.按经营形式分	Grouped by Management Form	
独立门店	Independent Stores	15156288
连锁总店	Chain Headquarters	2165827
连锁门店	Chain Stores	1576231
其　他	Others	1003415
5.按单位规模分	Grouped by Enterprise Size	
大　型	Large-size	8676224
中　型	Medium-size	7685972
小　型	Small-size	3123420
微　型	Micro-size	416145
6.按零售业态分	Grouped by Retail Format	
有店铺零售	Store-based	19865674
食杂店	Grocery Store	52352
便利店	Convenient Store	384349
折扣店	Discount Store	1367
超　市	Supermarket	443245
大型超市	Hypermarket	1044977
仓储会员店	Warehouse Club	434055
百货店	Department Store	1612432
专业店	Specialized Shop	8823222
专卖店	Exclusive Shop	5584911
家居建材商店	Home Center	250722
购物中心	Shopping Center	512103
厂家直销中心	Factory Outlet Center	721940
无店铺零售	Non-store	36087
#网上商店	Online	34080

continued

(10 000 yuan)

主营业务收入 Revenue of Major Business	营业成本 Business Costs	主营业务成本 Costs of Major Business	营业税金及附加 Business Taxes and Extra Charges	主营业务税金及附加 Taxes and Extra Charges	其他业务利润 Profits of Other Business	销售费用 Costs of Sales	管理费用 Costs of Administration
901649	757539	757237	7261	7010	12604	69207	52441
815255	677414	677203	7017	6795	12335	66169	49513
447866	378221	375284	5582	5544	2869	43060	16601
192010	151675	149671	509	488	2244	28394	9258
229218	203703	202772	5034	5017	335	12928	6407
651682	585389	585164	1480	1479	1146	36414	19879
642962	577673	577447	1467	1465	1146	35279	19572
12394316	11766081	11716985	14236	14105	34640	340814	198047
6327874	5998665	5990004	8774	8694	22958	155844	136516
6034029	5737616	5697245	5346	5304	11499	184291	60268
996714	909695	902343	3218	2933	7609	53974	28310
646342	588710	584071	1809	1617	4805	38309	18651
132107	120325	119170	494	472	285	3333	3734
73434	69348	67859	522	452	1835	3660	1504
501101	400469	398420	9997	9853	1468	27700	23283
83086	77649	77649	575	572	105	1949	2778
245009	189621	189606	6106	6106	1209	12287	10612
485769	455675	450487	3133	3117	4839	22090	36750
6567924	6185300	6140192	10104	9959	24825	249389	90976
894878	811726	810053	4050	3953	4940	27318	30998
10933660	10032381	9993516	43940	42474	118656	494818	342177
215443	178554	178300	1306	1306	1221	17265	9525
128661	109933	109753	1015	905	154	13314	5503
907313	811528	810822	9264	9260	9491	28946	30047
14969582	13808209	13755041	59867	58172	105806	571430	408671
2153599	1948452	1942749	4506	4422	12658	124939	45274
1527137	1437118	1413155	2988	2986	39511	101331	17448
997561	935644	931691	2317	2276	1310	33349	37834
8578884	8005386	7963382	21156	20851	77390	384480	146359
7609149	6987418	6956974	28080	27596	60563	321296	251701
3048899	2769310	2758240	17738	16770	19626	104292	92216
410946	367309	364040	2704	2639	1707	20982	18951
19611895	18101148	18014361	69510	67688	159278	829854	500417
52352	40978	40978	55	54	107	722	745
380916	331233	329796	4510	4439	1871	9684	7416
1367	1233	1233				153	72
438424	378929	377277	3334	3113	3400	34224	18632
980382	870219	864571	5097	4939	61110	131519	33662
370791	371603	371543	55	55		347	1541
1571144	1349927	1337976	11214	10887	32432	70865	83950
8782197	8172504	8129284	20408	19886	35642	321004	171473
5561676	5232944	5212264	11562	11389	15219	174336	123283
248473	204344	202528	7374	7253	1209	18290	13990
503425	442311	442216	4451	4242	7294	45941	29420
720747	704923	704697	1451	1431	995	22771	16234
35984	28275	28275	169	169	8	1195	8810
33977	26514	26514	168	168		1008	8776

13-5 续表9

单位：万元

指　　标	Item	财务费用 Costs of Finance
总　　计	**Total**	**544284**
一、批发业	**Wholesale Trade**	**389635**
1.按登记注册类型分组	Grouped by Registered Kind	
内资企业	Civil Funded Enterprises	389521
国有企业	State-owned Enterprises	-4733
集体企业	Collective-owned Enterprises	4454
股份合作企业	Share Cooperative Enterprises	
联营企业	Joint Ownership Enterprises	
集体联营企业	Collective Joint Enterprises	
有限责任公司	Limited Responsibility Corporations	218456
国有独资公司	Company Exclusively with Investment from State	96949
其他有限责任公司	Other Limited Responsibility Company	121507
股份有限公司	Share-holding Limited Corporations	37334
私营企业	Private-owned Enterprises	133989
私营独资企业	Enterprise Exclusively with Investment from Private	234
私营合伙企业	Private Partnership Enterprises	437
私营有限责任公司	Private Limited Responsibility Corporations	128227
私营股份有限公司	Private Share-holding Limited Corporations	5091
其他企业	Others	21
港澳台商投资企业	Enterprises Funded by HongKong，Macao and Taiwan	-199
与港澳台商合资经营企业	Joint Venture Enterprises	-199
港澳台商独资企业	Solely Owned Enterspprises	
港澳台商投资股份有限公司	Share Holding Limited Corporation	
外商投资企业	Foreign Funded Enterprises	314
中外合资经营企业	Joint Venture Enterprises	314
2.按批发行业小类分	Grouped by Wholesale Trade	
农、林、牧产品批发	Wholesale of Agricultural, Forestry and Animal Husbandry Products	3792
#谷物、豆及薯类批发	Wholesale of Cereal, Beans and Potatos	2326
食品、饮料及烟草制品批发	Wholesale of Food，Beverage and Tobaccos	1977
#米、面制品及食用油批发	Rice, Flour and Edible Oil	1604
烟草制品批发	Tobacoo Products Manufacturing	-6779
纺织、服装及家庭用品批发	Wholesale of Textiles,Garments and Family Articles	957
#服装批发	Wholesale of Garments	590
文化、体育用品及器材批发	Wholesale of Culture , Sports Articles and Equipments	1253
医药及医疗器材批发	Wholesale of Medicines and Medical Appliances	8423
#西药批发	Wholesale of Western Medicine	6091
中药批发	Wholesale of Chinese Traditional and Patent Medicine	2030
矿产品、建材及化工产品批发	Wholesale of Mineral Products, Building and Chemical Products	358433
#煤炭及制品批发	Coal and Related Products	291042
石油及制品批发	Petroleum and Related Products	14812
金属及金属矿批发	Metals and Metals Materials	34452
建材批发	Building Materials	9723
化肥批发	Chemical Fertilizer	2572
机械设备、五金产品及电子产品批发	Wholesale of Machinery, Hardwares and Electronic Products	12027
#汽车批发	Motor Vehicles	3609
计算机、软件及辅助设备批发	Computer, Sofeware and Accessories	109
贸易经纪与代理	Trade Broker and Agency	1616
其他批发业	Other Wholesales	1157

continued

(10 000 yuan)

#利息支出 Interest Expenses	营业利润 Business Profits	利润总额 Total Profits	应交所得税 Income Tax Payable	应付职工薪酬(本年贷方累计发生额) Remuneration Payable (Accumulated Credit Balance of The Year)	应交增值税 Added Taxes Payable
404936	**777783**	**739878**	**238851**	**1001981**	**1248738**
313984	**601216**	**649228**	**208418**	**557140**	**964348**
313899	600659	648639	208277	552541	950749
11684	424366	435284	110133	178840	223641
3994	17848	10302	2627	13741	20016
	-288	-290		38	35
	5	5	1	48	
	5	5	1	48	
207529	220098	244817	78337	266302	289860
95650	52213	61893	23268	89492	84256
111879	167885	182924	55069	176810	205605
2965	-11136	-2066	261	10973	12563
87716	-50451	-39630	16871	82332	404370
49	321	324	7	232	98
436	-4514	-4379		67	1
82277	-51137	-39582	10610	79577	390616
4954	4878	4007	6254	2456	13655
11	218	218	48	268	263
-199	1287	1313	135	3659	13549
-199	612	637		1060	9097
	540	540	135	2544	4436
	135	137		56	16
284	-730	-725	6	940	51
284	-730	-725	6	940	51
2307	15013	8750	166	4379	210
1385	6733	1837	136	2980	8
3964	397522	403679	105575	161957	170665
941	-4930	-963	25	4388	429
106	390836	390991	103621	132924	162865
991	3557	5030	2009	9674	18566
601	5894	5863	1772	3916	7487
1228	9909	8952	1882	5634	2870
7243	12740	11201	3250	27730	15106
5291	6357	6479	2027	12176	6224
1749	5242	3645	969	11517	6633
290804	165653	212767	91114	321524	734575
247996	148505	178422	79516	272950	393954
7723	5283	9989	1178	13996	11545
19188	17510	21701	7533	21551	321740
8888	-2087	4	1791	5344	3166
1586	-2717	3863	584	729	445
6580	-6231	-4411	2171	22921	16213
1894	-9537	-8867	14	4333	401
92	326	57	231	419	84
18	1572	1605	1491	111	1262
849	1481	1656	762	3210	4883

13-5 续表10

单位：万元

指　　标	Item	财务费用 Costs of Finance
3.按控股情况分	Grouped by Share Holding	
国有控股	State Holding Enterprises	211693
集体控股	Collective-owned Holding Enterprises	17991
私人控股	Private Holding Enterprises	143209
港澳台商控股	Hongkong, Macao and Taiwan Holding Enterprises	-199
外商控股	Foreign Holding Enterprises	
其　他	Others	16942
4.按经营形式分	Grouped by Management Form	
独立门店	Independent Stores	269521
连锁总店(总部)	Chain Headquarters	7511
连锁门店	Chain Stores	1070
其　他	Others	111534
5.按单位规模分	Grouped by Enterprise Size	
大　型	Large-size	150189
中　型	Medium-size	190322
小　型	Small-size	45797
微　型	Micro-size	3328
二、零售业	**Retail Trade**	**154648**
1.按登记注册类型分组	Grouped by Registered Kind	
内资企业	Civil Funded Enterprises	151211
国有企业	State-owned Enterprises	690
集体企业	Collective-owned Enterprises	1480
股份合作企业	Share Cooperative Enterprises	-9
联营企业	Joint Ownership Enterprises	53
国有联营企业	State-owned Enterprises	
集体联营企业	Collective Joint Enterprises	53
有限责任公司	Limited Responsibility Corporations	30534
国有独资公司	Solely State-owned Enterprises	1935
其他有限责任公司	Other Limited Responsibility Company	28599
股份有限公司	Share-holding Limited Corporations	5260
私营企业	Private-owned Enterprises	112286
私营独资企业	Enterprise Exclusively with Investment from Private	1704
私营合伙企业	Private Partnership Enterprises	15
私营有限责任公司	Private Limited Responsibility Corporations	107609
私营股份有限公司	Private Share-holding Limited Corporations	2959
其他企业	Others	916
港澳台商投资企业	Enterprises Funded by HongKong，Macao and Taiwan	2999
与港澳台商合资经营企业	Joint Venture Enterprises	2697
港澳台商独资企业	Solely Owned Enterprises	214
港澳台商投资股份有限公司	Share Holding Limited Corporation	89
外商投资企业	Foreign Funded Enterprises	439
中外合资经营企业	Joint Venture	319
外资企业	Enterprises with Sole Investment from Foreign	120
2.按零售行业小类分	Grouped by Wholesale Trade	
综合零售	General Retail Sales Trade	42462
百货零售	Daily Goods	23634
超级市场零售	Supermarkets	16939
其他综合零售	Others	1888
食品、饮料及烟草制品专门零售	Retail of Food,Beverage and Tobaccos	3275
#粮油零售	Grains and Oils	665
果品、蔬菜零售	Fruit and Vegetables	698

continued

(10 000 yuan)

#利息支出 Interest Expenses	营业利润 Business Profits	利润总额 Total Profits	应交所得税 Income Tax Payable	应付职工薪酬 (本年贷方累计发生额) Remuneration Payable (Accumulated Credit Balance of The Year)	应交增值税 Added Taxes Payable
196885	626837	667790	184916	417707	492496
13614	42864	35666	3491	20568	23628
90292	-67505	-53272	17503	88579	411511
-199	1287	1313	135	3659	13549
13392	-2267	-2270	2373	26627	23165
222325	370194	410084	131172	357696	410835
3	63561	65670	19762	23803	35318
980	-803	-762	67	1345	698
90677	168264	174236	57417	174296	517497
153232	560521	576408	158526	337075	340328
121863	65145	89380	43474	170523	589537
35057	-33416	-22041	2921	44919	28374
3832	8966	5481	3497	4622	6110
90952	**176568**	**90650**	**30434**	**444841**	**284390**
88909	167646	81846	26254	431267	278122
286	5728	5615	1593	15345	5904
598	24933	4154	471	8883	3951
21	9114	9116		71	
	52	104		121	
	60	60		42	
	-8	44		79	
21825	50454	-7829	8020	86868	46784
242	1761	2157	35	2837	495
21583	48693	-9986	7986	84031	46289
2106	48048	45355	3228	69847	90756
64057	30420	26507	12933	248417	130690
992	5551	3976	185	9636	1549
2	508	311	85	703	420
61872	34537	27986	12291	209789	115159
1192	-10176	-5765	372	28289	13563
15	-1102	-1177	9	1716	37
1677	11492	11351	4054	9186	4796
1266	3525	3622	1763	6631	1463
410	8754	8510	2291	2038	3092
	-788	-781		518	242
367	-2571	-2546	126	4388	1471
325	-2767	-2755		2421	219
42	197	208	126	1967	1252
21412	43958	2031	8647	105837	62302
10291	19053	18177	7188	42889	42366
9945	-7370	-17325	1069	57991	18464
1176	32274	1179	391	4957	1473
2526	20456	21243	792	14976	6239
412	670	1783	12	1219	71
434	13593	13465	18	1681	315

13-5 续表11

单位：万元

指 标	Item	财务费用 Costs of Finance
纺织、服装及日用品专门零售	Retail of Textiles, Garments and Daily Articles	7880
#服装零售	Garments	7205
文化、体育用品及器材专门零售	Retail of Culture,Sports Articles and Equipments	4006
#图书、报刊零售	Books and Mangzines	46
珠宝首饰零售	Jewelry	3893
医药及医疗器材专门零售	Retail of Medicines and Medical Appliances	2300
#药品零售	Medicines	2084
汽车、摩托车、燃料及零配件专门零售	Retail of Motor Vehicles, Motorcycles, Feuls and Parts	74034
#汽车零售	Motor Vehicles	60780
机动车燃料零售	Vehicle Feuls	13059
家用电器及电子产品专门零售	Retail of Household Electronic Equipments and Products	4806
#日用家电设备零售	Household Appliance	3148
计算机、软件及辅助设备零售	Computer, Software and Auxiliary Equipments	738
通信设备零售	Communication Equipments	259
五金、家具及室内装修材料专门零售	Retail of Hardwares, Furniture and Room Decorative Building	3869
#五金零售	Retail of Hardwares	409
家具零售	Retail of Furniture	2772
货摊、无店铺及其他零售业	Retail of Stall, Non-store and Others	12017
3.按控股情况分	Grouped by Share Holding	
国有控股	State Holding Enterprises	15457
集体控股	Collective-owned Holding Enterprises	4841
私人控股	Private Holding Enterprises	123479
港澳台商控股	Hongkong, Macao and Taiwan Holding Enterprises	3150
外商控股	Foreign Holding Enterprises	257
其 他	Others	7465
4.按经营形式分	Grouped by Management Form	
独立门店	Independent Stores	129186
连锁总店	Chain Headquarters	13128
连锁门店	Chain Stores	2356
其 他	Others	9978
5.按单位规模分	Grouped by Enterprise Size	
大 型	Large-size	48032
中 型	Medium-size	83991
小 型	Small-size	21116
微 型	Micro-size	1510
6.按零售业态分	Grouped by Retail Format	
有店铺零售	Store-based	154403
食杂店	Grocery Store	121
便利店	Convenient Store	1711
折扣店	Discount Store	10
超 市	Supermarket	3559
大型超市	Hypermarket	14046
仓储会员店	Warehouse Club	633
百货店	Department Store	28767
专业店	Specialized Shop	45174
专卖店	Exclusive Shop	49330
家居建材商店	Home Center	2528
购物中心	Shopping Center	2273
厂家直销中心	Factory Outlet Center	6252
无店铺零售	Non-store	246
#网上商店	Online	195

continued

(10 000 yuan)

#利息支出 Interest Expenses	营业利润 Business Profits	利润总额 Total Profits	应交所得税 Income Tax Payable	应付职工薪酬（本年贷方累计发生额） Remuneration Payable (Accumulated Credit Balance of The Year)	应交增值税 Added Taxes Payable
5535	25797	28283	1040	37238	22619
4936	25490	27865	767	33473	21931
392	6377	4427	2694	18106	9734
91	6631	5553	1524	11567	3512
250	-1450	-1594	1048	5265	4009
1844	7936	7045	2337	23360	11783
1628	8603	7697	2336	22925	11695
45699	24318	27254	9914	179911	154817
36581	-15171	-13211	5839	99499	57755
8936	39120	40650	4065	79261	96735
2759	5079	4266	1532	20521	8008
2114	448	-485	866	13512	3566
317	4277	4421	283	2823	999
77	349	264	53	1374	1246
1856	38509	17176	323	21119	3239
297	-176	61	83	1320	607
1457	23628	3331	65	5052	2002
8928	4138	-21074	3156	23774	5649
10467	74928	43987	11035	123888	128104
2407	22030	4395	688	21217	7318
71652	41652	33892	13181	269283	139120
1607	8137	7973	3386	8759	2072
437	-197	-149	667	4535	2546
4384	30017	552	1476	17160	5231
75537	130799	87854	20376	333204	244756
6503	33612	16309	4070	52318	19518
817	-8143	-4302	481	33794	14912
8096	20299	-9210	5507	25526	5203
30082	86775	44862	14561	166376	147274
48922	26743	28963	10618	191148	104385
11025	60512	14518	4838	66886	27832
924	2537	2308	417	20432	4900
90686	179167	92847	30426	443931	284346
103	9732	9829	14	682	8
1430	29838	-1005	423	5441	1637
	-100	-102		12	
2175	4940	4846	895	21312	3567
9662	-6340	-17872	609	51507	19645
466	-3387	-3377	2	1160	201
12372	72272	51993	7422	44657	43072
30314	77663	80135	11822	160017	150390
25616	-6134	-4190	6568	97304	43932
1189	4191	3034	168	17334	607
1161	-9968	-5936	728	23005	18211
6199	6460	-24508	1777	21501	3077
266	-2600	-2197	8	910	44
216	-2581	-2178	8	881	43

13-6 限额以上批发零售业商品销售类值(2013年)

SALES VALUE OF ENTERPRISES ABOVE DESIGNATED SIZE IN WHOLESALE AND RETAIL TRADE BY CATEGORY OF COMMODITIES(2013)

单位：万元 (10 000 yuan)

指　标	Item	销售额 Sales Value	批发额 Wholesale	零售额 Retail
总　计	**Total**	**119788414**	**97001439**	**22786975**
一、批发业	**Wholesale Trade**	**96112361**	**95190738**	**921624**
1.粮油、食品、饮料、烟酒类	Food, Beveragers, Tobacoo and Liquor	5219711	5000211	219500
粮油、食品类	Food and Oil	1220743	1046102	174642
饮料类	Beverages	113571	94218	19353
烟酒类	Tobacco and Liquor	3885397	3859891	25506
2.服装、鞋帽、针纺织品类	Clothing, Shoes and Hats, Textiles	145687	137322	8365
服装类	Garments	100956	97987	2969
鞋帽类	Shoes and Hats	38565	35732	2833
针纺织品	Textiles	6166	3602	2563
3.化妆品类	Cosmetics	6746	6094	652
4.金银珠宝类	Gold Silver and Jewels	67068	66175	893
5.日用品类	Daily Use Goods	64396	59909	4487
#洗涤用品类	Detergent	45057	42472	2585
儿童玩具类	Toy	1256	794	462
6.五金、电料类	Hardware and Electrical Appliances	55580	45280	10300
7.体育、娱乐用品类	Sports and Recreation Articles	19350	18998	352
8.书报杂志类	Books Newspapers and Magazines	244347	227709	16638
9.电子出版物及音像制品类	Electronic Publications and Audiovisual Products	12700	12700	
10.家用电器和音像器材类	Household Electrical and Sound Acoustic Appliances	301593	268856	32738
11.中西药品类	Chinese and Western Medicine	1386966	1362333	24634
#西　药	Western Medicine	928438	916324	12114
中草药及中成药类	Chinese Medicine	307154	294634	12520
12.文化办公用品类	Culture and Office Articles	208006	203932	4074
13.家具类	Furnitures	2068	1079	989
14.通讯器材类	Communication Equipments	150	150	
15.煤炭及制品类	Coal and Related Products	43890937	43752977	137960
16.木材及制品类	Timber and Related Products	13171	13171	
17.石油及制品类	Petroleum and Related Products	1412735	1062443	350292
18.化工材料及制品类	Chemical Materials	1010030	1010030	
#化肥类	Chemical Fertilizer	449712	449712	
19.金属材料类	Metal Materials	36435771	36435771	
20.建筑及装潢材料类	Building and Decoration Materials	268329	250513	17816
21.机电产品及设备类	Mechanical and Electrical Products and Equipments	2590621	2575866	14756
#农机类	Farm Machineries	51895	51895	
22.汽车类	Motor Vehicles	272762	205437	67326
23.种子饲料类	Seeds and Forages	55058	55058	
24.棉麻类	Cotton Ambery Local and Animal Products			
25.其他类	Others	2428579	2418726	9853

13-6 续表 continued

单位：万元 (10 000 yuan)

指 标	Item	销售额 Sales Value	批发额 Wholesale	零售额 Retail
二、零售业	**Retail Trade**	**23676053**	**1810702**	**21865351**
1.粮油、食品、饮料、烟酒类	Food, Beveragers, Tobacoo and Liquor	2017047	61929	1955119
粮油、食品类	Food and Oil	1299215	41335	1257880
饮料类	Beverages	269935	2609	267326
烟酒类	Tobacco and Liquor	447897	17984	429913
2.服装、鞋帽、针纺织品类	Clothing, Shoes and Hats, Textiles	2165335	3464	2161871
服装类	Garments	1571669	3040	1568629
鞋帽类	Shoes and Hats	359045	273	358772
针纺织品	Textiles	234621	151	234470
3.化妆品类	Cosmetics	184934	318	184617
4.金银珠宝类	Gold Silver and Jewels	535853	81	535772
5.日用品类	Daily Use Goods	385448	1773	383676
#洗涤用品类	Detergent	168040	855	167185
儿童玩具类	Toy	39318	112	39205
6.五金、电料类	Hardware and Electrical Appliances	169391	16421	152970
7.体育、娱乐用品类	Sports and Recreation Articles	49356	4	49352
8.书报杂志类	Books Newspapers and Magazines	228969	5213	223756
9.电子出版物及音像制品类	Electronic Publications and Audiovisual Products	11185	1	11184
10.家用电器和音像器材类	Household Electrical and Sound Acoustic Appliances	1213128	18829	1194299
11.中西药品类	Chinese and Western Medicine	801484	145141	656343
#西 药	Western Medicine	558198	98900	459298
中草药及中成药类	Chinese Medicine	176027	45923	130104
12.文化办公用品类	Culture and Office Articles	173012	23151	149862
13.家具类	Furnitures	330471	1455	329016
14.通讯器材类	Communication Equipments	107442	5818	101624
15.煤炭及制品类	Coal and Related Products	143649	25647	118002
16.木材及制品类	Timber and Related Products	1417	1417	
17.石油及制品类	Petroleum and Related Products	6655518	1031355	5624163
18.化工材料及制品类	Chemical Materials	68502	68502	
#化肥类	Chemical Fertilizer	55822	55822	
19.金属材料类	Metal Materials	10394	10394	
20.建筑及装潢材料类	Building and Decoration Materials	891895	7252	884643
21.机电产品及设备类	Mechanical and Electrical Products and Equipments	108759	18647	90112
#农机类	Farm Machineries	20619	20619	
22.汽车类	Motor Vehicles	6706316	74242	6632074
23.种子饲料类	Seeds and Forages	78	78	
24.棉麻类	Cotton Ambery Local and Animal Products	1133	12	1120
25.其他类	Others	715336	289559	425776

13-7 亿元以上商品交易市场基本情况(2013年)

BASIC STATISTICS ON COMMODITY EXCHANGE MARKETS OF TRANSACTION VOLUME OVER 100 MILLION YUAN(2013)

市场	Market	市场数量(个) Number of Markets (unit)	摊位数(个) Number of Stalls (unit)	营业面积(平方米) Area of Bussiness (sq.m)	成交额(万元) Volume of Transaction (10 000 yuan)
总计	**Total**	**40**	**34182**	**2652647**	**5895944**
一、按市场类别分组	Grouped by Market Category				
1.综合市场	Comprehensive Markets	10	13895	1395048	4118449
综合贸易市场	Comprehensive Commercial Markets	10	13895	1395048	4118449
生产资料综合市场	Productive Materials Comprehensive Markets	1	72	15000	16000
工业消费品综合市场	Industrial Consumable Comprehensive Markets	1	1195	51500	18251
农产品综合市场	Farm Products Comprehensive Markets	4	3344	370925	454231
其他综合市场	Others	4	9284	957623	3629967
2.专业市场	Special Markets	30	20287	1257599	1777495
生产资料市场	Productive Materials Markets	4	344	99181	227981
煤炭市场	Coal Markets	2	7	4180	79613
建材市场	Building Materials Markets	1	230	15000	24368
金属材料市场	Metal Materials Markets	1	107	80001	124000
农产品市场	Farm Products Comprehensive Markets	7	3101	279586	1010683
粮油市场	Grain and Oil Markets	1	145	17000	66000
蔬菜市场	Vegetables Markets	4	2636	224800	907683
干鲜果品市场	Dried and Fresh Melons and Fruits Markets	2	320	37786	37000
食品、饮料及烟酒市场	Food, Beverages, Tobacco and Liquor Markets	1	98	3300	11000
纺织、服装、鞋帽市场	Textiles, Clothing, Shoes and Hats Markets	9	13604	448200	320521
服装市场	Clothing Markets	6	11663	397800	245461
鞋帽市场	Shoes and Hats Markets	1	591	11000	15060
其他纺织服装鞋帽市场	Others	2	1350	39400	60000
日用品及文化用品市场	Daily Use Articles and Cultural Goods Markets	1	433	28000	16010
黄金、珠宝、玉器等首饰市场	Gold, Jewellery, Jade Markets	1	100	10000	12675
电器、通讯器材、电子设备市场	Electrical Appliances, Communication Equipments and Electronic Equipments Markets	2	448	13000	28300
家具、五金及装饰材料市场	Furniture, Hardware and Decoration Materials	4	1733	306332	136625
家具市场	Markets Furniture Markets	2	558	166332	40750
装饰材料市场	Decoration Materials Markets	2	1175	140000	95875
汽车、摩托车及零配件市场	Cars, Motorcycles and Spare Parts Markets	1	426	70000	13700
二、按经营方式分组	Grouped by Business Style				
1.以批发为主	Wholesale mainly	30	29563	2260515	5648058
2.以零售为主	Retail mainly	10	4619	392132	247886
三、按经营环境分组	Grouped by Business Environment				
1.露天式	Open-air Markets	8	4030	370577	546452
2.封闭式	Enclosed Markets	23	26010	2012427	4622115
3.其　他	Others	9	4142	269643	727377

13-8 亿元以上商品交易市场摊位分类情况(2013年)

CLASSIFICATION OF COMMODITY EXCAHNGE MARKETS OF TRANSACTION VOLUME OVER 100 MILLION YUAN(2013)

类　别	Classification	摊位数(个) Number of Stall (unit)	成交额(万元) Volume of Transaction (10 000 yuan)
总　计	**Total**	**34182**	**5895944**
1.粮油、食品、饮料、烟酒类	Food, Beverages, Tobacco and Liquor	7680	2334093
(1)粮油、食品类	Food	7251	2002468
(2)饮料类	Beverages	73	19429
(3)烟酒类	Tobacco and Liquor	356	312196
2.服装、鞋帽、针纺织品类	Clothing, Shoes, Hats and Textiles	17434	852890
(1)服装类	Clothing	13674	591166
(2)鞋帽类	Footwear and Hats	2427	180928
(3)针纺织品类	Knitwear and Textiles	1333	80796
3.化妆品类	Cosmetics	202	11132
4.金银珠宝类	Gold, Silver and Jewellery	15	7901
5.日用品类	Articles for Daily Use	1527	493034
6.五金、电料类	Hardware and Electrical Materials	719	238956
7.体育、娱乐用品类	Sports and Recreational Articles	83	3677
8.书报杂志类	Newspapers and Magazines	5	45
9.电子出版物及音像制品类	Electronic Publication and Audiovisual Products	16	534
10.家用电器和音像器材类	Household Appliances and Audiovisual Equipments	108	7788
11.中西药品类	Traditional Chinese and Western Medicine		
12.文化办公用品类	Cultural and Official Articles	672	36372
13.家具类	Furniture	841	51473
14.通讯器材类	Communication Equipments	6	327
15.煤炭及制品类	Coal and Related Products	7	79613
16.木材及制品类	Wood and Wooden Products	150	13000
17.石油及制品类	Petroleum and Related Products		
18.化工材料及制品类	Raw Chemical Materials and Related Products	4	1000
19.金属材料类	Metal Materials	210	546171
20.建筑及装潢材料类	Building and Decoration Materials	2275	696131
21.机电产品及设备类	Mechanical and Electrical Products	153	78502
22.汽车类	Automobiles	452	366522
23.种子饲料类	Seed and Feedstuff		
24.棉麻类	Cotton and Hemp		
25.其他类	Others	1623	76783

13-9 私营企业基本情况(2013年)
BASIC STATISTICS ON PRIVATE-OWNED ENTERPRISES(2013)

单位：户 (household)

指标	Item	年末实有户数 Real Number of Households at Year-end	#本年开业 Openning at This Year	从业人员(人) Registered Capital (10 000 yuan)	注册资金(万元) Total Retail Sales of Consumer Goods (10 000 yuan)
总计	**Total**	**220457**	**33444**	**1699997**	**86979794**
农、林、牧、渔业	Farming, Forestry, Animal Husbandry and Fishery	12071	2060	83941	2785439
采矿业	Mining and Quarrying	4811	253	98014	5035581
制造业	Manufacturing	24871	1733	500174	14900659
电力、热力、燃气及水生产和供应业	Production and Supply of Electricity, Heat, Gas and Water	858	144	14424	1280429
建筑业	Construction	12364	2066	110990	5369269
交通运输、仓储和邮政业	Transport, Storage and Post	7576	1275	59116	1693506
信息传输、软件和信息技术服务业	Information Transmission, Software and Information Technology Services	14282	882	38526	3048002
批发和零售业	Wholesale and Retail Trade	87637	14022	522391	24344134
住宿和餐饮业	Hotels and Catering Services	4538	622	35094	1038486
金融业	Banking and Insurance	3672	230	30509	4824504
房地产业	Real Estate Trade	7194	1731	43352	7552432
租赁和商务服务业	Lease and Business Affairs Services	20335	5172	78077	10744916
科学研究和技术服务业	Scientific Reseach and Technical Services	6654	1170	19548	2475875
水利、环境和公共设施管理业	Water, Environmental Protection and Public Facility Management	1979	172	10966	467956
居民服务、修理和其他服务业	Resident Services, Repair and Other Services	7979	1269	34187	946783
教育	Education	312	40	2167	52980
卫生和社会工作	Health Care and Social Work	641	169	4914	92768
文化、体育和娱乐业	Culture, Sports and Recreation	2200	421	10880	293685
其他行业	Others	483	13	2727	32389

13-10 个体工商业基本情况(2013年)
BASIC STATISTICS ON INDIVIDUAL BUSSINESS(2013)

单位：户 (household)

指 标	Item	年末实有户数 Real Number of Households at Year-end	#本年开业 Openning at This Year	从业人员(人) Registered Capital (10 000 yuan)	注册资金(万元) Total Retail Sales of Consumer Goods (10 000 yuan)
总 计	**Total**	**1000632**	**145044**	**2090694**	**4080619**
农、林、牧、渔业	Farming , Forestry , Animal Husbandry and Fishery	9765	1534	32654	159035
采矿业	Mining and Quarrying	789	67	6456	29708
制造业	Manufacturing	29739	3058	89633	220061
电力、热力、燃气及水生产和供应业	Production and Supply of Electricity, Heat, Gas and Water	188	23	442	1880
建筑业	Construction	2110	297	7986	20341
交通运输、仓储和邮政业	Transport, Storage and Post	35515	1595	67951	202047
信息传输、软件和信息技术服务业	Information Transmission , Software and Information Technology Services	42776	830	88035	125328
批发和零售业	Wholesale and Retail Trade	655149	103682	1253846	2415189
住宿和餐饮业	Hotels and Catering Services	87932	16225	248722	397505
金融业	Banking and Insurance	199	15	506	1154
房地产业	Real Estate Trade	170	65	512	1684
租赁和商务服务业	Lease and Business Affairs Services	6753	1192	14611	38009
科学研究和技术服务业	Scientific Reseach and Technical Services	1895	105	4385	9995
水利、环境和公共设施管理业	Water , Environmental Protection and Public Facility Management	7954	63	17806	28002
居民服务、修理和其他服务业	Resident Services, Repair and Other Services	108441	14839	230398	368066
教 育	Education	160	28	499	860
卫生和社会工作	Health Care and Social Work	4651	518	9607	16805
文化、体育和娱乐业	Culture , Sports and Recreation	5110	728	14345	41688
其他行业	Others	1336	180	2301	3262

主要统计指标解释

批发业 指向其他批发或零售单位（含个体经营者）及其他企事业单位、机关团体等批量销售生活用品、生产资料的活动，以及从事进出口贸易和贸易经纪与代理的活动。

零售业 指百货商店、超级市场、专门零售商店、品牌专卖店、售货摊等主要面向最终消费者（如居民等）的销售活动，以互联网、邮政、电话、售货机等方式的销售活动，还包括在同一地点，后面加工生产，前面销售的店铺（如面包房）。

批发和零售业法人企业 指具备如下条件的批发零售贸易企业：(1)依法成立，有自己的名称、组织机构和场所，能够承担民事责任；(2)独立拥有和使用资产，承担负债，有权与其他单位签订合同；(3)独立核算盈亏，并能够编制包括资产负债表在内的全部会计帐户。

限额以上批发企业 年主营业务收入 2000 万元及以上为限额以上批发企业。

限额以上零售企业 年主营业务收入 500 万元及以上为限额以上零售企业。

社会消费品零售总额 指企业（单位、个体户）通过交易直接售给个人、社会集团非生产、非经营用的实物商品金额，以及提供餐饮服务所取得的收入金额。个人包括城乡居民和入境人员，社会集团包括机关、社会团体、部队、学校、企事业单位、居委会或村委会等。

批发和零售业零售额 指批发和零售业企业、产业活动单位和个体户售给城乡居民用于生活消费和社会集团用于公共消费的商品金额。

门店总数 指该连锁企业所拥有的全部连锁门店数量，包括总店(如果总公司有门店的话)和全部直营分店、加盟分店数。其中，总店作为一个直营店处理。此外，有的地区分出控股店，控股店按直营店统计。

连锁企业（或称连锁店、连锁公司） 指在核心企业或总店的领导下，由分散的、经营同类商品或服务的企业或活动单位，采取共同方针，实行集中采购和分散销售的有机结合，通过规范化经营，实现规模效益的经济联合组织形式。一般连锁店应由若干个分店组成。其经营特征：(1)经营同类商品；(2)使用统一商号；(3)统一采购配送，采购与销售相分离(部分商品可根据物流合理和保质保鲜原则由供应商直接送货到门店，其余均由总部统一配送)。连锁店总店(总部)指连锁店的核心企业或管理中心。连锁店分店指连锁店所属各分散经营的企业或活动单位，也可称分店或成员店。

连锁店包括下列三种形式：

直营连锁 指连锁店铺由连锁公司全资或控股开设，在总部的直接控制下，开展统一经营的连锁经营形式。

特许连锁 指拥有注册商标、企业标志、专利、专有技术等经营资源的企业（特许人），以合同形式将其拥有的经营资源许可其他经营者（被特许人）使用，被特许人按合同约定在统一的经营模式下开展经营，并向特许人支付特许经营费用的连锁经营形式。

自愿连锁 指若干个店铺或企业自愿组合起来，在不改变各自资产所有权关系的情况下，以同一个品牌形象面对消费者，以共同进货为纽带开展的连锁经营形式。

零售业态 指零售企业（单位）为满足不同的消费需求进行相应的要素组合而形成的不同经营形态；分类原则是，零售业态按零售店铺的结构特点，根据其经营方式、商品结构、服务功能，以及选址、商圈、规模、店堂设施、目标顾客和有无固定营业场所进行分类。

零售业态从总体上可以分为有店铺零售业态和无店铺零售业态两类。按照零售业态分类原则分为食杂店、便利店、折扣店、超市、大型超市、仓储会员店、百货店、专业店、专卖店、家居建材商店、购物中心、社区购物中心、市区购物中心、城郊购物中心、厂家直销中心、电视购物、邮购、网上商店、自动售货亭、电话购物等 20 种零售业态。

商品购进额 指从本企业以外的单位和个人购进(包括从国外直接进口)作为转卖或加工后转卖的商品金额(含增值税)。本指标反映批发和零售业从国内外市场上购进商品的总价。

商品销售额 指对本单位以外的单位和个人出售的商品金额（包括售给本单位消费用的商品，含增值税），本指标反映批发和零售业在国内市场上销售商品以及出口商品的总量。

期末商品库存额 对于批发和零售业法人单位和个体经营户，是指报告期末取得所有权的全部商品金额（含增值税）；对于批发和零售业产业活动单位，是指报告期末实际在库且归属法人具有所有权的全部商品金额（含增值税）。该指标反映批发和零售业商品库存情况，以及对市场商品供应的保证程度。

亿元以上商品交易市场 指年成交额在亿元及以上的商品交易市场。商品交易市场是指经有关部门和组织批准设立，有固定场所、设施，有经营管理部门和监管人员，若干市场经营者入内，常年或实际开业三个月以上，集中、公开、独立地进行生活消费品、生产资料等现货商品交易以及提供相关服务的交易场所，包括各类消费品市场、生产资料市场等。

Explanatory Notes on Main Statistical Indicators

Wholesale Trade refers to the activities of wholesaler selling commodities in bulk for daily use and capital goods to other wholesale and retail enterprises, institutions and government offices, including the activities of wholesaler engaged in import and export and acting as a trade agent.

Retail Trade refers to the activities of department store, supermarket, franchised store, brand store, retail stall and on-the-spot-making-selling store selling commodities to the final consumers (citizens) by any means including internet, post, telephone, sales machine.

Wholesale and Retail Corporation Enterprises refer to the wholesale and retail trade enterprises satisfy the conditions as follow: (1) They are established legally, having their own names, organizations, location, able to take civil liability; (2) They possess and use their assets independently, assume liabilities, and are entitled to sign contracts with other units; (3) They are financially independent and compile their own balance sheets.

Wholesale Enterprise above Designated Size refers to wholesale enterprises whose annual revenue of major business amounts to 20 million yuan and over.

Retail Trade Enterprise above Designated Size refers to retail enterprises whose annual revenue of major business amounts to 5 million yuan and over.

Total Retail Sales of Consumer Goods refer to the amount obtained by enterprises (units, self-employed individuals) through direct sales of non-production and non-business physical commodity to individuals, social institutions, and revenue from providing catering services. Individuals include rural and urban households, population from abroad, and social institutions include government agencies, social organizations, military units, schools, institutions, neighborhood (village) committees.

Total Retail Sales of Wholesale and Retail Trade refer to the amount obtained by wholesale and retail enterprises, active units and self-employed individuals through sales to residents and social groups for mass consumption.

The Number of Stores refers to the total number of enterprises owned by the full number of chain stores, including the headquarters (if there has one) and all direct stores, franchises. The headquarters are counted as a direct store. In addition, there are some share holding stores in some regions, and these stores are also counted as direct stores.

Chain Enterprises (also called chain stores or chain corporations) refer to a form of joint economic entities under which scattered enterprises or establishments engaged in providing homogeneous commodities or services, with the central leadership of core enterprise or headquarters and guided by common policies, conduct centralized purchase and distributed selling of commodities, in order to gain better efficiency through standardized operation. Consisting of a number of branch stores, the chain stores have in general the following features: (1) homogeneous commodities, (2) unique name of stores, (3) centralized purchase and delivery which is separated from distributed selling operation (most commodities are delivered from the headquarters except some items which, for logistics, quality or freshness considerations, might be delivered by suppliers directly). Chain headquarters (HQ) means the core of enterprises or chain management centre. Branch chain store refers the enterprises or active unit that owned by the chain store under decentralized operation, which is also called branch store or member store.

Chain stores include the following three forms:

Regular Chain refers to chain that are invested or controlled by the headquarters. They operate under direct and unified management from the headquarters. Adopting a direct management approach, the headquarters gives orders and controls all retail stores, which follow completely the directives from the headquarters. Large monopolized commercial companies develop and expand their business through purchasing, merging, direct investment and controlling of shares.

Franchise Chain Through contracts, chain stores (or their owners) obtain licenses from the headquarters (franchisee) to use designated trade marks, names, operation know-how, and to sell commodities developed by the headquarters. Under this arrangement, each store in the chain is an independent legal entity and operates under the guidance from the headquarters.

Voluntary Chain refers to the chain business model that several stores or enterprises united together voluntarily to use a same brand image and purchase together under the previous independent property relationship.

Retail Trade Format refers to the different business forms which combined by corresponding factors to satisfy different consumption needs. It is classified according to retail stores' structure characters, such as business form, commodities' structure, service function, address, business circle, scale, store facilities, target customers and whether having a fixed business place.

Retail trade format can be divided into store-based and non-store retail. It can be classified into 20 forms as the following: grocery store, convenient store, discount store, supermarket, hypermarket, warehouse club, department store, specialized shop, exclusive shop, home centre, shopping centre, community shopping centre, urban shopping centre, suburban shopping centre, factory outlet centre, TV shopping, mail shopping, web shop, vending machine and telephone shopping.

Value of Commodities Purchases refers to the value of commodities purchasing by enterprises from other units or individuals with value-added tax, including direct import form abroad, for the purpose of re-selling, either with or without further processing of the commodities purchased. It reflects the total commodities value that wholesale and retail trade purchased from the domestic and abroad market.

Value of Commodities Sales refers to the value of commodities sold by the units to other units or individuals with value-added tax, including goods sold for self consumption. It reflects the total commodities amount that wholesale and retail trade sold and exported in the domestic and abroad market.

Total Value of Storing at the End of Period refers to total possessed commodities value including value-added tax for the wholesale and retail corporation units and individuals at the end of report period. And it refers to the total commodities value at the end of report period, including value-added tax, which are in stock and belong to the corporation units for the wholesale and retail active units. It reflects the goods stock of the wholesale and retail trade and the guarantee degree of goods supply to the market.

Commodities Trading Market over 100 Million Yuan refers to the commodity market with an annual transaction at and above 100 million yuan. Commodities trading market refers market that is approved by related government departments, which has fixed sites, facilities, managers and administration offices, traders, and has operated for more than three months. It is a place where the commodities including the articles for daily consumption, productive materials, goods transactions and services are traded in a centralized, independent and open way. And it includes consumer market, materials market and etc.

14 住宿、餐饮业和旅游

HOTELS, CATERING SERVICES AND TOURISM

PAGE

417-448

资料整理人员

雷士伟　张艳芳　张艳君　邓　娜

住宿、餐饮业和旅游

HOTELS, CATERING SERVICES AND TOURISM

住宿、餐饮业营业额	Business Volume of Hotels and Catering Services	1212356	万元	(10 000 yuan)
国内旅游者	Number of Domestic Tourists	24605	万人次	(10 000 person-times)
海外旅游者	Number of Overseas Tourists	212.6	万人次	(10 000 person-times)
旅游总收入	Total Income of Tourism	2305.4	亿元	(100 million yuan)
旅游外汇收入	Foreign Exchange Earnings from Tourism	82268	万美元	(USD 10 000)

旅游总收入(亿元)

Total Income of Tourism (100 million yuan)

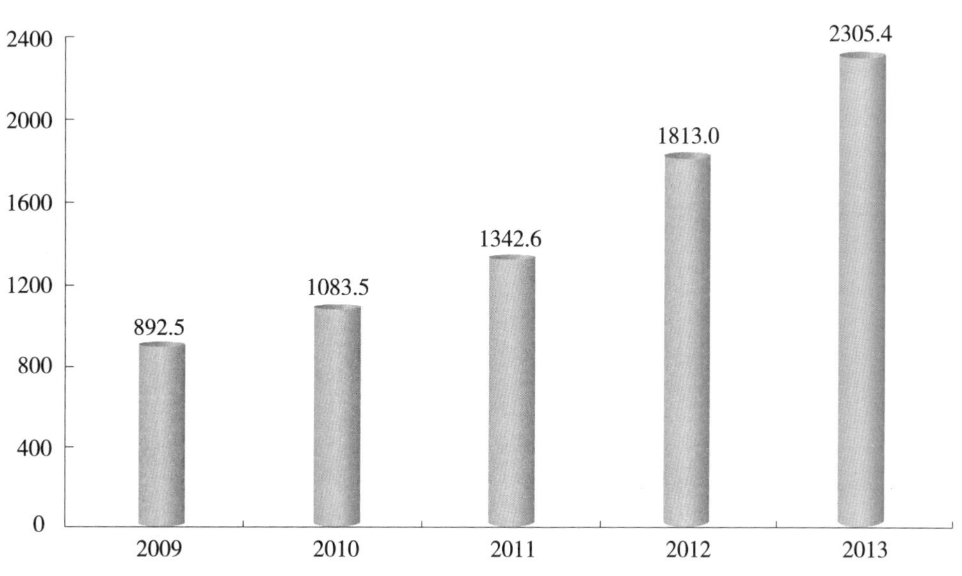

海外旅游者(万人次)

Number of Overseas Tourists (10 000 person-times)

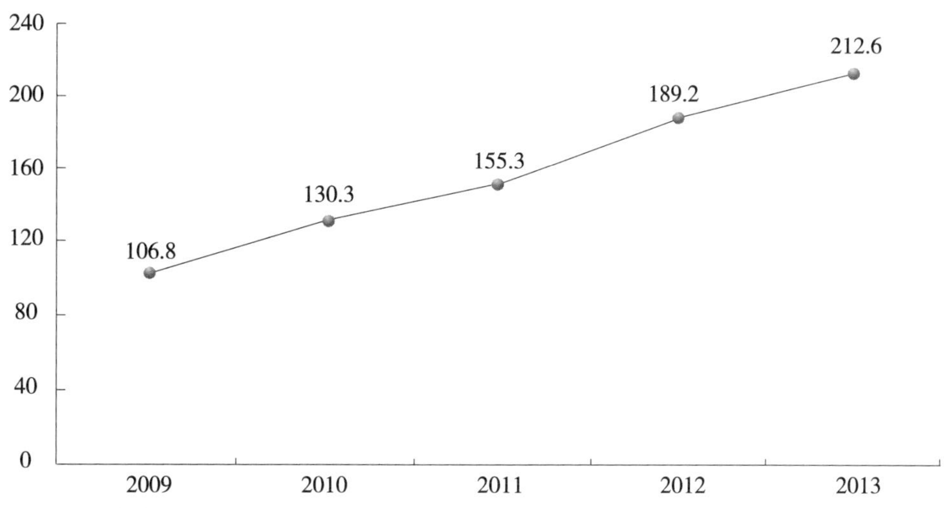

14-1 限额以上住宿和餐饮业法人企业经营情况(2013年)

单位：万元

指 标	Item	法人企业数(个) Number of Corporation Enterprises (unit)	从业人员期末人数(人) Number of Employees at The End of Period (person)
总 计	**Total**	**976**	**114076**
一、住宿业	**Hotels**	**408**	**46477**
1.按登记注册类型分组	Grouped by Registered Kind		
内资企业	Civil Funded Enterprises	406	45953
国有企业	State-owned Enterprises	82	10376
集体企业	Collective-owned Enterprises	20	1877
有限责任公司	Limited Responsibility Corporations	54	8925
国有独资公司	Company Exclusively with Investment from State	2	113
其他有限责任公司	Other Limited Responsibility Corporations	52	8812
股份有限公司	Share-holding Limited Corporations	9	1245
私营企业	Private-owned Enterprises	237	23002
私营独资企业	Enterprise Exclusively with Investment from Private	33	1893
私营合伙企业	Private Partnership Enterprises	4	243
私营有限责任公司	Private Limited Responsibility Corporations	194	20361
私营股份有限公司	Private Share-holding Limited Corporations	6	505
其他企业	Others	4	528
港澳台商投资企业	Enterprises Funded by HongKong, Macao and Taiwan	2	524
与港澳台商合资经营企业	Joint Venture	2	524
2.按住宿行业小类分组	Grouped by Hotels		
旅游饭店	Resturants for Trip	221	32626
一般旅馆	Ordinary Hotels	164	12212
其他住宿服务	Others	23	1639
3.按控股情况分	Grouped by Share Holding		
国有控股	State Holding Enterprises	98	13427
集体控股	Collective-owned Holding Enterprises	29	2969
私人控股	Private Holding Enterprises	261	26698
港澳台商控股	Hongkong, Macao and Taiwan Holding Enterprises	1	328
外商控股	Foreign Holding Enterprises		
其 他	Others	19	3055
4.按经营形式分	Grouped by Management Form		
独立门店	Independent Stores	388	44551
连锁总店(总部)	Chain Headquarters	3	340
连锁门店	Chain Stores	6	506
其 他	Others	11	1080
5.按单位规模分	Grouped by Enterprise Size		
大 型	Large-size	2	1321
中 型	Medium-size	60	16636
小 型	Small-size	326	28035
微 型	Micro-size	20	485
6.按星级分	Grouped by Stars		
五 星	Five Star	17	5747
四 星	Four Star	62	10846
三 星	Three Star	97	12966
二 星	Two Star	39	2846
其 他	Others	193	14072

MANAGEMENT OF HOTELS AND CATERING CORPORATION ENTERPRISES ABOVE DESIGNATED SIZE(2013)

(10 000 yuan)

营业额 Business Volume	客房收入 Revenue of Guest Room	餐费收入 Revenue of Dining	商品销售收入 Revenue of Sales of Commodities	其他收入 Other Revenue	客房数（间） Rooms (unit)	床位数（个） Beds (unit)	餐位数（位） Tables (unit)	年末餐饮营业面积(平方米) Operating Area of Catering Services at Year-end (sq.m)
1212356	**336594**	**777010**	**46313**	**52439**	**67106**	**121612**	**389994**	**2310299**
462310	**204917**	**207269**	**13569**	**36555**	**43697**	**78471**	**138189**	**895281**
455447	202181	203979	13557	35730	43439	78057	136969	882211
97527	43281	47834	1004	5409	9180	16880	29067	196425
17415	8148	8711	154	403	2198	4336	5875	41156
100711	40682	45123	3624	11283	7197	12750	26123	151117
2114	1406	600	5	102	248	447	530	2000
98598	39276	44522	3619	11181	6949	12303	25593	149117
6839	2263	3350	119	1107	591	1149	3991	21383
225869	106267	96256	6401	16946	23873	42193	66703	456550
17768	7987	8014	1208	559	2173	4038	6685	59319
1880	1040	554	8	278	248	481	490	6000
199138	94637	83983	4916	15603	20956	36764	57897	380398
7084	2602	3706	269	506	496	910	1631	10833
7086	1541	2707	2256	582	400	749	5210	15580
6863	2736	3290	12	825	258	414	1220	13070
6863	2736	3290	12	825	258	414	1220	13070
336507	136567	159567	10607	29766	27215	47909	99319	573986
107659	59370	42745	1889	3656	14838	27740	36904	294919
18144	8981	4957	1073	3133	1644	2822	1966	26376
137423	62206	62875	1766	10576	11443	20773	36345	226898
23621	11114	11221	226	1060	2848	5500	8257	60078
258642	116430	111387	10517	20308	26708	47321	83350	552339
4773	2282	2291		200	201	320	720	10000
37851	12884	19496	1061	4410	2497	4557	9517	45966
445013	195565	200626	12661	36161	41237	73817	130619	835249
1257	1158	100			560	830	1800	4005
2983	2108	853	17	5	683	1197	2304	19675
13056	6086	5690	892	388	1217	2627	3466	36352
23054	9994	11797		1264	800	1427	3023	11677
203106	75161	99990	6835	21119	10976	18352	39086	205998
235060	119043	95297	6726	13994	31203	57206	95497	651968
1089	719	184	8	177	718	1486	583	25638
69985	25796	36904	531	6755	3839	6582	12907	74654
116659	46957	55848	3112	10741	9043	15757	34657	185532
118555	51453	52816	5700	8585	11369	20555	42961	253227
24172	9776	11934	1704	757	2771	5369	10948	73894
132940	70935	49767	2522	9717	16675	30208	36716	307974

14-1 续表

单位：万元

指　　标	Item	法人企业数(个) Number of Corporation Enterprises (unit)	从业人员期末人数(人) Number of Employees at The End of Period (person)
二、餐饮业	**Catering**	**568**	**67599**
1.按登记注册类型分组	Grouped by Registered Kind		
内资企业	Civil Funded Enterprises	562	60850
国有企业	State-owned Enterprises	28	2766
集体企业	Collective-owned Enterprises	6	396
股份合作企业	Share Cooperative Enterprises	2	85
有限责任公司	Limited Responsibility Corporations	74	11080
国有独资公司	Company Exclusively with Investment from State	2	651
其他有限责任公司	Other Limited Responsibility Company	72	10429
股份有限公司	Share-holding Limited Corporations	8	858
私营企业	Private-owned Enterprises	435	44941
私营独资企业	Enterprise Exclusively with Investment from Private	73	4622
私营合伙企业	Private Partnership Enterprises	5	209
私营有限责任公司	Private Limited Responsibility Corporations	349	39025
私营股份有限公司	Private Share-holding Limited Corporations	8	1085
其他企业	Others	9	724
港澳台商投资企业	Enterprises Funded by HongKong, Macao and Taiwan	2	117
港澳台商独资企业	Solely Owned	2	117
外商投资企业	Foreign Funded Enterprises	4	6632
中外合资经营企业	Joint Venture	1	80
中外合作经营企业	Cooperative	1	160
外资企业	Enterprises Funded by Foreign Invetments	2	6392
2.按餐饮行业小类分组	Grouped by Catering Services		
正餐服务	Dinner	551	59956
快餐服务	Fast Food	12	7311
其他餐饮业	Others	5	332
小吃服务	Snack Service	1	21
餐饮配送服务	Distribution Service	1	85
其他未列明餐饮业	Other Unlisted Service	3	226
3.按控股情况分	Grouped by Share Holding		
国有控股	State Holding Enterprises	39	6954
集体控股	Collective-owned Holding Enterprises	15	1082
私人控股	Private Holding Enterprises	479	50282
港澳台商控股	Hongkong, Macao and Taiwan Holding Enterprises	3	277
外商控股	Foreign Holding Enterprises	3	6472
其　他	Others	29	2532
4.按经营形式分	Grouped by Management Form		
独立门店	Independent Stores	542	55154
连锁总店(总部)	Chain Headquarters	8	9951
连锁门店	Chain Stores	7	1354
其　他	Others	11	1140
5.按单位规模分	Grouped by Enterprise Size		
大　型	Large-size	4	9521
中　型	Medium-size	65	21004
小　型	Small-size	466	36259
微　型	Micro-size	33	815

continued

(10 000 yuan)

营业额 Business Volume					客房数(间) Rooms (unit)	床位数(个) Beds (unit)	餐位数(位) Tables (unit)	年末餐饮营业面积(平方米) Operating Area of Catering Services at Year-end(sq.m)
	客房收入 Revenue of Guest Room	餐费收入 Revenue of Dining	商品销售收入 Revenue of Sales of Commodities	其他收入 Other Revenue				
750047	**131677**	**569741**	**32744**	**15884**	**23409**	**43141**	**251805**	**1415018**
664626	131478	484520	32744	15884	23270	42887	241337	1377598
18469	4722	12388	494	866	1458	2789	10737	42381
4798	1764	2227	133	675	328	622	2688	16374
642	255	387			20	45	850	3200
148263	33996	87336	20285	6646	5152	9968	36843	279009
7008	3491	3334	51	131	460	894	1800	20000
141256	30504	84002	20234	6516	4692	9074	35043	259009
5623	1385	3956	1	281	308	463	3083	17128
480577	88311	373030	11821	7416	15828	28658	185531	1013534
47319	8402	37562	987	369	1710	3000	23726	122677
2210	320	1877	13		105	220	1484	9200
412423	76560	319081	9961	6822	13465	24442	155011	827053
18625	3029	14510	861	226	548	996	5310	54604
6255	1047	5197	11		176	342	1605	5972
1524	104	1420			79	134	1248	5700
1524	104	1420			79	134	1248	5700
83897	95	83802			60	120	9220	31720
3906		3906					240	1370
1597	95	1502			60	120	110	2000
78394		78394					8870	28350
652016	130798	472992	32352	15875	23131	42614	235729	1369970
94621	47	94557	8	9	5	10	14590	39848
3410	832	2193	384		273	517	1486	5200
1383		1215	168				200	800
298	79	136	83		30	52	300	1500
1729	754	842	133		243	465	986	2900
69170	24258	37133	2045	5734	3827	7914	21169	146439
25525	2733	4692	16604	1496	765	1462	5412	28794
540022	99949	418402	13666	8004	17506	31527	202713	1131146
3121	199	2922			139	254	1358	7700
82300		82300					9110	29720
29910	4538	24293	429	650	1172	1984	12043	71219
623169	128016	449929	32245	12980	22325	39950	219866	1254357
99601	297	99263	21	20	60	108	25236	96996
10037		10036		1			1998	11790
17240	3365	10514	478	2884	1024	3083	4705	51875
109758	11182	95873	1271	1432	1338	2320	21460	65548
297691	52770	214423	22831	7667	6810	12502	52489	399984
331979	67401	249279	8517	6782	14861	27601	170713	894214
10618	324	10167	125	3	400	718	7143	55272

14-2 限额以上住宿和餐饮业法人企业主要财务状况(2013年)

单位：万元

指 标	Item	年初存货 Beginning Inventory	流动资产合计 Total Circulating Assets
总 计	**Total**	**109014**	**974384**
一、住宿业	**Hotels**	**42482**	**447737**
1.按登记注册类型分组	Grouped by Registered Kind		
内资企业	Civil Funded Enterprises	41926	442788
国有企业	State-owned Enterprises	7648	106789
集体企业	Collective-owned Enterprises	1240	19155
有限责任公司	Limited Responsibility Corporations	8812	66427
国有独资公司	Company Exclusively with Investment from State	76	506
其他有限责任公司	Other Limited Responsibility Corporations	8736	65921
股份有限公司	Share-holding Limited Corporations	1209	4338
私营企业	Private-owned Enterprises	22202	242885
私营独资企业	Enterprise Exclusively with Investment from Private	5791	15159
私营合伙企业	Private Partnership Enterprises	69	1331
私营有限责任公司	Private Limited Responsibility Corporations	15756	218606
私营股份有限公司	Private Share-holding Limited Corporations	587	7790
其他企业	Others	815	3194
港澳台商投资企业	Enterprises Funded by HongKong,Macao and Taiwan	555	4949
与港澳台商合资经营企业	Joint Venture	555	4949
2.按住宿行业小类分组	Grouped by Hotels		
旅游饭店	Resturants for Trip	32553	342372
一般旅馆	Ordinary Hotels	8579	97140
其他住宿服务	Others	1349	8225
3.按控股情况分	Grouped by Share Holding		
国有控股	State Holding Enterprises	11835	124200
集体控股	Collective-owned Holding Enterprises	1748	21865
私人控股	Private Holding Enterprises	26565	270746
港澳台商控股	Hongkong, Macao and Taiwan Holding Enterprises	292	3991
外商控股	Foreign Holding Enterprises		
其 他	Others	2042	26937
4.按经营形式分	Grouped by Management Form		
独立门店	Independent Stores	41017	424067
连锁总店(总部)	Chain Headquarters	92	1623
连锁门店	Chain Stores	146	1444
其 他	Others	1226	20603
5.按单位规模分	Grouped by Enterprise Size		
大 型	Large-size	904	18563
中 型	Medium-size	17322	174937
小 型	Small-size	24003	238865
微 型	Micro-size	253	15372
6.按星级分	Grouped by Stars		
五 星	Five Star	6572	87769
四 星	Four Star	15401	118895
三 星	Three Star	9261	100319
二 星	Two Star	1807	23142
其 他	Others	9441	117612

FINANCIAL CONDITION OF HOTELS AND CATERING CORPORATION ENTERPRISES ABOVE DESIGNATED SIZE(2013)

(10 000 yuan)

#应收帐款 Accounts Receivable	#存货 Inventory	固定资产合计 Total Fixed Assets	累计折旧 Accumulated Depreciation	#本年折旧 Depreciation This Year	资产总计 Total Assets
148654	**97694**	**1233734**	**586117**	**89781**	**2821467**
74286	**37903**	**629107**	**352609**	**48309**	**1336317**
73436	37395	623196	349251	47989	1323679
18947	6111	147862	112451	11019	304098
3527	1226	16527	7899	936	62424
15327	8541	137963	89580	9956	241248
108	73	3406	3281		4372
15220	8468	134557	86299	9956	236876
1329	1690	15260	10109	936	24111
33216	18634	294844	127225	24570	677839
6540	1306	16188	3754	457	33556
97	80	809	145	60	2166
25402	16674	276398	122768	23953	631043
1177	573	1448	558	100	11074
1089	1193	10740	1988	571	13960
850	508	5911	3358	320	12639
850	508	5911	3358	320	12639
55833	27811	470574	302135	39154	1017894
16651	8921	134244	43900	7902	282319
1802	1171	24289	6574	1253	36105
23516	9646	220077	165513	15936	401904
4437	2145	32295	14091	1691	83320
41340	23861	338460	147535	27749	762057
167	263	4250	2476	320	8912
4825	1988	34025	22994	2613	80125
68039	36660	593644	338724	47950	1266603
255	93	900	457	88	3162
582	187	1941	1150	77	5211
5410	964	32622	12278	193	61341
351	709	22039	25099	3744	48571
29897	16734	250624	137541	16558	553103
43245	20025	349862	188211	27646	701365
793	436	6582	1759	360	33278
8879	5775	136113	62837	10542	282224
20910	11308	158481	119058	13347	316264
19305	8757	150184	110268	14094	326944
4696	1795	27019	11120	2018	57691
20496	10269	157309	49326	8307	353195

14-2 续表1

单位：万元

指 标	Item	年初存货 Beginning Inventory	流动资产合计 Total Circulating Assets
二、餐饮业	**Catering**	**66532**	**526647**
1.按登记注册类型分组	Grouped by Registered Kind		
内资企业	Civil Funded Enterprises	63363	520766
国有企业	State-owned Enterprises	1696	9066
集体企业	Collective-owned Enterprises	455	7691
股份合作企业	Share Cooperative Enterprises	15	191
有限责任公司	Limited Responsibility Corporations	12180	85150
国有独资公司	Company Exclusively with Investment from State	280	3043
其他有限责任公司	Other Limited Responsibility Company	11900	82107
股份有限公司	Share-holding Limited Corporations	962	8037
私营企业	Private-owned Enterprises	47755	408217
私营独资企业	Enterprise Exclusively with Investment from Private	2656	24043
私营合伙企业	Private Partnership Enterprises	306	484
私营有限责任公司	Private Limited Responsibility Corporations	44287	351342
私营股份有限公司	Private Share-holding Limited Corporations	506	32348
其他企业	Others	302	2414
港澳台商投资企业	Enterprises Funded by HongKong，Macao and Taiwan	100	379
港澳台商独资企业	Solely Owned	100	379
外商投资企业	Foreign Funded Enterprises	3069	5502
中外合资经营企业	Joint Venture	132	92
中外合作经营企业	Cooperative	282	635
外资企业	Enterprises Funded by Foreign Invetments	2656	4775
2.按餐饮行业小类分组	Grouped by Catering Services		
正餐服务	Dinner	63063	518544
快餐服务	Fast Food	3297	7006
其他餐饮业	Others	173	1098
小吃服务	Snack Service	22	114
餐饮配送服务	Distribution Service	46	498
其他未列明餐饮业	Other Unlisted Service	105	486
3.按控股情况分	Grouped by Share Holding		
国有控股	State Holding Enterprises	5023	40698
集体控股	Collective-owned Holding Enterprises	1346	11854
私人控股	Private Holding Enterprises	54157	449349
港澳台商控股	Hongkong, Macao and Taiwan Holding Enterprises	382	1015
外商控股	Foreign Holding Enterprises	2788	4867
其 他	Others	2836	18864
4.按经营形式分	Grouped by Management Form		
独立门店	Independent Stores	61590	488497
连锁总店(总部)	Chain Headquarters	3808	14200
连锁门店	Chain Stores	627	3932
其 他	Others	507	20018
5.按单位规模分	Grouped by Enterprise Size		
大 型	Large-size	3724	19706
中 型	Medium-size	21618	221835
小 型	Small-size	31011	262559
微 型	Micro-size	10179	22547

continued

(10 000 yuan)

#应收帐款 Accounts Receivable	#存 货 Inventory	固定资产合计 Total Fixed Assets	累计折旧 Accumulated Depreciation	#本年折旧 Depreciation This Year	资产总计 Total Assets
74368	**59791**	**604627**	**233508**	**41472**	**1485150**
74191	57344	599735	228705	38873	1459932
2102	1593	19372	6453	926	33155
745	522	3028	2577	447	11192
24	19	60	45	6	252
12949	12921	198044	45540	9601	351178
16	267	23473	2212		27704
12933	12655	174572	43327	9601	323475
262	935	721	1311	368	14261
57952	41022	375841	171052	27205	1044513
4578	2916	31974	5634	923	65810
79	267	161	25	4	1425
48121	36950	330097	162068	25969	923722
4874	890	13609	3324	310	53556
156	332	2669	1728	322	5382
21	60	371	465	83	1171
21	60	371	465	83	1171
157	2387	4520	4339	2516	24046
66	20	33	382	16	125
90	265	125	551	51	778
	2101	4362	3406	2449	23143
73093	57198	590445	227531	38251	1445919
661	2418	5824	4537	2645	29065
614	174	8358	1441	576	10166
45	31				317
401	44	275	6		773
169	100	8082	1435	576	9075
4282	5466	167864	26375	6803	250135
1144	1604	14040	4783	897	28995
64323	47469	402359	192151	29505	1141469
112	325	496	1016	134	1949
66	2122	4395	3788	2465	23268
4441	2805	15472	5395	1669	39333
72262	55349	582880	220540	38492	1392486
644	2806	9000	9551	2588	43215
282	779	2291	1257	158	17426
1181	857	10456	2160	235	32022
-303	3519	25318	14698	4522	62166
22700	23882	360243	101310	21318	773913
50659	31080	211318	110285	14605	616278
1313	1309	7749	7215	1028	32792

14-2 续表2

单位：万元

指 标	Item	流动负债合 计 Liquid Liabilities	应付帐款 Accounts Payable
总 计	**Total**	**1717831**	**307449**
一、住宿业	**Hotels**	**725719**	**122464**
1.按登记注册类型分组	Grouped by Registered Kind		
内资企业	Civil Funded Enterprises	716284	118585
国有企业	State-owned Enterprises	139679	21084
集体企业	Collective-owned Enterprises	39385	7761
有限责任公司	Limited Responsibility Corporations	113813	29603
国有独资公司	Company Exclusively with Investment from State	1769	31
其他有限责任公司	Other Limited Responsibility Corporations	112043	29572
股份有限公司	Share-holding Limited Corporations	12719	4166
私营企业	Private-owned Enterprises	403728	54930
私营独资企业	Enterprise Exclusively with Investment from Private	19870	2904
私营合伙企业	Private Partnership Enterprises	1625	33
私营有限责任公司	Private Limited Responsibility Corporations	375254	50284
私营股份有限公司	Private Share-holding Limited Corporations	6979	1710
其他企业	Others	6962	1041
港澳台商投资企业	Enterprises Funded by HongKong,Macao and Taiwan	9435	3879
与港澳台商合资经营企业	Joint Venture	9435	3879
2.按住宿行业小类分组	Grouped by Hotels		
旅游饭店	Resturants for Trip	521390	90122
一般旅馆	Ordinary Hotels	172605	30897
其他住宿服务	Others	31724	1445
3.按控股情况分	Grouped by Share Holding		
国有控股	State Holding Enterprises	167413	31085
集体控股	Collective-owned Holding Enterprises	54499	11889
私人控股	Private Holding Enterprises	457613	71595
港澳台商控股	Hongkong, Macao and Taiwan Holding Enterprises	5963	407
外商控股	Foreign Holding Enterprises		
其 他	Others	40231	7488
4.按经营形式分	Grouped by Management Form		
独立门店	Independent Stores	705248	111308
连锁总店(总部)	Chain Headquarters	2612	51
连锁门店	Chain Stores	4975	1284
其 他	Others	12885	9821
5.按单位规模分	Grouped by Enterprise Size		
大 型	Large-size	9849	1920
中 型	Medium-size	305356	44663
小 型	Small-size	393681	74908
微 型	Micro-size	16833	973
6.按星级分	Grouped by Stars		
五 星	Five Star	118156	12544
四 星	Four Star	161297	27596
三 星	Three Star	196175	28854
二 星	Two Star	38228	7338
其 他	Others	211864	46132

continued

(10 000 yuan)

负债合计 Total Liabilities	所有者权益合计 Total Creditors' Equity	#实收资本 Capital Hold	#国家资本 State	#集体资本 Collective	#法人资本 Legal Person	#个人资本 Individual
2080416	**741051**	**789749**	**163628**	**17751**	**260695**	**336293**
935112	**401206**	**458628**	**138405**	**11709**	**111081**	**190107**
925677	398002	450128	138405	11709	110706	189307
207339	96759	107939	105683	357	1900	
48589	13835	4977	10	4714	250	3
159176	82071	91671	32709	3322	31844	23796
1769	2603	4303	30		4273	
157407	79469	87368	32679	3322	27571	23796
13239	10872	11124		2566	8538	20
490347	187492	233310		751	68174	164385
20832	12724	10192			4838	5354
1625	541	442				442
459144	171899	219544		751	63086	155707
8746	2328	3132			250	2882
6986	6974	1106	3			1103
9435	3204	8500			375	800
9435	3204	8500			375	800
715150	302743	351316	118240	6737	89021	129992
187633	94686	96930	20063	4972	19933	51963
32328	3777	10382	102		2127	8152
242769	159135	159982	138172	105	20592	1113
63704	19616	11866	10	10476	1256	123
563121	198935	248052		751	77700	169476
5963	2949	8000				800
59555	20570	30728	224	377	11533	18595
905856	360747	424309	137684	11409	102229	165662
3132	31	155			100	55
4975	236	570			60	510
21149	40192	33594	721	300	8693	23880
38598	9973	15041	4896			10146
381679	171425	185049	71163	1830	23617	81114
495550	205815	243676	61672	9726	84611	87667
19284	13994	14862	675	154	2853	11181
176030	106194	118598	42245	1810	110	67233
228591	87673	109990	21568	156	49643	38624
261107	65837	98432	43501	6416	31054	17336
40585	17106	14757	3683	1573	743	8758
228798	124396	116851	27410	1754	29532	58156

14-2 续表3

单位：万元

指　　标	Item	流动负债合　　计 Liquid Liabilities	应付帐款 Accounts Payable
二、餐饮业	**Catering**	**992112**	**184986**
1.按登记注册类型分组	Grouped by Registered Kind		
内资企业	Civil Funded Enterprises	977902	182150
国有企业	State-owned Enterprises	18802	8518
集体企业	Collective-owned Enterprises	8735	8247
股份合作企业	Share Cooperative Enterprises	18	12
有限责任公司	Limited Responsibility Corporations	213071	37667
国有独资公司	Company Exclusively with Investment from State	17091	2689
其他有限责任公司	Other Limited Responsibility Company	195980	34978
股份有限公司	Share-holding Limited Corporations	12879	1559
私营企业	Private-owned Enterprises	721201	125568
私营独资企业	Enterprise Exclusively with Investment from Private	28692	8212
私营合伙企业	Private Partnership Enterprises	396	230
私营有限责任公司	Private Limited Responsibility Corporations	651168	102729
私营股份有限公司	Private Share-holding Limited Corporations	40946	14396
其他企业	Others	3196	579
港澳台商投资企业	Enterprises Funded by HongKong, Macao and Taiwan	134	70
港澳台商独资企业	Solely Owned	134	70
外商投资企业	Foreign Funded Enterprises	14077	2766
中外合资经营企业	Joint Venture	1338	539
中外合作经营企业	Cooperative	209	
外资企业	Enterprises Funded by Foreign Invetments	12530	2228
2.按餐饮行业小类分组	Grouped by Catering Services		
正餐服务	Dinner	975068	181238
快餐服务	Fast Food	16100	2969
其他餐饮业	Others	943	779
小吃服务	Snack Service	14	14
餐饮配送服务	Distribution Service	690	599
其他未列明餐饮业	Other Unlisted Service	239	165
3.按控股情况分	Grouped by Share Holding		
国有控股	State Holding Enterprises	118549	14902
集体控股	Collective-owned Holding Enterprises	16381	9728
私人控股	Private Holding Enterprises	813265	151737
港澳台商控股	Hongkong, Macao and Taiwan Holding Enterprises	343	70
外商控股	Foreign Holding Enterprises	13868	2766
其　他	Others	29706	5783
4.按经营形式分	Grouped by Management Form		
独立门店	Independent Stores	931368	176082
连锁总店(总部)	Chain Headquarters	26308	6354
连锁门店	Chain Stores	12349	567
其　他	Others	22088	1982
5.按单位规模分	Grouped by Enterprise Size		
大　型	Large-size	22412	3733
中　型	Medium-size	533919	79157
小　型	Small-size	417718	99901
微　型	Micro-size	18063	2195

continued

(10 000 yuan)

负债合计 Total Liabilities	所有者权益合计 Total Creditors' Equity	#实收资本 Capital Hold	#国家资本 State	#集体资本 Collective	#法人资本 Legal Person	#个人资本 Individual
1145304	**339845**	**331121**	**25223**	**6042**	**149614**	**146186**
1129964	329968	326634	24782	6042	149604	146186
21937	11217	13695	12011		1684	
8736	2456	3201		3141	60	
77	175	150			50	100
253393	97786	52040	12760	1994	25907	11379
17091	10613	10613	500		10113	
236302	87173	41427	12260	1994	15795	11379
13395	865	4454			293	4161
829230	215284	251376	11	907	120834	129603
37095	28715	23090	1	1	7764	15323
396	1030	1026			378	649
750629	173093	219703	10	906	107043	111725
41109	12446	7557			5650	1907
3196	2186	1718			774	943
570	601	850				
570	601	850				
14771	9276	3638	441		10	
1338	-1213	989				
209	569	900	441			
13224	9920	1749			10	
1124304	321615	324056	25139	5832	147594	143173
16794	12270	4022			1520	763
4206	5960	3044	84	210	500	2250
14	303	300				300
690	84	84	84			
3501	5574	2660		210	500	1950
138557	111578	35050	19482		15347	221
22269	6726	5294		4804	190	300
938882	202587	271471	11	1126	127818	142496
779	1170	1750	441			
14562	8707	2738			10	
30256	9077	14819	5289	112	6249	3169
1083058	309429	310778	25169	6042	136661	140668
27449	15766	7878			2859	3280
12710	4716	2540			1320	1140
22088	9934	9925	54		8773	1098
41419	20748	4989	2000		1000	250
626968	146946	129024	10500	879	80075	37570
457024	159254	183430	12722	4802	66943	96645
19894	12898	13679	1	361	1595	11721

14-2 续表4

单位：万元

指　标	Item	营业收入 Business Revenue	主营业务收　入 Revenue in Major Business
总　计	**Total**	**1217295**	**1204836**
一、住宿业	**Hotels**	**464644**	**457192**
1.按登记注册类型分组	Grouped by Registered Kind		
内资企业	Civil Funded Enterprises	457781	450330
国有企业	State-owned Enterprises	96194	94884
集体企业	Collective-owned Enterprises	17435	17393
有限责任公司	Limited Responsibility Corporations	101406	100448
国有独资公司	Company Exclusively with Investment from State	2255	2255
其他有限责任公司	Other Limited Responsibility Corporations	99151	98193
股份有限公司	Share-holding Limited Corporations	6788	6788
私营企业	Private-owned Enterprises	228693	223551
私营独资企业	Enterprise Exclusively with Investment from Private	17651	17324
私营合伙企业	Private Partnership Enterprises	1873	1873
私营有限责任公司	Private Limited Responsibility Corporations	202086	197271
私营股份有限公司	Private Share-holding Limited Corporations	7084	7084
其他企业	Others	7266	7266
港澳台商投资企业	Enterprises Funded by HongKong,Macao and Taiwan	6863	6863
与港澳台商合资经营企业	Joint Venture	6863	6863
2.按住宿行业小类分组	Grouped by Hotels		
旅游饭店	Resturants for Trip	336771	332220
一般旅馆	Ordinary Hotels	109361	108556
其他住宿服务	Others	18512	16417
3.按控股情况分	Grouped by Share Holding		
国有控股	State Holding Enterprises	136985	134946
集体控股	Collective-owned Holding Enterprises	23573	23531
私人控股	Private Holding Enterprises	262739	257513
港澳台商控股	Hongkong, Macao and Taiwan Holding Enterprises	4773	4773
外商控股	Foreign Holding Enterprises		
其　他	Others	36574	36431
4.按经营形式分	Grouped by Management Form		
独立门店	Independent Stores	446235	439734
连锁总店(总部)	Chain Headquarters	1250	1250
连锁门店	Chain Stores	4073	4062
其　他	Others	13086	12147
5.按单位规模分	Grouped by Enterprise Size		
大　型	Large-size	23078	23050
中　型	Medium-size	203792	200745
小　型	Small-size	236680	232305
微　型	Micro-size	1094	1093
6.按星级分	Grouped by Stars		
五　星	Five Star	69960	67420
四　星	Four Star	117637	116032
三　星	Three Star	118352	117072
二　星	Two Star	24035	23992
其　他	Others	134660	132676

continued

(10 000 yuan)

营业成本 Business Costs	主营业务 成　本 Costs in Major Business	营业税金 及附加 Business Taxes and Extra Charges	主营业务 税金及附加 Taxes and Extra Charges in Major Business	其　他 业务利润 Profits of Other Business	销售费用 Costs of Sales	管理费用 Costs of Administration
631779	**626878**	**64837**	**64474**	**33184**	**368404**	**264715**
212719	**211060**	**26156**	**25833**	**17700**	**151189**	**129274**
209516	207856	25754	25431	17700	149510	126935
40712	40652	5239	5218	10671	36843	29668
9287	9287	833	823	198	4881	3999
43830	43654	5767	5767	1716	33500	28674
404	404	123	123	96	1055	585
43426	43250	5644	5644	1620	32446	28089
2550	2550	431	345		2668	2842
108440	107017	13228	13021	4236	70142	60528
10525	10525	976	976	134	2534	4078
1068	1068	109	109		315	301
93146	91811	11458	11251	4102	66102	54407
3701	3612	685	685		1192	1742
4697	4697	258	258	879	1476	1224
3203	3203	402	402		1679	2339
3203	3203	402	402		1679	2339
148589	147891	19011	18946	15165	118932	97057
54188	53819	6168	5930	990	28625	28798
9943	9350	978	956	1545	3632	3418
61044	60900	7456	7435	10948	46740	41884
12080	12080	1216	1121	202	6795	5417
123273	121850	15055	14848	5115	83645	68039
2474	2474	273	273		852	1881
13848	13755	2156	2156	1435	13156	12055
204725	203065	25181	24868	17396	145497	125444
359	359	78	78		202	679
1241	1241	256	256		1835	854
6394	6394	641	632	304	3655	2298
5244	5244	1338	1338	9664	12617	5317
88407	88177	11380	11380	2526	72641	55961
118258	116831	13373	13050	5507	65571	67656
809	807	65	65	3	360	340
24876	24823	3989	3989	10517	30448	21959
47409	47233	6996	6996	1210	41729	38164
59168	58413	6499	6381	4513	34791	31544
13381	13381	1218	1207	442	5491	4976
67884	67211	7455	7260	1019	38730	32631

14-2 续表5

单位：万元

指 标	Item	营业收入 Business Revenue	主营业务收入 Revenue in Major Business
二、餐饮业	**Catering**	**752651**	**747643**
1.按登记注册类型分组	Grouped by Registered Kind		
内资企业	Civil Funded Enterprises	667196	662188
国有企业	State-owned Enterprises	18634	18424
集体企业	Collective-owned Enterprises	4681	4673
股份合作企业	Share Cooperative Enterprises	642	642
有限责任公司	Limited Responsibility Corporations	148951	146948
国有独资公司	Company Exclusively with Investment from State	7008	7008
其他有限责任公司	Other Limited Responsibility Company	141943	139940
股份有限公司	Share-holding Limited Corporations	5659	5347
私营企业	Private-owned Enterprises	482376	479901
私营独资企业	Enterprise Exclusively with Investment from Private	47421	47416
私营合伙企业	Private Partnership Enterprises	2210	2210
私营有限责任公司	Private Limited Responsibility Corporations	414354	412255
私营股份有限公司	Private Share-holding Limited Corporations	18392	18020
其他企业	Others	6255	6255
港澳台商投资企业	Enterprises Funded by HongKong, Macao and Taiwan	1558	1558
港澳台商独资企业	Solely Owned	1558	1558
外商投资企业	Foreign Funded Enterprises	83897	83897
中外合资经营企业	Joint Venture	3906	3906
中外合作经营企业	Cooperative	1597	1597
外资企业	Enterprises Funded by Foreign Invetments	78394	78394
2.按餐饮行业小类分组	Grouped by Catering Services		
正餐服务	Dinner	654313	649305
快餐服务	Fast Food	94662	94662
其他餐饮业	Others	3676	3676
小吃服务	Snack Service	1383	1383
餐饮配送服务	Distribution Service	564	564
其他未列明餐饮业	Other Unlisted Service	1729	1729
3.按控股情况分	Grouped by Share Holding		
国有控股	State Holding Enterprises	69575	67962
集体控股	Collective-owned Holding Enterprises	25357	25349
私人控股	Private Holding Enterprises	541805	538418
港澳台商控股	Hongkong, Macao and Taiwan Holding Enterprises	3156	3156
外商控股	Foreign Holding Enterprises	82300	82300
其 他	Others	30459	30459
4.按经营形式分	Grouped by Management Form		
独立门店	Independent Stores	627103	622100
连锁总店(总部)	Chain Headquarters	99601	99601
连锁门店	Chain Stores	10037	10037
其 他	Others	15912	15906
5.按单位规模分	Grouped by Enterprise Size		
大 型	Large-size	121968	120754
中 型	Medium-size	288656	286677
小 型	Small-size	335530	333721
微 型	Micro-size	6497	6492

continued

(10 000 yuan)

营业成本 Business Costs	主营业务成本 Costs in Major Business	营业税金及附加 Business Taxes and Extra Charges	主营业务税金及附加 Taxes and Extra Charges in Major Business	其他业务利润 Profits of Other Business	销售费用 Costs of Sales	管理费用 Costs of Administration
419060	**415818**	**38681**	**38642**	**15484**	**217215**	**135441**
373837	370596	34326	34286	15484	196053	129262
11085	10803	1036	1032	470	4528	4624
1790	1790	223	223		1549	1614
363	363	36	36		200	23
85342	84804	7321	7321	2620	29652	39327
5594	5594	332	332		337	366
79748	79210	6990	6989	2620	29314	38961
2879	2879	344	344	37	1530	1608
268977	266555	24978	24942	12357	156710	81310
28504	28425	2277	2263	204	10587	5010
1624	1624	170	170		222	203
229480	227137	21534	21513	11512	140655	74002
9369	9369	997	997	641	5246	2096
3401	3401	388	388		1885	756
631	631	90	90		784	289
631	631	90	90		784	289
44592	44592	4266	4266		20378	5889
2082	2082	222	222		1501	284
1055	1055	52	52		568	11
41455	41455	3992	3992		18309	5595
364990	361756	33691	33651	15463	194322	127942
51364	51359	4837	4837	2	22197	6843
2707	2704	154	154	19	697	656
1377	1375	1	1			5
295	295	34	34			209
1034	1034	120	120	19	697	441
32891	32189	3883	3880	483	13063	27464
19895	19895	570	570		2874	3200
302235	299698	28341	28304	12648	171893	92528
1686	1686	142	142		1352	300
43537	43537	4214	4214		19810	5879
18816	18814	1532	1532	2353	8225	6071
354354	351257	31296	31257	14301	181725	125063
49501	49356	5737	5737	202	27677	7735
4908	4908	757	757		3876	768
10297	10297	891	891	981	3936	1876
60939	59482	5872	5872	5173	26432	20724
162736	162063	14775	14775	4983	89514	58598
191742	190631	17593	17553	5294	98166	55595
3643	3642	442	442	34	3104	524

14-2 续表6

单位：万元

指 标	Item	财务费用 Costs of Finance
总 计	**Total**	**43134**
一、住宿业	**Hotels**	**19165**
1.按登记注册类型分组	Grouped by Registered Kind	
内资企业	Civil Funded Enterprises	19003
国有企业	State-owned Enterprises	993
集体企业	Collective-owned Enterprises	477
有限责任公司	Limited Responsibility Corporations	4409
国有独资公司	Company Exclusively with Investment from State	20
其他有限责任公司	Other Limited Responsibility Corporations	4389
股份有限公司	Share-holding Limited Corporations	139
私营企业	Private-owned Enterprises	12948
私营独资企业	Enterprise Exclusively with Investment from Private	176
私营合伙企业	Private Partnership Enterprises	-1
私营有限责任公司	Private Limited Responsibility Corporations	12628
私营股份有限公司	Private Share-holding Limited Corporations	145
其他企业	Others	37
港澳台商投资企业	Enterprises Funded by HongKong,Macao and Taiwan	162
与港澳台商合资经营企业	Joint Venture	162
2.按住宿行业小类分组	Grouped by Hotels	
旅游饭店	Resturants for Trip	15360
一般旅馆	Ordinary Hotels	2494
其他住宿服务	Others	1311
3.按控股情况分	Grouped by Share Holding	
国有控股	State Holding Enterprises	1051
集体控股	Collective-owned Holding Enterprises	746
私人控股	Private Holding Enterprises	14115
港澳台商控股	Hongkong, Macao and Taiwan Holding Enterprises	33
外商控股	Foreign Holding Enterprises	
其 他	Others	3220
4.按经营形式分	Grouped by Management Form	
独立门店	Independent Stores	18753
连锁总店(总部)	Chain Headquarters	4
连锁门店	Chain Stores	63
其 他	Others	345
5.按单位规模分	Grouped by Enterprise Size	
大 型	Large-size	1729
中 型	Medium-size	8691
小 型	Small-size	8717
微 型	Micro-size	28
6.按星级分	Grouped by Stars	
五 星	Five Star	7479
四 星	Four Star	5255
三 星	Three Star	3894
二 星	Two Star	289
其 他	Others	2247

continued

(10 000 yuan)

#利息支出 Interest Expense	营业利润 Business Profits	利润总额 Total Profits	应交所得税 Income Tax Payable	应付职工薪酬 (本年贷方累计发生额) Remuneration Payable (Accumulated Credit Balance of The Year)
20107	**-151064**	**-140707**	**6184**	**259055**
7793	**-71798**	**-65112**	**1128**	**107497**
7793	-70876	-64274	1128	105161
340	-15812	-14865	144	26196
235	-2075	-2360	11	3316
1595	-14191	-13325	163	24559
	67	73		262
1595	-14258	-13398	163	24297
105	-1842	-1536	44	2175
5493	-36659	-31925	767	47759
111	-659	-780	39	3277
	82	-86	2	360
5324	-35696	-30673	727	43108
58	-386	-386		1014
26	-297	-263		1157
	-922	-838		2335
	-922	-838		2335
6039	-60470	-55237	614	78391
708	-10545	-7971	502	23827
1046	-783	-1904	12	5279
395	-19776	-19087	272	37340
341	-2702	-2578	34	5082
5669	-41322	-36741	813	55761
	-741	-716		1710
1388	-7258	-5991	9	7605
7780	-71474	-63861	1123	105057
3	56	-127	3	248
8	-176	-113		459
2	-204	-1012	2	1733
1006	-3167	-2916	8	4300
1213	-32441	-31021	624	45930
5549	-35875	-30852	493	56871
25	-317	-323	3	395
2407	-18784	-17322	154	15135
1866	-21071	-18320	77	29348
2564	-16648	-16394	278	30188
142	-1280	-1130	69	5240
813	-14015	-11947	551	27585

14-2 续表7

单位：万元

指　　标	Item	财务费用 Costs of Finance
二、餐饮业	**Catering**	**23970**
1.按登记注册类型分组	Grouped by Registered Kind	
内资企业	Civil Funded Enterprises	23858
国有企业	State-owned Enterprises	404
集体企业	Collective-owned Enterprises	177
股份合作企业	Share Cooperative Enterprises	1
有限责任公司	Limited Responsibility Corporations	6066
国有独资公司	Company Exclusively with Investment from State	462
其他有限责任公司	Other Limited Responsibility Company	5605
股份有限公司	Share-holding Limited Corporations	569
私营企业	Private-owned Enterprises	16630
私营独资企业	Enterprise Exclusively with Investment from Private	1509
私营合伙企业	Private Partnership Enterprises	
私营有限责任公司	Private Limited Responsibility Corporations	14326
私营股份有限公司	Private Share-holding Limited Corporations	796
其他企业	Others	12
港澳台商投资企业	Enterprises Funded by HongKong，Macao and Taiwan	5
港澳台商独资企业	Solely Owned	5
外商投资企业	Foreign Funded Enterprises	107
中外合资经营企业	Joint Venture	115
中外合作经营企业	Cooperative	8
外资企业	Enterprises Funded by Foreign Invetments	-16
2.按餐饮行业小类分组	Grouped by Catering Services	
正餐服务	Dinner	23913
快餐服务	Fast Food	50
其他餐饮业	Others	6
小吃服务	Snack Service	1
餐饮配送服务	Distribution Service	2
其他未列明餐饮业	Other Unlisted Service	4
3.按控股情况分	Grouped by Share Holding	
国有控股	State Holding Enterprises	3120
集体控股	Collective-owned Holding Enterprises	287
私人控股	Private Holding Enterprises	20017
港澳台商控股	Hongkong, Macao and Taiwan Holding Enterprises	13
外商控股	Foreign Holding Enterprises	99
其　他	Others	434
4.按经营形式分	Grouped by Management Form	
独立门店	Independent Stores	23047
连锁总店(总部)	Chain Headquarters	386
连锁门店	Chain Stores	154
其　他	Others	383
5.按单位规模分	Grouped by Enterprise Size	
大　型	Large-size	2020
中　型	Medium-size	10388
小　型	Small-size	10995
微　型	Micro-size	566

continued

(10 000 yuan)

#利息支出 Interest Expense	营业利润 Business Profits	利润总额 Total Profits	应交所得税 Income Tax Payable	应付职工薪酬 (本年贷方累计发生额) Remuneration Payable (Accumulated Credit Balance of The Year)
12314	**-79266**	**-75595**	**5056**	**151558**
12313	-87690	-84011	3024	148838
307	-2414	-2179	730	5550
171	-671	173	6	931
	20	19	16	152
3320	-17869	-19468	611	31613
	-104	-104	24	1510
3320	-17765	-19364	588	30103
636	-1150	-1246		1733
7878	-65417	-61065	1659	107170
1060	-772	-1637	133	9739
	-9	-9		467
6468	-64524	-59320	1515	93736
350	-111	-98	12	3229
1	-189	-244	1	1688
2	-239	-238	27	457
2	-239	-238	27	457
	8664	8653	2006	2263
	-299	-299		276
	-97	-97		500
	9059	9049	2006	1487
12273	-88636	-84721	3017	147239
40	9372	9300	2039	3608
1	-2	-174		712
1	3	3		36
	24	24		190
	-28	-200		486
2929	-9993	-10175	811	20399
172	-930	-148	70	2369
8967	-72218	-68734	2059	119670
2	-336	-334	27	957
	8761	8750	2006	1763
244	-4549	-4955	84	6400
12271	-86414	-82642	2473	134198
3	8767	8749	2506	9835
37	-427	-429	27	3429
3	-1192	-1274	50	4097
2389	8478	5684	2406	11578
3057	-48983	-43679	977	54466
6456	-36909	-35781	1667	83257
412	-1852	-1818	6	2258

14-3 限额以上连锁住宿餐饮业经营情况(2013年)
MANAGEMENT OF CHAIN ENTERPRISES ABOVE DESIGNATED SIZE IN HOTELS AND CATERING SERVICES(2013)

指标	Item	合计 Total	直营店 Regular Chain	加盟店 Franchise Chain
一、门店总数 (个)	**Number of Stores (uint)**	**113**	**94**	**19**
二、年末餐饮业营业面积 (平方米)	**Business Area of Catering at Year-end (sq.m)**	**69360**	**42470**	**26890**
三、年末从业人员 (人)	**Employees at Year-end (person)**	**9045**	**7199**	**1846**
四、年末经营餐饮业务餐位数 (位)	**Number of Catering Tables at Year-end (uint)**	**21298**	**12906**	**8392**
五、商品购进总额 (万元)	**Total Purchases Value (10 000 yuan)**	**47934**	**42791**	**5143**
#统一配送商品购进额	Value of Unified Distribution	37737	37737	
#自有配送中心配送商品购进额	Disrtibuted by Owned Distribution Center	37133	37133	
非自有配送中心配送商品购进额	Distributed by Other Distribution Center			
六、营业收入 (万元)	**Business Revenue (10 000 yuan)**	**91141**	**80631**	**10510**
#餐费收入	Revenue of Dining	91124	80631	10493

14-4 主要年份旅游接待人数
NUMBER OF TOURISTS IN MAJOR YEARS

年份 Year	国内旅游接待人数(万人次) Domestic Tourists (10 000 person-times)	海外旅游者(人次) Overseas Tounrists (person-time)	外国人 Foreigners	华侨 Overseas Chinese	港澳台同胞 Compatriots from Hongkong, Macao and Taiwan	#台湾同胞 Compatriots from Taiwan
1985	360	34327	26066	1523	6738	2628
1990	465	46777	26983	908	18886	10786
1995	977	71199	51513	1106	18580	10035
2000	2905	165282	116578		48704	21460
2001	3510	197782	128802		68980	31588
2002	4360	248033	161490		86543	38138
2003	3490	116045	79053		36992	13863
2004	5579	295767	182197		113570	44914
2005	6545	421458	253986		167472	64970
2006	7517	573711	330291		243420	91181
2007	8529	737888	449249		288639	108915
2008	9384	939260	579354		359906	130992
2009	10611	1067835	666269		401566	140457
2010	12497	1302856	820935		481921	178480
2011	14975	1553208	982522		570686	213088
2012	19434	1891758	1204155		687603	261330
2013	24605	2126372	1350399		775973	296177

14-5 主要年份旅游收入
TOTAL INCOME OF TOURISM IN MAJOR YEARS

单位：亿元 (100 million yuan)

年 份 Year	旅游总收入 Total Income of Tourism	国内旅游收入 Revenue from Domestic Tourists	旅游外汇收入 (万美元) Foreign Exchange Earnings from International Tourism (USD 10 000)	国内旅游人均花费 (元/人次) Per Capita Expenditure of Domestic Tourists (yuan/person-time)
1985	0.48	0.36	146	10.00
1990	2.80	2.22	458	47.74
1995	16.71	15.00	2062	153.53
2000	81.35	77.21	4991	265.78
2001	100.44	95.50	5946	272.08
2002	126.51	120.30	7484	275.99
2003	101.47	98.46	3627	282.10
2004	199.77	193.03	8123	346.01
2005	291.99	281.91	11622	447.41
2006	428.39	414.75	16421	692.77
2007	581.57	563.67	22171	739.50
2008	739.32	721.30	30065	836.40
2009	892.53	865.85	37794	842.50
2010	1083.46	1052.26	46460	861.10
2011	1342.59	1305.10	56720	878.60
2012	1813.01	1766.28	72024	903.00
2013	2305.44	2253.65	82268	966.00

14-6 旅游外汇收入(2013年)
FOREIGN EXCHANGE EARNINGS FROM INTERNATIONAL TOURISM(2013)

单位：万美元 (USD 10 000)

项 目	Item	合 计 Total	外国人 Foreigners	香港同胞 Hong Kong Compatriots	澳门同胞 Macao Compatriots	台湾同胞 Taiwan Compatriots
总 计	**Total**	**82268.2**	**53803.4**	**11780.8**	**6293.5**	**10390.5**
1.长途交通	Long Distance Transportation	17276.3	11836.8	2356.2	1258.7	1824.6
飞 机	Air	9156.4	6273.5	1248.8	667.1	967.0
火 车	Railway	4789.0	3281.2	653.1	348.9	505.8
汽 车	Highway	3330.9	2282.1	454.3	242.7	351.8
2.住 宿	Accommodation	17317.5	11325.6	2479.9	1324.8	2187.2
3.餐 饮	Catering	14693.1	9609.4	2104.1	1124.0	1855.6
4.景区游览	Visiting	10949.9	7161.2	1568.0	837.7	1383.0
5.娱 乐	Recreation	5298.1	3464.9	758.7	405.3	669.2
6.购 物	Shopping	6704.9	4385.0	960.1	512.9	846.9
7.市内交通	Urban Transportation	1489.1	973.8	213.2	113.9	188.2
8.邮电通讯	Post and Communication	830.9	543.4	119.0	63.6	104.9
9.其 他	Others	7708.4	4503.3	1221.6	652.6	1330.9

14–7 接待外国旅游人数
NUMBER OF FOREIGN TOURISTS

单位：人次 (person–time)

国 别 (地区)	Country (Region)	2005	2010	2013
总 计	**Total**	**253986**	**820935**	**2126372**
一、亚 洲	**Asia**	**109722**	**372229**	**631043**
日 本	Japan	50416	165546	183523
菲律宾	Philippines	1778	5747	39852
新加坡	Singapore	6533	21116	47658
泰 国	Thailand	3378	10918	23680
印 尼	Indonesia	988	21919	19856
马来西亚	Malaysia	20217	24336	95263
韩 国	Republic of Korea	12419	30370	146523
蒙 古	Mongolia	2184	28733	26358
印 度	India	1492	15762	19852
越 南	Viet Nem			5698
缅 甸	Myanmar			2856
朝 鲜	D. P. R. of Korea			8235
巴基斯坦	Pakistan			5689
其 他	Others	10317	47782	6000
二、美 洲	**America**	**36066**	**132088**	**244833**
美 国	United States	22935	80858	132589
加拿大	Canada	6020	28217	55351
其 他	Others	7111	23013	56893
三、欧 洲	**Europe**	**92274**	**280841**	**485483**
英 国	United Kingdom	10413	30963	56982
法 国	France	30453	79683	168322
德 国	Germany	20725	76935	105323
意大利	Italy	7696	23849	49852
瑞 士	Switzerland	4927	1724	7860
瑞 典	Sweden	1006	3251	5236
荷 兰	Netherlands	1532	4952	6235
俄罗斯	Russia	3734	23807	26985
西班牙	Spain	2252	4844	6321
其 他	Others	9536	30833	52367
四、大洋洲	**Oceania**	**9042**	**29636**	**136658**
澳大利亚	Australia	7442	26126	62935
新西兰	New Zealand	1422	2955	34892
其 他	Others	178	555	38831
五、非 洲	**Africa**	**1868**	**6075**	**62532**
六、其 他	**Others**	**5014**	**66**	**565823**

14-8 旅游四星级以上饭店(2013年)
RESTAURANT ABOVE FOUR STAR GRADE IN TRAVELLING(2013)

名 称	Name	地 址	Address
五星级	**5 Star**		
山西国贸大饭店	Shanxi World Trade Hotel	太原市府西街69号	No.69 Fuxijie, Taiyuan
万狮京华大酒店	Grand Metropark Wanshi Hotel	太原平阳路126号	No.126 Pingyanglu, Taiyuan
晋祠宾馆	Jinci Hotel	太原晋祠路中段669号	No.669 Jincilu, Taiyuan
山西迎泽宾馆西楼	Shanxi Yingze Hotel West Building	太原迎泽大街189号	No.189 Yingze Dajie, Taiyuan
丽华大酒店	Li Hua Hotel	太原长风街1号	No.1 Changfengjie, Taiyuan
花园国际大酒店	Garden International Hotel	解放北路83号	No.83 Jiefangbeilu
云冈国际酒店	Yungang International Hotel	大同大西街38号	No.38 Daxijie, Datong
天贵国际酒店	Tiangui International Hotel	大同新开南路133号	No.133 Xinkai Nanlu, Datong
金地豪生大酒店	Howard Johnson Jindi Plaza	大同市平城街88号	No.88 Pingchengjie, Datong
五台山五峰宾馆	Wutaishan Wufeng Hotel	五台县台怀镇龙泉寺	Wutai Moutain Taihuan Town Longguan temple
宏源国际饭店	Hongyuan International Hotel	灵石高速路口	Lingshi Highway Intersection
万豪美悦国际酒店	Wanhaomeiyue International Hotel	榆次迎宾西街中段	Middle of Yingbin Xijie, Yuci
药林会议中心	Yaolin Conference Center	阳泉平定县张庄镇南后峪村	South Houyucun Zhangzhuang Town, Pingding County
益东国际酒店	Yidong International Hotel	长治市西一环路	Xiyihuanlu, Changzhi
东明国际大酒店	Dongming International Hotel	紫金东街369号	No.369 Ziji Dongjie
万通源大酒店	Wantongyuan Hotel	开发北路68号	No.68 Kaifa Beilu
金辇大酒店	Jinnian Grand Hotel	晋城泽州南路888号	No.888 Zezhou Nanlu, Jincheng
阳城环城凯斯顿酒店	Huancheng Caston Hotel	阳城县南环路	Nanhuanlu, Yangcheng
东兴帝豪酒店	Royal Dongxing Hotel	孝义市崇文大街181号	No.181 Chongwendajie, Xiaoyi
金鑫大酒店	Jinxin Grand Hotel	运城槐东南路88号	No.88 Huaidong Nanlu,Yuncheng
海纳温泉国际酒店	Haina Wenquan International Hotel	运城永济河东大道南段	South Hedongdadao Yongji, Yuncheng
运城空港大酒店	Yuncheng Konggang Hotel	运城空港新区关公东街9号	No.9 Guangongdongjie Konggang, District, Yuncheng

14-8 续表1 continued

名　称	Name	地　址	Address
四星级	**4 Star**		
山西大酒店	Shanxi Grand Hotel	太原新建南路5号	No.5 Xingjian Nanlu , Taiyuan
山西愉园大酒店	Shanxi Yuyuan Hotel	太原开化寺街148号	No.148 Kaihuasi ,Taiyuan
三晋国际饭店	Sanjin International Hotel	太原迎泽大街30号	No.30 Yingze Dajie , Taiyuan
黄河京都大酒店	Yellow River Jingdu Hotel	太原平阳路17号	No. 17 Pinyanglu , Taiyuan
山西阳光大酒店	Shanxi Yangguang Hotel	太原北大街47号	No.47 Beidajie , Taiyuan
山西晋协宾馆	Shanxi Jinxie Hotel	太原东缉虎营35号	No.35 Dongjihuying ,Taiyuan
世纪王朝·商务会馆	Century Dynasty Business Hall	太原长治路88号	No.88 Changzhilu , Taiyuan
月亮湾国际商务酒店	Moonbay International Business Hotel	太原市北大街107号	No.107 Beidajie, Taiyuan
西山大厦	Xishan Hotel	太原西矿街318号	No.318 Xikuangjie ,Taiyuan
太原铁道大厦	Taiyuan Railway Hotel	太原迎泽南街19号	No.19 Yingze Nanjie, Taiyuan
云水国际大酒店	Yunshui International Hotel	太原平阳路48号	No.48 Pingyanglu, Taiyuan
太原金辇酒店	Taiyuan Jinnian Hotel	太原滨河东路北段22号	No.22 North of Binhe Donglu, Taiyuan
山西滨河饭店	Shanxi Binhe Hotel	太原市府西街103号	No.103 Fuxijie, Taiyuan
泰瑞国际商务酒店	Tairui International Commercial Hotel	太原长风街7号	No.7 Chengfengjie ,Taiyuan
宏安国际酒店	Hongan International Hotel	大同迎宾西路28号	No.28 Yingbin Xilu , Datong
大同宾馆	Datong Hotel	大同迎宾西路37号	No.37 Yingbin Xilu , Datong
五洲大酒店	Wuzhou Hotel	大同迎宾西路宾西街88号	No.88 Yingbin Xilu Binxijie , Datong
花园大饭店	Huayuan Hotel	大同大南街59号	No.59 Dananjie , Datong
浩海国际酒店	Haohai International Hotel	大同新建南路46号	No.46 Xinjian Nanlu , Datong
雁北宾馆	Yanbei Hotel	大同御河北路甲1号	No.Jia 1 Yuhe Beilu , Datong
悦龙休闲商务酒店	Yuelong Business Hotel	大同操场城街5号	No.5 Caochangchengjie , Datong
阳光海悦大酒店	Yangguanhaiyue Hotel	大同大庆路3号	No.3 Daqinglu , Datong
晨光国际酒店	Chenguang International Hotel	大同迎宾东路68号	No.68 Yingbin Donglu , Datong
北冰洋大酒店	Beibingyang Hotel	阳泉北大街80号	No.80 Beidajie, Yangquan
泉美国际酒店	Quanmei International Hotel	阳泉南大西街	Nandaxijie, Yangquan

14-8 续表2 continued

名　　称	Name	地　　址	Address
祥禾大酒店	Xianghe Grand Hotel	阳泉市开发区烟台路1号	No.1 Yantailu, Yangquan Development Zone
鹏宇国际大酒店	Pengyu International Hotel	长治市长兴中路509号	No.509 Changxingzhonglu,Changzhi
财苑大厦	Caiyuan Hotel	长治市长兴中路305号	No.305 Changxingzhonglu,Changzhi
富景国际饭店	Fujing International Hotel	晋城新市东街81号	No.81 Xinshi Dongjie , Jincheng
晋城大酒店	Jincheng Grand Hotel	晋城凤台西街88号	No.88 Fengtai Xijie , Jincheng
太平洋大厦	Pacific Ocean Hotel	晋城凤台西街59号	No.59 Fengtai Xijie , Jincheng
颐宾大酒店	Yibin Hotel	晋城前西街58号	No.58 Qianxijie , Jincheng
晋城高都大酒店	Jincheng Gaodu Grand Hotel	晋城新市东街8号	No.8 Xinshidongjie , Jincheng
晋城阳光大酒店	Jincheng Sunshine Hotel	晋城市泽州路76号	No.76 Zezhoulu, Jincheng
棋源山庄	Qiyuan Moutain Village	晋城陵川县棋子山风景区	Qizi Shanfengjing District , Lingchuan
兰花大酒店	Lanhua Hotel	晋城凤台东街2288号	No.2288 Fengtaidongjie, Jincheng
泽州大酒店	Zezhou Hotel	晋城市凤台西街2839号	No.2839 Feitai Xijie, Jincheng
竹林山大酒店	Zhulinshan Hotel	晋城市阳城县新阳东街169号	No.169 Xinyang Dongjie, Yangcheng, Jincheng
皇城相府贵宾楼	Xianfu Grand Hotel	晋城市阳城北留皇城村	Beiliu Huangcheng County, Jincheng
万通源平鲁宾馆	Wantongyuan Pinglu Hotel	朔州市平鲁区胜利南路	Shengli Nanlu, Pinglu District, Shuozhou
平朔宾馆	Pingshuo Hotel	朔州平朔生活区	Living District , Pingshuo
圣厚源大酒店	Shenghouyuan Hotel	朔州开发北路安泰街2号	No.2 Antaijie Kaifabeilu, Shuozhou
玉龙国际酒店	Yulong International Hotel	右玉县新建大街北侧	North of Xinjian Dajie, Youyu
颐景国际大酒店	Yijing International Hotel	晋中市榆次区西顺城街71号	No.71 Xishunchengjie , Yuci
平遥峰岩大酒店	Pingyao Fengyan Hotel	晋中市平遥县曙光路峰岩广场	Fengyan Square, Shuguanglu, Pingyao, Jinzhong
介休市正达海悦酒店	Jiexiu Zhengdahaiyue Hotel	晋中市介休市北坛东路25号	No.25 Beitan Donglu, Jiexiu, Jinzhong
介休锦源大酒店	Jiexiu Jinyuan Grand Hotel	晋中市介休市经天路西	West of Jingtianlu, Jiexiu, Jinzhong
运城宾馆	Yuncheng Hotel	运城市红旗东街84号	No.84 Hongqi Dongjie,Yuncheng
运城大酒店	Yuncheng Grand Hotel	运城红旗东街376号	No.376 Hongqi Dongjie,Yuncheng

14-8 续表3 continued

名 称	Name	地 址	Address
新耿大酒店	Xingeng Hotel	河津市新耿北街	Xingeng Beijie,Hejin
天都大酒店	Tiandu Hotel	河津市振兴东路	Zhenxing Donglu,Hejin
桃源国际酒店	Taoyuan International Hotel	运城市圣慧北路2号	No.2 Shenghui Beilu,Yuncheng
芮城惠阳大酒店	Ruicheng Huiyang Hotel	芮城县洞宾东街8号	No.8 Dongbindongjie,Ruicheng
新康国际酒店	Xinkang International Hotel	运城市人民南路243号	No.243 Renmin Nanlu, Yuncheng
闻喜黄河京都大酒店	Wenxi Huanghejingdu Hotel	闻喜县兴闻街11号	No.11 Xinwenjie, Wenxi
五台山银海山庄	Wutai Moutain Yinhai Moutain Village	忻州五台山台怀镇	Wutai Moutain Taihuai Town, Xinzhou
原平市宾馆	Yuanping Hotel	忻州原平前进西街57号	No.57 Qianjinxijie,Yuanping, Xinzhou
花卉山庄	Huahui Moutain Village	忻州五台山大车沟	Dachegou,Wutai Moutain , Xinzhou
瑞龙大酒店	Ruilong Hotel	忻州忻府区公园路	Park Road, Xinfu District, Xinzhou
繁峙县嘉盛伦大酒店	Fansi Jiashenglun Hotel	忻州市繁峙县向阳北路	Xiangyang Beilu, Fansi, Xinzhou
金鼎大酒店	Jinding Grand Hotel	忻州市定襄县晋昌大街	Jinchang dajie, Dingxiang, Xinzhou
侯马华翔大酒店	Houma Huangxiang Hotel	临汾市侯马市火车站南侧	South of Houma Station, Linfen
唐尧大酒店	Tangyao Hotel	临汾经济开发区中大街	Zhongdajie,Linfen Economic technological
金海湾大酒店	Jinhaiwan Hotel	临汾市向阳西路西段	West of Xiangyang Xilu, Linfen
思麦尔国际酒店	Smir International Hotel	临汾市鼓楼东大街40号	No.40 Gulou Dongdajie, Linfen
山西丁陶国际大酒店	Shixi Dingtao International Hotel	临汾市襄汾县兴农路公园南侧	South of Park, Xingnonglu, Xiangfen, Linfen
华强大酒店	Huaqiang Grand Hotel	侯马市呈王东路69号	No.69 Chengwang donglu, Houma
吕梁国际宾馆	Luliang International Hotel	离石区滨河南东路2号	No.2 Binhe Nanlu , Lishi District
吕梁国贸大酒店	Luliang World Trade Hotel	离石区新建沟口43号	No.43 Xinjiangoukou,Lishi District
贾家庄裕和花园酒店	Jiajiazhuang Yuhe Garden Hotel	吕梁市汾阳县贾家庄腾飞路	Tengfenlu, Jiajiazhuang, Fenyang, Lvliang
吕梁华大酒店	Lvliang Huada Hotel	吕梁市离石区新世纪广场	Xinshiji Square, Lishi District, Lvliang
东兴酒店	Dongxing Hotel	孝义市府前街55号	No.55 Fuqianjie, Xiaoyi

主要统计指标解释

住宿业 指为旅行者提供短期留宿场所的活动，有些单位只提供住宿，也有些单位提供住宿、饮食、商务、娱乐一体的服务。

餐饮业 指通过即时制作加工、商业销售和服务性劳动等，向消费者提供食品和消费场所及设施的服务。

住宿和餐饮业法人企业 指具备如下条件的住宿餐饮企业：(1)依法成立，有自己的名称、组织机构和场所，能够承担民事责任；(2)独立拥有和使用资产，承担负债，有权与其他单位签订合同；(3)独立核算盈亏，并能够编制包括资产负债表在内的全部会计帐户。

限额以上住宿企业 年主营业务收入 200 万元及以上为限额以上住宿企业。

限额以上餐饮企业 年主营业务收入 200 万元及以上为限额以上餐饮企业。

住宿和餐饮业零售额 指专门从事提供食宿服务、进行食品烹饪调制的住宿和餐饮业企业、产业活动单位和个体户，直接向居民和社会集团出售主食、菜肴、烟酒饮料和其他商品取得的餐费收入和商品销售额，包括各行业企业或单位附设的对外营业的旅馆、火车餐车、轮船餐厅、机场餐厅的零售额，不包括机关、团体、学校、企事业单位不对外营业的职工食堂所出售的餐费收入。

住宿和餐饮业企业经营形式 住宿和餐饮业企业经营的基本形式包括：独立门店、连锁总店（总部）、连锁门店及其他方式。

住宿业企业星级评定情况 星级等级指符合《中华人民共和国星级酒店评定标准》（GB/T14308-2003），并经过有关旅游管理权威部门评定（验收）后授予“星级”称号的宾馆、饭店等住宿设施的等级划分，分为一星级到五星级 5 个标准。星级越高，表示企业的档次越高。

营业额 指住宿和餐饮业单位在经营活动中因提供服务或销售商品等取得的全部收入，包括：客房收入、餐费收入、商品销售额（含增值税）和其他收入。

客房收入 指住宿和餐饮业单位在经营活动中因提供住宿服务取得的收入。

餐费收入 指住宿和餐饮业单位因为顾客提供就餐服务取得的收入。

商品销售额 指住宿和餐饮业单位出售商品的销售总额（含增值税）。

其他收入 指营业额中除客房收入、餐费收入、商品销售额（含增值税）以外的其他收入。

国际旅游(外汇)收入 入境旅游者在中国(大陆)境内旅行、游览过程中用于交通、参观游览、住宿餐饮、购物、娱乐等全部花费。

海外旅游者 指报告期内来中国（大陆）观光、度假、探亲访友、就医疗养、购物、参加会议或从事经济、文化、体育、宗教活动的外国人、港澳台同胞等游客。

国内旅游者 指报告期内在中国（大陆）观光游览、度假、探亲访友、就医疗养、购物、参加会议或从事经济、文化、体育、宗教活动的中国（大陆）居民，其出游的目的不是通过所从事的活动谋取报酬。

Explanatory Notes on Main Statistical Indicators

Hotel Services refer to activities provided to travelers a short time accommodation places. Some hotels only provide accommodation, others also provide lodging, business and entertainment services.

Catering Services refer to the activities provided to customers food, consumption places and facilities by on-the-spot making and processing, commercial sales and service-type labor.

Hotel and Catering Corporation Enterprises refer to the hotel and catering enterprises satisfying the following conditions: (1) They are established legally, having their own names, organizations, location, able to take civil liability. (2) They possess and use their assets independently, assume liabilities and are entitled to sign contracts with other units. (3) They are financially independent and compile their own balance sheets.

Hotel Enterprises Above Designated Size refer to hotel enterprises whose annual revenue of major business amounts to 2 million yuan and over.

Catering Enterprises Above Designated Size refer to catering enterprises whose annual revenue of major business amounts to 2 million yuan and over.

Retail Sales of Hotels and Catering Services refer to the retail sales hotels and catering enterprises, active units and self-employed individuals which specialized in providing accommodation, food services got by directly selling staple foods, cooked foods, beverages, tobacco and other goods to the residents and community groups. It includes retail sales from opening to the public hotels, restaurants, train dining cars, ship and airport dining rooms of all kinds of enterprises or units, while it excludes dining revenue from stuff's dining hall of government agencies, groups, schools, enterprises and institutions, which aren't open to the public.

Business Form of Hotel and Catering Enterprises mainly contains independent stores, chain stores, chain headquarters and other forms.

Star Rating of Hotel Service Enterprises refers to catering enterprises being assessed by the relevant tourism authorities according to GB/T14308-2003 standard. Hotels can be divided into five standards from one-star to five-star. The more stars hotels get, the higher grade they show.

Business Revenue refers to the total revenue hotel and catering service enterprises get from business activities by providing services and commodities selling. It includes room revenue, dinning revenue, commodities sales with value-added tax and other revenue.

Room Revenue refers to business revenue hotel and catering enterprises got by providing lodging services.

Dinning Revenue refers to revenue hotel and catering enterprises got by providing customers catering services.

Commodity Sales refers to revenue hotel and catering enterprises got by selling commodities including value-added tax.

Other Revenue refers to other revenue hotel and catering enterprises get except room revenue, dinning revenue, and commodity sales including value-added tax.

Foreign Exchange Earnings from International Tourism refer to the total expenditures of inbound tourists during their stay in the mainland of China on transportation, sighting, accommodation, food, shopping and entertainment.

Overseas Tourists refer to foreigners and compatriots from Hong Kong, Macao and Taiwan who come to China (the mainland) within the reference period for sight-seeing, vacation, visiting relatives, medical treatment, shopping, attending conference, or to engage in economic, cultural, sports and religious activities.

Domestic Tourists refer to residents of China (the mainland) who travel within China (the mainland) for sight-seeing, vacation, visiting relatives, medical treatment, shopping, attending conference, or to engage in economic, cultural, sports and religious activities. And the purpose of their travelling isn't for profits.

15 交通运输、邮电通信业

TRANSPORTATION,
POST AND TELECOMMUNICATION SERVICES

资料整理人员

崔旭莲　阮并晶

交通运输、邮电通信业
TRANSPORTATION, POST AND TELECOMMUNICATION SERVICES

铁路营业里程	Length of Railways in Operation	3786	公里	(km)
公路线路里程	Length of Highways	139434	公里	(km)
货物周转量	Turnover Volume of Freight Traffic	3592.4	亿吨公里	(100 million ton-km)
旅客周转量	Turnover Volume of Passenger Traffic	386.4	亿人公里	(100 million person-km)
市话年末到达数	Urban Telephone Subscribers at Year-end	433.6	万户	(10 000 subscribers)
农话年末到达数	Rural Telephone Subscribers at Year-end	150.9	万户	(10 000 subscribers)
移动电话户数	Number of Mobile Telephone Subscribers	3105.5	万户	(10 000 subscribers)

民用汽车拥有量（万辆）

Number of Civil Motor Vihicles (10 000 unit)

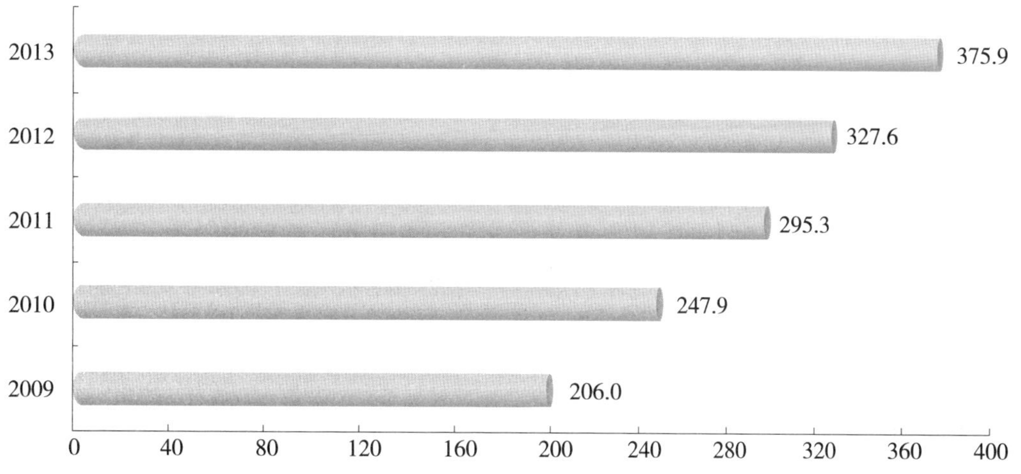

高速公路线路里程（公里）

Length of Express Highways (km)

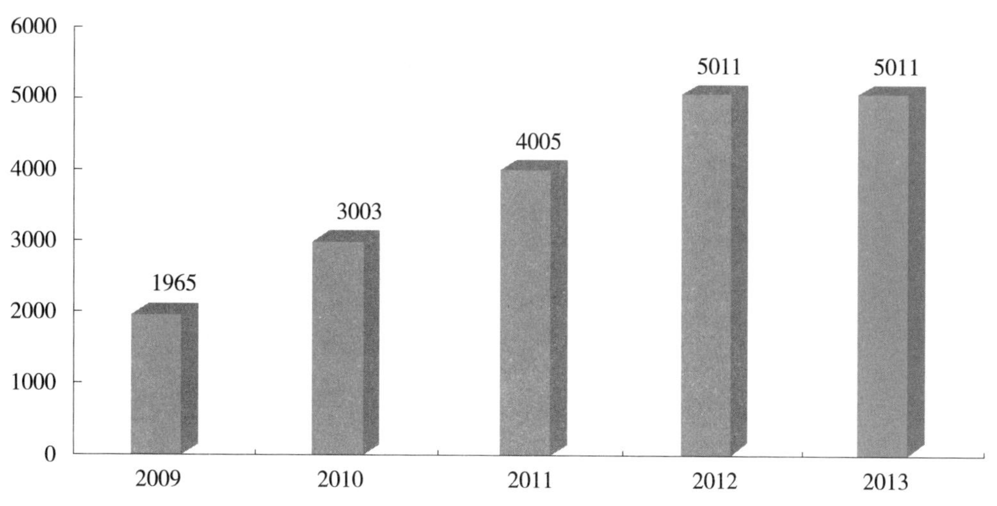

15-1 主要年份运输线路长度
LENGTH OF TRANSPORT ROUTES IN MAJOR YEARS

单位：公里 (km)

年 份 Year	铁路营业里程 Length of Railways in Operation	公路线路里 程 Length of Highways	#高速公路 Expressways	每百平方公里平均里程 Average Length Per Square Kilometre	
				铁 路 Railways	公 路 Highways
1978	2057	31868		1.3	20.3
1980	2129	27261		1.4	17.4
1985	2169	28762		1.4	18.4
1990	2330	30784		1.5	19.6
1995	2435	33644		1.6	21.5
2000	2512	55408	518	1.6	35.4
2005	2512	111227	1686	1.6	71.0
2006	3110	112930	1752	2.0	72.1
2007	3115	119869	1893	2.0	76.5
2008	3324	124773	1965	2.1	79.6
2009	3536	127330	1965	2.3	81.3
2010	3752	131644	3003	2.4	84.0
2011	3774	134808	4005	2.4	86.0
2012	3774	137771	5011	2.4	87.9
2013	3786	139434	5011	2.4	89.1

注：2005年起公路线路里程包括村道里程数；2006年起铁路营业里程包括国铁、合资和地方铁路。

Note：Length of highways and all-weather highways has included length of roads between villages since 2005. Length of railways has included length of national railways，joint-venture railways and local railways since 2006.

15-2 主要年份货运量
FREIGHT TRAFFIC IN MAJOR YEARS

单位：万吨 (10 000 tons)

年 份 Year	合 计 Total	铁 路 Railways	#中央铁路 National Railways	公 路 Highways	#汽 车 Automobile	水 运 Water Transport	民 航 Civil Aviation
1978	15620	9166	9166	6443	1073	11	0.09
1980	18080	11067	11067	7004	1059	9	0.15
1985	29181	16110	16092	13071	1854		0.35
1990	50111	23332	23082	26706	1927	72	0.55
1995	65962	26095	25718	39776	1920	90	0.67
2000	86624	28779	28469	57813	48730	31	0.60
2005	125367	49067	47697	76201	72997	95	3.80
2006	132041	53465	52474	78512	75413	59	3.80
2007	141729	59614	57589	82084	80156	27	4.27
2008	127066	60305	58122	66709	61185	49	3.36
2009	109883	55086	52928	54786	50485	5	3.64
2010	124677	63836	60808	60819	56985	18	4.49
2011	137940	69194	65695	65201	61237	41	4.53
2012	144622	71437	68294	73150	66890	30	4.84
2013	156048	73181	69894	82834	82630	28	5.00

注：(1)2000年以前汽车货运量为交通系统内口径，2000年及以后为全社会口径。

(2)2008-2012年，2013年至今，公路运输量相关指标为五年一次专项调查数据，下同。

Notes：(1)The freight traffic of automobile is calculated by the coverage of traffic system before 2000, and refferred to total society from 2000.

(2)Traffic volume of highways and relative data from 2008 to 2012, from 2013 to now are obtained from two special surveys, which are cond-ucconducted once every 5 years. The same applies to the follwing.

15-3 主要年份货物周转量
TURNOVER VOLUME OF FREIGHT TRAFFIC IN MAJOR YEARS

单位：万吨公里 (10 000 ton-km)

年 份 Year	合 计 Total	铁 路 Railways	#中央铁路 National Railways	公 路 Highways	#汽 车 Automobile	水 运 Water Transport
1978	1896350	1784790	1784790	111483	71220	77
1980	2253618	2096450	2096450	157126	76908	42
1985	3609795	3086917	3086584	522878	172565	
1990	5948295	4795516	4784200	1152520	256140	259
1995	7179630	5363846	5346060	1815463	223791	321
2000	8679954	5979696	5958000	2700206	2363596	52
2005	13625549	9697012	9599369	3927715	3788087	822
2006	15302020	11273456	11184936	4028106	3915891	458
2007	16130831	11856056	11736093	4274569	4212114	206
2008	23291682	12269080	12128155	11022284	11022284	318
2009	21000654	11936994	11787797	9063535	8832473	125
2010	23324205	13624714	13436905	9698896	9486877	595
2011	30827489	20355804	20153949	10471189	10237638	496
2012	33458466	21435390	21231815	12022480	11686546	596
2013	35923686	23137331	23117075	12785747	12781212	608

注：2011年起，铁路为全行业数据，包括国家铁路（含控股）、非控股合资铁路及地方铁路。

Note: Volume of railways is calculated by the whole industry coverage since 2011, which includes national railways, non-shareholding joint venture railways and local railways.

15-4 主要年份旅客运输量和周转量
PASSENGER TRAFFIC AND TURNOVER VOLUME IN MAJOR YEARS

年 份 Year	客运量 (万人) Passenger Traffic (10 000 persons)	#铁 路 Railways	#公 路 Highways	旅客周转量 (万人公里) Passenger Kilometers (10 000 person-km)	#铁 路 Railways	#公 路 Highways
1978	4498	2124	2375	387366	270950	116416
1980	5865	2523	3342	497897	356420	141477
1985	10564	3391	7173	931783	621351	310432
1990	15960	3226	12728	1260441	668100	587953
1995	21337	3308	17956	1750989	806580	861061
2000	31818	2953	28821	2245807	833600	1358962
2005	40209	3433	36456	3295406	1056422	1809406
2006	42552	3760	38415	3668693	1104390	1897094
2007	44270	4182	39632	3739365	1225343	2071400
2008	36706	4738	31397	4481766	1343296	2425444
2009	37033	5320	31122	3521129	1417639	2103170
2010	39059	5746	32606	3715683	1558206	2157019
2011	39932	6219	32865	4158078	1957808	2199108
2012	40839	6208	33662	4229773	1923652	2306121
2013	34781	6294	28487	3864404	1898201	1966203

注：2009年起旅客周转量不包括民航数据。

Note: Passenger turnover volume doesn't include civil aviation data since 2009.

15-5 公路营业性客货运输量
HIGHWAY BUSINESS PASSENGER AND FREIGHT TRAFFIC

指　标	Item	2012	2013
一、客运量 (万人)	**Passenger Traffic (10 000 persons)**	**33662**	**28487**
汽　车	Automobile	33662	28487
二、旅客周转量 (万人公里)	**Turnover Value of Passenger (10 000 person-km)**	**2306121**	**1966203**
汽　车	Automobile	2306121	1966203
三、货运量 (万吨)	**Freight Traffic (10 000 tons)**	**73150**	**82834**
汽　车	Automobile	66890	82630
其他机动车	Other Motor Vehicle	5672	190
轮胎式拖拉机	Wheeled Tractors	588	14
四、货物周转量 (万吨公里)	**Turnover Value of Freight (10 000 ton-km)**	**12022480**	**12785747**
汽　车	Automobile	11686546	12781212
其他机动车	Other Motor Vehicle	318732	3745
轮胎式拖拉机	Wheeled Tractors	17202	790

15-6 公路分货类运输量(2013年)
HIGHWAY FREIGHT TRAFFIC BY CATEGORY OF CARGO(2013)

指　标	Item	货运量 (万吨) Freight Traffic (10 000 tons)	货物周转量 (万吨公里) Turnover Volume of Freight Traffic (10 000 ton-km)
合　计	**Total**	**82834**	**12785747**
煤炭及制品	Coal and Products	44565	7753277
石油天然气及制品	Petroleum, Natural Gas and Products	605	69043
金属矿石	Metal Ores	2096	288958
钢　铁	Steel and Iron	3222	764588
矿建材料	Mineral Building Materials	12500	814452
水　泥	Cement	4987	341379
木　材	Timber	456	58814
非金属矿石	Nonmetal Ores	2725	268501
化肥及农药	Chemical Fertilizers and Pesticides	331	52422
盐	Salt	41	5114
粮　食	Grain	795	106122
机械、设备、电器	Mechanism,Equipment and Eletric	1300	331151
化工原料及制品	Raw Chemical and Products	928	360558
有色金属	Nonferrous Metal	199	42193
轻工、医药产品	Light Product and Medical Products and Fishery Products	1077	272336
农林牧渔业产品	Farming,Forestry,Animal Husbandry	2435	762031
其　他	Others	4572	494808

15-7 主要年份民用汽车拥有量
NUMBER OF CIVIL MOTOR VEHICLES IN MAJOR YEARS

单位：辆 (unit)

年份 Year	民用汽车总数 Total	#载货汽车 Trucks	#载客汽车 Buses and Cars	#私人汽车 Private Vehicles	#载货 Trucks	#载客 Passenger Vehicles	每百公里公路平均汽车数 Average Number of Motor Vehicles Per 100 km
1978	45634	34383	8341				143.2
1980	70730	47872	10329				259.5
1985	129286	102033	20968	23664	21525	1884	449.5
1990	232665	174618	46390	46540	36084	10450	755.8
1995	332886	210157	106924	94987	54806	40131	989.4
2000	550148	278235	253481	235078	98837	135909	992.9
2005	1074350	379599	677746	587721	155570	430314	1056.5
2006	1215470	362904	832787	735838	166972	568866	1289.2
2007	1443307	387232	1028553	931163	187040	739517	1447.1
2008	1742158	426521	1272342	1193476	220678	954482	1632.8
2009	2059535	485446	1555324	1488602	264851	1220074	1844.6
2010	2478905	558169	1899271	1865984	319589	1541432	2315.8
2011	2953253	612696	2316189	2301975	364040	1931590	2190.7
2012	3275805	567788	2708017	2697177	362482	2334695	2377.7
2013	3758528	582913	3175615	3180579	385930	2794649	2401.6

注：民用汽车总数和私人汽车数不包括三轮汽车和低速货车。
Note: Number of civil motor vehicles and number of private cars exclude tricars and lower-speed cars.

15-8 民用汽车拥有量(2013年)
NUMBER OF CIVIL MOTOR VEHICLES(2013)

单位：辆 (unit)

指标	Item	合计 Total	营运 Business	非营运 Non-business	#个人 Individual
一、民用汽车	Civil Motor Vehicles	4159112	563412	3595318	3266926
1. 载客汽车	Buses and Cars	3175615	71948	3103285	2794649
#大型	Large-size	28195	18859	9011	1014
中型	Medium-size	18236	5682	12497	4529
#轿车	Cars	2202277	46482	2155795	1991368
2. 载货汽车	Trucks	582913	427965	154948	385930
#重型	Heavy	213641	210783	2858	96048
中型	Medium	29694	28169	1525	20608
#普通载货汽车	Ordinary	278144	139762	138382	216743
3.其他汽车	Others	400584	63499	337085	86347
二、拖拉机	Tractors	454557			454557
三、摩托车	Motorcycles	583062	30467	552595	573189
#普通	Ordinary	579566	30466	549100	569715
轻便	Light	3496	1	3495	3474
四、载货挂车	Trailers	105141	104611	530	42460
五、其他类型车	Other Kinds of Vehicles	267	191	76	28

注：民用汽车拥有量包括三轮汽车和低速货车。
Note: Number of civil motor vehicles include tricars and lower-speed cars.

15-9 民用航空航线(2013年)
CIVIL AVIATION ROUTES(2013)

太原-北京	Taiyuan-Beijing	太原-仁川	Taiyuan-Incheon
太原-上海	Taiyuan-Shanghai	太原-普吉	Taiyuan-Phuket
太原-广州	Taiyuan-Guangzhou	太原-济州岛	Taiyuan-Chejudo
太原-成都	Taiyuan-Chengdu	太原-日本	Taiyuan-Janpan
太原-深圳	Taiyuan-Shenzhen	太原-南京-福州	Taiyuan-Nanjing-Fuzhou
太原-昆明	Taiyuan-Kunming	太原-南京-晋江	Taiyuan-Nanjing-Jinjiang
太原-郑州	Taiyuan-Zhengzhou	太原-南京-温州	Taiyuan-Nanjing-Wenzhou
太原-武汉	Taiyuan-Wuhan	太原-南京-厦门	Taiyuan-Nanjing-Xiamen
太原-长沙	Taiyuan-Changsha	太原-杭州-厦门	Taiyuan-Hangzhou-Xiamen
太原-沈阳	Taiyuan-Shenyang	太原-济南-厦门	Taiyuan-Jinan-Xiamen
太原-南京	Taiyuan-Nanjing	太原-济南-威海	Taiyuan-Jinan-Weihai
太原-杭州	Taiyuan-Hangzhou	太原-长沙-厦门	Taiyuan-Changsha-Xiamen
太原-天津	Taiyuan-Tianjin	太原-长沙-海口	Taiyuan-Changsha-Haikou
太原-西安	Taiyuan-Xi'an	太原-长沙-贵阳	Taiyuan-Changsha-Guiyang
太原-大连	Taiyuan-Dalian	太原-长沙-南宁	Taiyuan-Changsha-Nanning
太原-合肥	Taiyuan-Hefei	太原-长沙-三亚	Taiyuan-Changsha-Sanya
太原-三亚	Taiyuan-Sanya	太原-合肥-厦门	Taiyuan-Hefei-Xiamen
太原-海口	Taiyuan-Haikou	太原-无锡-厦门	Taiyuan-Wuxi-Xiamen
太原-福州	Taiyuan-Fuzhou	太原-桂林-海口	Taiyuan-Guilin-Haikou
太原-重庆	Taiyuan-Chongqing	太原-西安-三亚	Taiyuan-Xi'an-Sanya
太原-包头	Taiyuan-Baotou	太原-武汉-桂林	Taiyuan-Wuhan-Guilin
太原-温州	Taiyuan-Wenzhou	太原-武汉-深圳	Taiyuan-Wuhan-Shenzhen
太原-厦门	Taiyuan-Xiamen	太原-贵阳-南宁	Taiyuan-Guiyang-Nanning
太原-运城	Taiyuan-Yuncheng	太原-重庆-昆明	Taiyuan-Chongqing-Kunming
太原-长治	Taiyuan-Changzhi	太原-郑州-合肥	Taiyuan-Zhengzhou-Hefei
太原-大同	Taiyuan-Datong	太原-深圳-三亚	Taiyuan-Shenzhen-Sanya
太原-香港	Taiyuan-Hong Kong	太原-南昌-汕头	Taiyuan-Nanchang-Shantou
太原-澳门	Taiyuan-Macau	太原-榆林-银川	Taiyuan-Yulin-Yinchuan
太原-台北(桃园)	Taiyuan-Taibei(Taoyuan)	太原-运城-厦门	Taiyuan-Yuncheng-Xiamen
太原-台北(松山)	Taiyuan-Taibei(Songshan)	太原-运城-海口	Taiyuan-Yuncheng-Haikou
太原-台中	Taiyuan-Taizhong	太原-运城-三亚	Taiyuan-Yuncheng-Sanya
太原-曼谷	Taiyuan-Bangkok	太原-运城-贵阳	Taiyuan-Yuncheng-Guiyang

15-9 续表 continued

太原-运城-福州	Taiyuan-Yuncheng-Fuzhou	大连-太原-西宁	Dalian-Taiyuan-Xining
太原-武汉-南宁	Taiyuan-Wuhan-Nanning	贵阳-太原-大同	Guiyang-Taiyuan-Datong
太原-海口-新加坡	Taiyuan-Haikou-Singapore	重庆-太原-沈阳	Chongqing-Taiyuan-Shenyang
太原-杭州-福州	Taiyuan-Hangzhou-Fuzhou	济南-太原-鄂尔多斯	Jinan-Taiyuan-Eerduosi
太原-长治-武汉	Taiyuan-Changzhi-Wuhan	三亚-太原-呼和浩特	Sanya-Taiyuan-Huhehaote
太原-曼谷-普吉	Taiyuan-Bangkok-Phuket	绵阳-太原-沈阳	Mianyang-Taiyuan-Shenyang
太原-南京-三亚	Taiyuan-Nanjing-Sanya	大连-太原-三亚	Dalian-Taiyuan-Sanya
天津-太原-西安	Tianjin-Taiyuan-Xi'an	烟台-太原-西安	Yantai-Taiyuan-Xi'an
沈阳-太原-西安	Shenyang-Taiyuan-Xi'an	三亚-太原-沈阳	Sanya-Taiyuan-Chenyang
武汉-太原-沈阳	Wuhan-Taiyuan-Shenyang	烟台-太原-银川	Yantai-Taiyuan-Yinchuan
长沙-太原-沈阳	Changsha-Taiyuan-Shenyang	桃园-太原-兰州	Taoyuan-Taiyuan-Lanzhou
天津-太原-兰州	Tianjin-Taiyuan-Lanzhou	南京-太原-大同	Nanjing-Taiyuan-Datong
天津-太原-重庆	Tianjin-Taiyuan-Chongqing	呼和浩特-太原-青岛	Huhehaote-Taiyuan-Qingdao
沈阳-太原-昆明	Shenyang-Taiyuan-Kunming	长治-北京	Changzhi-Beijing
烟台-太原-西安	Yantai-Taiyuan-Xi'an	长治-成都	Changzhi-Chengdu
西安-太原-长春	Xi'an-Taiyuan-Changchun	长治-上海	Changzhi-Shanghai
大连-太原-重庆	Dalian-Taiyuan-Chongqing	大同-长治-广州	Datong-Changzhi-Guangzhou
福州-长沙-太原	Fuzhou-Changsha-Taiyuan	天津-长治-重庆	Tianjin-Changzhi-Chongqing
昆明-长沙-太原	Kongming-Changsha-Taiyuan	运城-北京	Yuncheng-Beijing
南京-太原-乌鲁木齐	Nanjing-Taiyuan-Wulumuqi	运城-上海	Yuncheng-Shanghai
乌鲁木齐-太原-海口	Wulumuqi-Taiyuan-Haikou	运城-成都	Yuncheng-Chengdu
哈尔滨-太原-深圳	Haerbin-Taiyuan-Shenzhen	运城-广州	Yuncheng-Guangzhou
昆明-太原-呼和浩特	Kunming-Taiyuan-Huhehaote	运城-南京	Yuncheng-Nanjing
青岛-太原-乌鲁木齐	Qingdao-Taiyuan-Wulumuqi	大同-运城-三亚	Datong-Yuncheng-Sanya
重庆-太原-大同	Chongqing-Taiyuan-Datong	郑州-运城-合肥	Zhengzhou-Yuncheng-Hefei
西安-太原-哈尔滨	Xi'an-Taiyuan-Haerbin	杭州-运城-乌鲁木齐	Hangzhou-Yuncheng-Wulumuqi
杭州-太原-银川	Hangzhou-Taiyuan-Yinchuan	天津-运城-昆明	Tianji-Yuncheng-Kunming
呼和浩特-太原-南昌	Huhehaote-Taiyuan-Nanchang	运城-武汉-厦门	Yuncheng-Wuhan-Xiamen
南京-太原-鄂尔多斯	Nanjing-Taiyuan-Eerduosi	天津-运城-重庆	Tianjin-Yuncheng-Chongqing
青岛-太原-兰州	Qingdao-Taiyuan-Lanzhou	大同-北京	Datong-Beijing
哈尔滨-太原-桂林	Haerbin-Taiyuan-Guilin	大同-上海	Datong-Shanghai

15-10 铁路运输主要技术经济指标(2013年)

MAJOR ECONOMIC AND TECHNICAL INDICATORS OF RAILWAY TRANSPORT(2013)

指　标	Item	太原铁路局 Taiyuan Bureau of Railway
货运机车日产量 (万吨公里)	Average Daily Ton-kilometers of Freight Locomotives (10 000 ton-km)	243.0
内燃机车	Diesel Locomotives	73.0
电力机车	Electric Locomotives	266.6
货运机车平均牵引总重量 (吨)	Average Total Tonnage of Freight Locomotives (ton)	6728.0
内燃机车	Diesel Locomotives	3066.0
电力机车	Electric Locomotives	7041.0
客运机车日车公里 (公里)	Daily Distance per Passenger Locomotive (km)	785.0
货运机车日车公里 (公里)	Daily Distance per Freight Locomotive (km)	564.0
内燃机车万吨公里耗油 (公斤)	Oil Consumption of Diesel Locomotives (kg/10 000 ton-km)	37.5
电力机车万吨公里耗电 (千瓦小时)	Electricity Consumption of Electric Locomotives (kwh/10 000 ton-km)	79.3
旅客列车技术速度 (公里/小时)	Technical Speed of Passenger Trains (km/hr)	80.6
旅客列车旅行速度 (公里/小时)	Traveling Speed of Passenger Trains (km/hr)	71.8
货物列车技术速度 (公里/小时)	Technical Speed of Freight Trains (km/hr)	44.5
货物列车旅行速度 (公里/小时)	Running Speed of Freight Trains (km/hr)	37.4
货物列车运行正点率 (%)	Punctuality Rate of Freight Trains in Running (%)	95.5
货物列车出发正点率 (%)	Punctuality Rate of Freight Trains at Departure (%)	95.6
旅客列车运行正点率 (%)	Punctuality Rate of Passenger Trains in Running (%)	99.9
旅客列车出发正点率 (%)	Punctuality Rate of Passenger Trains at Departure (%)	99.6
货车周转时间 (天)	Trunning Around Time of Freight Cars (day)	2.3
货车一次作业时间 (小时)	Handling Time of Freight Cars (hour)	9.7
货车中转停留时间 (小时)	Transfer Waiting Time Per Freight Car (hour)	2.5

15-11 太原铁路局机车拥有量
LOCOMOTIVES OF TAIYUAN RAILWAY BUREAU

单位：台 (unit)

项　目	Item	2012	2013
总　计	**Total**	**1111**	**1139**
内燃机车	**Diesel Locomotives**	**337**	**338**
NYJ1	NYJ1	4	4
东风4	Dongfeng Model IV	1	36
东风4A	Dongfeng Model IV A	1	
东风4B	Dongfeng Model IV B	82	40
东风4BD	Dongfeng Model IV BD	25	25
东风4BK	Dongfeng Model IV BK	55	55
东风4DD	Dongfeng Model IV DD	8	8
东风4D客	Dongfeng Carrige Model IV D	8	8
东风7	Dongfeng Model V Ⅱ	41	41
东风7B	Dongfeng Model V Ⅱ B	20	20
东风7C	Dongfeng Model V Ⅱ C	14	13
东风7G	Dongfeng Model V Ⅱ G	6	7
东风8B	Dongfeng Model VIII B	72	80
东风12	Dongfeng Model X Ⅱ		1
电力机车	**Electric Locomotive**	**774**	**801**
韶山1型	Shaoshan Model Ⅰ	35	29
韶山4型	Shaoshan Model Ⅳ	200	226
韶山3	Shaoshan III		2
韶山3B	Shaoshan III B		13
韶山7C	Shaoshan V Ⅱ C		2
8G型	8G Model	88	78
8K型	8K Model	51	51
HXD1	HXD1 Model	220	220
HXD2	HXD2 Model	180	180

15-12 太原铁路局客车拥有量
PASSENGER COACHES OF TAIYUAN RAILWAY BUREAU

单位：辆 (coach)

项　目	Item	2012	2013
总　计	**Total**	**1964**	**1999**
软卧车	Soft Berth Coaches	151	157
硬卧车	Hard Berth Coaches	797	797
软硬卧车	Soft and Hard Berth Coaches	2	
软座车	Soft Seat Coaches	3	3
硬座车	Hard Seat Coaches	768	775
软硬座车	Soft and Hard Seat Coaches		
餐　车	Dining Cars	112	118
行李邮政车	Luggage and Post Cars		64
公务车	Business Cars	10	10
其　他	Others	121	75

15-13 国家铁路分货类运输量(2013年)
NATIONAL RAILWAY FREIGHT TRAFFIC BY CATEGORY OF CARGO(2013)

指　标	Item	运输量(万吨) Volume of Freight Traffic (10 000 tons)	货物周转量(万吨公里) Turnover Volume of Freight Traffic (10 000 ton-km)	平均运程(公里) Average Transport Mileage (km)
合　计	**Total**	**79230.9**	**39821666.9**	**503**
煤　炭	Coal	59489.3	34883931.4	586
#晋煤外运	Sent to Other Prefectures	43622.6		
石　油	Petroleum	996.2	250709.9	252
焦　炭	Cake	3869.0	1231254.7	318
金属矿石	Metal Ore	4152.8	981432.9	236
钢铁及有色金属	Steel and Nonferrous Metal	3349.4	941746.8	281
非金属矿石	Nonmetal Ores	449.3	138756.6	309
磷矿石	Phosphate Rock	15.1	1256.4	83
矿建材料	Mine Construction Materials	3623.7	270636.8	75
水　泥	Cement	11.3	1802.7	160
木　材	Timber	60.4	19112.2	316
粮　食	Grain	652.8	233975.9	358
棉　花	Cotton	183.4	73024.8	398
化肥及农药	Chemical Fertilizers and Pesticides	717.3	224034.4	312
盐	Salt	33.9	7895.8	233
化工品	Chemical Products	449.4	166002.5	369
金属制品	Metal Products	16.2	5749.5	355
工业机械	Industry Machinery	54.7	16006.2	292
电子电气机械	Electric Machinery	1.3	411.5	319
农业机具	Agricultral Machinery and Tools	0.1	47.4	576
鲜活货物	Fresh and Living Goods	27.8	16425.1	591
农副产品	Agricultural Produts	8.2	2778.2	337
饮食品及烟草制品	Drinking,Food and Tobacco Products	109.2	39699.8	364
纺织品皮革毛皮及其制品	Textile,Leather,Furs and Their Products	1.4	566.3	406
纸及文教用品	Paper,Cultural and Education Goods	27.0	10337.7	383
医药品	Medical and Pharmaceutical Products	6.6	3090.0	465
零　担	Sporadic Freight Transport	0.2	77.0	
集装箱	Container Transport	729.8	234867.7	478
其　他	Others	195.0	66036.7	339

注：本表为太原铁路局全部数据。

Note: Data in the table is supplied by Taiyuan Railway Bureau.

15-14 铁路每日平均装车数及货车静载重(2013年)
DAILY AVERAGE LOADED FREIGHT CARS AND STATIC LOADING CAPACITY OF FREIGHT(2013)

指　　标	Item	装车数(日车) Number of Loaded Freight Cars (day-wagon)	货车静载重(吨) Static Loading Capacity of Freight(ton)
总　计	**Total**		
煤	Coal	17130	74.3
石　油	Petroleum	30	55.1
焦　炭	Cake	1300	65.0
金属矿石	Metal Ore	171	66.3
钢铁及有色金属	Steel and Nonferrous Metal	1174	61.8
非金属矿石	Nonmetal Ores	141	64.5
磷矿石	Phosphate Rock		
矿建材料	Mine Construction Materials	1400	69.6
水　泥	Cement		
木　材	Timber	2	59.4
粮　食	Grain	195	63.1
棉　花	Cotton		
化肥及农药	Chemical Fertilizers and Pesticides	156	63.2
盐	Salt		
化工品	Chemical Products	22	58.8
金属制品	Metal Products		
工业机械	Industry Machinery	11	59.2
电子电气机械	Electric Machinery		
农业机具	Agricultral Machinery and Tools		
鲜活货物	Fresh and Living Goods	4	58.3
农副产品	Agricultural Produts	1	55.7
饮食品及烟草制品	Drinking,Food and Tobacco Products	5	60.2
纺织品皮革毛皮及其制品	Textile,Leather,Furs and Their Products		
纸及文教用品	Paper,Cultural and Education Goods	1	51.4
医药品	Medical and Pharmaceutical Products		
零　担	Sporadic Freight Transport	4	0.8
集装箱	Container Transport	140	53.8
其　他	Others	27	51.6

15-15 地方铁路营运概况(2013年)
BASIC STATISTICS ON LOCAL RAILWAY(2013)

地市及线路名称 Regions and Name of Railway Lines	起迄地址 The Beginning and The End	线路长度(公里) Length of Railways (km)		机车(台) Locomotives (unit)		
		延展里程 Length of Extention	正线里程 Length of the Truck Lines	合计 Total	电气 Electrical	内燃 Diesel
总计 Total		**436.6**	**324.5**	**38**	**19**	**19**
一、合资铁路						
Joint Venture Railways						
武沁铁路	武乡-左权；沁县-沁源	141.4	116.2	5		5
Wuqin Railway	Wuxiang-Zuoquan;Qinxian-Qinyuan					
孝柳有限责任公司	孝西-穆村	184.8	115.5	26	19	7
Xiaoliu Railway Co., Ltd.	Xiaoxi-Mucun					
二、地方铁路						
Local Railways						
宁静铁路	宁武-静乐	110.4	92.8	7		7
Ningjing Railway	Ningwu-Jingle					

地市及线路名称 Regions and Name of Railway Lines	货物运输 Freight Traffic		财务状况 Financial Situation			
	货运量(万吨) Freight Traffic (10 000 tons)	货物周转量(万吨公里) Turnover of Freight Traffic (10 000 ton-kms)	运输收入(万元) Transportation Revenue (10 000 yuan)	运输支出(万元) Transportation Expend (10 000 yuan)	实现利润(万元) Profits (10 000 yuan)	上缴税金(万元) Taxes (10 000 yuan)
总计 Total	**3700**	**199476**	**82536**	**75681**	**6066**	**5663**
一、合资铁路						
Joint Venture Railways						
武沁铁路	318	15453	4310	5027	-869	152
Wuqin Railway						
孝柳有限责任公司	2278	160702	61083	57597	3486	4873
Xiaoliu Railway Co., Ltd.						
二、地方铁路						
Local Railways						
宁静铁路	1104	23320	17143	13057	3449	638
Ningjing Railway						

15-16 邮电业务总量
VOLUME OF POST AND TELECOMMUNICATION SERVICES

指　标	Item	2012	2013
邮电业务总量 (亿元)	**Business Volume of Post and Telecommunication Services(10 000 yuan)**	**339**	**360**
函　件 (万件)	Number of Letters (10 000 pcs)	5332	4580
包　件 (万件)	Number of Parcels (10 000 pcs)	73	128
汇　票 (万笔)	Number of Postal Money Orders (10 000 pcs)	704	505
机要邮件 (万件)	Number of Confidential Letters (10 000 pcs)	60	59
快　递 (万件)	Express Mail Services (10 000 pcs)	2805	8869
集邮邮票 (万枚)	Philately (10 000 pcs)	1302	1061
订销报纸期发数 (万份)	Newspapers Circulation (10 000 copies)	253	272
订销报纸累计数 (万份)	Accumulative Total of Newspapers Circulation (10 000 copies)	57259	58595
订销杂志期发数 (万份)	Magazines Circulation (10 000 copies)	141	117
订销杂志累计数 (万份)	Accumulative Total of Magazines Circulation (10 000 copies)	2777	2791
报刊流转额 (万元)	Circulation of Newspapers and Magazines (10 000 yuan)	73737	74218
市话年末到达数 (万户)	Number of Subscribers of Urban Telephone at Year-end (10 000 subscribers)	482.0	433.6
农话年末到达数 (万户)	Number of Subscribers of Rural Telephone at Year-end (10 000 subscribers)	203.2	150.9
移动电话用户　(万户)	Number of Mobile Telephone Subscribers (10 000 subscribers)	2764.6	3105.5
移动短信 (亿条)	Mobile Short Information (10 000 pcs)	265	291

15-17 主要年份邮电通信网
NETWORK OF POST AND TELECOMMUNICATION IN MAJOR YEARS

年份 Year	邮政支局所(处) Number of Branch Post Offices (unit)	#在农村 Rural	邮路长度(公里) Length of Postal Routes (km)	#铁路 Railway Routes	#汽车 Highway Routes
1978	1675	1444	143907	3420	8836
1980	1629	1380	141596	3652	8951
1985	1890	1591	146024	3512	10727
1990	1813	1456	146251	4741	10160
1995	1888	1454	157202	5531	15350
2000	1730	1239	203725	5782	22744
2005	1603	1045	181703	6869	24008
2006	1604	1022	172789	6869	25306
2007	1589	1003	173607	6869	25346
2008	1552	988	183699	7041	27849
2009	1282	785	147994	7650	28385
2010	1306	759	184998	7600	29349
2011	1526	853	213310	8033	40697
2012	1516	738	169908	8430	41245
2013	1483	773	150648	7679	29385

15-18 邮政邮路
POSTAL ROUTES

单位：公里 (km)

指 标	Item	2012	2013
邮路总条数(条)	Number of Postal Routes (route)	530	452
#航 空	Air Postal Routes	32	39
铁 路	Railway Postal Routes	6	5
汽 车	Highway Postal Routes	374	334
邮路总长度(单程)	Total Length of Postal Routes (one-way)	84954	75324
#航 空	Air Postal Routes	41518	48846
铁 路	Railway Postal Routes	8430	7679
汽 车	Automobile Postal Routes	41245	29385
农村邮路条数(条)	Number of Rural Postal Routes (route)	280	270
农村邮路长度(单程)	Length of Rural Postal Routes (one-way)	16848	16601
城市投递路线条数(条)	Number of Rural Delivery Routes (route)	1581	1625
城市投递路线长度(单程)	Length of Rural Delivery Routes (one-way)	35409	36458
农村投递路线条数(条)	Number of Rural Delivery Routes (route)	2519	2503
#摩托车	Motorcycles	1402	1607
自行车	Bicycles	911	758
步 班	On Foot	194	102
农村投递线路长度(单程)	Length of Rural Delivery Routes (one-way)	119338	122559
#摩托车	Motorcycles	77288	88137
自行车	Bicycles	35269	28986
步 班	On Foot	5933	3635

15-19 邮政局所、房屋、服务点
NUMBER OF POSTAL OFFICES, BUILDINGS AND SERVICE PLACES

单位：处 (unit)

指　　标	Item	2012	2013
邮政支局所	Number of Branch Post Offices	1516	1483
#设在农村的	In Rural Area	738	786
#电子化支局	Electrical Branch Offices	930	922
#邮政局	Number of Post Offices	115	108
邮政支局	Nmber of Branch Post Offices	480	472
自办邮政所	Number of Post Offices Operated By Post Department	482	488
代办邮政所	Number of Postal Agencies	241	305
邮政报刊图书销售点	Number of Sell Places of Papers, Maganizes and Books	625	561
集邮品销售点	Number of Sell Places of Philatelic Items	136	158
邮政储蓄点	Number of Postal Saving Places	933	949
邮政信报箱群	Post Boxes Group	2691	2508
邮政信筒信箱(个)	Post Boxes (unit)	2508	2373
邮局用户信箱(个)	User Boxes In Post Offices (unit)	1056	461
邮政妥投点(个)	Number of Post Delivery Places (unit)	564979	553304
直接投递	Direct Delivery Places	494455	483062
与用户签订妥投协议	Delivery Places Made Contract with Users	70524	70242
自有房屋建筑面积(万平方米)	Floor Space of Self-owned Buildings (10 000 sq.m)	108.4	105.7
邮政生产用房面积	Floor Space of Production Used	57.6	54.5
其他生产用房	Other Productive Buildings	7.9	10.1
非生产用房面积	Floor Space of Non-production	42.7	41.0

主要统计指标解释

铁路营业里程 指办理客货运输业务的铁路正线总长度。凡是全线或部分建成双线及以上的线路，以第一线的实际长度计算；复线、站线、段管线、岔线和特别用途线以及不计算运费的联络线都不计算营业里程。线路营业里程是反映铁路运输业基础设施发展水平的重要指标，也是计算客货周转量、运输密度和机车车辆运用效率等指标的基础资料。

铁路延展里程 可以分为总延展里程以及正线、站线、段管线、岔线和特别用途线的延展里程。总延展里程是各种线路的延展里程之和。正线延展里程是正线第一线、第二线、第三线和其他正线建筑里程之和，站线、段管线、岔线和特别用途线的延展里程，均是各自建筑里程之和。延展里程是作为计算线路上钢轨、枕木及路基砂石需要量的主要依据。

公路网 是由各级公路组成的网状运输系统。它是由连结各城镇、乡村和工矿基地之间主要供汽车行驶的道路形成的网络。我国的公路里程是按其作用及使用管理性质分为国家干线公路、省级干线公路、县级公路、乡公路和专用公路。按其公路工程技术要求分为高速公路和一、二、三、四级公路。

公路里程 也称“公路通车里程”，是指实际达到交通部制定的公路工程技术标准规定的等级公路长度。它包括大中城市的郊区以及通过小城镇街道的公路里程，也包括桥梁、渡口的长度，但不包括城市街道以及厂矿、林区和农业生产用道的里程。两条或多条公路共同径由同一路段，只计算一次，不得重复计算里程长度。公路里程是反映公路建设发展规模的重要指标，也是计算运输网密度等指标的资料。

民用汽车 由公安交通监理部门所掌管的领有本地区民用车辆牌照的机动车辆中的一部分。不包括拖拉机、摩托车、其他机动车等。民用汽车包括普通载货汽车、专用载货汽车、载客汽车、其他专用汽车、特种汽车等。

营运汽车 指领有公安交通监理部门核发的车辆牌照，并经当地工商行政管理机关核准，领取营业执照，参加营业性运输的载客和载货汽车。

货(客)运量 指运输业实际运送的货物（旅客）数量。货运按吨计算。货物不论运输距离长短、货物类别，均按实际重量计算，旅客不论行程远近或票价多少，均按一人一次作为客运量统计。半票价、小孩票也按一人统计。货（客）运量反映运输业为国民经济和人民生活服务的数量指标，也是制定和检查运输生产计划，研究运输发展规模和速度的重要指标。

货物(旅客)周转量 指运输业运送的货物（旅客）数量与其相应运输距离的乘积之总和，通常以吨公里和人公里为计算单位。计算货物周转量通常按发出站与到达站之间的最短距离，也就是计费距离计算。它是反映运输业生产总成果的重要指标，也是编制和检查运输生产计划、计算运输效率、劳动生产率以及核算运输单位成本的主要基础资料。

换算周转量 是综合反映各种运输工具在一定时期内实际完成的旅客、货物周转量的综合指标。具体计算方法是将旅客周转量和货物周转量区分不同运输工具按相应的换算比例，换算成同一计量单位进行加总求得。其计算单位为：吨公里。

公路运输的换算比例是：1 吨公里=10 人公里

内河水运的换算比例是：1 吨公里=3 人公里（座位）　1 吨公里=1 人公里（带卧铺）

铁路运输的换算比例是：1 吨公里=1 人公里（地方铁路为 5 人公里）

民航运输的换算比例是：1 吨公里=13.9 人公里（国际航线为 13.3 人公里）

邮电业务总量 指以货币表现的邮电部门为用户传递信息和提供其他邮电服务的总量。它用各种邮电分类业务量，如函件件数、电报份数、长话张数、市内电话和农村电话的年均户数、订销报刊累计份数等，分别乘以相应的平均单价（不变价），加总后再加上出租电路和设备的收入、代用户维护电话交换机和线路等设备的收入、其他业务收入求得。邮电业务总量综合反映了一定时期邮电工作的总成果，是研究邮电业务量构成和发展趋势的重要指标。

电话用户数 包括固定和移动电话。固定电话用户指接入国家公众固定电话网，并按固定电话业务进行经营管理的电话用户。移动电话用户指在移动电话营业部门登记，通过移动电话交换机接入移动电话网、占有移动电话号码的用户。

邮路 各邮政局所之间，邮政局所与车站、码头、机场、转运站、邮件处理中心、报刊社之间，邮区中心局与邮政局所及各邮区中心局之间由自办或委办人员按固定班期规定路线交换邮件（包括机要文件，下同）、报刊的路线。包括农村地区运邮兼投递的路线，不包括城市、农村地区纯投递路线。按运输方式可分为航空邮路、铁路邮路、汽车邮路、水路邮路和其他邮路等。

邮路总长度 邮路由起点到终点的长度。单程长度统计法的计算方法是直线算单程，环型算全程；直环混合中直线部分算单程，环型部分算全称；Y 型三段相加算单程。

投递路线 投递路线是指邮政局所或邮政投递机构的自办或委办人员按固定班期（班次）、规定路线为城乡用户投递邮件、报刊的路线。按地域可分为城市投递路线和农村投递路线。按投递方式可分为汽车投递路线、摩托车投递路线、自行车投递路线、马班投递路线和步班投递路线等。

Explanatory Notes on Main Statistical Indicators

Length of Railways in Operation refers to the total length of the trunk line under passenger and freight transportation. The calculation is based on the actual length of the first line even if this line has a full or partial double tracks, excluding double tracks, station sidings, tracks under the charge of stations, branch lines, special-purpose lines and the non-payable connecting lines. The length of railways is an important, traffic density and utilization efficiency of the locomotives and carriages.

Extention Length of Railway it can be divided into total extention length and extention length of trunk lines, station lines under the jurisdiction of trunk refers to the sum of the first, the second, the third lines and other constructed length of the trunk railways. Extenuation length of trunk lines, station lines under the jurisdiction of depots, sidings and lines for special purpose, are all themselves construction length. It provides important information for the calculation of the needs for rails, sleepers, sand and stone for the construction of railways.

Highway Net is a netted communications system, it is composed of various highway. It is a network that linked with carious road of cities, towns, villages and mines. In China, the length of highways, if grouped by its functions and administer characters, can be divided into state highways, provincial highways, county highways, village highways and highways for special purpose. Grouped by its engineering standard, it can be divided into expressways and class I to IV class highways.

Length of Highways it is also be called "opening length of highways". It refers to the length of highways which are built in conformity with the grades specified by the highway engineering standard formulated by the Ministry of Communications. The length of highways includes that of the suburb highways at large and medium-sized cities, highways passing through streets at small cities and towns, and also the length of bridges and ferries. It does not include the length of streets in big and medium-sized cities and highways built for the production purpose at factories, mines, forest areas and agricultural areas. If two or more highway go the same section of the way, the length of the section is only calculated for once and no duplication is allowed. The length of highway is an important indicator to show the development of the highway construction and to provide essential information to calculate the transport network density.

Civil Motor Vehicles refer to a part of motor vehicles that are controlled by public security supervise department and have this locality civil motor vehicles license. Excluding the tractors, motor cycles and other motor vehicles, Civil motor vehicles include ordinary trucks, trucks for special use, buses and cars, other trucks for special use, special vehicles.

Business Vehicles refer to the passenger vehicles and trucks for business, which gains vehicle licenses issued by the traffic control department and the business license approved by administration for industry and commerce.

Freight (Passenger) Traffic refers to the volume of freight (passenger) transported with various means within a specific period of time. This indicator reflects the service of the transport industry towards the national economy and people's living conditions, as well as an important indicator used in formulating and monitoring transport production plans and research into the scale and pace of transport development. Freight transport is calculated in tons and passenger traffic is calculated in terms of number of persons. Freight transport is calculated in terms of the actual weight of the goods and takes no account of the type of freight and distance of travel. Passenger traffic is calculated by the principle that one person can be counted only once in one trip and takes no account of the travelling distance and ticket price. The passengers who travel with a half price ticket or a child's ticket is also calculated as one person.

Freight Ton-kilometres (Passenger-kilometres) refers to the sum of the product of the volume of transported cargo (passengers) multiplied by the transport distance. It is an important indicator to reflect the achievement of the transportation industry. This is an important indicator to show the total results of the transport industry; to prepare and examine the transport plan; and to serve as the main basic data for calculating the efficiency, labour productivity and unit cost of transport. Normally, the shortest distance between the departure station and the destination station (i.e., the payable distance) is the basis in calculating the freight ton-kilometres.

Converted into Turnover Volume is a synthesis item which reflect real freight or passenger traffic with various means in a period time. The calculated method as follows: Sum of Freight or passenger traffic which are converted into uniform unit by transport means according to corresponding scaling. The uniform unit is ton-km.

Scaling of highways: 1 ton-km=10 person-km

Scaling of river: 1 ton-km=3 person-km(seat);1 ton-km=1 person-km(sleeper)

Scaling of railway: 1 ton-km=1 person-km(equals 5 person-km on local railways)

Scaling of Civil Avication: 1 ton –km=13.9 person-km(equals 13.3 person-km on international routes)

Volume of Post and Telecommunication Sercives refers to the total amount of postal and telecommunication services, expressed in value terms, provided by the post and telecommunications departments for society. Postal and telecommunication services can be classified as letters, parcels, remittance, issue of newspapers and magazines, fast mail service, express mail service, savings deposits, stamps for collection, facsimiles, long-distance telephone service, leasing of telephone lines, mobile telephone service, data transmission, income from leasing, maintenance, etc. The accounting approach is to multiply the service products of all types with their average unit price (constant price) to get the total business value, and to add to it income from other services such as leasing of telephone lines and equipment and maintenance of telephone switchboards and lines on behalf of customers. This indicator reflects the overall results of postal and telecommunication services during a given period, and is important for studying the composition of business service and the trend of development of postal and telecommunication services.

Number of Telephone Subscribers includes fixed-telephone subscribers and mobile telephone subscribers. Fixed-telephone subscribers refer to subscribers that are connected to the state public fixed-telephone net and are managed according to fixed-telephone business. Mobile telephone subscribers refer to subscribers that are registering in business department on mobile phone, connected to the mobile telephone net and owing the number of mobile phone.

Postal Routes refers routes that self-run clerks or clients change mails, newspapers and magazines by fixed schedule and regular routes between post offices, post offices and stations, docks, airports, transfer stations, mail processing centers, newspaper agencies. It includes posting and delivering routes in rural areas, while excludes routes that only delivers in urban and rural areas. It can be divided into airway postal routes, railway postal routes, automobile postal routes, waterway postal routes and other postal routes according to transport means.

Total Length of Post Routes refers length of postal routes from the start point to the end point. The single length is calculated by the following method, that is, straight line route is calculated as single way, circle route as entire way, straight line and circle mixed route is calculated separately, and Y type route is calculated as the sum of three single lines.

Delivery Routes refers routes that self-run clerks or clients of postal offices and postal delivery agencies deliver mails, newspapers and magazines by fixed schedule and regular routes for urban and rural residents. It can be divided into urban delivery postal routes and rural delivery postal routes according to regions. And there are automobile deliver route, motorcycle deliver route, bicycle deliver route, horse deliver route and deliver route on foot.

16

教育、科技

EDUCATION, SCIENCE AND TECHNOLOGY

资料整理人员

赵维东　张　媛

教育、科技
EDUCATION, SCIENCE AND TECHNOLOGY

高等学校数	Institutions of Higher Education	70	所	(unit)
高等学校在校学生数	Students Enrollment of Higher Education	67.7	万人	(10 000 persons)
高等学校专任教师数	Full-time Teachers of Higher Education	4.1	万人	(10 000 persons)
普通中专学校数	Regular Specialized Secondary Schools	92	所	(unit)
普通中专在校学生数	Students Enrollment of Regular Specilized Secondary Schools	16.38	万人	(10 000 persons)
普通中专专任教师数	Full-time Teachers of Regular Specilized Secondary Schools	7943	人	(person)
科学研究机构	Scientific Research Institutions	129	个	(unit)

自然科技人员构成(%)

Composition of Natural Science and Technology Personnels (%)

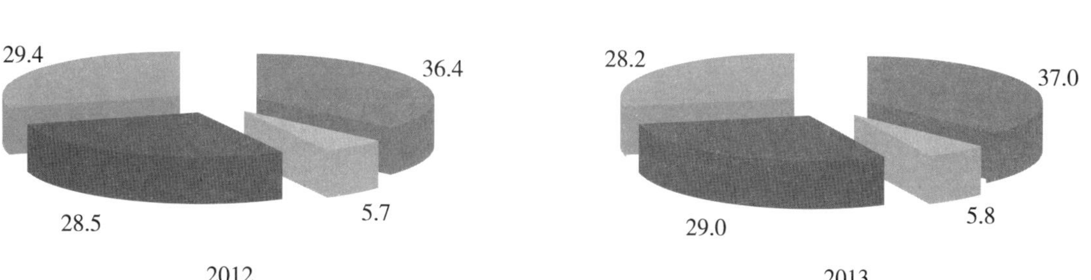

研究生在校学生数(人)

Number of Postgraduate Enrollment (person)

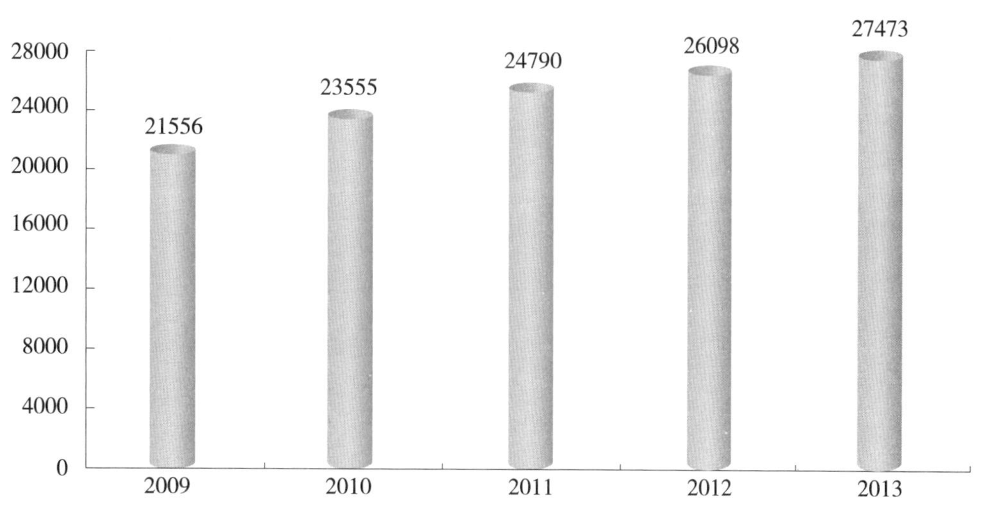

16-1 主要年份各类学校数
SCHOOLS BY LEVEL IN MAJOR YEARS

单位：所 (unit)

年份 Year	高等学校 Regular Instiutions of Higher Education	中等职业教育 Secondary Vocational Education	#普通中专 Regular Specia-lized Secondary Schools	#职业中学 Vocational Schools	#技工学校 Skilled Workers Schools	普通中学 Regular Secondary Schools	小学 Primary Schools	特殊教育学校 Special Education Schools
1978	16	210	73	87	50	14062	33393	12
1980	16	488	90	337	61	9895	37746	12
1985	22	591	113	408	70	4749	42394	12
1990	26	602	125	380	97	3944	42195	12
1995	26	616	129	377	110	3401	40795	19
2000	24	600	127	339	134	3346	37451	28
2005	59	498	73	309	116	3279	24339	40
2006	56	527	84	325	118	3207	21647	42
2007	59	564	88	356	120	3078	19527	43
2008	61	551	93	337	121	2986	17167	43
2009	63	500	93	298	109	2860	14722	45
2010	65	576	92	259	110	2747	12776	45
2011	66	572	93	249	111	2611	10936	51
2012	67	556	90	246	100	2534	10042	53
2013	70	507	92	234	62	2495	8946	56

16-2 主要年份各类学校专任教师数
NUMBER OF FULL-TIME TEACHERS BY LEVEL OF SCHOOL IN MAJOR YEARS

单位：人 (person)

年份 Year	高等学校 Regular Instiutions of Higher Education	中等职业教育 Secondary Vocational Education	#普通中专 Regular Specia-lized Secondary Schools	#职业中学 Vocational Schools	#技工学校 Skilled Workers Schools	普通中学 Regular Secondary Schools	小学 Primary Schools
1978	4244	4514	3246	330	938	103772	132785
1980	5077	6423	3991	1046	1386	104075	148255
1985	7099	12621	6176	4512	1933	92619	157251
1990	8963	18975	8295	6976	3704	108774	163693
1995	9140	22855	9161	8632	5062	113216	171860
2000	10466	24845	9823	10343	4679	127582	180362
2005	27862	22319	5687	11132	5500	159803	192271
2006	29712	23000	6158	12231	4611	165122	193386
2007	33356	25483	6546	13549	5388	168250	194574
2008	34885	25683	6868	13219	5596	168935	193378
2009	35863	24390	7147	13435	3808	171348	193657
2010	36492	23440	7437	12461	3542	172793	190538
2011	37527	24816	7877	13051	3888	175443	188820
2012	38124	29295	7903	13597	4365	176319	184326
2013	40764	25401	7943	13806	3652	177344	180548

16-3 主要年份各类学校在校学生数

STUDENTS ENROLLMENT BY LEVEL OF SCHOOL IN MAJOR YEARS

单位：万人　　(10 000 persons)

年　份 Year	高等学校(人) Regular Institutions of Higher Education (person)	中等职业教育 Secondary Vocational Education	#普通中专 Regular Specia-lized Secondary Schools	#职业中学 Vocational Schools	#技工学校 Skilled Workers Schools	普通中学 Regular Secondary Schools	#高中 Senior	小学 Primary Schools
1978	20940	4.73	2.90	0.64	1.19	194.28	58.45	377.36
1980	33104	8.38	4.61	2.12	1.65	179.55	31.06	384.16
1985	41946	14.58	5.14	7.58	1.86	156.97	22.87	335.20
1990	51309	21.47	8.68	8.78	4.01	145.08	22.31	297.40
1995	67420	26.40	10.74	10.51	5.15	150.97	19.04	327.04
2000	125674	37.19	19.65	13.62	3.92	199.75	33.72	343.60
2005	407036	46.58	20.15	17.04	9.39	261.15	71.37	350.26
2006	446428	55.05	23.44	21.21	10.40	263.93	74.71	337.76
2007	484490	61.36	22.16	26.44	12.76	262.23	77.08	333.43
2008	526756	63.08	22.18	27.74	13.16	255.57	78.29	321.34
2009	547391	65.30	22.27	29.59	13.44	253.25	80.57	304.69
2010	562924	56.51	20.73	24.65	11.13	253.67	82.29	291.06
2011	594469	61.94	18.33	22.32	11.08	249.55	85.27	277.19
2012	637330	60.00	17.85	21.45	11.68	235.74	85.50	261.76
2013	676817	50.46	16.38	19.40	6.82	213.99	84.85	229.64

16-4 主要年份各类学校招生数

NEW STUDENTS ENROLLMENT BY LEVEL OF SCHOOL IN MAJOR YEARS

单位：人　　(person)

年　份 Year	高等学校 Regular Institutions of Higher Education	中等职业教育 Secondary Vocational Education	#普通中专 Regular Specia-lized Secondary Schools	#职业中学 Vocational Schools	#技工学校 Skilled Workers Schools	普通中学 Regular Secondary Schools	#高中 Senior	小学 Primary Schools	特殊教育学校 Special Education Schools
1978	7951	29399	15531	5708	8160	890626	280473	879737	376
1980	8287	38592	18800	11696	8096	539613	65803	664927	234
1985	14107	67423	20864	37437	9122	529347	75300	548667	390
1990	15710	81787	28615	38566	14606	482926	78749	557803	402
1995	20926	101436	35898	46721	18817	552978	69774	642867	555
2000	48041	134274	67975	52476	13823	726669	137662	631942	856
2005	127514	183008	75240	65842	41926	887403	263159	548755	743
2006	146014	216509	82568	89689	44252	874475	253177	524908	914
2007	167551	244911	75381	116176	53354	832843	260875	535376	1433
2008	184316	235490	84221	104117	47152	814693	270394	474811	1049
2009	176312	242769	83940	122039	36790	857443	277882	430781	1257
2010	184399	219365	90505	90223	38637	852635	280984	451390	1088
2011	184602	177933	52311	84592	41030	795844	286680	440802	1339
2012	208122	214892	56744	83397	42475	755080	292630	440460	1215
2013	215296	164653	48846	70984	21710	701819	288826	394203	1069

16-5 主要年份各类学校毕业生数
GRADUATES BY LEVEL OF SCHOOL IN MAJOR YEARS

单位：人 (person)

年 份 Year	高等学校 Regular Institution of Higher Education	普通中专 Regular Specialized Secondary Schools	职业中学 Vocational Schools	技工学校 Skilled Workers Schools	普通中学(万人) Regular Secondary Schools (10 000 persons)	#高中 Senior	小学(万人) Primary Schools (10 000 persons)	特殊教育学校 Special Education Schools
1978	4523	11766	760	3713	75.26	19.18	62.09	145
1980		13563	4884	10649	34.80	23.40	59.28	95
1985	8499	16773	16941	6383	39.09	5.48	64.67	105
1990	15130	26768	31770	11708	47.63	7.27	51.31	466
1995	20312	31474	38238	15542	43.17	7.08	55.36	402
2000	19785	42356	48364	17652	56.18	7.86	64.09	349
2005	88344	54904	47546	19514	82.95	19.69	63.56	483
2006	108431	56039	57403	23894	82.92	22.22	63.53	593
2007	132101	75377	60073	33588	82.77	23.17	57.96	630
2008	141214	77120	71481	38391	86.92	25.88	55.21	668
2009	153422	75602	70865	31754	86.68	25.14	58.38	607
2010	165545	54669	78368	48592	83.48	25.94	57.24	895
2011	152680	62044	80175	40296	82.54	27.01	52.78	805
2012	162571	62927	79604	32335	86.39	28.53	54.73	882
2013	173259	53525	73280	25379	82.76	28.61	47.73	1023

16-6 普通本科分形式、分学科学生数(2013年)
STUDENTS OF REGULAR UNDERGRADUATE COURSES BY FORM AND BY FIELD OF STUDY(2013)

单位：人 (person)

项 目	Item	毕业生数 Number of Graduates	招生数 Number of New Students Enrollment	在校学生数 Number of Students Enrollment
总 计	**Total**	**76375**	**114217**	**390654**
#女	Female	40068	62690	211874
按形式分	By Form			
高中起点	Senior as Starting Point	70338	109918	379425
专科起点	Junior College as Starting Point	5938	4185	10996
第二学士学位	Second Bachelor's Degree	99	114	233
按学科分	By Field of Study			
#哲 学	Philosophy	50	47	163
经济学	Economics	4001	5029	18882
法 学	Law	3582	4286	15374
教育学	Education	3801	5772	19094
文 学	Literature	7882	9530	33868
#外 语	Foreign Language	3691	3933	15109
艺术学	Art Theory	5371	10336	31660
历史学	History	832	1493	4947
理 学	Science	8177	11270	38922
工 学	Engineering	24036	37999	126035
农 学	Agriculture	1397	1870	7056
医 学	Medicine	5991	8615	32653
管理学	Administration	11255	17970	62000
总计中：师范生	Of the total: Teacher-training	16552	22277	76871

16-7 主要年份研究生数
NUMBER OF POSTGRADUATES IN MAJOR YEARS

单位：人 (person)

年 份 Year	培养研究生的单位数(个) Institutions of Foster Postgraduates (unit)	招生数 New Students Enrollment	毕业生数 Graduates	在校学生数 Students Enrollment
1978	4	151		151
1980	6	15		218
1985	8	399	84	670
1990	9	219	288	688
1995	12	524	263	1336
2000	12	1190	466	2633
2005	12	4929	2069	12059
2006	12	5638	2850	14435
2007	11	6364	4075	16604
2008	11	6919	4728	18938
2009	12	8031	5498	21556
2010	12	8074	5929	23555
2011	12	8745	7330	24790
2012	12	9212	7771	26098
2013	13	9384	7754	27473

16-8 研究生数(2013年)
NUMBER OF POSTGRADUATES(2013)

单位：人 (person)

项 目	Item	招生数 New Students Enrollment	#攻读硕士学位 Master Degree	毕 业 生 数 Graduates	#攻读硕士学位 Master Degree	在 校 学生数 Students Enrollment	#攻读硕士学位 Master Degree
总 计	**Total**	**9384**	**8905**	**7754**	**7434**	**27473**	**25158**
国家任务	Country Assignment	6887	6553	5033	4814	20217	18592
委托培养	Entrust Foster	202	97	231	151	909	369
自筹经费	Self-raised Funds	2295	2255	2490	2469	6347	6197
一、中央部门	**Central Departments**	**26**	**26**	**26**	**26**	**77**	**77**
国家任务	Country Assignment	26	26	26	26	77	77
委托培养	Entrust Foster						
自筹经费	Self-raised Funds						
二、地方部门	**Local Departments**	**9358**	**8879**	**7728**	**7408**	**27396**	**25081**
国家任务	Country Assignment	6861	6527	5007	4788	20140	18515
委托培养	Entrust Foster	202	97	231	151	909	369
自筹经费	Self-raised Funds	2295	2255	2490	2469	6347	6197

16-9 高等教育学校学生数(2013年)

单位：人

指　标	Item	毕业生数 Graduates
研究生	Postgraduates	7754
博　士	Doctor Degree	320
硕　士	Master Degree	7434
普通本科、专科生	Students of Regular Undergraduate Course and Specialized Subject	173259
本　科	Students of Regular Undergraduate Course	76375
专　科	Students of Specialized Subject	96884
成人本科、专科生	Adult Education Students of Regular Undergraduate Course and Specialized Subject	53382
函授本科	Correspondence Education of Regular Undergraduate Course	17834
业余本科	Spare Time Education of Regular Undergraduate Course	6067
脱产本科	Released from Work for Education of Regular Undergraduate Course	495
函授专科	Correspondence Education of Specialized Subject	18275
业余专科	Spare Time Education of Specialized Subject	7093
脱产专科	Released from Work for Education of Specialized Subject	3618
网络本科、专科生	Net Education Students of Regular Undergraduate Course and Specialized Subject	
本　科	Students of Regular Undergraduate Course	
专　科	Students of Specialized Subject	
在职人员攻读硕士学位	Persons Admitted to Master Degree Programme	
学历文凭考试	Academic Credentials Examination	
电大注册视听生	TV Education Students	
自考助学班	Guidance Class for Students Learning Themselves and Examination	
研究生课程进修班	Class for Advanced Studies of Postgraduate Course	
普通预科生	Students for Preparatory Course	
证书教育	Certificate Education	
岗位培训	Post Training	
进修及培训	Advanced Study and Training	32670
留学生	Student Studing Abroad	79

NUMBER OF STUDENTS IN HIGHER EDUCATION INSTITUTIONS(2013)

(person)

#授予学位数 Award Degree	招生数 New Students Enrollment	在校生数 Students Enrollment
7764	9384	27473
299	479	2315
7465	8905	25158
74220	215296	676817
74220	114217	390654
	101079	286163
2726	62965	188894
	18546	59304
	5326	17247
	593	1048
	23093	70706
	10078	29528
	5329	11061
990	2526	6287
		30747
3	86	119

16-10 普通高校分类别专任教师数(2013年)

FULL-TIME TEACHERS OF HIGHER EDUCATION INSTITUTIONS BY TYPE(2013)

单位：人 (person)

类　别	Type	专任教师 Full-time Teachers	正高级 Senior	副高级 Sub-senior	中级 Middle	初级 Junior	无职称 No Rank
总　计	**Total**	**40764**	**2990**	**10430**	**15138**	**8633**	**3573**
#女	Female	22189	1171	5262	8434	5055	2267
分类型：	By Type						
本科院校	Regular Undergraduate Course	27767	2697	7420	10725	5134	1791
专科院校	Specialized Subject	12997	293	3010	4413	3499	1782
分性质类别：	By Nature						
综合大学	Synthesize Universitys	11290	569	2727	4445	2597	952
理工院校	Science and Engineering Institutes	12102	1002	3160	4840	2321	779
农业院校	Agriculture Institutes	1879	240	429	520	545	145
林业院校	Forestry Institutes	219	4	44	73	71	27
医药院校	Medical Institutes	2926	406	801	1130	384	205
师范院校	Teacher-Training Institutes	5613	319	1553	1994	1059	688
语文院校	Chinese Institues	992	30	224	318	320	100
财经院校	Finance and Economic Institutes	4699	396	1216	1476	1003	608
政法院校	Politics and Law Institutes	494	15	169	160	103	47
体育院校	Sports Institues	143	1	31	45	62	4
艺术院校	Art Institutes	407	8	76	137	168	18
分举办者：	By Owner						
1.地方所属	Departments of Local Government	34001	2386	8823	13109	6947	2736
教育部门	Education Departments	23990	2166	6380	9564	4433	1447
其他部门	Other Departments	9527	220	2346	3405	2344	1212
地方企业	Local Enterprises	484		97	140	170	77
2.民　办	Run by Private Institutions	6763	604	1607	2029	1686	837

16-11 普通高校分科专任教师数(2013年)

FULL-TIME TEACHERS OF HIGHER EDUCATION INSTITUTIONS BY FIELD OF STUDY(2013)

单位：人 (person)

类 别	Type	专任教师 Full-time Teachers	正高级 Senior	副高级 Sub-senior	中 级 Middle	初 级 Junior	无职称 No Rank
总 计	**Total**	**40764**	**2990**	**10430**	**15138**	**8633**	**3573**
#女	Female	22189	1171	5262	8434	5055	2267
总计中:哲 学	Of the Total: Philosophy	1347	91	382	481	284	109
经济学	Economics	2151	190	635	731	370	225
法 学	Law	2007	135	467	801	397	207
教育学	Education	4620	179	1222	1674	1139	406
文 学	Literature	7225	242	1470	2629	2144	740
历史学	History	873	91	259	376	104	43
理 学	Science	6361	670	1970	2473	848	400
工 学	Engineering	8038	573	2046	3035	1628	756
农 学	Agriculture	1300	156	393	361	336	54
医 学	Medicine	2684	414	754	1021	339	156
管理学	Administration	2762	194	632	1041	582	313

16-12 中等职业教育分科类学生情况(2013年)

STUDENTS IN SECONDARY VOCATIONAL EDUCATION BY FIELD OF STUDY(2013)

单位：人 (person)

类 别	Type	毕业生数 Number of Graduates	#获得职业资格证书 Having Occupation Credentials	招生数 Number of New Students Enrollment	#招收初中毕业生数 Graduates from Junior	在 校 学生数 Number of Students Enrollment
总 计	**Total**	**159749**	**129099**	**142943**	**121787**	**436393**
#女	Female	82583	66559	73947	65374	227537
农林牧渔类	Farming,Forestry,Husbandry and Fishing	22430	11254	7405	3747	57261
资源环境类	Resource and Environment	7879	6414	6973	3878	15794
能源与新能源类	Engery and New Energy	331	270	68	64	467
土木水利类	Engineering	4793	4308	5528	4037	16668
加工制造类	Processing and Manufacture	17038	15843	16519	14942	46891
石油化工类	Petroleum Chemical	1583	1529	1551	1261	3967
轻纺食品类	Textile and Food	1551	1551	1300	981	3013
交通运输类	Transportation	7403	7266	7013	5926	19199
信息技术类	Information Technology	34918	31452	29324	26827	83758
医药卫生类	Medicine and Hygiene	11820	8916	12571	11338	35198
休闲保健类	Recreation and Health Care	917	911	1450	1440	3552
财经商贸类	Economics,Finance and Business	13667	11674	14109	12344	38198
旅游服务类	Tourism Service	5929	5489	5886	5328	17456
文化艺术类	Culture and Art	10724	9569	12989	11991	37507
体育与健身	Sports and Fitness	1707	1293	3072	2298	8232
教育类	Education	12391	8083	12814	11805	36988
司法服务类	Judicial Service	2019	1999	1927	1483	4399
公共管理与服务类	Public Administration and Service	2253	995	1777	1600	6456
其 他	Others	396	283	667	497	1389

注：本表不含技工学校数。

Note: The coverage doesn't include skilled workers schools in this table.

16-13 普通中学学校数、班数(2013年)

NUMBER OF REGULAR SECONDARY SCHOOLS AND CLASSES(2013)

项目	Item	学校数(所) Number of Schools (unit)	初级中学 Junior	高级中学 Senior	完全中学 Junior And Senior	九年一贯制学校 9 Year Educa-tion	十二年一贯制学校 12 Year Educa-tion	班数(班) Classes (class)	初中 Junior	高中 Senior
总计	**Total**	**2495**	**1516**	**245**	**223**	**475**	**36**	**42258**	**26613**	**15645**
教育部门	Education Departments	2111	1410	186	159	350	6	34138	21717	12421
民办	Run by Private Institutions	371	103	59	63	118	28	8058	4856	3202
地方企业	Local Enterprises	4				4		12	12	
其他部门	Other Departments	9	3		1	3	2	50	28	22
城区	Urban Areas	590	257	81	148	87	17	15176	8344	6832
教育部门	Education Departments	458	232	56	107	60	3	11795	6603	5192
民办	Run by Private Institutions	129	24	25	40	26	14	3352	1722	1630
地方企业	Local Enterprises	1				1		3	3	
其他部门	Other Departments	2	1		1			26	16	10
镇区	Township	1046	678	148	54	150	16	20653	12832	7821
教育部门	Education Departments	889	630	119	45	92	3	17543	10817	6726
民办	Run by Private Institutions	151	46	29	9	55	12	3081	1998	1083
地方企业	Local Enterprises	2				2		9	9	
其他部门	Other Departments	4	2			1	1	20	8	12
乡村	Rural Areas	859	581	16	21	238	3	6429	5437	992
教育部门	Education Departments	764	548	11	7	198		4800	4297	503
民办	Run by Private Institutions	91	33	5	14	37	2	1625	1136	489
地方企业	Local Enterprises	1				1				
其他部门	Other Departments	3				2	1	4	4	

16-14 普通中学学生数(2013年)
STUDENTS OF REGULAR SECONDARY SCHOOLS(2013)

单位：人 (person)

项　目	Item	毕业生数 Number of Graduates	#高中 Senior	招生数 Number of New Students Enrollment	#高中 Senior	在校学生数 Number of Students Enrollment	#高中 Senior
总　计	**Total**	**827560**	**286103**	**701819**	**288826**	**2139906**	**848464**
#女	Female	411343	146103	346544	148399	1058936	435434
教育部门	Education Departments	670629	224503	559851	229645	1716378	679957
民　办	Run by Private Institutions	156287	61438	141257	58960	421207	167592
地方企业	Local Enterprises	198		174		490	
其他部门	Other Departments	446	162	537	221	1831	915
城　区	Urban Areas	291968	122540	267776	125528	801505	369360
教育部门	Education Departments	226102	91394	207903	95860	626013	283770
民　办	Run by Private Institutions	65512	30984	59641	29640	174507	85245
地方企业	Local Enterprises	25		27		81	
其他部门	Other Departments	329	162	205	28	904	345
镇　区	Township	410934	145831	346065	143750	1061962	426165
教育部门	Education Departments	348911	124054	293190	123988	900336	369110
民　办	Run by Private Institutions	61762	21777	52409	19569	160363	56485
地方企业	Local Enterprises	162		147		409	
其他部门	Other Departments	99		319	193	854	570
乡　村	Rural Areas	124658	17732	87978	19548	276439	52939
教育部门	Education Departments	95616	9055	58758	9797	190029	27077
民　办	Run by Private Institutions	29013	8677	29207	9751	86337	25862
地方企业	Local Enterprises	11					
其他部门	Other Departments	18		13		73	

16-15 中学学校教职工数(2013年)

TEACHERS AND STAFF OF SECONDARY SCHOOLS(2013)

单位：人 (person)

项目	Item	教职工数 Total	#专任教师 Full-time Teachers	#行政人员 Administrative Personnel	#教辅人员 Teaching Assistants	代课教师 Substitute Teachers	兼任教师 Part-time Teachers
总计	**Total**	**222483**	**191005**	**6729**	**9688**	**13061**	**1387**
#女	Female	134243	121108	1800	4866	8536	793
#少数民族	Minority Nationality	279	251	9	8	4	
教育部门	Education Departments	181857	161936	4938	7799	7865	367
民办	Run by Private Institutions	40212	28686	1782	1879	5190	1020
地方企业	Local Enterprises	168	163	1	3		
其他部门	Other Departments	246	220	8	7	6	
城区	Urban Areas	75395	63252	3346	3538	4611	820
教育部门	Education Departments	59267	51863	2496	2635	1986	142
民办	Run by Private Institutions	16010	11278	848	900	2625	678
地方企业	Local Enterprises	37	36				
其他部门	Other Departments	81	75	2	3		
镇区	Township	106368	92404	2298	4716	5503	432
教育部门	Education Departments	90292	80492	1743	4124	4069	118
民办	Run by Private Institutions	15889	11734	553	588	1434	314
地方企业	Local Enterprises	103	99	1	3		
其他部门	Other Departments	84	79	1	1		
乡村	Rural Areas	40720	35349	1085	1434	2947	135
教育部门	Education Departments	32298	29581	699	1040	1810	107
民办	Run by Private Institutions	8313	5674	381	391	1131	28
地方企业	Local Enterprises	28	28				
其他部门	Other Departments	81	66	5	3	6	

注：本表包括初级中学、九年一贯制学校、职业初中、完全中学、高级中学、十二年一贯制学校。

Note: Teachers and staff who work in junior schools, 9 year education schools, vocational junior schools, senior schools and 12 year education schools are included in the table.

16-16 职业高中分科类学生数(2013年)
STUDENTS OF VOCATIONAL HIGH SCHOOLS BY FIELD OF STUDY(2013)

单位：人 (person)

学科分类	Subject	毕业生数 Number of Graduates	招生数 Number of New Students Enrollment	在校学生数 Number of Students Enrollment
总　计	**Total**	**82314**	**73583**	**227340**
农林牧渔类	Farming,Forestry,Husbandry and Fishing	13324	3128	33701
资源环境类	Resource and Environment	1687	1471	3904
能源与新能源类	Engery and New Energy	42		262
土木水利类	Engineering	1349	1981	4992
加工制造类	Processing and Manufacture	10733	10449	30312
石油化工类	Petrochemical Industry	752	984	2386
轻纺食品类	Textile and Food	1357	1171	2417
交通运输类	Transportation	3920	4215	11338
信息技术类	Information Technology	27640	24336	67841
医药卫生类	Medicine and Public Health	1684	2437	6156
休闲保健类	Recreation and Health Care	377	727	1880
财经商贸类	Economics,Finance and Business	5593	6616	18659
旅游服务类	Tourism Service	3368	3652	10658
文化艺术类	Culture and Art	6992	7973	22379
体育与健身	Sports and Fitness	448	717	1661
教育类	Education	1472	1387	3635
司法服务类	Judicial Service	407	370	904
公共管理与服务类	Public Administration and Service	773	1417	3126
其　他	Others	396	552	1129

16–17 职业高中分课程专任教师数
FULL–TIME TEACHERS OF VOCATIONAL HIGH SCHOOLS BY COURSE OF STUDY

单位：人 (person)

项　目	Item	2012	2013
总　计	**Total**	**13597**	**13990**
#女	Female	7959	8345
文化课	Foundation	7668	7925
专业课	Specialized	5694	5843
农林牧渔类	Farming,Forestry,Husbandry and Fishing	248	196
资源环境类	Resource and Environment	100	90
能源与新能源类	Engery and New Energy	46	49
土木水利类	Engineering	101	93
加工制造类	Processing and Manufacture	482	484
石油化工类	Petrochemical Industry	50	67
轻纺食品类	Textile and Food	24	32
交通运输类	Transportation	167	177
信息技术类	Information Technology	1544	1450
医药卫生类	Medicine and Public Health	207	210
休闲保健类	Recreation and Health Care	10	19
财经商贸类	Economics,Finance and Business	349	354
旅游服务类	Tourism Service	285	288
文化艺术类	Culture and Art	884	946
体育与健身	Sports and Fitness	241	279
教育类	Education	373	573
司法服务类	Judicial Service	36	32
公共管理与服务类	Public Administration and Service	75	71
其　他	Others	472	433
实习指导课	Practical Courses	235	222

16-18 小学学生情况(2013年)
BASIC STATISTICS ON PRIMARY SCHOOLS(2013)

单位：人 (person)

项　目	Item	学校数(所) Number of Schools (unit)	毕业生数 Number of Graduates	招生数 Number of New Students Enrollment	在校学生数 Number of Students Enrollment	预计毕业生数 Expected Number of Graduates
总　计	**Total**	**8946**	**477256**	**394198**	**2296331**	**386814**
#女	Female		228064	189087	1100135	185859
教育部门	Education Departments	8744	434853	368024	2115474	349981
民　办	Run by Private Institutions	181	41012	24851	173188	35676
地方企业	Local Enterprises	8	448	345	2007	333
其他部门	Other Departments	13	943	978	5662	824
城　区	Urban Areas	936	142483	137454	764918	126641
教育部门	Education Departments	879	129560	126331	699145	114663
民　办	Run by Private Institutions	50	12135	10372	61302	11335
地方企业	Local Enterprises		31	20	102	18
其他部门	Other Departments	7	757	731	4369	625
镇　区	Township	1766	181865	155639	929131	157842
教育部门	Education Departments	1686	162541	144922	849529	141178
民　办	Run by Private Institutions	74	18842	10274	77026	16246
地方企业	Local Enterprises	4	321	273	1579	255
其他部门	Other Departments	2	161	170	997	163
乡　村	Rural Areas	6244	152908	101105	602282	102331
教育部门	Education Departments	6179	142752	96771	566800	94140
民　办	Run by Private Institutions	57	10035	4205	34860	8095
地方企业	Local Enterprises	4	96	52	326	60
其他部门	Other Departments	4	25	77	296	36

16-19 小学学校教职工数(2013年)
TEACHERS AND STAFF OF PRIMARY SCHOOLS(2013)

单位：人 (person)

项　　目	Item	教职工数 Total	#专任教师 Full-time Teachers	#行政人员 Adminis-trative Personnel	代课教师 Substitute Teachers	兼任教师 Part-time Teachers
总　计	**Total**	**180491**	**166887**	**4219**	**16383**	**679**
#女	Female	129559	123412	1312	14040	411
#少数民族	Minority Nationality	168	157	6	8	
教育部门	Education Departments	171735	160987	3805	15425	531
民　办	Run by Private Institutions	8392	5579	400	897	88
地方企业	Local Enterprises	85	82			56
其他部门	Other Departments	279	239	14	61	4
城　区	Urban Areas	44506	40585	1456	3006	126
教育部门	Education Departments	41454	38468	1284	2721	85
民　办	Run by Private Institutions	2859	1944	162	282	41
地方企业	Local Enterprises					
其他部门	Other Departments	193	173	10	3	
镇　区	Township	62813	58031	1257	5248	238
教育部门	Education Departments	59350	55760	1119	4809	179
民　办	Run by Private Institutions	3384	2205	135	406	14
地方企业	Local Enterprises	41	38			42
其他部门	Other Departments	38	28	3	33	3
乡　村	Rural Areas	73172	68271	1506	8129	315
教育部门	Education Departments	70931	66759	1402	7895	267
民　办	Run by Private Institutions	2149	1430	103	209	33
地方企业	Local Enterprises	44	44			14
其他部门	Other Departments	48	38	1	25	1

注：本表为小学、教学点数。

Note: The coverage includes primary schools and their relavent teaching schools in this table.

16-20 小学学龄人口入学率(2013年)
RATE OF SCHOOL-AGED CHILDREN ENROLLMENT(2013)

单位：人 (person)

项　目	Item	校内外学龄人口数 Total School-age Children in and out of School	在校学龄人口数 Total School-age Children in School	适龄人口入学率(%) Rate of Enrollment (%)
总　计	**Total**	**2266464**	**2262453**	**99.8**
#女　童	Female Children	1087192	1085388	99.8
城　区	Urban Areas	756027	748712	99.0
镇　区	Township	913994	917941	100.4
乡　村	Rural Areas	596443	595800	99.9

16-21 主要年份幼儿园基本情况
BASIC STATISTICS ON KINDERGARTENS IN MAJOR YEARS

单位：人 (person)

年　份 Year	幼儿园数(所) Number of Kindergartens (unit)	在园幼儿数 Number of Student Enrollment	教职工数 Number of Staff and Teachers	#专任教师 Full-time Teachers	平均每一教师负担幼儿数 Student-Teacher Ratio
1978	5997	305783	13243	6473	47
1980	7461	408471	17363	10390	39
1985	7731	592600	26855	20714	29
1990	7849	816087	38074	28922	28
1995	8477	1026401	45760	37483	27
2000	10856	1025982	51694	42565	24
2005	4619	641470	32666	21711	30
2006	4583	613938	34808	23125	27
2007	4477	628078	37833	24798	25
2008	4486	602147	37610	24833	24
2009	4354	642881	39470	26119	25
2010	4352	710297	42782	28509	25
2011	4908	820608	51472	33294	25
2012	5489	914797	58666	38194	24
2013	5882	951431	63684	41317	23

16-22 幼儿园基本情况(2013年)

BASIC STATISTICS ON KINDERGARTENS(2013)

单位：人 (person)

项目	Item	园数(所) Number of Kindergartens (unit)	班数(个) Number of Classes (unit)	在园幼儿数 Number of Students Enrollment	教职工数 Number of Staff and Teachers	#专任教师 Full-time Teachers	平均每一教师负担幼儿数 Student-Teacher Ratio
总计	**Total**	**5882**	**38608**	**951431**	**63684**	**41317**	**23**
#女	Female			457414	59462	40878	11
教育部门	Education Departments	1495	16897	407722	16326	12246	33
其他部门	Other Departments	96	653	20859	2057	1185	18
地方企业	Local Enterprises	134	1103	35203	4665	2502	14
集体	Run by Collectives	1626	5429	114047	5901	4123	28
民办	Run by Private Institutions	2504	14296	365849	33803	20794	18
城区	Urban Areas	1375	10426	293811	31107	18917	16
教育部门	Education Departments	171	1917	67070	4985	3663	18
其他部门	Other Departments	49	429	14995	1810	1022	15
地方企业	Local Enterprises	105	895	28863	3863	2100	14
集体	Run by Collectives	196	907	25370	1858	1213	21
民办	Run by Private Institutions	832	6063	150149	17701	10478	14
镇区	Township	1835	12950	385031	22749	15916	24
教育部门	Education Departments	509	5679	183649	8456	6495	28
其他部门	Other Departments	21	135	4463	162	126	35
地方企业	Local Enterprises	26	194	6105	765	388	16
集体	Run by Collectives	390	1561	39800	1782	1355	29
民办	Run by Private Institutions	888	5377	150883	11575	7544	20
乡村	Rural Areas	2672	15232	272589	9828	6484	42
教育部门	Education Departments	815	9301	157003	2885	2088	75
其他部门	Other Departments	26	89	1401	85	37	38
地方企业	Local Enterprises	3	14	235	37	14	17
集体	Run by Collectives	1040	2961	48877	2261	1555	31
民办	Run by Private Institutions	784	2856	64817	4527	2772	23

16-23 特殊教育学校基本情况(2013年)

BASIC STATISTICS ON SPECIAL EDUCATION SCHOOLS(2013)

单位：人 (person)

类别	Type	班数(个) Number of Classes (unit)	毕业生数 Number of Graduates	招生数 Number of New Students Enrollment	在校学生数 Number of Students Enrollment	教职工数 Number of Staff and Teachers	#专任教师 Full-time Teachers
总　计	**Total**	**604**	**1023**	**1069**	**7146**	**1613**	**1385**
#女	Female		428	472	3116	1192	1070
视力残疾	Vision Deformity	48	87	77	444		
听力残疾	Hearing Deformity	267	489	472	2910		
智力残疾	Intelligence Deformity	257	314	345	2843		
其他残疾	Others	32	133	175	949		
特殊教育学校	Special Education School	552	827	698	5256		
视力残疾	Vision Deformity	48	72	45	290		
听力残疾	Hearing Deformity	262	471	406	2609		
智力残疾	Intelligence Deformity	220	234	225	2149		
其他残疾	Others	22	50	22	208		
小学附设特教班	Class Attached Primary School	46	50	31	210		
视力残疾	Vision Deformity						
听力残疾	Hearing Deformity	4	1		25		
智力残疾	Intelligence Deformity	32	48	27	165		
其他残疾	Others	10	1	4	20		
小学随班就读	Learning with Other Children in Primary School		60	175	1128		
视力残疾	Vision Deformity		9	15	97		
听力残疾	Hearing Deformity		5	38	180		
智力残疾	Intelligence Deformity		22	66	441		
其他残疾	Others		24	56	410		
初中附设特教班	CLass Attached Junior Secondary Shool	6			14		
视力残疾	Vision Deformity						
听力残疾	Hearing Deformity	1			8		
智力残疾	Intelligence Deformity	5			6		
其他残疾	Others						
初中随班就读	Learning with Other Students in Junior Secondary School		86	165	538		
视力残疾	Vision Deformity		6	17	57		
听力残疾	Hearing Deformity		12	28	88		
智力残疾	Intelligence Deformity		10	27	82		
其他残疾	Others		58	93	311		

16-24 科学研究机构及人员(2013年)

INSTITUTIONS AND PERSONNELS OF SCIENTIFIC RESEARCH(2013)

项 目	Item	机 构 (个) Institutions (unit)	职工人数 (人) Employees (person)	从事科技活动人员 (人) Personnel (person)	#大学本科及以上学历 Bachelor Degree and Above
总 计	**Total**	**158**	**10330**	**8396**	**6003**
一、自然科学	**Natural Science**	**129**	**9191**	**7408**	**5225**
中 央	Central Government	1	580	519	398
地 方	Local Government	128	8611	6889	4827
在自然科学研究机构中	In Natural Science Research Institutions				
农、林、牧、渔业	Farming, Forestry, Animal Husbandry and Fishery	49	3260	2697	1938
采矿业	Mining	2	138	49	41
制造业	Manufacturing	21	1109	697	421
建筑业	Construction	1	634	565	539
信息传输、软件和信息技术服务业	Information Transmission, Software and Information Technology Services	1	103	91	71
科学研究和技术服务业	Scientific Reseach and Technical Services	17	1734	1523	951
水利、环境和公共设施管理业	Water, Environmental Protection and Public Facility Management	17	812	697	496
卫生和社会工作	Health Care and Social Work	16	1256	993	709
文化、体育和娱乐业	Culture, Sports and Recreation	5	145	96	59
公共管理、社会保障和社会组织	Public Management, Social Security and Social Organization				
二、社会科学	**Social Science**	**17**	**820**	**677**	**544**
管理学	Management	1	14	14	12
艺术学	Art	3	74	63	28
考古学	Archaeology	2	189	134	78
经济学	Economics	7	368	304	275
社会学	Sociology	1	22	22	20
教育学	Education	2	144	131	124
统计学	Statistics	1	9	9	7
三、情报科学	**Information Science**	**12**	**319**	**311**	**234**

16-25 主要年份县级以上自然科学研究与技术开发机构数

NATURAL SCIENTIFIC RESEARCH AND TECHNOLOGICAL DEVELOPMENT INSTITUTIONS AT COUNTY LEVEL AND ABOVE IN MAJOR YEARS

单位：个　(unit)

年份 Year	合计 Total	中国科学院直属 Subordinated to CAS	国务院各部门直属 Subordinated to the State Council Departments	省科委及各厅局直属 Subordinated to Provincial Departments	地、市直属 Subordinated to Prefecture and City
1980	134	1	10	54	69
1985	147	1	12	65	69
1990	199	1	12	77	109
1995	180	1	7	75	97
2000	160	1	7	76	76
2005	132	1		66	65
2006	131	1		66	64
2007	132	1		67	64
2008	132	1		69	62
2009	133	1		71	61
2010	134	1		70	63
2011	133	1		70	62
2012	133	1		72	60
2013	129	1		69	59

16-26 县级以上自然科学研究与技术开发机构人员数(2013年)

PERSONNELS OF NATURAL SCIENTIFIC RESEARCH AND TECHNOLOGICAL DEVELOPMENT INSTITUTIONS AT COUNTY LEVEL AND ABOVE(2013)

单位：人　(person)

项目	Item	机构数(个) Number of Institutions (unit)	职工人数 Number of Employees	#从事科技活动人员 Personnels	#大学本科及以上学历 Bachelor Degree and Above	在职工总数中：从事课题活动人员 Personnels of Projects in Staff and Workers
总　计	**Total**	**129**	**9191**	**7408**	**5225**	**4630**
中国科学院属	Subordinated to CAS	1	580	519	398	379
省地市属	Subordinated to Province, Prefecture and City	128	8611	6889	4827	4251
太原市	Taiyuan	70	6160	4975	3641	3174
大同市	Datong	5	230	169	132	111
阳泉市	Yangquan	3	81	46	29	28
长治市	Changzhi	11	312	240	161	129
晋城市	Jincheng	7	65	63	35	26
朔州市	Shuozhou	2	57	42	8	18
晋中市	Jinzhong	4	460	347	244	192
运城市	Yuncheng	6	457	349	154	159
忻州市	Xinzhou	8	229	200	140	131
临汾市	Linfen	7	319	252	152	153
吕梁市	Lvliang	5	241	206	131	130

16-27 获省科学技术奖情况
PROVINCIAL PRIZES IN SCIENCE AND TECHNOLOGY

单位：项 (unit)

项　　目	Item	2012	2013
总　计	**Total**	**190**	**190**
科技进步奖	Prize of Science and Technology Progress	161	159
一等奖	First Prize	11	8
二等奖	Second Prize	78	80
三等奖	Third Prize	72	71
技术发明奖	Prize of Technological Invention	6	9
一等奖	First Prize	1	2
二等奖	Second Prize	3	6
三等奖	Third Prize	2	1
自然科学奖	Prize of Natural Science	23	22
一等奖	First Prize	2	2
二等奖	Second Prize	11	13
三等奖	Third Prize	10	7

16-28 主要年份自然科学技术人员数
PERSONNELS OF NATURAL SCIENCE AND TECHNOLOGY IN MAJOR YEARS

单位：人 (person)

年　份 Year	总　计 Total	工程技术人员 Engineering	农业技术人员 Agriculture	卫生技术人员 Health Care	科学研究人员 Scientific Research	教学人员 Teaching
1978	151951	51127	13671	46557	5906	34690
1980	152781	54683	10825	41755	5602	39916
1985	238276	112064	12641	63502	5837	44232
1990	323808	152920	14608	77013	5218	74049
1995	355452	167114	11808	82407	4789	89334
2000	328936	121751	17074	83886	3681	102544
2005	375556	127236	20191	100160	4118	123851
2006	396904	133263	20456	112702	4006	126477
2007	403813	137329	20280	113775	3903	128526
2008	416572	145019	20507	116453	4007	130586
2009	422416	146990	20840	119458	3958	131170
2010	426966	148829	23269	119979	3652	131237
2011	433546	153618	23823	122011	3613	130481
2012	446840	162442	25613	126525	4930	127330
2013	451492	167161	25931	123205	4077	131118

注：2000年及以后不包括中央驻晋单位自然科学技术人员数。
Note: Data in this table excludes persons belonging to the central unit since 2000.

16-29 省科学技术协会及所属学会工作情况(2013年)

PROVINCIAL SCIENCE AND TECHNOLOGY ASSOCIATION AND ITS BRANCHES(2013)

项　目	Item	省科协 Provincial Associations	省级学会 Provincial Learned Societies	地(市)科协 Prefectural (civic) Associations
一、机构与从业人员	**Organization and Personnel**			
机　构(个)	Organization (unit)	1		10
机关从业人员(人)	Personnel of Administrative organs (person)	43		135
直属单位从业人员(人)	Personnel of Affiliated Institntions (person)	570		149
二、学术交流	**Academic Exchange**			
学术会议(次)	Academic Meetings (time)	8	299	19
参加人员(人次)	Participants (person-time)	560	42787	896
交流论文(篇)	Papers Presented (piece)	94	7501	182
#国内学术会议(次)	Domestic Academic Meetings (time)	8	299	19
参加人员　(人次)	Participants (person-time)	560	42787	896
交流论文　(篇)	Papers Presented (piece)	94	7501	182
国际学术会议(次)	International Academic Meetings (time)		17	
参加人员　(人次)	Participants (person-time)		2187	
交流论文　(篇)	Papers Presented (piece)		287	
三、科学普及	**Science Universal**			
举办科普宣讲活动(次)	Science Universal Lectures (time)	469	13367	547
宣讲活动受众人数(人次)	Participants (person-time)	564660	695132	222930
四、科技培训	**Science and Technology Training**			
举办实用技术培训(次)	Practical Techniques Training (time)	439	949	437
培训人数(人次)	Persons Trained (person-time)	46045	57464	150010
五、青少年科技活动	**Science and Technology Activity for Teenagers**			
举办青少年科普宣讲活动(次)	Science Universal Lectures to teenagers (time)	18	2806	166
青少年科技竞赛(次)	Teenagers Participating in Science and Technology Competitions (time)	6	8	33
参加人数(人次)	Number of Participants (person-time)	10100	47650	149934

主要统计指标解释

普通高等学校 指按照国家规定的审批程序批准举办，通过全国统一招生考试招收高级中等学校毕业生和具有同等学历者，实施高等教育，培养高等专门人材的学校。包括大学、专门学院、专科学院和短期职业大学。

成人高等学校 指按照国家规定的审批程序批准举办，招收在职高中毕业或同等学历者，利用多种形式对成人实施高等教育，培训相当普通高等学校专科或本科毕业水平的专门人才的学校。包括广播电视大学、职工高等学校、农民高等学校、干部管理学院、教育学院、独立函授学院以及普通高等学校举办的函授、夜大等。

小学学龄儿童入学率 指调查范围内已入小学学习的学龄儿童数占全部小学学龄儿童总数（包括弱智儿童在内，但不包括盲聋哑儿童）的比重。计算公式是：

$$小学学龄儿童入学率=\frac{已入学的小学学龄儿童数}{校内外小学学龄儿童总数}\times100\%$$

科学家和工程师 指大学毕业及以上文化程度和其他具有高、中级职称的人事科技活动人员。

自然科学技术人员 指已取得科学技术职称，或大学、中专的理、工、农、医类系毕业，以及国民经济各部门从工作实践中提拔，从事理、工、农、医等自然科学技术的研究、教学、生产（事业）技术方面工作的专业人员和在机关、企业、事业中从事科学技术业务管理工作的专业人员。

工程技术人员 指在国民经济各行业从事工程技术工作的自然科学技术的专业人员。包括：高级工程师、工程师、助理工程师、技术员和未评定职称的技术人员。

农业技术人员 指在国民经济各行业从事农业技术工作的自然科学技术的专业人员。包括：高级农艺师、农艺师、助理农艺师、技术员和未评定职称的技术人员。

卫生技术人员 指在国民经济各行业从事卫生医务工作的自然科学技术的专业人员。包括：正副主任医师、主治医师、医师、医（护）士和未评定职称的技术人员。

科学研究人员 指在国民经济各行业从事科学技术活动的自然科学技术的专业人员。包括：正副研究员、助理研究员、实习研究员、技术员和未评定职称的技术人员。

教学人员 指在国民经济各行业从事自然科学技术方面的教学活动的专业人员。包括：正副教授、讲师、助教、教师和在小学从事自然科学技术方面的教学活动的人员。

科技活动 指在所有科学技术领域内，即自然科学、工程科学和技术、医学科学、农业科学、社会科学及人文科学中，与科技知识的产生、发展、传播、应用密切相关的全部的、有组织的、系统的活动。包括三类活动：(1)研究与实验发展活动；(2)研究与实验发展成果应用；(3)科技服务活动。

科技服务 指同研究与实验发展活动、研究与实验发展成果应用活动有关的和有助于科技知识的产生、传播和应用的活动。目前我们所统计的科技服务是指调查范围内，除为研究与实验发展活动直接（完全或主要是为某项研究与实验发展而开展的辅助性活动）以外的科技服务，如情报、文献、咨询等。

科学论文 指以书面发表的，最原始的研究与开发成果报道。科学论文应该是：(1)首次或最初发表的研究与开发成果；(2)作者的实验应该能被同行重复并验证；(3)发表后科技界能引用。

科技著作 指经过正式出版部门编印出版的论述科学技术问题的理论性文集或专著。如果著作系与本机构外的同行数人合著，则只统计以本机构科技人员为主的著作。

国外发表 包括在各种国际性学术会议、讨论会、讲座上发表的论文以及编入国际会议文集的论文和我国学术刊物上发表的论文。

Explanatory Notes on Main Statistical Indicators

Regular Institutions of Higher Education refer to educational establishments set up according to the government evaluation and approval procedures, enrolling graduates from senior secondary schools and providing higher education courses and training for senior professionals. They include full-time universities, colleges, institutions of higher professional education, institutions of higher vocational education and others.

Institutions of Higher Education for Adults refer to educational establishments, set up in line with relevant rules approved by the government, enrolling staff and workers with senior secondary school or equivalent education, and providing higher education courses in many forms of correspondence, spare time, or full time for adults. Professionals thus trained receive a qualification equivalent to graduates studying regular courses at regular universities, colleges and professional colleges. Institutions of higher learning for adults include schools of higher education for staff and workers, schools of higher education for peasants, colleges for management cadres, pedagogical colleges, independent correspondence colleges, Radio and TV universities and other educational establishments.

Enrollment Rate of Primary School-age Children refers to the proportion of school age children enrolled at schools to the total number of school age children both in and outside schools (including retarded children, but excluding blind, deaf and mute children). The formula is:

$$\text{Enrollment Rate of Primary School-age Children}=\frac{\text{Total Primary School - age Children at School}}{\text{Total Primary School - age Children}}\times 100\%$$

Scientists and Engineers refer to persons engaged in S&T activities either having obtained titles of senior and middle level professional positions, or those without such positions but have completed university or higher education.

Natural Scientific and Technical Personnel refer to those professionals holding scientific and technical titles or taking such positions, or being graduated from departments of science, engineering, agriculture and medicine, and having been promoted in practice in different sectors of the national economy and working on research, teaching and production technique in the scientific and technological fields such as science, engineering, agriculture and medicine, etc. and the professionals doing administrative work related to science and technology in government agencies, enterprises and institutions.

Engineering Personnel refer to the persons who are engaged in engineering science and technology in different sectors of the national economy, including senior engineers, engineers, assistant engineers, technicians and technical personal without professional titles.

Agricultural Personnel refer to the persons who are working on the science of agriculture in different sectors of the national economy, including senior agronomists, agronomists, assistant agronomists, technicians and technical personnel without professional titles.

Public Health Personnel refer to those personnel engaged in medical and health work in different sectors of the national economy, including director doctors and their deputies, doctors in charge, doctors, paramedics, nurses and technical personnel without professional title.

Scientific Research Personnel refers to the persons who are engaged in scientific and technical activities in different sectors of the national economy, including research fellows and their deputies, assistant research fellows, research trainees, technicians and technical personnel without professional titles.

Teaching Personnel refer to those professionals engaged in the teaching in different activities in different sectors of the national economy, including professions, associate professors, lecturers, associate professors, lecturers, teaching assistants, teachers and teaching personnel in science and technology in primary schools.

Scientific and Technological Activities refer to organized activities which are closely related with the creation, development, dissemination and application of the scientific and technical knowledge in the fields of natural sciences, agricultural science, medical science, engineering and technological science, humanities and social sciences. It includes three kind of activities: (1) developing activities of research and experiment; (2) the application of developing results of research and dexperiment; (3) service activities in science and technology.

Science and Technology Services refer to activities related to activities of research and experiment, to applied activities of developing results of research and experiment, and benefiting the production, spread and application of knowledge of science and technology. Nowadays the services in science and technology we have summed up refer to services in science and technology with in the investigation with the exception of developing activities of research and experiment, such as information, literary data, consultation, etc.

Scientific Paper refer to the most original report on research and developing results published in written form. Scientific papers should be: (1) research and developed results published for the first time or at the first;(2)the author's experiments should be repeated and proved by their fellow craftsmen;(3)these papers should be quoted by the public of science and technology after they are published.

Science and Technology Works refer to theoretical writers' works or personal works demonstrating the question of science and technology edited and published by formal publishing section. If the works are written together by several fellow craftsmen beyond this institution then you should just compile the statistics of works written by the scientific research personnel of this institution.

Published Abroad including the papers published in all kinds of international academic meetings, conferences and lectures and papers compiled into writer's works at the international conference and those published in the academic periodicals abroad.

17 文化、体育、卫生、环保

CULTURE, SPORTS, PUBLIC HEALTH AND ENVIRONMENTAL PROTECTION

PAGE 497-522

资料整理人员

史美荣　张　媛　高宇宏

文化、体育、卫生、环保

CULTURE, SPORTS, PUBLIC HEALTH AND ENVIRONMENTAL PROTECTION

文化馆数	Number of Cultural Centers	119	个	(unit)
公共图书馆数	Number of Public Libraries	127	个	(unit)
体育场地数	Number of Sports Grounds	10165	个	(unit)
电视台数	Number of TV Stations	3	个	(unit)
医院数	Number of Hospitals	1219	个	(unit)
废水排放总量	Total Volume of Waste Water	47795	万吨	(10 000 tons)

卫生技术人员构成 (%)

Composition of Medical Technical Personnels (%)

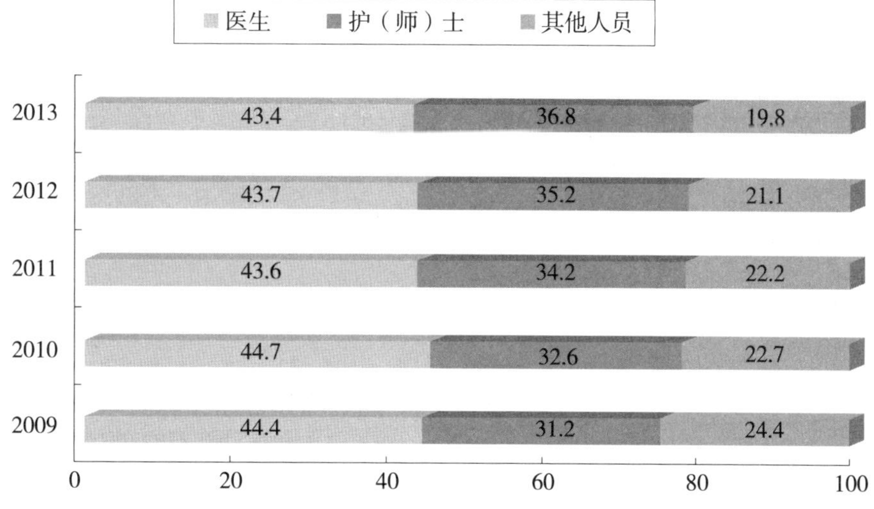

报纸总印数 (万份)

Total Printed Copies of Newspapers (10 000 copies)

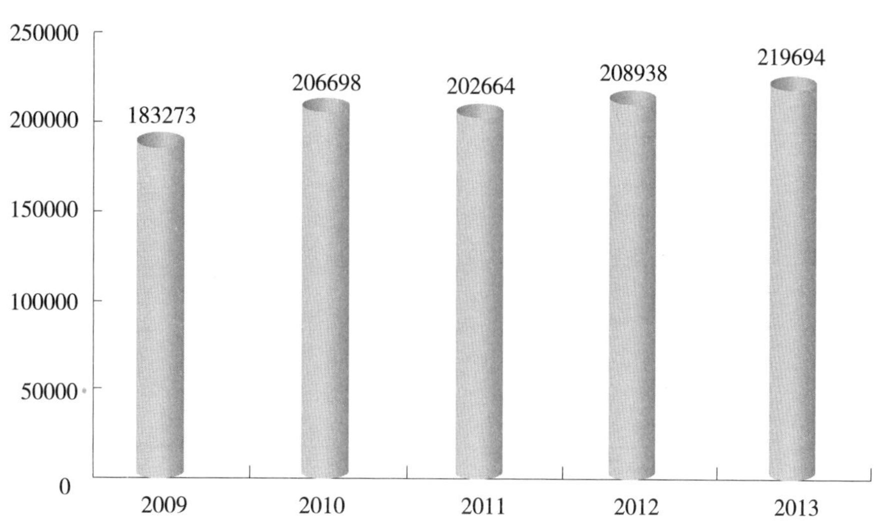

17-1 主要年份广播、电视台(站)数
NUMBER OF RADIO AND TELEVISION STATIONS IN MAJOR YEARS

单位：个 (unit)

年 份 Year	无 线 Radio Broadcast		电视广播 Telecast		人口覆盖率(%) Population Coverage Rate (%)	
	广播电台 Broadcasting Stations	中短波发射台和转播台 Transmission and Relaying Stations of Medium and Short Wave	电视台 Television Stations	一百瓦以上电视发射台 Transmission Stations above 100W	广 播 Radio	电 视 TV
1980	1	10	1	11	44.5	46.6
1985	3	12	6	16	43.0	60.0
1990	14	20	25	36	51.0	78.0
1995	53	21	31	46	68.0	84.1
2000	8	17	12	53	90.0	95.2
2005	10	15	12	309	91.8	95.8
2006	8	15	10	137	92.1	96.3
2007	8	15	10	134	92.2	96.5
2008	8	15	10	152	92.4	96.6
2009	8	15	10	151	92.5	96.8
2010	7	15	8	151	93.3	97.5
2011	4	15	6	148	93.6	97.7
2012	2	15	4	148	95.4	98.1
2013	1	15	3	145	96.8	98.5

注：由于广电系统制度变动，2006以前年份电视台和转播台为1000瓦以上口径。

Note: Data of TV transmission stations and relaying stations since 2006 is above 1000w for range changing in broadcasting and TV system.

17-2 文化艺术机构和人员数(2013年)
INSTITUTIONS AND PERSONNELS OF CULTURE AND ART(2013)

类 别	Type	总 计 Total		文化部门 Culture Department			
				国有单位 State-owned Unit		集体单位 Collective-owned Unit	
		机构数(个) Institutions (unit)	人数(人) Person (person)	机构数(个) Institutions (unit)	人数(人) Person (person)	机构数(个) Institutions (unit)	人数(人) Person (person)
总 计	**Total**	**4447**	**39779**	**2169**	**19474**	**61**	**2374**
艺术业	Art	327	12563	172	7131	54	2252
图书馆业	Libraries	127	1539	125	1526		
群众文化服务业	Mass Culture Services	1538	4773	1522	4727		
艺术教育业	Art Education	19	1503	17	1470		
文化市场经营机构	Business Institutions of Culture Market	1982	10479				
文艺科研	Art Research	27	876	27	876		
其 他	Others	427	8046	306	3744	7	122

注：文化市场经营机构不含非公有制艺术表演团体。

Note: Business institutions of culture market don't include non-public ownership art troupes.

17-3 主要年份广播剧、电视剧、电影故事片制作情况

PRODUCTION OF RADIO PLAYS, TELEVISION PLAYS AND FEATURE FILMS IN MAJOR YEARS

年 份 Year	广播剧 Radio Plays		电视剧 TV Plays		电影故事片 (部) Feature Films (unit)
	部 Unit	集 数 Part	部 Unit	集 数 Part	
1985	13	50	18	39	2
1987	12	16	13	46	1
1988	9	37	14	111	2
1989	6	9	24	102	1
1990	5	14	28	122	
1995			12	80	1
2000	5	8	3	42	
2005	7	353	19	371	18
2006	129	1174	14	296	14
2007	105	2507	9	206	10
2008	17	450	2	72	20
2009	6	162	5	150	11
2010	25	1133	2	32	6
2011			2	67	8
2012			1	50	18
2013			7	199	12

17-4 主要年份文化艺术、文物事业单位数

NUMBER OF INSTITUTIONS OF CULTURE, ART AND CULTURAL RELICS IN MAJOR YEARS

单位：个 (unit)

年 份 Year	艺术表演团体 Art Troupes	文化馆 Cultural Stations	公共图书馆 Public Libraries	博物馆 Museums
1978	147	124	61	15
1980	162	126	72	19
1985	175	117	103	56
1990	169	118	111	67
1995	162	118	119	67
2000	159	118	121	76
2005	156	119	122	86
2006	156	119	122	86
2007	159	119	122	86
2008	164	119	122	85
2009	158	119	124	86
2010	167	119	126	89
2011	162	119	126	89
2012	163	119	126	92
2013	155	119	127	98

17-5 艺术表演团体演出情况(2013年)
PERFORMANCE OF ART TROUPES(2013)

单位：千场 (1 000 shows)

类别	Type	国内演出场次 Number of Performances in Domestic	#到农村演出场次 Shows in Rural Areas	国内演出观众人次(千人次) Number of Spectators (1 000 person-times)
总计	**Total**	**38.9**	**33.4**	**37008**
按登记注册类型分	**By Types of registration Status**			
国有经营剧团	Troupes Sponsored by State-owned Units	15.0	12.2	13638
集体经营剧团	Troupes Sponsored by Collective-owned Units	11.4	10.4	11482
其他	Others	12.6	10.8	11887
按剧种分	**By Art Types**			
话剧、儿童剧、滑稽剧类	Drama, Children Play and Comedy Troupes	0.1		140
其中：儿童剧	Children Play Troupes			15
歌舞、音乐类	Song and Dance Troupes	2.6	1.7	2558
京剧、昆曲类	Beijing Opera and Kunqu Opera Troupes	0.1		17
其中：京剧	Beijing Opera Troupes	0.1		17
地方戏曲类	Local Opera Troupes	30.1	27.5	30208
杂技、魔术、马戏类	Acrobatics, Magic and Circus Troupes	0.8		10.7
曲艺类	Ballad Troupes	0.4	0.3	65.1
综艺性艺术表演团体	Comperehensive Art Performance Troupes	4.9	3.8	4008.8

17-6 艺术表演团体收入和支出(2013年)
REVENUE AND EXPENDITURE OF ART TROUPES(2013)

单位：千元 (1 000 yuan)

类别	Type	剧团(个) Number of Art Troupes (unit)	#国家经费补贴剧团 Government Subsidies	总收入 Total Revenue	#演出收入 Revenue from Performances	总支出 Total Expenditures
总计	**Total**	**226**	**136**	**560383**	**121160**	**532842**
按登记注册类型分	**By Types of registration Status**					
国有经营剧团	Troupes Sponsored by State-owned Units	84	72	398430	44221	393985
集体经营剧团	Troupes Sponsored by Collective-owned Units	54	49	65918	12036	61948
其他	Others	88	15	96035	64903	76909
按剧种分	**By Art Types**					
话剧、儿童剧、滑稽剧类	Drama, Children Play and Comedy Troupes	5	3	27711	10363	28354
其中：儿童剧	Children Play Troupes	1	1	2004	23	2118
歌舞、音乐类	Song and Dance Troupes	45	21	111738	22653	110528
京剧、昆曲类	Beijing Opera and Kunqu Opera Troupes	1	1	17827	2773	17675
其中：京剧	Beijing Opera Troupes	1	1	17827	2773	17675
地方戏曲类	Local Opera Troupes	134	102	335272	62425	320636
杂技、魔术、马戏类	Acrobatics, Magic and Circus Troupes	1	1	4917		5050
曲艺类	Ballad Troupes	6	2	5042	1772	4317
综艺性艺术表演团体	Comperehensive Art Performance Troupes	34	6	57876	21174	46282

17-7 群众艺术馆、文化馆业务活动及经费(2013年)
ACTIVITIES AND FUNDS OF MASS ART CENTERS AND CULTURAL CENTERS(2013)

项　　目	Item	总　计 Total	#群众艺术馆 Mass Art Centers	#文化馆 Cultural Centers
单位数 (个)	Number of Units (unit)	1538	12	119
举办展览 (个)	Number of Exhibtions (unit)	3295	41	752
举办培训班 (次)	Training Courses (time)	9750	525	3004
组织文艺活动次数 (次)	Art Performances (time)	20201	289	3669
总支出 (千元)	Total Expenditures (1 000 yuan)	385010	55378	210012
#商品和服务支出	Expenditures on Goods and Services	43132	13265	29867

17-8 公共图书馆业务活动及经费(2013年)
ACTIVITIES AND FUNDS OF PUBLIC LIBRARIES(2013)

项　　目	Item	总　计 Total	省级公共图书馆 Public Libraries at Provincial Level	地市级公共图书馆 Public Libraries at Prefecture Level	县级公共图书馆 Public Libraries at County Level
总藏量　(千册,件)	Total Collections (1 000 volumes)	14657	3007	2576	9074
书架单层总长度 (千米)	Total Length of Bookshelves (1000 m)	213	37	69	108
发放有效借书证数 (千个)	Number of Library Cards Distributed (1 000 unit)	255	29	85	141
图书流通人次 (千人次)	Total Number of Circulation Books (1 000 person-times)	6029	1500	1557	2971
#书刊外借人次 (千人次)	Number of Persons Who Borrowed Books from Libraries (1 000 person-times)	2800	628	869	1303
为读者服务举办各种活动次数 (次)	Number of Service Activities Provided for Readers (time)	3177	234	963	1980
参加人数(千人次)	Number of Readers Involved (1 000 person-times)	1000	345	77	578
电子阅览室终端数 (个)	Number of Terminal in Electrical Reading Room (unit)	3976	414	669	2893
总支出 (千元)	Total Expenditures (1 000 yuan)	200521	54766	34829	110926
#新增藏量购置费	Purchase Expenses of New Collections				
本年新购藏书 (千册)	Number of Books Newly Purchased During the Year (1 000 volumes)	10597	1	3939	6657
实际使用公用房屋建筑面积 (千平方米)	Actual Usage Floor Space of Public Buildings (1 000 sq.m)	392	80	64	248
#书　库	Stock Rooms	75	13	11	51
阅览室座席 (千个)	Seating Capacity of Reading Rooms (1 000 seat)	26	3	4	18

17-9 出版发行、文物、图书馆、群众文化事业机构和人员数(2013年)

INSTITUTIONS AND PERSONNELS OF PUBLISHING, CULTURAL RELICS, LIBRARY AND MASS CULTURE(2013)

项目	Item	机构数(个) Number of Institutions (unit)	人数(人) Number of Personnel (person)
出版发行事业	Publishing Undertakings		
#出版社	Publishing Houses	8	465
国有书店	State-owned Book Stores	142	4475
文物事业	Cultural Relics Undertakings		
#博物馆	Museums	98	2215
文物机构	Cultural Relics Institutions	239	3982
图书馆事业	Public Libraries Undertakings	127	1539
群众文化服务业	Mass Cultural Service	1538	4773
群众艺术馆	Mass Art Centers	12	392
文化馆	Cultural Centers	119	1564
文化站	Cultural Stations	1407	2817
#乡镇文化站	Cultural Stations of Townships and Towns	1196	2313

17-10 博物馆、文物机构业务活动及经费(2013年)

ACTIVITIES AND FUNDS OF MUSEUMS AND CULTURAL RELICS INSTITUTIONS(2013)

项目	Item	总计 Total	文物保护管理机构 Protection and Management Institutions	其他文物机构 Other Institutions	博物馆 Museums	文物商店 Cultural Relics Shop	文物科研机构 Research Instituton of Relics
藏品(件)	Number of Collections (piece)	906751	166097	4033	598381	131497	6743
#一级品	Grade One	3541	500	1	3001		39
业务活动	Operation Activities						
陈列、展览(个)	Number of Displays and Exhibitions (unit)	242	9		233		
参观人数(千人次)	Number of Visitors (1 000 person-times)	18591	7412		10299		880
经费收入(千元)	Revenue of Funds (1 000 yuan)	2085114	373297	964426	421367	2883	323171
经费支出(千元)	Total Expenditures (1 000 yuan)	2132496	300697	1261634	351937	3465	214763
#商品和服务支出	Expenditures on Goods and Services	504218	77011	232205	127870	1040	67132
项目支出	Project Expenses	1614944	133701	1090817	194311		196115

17-11 主要年份图书、期刊和报纸总印数

TOTAL PRINTED COPIES OF BOOKS, MAGAZINES AND NEWSPAPERS IN MAJOR YEARS

年份 Year	图书 Books		期刊 Magazines		报纸 Newspapers	
	种数(种) Number of Kinds (kind)	总印数(万册) Total Printed Copies (10 000 copies)	种数(种) Number of Kinds (kind)	总印数(万份) Total Printed Copies (10 000 copies)	种数(种) Number of Kinds (kind)	总印数(万份) Total Printed Copies (10 000 copies)
1978	290	6422	16	598	14	17869
1980	361	9055	33	1905	10	17590
1985	550	9991	110	7981	72	55174
1990	989	12166	129	2815	39	54361
1991	1381	14079	130	3086	42	46872
1992	1782	14163	139	3589	49	70047
1993	2261	13058	151	4001	55	73240
1994	2108	12300	158	3948	56	62568
1995	1728	13919	164	3586	59	59254
1996	1783	14654	160	3119	59	58363
1997	1741	15109	158	3199	59	66262
1998	1639	14016	157	2792	56	71954
1999	2214	15487	152	2816	57	69108
2000	1532	10105	165	2657	62	58825
2001	1894	10105	165	2659	59	62815
2002	2177	11800	187	3030	66	101712
2003	2505	13264	195	4290	65	140950
2004	2560	11098	198	4208	67	160553
2005	1683	10081	200	5914	60	329713
2006	1813	9337	199	4441	60	206067
2007	1979	11764	199	5434	60	210541
2008	2586	10535	199	3950	77	163296
2009	2629	11187	200	3402	77	183273
2010	3032	13183	200	4000	77	206698
2011	3401	13887	200	3428	77	202664
2012	4002	14789	198	3733	77	208938
2013	4025	13452	198	3384	77	219694

注：自2008年起报纸新增了高校校报。

Note: Statistical coverage of newspapers has newly added college newspaper since 2008.

17-12 体育局系统从业人员数(2013年)
EMPLOYEES OF SPORTS BUREAU(2013)

单位：人 (person)

类别	Type	合计 Total	行政机关职工合计 Staff and Workers of Administrative Agencies	运动项目管理部门 Administrative Departments of Sports Programmes	职业运动技术学院 Professional Sports Technique College	体育运动学校 Physical Education and Sports Schools
总计	**Total**	**4511**	**1033**	**785**	**202**	**935**
公务员	Civil Servants	603	603			
教练员	Coaches	485		110	25	162
运动员	Athletes	376		277		78
科研人员	Scientific and Technical Personnel	44		1	1	7
医务人员	Medical Personnel	42		17	4	9
文化教师	Teachers	605			110	329
管理人员	Administrative Personnel	1193		271	42	136
工勤人员	Logistics Personnel	434	110	56	13	80
其他人员	Others	729	320	53	7	134

类别	Type	业余体校 Sparetime Sports Schools	体育场馆 Stadiums and Gymnasiums	训练基地 Training Bases	科研所 Scientific Research Institutes	其他 Others
总计	**Total**	**587**	**214**	**37**	**49**	**669**
公务员	Civil Servants					
教练员	Coaches	182	6			
运动员	Athletes	21				
科研人员	Scientific and Technical Personnel	1	2		30	2
医务人员	Medical Personnel	7	2			3
文化教师	Teachers	146				20
管理人员	Administrative Personnel	134	125	24	14	447
工勤人员	Logistics Personnel	53	59	11		52
其他人员	Others	43	20	2	5	145

17-13 体育场地情况(2013年)
STATISTICS ON SPORTS GROUND(2013)

单位：个 (unit)

项 目	Item	总 计 Total	体育系统 Sports System	教育系统 Education System	高等院校 Regular Institutions of Higher Education	中专中技 Specialized Secondary and Skilled Worker Schools	中小学 Regular Secondary and Primary Schools	其 他 Others	其他系统 Other System
总 计	**Total**	**10165**	**523**	**6201**	**473**	**301**	**5283**	**144**	**3441**
体育场	Sports Field	104	32	65	17	5	41	2	7
体育馆	Sports Gym	34	13	11	6		5		10
游泳馆	Natatorium	24	7	2			2		15
室内游泳池	Indoor Swimming Pool	82	4	10	3	1	2	4	68
室外游泳池	Outdoor Swimming Pool	60	12						48
室内跳水池	Indoor Diving Pool	1		1				1	
室外跳水池	Outdoor Diving Pool	1	1						
有固定看台灯光球场	Illuminated Fields with Fixed Seat	201	67	12	4	1	4	3	122
综合房馆	General Gym	78	17	20	4	1	7	8	41
田径房馆	Track and Field Gym	1	1						
篮球房馆	Basketball Gym	29	5	19	4	4	10	1	5
排球房馆	Valleyball Gym	2		2	1		1		
手球房馆	Handball Gym	1							1
体操房馆	Gymnastics Gym	7	3	2		1	1		2
羽毛球房馆	Badminton Gym	34	3	10	2	2	5	1	21
乒乓球房馆	Table Tennis Gym	177	15	33	2	2	26	3	129
武术房馆	Wushu Gym	27	13	12			10	2	2
摔跤柔道房馆	Wrestling and Judo Gym	17	15	1	1				1
举重房馆	Weightlifting Gym	5	4	1			1		
健身房馆	Body Buildings Gym	205	8	30	8	7	8	7	167
棋牌房馆	Chess and Card Gym	254	5	15	3	3	4	5	234
其他训练房馆	Other Training Gym	29	10	7	2		4	1	12
保龄球房馆	Bowling Gym	31	1						30
台球房馆	Billiards Gym	123	5	6	1	1	1	3	112
田径场	Track and Field	189	20	162	23	11	126	2	7
小运动场	Small Sports Field	1594	15	1557	27	44	1482	4	22
手球场	Handball Field	4	1	3	1		2		
足球场	Football Field	34	1	23	5	6	12		10
室内网球场馆	Indoor Tennis Gym	5	2	1	1				2
室外网球场馆	Outdoor Tennis Gym	189	35	40	18	2	11	9	114
室内射击场	Indoor Shooting Range	11	9	1	1				1

注：2005年起数据为第五次全国体育场地普查数据,普查时点为2003年12月31日。
Note：Data from 2005 in this table is based on The Fifth Sports Ground Survey of Nation in 31 , Dec. 2003 .

17-13 续表 continued

单位：个 (unit)

项 目	Item	总计 Total	体育系统 Sports System	教育系统 Education System					其他系统 Other System
					高等院校 Regular Institutions of Higher Education	中专中技 Specialized Secondary and Skilled Worker Schools	中小学 Regular Secondary and Primary Schools	其他 Others	
室外射击场	Outdoor Shooting Range	2	2						
卡丁车场	Small Car Race Field	3	1						2
自行车赛车场	Cycling Field	1	1						
天然游泳场	Natural Swimming Pool	2							2
航空运动机场	Flying Sports Airport	3	3						
室内轮滑场	Indoor Wheel Slide Field	16	1						15
室外轮滑场	Outdoor Wheel Slide Field	13	4	1				1	8
攀岩场	Climbing Cliff Field	1							1
地掷球场	Baseball Ground Ball Field	18	8						10
篮球场	Basketball Field	5768	88	3911	254	188	3403	66	1769
排球场	Valleyball Field	197	7	173	59	15	94	5	17
门球场	Croquet Field	588	84	70	26	7	21	16	434

17-14 主要年份体育场地数

STADIUMS AND GYMNASIUMS IN MAJOR YEARS

单位：个 (unit)

年 份 Year	体育场 Stadiums	体育馆 Gymnasiums	有看台的灯光球场 Illuminated Fields with Fixed Seating	运动场 Playgrounds	航空机场 Aviation Airporter	射击场 Shooting Range	游泳池 Swimming Pools
1978	16	3	100	61	3	7	30
1980	17	3	127	68	3	7	31
1985	20	2	169	85	3	12	46
1990	29	7	216	140	3	14	72
1995	38	7	239	131	3	15	75
2000	38	7	239	131	3	15	75
2005	104	34	201	189	3	13	142
2006	104	34	201	189	3	13	142
2007	104	34	201	189	3	13	142
2008	104	34	201	189	3	13	142
2009	104	34	201	189	3	13	142
2010	104	34	201	189	3	13	142
2011	104	34	201	189	3	13	142
2012	104	34	201	189	3	13	142
2013	104	34	201	189	3	13	142

17-15 分项目等级运动员发展人数(2013年)
CERTIFIED ATHLETES BY TYPE OF SPORTS(2013)

单位：人 (person)

运动项目	Item	人数合计 Number of Persons	国际级运动健将 Master of Sports in International Level	#女 Female	一级 First Grade	#女 Female	二级 Second Grade	#女 Female
总　计	**Total**	**1506**	**29**	**16**	**256**	**96**	**1221**	**445**
田　径	Track and Field	199			6	2	193	44
游　泳	Swimming	33	2	1	11	5	20	8
水　球	Water Polo	2	2	1				
跳　水	Diving	1			1			
体　操	Gymnastics	5	1	1	4			
艺术体操	Artistic Gymnastics	1	1	1				
蹦　床	Trampoline	6	5	2	1			
举　重	Weightlifting	7			1	1	6	2
拳　击	Boxing	19			6	2	13	5
国际式摔跤	International Wrestling	71	1		2		68	22
中国式摔跤	Chinese-style Wrestling	25	3	2	18	6	4	
柔　道	Judo	76			22	9	54	27
跆拳道	Kickboxing	60	2	1	24	12	34	16
自行车	Cycle Racing	47			34	12	13	4
击　剑	Fencing	13			3	2	10	6
射　击	Shooting	72			34	16	38	12
射　箭	Sport Archery	19			5	2	14	7
足　球	Football	74			6	1	68	24
篮　球	Basketball	186			27	9	159	71
排　球	Volleyball	101			19		82	37
乒乓球	Table Tennis	128					128	51
羽毛球	Badminton							
网　球	Tennis	80					80	39
手　球	Handball	16					16	4
曲棍球	Field Hockey							
棒　球	Baseball							
健美操	Bodybuilding Gymnastics	23	9	7	4	4	10	7
街　舞	Hip Hop							
软式网球	Soft Tennis							
武　术	Wushu	192	3		21	11	168	47
蹼　泳	Fin Swimming							
摩托艇	Motorboat							
围　棋	Weiqi	16			2		14	4
国际象棋	International Chess	13			2	2	11	3
中国象棋	Chinese Chess	16			3		13	5
橄榄球	Rugby Football	4					4	
航空模型	Model Airplane	1					1	

17-16 分项目等级裁判员发展人数(2013年)

CERTIFIED REFEREES BY TYPE OF SPORTS(2013)

单位：人 (person)

运动项目	Item	人数合计 Number of Persons	一级 First Grade	#女 Female	二级 Second Grade	#女 Female
总　计	**Total**	**3256**	**198**	**61**	**3058**	**981**
田　径	Track and Field	235	5	3	230	90
游　泳	Swimming	152	2	1	150	50
跳　水	Diving					
水　球	Water Polo					
花样游泳	Synchronised Swimming					
体　操	Gymnastics	46			46	20
艺术体操	Artistic Gymnastics					
蹦　床	Trampoline	4	4	3		
举　重	Weightlifting					
拳　击	Boxing					
国际式摔跤	International Wrestling					
中国式摔跤	Chinese-style Wrestling	49			49	3
柔　道	Judo	38			38	6
跆拳道	Kickboxing	81	1		80	17
自行车	Cycle Racing					
击　剑	Fencing					
马　术	Equestrian					
足　球	Football	98			98	16
篮　球	Basketball	564	54	10	510	105
排　球	Volleyball	150			150	47
乒乓球	Table Tennis	685	35	13	650	219
羽毛球	Badminton	263	13	4	250	128
网　球	Tennis	225	25	7	200	60
健美操	Bodybuilding Gymnastics	200	10	3	190	75
街　舞	Hip Hop					
软式网球	Soft Tennis					
武　术	Wushu	106	4		102	50
滑　水	Aquaplane					
潜　水	Dive					
蹼　泳	Fin Swimming					
摩托艇	Motorboat					
围　棋	Weiqi	90			90	20
国际象棋	International Chess					
中国象棋	Chinese Chess	80			80	15
桥　牌	Bridge					
台　球	Billiard					
门　球	Croquet	116	26	15	90	40
龙　舟	Dragon boat					
钓　鱼	Angling					
风　筝	Kite Flying	19	19	2		
体育舞蹈	Physical Dancing	55			55	20

17-17 主要年份运动员打破纪录情况
RECORDS BROKEN BY ATHLETES IN MAJOR YEARS

年 份 Year	打破世界纪录 World Records Chalked Up			打破全国纪录 National Records Chalked Up			打破省纪录 Provincial Records Chalked Up		
	项数(项) Number of Events (item)	次数(次) Number of Times (time)	人数(人) Number of Persons (person)	项数(项) Number of Events (item)	次数(次) Number of Times (time)	人数(人) Number of Persons (person)	项数(项) Number of Events (item)	次数(次) Number of Times (time)	人数(人) Number of Persons (person)
1978				15	21	10	118	260	95
1980				11	31	4	123	233	132
1985				2	2	2	48	64	35
1990	1	1	1	7	10	7	106	152	62
1995				2	2	5	60	89	84
2000				3	4	6	70	78	57
2001				2	4	3	57	64	52
2002				3	3	2	28	38	27
2003				1	1	1	22	23	18
2004				1	1	1	23	18	14
2005				2	2	2	17	17	25
2006							6	42	42
2007							27	27	17
2008							56	57	57
2009				1	1	1	15	15	9
2010				2	2	2	5	8	8
2011							3	3	3
2012				1	1	1	11	11	3
2013							13	13	18

17-18 体育彩票、福利彩票发行情况
ISSUE OF SPORTS LOTTERY AND WELFARE LOTTERY

单位：万元 (10 000 yuan)

项 目	Item	2012	2013
体育电脑彩票销售点(个)	Computer Sale Place of Sports Lottery Ticket (unit)	2683	2948
体育彩票销售收入	Sale Revenue of Sports Lottery Ticket	101566	156171
福利彩票销售点(个)	Sale Place of Welfare Lottery Ticket (unit)	3143	3460
福利彩票销售收入	Sale Revenue of Welfare Lottery Ticket	254806	293196
用于兑奖金额	Value of Exchanging Awards	98550	89704

17-19 主要年份卫生机构数
HEALTH CARE INSTITUTIONS IN MAJOR YEARS

单位：个 (unit)

年份 Year	总计 Total	#医院 Hospitals	#疗养院(所) Sanatoriums	#门诊部(所) Outpatient Departments	#专科疾病防治院（所、站） Specialized Disease Prevention and Treatment Centers
1978	4995	2302	10	2345	7
1980	5190	2346	11	2432	6
1985	5834	2468	15	2910	6
1990	6108	2573	15	3020	10
1995	5922	2590	13	2790	12
2000	3273	716	13	92	15
2005	3009	885	6	52	14
2006	2993	916	8	47	12
2007	10036	973	7	38	13
2008	9533	1048	9	40	13
2009	11804	1165	9	168	14
2010	11889	1201	9	106	15
2011	12004	1216	9	291	11
2012	11907	1215	8	317	10
2013	12040	1219	8	297	8

年份 Year	#疾病预防控制中心 Centers for Disease Control and Prevention	#妇幼保健院(所、站) Maternity and Child Care Centers	#医学科学研究机构 Research Institutes of Medical Science	#其他卫生机构 Other Institutions
1978	136	128	3	46
1980	137	129	12	89
1985	135	123	19	129
1990	141	123	23	136
1995	153	131	22	58
2000	148	136	23	61
2005	157	131	10	24
2006	147	133	8	29
2007	147	133	10	30
2008	137	133	8	40
2009	149	133	7	62
2010	147	133	6	67
2011	147	132	7	59
2012	135	132	7	59
2013	134	132	7	71

注：2011年起，卫生机构数不包括村卫生室数，下同。

Note: Rural clinics aren't included in health care institutions from 2011. The same applies to the following.

17–20 主要年份卫生机构床位数
NUMBER OF BEDS IN HEALTH CARE INSTITUTIONS IN MAJOR YEARS

单位：张 (unit)

年 份 Year	总 计 Total	医 院 Hospitals	其他卫生机构 Other Institutions	平均每千人口拥有医院床位数 Number of Hospital Beds Per 1000 Population
1978	65426	63293	2133	2.69
1980	71702	69141	2561	2.89
1985	87768	82076	5692	3.34
1990	105324	98142	7182	3.45
1995	110422	101936	8486	3.37
2000	111880	77300	34580	2.38
2005	107968	81150	26818	2.42
2006	112342	83739	28603	2.48
2007	110418	82269	28149	2.42
2008	129458	94018	35440	2.76
2009	144544	101757	42787	2.97
2010	155973	108333	47640	3.09
2011	158459	111335	47124	3.11
2012	165294	119856	45438	3.32
2013	172620	128294	44326	3.54

17–21 主要年份卫生技术人员数
NUMBER OF MEDICAL TECHNICAL PERSONNELS IN MAJOR YEARS

单位：人 (person)

年 份 Year	卫生技术人员 Medical Technical Personnels	#执业(助理)医师 Licensed Assistant Doctors	#注册护士 Registered Nurses	平均每千人口拥有卫生技术人员数 Number of Medical Technical Personnel Per 1000 Population
1978	76475	35157	10775	3.16
1980	87815	40479	11561	3.54
1985	109596	48557	16488	4.17
1990	128465	60185	27956	4.52
1995	142239	68658	34907	5.68
2000	136224	64900	37057	4.19
2005	130955	58617	38117	3.90
2006	134647	60262	40943	3.99
2007	148659	66791	45523	4.38
2008	161531	73107	49256	4.74
2009	181573	80601	56577	5.29
2010	190917	85376	62251	5.45
2011	189283	82547	64793	5.27
2012	199601	87319	70337	5.54
2013	203385	88182	74849	5.62

17-22 卫生机构、床位、人员数(2013年)

INSTITUTIONS, BEDS AND PERSONNELS IN HEALTH CARE INSTITUTIONS(2013)

类别	Type	机构数(个) Institutions (unit)	床位数(张) Beds (unit)	人员合计(人) Personnel (person)	#卫生技术人员 Medical Technical Personnel
总计	**Total**	**12040**	**172620**	**239136**	**199517**
一、医院合计	**Total Number of Hospitals**	**1219**	**128294**	**157238**	**129780**
综合医院	General Hospitals	637	88819	115597	96506
中医医院	Hospitals of Chinese Medicine	191	14851	15468	13003
中西医结合医院	Hospitals for Chinese and Western Medicine	14	1605	1998	1688
民族医院	Nationality Hospitals				
专科医院	Special Hospitals	377	23019	24175	18583
口腔医院	Stomatological Hospitals	31	314	1271	959
眼科医院	Ophthalmology Hospitals	25	1182	1428	1028
耳鼻喉科医院	Otolaryngology Hospitals	5	140	241	168
肿瘤医院	Tumor Hospitals	4	2419	1814	1510
心血管病医院	Cardiovascular Hospitals	11	945	1243	1038
血液病医院	Hematological Hospitals	2	220	257	227
妇产(科)医院	Maternity Hospitals	40	1312	2170	1612
儿童医院	Children Hospitals	4	870	2042	1699
精神病医院	Mental Hospitals	27	4239	2659	1942
传染病院	Hospitals for Infections Diseases	8	2147	2424	1932
皮肤病医院	Dermatology Hospitals	11	240	198	149
结核病医院	Tuberculosis Hospitals	4	953	792	579
职业病医院	Occupational Disease Hospital	1	120	182	147
骨科医院	Orthopaedics Hospitals	50	2356	1775	1348
康复医院	Recovered Hospitals	19	1432	1043	721
整形外科医院	Plastics Hospitals	3	49	132	73
美容医院	Cosmetic Hospitals	3	58	80	59
其他专科医院	Other Specialized Hospitals	129	4023	4424	3392
二、疗养院	**Sanatoriums**	**8**	**1705**	**502**	**167**
三、社区卫生服务中心(站)	**Community Medical Service Centers and Stations**	**814**	**4720**	**11683**	**10273**
#社区卫生服务中心	Community Medical Service Centers	203	3733	6665	5835
四、卫生院合计	**Total Number Commune Hospitals**	**1665**	**33788**	**28459**	**24166**
街道卫生院	Urban Areas Neighbourhood Hospitals	464	5280	3887	3260
乡镇卫生院	Township Town Hospitals	1201	28508	24572	20906
中心卫生院	Centre Hospitals	441	13241	10868	9263
乡卫生院	Township Hospitals	760	15267	13704	11643
五、门诊部合计	**Total Number of Clinics**	**297**	**444**	**3218**	**2727**
综合门诊部	General Clinics	111	183	1322	1112
中医门诊部	Chinese Medicine Clinics	27	21	180	162
中西医结合门诊部	Chinese and Western Medicine Clinics	30	40	188	176
专科门诊部	Special Clinics	129	200	1528	1277

注：卫生机构、床位、人员数不包括村卫生室等数字；卫生机构床位数为实有数。

Note: The number of health care institutions,beds and personnel exclude rural clinics.The number of beds in health care institutions is an actual data.

17-22 续表1 continued

类 别	Type	机构数(个) Institutions (unit)	床位数(张) Beds (unit)	人员合计(人) Personnel (person)	#卫生技术人员 Medical Technical Personnel
六、诊所、卫生所、医务室	**Clinics, Health Centers and Infirmaries**	**7512**		**16677**	**16049**
诊 所	Clinics	6664		13652	13211
卫生所、医务室	Health Centres and Infirmaries	848		3025	2838
七、急救中心(站)	**First-aid Centers**	**9**	**15**	**600**	**434**
八、采供血机构	**Selection and Supplyment Blood Institutions**	**21**		**1035**	**762**
九、妇幼保健院 (所、站)	**Maternity and Child Care Centers**	**132**	**3464**	**7242**	**5916**
1.省 属	Belong to Province	1			
省辖市(地区)属	Belong to City(prefecture) of Province	9	966	2012	1666
地辖市属	Belong to City of Prefecture	36	654	1644	1334
县 属	Belong to County	85	1844	3569	2899
其 他	Others	1		17	17
2.妇幼保健院	Maternity and Child Care Hospitals	77	2853	5456	4458
妇幼保健所	Maternity and Child Care Institutes	6		106	83
妇幼保健站	Maternity and Child Care Stations	49	611	1680	1375
生殖保健中心	Reproduction Care Centers				
十、专科疾病防治院 (所、站)	**Special Prevention Institutions**	**8**	**190**	**412**	**305**
专科疾病防治院	Special Prevention Hospitals	1	150	195	138
结核病防治院	Tuberculosis Prevention Stations				
职业病防治院	Occupational Disease Preventivetion Stations	1	150	195	138
其 他	Others				
专科疾病防治所 (站、中心)	Special Prevention Institutes	7	40	217	167
口腔病防治所 (站、中心)	Stomatological Prevention Institutes	4		27	21
结核病防治所 (站、中心)	Tuberculosis Prevention Institutes				
职业病防治所 (站、中心)	Prevention Stations of Occupational Diseases	2	40	133	105
地方病防治所 (站、中心)	Endemic Diseases Prevention Stations	1		57	41
其 他	Others				
十一 、疾病预防控制中心(防疫站)	**Diseases Prevention and Control Centre**	**134**		**5422**	**3894**
1.省 属	Belong to Province	1		230	173
省辖市(地区)属	Belong to City (prefecture) of Province	11		926	680
地辖市属	Belong to City of Prefecture	34		1238	902
县 属	Belong to County	85		2812	1954
其 他	Others	3		216	185
2.疾病预防控制中心	Diseases Prevention and Control Centers				
卫生防疫站	Sanitation and Antiepidemic Stations				
预防保健中心	Prevention and Care Centers				

17-22 续表2 continued

类 别	Type	机构数(个) Institutions (unit)	床位数(张) Beds (unit)	人员合计(人) Personnel (person)	#卫生技术人员 Medical Technical Personnel
十二、卫生监督所	**Sanitation Supervision Stations**	**131**		**4381**	**3709**
省 属	Belong to Province	1		122	96
省辖市(地区)属	Belong to City (prefecture) of Province	12		569	446
地辖市属	Belong to City of Prefecture	33		1008	820
县 属	Belong to County	85		2682	2347
其 他	Others				
十三、计划生育技术服务机构	**Family Planning Technical Service Institution**	**15**		**187**	**144**
十四、医学科学研究机构	**Research Institutes of Medical Sciences**	**7**		**159**	**125**
十五、医学在职培训机构	**Medical in-service Training Institutes**	**4**		**31**	**20**
十六、健康教育所 (站、中心)	**Care Education Institutes**	**12**		**236**	**121**
十七、其他卫生机构	**Other Medical Institues**	**52**		**1654**	**925**
卫生监督检验(监测)机构	Sanitary supervison and Inspection Institution	2		99	57
临床检验中心	Checking Clinic Centers	4		149	84
其 他	Others	46		1406	784

17-23 卫生机构分类人员数
NUMBER OF PERSONNELS IN HEALTH CARE INSTITUTIONS BY CATEGORY

单位：人 (person)

人员分类	Type of Personnel	2005	2010	2013
一、各类人员总计	**Total Personnel**	**158186**	**227900**	**239136**
卫生技术人员	Medical Technical Personnel	130955	190917	199517
其他技术人员	Other Technical Personnel	8486	10473	10976
管理人员	Managerial Personnel	7593	11300	11086
工勤人员	Logistics Workers	11152	15199	17557
二、卫生技术人员	**Medical Technical Personnel**	**130955**	**190917**	**199517**
执业(助理)医师	Licensed Assistant Doctors	48310	85376	84663
#执业医师	Licensed Doctors	10307	69976	72573
注册护士	Registered Nurses	38117	62251	74500
药师(士)	Pharmacists	9606	10187	9942
技师(士)	Technicians	6610	10108	10510
其 他	Others	18005	23003	19902

注：本表不包括村卫生室人员。

Note：Data in the table does not include rural clinic personnel.

17-24 医疗机构医疗服务量及病床使用情况(2013年)
SERVICES QUANTITY IN HEALTH CARE INSTITUTIONS AND BED APPLYMENT(2013)

类　别	Item	总诊疗人次 (万人次) Total Person-time of Diagnosis and Treatment (10 000 person times)	出院人数 (万人) Person Leaving Hospital (10 000 persons)
总　计	**Total**	**12486.42**	**366.22**
#医　院	Hospital	4478.81	297.13
#综合医院	General Hospitals	3304.02	227.85
中医医院	Hospitals of Chinese Medicine	616.73	30.71
专科医院	Special Hospitals	558.07	38.57
卫生院	Commune Hospitals	1802.15	52.59
#乡镇卫生院	Town and Township Hospitals	1574.29	45.46
门诊部	Clinics	121.37	0.92
妇幼保健院 (所、站)	Maternity and Child Care Centers	274.86	10.29
专科疾病防治院 (所、站)	Special Disease Prevention Institutions	5.18	0.33

17-25 公证工作和调解
STATISTICS ON NOTARIZATION AND MEDIATION

项　目		Item	2012	2013
公证工作		**Notarization**		
公证处	(个)	Number of Notarization Offices(unit)	112	112
公证员(含公证员助理)	(人)	Notaries (Assistant Notaries) (person)	859	888
办理国内民事公证	(件)	Handle Civil Affair Notarization (case)	98233	107600
办理国内经济公证	(件)	Handle Civil Economic Notarization (case)	36822	31380
办理涉外公证	(件)	Handle Foreign Nationals Notarization (case)	31918	34304
涉港澳台公证	(件)	Hongkong, Macao and Taiwan Notarization (case)	590	747
调解工作		**Mediation**		
专职司法助理员	(人)	Full-time Judicial Assistants (person)	2483	2125
人民调解委员会	(个)	Number of People Mediation Committees (unit)	35425	35427
调解人员	(人)	Number of Mediators (person)	132863	132912
调解各类纠纷	(件)	Mediation Various Quarrels (case)	292613	292616
防止民间纠纷引起自杀	(人)	Prevent Civil Quarrel Causing Committing Sucide (person)	455	216
防止民间纠纷转化为刑事案件	(件)	Prevent Civil Quarrel Turning to Criminal Case (case)	1546	1246

17-26 律师工作
STATISTICS ON LAWYERS

项目	Item	2012	2013
律师事务所 (个)	Number of Law Offices (unit)	540	573
律师工作人员(注册) (人)	Number of Lawyers (person)	4944	5540
专职律师	Full-time Lawyer	4524	5075
兼职律师	Part-time Lawyers	291	291
聘请常年法律顾问的单位 (个)	Number of Units with Permanent Legal Advisors (unit)	3606	5645
民事诉讼代理 (件)	Agent of Civil Cases (case)	27895	29290
行政诉讼代理 (件)	Agent of Administrative Action (case)	1517	1807
刑事辨护及代理 (件)	Agent and Defender of Criminal Cases (case)	15712	16026
非诉讼法律事务 (件)	Agent of Non-Litigious Legal Affairs (case)	10473	31001
解答法律咨询 (人次)	Advisory Services (person-time)	78547	82475
代写法律事务文书 (件)	Legal Documents Written on Behalf of Clients (case)	18162	18707

17-27 主要年份婚姻登记数
MARRIAGE REGISTRATION IN MAJOR YEARS

单位：对 (couple)

年份 Year	登记结婚数 Permitting Marriage Registration	#恢复结婚 Resuming Marriage	初婚数(人) First Marriage (person)	再婚数(人) Remarriage (person)	男 Male	女 Female	登记离婚数 Permitting Divorce Registration
1985	236206	1787	453433	18979	9400	9579	7615
1990	220581	1115	422721	18441	8770	9671	7471
1995	179300	1090	343561	15039	7566	7473	7100
2000	164639	981	313195	16083	8407	7676	7612
2001	146187	850	277117	15073	7876	7197	7248
2002	153709	817	292310	14970	7639	7331	7121
2003	145060	974	272546	17460	8736	8724	8782
2004	161520	900	302448	20400	9894	10506	14335
2005	189741	1222	354147	25563	12163	13400	17398
2006	202107	1527	377317	26897	13717	13180	18509
2007	238530	2365	443520	33540	16075	17465	20402
2008	287435	3161	528128	46742	25323	21419	20553
2009	343640	3341	632905	54375	30207	24168	25618
2010	360581	4481	675719	45443	24033	21410	26473
2011	339607	3330	633629	45585	21910	23675	31260
2012	362827	4102	677046	48608	22845	25763	35585
2013	384006	4725	710324	57688	26399	31289	41939

17-28 妇联组织状况
WOMEN'S FEDERATION ORGANIZATION

单位：个 (unit)

项　　目	Item	2012	2013
地市妇联数	Number of Women's Federation of Prefecture and City	11	11
县(市)妇联数	Number of Women's Federation of County and City	119	119
乡妇联数	Number of Women's Federation of Township	1250	1250
街妇联数	Number of Women's Federation for Subdistrict Office	220	220
基层妇代会数中	Number of Women's Congress of Basic Level		
城市(社区妇联)	Urban Areas (Women's Federation of Community)	1331	1331
农村妇代会数	Rural Areas	23718	23718
非公有经济组织中妇女组织	Women's Federation in Non-Public Ownership Economic Organization	5595	5595
直属机关妇工委	Women's Council in Department Directly Under Governments	6039	6039
高等院校妇女组织	Women's Orgaization in University	42	42
省级所属	Provincial Level	2	2
市级所属	City Level	38	38
民办高校	University Run by Private Insititutions	2	2
民主党派妇委会数	Number of Women's Federation in Democratic Party	15	15

17-29 全省工业企业“三废”排放与治理情况
DISCHARGE AND TREATMENT OF WASTE WATER, WASTE GAS AND SOLID WASTES BY INDUSTRIAL ENTERPRISES

项　　目	Item	2012	2013
废　水	**Waste Water**		
废水排放总量(万吨)	Total Volume of Waste Water (10 000 tons)	48107.8	47794.7
废　气	**Waste Gas**		
废气排放量(亿标立方米)	Total Volume of Waste Gas Emission (100 million cu.m)	42244.9	41276.0
二氧化硫排放量(万吨)	Volume of Sulphur Dioxide Emission (10 000 tons)	119.5	114.1
固体废物	**Solid Wastes**		
固体废物产生量(万吨)	Volume of Solid Wastes Produced (10 000 tons)	29031.5	30520.5
固体废物综合利用量(万吨)	Volume of Solid Wastes Utilized (10 000 tons)	20235.3	19814.6
固体废物综合利用率(%)	Percentage of Solid Wastes Utilized (%)	69.4	64.6
固体废物处置量(万吨)	Volume of Solid Wastes Treated (10 000 tons)	7132.3	8186.9
固体废物贮存量(万吨)	Volume of Solid Wastes Accumulated (10 000 tons)	1758.7	2748.9
固体废物排放量(万吨)	Volume of Solid Wastes Discharged (10 000 tons)	16.1	
污染治理	**Pollution Treatment**		
当年污染治理施工项目总数(个)	Number of Projects for Pollution Treatment in the Year (unit)	320.0	323.0
污染治理项目本年完成投资额(万元)	Investment of the Project for Pollution Treatment in the Year (10 000 yuan)	382911.8	555609.5
治理废水	Treatment of Waste Water	34473.1	43014.5
治理废气	Treatment of Waste Gas	207488.4	416619.0
治理固体废物	Treatment of Solid Wastes	43328.4	22519.4
治理噪声	Noise Abatement	238.8	593.3
治理其他	Others	97383.1	72863.3

主要统计指标解释

艺术表演团体 指从事戏曲、音乐、舞蹈、杂技等专业艺术表演，有独立帐户，实行单独核算的团体。不包括半工半艺、半农半艺的业余团体。

文化馆 指专门从事群众文化活动的群众文化场馆。不包括临时抽调人员组成、没有编制的农村和街道文化工作队、服务站等。

文化市场经营机构 指经文化市场行政部门审批或已申报登记并领取相关许可证的、从事文化经营和文化服务活动的机构。

图书馆 指各类图书馆的管理与服务（对文献和信息的搜集、整理、存储、利用和管理，向社会公众开放并提供科学、文化等各种知识普及教育）。包括公共图书馆和各类机构内部举办的或单独举办的图书馆的管理与服务。不包括部队系统以及文化馆（文化中心、群众艺术馆）、文化站内设的图书室。

文化艺术研究机构 指有明确的研究方向和任务，有一定水平的学术带头人和一定数量、质量的研究人员，有开展工作的基本条件，主要进行文化艺术研究（含科技）的机构。

博物馆 指为了研究、教育、欣赏的目的，收藏、保护、展示人类活动和自然环境的见证物，向公众开放，非营利性、永久性社会服务机构，包括以博物馆（院）、纪念馆（舍）、美术（艺术）馆、科技馆、陈列馆等专有名称开展活动的单位。

艺术表演观众人数 指售票、包场演出或民族地区免费演出艺术表演观众人次数。不包括彩排审查和内部观摩演出的观看人次数。

等级运动员人数 指经考核正式批准授予等级运动员称号的人数。运动员等级分为国际级运动健将、运动健将、一级运动员、二级运动员、三级运动员、少年级运动员。

等级裁判员人数 指经考核正式批准授予等级裁判员称号的人数。裁判员等级分为国际裁判、国家级裁判、一级裁判、二级裁判、三级裁判。

体育场 指有 400 米跑道（中心含足球场），有固定道牙，路道 6 条以上，并有固定看台的田径场。以看台容纳观众人数分：甲级 25000 人以上，乙级 15000–25000 人，丙级 5000–15000 人，丁级 5000 人以下。

体育馆 指有固定看台可供篮球、排球、羽毛球、乒乓球、体操等项目训练比赛活动用的室内场地。以看台容纳观众人数分：甲级 6000 人以上，乙级 4000–6000 人，丙级 2000–4000 人，丁级 2000 以下。

工业废水排放量 指经过企业厂区所有排放口排到企业外部的工业废水量。包括生产废水、外排的直接冷却水、超标排放的矿井地下水和与工业废水混排的厂区生活污水，不包括独立外排的间接冷却水(清浊不分流的间接冷却水应计算在内)。

工业废气排放量 指企业厂区内燃料燃烧和生产工艺过程中产生的各种排入空气中含有污染物的气体总量，按标准状态［273K，101325Pa］计算。

工业二氧化硫排放量 指企业在燃料燃烧和生产工艺过程中排入大气的二氧化硫总质量。工业中二氧化硫主要来源于化石燃料（煤、石油等）的燃烧，还包括硫矿石的冶炼或含硫酸、磷肥等生产的工业废气排放。

工业固体废物产生量 指企业在生产过程中产生的固体状、半固体状和高浓度液体状废弃物的总量、包括危险废物、冶炼废渣、粉煤灰、炉渣、煤矸石、尾矿、放射性废物和其他废物等；不包括矿山开采的剥离废石和掘进废石(煤矸石和呈酸性或碱性的废石除外)。酸性或碱性废石指采掘的废石其流经水、雨淋水的 PH 值小于 4 或 PH 值大于 10.5 者。

工业固体废物贮存量 指以综合利用或处置为目的，将固体废物暂时贮存或堆存在专设的贮存设施或专设的集中堆存场所内的数量。专设的固体废物贮存场所或贮存设施必须有防扩散、防流失、防渗漏、防止污染大气、水体的措施。

工业固体废物处置量 指将固体废物焚烧或者最终置于符合环境保护规定要求的场所，并不再回取的工业固体废物量(包括当年处置往年的工业固体废物累计贮存量)。处置方法有填埋(其中危险废物应安全填埋)、焚烧、专业贮存场(库)封场处理、深层灌注、回填矿井等。

工业固体废物排放量 指将所产生的固体废物排到固体废物污染防治设施、场所以外的数量、不包括矿山开采的剥离废石和掘进废石(煤矸石和呈酸性或碱性的废石除外)。

Explanatory Notes on Main Statistical Indicators

Art Performance Troupes refer to the troupes which are engaged in drama, music, dance, acrobatics or other art performance, have independent accounts with banks and have self-supporting accounting system. Amateur troupes which are engaged partly in industrial or agricultural activities and partly in art performance are not included.

Culture Centers refer to mass cultural centers which specialize in mass cultural activities. They do not include rural and street cultural teams or service stations that comprise of temporary transferred staff or personnel who do not have a personnel quota.

Business Institutions of Cultural Market refer to the institutions dealing in culture and cultural services, which registered and permitted with the relative certificate by cultural market administration.

Libraries refer to management and services of all kinds of libraries, that is, collect, collate, store and manage literature and information, supply various popular knowledge and education of science and culture openly. They include management and service that are carried out internally and singly by public libraries and all kinds of agencies, but don't include library rooms of army and culture centers or stations.

Culture and Art Research Institutions refer to institutions that mainly do research on culture and art. These institutions own academic leaders to a certain degree and research personnel to a certain quantity and quality, have the basic condition to carry out work under definite research direction and task.

Museums refer to social service agencies which collect, protect, exhibit the evidence of human's activities and natural environment in an open, non-profit and permanent way. They include museum, memorial hall, art gallery, science museum, exhibition hall and so on.

Number of Spectators at Art Performance refers to the number of attendants at commercial shows completely booked shows or free shows given in minority national areas and does not include the number of spectators at rehearsals for examination and internal shows for study.

Number of Athletes in Grades refers to the number of athletes who have been given titles through examination. The titles of athletes include international masters of sports, masters of sports, first grade athletes, second grade athletes, third grade athletes and young athletes.

Number of Referees in Grades refers to the number of referees who have been given titles after examination. They are classified into international referees, national referees, first grade referees, second grade referees and third grade referees.

Stadiums refer to athletic field which have 400-meter track around football field, fixed kerbs, road way above six and fixed stands. Stadiums are classified into the following types according to seating capacity: Class A seating 25000 people, Class B 15000 to 25000 people, Class C 5000 to 15000 people and Class D fewer than 5000 people.

Gymnasiums refer to indoor sports grounds with fixed seats for the training or competition of basketball, volleyball, badminton, table tennis, gymnastics and other sports events. Gymnasiums are classified into the following types according to seating capacity: Class A seating over 6000 people, Class B 4000 to 6000 people, Class C 2000 to 4000 people and class D fewer than 2000 people.

Volume of Industrial Waste Water Discharged refers to the volume of industrial waste water discharged through all outlets to the outside of industrial enterprises including waste water produced, direct-cooling water, underground water from mines that does not meet the standard and the domestic sewage mixed up with industrial waste water, excluding indirect-cooling water discharged separately.

Volume of Industrial Waste Gas Emission refers to total emission volume of polluted gas enterprises discharge into atmosphere from fuels burning and production process in the factory. It is measured by standard atmospheric pressure of [273K, 101325Pa].

Volume of Industrial Sulphur Dioxide Emission refers to dioxide emission volume enterprises discharge into atmosphere from fuels burning and production process. Industrial sulphur dioxide is mainly from burning of fossil fuels (coal, petroleum and etc). It is also from the emission of industrial waste gas which is produced during the process of smelting sulphur ores, sulphur acid or phosphate fertilizer.

Volume of Industrial Solid Wastes Produced refers to the total volume of solid semi-solid or high concentration liquid residue produced by industrial enterprises in their production process including dangerous wastes residues, melting waste slag, coal ash, gangue chemical residues, tailings, radioactive residues and other residues, but excluding stripped or dug stones in mining except gangue and acid or alkali stones which are stones washed or soaked by water with PH value smaller than 4 or larger than 10.5.

Volume of Industrial Stored up Solid Wastes refers to the volume of industrial solid wastes temporarily stored up or piled with special facilities or piled in the special sites for the purpose of utilization or treatment in future. The special facilities or special sites for storing up solid wastes should have the measures against spreading or being washed away to other places, permeating the soil causing air pollution or water contamination.

Volume of Industrial Solid Wastes Treated refers to solid wastes disposed of in a non—recoverable place that meet the requirement of environmental protection such as burying (dangerous wastes should be buried safely), burning, piling in designated sites, pouring water into the deep strata, filling of old mines, etc, (including treatment of solid wastes piled up in the previous years).

Volume of Industrial Solid Wastes Discharged refers to the volume of industrial solid wastes produced and discharged at the places outside the special facilities or special sites for preventing against pollution, excluding stripped or dug stones in mining (except gangue and acid or alkali waste stones).

18 城市概况

GENERAL SURVEY OF CITIES

PAGE

523-540

资料整理人员

李永章　马金兰　李悦榕　李艳旭

18-1 地级城市主要经济指标(2013年)

MAJOR ECONOMIC INDICATORS OF CITIES AT PREFECTURE LEVEL(2013)

指 标	Item	太原市区 Taiyuan Urban District	大同市区 Datong Urban District	阳泉市区 Yangquan Urban District
总户数 (万户)	Number of Households (10 000 households)	81.14	58.52	24.63
常住人口 (万人)	Resident Population(10 000 persons)	349.11	176.63	72.97
#非农业人口	Non-agricultural Population	236.83	129.50	57.67
出生人数 (人)	Birth Population (person)	31310	14905	6670
死亡人数 (人)	Death Population (person)	13699	7328	3799
城镇从业人员期末人数(万人)	Number of Urban Employees at the End of Period (10 000 persons)	88.58	38.42	21.29
土地面积 (平方公里)	Area of Land (sq.km)	1500	2080	652
地区生产总值 (万元)	Gross Domestic Product (10 000 yuan)	22190754	7742358	3928289
第一产业	Primary Industry	162068	109467	25203
第二产业	Secondary Industry	9441922	3876876	2112094
第三产业	Tertiary Industry	12586764	3756015	1790992
工业经济指标	Industrial Indicators			
工业企业数 (个)	Number of Enterprises (unit)	294	87	70
内资企业	Domestic Capital	272	79	64
港澳台投资企业	Hong kong, Macao and Taiwan Investment	4		3
外商投资企业	Foreign Capital	18	8	3
流动资产合计 (万元)	Total Circulating Funds(10 000 yuan)	14303722	9315808	2408386
固定资产合计 (万元)	Total Fixed Assets (10 000 yuan)	12094349	9586479	3941184
主营业务收入 (万元)	Revenue of Major Business (10 000 yuan)	30072687	16119063	3953150
主营业务税金及附加 (万元)	Tax and Extra Charges of Major Business (10 000 yuan)	289507	79537	57849
本年应交增值税 (万元)	Value Added Tax Payable (10 000 yuan)	600065	453757	301329
利润总额 (万元)	Total Profits (10 000 yuan)	143495	155504	48608
固定电话用户数 (万户)	Number of Telephone Subscribers (10 000 subscribers)	126.18	49.31	21.97
年末移动电话用户数 (万户)	Number of Mobile Phone Subscribers (10 000 subscribers)	726.22	337.59	158.70
互联网宽带接入用户数 (万户)	Internet Subscriber (10 000 subscriber)	133.12	49.92	28.70

注：工业经济指标统计口径为年主营业务收入2000万元及以上的工业法人企业；总户数和总人口相关指标为公安年报数；固定电话、年末移动电话、互联网宽带接入用户数为全市口径。

Note: Statistical coverage of industry are enterprises with revenue of major business over 20 million yuan. Number of households and population are from public security department.The coverage of subscribers numbers of telephone, mobile phone and internet are all citywide.

18-1 续表1 continued

指 标	Item	太原市区 Taiyuan Urban District	大同市区 Datong Urban District	阳泉市区 Yangquan Urban District
全社会用电量 (万千瓦小时)	Total Electricity Consumption (10 000 kwh)	2299961	788230	784159
#工业用电	Industry	1630143	558696	560526
城乡居民生活用电	Resident Living	260107	88297	27170
固定资产投资 (不含农户)(万元)	Investment in Fixed Assets (Excluding Rural Household) (10 000 yuan)	14820788	5428789	2594387
#房地产开发投资	Investment in Real Estate	4113553	2195254	564270
#住 宅	Residential Buildings	2939617	1636703	416134
商品房屋销售面积 (万平方米)	Floor Space of Commercial Houses Sold (10 000 sq.m)	366.12	114.20	56.60
商品房屋销售额 (万元)	Sales of Commercial Houses (10 000 yuan)	2812193	543700	202081
社会消费品零售总额 (万元)	Total Retail Sales of Consumer Goods (10 000 yuan)	11930137	3698675	1753064
公共财政收入 (万元)	Public Finance Revenue (10 000 yuan)	2221192	810898	362964
公共财政支出 (万元)	Public Finance Expenditure (10 000 yuan)	2706586	1413442	558634
在校学生数	Student Enrollment			
高等学校 (人)	Institutions of Higher Education (person)	378728	30001	12356
高中阶段 (人)	Senior Middle Schools(person)	72418	58169	34653
中等职业学校 (人)	Vocational Secondary Schools (person)	118069	20490	15379
普通中学 (万人)	Regular Secondary Schools (10 000 persons)	18.39	9.49	5.48
小 学 (万人)	Primary Schools (10 000 persons)	21.05	11.20	6.25
科技活动人员 (人)	Technological Activities Personnel (person)		10034	9815
医院、卫生院数 (个)	Number of Hospitals (unit)	180	100	42
医院、卫生院床位数 (张)	Number of Beds in Hospitals (bed)	29885	10976	5245
医生数 (人)	Number of Doctors (person)	17442	6450	2810
在岗职工平均人数 (万人)	Average Number of Fully Employed Staff and Workers (10 000 persons)	89.03	35.28	17.26
在岗职工工资总额 (万元)	Total Wages of Full Employed Staff and Workers (10 000 yuan)	4631134	1941751	1049267
居民储蓄存款余额 (万元)	Balance of Residents Savings Deposits (10 000 yuan)	30499794	10530919	4146514

18-1 续表2 continued

指　　标	Item	长治市区 Changzhi Urban District	晋城市区 Jincheng Urban District	朔州市区 Shuozhou Urban District
总户数（万户）	Number of Households (10 000 households)	21.59	13.63	27.58
常住人口（万人）	Resident Population(10 000 persons)	78.74	48.53	72.08
#非农业人口	Non-agricultural Population	67.42	30.40	21.93
出生人数（人）	Birth Population (person)	7701	3936	7900
死亡人数（人）	Death Population (person)	2221	935	3869
城镇从业人员期末人数(万人)	Number of Urban Employees at the End of Period (10 000 persons)	15.49	18.63	11.54
土地面积（平方公里）	Area of Land (sq.km)	334	143	4107
地区生产总值（万元）	Gross Domestic Product (10 000 yuan)	3460959	2150850	5651024
第一产业	Primary Industry	36337	10582	211504
第二产业	Secondary Industry	1755273	887045	3321233
第三产业	Tertiary Industry	1669349	1253223	2118287
工业经济指标	Industrial Indicators			
工业企业数（个）	Number of Enterprises (unit)	77	45	82
内资企业	Domestic Capital	73	39	78
港澳台投资企业	Hong Kong, Macao and Taiwan Investment	2	1	1
外商投资企业	Foreign Capital	2	5	3
流动资产合计(万元)	Total Circulating Funds(10 000 yuan)	2177425	5154852	3067222
固定资产合计(万元)	Total Fixed Assets (10 000 yuan)	2292912	3316676	6397159
主营业务收入(万元)	Revenue of Major Business (10 000 yuan)	4538815	5420646	6386051
主营业务税金及附加(万元)	Tax and Extra Charges of Major Business (10 000 yuan)	22917	55173	133846
本年应交增值税（万元）	Value Added Tax Payable (10 000 yuan)	137392	285909	482925
利润总额（万元）	Total Profits (10 000 yuan)	260495	640276	1081753
固定电话用户数(万户)	Number of Telephone Subscribers (10 000 subscribers)	41.82	40.30	16.92
年末移动电话用户数(万户)	Number of Mobile Phone Subscribers (10 000 subscribers)	287.70	224.10	149.60
互联网宽带接入用户数(万户)	Internet Subscriber (10 000 subscriber)	50.00	34.90	18.49

18-1 续表3 continued

指 标	Item	长治市区 Changzhi Urban District	晋城市区 Jincheng Urban District	朔州市区 Shuozhou Urban District
全社会用电量 (万千瓦小时)	Total Electricity Consumption (10 000 kwh)	397400	199154	505733
#工业用电	Industry	306365	150881	465361
城乡居民生活用电	Resident Living	46174	16343	10048
固定资产投资 (不含农户)(万元)	Investment in Fixed Assets (Excluding Rural Household) (10 000 yuan)	2847556	2910549	2148018
#房地产开发投资	Investment in Real Estate	610459	393533	407218
#住 宅	Residential Buildings	433327	307704	324670
商品房屋销售面积 (万平方米)	Floor Space of Commercial Houses Sold (10 000 sq.m)	122.03	63.80	81.12
商品房屋销售额 (万元)	Sales of Commercial Houses (10 000 yuan)	467529	296754	234026
社会消费品零售总额 (万元)	Total Retail Sales of Consumer Goods (10 000 yuan)	2817107	1559340	1029246
公共财政收入 (万元)	Public Finance Revenue (10 000 yuan)	553617	463942	655590
公共财政支出 (万元)	Public Finance Expenditure (10 000 yuan)	713116	621703	883270
在校学生数	Student Enrollment			
高等学校 (人)	Institutions of Higher Education (person)	32376	6168	1002
高中阶段 (人)	Senior Middle Schools(person)	53419	31303	69780
中等职业学校 (人)	Vocational Secondary Schools (person)	21601	16966	6768
普通中学 (万人)	Regular Secondary Schools (10 000 persons)	6.58	4.35	6.70
小 学 (万人)	Primary Schools (10 000 persons)	5.81	3.81	7.81
科技活动人员 (人)	Technological Activities Personnel (person)	3337	4678	1038
医院、卫生院数 (个)	Number of Hospitals (unit)	95	35	54
医院、卫生院床位数 (张)	Number of Beds in Hospitals (bed)	7201	3289	2285
医生数 (人)	Number of Doctors (person)	4060	2364	1424
在岗职工平均人数 (万人)	Average Number of Fully Employed Staff and Workers (10 000 persons)	15.00	14.04	11.45
在岗职工工资总额 (万元)	Total Wages of Full Employed Staff and Workers (10 000 yuan)	559562	947562	589510
居民储蓄存款余额 (万元)	Balance of Residents Savings Deposits (10 000 yuan)	5292527	4645090	3714844

18-1 续表4 continued

指 标	Item	晋中市区 Jinzhong Urban District	运城市区 Yuncheng Urban District	忻州市区 Xinzhou Urban District
总户数 (万户)	Number of Households (10 000 households)	17.19	22.49	22.81
常住人口 (万人)	Resident Population(10 000 persons)	60.76	69.07	55.42
#非农业人口	Non-agricultural Population	31.34	24.45	20.44
出生人数 (人)	Birth Population (person)	6412	6487	6242
死亡人数 (人)	Death Population (person)	2371	3084	3859
城镇从业人员期末人数(万人)	Number of Urban Employees at the End of Period (10 000 persons)	12.14	7.83	7.62
土地面积 (平方公里)	Area of Land (sq.km)	1318	1215	1982
地区生产总值 (万元)	Gross Domestic Product (10 000 yuan)	2082633	1813167	1138209
第一产业	Primary Industry	177229	126811	75351
第二产业	Secondary Industry	826663	562193	441654
第三产业	Tertiary Industry	1078741	1124163	621204
工业经济指标	Industrial Indicators			
工业企业数 (个)	Number of Enterprises (unit)	117	78	33
内资企业	Domestic Capital	104	76	33
港澳台投资企业	Hong Kong, Macao and Taiwan Investment	6		
外商投资企业	Foreign Capital	7	2	
流动资产合计 (万元)	Total Circulating Funds(10 000 yuan)	1299234	1582760	495058
固定资产合计 (万元)	Total Fixed Assets (10 000 yuan)	1065231	1372788	401083
主营业务收入 (万元)	Revenue of Major Business (10 000 yuan)	2036889	2652149	865279
主营业务税金及附加 (万元)	Tax and Extra Charges of Major Business (10 000 yuan)	8693	8660	1339
本年应交增值税 (万元)	Value Added Tax Payable (10 000 yuan)	52655	24555	15791
利润总额 (万元)	Total Profits (10 000 yuan)	13071	51127	74097
固定电话用户数 (万户)	Number of Telephone Subscribers (10 000 subscribers)	62.90	76.61	60.02
年末移动电话用户数 (万户)	Number of Mobile Phone Subscribers (10 000 subscribers)	282.02	398.47	268.50
互联网宽带接入用户数 (万户)	Internet Subscriber (10 000 subscriber)	52.73	61.20	34.01

18-1 续表5 continued

指　　标	Item	晋中市区 Jinzhong Urban District	运城市区 Yuncheng Urban District	忻州市区 Xinzhou Urban District
全社会用电量 (万千瓦小时)	Total Electricity Consumption (10 000 kwh)	308012	501738	110739
#工业用电	Industry	143200	39561	69610
城乡居民生活用电	Resident Living	31800	52841	12155
固定资产投资 (不含农户)(万元)	Investment in Fixed Assets (Excluding Rural Household) (10 000 yuan)	1606888	2198352	953564
#房地产开发投资	Investment in Real Estate	337346	571840	112151
#住　宅	Residential Buildings	230375	422343	97757
商品房屋销售面积 (万平方米)	Floor Space of Commercial Houses Sold (10 000 sq.m)	58.34	115.10	27.89
商品房屋销售额 (万元)	Sales of Commercial Houses (10 000 yuan)	263453	370662	94737
社会消费品零售总额 (万元)	Total Retail Sales of Consumer Goods (10 000 yuan)	1360350	1793758	969949
公共财政收入 (万元)	Public Finance Revenue (10 000 yuan)	108446	75697	43449
公共财政支出 (万元)	Public Finance Expenditure (10 000 yuan)	209376	201452	161445
在校学生数	Student Enrollment			
高等学校 (人)	Institutions of Higher Education (person)	69357	46390	16480
高中阶段 (人)	Senior Middle Schools(person)	9559	31945	19944
中等职业学校 (人)	Vocational Secondary Schools (person)	12138	17450	17215
普通中学 (万人)	Regular Secondary Schools (10 000 persons)	2.86	6.93	4.71
小　学　(万人)	Primary Schools (10 000 persons)	3.81	5.38	3.83
科技活动人员 (人)	Technological Activities Personnel (person)	587	2246	2812
医院、卫生院数 (个)	Number of Hospitals (unit)	32	72	139
医院、卫生院床位数 (张)	Number of Beds in Hospitals (bed)	3504	6475	3519
医生数 (人)	Number of Doctors (person)	2119	3678	2965
在岗职工平均人数 (万人)	Average Number of Fully Employed Staff and Workers (10 000 persons)	9.35	9.69	6.62
在岗职工工资总额 (万元)	Total Wages of Full Employed Staff and Workers (10 000 yuan)	405024	376344	228170
居民储蓄存款余额 (万元)	Balance of Residents Savings Deposits (10 000 yuan)	3658636	2252176	3034165

18-1 续表6 continued

指　　标	Item	临汾市区 Linfen Urban District	吕梁市区 Lvliang Urban District
总户数（万户）	Number of Households (10 000 households)	37.44	11.18
常住人口（万人）	Resident Population(10 000 persons)	80.56	32.66
#非农业人口	Non-agricultural Population	36.05	16.78
出生人数（人）	Birth Population (person)	10543	3397
死亡人数（人）	Death Population (person)	2641	1767
城镇从业人员期末人数(万人)	Number of Urban Employees at the End of Period (10 000 persons)	9.44	5.79
土地面积（平方公里)	Area of Land (sq.km)	1316	1339
地区生产总值（万元)	Gross Domestic Product (10 000 yuan)	2430223	850052
第一产业	Primary Industry	93528	18835
第二产业	Secondary Industry	789310	413144
第三产业	Tertiary Industry	1547385	418073
工业经济指标	Industrial Indicators		
工业企业数（个)	Number of Enterprises (unit)	50	20
内资企业	Domestic Capital	46	20
港澳台投资企业	Hong Kong, Macao and Taiwan Investment	3	
外商投资企业	Foreign Capital	1	
流动资产合计(万元)	Total Circulating Funds(10 000 yuan)	1174764	1819231
固定资产合计(万元)	Total Fixed Assets (10 000 yuan)	1290488	736136
主营业务收入(万元)	Revenue of Major Business (10 000 yuan)	2440341	695123
主营业务税金及附加(万元)	Tax and Extra Charges of Major Business (10 000 yuan)	10171	11204
本年应交增值税（万元)	Value Added Tax Payable (10 000 yuan)	75139	58495
利润总额（万元)	Total Profits (10 000 yuan)	–40478	–47131
固定电话用户数(万户)	Number of Telephone Subscribers (10 000 subscribers)	53.89	44.60
年末移动电话用户数(万户)	Number of Mobile Phone Subscribers (10 000 subscribers)	393.61	303.26
互联网宽带接入用户数(万户)	Internet Subscriber (10 000 subscriber)	64.37	46.49

18-1 续表7 continued

指 标	Item	临汾市区 Linfen Urban District	吕梁市区 lvliang Urban District
全社会用电量 (万千瓦小时)	Total Electricity Consumption (10 000 kwh)	296800	86600
#工业用电	Industry	184300	32400
城乡居民生活用电	Resident Living	53900	22000
固定资产投资 (不含农户)(万元)	Investment in Fixed Assets (Excluding Rural Household) (10 000 yuan)	2390728	664875
#房地产开发投资	Investment in Real Estate	373644	102128
#住 宅	Residential Buildings	258954	70233
商品房屋销售面积 (万平方米)	Floor Space of Commercial Houses Sold (10 000 sq.m)	68.30	22.53
商品房屋销售额 (万元)	Sales of Commercial Houses (10 000 yuan)	283005	85590
社会消费品零售总额 (万元)	Total Retail Sales of Consumer Goods (10 000 yuan)	1872338	562067
公共财政收入 (万元)	Public Finance Revenue (10 000 yuan)	157258	121606
公共财政支出 (万元)	Public Finance Expenditure (10 000 yuan)	299110	167146
在校学生数	Student Enrollment		
高等学校 (人)	Institutions of Higher Education (person)	43263	19749
高中阶段 (人)	Senior Middle Schools(person)	32410	27337
中等职业学校 (人)	Vocational Secondary Schools (person)	15260	11722
普通中学 (万人)	Regular Secondary Schools (10 000 persons)	7.25	3.49
小 学 (万人)	Primary Schools (10 000 persons)	6.17	3.50
科技活动人员 (人)	Technological Activities Personnel (person)	876	
医院、卫生院数 (个)	Number of Hospitals (unit)	75	64
医院、卫生院床位数 (张)	Number of Beds in Hospitals (bed)	5382	1718
医生数 (人)	Number of Doctors (person)	3032	1046
在岗职工平均人数 (万人)	Average Number of Fully Employed Staff and Workers (10 000 persons)	8.70	5.10
在岗职工工资总额 (万元)	Total Wages of Full Employed Staff and Workers (10 000 yuan)	375107	216259
居民储蓄存款余额 (万元)	Balance of Residents Savings Deposits (10 000 yuan)	4315614	1906500

18-2 地级城市公用事业及设施水平(2013年)
LEVEL OF PUBLIC FACILITIES IN CITIES AT PREFECTURE LEVEL(2013)

指　标	Item	太原市区 Taiyuan Urban District	大同市区 Datong Urban District
供水综合生产能力 (万立方米/日)	Daily Production Capacity of Tap Water (10 000 cu.m/day)	184.60	55.30
城市供水总量 (万吨)	Total Volume of City Water Supply (10 000 tons)	32348	8816
#居民生活用水量	Residential Use	13286	3439
平均每人生活用水(吨)	Per Capita Consumption of Tap Water for Resiential Use (ton)	39.08	26.91
排水管道长度(公里)	Lenth of Drainage Pipelines (km)	1470	606
年末实有城市道路面积 (万平方米)	Actual Area of City Roads at the Year End (10 000 sq.m)	3570	2026
每人拥有城市道路面积 (平方米)	Per Capita Area of City Roads (sq.m)	15.07	15.64
供气总量 (人工、天然气)(万立方米)	Coal Gas Supply (Munufactured and Natural Gas) (10 000 cu.m)	85741	10782
#家庭用量	Residential Use	9580	3495
液化石油气供气总量 (吨)	Natural Gas Supply (ton)	33623	10756
#家庭用量	Residential Use	19733	3496
公共汽(电)车营运车辆数 (辆)	Number of Public Transportation Vehicles (unit)	2824	1066
平均每万人拥有公共汽(电) 车数 (辆)	Number of Public Transportation Vehicles Per 10 000 Population (unit)	11.92	8.23
出租汽车数 (辆)	Number of Taxis (unit)	8719	4970
公共汽(电)车客运总量 (万人次)	Number of Passengers Carried by Public Transportation Vehicles (10 000 person-times)	55031	20901
绿地面积 (公顷)	Green Area (ha)	11190	4615
#公园绿地面积	Green Area of Parks	3617	1652
每万人拥有绿地面积 (公顷)	Green Area Per 10 000 Population (ha)	47.25	35.64
建成区绿化覆盖面积 (公顷)	Green Coverage of Completed Areas (ha)	12762	4615

18-2 续表1 continued

指　标	Item	阳泉市区 Yangquan Urban District	长治市区 Changzhi Urban District
供水综合生产能力 (万立方米/日)	Daily Production Capacity of Tap Water (10 000 cu.m/day)	20.06	29.84
城市供水总量 (万吨)	Total Volume of City Water Supply (10 000 tons)	5062	7664
#居民生活用水量	Residential Use	1344	4328
平均每人生活用水(吨)	Per Capita Consumption of Tap Water for Resiential Use (ton)	22.74	59.42
排水管道长度(公里)	Lenth of Drainage Pipelines (km)	352	383
年末实有城市道路面积 (万平方米)	Actual Area of City Roads at the Year End (10 000 sq.m)	611	381
每人拥有城市道路面积 (平方米)	Per Capita Area of City Roads (sq.m)	10.59	5.65
供气总量 (人工、天然气)(万立方米)	Coal Gas Supply (Munufactured and Natural Gas) (10 000 cu.m)	82810	3844
#家庭用量	Residential Use	13854	3844
液化石油气供气总量 (吨)	Natural Gas Supply (ton)	857	3774
#家庭用量	Residential Use	807	3774
公共汽(电)车营运车辆数 (辆)	Number of Public Transportation Vehicles (unit)	804	678
平均每万人拥有公共汽(电) 车数 (辆)	Number of Public Transportation Vehicles Per 10 000 Population (unit)	13.94	10.06
出租汽车数 (辆)	Number of Taxis (unit)	2236	1801
公共汽(电)车客运总量 (万人次)	Number of Passengers Carried by Public Transportation Vehicles (10 000 person-times)	19432	10879
绿地面积 (公顷)	Green Area (ha)	1950	2408
#公园绿地面积	Green Area of Parks	561	751
每万人拥有绿地面积 (公顷)	Green Area Per 10 000 Population (ha)	33.81	35.72
建成区绿化覆盖面积 (公顷)	Green Coverage of Completed Areas (ha)	2215	2688

18-2 续表2 continued

指　　标	Item	晋城市区 Jincheng Urban District	朔州市区 Shuozhou Urban District
供水综合生产能力 (万立方米/日)	Daily Production Capacity of Tap Water (10 000 cu.m/day)	19.00	18.00
城市供水总量 (万吨)	Total Volume of City Water Supply (10 000 tons)	2511	2451
#居民生活用水量	Residential Use	1055	1093
平均每人生活用水(吨)	Per Capita Consumption of Tap Water for Resiential Use (ton)	24.36	27.43
排水管道长度(公里)	Lenth of Drainage Pipelines (km)	354	417
年末实有城市道路面积 (万平方米)	Actual Area of City Roads at the Year End (10 000 sq.m)	549	525
每人拥有城市道路面积 (平方米)	Per Capita Area of City Roads (sq.m)	18.06	23.94
供气总量 (人工、天然气)(万立方米)	Coal Gas Supply (Munufactured and Natural Gas) (10 000 cu.m)	15701	4048
#家庭用量	Residential Use	3275	2037
液化石油气供气总量 (吨)	Natural Gas Supply (ton)	1589	1300
#家庭用量	Residential Use	1225	680
公共汽(电)车营运车辆数 (辆)	Number of Public Transportation Vehicles (unit)	507	251
平均每万人拥有公共汽(电) 车数 (辆)	Number of Public Transportation Vehicles Per 10 000 Population (unit)	16.68	11.45
出租汽车数 (辆)	Number of Taxis (unit)	1453	994
公共汽(电)车客运总量 (万人次)	Number of Passengers Carried by Public Transportation Vehicles (10 000 person-times)	6290	2387
绿地面积 (公顷)	Green Area (ha)	1633	1861
#公园绿地面积	Green Area of Parks	557	434
每万人拥有绿地面积 (公顷)	Green Area Per 10 000 Population (ha)	53.72	84.86
建成区绿化覆盖面积 (公顷)	Green Coverage of Completed Areas (ha)	1731	2102

18-2 续表3 continued

指 标	Item	晋中市区 Jinzhong Urban District	运城市区 Yuncheng Urban District
供水综合生产能力 (万立方米/日)	Daily Production Capacity of Tap Water (10 000 cu.m/day)	12.40	16.00
城市供水总量 (万吨)	Total Volume of City Water Supply (10 000 tons)	3312	2712
#居民生活用水量	Residential Use	1111	812
平均每人生活用水(吨)	Per Capita Consumption of Tap Water for Resiential Use (ton)	23.17	20.09
排水管道长度(公里)	Lenth of Drainage Pipelines (km)	710	378
年末实有城市道路面积 (万平方米)	Actual Area of City Roads at the Year End (10 000 sq.m)	1010	601
每人拥有城市道路面积 (平方米)	Per Capita Area of City Roads (sq.m)	32.23	24.58
供气总量 (人工、天然气)(万立方米)	Coal Gas Supply (Munufactured and Natural Gas) (10 000 cu.m)	8552	725
#家庭用量	Residential Use	2007	508
液化石油气供气总量 (吨)	Natural Gas Supply (ton)	2600	2851
#家庭用量	Residential Use	400	2207
公共汽(电)车营运车辆数 (辆)	Number of Public Transportation Vehicles (unit)	407	909
平均每万人拥有公共汽(电) 车数 (辆)	Number of Public Transportation Vehicles Per 10 000 Population (unit)	12.99	37.18
出租汽车数 (辆)	Number of Taxis (unit)	1327	1805
公共汽(电)车客运总量 (万人次)	Number of Passengers Carried by Public Transportation Vehicles (10 000 person-times)	4878	576
绿地面积 (公顷)	Green Area (ha)	1709	1621
#公园绿地面积	Green Area of Parks	605	431
每万人拥有绿地面积 (公顷)	Green Area Per 10 000 Population (ha)	54.53	66.30
建成区绿化覆盖面积 (公顷)	Green Coverage of Completed Areas (ha)	1930	1760

18-2 续表4 continued

指 标	Item	忻州市区 Xinzhou Urban District	临汾市区 Linfen Urban District
供水综合生产能力 (万立方米/日)	Daily Production Capacity of Tap Water (10 000 cu.m/day)	6.55	12.30
城市供水总量 (万吨)	Total Volume of City Water Supply (10 000 tons)	2231	2404
#居民生活用水量	Residential Use	931	1404
平均每人生活用水(吨)	Per Capita Consumption of Tap Water for Resiential Use (ton)	34.97	32.05
排水管道长度(公里)	Lenth of Drainage Pipelines (km)	371	234
年末实有城市道路面积 (万平方米)	Actual Area of City Roads at the Year End (10 000 sq.m)	507	528
每人拥有城市道路面积 (平方米)	Per Capita Area of City Roads (sq.m)	24.80	14.65
供气总量 (人工、天然气)(万立方米)	Coal Gas Supply (Munufactured and Natural Gas) (10 000 cu.m)	7690	27396
#家庭用量	Residential Use	3900	4554
液化石油气供气总量 (吨)	Natural Gas Supply (ton)	4050	4200
#家庭用量	Residential Use	1642	3600
公共汽(电)车营运车辆数 (辆)	Number of Public Transportation Vehicles (unit)	112	314
平均每万人拥有公共汽(电) 车数 (辆)	Number of Public Transportation Vehicles Per 10 000 Population (unit)	5.48	8.71
出租汽车数 (辆)	Number of Taxis (unit)	713	1862
公共汽(电)车客运总量 (万人次)	Number of Passengers Carried by Public Transportation Vehicles (10 000 person-times)	2869	5900
绿地面积 (公顷)	Green Area (ha)	867	1808
#公园绿地面积	Green Area of Parks	364	643
每万人拥有绿地面积 (公顷)	Green Area Per 10 000 Population (ha)	42.42	50.15
建成区绿化覆盖面积 (公顷)	Green Coverage of Completed Areas (ha)	996	2047

18-2 续表5 continued

指 标	Item	吕梁市区 Lvliang Urban District
供水综合生产能力 (万立方米/日)	Daily Production Capacity of Tap Water (10 000 cu.m/day)	4.90
城市供水总量 (万吨)	Total Volume of City Water Supply (10 000 tons)	1005
#居民生活用水量	Residential Use	346
平均每人生活用水(吨)	Per Capita Consumption of Tap Water for Resiential Use (ton)	13.54
排水管道长度(公里)	Lenth of Drainage Pipelines (km)	244
年末实有城市道路面积 (万平方米)	Actual Area of City Roads at the Year End (10 000 sq.m)	294
每人拥有城市道路面积 (平方米)	Per Capita Area of City Roads (sq.m)	17.52
供气总量 (人工、天然气)(万立方米)	Coal Gas Supply (Munufactured and Natural Gas) (10 000 cu.m)	2488
#家庭用量	Residential Use	1736
液化石油气供气总量 (吨)	Natural Gas Supply (ton)	
#家庭用量	Residential Use	
公共汽(电)车营运车辆数 (辆)	Number of Public Transportation Vehicles (unit)	96
平均每万人拥有公共汽(电) 车数 (辆)	Number of Public Transportation Vehicles Per 10 000 Population (unit)	5.72
出租汽车数 (辆)	Number of Taxis (unit)	433
公共汽(电)车客运总量 (万人次)	Number of Passengers Carried by Public Transportation Vehicles (10 000 person-times)	644
绿地面积 (公顷)	Green Area (ha)	818
#公园绿地面积	Green Area of Parks	334
每万人拥有绿地面积 (公顷)	Green Area Per 10 000 Population (ha)	48.75
建成区绿化覆盖面积 (公顷)	Green Coverage of Completed Areas (ha)	937

主要统计指标解释

城乡居民生活用电 指市民住宅、集体宿舍、招待所、机关、商店、学校等照明用电。

城市供水总量 指报告期供水企业（单位）供出的全部水量，包括有效供水量和漏损水量，不包括开水直接利用量。

年末实有公共汽（电）车营运车辆数 是指城市公共交通企业可参加营运的全部车辆数。包括技术完好的、在修的、待修的、长期停驶的，以及拟报废尚未经上级主管部门批准报废的运营车辆数。不包括公交企业的油罐车、货车和其他专用车等非运营车，也不包括借入、租入的客运车辆。

全年公共汽（电）车客运总量 指运送乘客的总人数。包括普通票乘客人次，月票乘客人次和包车乘客人次。

供气总量（人工煤气、天然气） 指城市煤气企业向城市生产用户、家庭用户和其他用户供应的全部煤气量，包括外购及损失量。

居民生活用水量 指城市范围内所有居民家庭的日常生活用水。包括城市居民、农民家庭、公共供水站用水。

Explanatory Notes on Main Statistical Indicators

Consumption of Electricity for Residential Use refers to lighting consumption being used in residence, collective dormitory, rest house, department, store and school.

Total Volume of City Water Supply refers to total water volume supplied by waterworks (units) during the reference period. It includes both the effective water supply and loss during water supply, while it doesn't include volume of boil water directly used.

Number of Public Buses (Trolley Buses) Under Operation at Year-end refers to the total number of operational buses available, including the operational vehicles and vehicles in stock. Non-operational vehicles such as tank cars, machine shop cars, trucks and special vehicles and the borrowed passenger vehicles are excluded.

Number of Passengers Carried by Bus (Trolley Bus) in the Year refers to the total person-times of passengers carried by buses and trolley bus, including ordinary tickets passengers, monthly tickets passengers and group passengers.

Volume of (Manufactured and Natural) Gas Supply refers to the total volume of gas sold to city produce users, household users and other users by gas corporations, including volume purchased and loss.

Water Consumption for Residential Use refers to water consumption of total households for daily life in city, including water consumption of urban households, rural households and public water supply stations.

19 地市篇

CITIES AT PREFECTURE LEVEL

PAGE 541-600

19-1 国民经济核算主要指标(2013年)

MAJOR INDICATORS OF NATIONAL ECONOMIC ACCOUNTING(2013)

单位：万元 (10 000 yuan)

市名 City		总产出 Total Output	第一产业 Primary Industry	第二产业 Secondary Industry	#工业 Industry	第三产业 Tertiary Industry	#交通运输、仓储和邮政业 Transportation, Storage and Post	#批发和零售业 Wholesale and Retail Trade
全　省	**Total**	**327721800**	**13705100**	**225792400**	**189616400**	**88224300**	**19379200**	**14563900**
太原市	Taiyuan	73987942	722383	47210239	27147808	26055320	4481863	5761510
大同市	Datong	25597430	1015461	13586513	12375721	10995456	3392915	2283501
阳泉市	Yangquan	13164715	200685	8756575	7282804	4207455	1031971	1181460
长治市	Changzhi	34897078	986462	26470949	24574658	7439667	1427278	1535189
晋城市	Jincheng	17946270	777963	12247110	10870125	4921196	1069654	820105
朔州市	Shuozhou	27969273	1279420	13881070	13241293	12808783	3618703	5336347
晋中市	Jinzhong	26913538	1620111	19636422	15487000	5657005	1509311	951932
运城市	Yuncheng	32201177	3661592	18549925	17157644	9989660	2296220	2780592
忻州市	Xinzhou	19266011	1124449	9477192	8644524	8664370	1696733	1923028
临汾市	Linfen	33126996	1634563	22487224	20084703	9005209	2182709	2667254
吕梁市	Lvliang	30160844	1169182	22489799	21280736	6501863	1408543	856757

市名 City		地区生产总值 Gross Domestic Product	第一产业 Primary Industry	第二产业 Secondary Industry	#工业 Industry	第三产业 Tertiary Industry	#交通运输、仓储和邮政业 Transportation, Storage and Post	#批发和零售业 Wholesale and Retail Trade
全　省	**Total**	**126022400**	**7410100**	**67129300**	**59532400**	**51483000**	**8989500**	**10794900**
太原市	Taiyuan	24128724	386054	10520819	7722716	13221851	1801204	3524839
大同市	Datong	9674311	547603	4555646	4015171	4571062	1325426	771367
阳泉市	Yangquan	6118094	103386	3528980	3163356	2485728	518379	504617
长治市	Changzhi	13337207	566358	8671125	8302171	4099724	852629	900827
晋城市	Jincheng	10319143	433235	6443994	6054566	3441914	786711	643688
朔州市	Shuozhou	10264012	617234	5751274	5500595	3895504	1081975	879847
晋中市	Jinzhong	10222281	963987	5358100	4831100	3900194	1037000	792400
运城市	Yuncheng	11401151	1959383	5056138	4330019	4385630	1028477	958603
忻州市	Xinzhou	6547321	633936	3274176	2966089	2639209	537814	364250
临汾市	Linfen	12239045	872247	7326725	6757104	4040073	994215	742204
吕梁市	Lvliang	12286015	647275	8673573	8437317	2965167	713007	430679

19-1 续表 continued

单位：万元 (10 000 yuan)

市 名 City	人均地区生产总值(元/人) Per Capita GDP (yuan/person)	资本形成总额 Gross Capital Formation	最终消费 Final Consumption Expenditure	居民总消费水平(元/人) Household Consumption Expenditure (yuan/person)	农村居民 Rural Households	城镇居民 Urban Households
全 省 Total	**34810**	**91689600**	**61827900**	**12078**	**7476**	**16341**
太原市 Taiyuan	56547	13732069	10857483	19108	8455	21147
大同市 Datong	28741	7489173	4508229	9852	4657	13526
阳泉市 Yangquan	44251	4543589	2283842	11787	7713	14126
长治市 Changzhi	39474	9219994	6442205	13990	8183	20780
晋城市 Jincheng	44940	7233306	4181425	13759	7032	19579
朔州市 Shuozhou	59003	5990648	3741651	14254	8097	20276
晋中市 Jinzhong	31015	6313034	5091248	10623	7678	13796
运城市 Yuncheng	21887	9112235	5965066	8869	5648	13275
忻州市 Xinzhou	21074	5099987	2984407	6936	4586	10149
临汾市 Linfen	27949	7099603	5403621	8848	5873	12503
吕梁市 Lvliang	32484	8814189	4520997	7916	5327	11438

19-2 国民经济核算主要指标指数(2013年)

INDICES OF MAJOR INDICATORS OF NATIONAL ECONOMIC ACCOUNTING(2013)

上年=100 (last year=100)

市 名 City	总产出 Total Output	第一产业 Primary Industry	第二产业 Secondary Industry	#工 业 Industry	第三产业 Tertiay Industry	#交通运输、仓储和邮政业 Transportation, Storage and Post	#批发和零售业 Wholesale and Retail Trade
全 省 Total	**108.1**	**104.4**	**108.1**	**107.8**	**108.7**	**106.7**	**108.9**
太原市 Taiyuan	108.5	103.3	109.0	101.2	107.5	109.0	107.8
大同市 Datong	110.4	106.2	109.0	110.1	112.7	106.9	118.9
阳泉市 Yangquan	104.5	104.0	104.2	103.6	105.2	100.5	106.1
长治市 Changzhi	110.5	103.8	111.4	111.8	108.1	111.5	107.4
晋城市 Jincheng	99.8	119.4	96.2	95.0	107.6	108.1	105.5
朔州市 Shuozhou	110.6	121.9	111.8	111.9	108.0	104.8	108.3
晋中市 Jinzhong	110.8	104.3	112.7	114.3	105.4	107.2	105.2
运城市 Yuncheng	110.6	104.5	111.9	113.5	110.3	106.9	115.6
忻州市 Xinzhou	112.0	105.2	114.7	114.2	110.7	109.3	108.0
临汾市 Linfen	109.5	105.0	111.1	112.5	106.2	108.4	106.8
吕梁市 Lvliang	110.8	103.7	112.2	112.4	106.9	106.5	110.2

19-2 续表 continued

上年=100 (last year=100)

市 名 City	地区生产总值 Gross Domestic Product	第一产业 Primary Industry	第二产业 Secondary Industry	#工 业 Industry	第三产业 Tertiary Industry	#交通运输、仓储和邮政业 Transportation, Storage and Post	#批发和零售业 Wholesale and Retail Trade
全 省 Total	**108.9**	**104.7**	**110.1**	**110.5**	**107.6**	**107.0**	**109.8**
太原市 Taiyuan	108.1	103.1	110.6	110.1	106.1	108.1	108.0
大同市 Datong	108.3	104.9	108.8	109.7	108.1	106.5	113.5
阳泉市 Yangquan	107.0	104.2	108.2	107.9	105.0	106.6	108.1
长治市 Changzhi	108.5	104.5	109.9	110.0	105.8	107.1	103.0
晋城市 Jincheng	109.3	100.3	110.8	110.8	107.3	108.1	106.4
朔州市 Shuozhou	109.5	104.9	111.9	111.0	106.1	106.2	105.4
晋中市 Jinzhong	109.1	106.3	112.1	112.7	105.3	107.1	105.2
运城市 Yuncheng	109.2	104.5	111.7	112.4	108.0	108.6	108.9
忻州市 Xinzhou	109.0	106.3	111.9	112.0	106.1	107.2	102.9
临汾市 Linfen	108.5	104.9	110.3	111.6	105.8	108.2	106.5
吕梁市 Lvliang	109.5	104.1	110.9	111.0	106.6	106.3	109.8

市 名 City	资本形成总额 Gross Capital Formation	最终消费 Final Consumption Expenditure	居民总消费水平 Household Consumption Expenditure	农村居民 Rural Households	城镇居民 Urban Households
全 省 Total	**112.1**	**113.2**	**110.5**	**113.5**	**107.5**
太原市 Taiyuan	110.5	104.7	108.2	110.3	107.7
大同市 Datong	107.1	103.3	102.8	109.9	100.0
阳泉市 Yangquan	106.5	106.9	111.0	118.6	107.8
长治市 Changzhi	111.5	104.2	104.6	106.7	101.2
晋城市 Jincheng	113.1	109.7	110.2	105.5	109.7
朔州市 Shuozhou	104.0	104.6	104.3	109.8	100.2
晋中市 Jinzhong	111.0	105.6	101.8	105.4	98.2
运城市 Yuncheng	113.1	108.9	108.0	108.7	105.0
忻州市 Xinzhou	112.7	102.2	100.5	109.7	94.4
临汾市 Linfen	108.4	108.6	109.6	117.4	103.2
吕梁市 Lvliang	113.4	110.9	109.6	110.9	106.6

19-3 基本单位数(2012年)
NUMBER OF BASIC UNITS (2012)

单位：个 (unit)

市名 City	法人单位数 Corporation Units			产业活动单位数 Active Units	
	合计 Total	单产业法人 Single Industry	多产业法人 Multi-industry	合计 Total	#多产业法人所属产业活动单位 Units Belong to Multi-industry Corporation
全省 Total	**244874**	**224921**	**19953**	**323296**	**98375**
太原市 Taiyuan	45976	43939	2037	53997	10058
大同市 Datong	20082	19056	1026	26089	7033
阳泉市 Yangquan	10991	9855	1136	14571	4716
长治市 Changzhi	25761	23155	2606	34850	11695
晋城市 Jincheng	20399	17803	2596	27883	10080
朔州市 Shuozhou	11847	11464	383	14593	3129
晋中市 Jinzhong	25848	23529	2319	34777	11248
运城市 Yuncheng	18855	16761	2094	29053	12292
忻州市 Xinzhou	20863	19779	1084	27006	7227
临汾市 Linfen	26882	23297	3585	37853	14556
吕梁市 Lvliang	17370	16283	1087	22624	6341

19-4 按投资类型分基本单位数(2012年)
NUMBER OF BASIC UNITS BY TYPE OF INVESTMENT(2012)

单位：个 (unit)

市名 City	法人单位数 Corporation Units				产业活动单位数 Active Units			
	合计 Total	内资单位 Civil Funded Enterprises	港澳台商投资单位 Enterprises Funded by Hong Kong, Macao and Taiwan	外商投资单位 Foreign Funded Enterprises	合计 Total	内资单位 Civil Funded Enterprises	港澳台商投资单位 Enterprises Funded by Hong Kong, Macao and Taiwan	外商投资单位 Foreign Funded Enterprises
全省 Total	**244874**	**244395**	**191**	**288**	**323296**	**322107**	**412**	**777**
太原市 Taiyuan	45976	45784	70	122	53997	53616	129	252
大同市 Datong	20082	20048	13	21	26089	26020	32	37
阳泉市 Yangquan	10991	10977	5	9	14571	14540	10	21
长治市 Changzhi	25761	25720	20	21	34850	34741	53	56
晋城市 Jincheng	20399	20374	6	19	27883	27809	37	37
朔州市 Shuozhou	11847	11837	3	7	14593	14556	21	16
晋中市 Jinzhong	25848	25794	27	27	34777	34645	44	88
运城市 Yuncheng	18855	18810	12	33	29053	28938	15	100
忻州市 Xinzhou	20863	20856	4	3	27006	26980	20	6
临汾市 Linfen	26882	26847	21	14	37853	37692	24	137
吕梁市 Lvliang	17370	17348	10	12	22624	22570	27	27

19-5 按产业分基本单位数及从业人数(2012年)
NUMBER OF BASIC UNITS AND EMPLOYEES BY INDUSTRY(2012)

市名 City		法人单位 Corporation Units							
		单位数(个) Number of Units (unit)	第一产业 Primary Industry	第二产业 Secondary Industry	第三产业 Tertiary Industry	从业人数(人) Employees (person)	第一产业 Primary Industry	第二产业 Secondary Industry	第三产业 Tertiary Industry
全 省	**Total**	**244874**	**30437**	**42113**	**172324**	**7983926**	**315624**	**3965673**	**3702629**
太原市	Taiyuan	45976	2633	7833	35510	1760958	22457	943399	795102
大同市	Datong	20082	2577	2765	14740	748101	18522	378485	351094
阳泉市	Yangquan	10991	1111	2143	7737	442135	11380	271674	159081
长治市	Changzhi	25761	4844	3811	17106	689639	43616	317494	328529
晋城市	Jincheng	20399	3091	3138	14170	619332	33231	311048	275053
朔州市	Shuozhou	11847	1699	1399	8749	351696	17949	149956	183791
晋中市	Jinzhong	25848	4374	4837	16637	722018	37077	376725	308216
运城市	Yuncheng	18855	1501	4194	13160	756843	47630	355203	354010
忻州市	Xinzhou	20863	2455	3611	14797	532188	21130	202148	308910
临汾市	Linfen	26882	4238	4307	18337	713646	35353	310624	367669
吕梁市	Lvliang	17370	1914	4075	11381	647370	27279	348917	271174

市名 City		产业活动单位 Active Units							
		单位数(个) Number of Units (unit)	第一产业 Primary Industry	第二产业 Secondary Industry	第三产业 Tertiary Industry	从业人数(人) Employees (person)	第一产业 Primary Industry	第二产业 Secondary Industry	第三产业 Tertiary Industry
全 省	**Total**	**323296**	**30782**	**45751**	**246763**	**8530805**	**321332**	**4183825**	**4025648**
太原市	Taiyuan	53997	2653	8639	42705	1947429	22615	1027139	897675
大同市	Datong	26089	2589	3095	20405	765831	18625	361452	385754
阳泉市	Yangquan	14571	1134	2453	10984	476689	11718	284241	180730
长治市	Changzhi	34850	4863	4201	25786	747350	43897	351500	351953
晋城市	Jincheng	27883	3112	3458	21313	675559	33450	340819	301290
朔州市	Shuozhou	14593	1718	1533	11342	360358	18017	153638	188703
晋中市	Jinzhong	34777	4425	5331	25021	759935	37606	391877	330452
运城市	Yuncheng	29053	1533	4423	23097	807955	49670	376142	382143
忻州市	Xinzhou	27006	2488	3711	20807	562475	21558	212720	328197
临汾市	Linfen	37853	4336	4752	28765	757703	36325	327008	394370
吕梁市	Lvliang	22624	1931	4155	16538	669521	27851	357289	284381

19-6 按行业分法人单位数(2012年)
NUMBER OF CORPORATION UNITS BY SECTOR(2012)

单位：个 (unit)

市　名 City	合　计 Total	农、林、牧、渔业 Farming, Forestry, Animal Husbandry and Fishery	采矿业 Ming Industry	制造业 Manufacturing	电力、热力、燃气及水的生产和供应业 Production and Supply of Electricity, Heat, Gas and Water
全　省　Total	**244874**	**33885**	**7716**	**25964**	**1251**
太原市　Taiyuan	45976	2841	731	4529	90
大同市　Datong	20082	2747	566	1577	114
阳泉市　Yangquan	10991	1297	308	1437	70
长治市　Changzhi	25761	5132	777	2269	144
晋城市　Jincheng	20399	3605	570	1891	155
朔州市　Shuozhou	11847	1858	227	769	82
晋中市　Jinzhong	25848	5032	816	3173	138
运城市　Yuncheng	18855	1736	368	3310	98
忻州市　Xinzhou	20863	2718	977	2193	135
临汾市　Linfen	26882	4792	1189	2418	118
吕梁市　Lvliang	17370	2127	1187	2398	107

市　名 City	建筑业 Construction	批发和零售业 Wholesale and Retail Trade	交通运输、仓储和邮政业 Transport, Storage and Post	住宿和餐饮业 Hotels and Catering Services	信息传输、软件和信息技术服务业 Information Transmission, Software and Information Technology Services
全　省　Total	**7433**	**53267**	**5407**	**3678**	**2036**
太原市　Taiyuan	2538	15909	784	1001	1016
大同市　Datong	549	4665	466	347	185
阳泉市　Yangquan	346	2692	214	204	55
长治市　Changzhi	645	4932	478	330	133
晋城市　Jincheng	549	4860	319	293	107
朔州市　Shuozhou	327	2465	382	195	63
晋中市　Jinzhong	740	4727	704	317	153
运城市　Yuncheng	429	2973	529	244	61
忻州市　Xinzhou	323	2762	468	223	70
临汾市　Linfen	596	4879	641	332	92
吕梁市　Lvliang	391	2403	422	192	101

19-6 续表 continued

单位：个 (unit)

市 名 City	金融业 Banking and Insurance	房地产业 Real Estate Trade	租赁和商务服务业 Lease and Business Affairs Services	科学研究和技术服务业 Scientific Reseach, and Technical Services	水利、环境和公共设施管理业 Water, Environmental Protection and Public Facility Management
全 省 Total	**1875**	**6363**	**10997**	**5925**	**2413**
太原市 Taiyuan	376	1920	3333	1763	363
大同市 Datong	179	557	960	468	201
阳泉市 Yangquan	101	273	511	259	80
长治市 Changzhi	138	620	1044	571	310
晋城市 Jincheng	134	380	886	421	225
朔州市 Shuozhou	118	269	341	234	108
晋中市 Jinzhong	230	588	1048	558	254
运城市 Yuncheng	96	525	636	401	212
忻州市 Xinzhou	190	328	516	341	229
临汾市 Linfen	143	539	1331	612	259
吕梁市 Lvliang	170	364	391	297	172

市 名 City	居民服务、修理和其他服务业 Resident Services, Repair and Other Services	教 育 Education	卫生和社会工作 Health Care and Social Work	文化、体育和娱乐业 Culture, Sports and Recreation	公共管理、社会保障和社会组织 Public Management, Social Security and Social Organization
全 省 Total	**5016**	**8982**	**4716**	**5145**	**52805**
太原市 Taiyuan	1483	1368	710	1005	4216
大同市 Datong	347	727	529	397	4501
阳泉市 Yangquan	245	349	153	291	2106
长治市 Changzhi	280	901	504	554	5999
晋城市 Jincheng	605	693	301	426	3979
朔州市 Shuozhou	291	331	219	299	3269
晋中市 Jinzhong	471	928	401	470	5100
运城市 Yuncheng	315	947	464	563	4948
忻州市 Xinzhou	252	725	535	453	7425
临汾市 Linfen	519	1292	599	435	6096
吕梁市 Lvliang	208	721	301	252	5166

19-7 总户数、常住人口数(2013年)
NUMBER OF HOUSEHOLDS AND RESIDENT POPULATION(2013)

单位：人 (person)

市　名 City		总户数(户) Number of Households (household)	常住人口 Resident Population	按性别分 by Sex		按城镇乡村分 by Urban and Rural	
				男 性 Male	女 性 Famle	城镇人口 Urban	乡村人口 Rural
全　省	**Total**	**13132524**	**36298019**	**18654046**	**17643973**	**19079223**	**17218796**
太原市	Taiyuan	1125631	4277690	2167656	2110034	3598391	679299
大同市	Datong	1281411	3374890	1720480	1654410	1992070	1382820
阳泉市	Yangquan	525730	1386030	707987	678043	887179	498851
长治市	Changzhi	1216159	3387753	1744513	1643240	1587847	1799906
晋城市	Jincheng	835941	2300569	1152973	1147596	1277244	1023325
朔州市	Shuozhou	691351	1744169	918322	825847	891020	853149
晋中市	Jinzhong	1316007	3304905	1711961	1592944	1615237	1689668
运城市	Yuncheng	1715590	5223919	2682375	2541544	2249257	2974662
忻州市	Xinzhou	1340257	3114394	1608377	1506017	1340444	1773950
临汾市	Linfen	1594011	4390837	2259605	2131232	2005292	2385545
吕梁市	Lvliang	1490436	3792863	1979797	1813066	1635242	2157621

注：本表总户数为公安年报数。

Note: Number of households in the table are obtained from public security department.

19-8 非农业人口增加来源(2013年)
INCREASE OF NON-AGRICULTURAL POPULATION(2013)

单位：人 (person)

市　名 City		合 计 Total	出 生 Birth	非农业人口迁入 Movement Non-agricultural Population	农业人口转非农人口 Transfering from Agricultural Population	港、澳、台和国外迁入 Movement from Hong Kong, Macao, Taiwan and Abroad	复员转业 Demobilized From the Army	其 他 Others
全　省	**Total**	**488278**	**140464**	**194417**	**104467**	**114**	**4085**	**44731**
太原市	Taiyuan	119573	28687	35625	48314	44	895	6008
大同市	Datong	38036	16615	16374	2266	7	1678	1096
阳泉市	Yangquan	26866	6906	10426	3654		56	5824
长治市	Changzhi	52491	12834	20274	16960	3	256	2164
晋城市	Jincheng	25954	6901	16958	2025		65	5
朔州市	Shuozhou	18681	6606	10470	779	2	256	568
晋中市	Jinzhong	46564	9536	16251	4305	6	331	16135
运城市	Yuncheng	36114	12129	19269	3190	2	155	1369
忻州市	Xinzhou	31436	10892	16400	3205	6	124	809
临汾市	Linfen	46055	14746	17232	5227	38	226	8586
吕梁市	Lvliang	46508	14612	15138	14542	6	43	2167

注：本表为公安年报数。

Note: Data of the table are obtained from public security department.

19-9 非私营单位从业人员(2013年)

NUMBER OF EMPLOYEES IN NON-PRIVATE UNITS(2013)

单位：人 (person)

市 名 City	总 计 Total	#女 性 Female	在岗职工 Fully Employed	其他从业人员 Others
全 省 Total	**4640385**	**1522262**	**4465566**	**174819**
太原市 Taiyuan	967484	328666	926031	41453
大同市 Datong	464625	122173	439512	25113
阳泉市 Yangquan	286489	94145	279320	7169
长治市 Changzhi	450522	144222	440564	9958
晋城市 Jincheng	379161	126623	369605	9556
朔州市 Shuozhou	204502	62447	197662	6840
晋中市 Jinzhong	367286	123008	346036	21250
运城市 Yuncheng	379680	147343	364479	15201
忻州市 Xinzhou	262721	88335	252717	10004
临汾市 Linfen	376404	138851	361590	14814
吕梁市 Lvliang	395187	131939	382188	12999
其他单位 Others	106324	14510	105862	462

市 名 City	#国有单位 State-owned Units	#城镇集体单位 Collective-owned Units	#港澳台投资经济 Enterprises with Investment From Hong Kong, Macao and Taiwan	#外商投资经济 Enterprises with Foreign Investment
全 省 Total	**2100052**	**214152**	**107531**	**105614**
太原市 Taiyuan	373448	38541	45188	41216
大同市 Datong	195456	24826	3023	10232
阳泉市 Yangquan	87656	19677	1060	3041
长治市 Changzhi	185921	13838	1859	8950
晋城市 Jincheng	109123	16144	32324	11892
朔州市 Shuozhou	108743	8873	198	4600
晋中市 Jinzhong	158832	15690	9865	7628
运城市 Yuncheng	211029	18447	4831	3972
忻州市 Xinzhou	170430	18603		
临汾市 Linfen	209429	12736	3097	2730
吕梁市 Lvliang	184825	26743	6086	11353
其他单位 Others	105160	34		

19-10 非私营单位从业人员劳动报酬(2013年)
REWARD OF EMPLOYEES IN NON-PRIVATE UNITS(2013)

单位：万元 (10 000 yuan)

市名 City		从业人员平均人数(人) Average Employees (person)	在岗职工 Fully Employed	其他从业人员 Others	从业人员劳动报酬 Reward of Employees	在岗职工工资总额 Total Wages of Fully Employed	其他从业人员劳动报酬 Reward of Others	在岗职工平均工资(元) Average Wage of Fully Employed (yuan)
全　省	**Total**	**4656966**	**4472760**	**184206**	**21611441**	**21208402**	**403039**	**47417**
太原市	Taiyuan	983493	942321	41172	4917691	4809134	108557	51035
大同市	Datong	469521	441377	28144	2303196	2244291	58905	50847
阳泉市	Yangquan	286661	277973	8688	1352326	1334058	18268	47992
长治市	Changzhi	450181	440215	9966	1980757	1963378	17379	44600
晋城市	Jincheng	373760	364594	9166	2009799	1987055	22744	54500
朔州市	Shuozhou	205698	198666	7032	950921	937317	13605	47181
晋中市	Jinzhong	372892	345704	27188	1631699	1571516	60183	45458
运城市	Yuncheng	373937	358682	15255	1286138	1254113	32025	34964
忻州市	Xinzhou	261252	251408	9844	980807	961869	18937	38259
临汾市	Linfen	376918	362776	14142	1447449	1422894	24555	39222
吕梁市	Lvliang	393628	380477	13151	1914265	1888981	25284	49648
其他单位	Others	109025	108567	458	836395	833796	2598	76800

19-11 国有单位从业人员(2013年)
NUMBER OF EMPLOYEES IN STATE-OWNED UNITS(2013)

单位：人 (person)

市名 City		从业人员 Employees	#女性 Female	在岗职工 Fully Employed	其他从业人员 Others
全　省	**Total**	**2100052**	**865277**	**2013559**	**86493**
太原市	Taiyuan	373448	157332	353567	19881
大同市	Datong	195456	74233	178570	16886
阳泉市	Yangquan	87656	38999	85240	2416
长治市	Changzhi	185921	78476	181226	4695
晋城市	Jincheng	109123	44894	105542	3581
朔州市	Shuozhou	108743	38330	103200	5543
晋中市	Jinzhong	158832	71272	152417	6415
运城市	Yuncheng	211029	97180	202949	8080
忻州市	Xinzhou	170430	64754	164254	6176
临汾市	Linfen	209429	96278	204768	4661
吕梁市	Lvliang	184825	89372	177025	7800
其他单位	Others	105160	14157	104801	359

19-12 国有单位从业人员劳动报酬(2013年)
REWARD OF EMPLOYEES IN STATE-OWNED UNITS(2013)

单位：万元　(10 000 yuan)

市名 City	从业人员平均人数(人) Average Employees (person)	在岗职工 Fully Employed	其他从业人员 Others	从业人员劳动报酬 Reward of Employees	在岗职工工资总额 Total Wages of Fully Employed	其他从业人员劳动报酬 Reward of Others	在岗职工平均工资(元) Average Wage of Fully Employed (yuan)
全省 Total	**2093931**	**2007076**	**86855**	**8831122**	**8676228**	**154894**	**43228**
太原市 Taiyuan	371092	350690	20402	1828453	1785456	42998	50913
大同市 Datong	195435	178097	17338	703162	673191	29971	37799
阳泉市 Yangquan	88242	85828	2414	388383	385378	3005	44901
长治市 Changzhi	186207	181422	4785	757163	750787	6376	41383
晋城市 Jincheng	108832	105183	3649	444026	436795	7230	41527
朔州市 Shuozhou	109467	103896	5571	434135	424834	9301	40890
晋中市 Jinzhong	158022	151849	6173	618306	608901	9405	40099
运城市 Yuncheng	206351	198617	7734	719378	706234	13144	35558
忻州市 Xinzhou	169958	164125	5833	614741	604950	9791	36859
临汾市 Linfen	208688	204008	4680	721139	712822	8317	34941
吕梁市 Lvliang	183702	175849	7853	768423	755596	12827	42968
其他单位 Others	107935	107512	423	833815	831285	2530	77320

19-13 集体单位从业人员(2013年)
NUMBER OF EMPLOYEES IN COLLECTIVE-OWNED UNITS(2013)

单位：人　(person)

市名 City	从业人员 Employees	#女性 Female	在岗职工 Fully Employed	其他从业人员 Others
全省 Total	**214152**	**87113**	**203522**	**10630**
太原市 Taiyuan	38541	16817	35858	2683
大同市 Datong	24826	11498	24142	684
阳泉市 Yangquan	19677	10309	19101	576
长治市 Changzhi	13838	5616	12959	879
晋城市 Jincheng	16144	6268	15509	635
朔州市 Shuozhou	8873	2395	8855	18
晋中市 Jinzhong	15690	7053	14530	1160
运城市 Yuncheng	18447	8083	16892	1555
忻州市 Xinzhou	18603	6267	17407	1196
临汾市 Linfen	12736	5268	12345	391
吕梁市 Lvliang	26743	7529	25894	849
其他单位 Others	34	10	30	4

19-14 集体单位从业人员劳动报酬(2013年)
REWARD OF EMPLOYEES IN COLLECTIVE-OWNED UNITS(2013)

单位：万元 (10 000 yuan)

市名 City	从业人员平均人数(人) Average Employees (person)	在岗职工 Fully Employed	其他从业人员 Others	从业人员劳动报酬 Reward of Employees	在岗职工工资总额 Total Wages of Fully Employed	其他从业人员劳动报酬 Reward of Others	在岗职工平均工资(元) Average Wage of Fully Employed (yuan)
全省 Total	**213460**	**202923**	**10537**	**777183**	**753902**	**23281**	**37152**
太原市 Taiyuan	39124	36565	2559	119690	113919	5770	31155
大同市 Datong	24687	24025	662	82599	81175	1423	33788
阳泉市 Yangquan	19362	18717	645	77103	75509	1594	40342
长治市 Changzhi	13577	12711	866	45728	44162	1566	34743
晋城市 Jincheng	16047	15404	643	52428	51453	975	33402
朔州市 Shuozhou	8990	8972	18	28283	28246	37	31483
晋中市 Jinzhong	15002	13981	1021	58605	54870	3736	39246
运城市 Yuncheng	18307	16763	1544	63880	60859	3021	36305
忻州市 Xinzhou	19135	17907	1228	45178	43166	2012	24106
临汾市 Linfen	12701	12263	438	60610	59481	1129	48504
吕梁市 Lvliang	26494	25585	909	143017	141000	2016	55111
其他单位 Others	34	30	4	630	614	16	20467

19-15 其他单位从业人员(2013年)
NUMBER OF EMPLOYEES IN OTHER-OWNED UNITS(2013)

单位：人 (person)

市名 City	从业人员 Employees	#女性 Female	在岗职工 Fully Employed	其他从业人员 Others
全省 Total	**2326181**	**569872**	**2248485**	**77696**
太原市 Taiyuan	555495	154517	536606	18889
大同市 Datong	244343	36442	236800	7543
阳泉市 Yangquan	179156	44837	174979	4177
长治市 Changzhi	250763	60130	246379	4384
晋城市 Jincheng	253894	75461	248554	5340
朔州市 Shuozhou	86886	21722	85607	1279
晋中市 Jinzhong	192764	44683	179089	13675
运城市 Yuncheng	150204	42080	144638	5566
忻州市 Xinzhou	73688	17314	71056	2632
临汾市 Linfen	154239	37305	144477	9762
吕梁市 Lvliang	183619	35038	179269	4350
其他单位 Others	1130	343	1031	99

19-16 其他单位从业人员劳动报酬(2013年)
REWARD OF EMPLOYEES IN OTHER-OWNED UNITS(2013)

单位：万元 (10 000 yuan)

市 名 City		从业人员平均人数(人) Average Employees (person)	在岗职工 Fully Employed	其他从业人员 Others	从业人员劳动报酬 Reward of Employmees	在岗职工工资总额 Total Wages of Fully Employed	其他从业人员劳动报酬 Reward of Others	在岗职工平均工资(元) Average Wage of Fully Employed (yuan)
全 省	**Total**	**2349575**	**2262761**	**86814**	**12003137**	**11778273**	**224864**	**52053**
太 原 市	Taiyuan	573277	555066	18211	2969548	2909759	59789	52422
大 同 市	Datong	249399	239255	10144	1517435	1489925	27510	62273
阳 泉 市	Yangquan	179057	173428	5629	886841	873172	13669	50348
长 治 市	Changzhi	250397	246082	4315	1177866	1168429	9437	47481
晋 城 市	Jincheng	248881	244007	4874	1513346	1498807	14539	61425
朔 州 市	Shuozhou	87241	85798	1443	488503	484236	4267	56439
晋 中 市	Jinzhong	199868	179874	19994	954788	907746	47042	50466
运 城 市	Yuncheng	149279	143302	5977	502881	487020	15861	33986
忻 州 市	Xinzhou	72159	69376	2783	320888	313753	7135	45225
临 汾 市	Linfen	155529	146505	9024	665701	650592	15109	44407
吕 梁 市	Lvliang	183432	179043	4389	1002825	992385	10440	55427
其他单位	Others	1056	1025	31	2517	2450	67	23901

19-17 私营单位从业人员和劳动报酬(2013年)
NUMBER AND REWARD OF EMPLOYEES IN PRIVATE UNITS(2013)

单位：人 (person)

市 名 City		从业人员 Employees	劳动报酬总额(万元) Total Reward of Employees (10 000 yuan)	平均劳动报酬(元) Average Reward of Employees (yuan)
全 省	**Total**	**2008017**	**5597507**	**27580**
太原市	Taiyuan	392251	1149736	29064
大同市	Datong	135635	401872	25783
阳泉市	Yangquan	59211	131009	22951
长治市	Changzhi	200165	460246	23064
晋城市	Jincheng	116358	297019	25652
朔州市	Shuozhou	133096	375500	28283
晋中市	Jinzhong	183951	541643	29101
运城市	Yuncheng	215574	535800	24938
忻州市	Xinzhou	147437	339412	22634
临汾市	Linfen	150503	385039	25948
吕梁市	Lvliang	273836	980232	35827

19-18 居民家庭生活基本情况(2013年)
BASIC LIVING CONDITIONS OF HOUSEHOLDS(2013)

单位：元 (yuan)

市名 City		居民可支配收入 Disposable Income of Households	城镇居民人均可支配收入 Per Capita Disposable Income of Urban Households	城镇居民人均生活消费支出 Per Capita Living Expenditure of Urban Households	农村居民人均纯收入 Per Capita Net Income of Rural Households	农村居民人均生活消费支出 Per Capita Living Expenditure of Rural Households
全省	**Total**	**15120**	**22456**	**13116**	**7154**	**6017**
太原市	Taiyuan	21801	24000	14338	11288	7407
大同市	Datong	14844	21430	11202	6365	4640
阳泉市	Yangquan	17911	23238	13184	9742	7713
长治市	Changzhi	15072	22803	12483	9119	6349
晋城市	Jincheng	16515	23250	12141	9026	7115
朔州市	Shuozhou	16204	24013	12264	9040	6779
晋中市	Jinzhong	15727	23714	11826	8991	6330
运城市	Yuncheng	12470	20718	11869	7198	5651
忻州市	Xinzhou	11272	20324	10454	5426	4724
临汾市	Linfen	13779	21936	11357	7768	5119
吕梁市	Lvliang	11557	20145	11012	6067	4837

注：本表居民可支配收入口径同4-1表。

Note: The coverage of disposable income of households are the same with table 4-1.

19-19 单位地区生产总值能源消耗(等价值)情况
ENERGY CONSUMPTION PER UNIT OF GDP(EQUIVALENT VALUE)

单位：吨标准煤/万元 (ton of SCE/10 000 yuan)

市名 City		2010	2011	2012	2013	2013年比上年增长(%) Increase by Percent over Last Year(%)
全省	**Total**	**1.83**	**1.76**	**1.69**	**1.63**	**-3.74**
太原市	Taiyuan	1.40	1.35	1.28	1.23	-4.21
大同市	Datong	1.47	1.42	1.35	1.29	-4.35
阳泉市	Yangquan	1.58	1.53	1.46	1.41	-3.54
长治市	Changzhi	1.93	1.85	1.78	1.72	-3.51
晋城市	Jincheng	1.50	1.45	1.40	1.35	-3.64
朔州市	Shuozhou	1.23	1.19	1.15	1.10	-3.64
晋中市	Jinzhong	2.01	1.93	1.86	1.79	-3.60
运城市	Yuncheng	2.58	2.48	2.36	2.27	-3.82
忻州市	Xinzhou	1.84	1.78	1.71	1.65	-3.52
临汾市	Linfen	3.00	2.89	2.78	2.68	-3.76
吕梁市	Lvliang	2.16	2.09	1.99	1.92	-3.54

19-20 财政收支总额(2013年)
FINANCIAL REVENUE AND EXPENDITURE(2013)

单位: 万元 (10 000 yuan)

市 名 City	公共财政收入 Public Finance Revenue	#增值税 Value-added Taxes	#营业税 Operation Taxes	#企 业 所得税 Enterprises Income Taxes
地区合计 Total	**12436071**	**1502464**	**2356772**	**1353027**
太 原 市 Taiyuan	2473261	251424	734659	258351
大 同 市 Datong	945719	118180	237121	125825
阳 泉 市 Yangquan	467903	67651	81158	75650
长 治 市 Changzhi	1486623	171338	178650	189562
晋 城 市 Jincheng	945755	141668	136806	184294
朔 州 市 Shuozhou	953000	156686	154620	120536
晋 中 市 Jinzhong	1151305	127320	226949	97641
运 城 市 Yuncheng	454211	69321	105884	21072
忻 州 市 Xinzhou	737018	86522	152745	63469
临 汾 市 Linfen	1181496	109673	167385	62335
吕 梁 市 Lvliang	1639780	202681	180795	154292

市 名 City	公共财政支出 Public Finance Expenditure	#一般公共服务 Public Services	#教 育 事业费 Education Expenses	#社会保障 和就业 Social Security and Employment
地区合计 Total	**24113028**	**2231224**	**4608218**	**2882944**
太 原 市 Taiyuan	3191090	232335	547273	386625
大 同 市 Datong	2340574	186693	399104	281438
阳 泉 市 Yangquan	864555	100320	188784	99878
长 治 市 Changzhi	2458799	238323	411983	360810
晋 城 市 Jincheng	1573164	151214	311163	191012
朔 州 市 Shuozhou	1544659	149524	271039	122692
晋 中 市 Jinzhong	2136333	190889	447918	241688
运 城 市 Yuncheng	2293494	230980	523286	306190
忻 州 市 Xinzhou	2134790	217644	454757	283964
临 汾 市 Linfen	2652646	253417	436692	364226
吕 梁 市 Lvliang	2922924	279885	616219	244421

19-21 金融机构本外币各项存款和贷款余额(2013年)
BALANCE OF DEPOSITS AND LOANS IN FINANCIAL INSTITUTIONS(2013)

单位：亿元 (100 million yuan)

市名 City	各项存款 Balance of Deposits	#单位存款 Corporate Deposits	#个人存款 Personal Depostis	#储蓄存款 Saving Deposits
全省 Total	**26269.02**	**11277.63**	**13660.42**	**13385.00**
太原市 Taiyuan	9948.51	5725.56	3508.02	3335.68
大同市 Datong	2258.47	757.29	1384.41	1367.23
阳泉市 Yangquan	1151.00	459.68	669.22	654.55
长治市 Changzhi	1847.98	660.94	1118.25	1109.03
晋城市 Jincheng	1759.51	846.83	840.74	826.66
朔州市 Shuozhou	1094.18	380.94	669.83	662.00
晋中市 Jinzhong	1836.69	578.27	1215.33	1207.39
运城市 Yuncheng	1510.28	433.06	1007.50	1001.83
忻州市 Xinzhou	1464.90	406.55	1018.07	1013.28
临汾市 Linfen	1793.96	544.32	1186.43	1175.40
吕梁市 Lvliang	1603.55	484.21	1042.61	1031.95

市名 City	各项贷款 Balance of Loans	#短期贷款 Short term	#中长期贷款 Medium and Long Term	#个人消费贷款 Personal Consumption
全省 Total	**15025.46**	**6089.83**	**8040.68**	**758.57**
太原市 Taiyuan	7222.35	2481.98	4438.64	393.97
大同市 Datong	950.83	310.64	545.04	40.60
阳泉市 Yangquan	618.65	241.58	347.33	18.08
长治市 Changzhi	918.84	423.36	400.71	27.87
晋城市 Jincheng	864.77	382.56	443.06	29.20
朔州市 Shuozhou	469.67	214.73	212.61	15.10
晋中市 Jinzhong	910.27	497.35	359.34	46.68
运城市 Yuncheng	838.24	479.35	303.23	63.09
忻州市 Xinzhou	583.08	260.92	313.30	20.71
临汾市 Linfen	845.71	408.97	351.92	54.19
吕梁市 Lvliang	803.05	388.28	325.51	49.08

19-22 原保险保费收入(2013年)
PREMIUM OF PRIMARY INSURANCE(2013)

单位：万元 (10 000 yuan)

市 名 City		合 计 Total	财产险 Property Insurance	寿 险 Life Insurance	意外险 Accident Insurance	健康险 Health Insurace
全 省	**Total**	**4123840**	**1445459**	**2397032**	**79713**	**201637**
本 级	Provincial	28		19	2	7
太原市	Taiyuan	975501	362850	529122	23406	60124
大同市	Datong	374618	145072	205211	6236	18100
阳泉市	Yangquan	221593	69933	140097	3034	8529
长治市	Changzhi	323954	115739	184008	4134	20074
晋城市	Jincheng	320786	107699	195585	5235	12268
朔州市	Shuozhou	133093	61956	63562	2840	4735
晋中市	Jinzhong	409898	124709	261960	7098	16131
运城市	Yuncheng	462003	144195	286201	7710	23897
忻州市	Xinzhou	235467	93970	127499	6909	7090
临汾市	Linfen	374134	120339	226230	6924	20641
吕梁市	Lvliang	292763	98997	177541	6185	10041

19-23 固定资产投资主要指标(2013年)
MAJOR INDICATORS OF INVESTMENT IN FIXED ASSETS(2013)

单位：万元 (10 000 yuan)

市 名 City		施工项目(个) Projects Under Construction(unit)	#本年新开工 Newly Started This Year	本年投产项目(个) Number of Projects Completed and Put into Use This Year(unit)	本年新增固定资产 Newly Increased Fixed Assets This Year
全 省	**Total**	**12689**	**8458**	**8286**	**62293323**
太原市	Taiyuan	1336	683	649	5874846
大同市	Datong	1058	827	752	7239518
阳泉市	Yangquan	605	406	403	3255213
长治市	Changzhi	1467	1032	999	6144880
晋城市	Jincheng	1199	811	893	6287670
朔州市	Shuozhou	775	442	499	3876975
晋中市	Jinzhong	1175	574	584	4624118
运城市	Yuncheng	1464	1170	1134	7243608
忻州市	Xinzhou	1281	943	836	5942444
临汾市	Linfen	1586	1254	1198	7936141
吕梁市	Lvliang	732	314	339	3867910

19-23 续表 continued

单位：万元 (10 000 yuan)

市 名 City	本年完成投资 Investment Completed This Year	#住 宅 Residential Buildings	建筑工程 Construction Projects	安装工程 Installation Projects	设备工器具购置 Purchase of Equipment and Instruments
全 省 Total	**109136950**	**14982702**	**67344869**	**10099182**	**19682179**
太原市 Taiyuan	16707390	4106906	10175903	1787672	2209483
大同市 Datong	10362711	2328161	6677036	1312149	1563842
阳泉市 Yangquan	4855450	835424	2745697	902662	824071
长治市 Changzhi	10868280	1400425	6947319	465398	2177386
晋城市 Jincheng	8376976	1142814	5525066	647198	1548623
朔州市 Shuozhou	7747111	826002	4570018	1102391	1336554
晋中市 Jinzhong	9459249	932884	5755147	867672	1605023
运城市 Yuncheng	10088690	859844	5321543	1176232	2958217
忻州市 Xinzhou	8151644	491290	5454854	443356	1322870
临汾市 Linfen	10362704	1382451	6813776	515462	1800010
吕梁市 Lvliang	8729071	676501	4828366	818828	2193727

市 名 City	其 他 Others	新 建 New Construction	扩 建 Expansion	改建和技术改造 Reconstruction	其 他 Others
全 省 Total	**12010720**	**57760609**	**19045287**	**13765083**	**5479696**
太原市 Taiyuan	2534332	7496712	1260607	2537055	1113822
大同市 Datong	809684	4614374	1775907	1048358	273867
阳泉市 Yangquan	383020	2814515	786212	514487	16323
长治市 Changzhi	1278177	6753215	1422030	846803	904148
晋城市 Jincheng	656089	5211186	1457390	788353	411859
朔州市 Shuozhou	738148	5214448	835380	371629	424198
晋中市 Jinzhong	1231407	5707365	1237179	1481757	263612
运城市 Yuncheng	632698	5762560	1952031	1387119	56680
忻州市 Xinzhou	930564	5827205	1261970	557564	123823
临汾市 Linfen	1233456	2522755	2746244	3114851	1323053
吕梁市 Lvliang	888150	2408600	4310337	1117107	568311

注：本表新建项目投资中不含房地产投资。

Note: New construction investment in this table does not include real estate investment.

19-24 固定资产投资房屋面积及价值(2013年)
FLOOR SPACE AND VALUE OF BUILDINGS UNDER INVESTMENT IN FIXED ASSETS(2013)

单位：平方米 (sq.m)

市 名 City		本年施工房屋面积 Floor Space of Buildings under Construction	#住 宅 Residential Buildings	本年竣工房屋面积 Floor Space of Buildings Completed	#住 宅 Residential Buildings	本年竣工房屋价值(万元) Value of Buildings Completed (10 000 yuan)	#住 宅 Residential Buildings
全 省	**Total**	**267933218**	**153905873**	**59430244**	**32505984**	**12295892**	**6847359**
太原市	Taiyuan	67577088	43234679	7877194	4058506	1809199	925268
大同市	Datong	26989074	17804173	9011742	6429143	2368409	1578310
阳泉市	Yangquan	11833039	8770947	1680351	1542958	385201	347625
长治市	Changzhi	31133709	15392940	7858482	3271336	1506732	614911
晋城市	Jincheng	14115206	8697750	6464985	3402357	1614993	767693
朔州市	Shuozhou	17445106	9030881	2830824	1338959	441722	273509
晋中市	Jinzhong	20456023	12374920	3063451	2267048	559069	401249
运城市	Yuncheng	26314732	11742561	6667162	2843752	963734	449686
忻州市	Xinzhou	15528570	6176561	4252822	1576121	662596	309314
临汾市	Linfen	18560951	11740520	5326227	3227663	1177210	700301
吕梁市	Lvliang	17979720	8939941	4397004	2548141	807027	479493

19-25 海关进出口情况
IMPORTS AND EXPORTS OF CUSTOMS

单位：万美元 (USD 10 000)

市 名 City		2012			2013		
		进出口总额 Total	出 口 Exports	进 口 Imports	进出口总额 Total	出 口 Exports	进 口 Imports
全 省	**Total**	**1504325**	**701620**	**802705**	**1579785**	**799649**	**780136**
太原市	Taiyuan	847422	424212	423210	916349	529482	386867
大同市	Datong	50395	23401	26994	47815	21493	26322
阳泉市	Yangquan	24350	15610	8740	21338	12024	9314
长治市	Changzhi	114890	87636	27254	105457	83741	21716
晋城市	Jincheng	123497	24543	98954	91855	25890	65965
朔州市	Shuozhou	25687	1545	24142	11698	2074	9624
晋中市	Jinzhong	49466	24930	24536	44405	24703	19702
运城市	Yuncheng	106405	38847	67558	174567	48257	126310
忻州市	Xinzhou	21800	21727	73	19751	19379	372
临汾市	Linfen	82554	27725	54829	71704	16213	55491
吕梁市	Lvliang	57859	11444	46415	74846	16393	58452

19-26 利用外商直接投资额
UTILIZATION OF FOREIGN DIRECT INVESTMENT

单位：万美元 (USD 10 000)

市　　名 City	2012		2013	
	合同金额 Contract Value	实际使用金额 Actual Value	合同金额 Contract Value	实际使用金额 Actual Value
全　省 Total	**35605**	**250379**	**96152**	**280667**
太原市 Taiyuan	-4008	78232	17808	94426
大同市 Datong	12202	21015	3821	16455
阳泉市 Yangquan	10394	23576	15562	26500
长治市 Changzhi	1347	27929	1126	31262
晋城市 Jincheng	11612	25775	19732	28400
朔州市 Shuozhou	68	13400		15420
晋中市 Jinzhong	1577	12004	5389	18406
运城市 Yuncheng	1015	897	8703	1351
忻州市 Xinzhou	-595	1963	4327	2306
临汾市 Linfen	1431	13611	3675	13880
吕梁市 Lvliang	562	31977	16009	32260

19-27 乡村基本情况(2013年)
BASIC CONDITIONS OF RURAL AREAS (2013)

市　　名 City	乡镇政府(个) Number of Township and Town Governments (unit)	#镇政府 Number of Town Governments	村民委员会(个) Number of Villager's Committees (unit)	乡村户数(户) Number of Rural Households (household)	乡村人口(人) Rural Population (person)
全　省 Total	**1196**	**564**	**28218**	**8119245**	**24265696**
太原市 Taiyuan	52	21	940	367211	1053843
大同市 Datong	99	33	1966	653970	1714272
阳泉市 Yangquan	32	20	960	306471	729272
长治市 Changzhi	132	68	3454	787949	2460509
晋城市 Jincheng	74	48	2280	570533	1630721
朔州市 Shuozhou	69	19	1688	395625	1159478
晋中市 Jinzhong	118	59	2748	925771	2369938
运城市 Yuncheng	136	81	3198	1160725	4231919
忻州市 Xinzhou	185	59	4889	927720	2438401
临汾市 Linfen	151	75	2967	957667	3326814
吕梁市 Lvliang	148	81	3128	1065603	3150529

19–27 续表 Continued

市 名 City		乡村从业人员(人) Number of Rural Laborers (person)	农、林、牧、渔业 Farming, Forestry, Animal Husbandry and Fishery	工 业 Industry	建筑业 Construction	其他行业 Others
全 省	**Total**	**11467059**	**6438538**	**1532022**	**980785**	**2515714**
太原市	Taiyuan	490928	232375	82521	24622	151410
大同市	Datong	727214	418245	61269	62280	185420
阳泉市	Yangquan	330369	144353	77766	19702	88548
长治市	Changzhi	1166716	632480	177514	117808	238914
晋城市	Jincheng	839507	438924	132917	72605	195061
朔州市	Shuozhou	527039	332729	44586	38332	111392
晋中市	Jinzhong	1151157	621526	194964	94959	239708
运城市	Yuncheng	2198232	1391871	252055	154818	399488
忻州市	Xinzhou	1052701	624047	97269	127358	204027
临汾市	Linfen	1582992	861409	207110	134730	379743
吕梁市	Lvliang	1400204	740579	204051	133571	322003

19–28 农林牧渔业总产值(2013年)

GROSS OUTPUT VALUE OF FARMING, FORESTRY, ANIMAL HUSBANDRY AND FISHERY(2013)

按当年价格计算 (at current price)

市 名 City		农林牧渔业总产值(万元) Total (10 000 yuan)	农 业 Farming	林 业 Forestry	牧 业 Animal Husbandry	渔 业 Fishery	农林牧渔服务业 Farming, Forestry, Animal Husbandry and Fishery Service
全 省	**Total**	**14470052**	**9321433**	**900699**	**3388152**	**94768**	**765000**
太原市	Taiyuan	722383	434021	71993	182375	3261	30733
大同市	Datong	1015461	481945	54331	450742	968	27475
阳泉市	Yangquan	200685	114025	17828	62422	2288	4122
长治市	Changzhi	986462	620409	37327	286138	4532	38057
晋城市	Jinchen	777963	349182	28486	379121	4500	16674
朔州市	Shuozhou	1279420	693918	107079	450663	1991	25768
晋中市	Jinzhong	1620111	1000233	67065	520089	2917	29807
运城市	Yuncheng	3661592	2827965	52959	517365	24239	239064
忻州市	Xinzhou	1124449	614619	58577	416981	3672	30600
临汾市	Linfen	1634563	1129610	85208	376883	13086	29777
吕梁市	Lvliang	1169182	706353	51549	393317	2974	14990

19-29 农林牧渔业中间消耗(2013年)
INTERMEDIATE CONSUMPTION OF FARMING, FORESTRY, ANIMAL HUSBANDRY AND FISHERY(2013)

按当年价格计算 (at current price)

市名 City	农林牧渔业中间消耗(万元) Total (10 000 yuan)	农业 Farming	林业 Forestry	牧业 Animal Husbandry	渔业 Fishery	农林牧渔服务业 Farming, Forestry, Animal Husbandry and Fishery Service
全省 Total	**6704266**	**4030546**	**529641**	**1692818**	**41933**	**409328**
太原市 Taiyuan	336329	168469	35975	114078	1511	16296
大同市 Datong	467858	213648	29827	207469	440	16474
阳泉市 Yangquan	97300	54934	9733	29320	1177	2135
长治市 Changzhi	420105	232747	18595	147770	2208	18785
晋城市 Jinchen	344729	136199	15447	182721	2025	8337
朔州市 Shuozhou	662186	353204	59076	237499	1316	11091
晋中市 Jinzhong	656124	304497	41612	291880	1423	16713
运城市 Yuncheng	1702209	1270323	31685	273893	14427	111881
忻州市 Xinzhou	490513	245410	30333	197985	1685	15100
临汾市 Linfen	762316	522952	42670	175420	6059	15216
吕梁市 Lvliang	521807	291121	23863	197704	1319	7800

19-30 粮食播种面积
SOWN AREAS OF GRAIN

单位：公顷 (ha)

市名 City	粮食 Grain		#小麦 Wheat		#玉米 Corn	
	2012	2013	2012	2013	2012	2013
全省 Total	**3291500**	**3274300**	**688970**	**677470**	**1668970**	**1670040**
太原市 Taiyuan	81768	80482	808	348	55455	55061
大同市 Datong	278935	279462			161906	161224
阳泉市 Yangquan	56669	56857	116	118	47838	47466
长治市 Changzhi	253886	250310	14174	11503	204488	205905
晋城市 Jincheng	199616	197254	61680	58583	85511	89633
朔州市 Shuozhou	268386	273497	73		144660	147702
晋中市 Jinzhong	277769	273058	20154	14165	210052	215779
运城市 Yuncheng	667400	686446	343401	342633	275801	302477
忻州市 Xinzhou	426432	427211	215	221	247474	252030
临汾市 Linfen	509409	512809	235703	226860	213589	229195
吕梁市 Lvliang	353927	352751	7142	4196	160897	169286

19-31 油料和棉花播种面积
SOWN AREAS OF OIL-BEARING CROPS AND COTTON

单位：公顷 (ha)

市 名 City	油 料 Oil-bearing Crops		#向日葵 Sunflower		棉 花 Cotton	
	2012	2013	2012	2013	2012	2013
全 省 Total	**145862**	**140322**	**34204**	**32707**	**37365**	**23439**
太原市 Taiyuan	2588	2502	1053	1028	74	40
大同市 Datong	15872	15676	2998	3391		
阳泉市 Yangquan	180	166	144	129		
长治市 Changzhi	1479	1485	601	732	56	38
晋城市 Jincheng	2974	2978	1112	956	291	261
朔州市 Shuozhou	29135	28382	3321	2267		
晋中市 Jinzhong	3631	3435	1189	1095	273	142
运城市 Yuncheng	10915	11199	4108	4314	33080	21439
忻州市 Xinzhou	32752	30864	4967	4559	127	
临汾市 Linfen	11888	10611	7158	6396	3091	1312
吕梁市 Lvliang	34448	33023	7554	7843	373	207

19-32 粮食产量
OUTPUT OF GRAIN

单位：吨 (ton)

市 名 City	粮 食 Grain		#小 麦 Wheat		#玉 米 Corn	
	2012	2013	2012	2013	2012	2013
全 省 Total	**12741000**	**13128000**	**2591800**	**2307200**	**9038700**	**9554700**
太原市 Taiyuan	319481	327786	4650	2045	273782	286894
大同市 Datong	949000	1025489			754508	817828
阳泉市 Yangquan	280419	290880	615	614	261148	269191
长治市 Changzhi	1590172	1608205	51920	37513	1423154	1471335
晋城市 Jincheng	974459	904836	271481	176517	568509	616085
朔州市 Shuozhou	1070049	1176414	424		870431	961488
晋中市 Jinzhong	1695002	1823924	91534	59320	1483707	1645342
运城市 Yuncheng	3042493	3103922	1541930	1309197	1408948	1696423
忻州市 Xinzhou	1634204	1695677	869	1079	1261526	1325385
临汾市 Linfen	2222488	2323478	982160	838786	1108236	1356431
吕梁市 Lvliang	1105487	1158550	29828	14135	785441	887140

19-33 油料和棉花产量
OUTPUT OF OIL-BEARING CROPS AND COTTON

单位：吨 (ton)

市名 City		油料 Oil-bearing Crops 2012	油料 2013	#向日葵 Sunflower 2012	#向日葵 2013	棉花 Cotton 2012	棉花 2013
全省	**Total**	**195672**	**194660**	**53261**	**53850**	**46981**	**30634**
太原市	Taiyuan	2905	3056	1300	1502	111	52
大同市	Datong	15077	16076	3419	3979		
阳泉市	Yangquan	338	314	296	271		
长治市	Changzhi	2892	3044	1222	1732	53	29
晋城市	Jincheng	6097	5893	2238	1824	299	264
朔州市	Shuozhou	37162	34341	5342	4151		
晋中市	Jinzhong	6954	6205	2017	1953	254	140
运城市	Yuncheng	20959	21265	8631	9385	41770	28544
忻州市	Xinzhou	47368	46875	8226	8024	113	
临汾市	Linfen	21131	19864	13782	12734	4054	1513
吕梁市	Lvliang	34792	37727	6788	8295	329	92

19-34 水果、林业及渔业生产情况(2013年)
OUTPUT OF FRUITS, FORESTRY AND FISHERY(2013)

市名 City		全年水果产量(吨) Annual Output of Fruits (ton)	#苹果 Apples	年末果园面积(公顷) Area of Orchards (ha)	当年造林面积(公顷) Afforestation Area (ha)	全年水产品总产量(吨) Annual Aquatic Products (ton)	淡水养殖面积(公顷) Fishery Breeding Area (ha)
全省	**Total**	**6309604**	**3962213**	**348341**	**302960**	**45621**	**15462**
太原市	Taiyuan	51145	7621	10533	21170	2738	1502
大同市	Datong	29422	3839	6580	21576	1120	1141
阳泉市	Yangquan	10831	8719	1667	7473	756	49
长治市	Changzhi	14769	9722	4798	20163	4860	4350
晋城市	Jincheng	55939	26023	4274	5421	1800	558
朔州市	Shuozhou	8279	2877	2583	14774	846	483
晋中市	Jinzhong	342454	151478	30861	26088	2890	1370
运城市	Yuncheng	4806775	3243115	158788	26954	19939	2594
忻州市	Xinzhou	154340	35975	19573	38786	2515	1200
临汾市	Linfen	579290	456003	53016	35669	6505	987
吕梁市	Lvliang	262236	19257	56947	45554	1652	1228

注：本表造林面积不包括省属九大林局数据。

Note: Coverage of afforestation area in this table doesn't include nine provincal forestry administration data.

19-35 畜牧业生产情况(2013年)

NUMBER OF LIVESTOCK AND LIVESTOCK PRODUCTS(2013)

市 名 City	大牲畜年末存栏（头）Large Animals (head)	#牛 Cattle	猪年末存栏（头）Hogs (head)	羊年末存栏（只）Sheep and Goats (head)	禽年末存栏（万只）Poultry (10 000 heads)	奶类总产量（吨）Output of Milk (ton)	#牛奶 Cow Milk
全 省 Total	**1238608**	**948089**	**5021837**	**8779660**	**9294**	**872119**	**862090**
太原市 Taiyuan	41267	34937	290914	356834	336	95551	95354
大同市 Datong	252712	147614	566641	1299414	360	214470	213555
阳泉市 Yangquan	8361	4636	142087	81201	236	6563	6563
长治市 Changzhi	65774	50157	635183	588435	1093	17049	16985
晋城市 Jincheng	17256	16808	959272	491600	753	1028	1028
朔州市 Shuozhou	208676	166834	235385	1736745	144	513728	513728
晋中市 Jinzhong	103676	94037	920802	858759	1333	114628	113896
运城市 Yuncheng	53197	52198	1026182	768561	2012	45547	45412
忻州市 Xinzhou	182474	103948	438988	2505574	525	55192	55192
临汾市 Linfen	95381	82606	829852	813598	1148	46099	38402
吕梁市 Lvliang	164438	148918	474421	688228	1557	23385	23097

市 名 City	肉类总产量(吨) Output of Meat (ton)	#猪肉 Pork	#牛肉 Beef	#羊肉 Mutton	#禽肉 Poultry	羊毛总产量（吨）Output of Wool (ton)	禽蛋产量（吨）Output of Poultry Eggs (ton)
全 省 Total	**832060**	**611676**	**51998**	**61999**	**90915**	**8862**	**798921**
太原市 Taiyuan	50159	35983	2261	4325	7323	285	27345
大同市 Datong	131020	94365	10341	18440	4697	1293	39554
阳泉市 Yangquan	18866	15238	198	585	2680	46	25751
长治市 Changzhi	86624	63274	3348	4987	13654	690	124711
晋城市 Jincheng	140276	122609	1572	5245	9789	614	72894
朔州市 Shuozhou	61669	23937	8667	26695	1254	1792	17206
晋中市 Jinzhong	173746	115262	12591	13118	31520	605	141451
运城市 Yuncheng	163230	115286	3247	7255	36191	796	210408
忻州市 Xinzhou	100496	56400	7137	30282	4943	1749	54713
临汾市 Linfen	122007	91432	6039	6717	14181	533	113888
吕梁市 Lvliang	113471	58043	16149	6726	32107	460	93211

19-36 农业生产条件(2013年)
CONDITIONS OF AGRICULTURAL PRODUCTION(2013)

市名 City		农业机械总动力(千瓦) Total Power of Agricultural Machinery (kw)	大中型农用拖拉机(台) Large and Medium Tractors for Agriculture (unit)	小型农用拖拉机(台) Mini-tractors for Agriculture (unit)	农用排灌动力机械(台) Drainage and Irrigation Machinery (unit)
全　省	**Total**	**31832963**	**107177**	**347380**	**171399**
太原市	Taiyuan	1336056	3908	5348	5099
大同市	Datong	1850348	11177	11584	9442
阳泉市	Yangquan	1335545	1350	7585	14244
长治市	Changzhi	2087811	10544	22739	11949
晋城市	Jincheng	2448759	3453	47567	5620
朔州市	Shuozhou	2329972	12270	18109	16886
晋中市	Jinzhong	3634348	10094	52146	21588
运城市	Yuncheng	6857083	21165	94982	39519
忻州市	Xinzhou	2496528	12612	33628	12012
临汾市	Linfen	4583935	14136	43164	20748
吕梁市	Lvliang	2872578	6468	10528	14292

市名 City		农用运输车(辆) Conveyance Vehicle for Agriculture (unit)	配套机电井(眼) Number of Complete set of Motorelectric pumped Well (unit)	农村用电量(万千瓦小时) Electricity Consumption in Rural Areas (10 000 kwh)	农用化肥施用量(折纯量,吨) Agricultural Consumption of Chemical Fertilizers (ton)
全　省	**Total**	**986081**	**90801**	**997819**	**1210196**
太原市	Taiyuan	25976	2812	55099	28966
大同市	Datong	44780	8623	33866	90603
阳泉市	Yangquan	22479	129	66859	13723
长治市	Changzhi	57107	9207	81264	125729
晋城市	Jincheng	72438	571	78703	68730
朔州市	Shuozhou	56846	8141	22560	84956
晋中市	Jinzhong	106225	8574	146167	110603
运城市	Yuncheng	294904	25790	275598	296636
忻州市	Xinzhou	47290	7548	59126	122728
临汾市	Linfen	173734	13635	82863	178394
吕梁市	Lvliang	84302	5771	95714	89128

19-37 规模以上主要工业产品产量(2013年)
OUTPUT OF MAJOR INDUSTRIAL PRODUCTS OF ENTERPRISES ABOVE DESIGNATED SIZE(2013)

市名 City	原煤(万吨) Coal (10 000 tons)	发电量(亿千瓦小时) Electricity (100 million kwh)	粗钢(万吨) Crude Steel (10 000 tons)	钢材(万吨) Steel Products (10 000 tons)	生铁(万吨) Pig Iron (10 000 tons)
全省 Total	**93503.4**	**2603.7**	**4671.4**	**4486.2**	**4303.2**
太原市 Taiyuan	3711.5	279.2	977.8	939.4	698.6
大同市 Datong	10898.6	388.4	43.2	1.0	49.0
阳泉市 Yangquan	6456.9	114.0			
长治市 Changzhi	11270.4	341.6	632.4	610.7	611.1
晋城市 Jincheng	7855.8	232.0	278.0	273.4	346.2
朔州市 Shuozhou	22091.5	278.7		0.2	
晋中市 Jinzhong	8455.9	213.4	214.7	203.4	81.4
运城市 Yuncheng	541.8	204.0	843.1	714.0	827.8
忻州市 Xinzhou	5683.3	270.0		60.0	13.2
临汾市 Linfen	4861.7	191.3	1287.3	1320.7	1313.4
吕梁市 Lvliang	11676.1	91.0	395.0	363.3	362.5

市名 City	焦炭(万吨) Coke (10 000 tons)	水泥(万吨) Cement (10 000 tons)	平板玻璃(万重量箱) Plate Glass (10 000-weightcases)	硫酸(万吨) Sulfuric Acid (10 000 tons)	化学肥料(万吨) Chemical Fertilizer (10 000 tons)
全省 Total	**9076.8**	**4984.8**	**2065.3**	**18.5**	**446.1**
太原市 Taiyuan	1136.1	594.7			
大同市 Datong	14.7	610.1			
阳泉市 Yangquan	42.5	295.0			
长治市 Changzhi	1431.7	458.1	838.2		26.9
晋城市 Jincheng	93.3	236.4			270.6
朔州市 Shuozhou		343.9			4.3
晋中市 Jinzhong	1112.0	290.1		4.6	31.7
运城市 Yuncheng	1074.3	710.5		0.6	70.9
忻州市 Xinzhou	198.4	147.8			26.2
临汾市 Linfen	2079.8	409.6		13.2	10.3
吕梁市 Lvliang	1894.1	888.7	1227.1		5.1

19-37 续表 Continued

市 名 City	电 石 (万吨) Calcium Carbide (10 000 tons)	工业锅炉 (蒸发量吨) Industrial Boiler (Evaporate Capacity tons)	交流电动机 (万千瓦) Alternating Current Motors (10 000 kw)	变压器 (万千伏安) Transformer (10 000 kva)	泵(台) Pump (unit)
全 省 Total	**25.6**	**16293**	**989.0**	**278.5**	**443352**
太原市 Taiyuan		374	92.0	37.6	5789
大同市 Datong				0.1	
阳泉市 Yangquan	0.5	56		53.2	1383
长治市 Changzhi	23.8		1.1		314001
晋城市 Jincheng					
朔州市 Shuozhou		299			
晋中市 Jinzhong	1.2		0.2		16391
运城市 Yuncheng			895.6	187.6	105788
忻州市 Xinzhou		15564			
临汾市 Linfen					
吕梁市 Lvliang					

市 名 City	纱(吨) Yarn(ton)	布(万米) Cloth (10 000 m)	白 酒(千升) Alcoholic Drink (kiloliter)	啤 酒(千升) Beer (kiloliter)	机制纸及纸板(外购原纸加工除外)(吨) Machine-made Paper and Paperboard(ton)
全 省 Total	**56922.9**	**4536.9**	**111880.8**	**436777.4**	**341727.2**
太原市 Taiyuan	3566.0		4920.7	112358.2	97364.9
大同市 Datong					
阳泉市 Yangquan					
长治市 Changzhi					19000.0
晋城市 Jincheng	3762.0	777.0			
朔州市 Shuozhou			6842.0	62065.0	
晋中市 Jinzhong	2707.0	296.0	20029.0	122465.0	155113.3
运城市 Yuncheng	42156.4	2763.0	7696.8	112692.2	70249.0
忻州市 Xinzhou					
临汾市 Linfen	4731.5	700.9	1408.2		
吕梁市 Lvliang			70984.1	27197.0	

19-38 工业企业主要经济指标(2013年)
MAIN ECONOMIC INDICATORS OF INDUSTRIAL ENTERPRISES(2013)

单位：亿元 (100 million yuan)

市名 City		单位数(个) Number of Enterprises (unit)	#亏损企业 Loss-making Enterprises	工业销售产值 Industrial Sales Output Value	出口交货值 Value of Export Delivery	资产总计 Total Assets
全省	**Total**	**3979**	**1426**	**16585.80**	**620.59**	**28339.90**
省直报	Direct Report	2		865.21		629.46
太原市	Taiyuan	440	153	2572.11	435.10	4153.36
大同市	Datong	178	62	918.95	17.76	2201.29
阳泉市	Yangquan	164	76	677.21	9.93	1278.34
长治市	Changzhi	358	161	1933.17	39.61	2985.32
晋城市	Jincheng	251	102	994.07	45.61	2804.54
朔州市	Shuozhou	268	61	1292.83	0.39	2169.84
晋中市	Jinzhong	517	221	1291.49	26.57	2442.09
运城市	Yuncheng	497	130	1594.78	18.90	2021.29
忻州市	Xinzhou	331	70	724.72	8.16	1372.62
临汾市	Linfen	372	127	1855.93	9.02	2264.82
吕梁市	Lvliang	601	263	1865.32	9.54	4016.92

市名 City		流动资产合计 Total Circulating Funds	固定资产合计 Total Fixed Assets	固定资产原价 Original Value of Fixed Assets	累计折旧 Total Depreciation	流动负债 Liquid Liabilites
全省	**Total**	**11312.49**	**11010.12**	**15339.42**	**6218.56**	**13611.04**
省直报	Direct Report	67.98	402.72	746.93	392.73	16.33
太原市	Taiyuan	1826.31	1421.71	2203.52	959.42	2013.83
大同市	Datong	1029.97	1096.70	1137.84	482.93	782.10
阳泉市	Yangquan	383.33	568.24	875.58	406.04	513.83
长治市	Changzhi	1294.55	1073.74	1492.29	625.03	1439.94
晋城市	Jincheng	1046.06	960.26	1350.17	566.88	1130.54
朔州市	Shuozhou	562.97	1046.07	1332.74	406.82	842.71
晋中市	Jinzhong	965.83	915.96	1096.14	306.91	1528.62
运城市	Yuncheng	959.42	826.59	1666.10	918.86	1177.42
忻州市	Xinzhou	444.29	684.11	728.34	213.62	517.98
临汾市	Linfen	1001.58	827.79	1217.94	452.31	1285.57
吕梁市	Lvliang	1730.19	1186.21	1491.84	487.02	2362.18

19-38 续表1 continued

单位：亿元 (100 million yuan)

市　　名 City		负债合计 Total Liabilities	年末所有者权益 Creditors' Equity at Year-end	主营业务收入 Revenue of Major Business	主营业务成本 Costs of Major Business	主营业务税金及附加 Tax and Extra Charges of Major Business
全　省	**Total**	**20390.05**	**7922.49**	**18393.33**	**15539.93**	**160.52**
省直报	Direct Report	462.67	166.79	865.21	815.70	3.06
太原市	Taiyuan	2934.31	1217.93	3470.00	3056.30	30.59
大同市	Datong	1664.24	536.00	1728.08	1503.64	8.99
阳泉市	Yangquan	840.48	437.68	621.41	506.85	8.98
长治市	Changzhi	2104.17	870.31	1787.19	1445.41	12.89
晋城市	Jincheng	1764.35	1040.12	1202.61	948.12	10.17
朔州市	Shuozhou	1432.13	731.93	1161.91	801.24	19.87
晋中市	Jinzhong	1973.75	468.30	1393.35	1211.86	10.95
运城市	Yuncheng	1441.76	576.58	1650.98	1463.12	4.93
忻州市	Xinzhou	925.37	438.86	685.81	522.59	8.09
临汾市	Linfen	1760.84	509.08	1932.99	1739.87	11.04
吕梁市	Lvliang	3086.00	928.91	1893.79	1525.22	30.95

市　　名 City		营业费用 Costs of Business	管理费用 Costs of Administration	财务费用 Costs of Finance	#利息支出 Interest Expenditure	利润总额 Total Profits
全　省	**Total**	**546.10**	**1038.49**	**553.23**	**558.27**	**614.59**
省直报	Direct Report	0.04	36.64	12.07	11.05	29.88
太原市	Taiyuan	61.91	187.16	59.00	66.96	14.98
大同市	Datong	66.53	84.66	42.25	42.65	18.66
阳泉市	Yangquan	13.42	61.48	29.56	37.66	4.95
长治市	Changzhi	33.04	134.63	50.64	57.60	127.82
晋城市	Jincheng	17.13	117.56	55.01	57.84	104.43
朔州市	Shuozhou	130.58	64.03	27.28	27.42	83.72
晋中市	Jinzhong	42.53	72.58	52.43	50.88	13.72
运城市	Yuncheng	35.65	47.42	49.02	45.93	69.95
忻州市	Xinzhou	15.93	45.80	27.39	29.68	69.47
临汾市	Linfen	33.80	78.44	48.34	43.42	26.59
吕梁市	Lvliang	95.53	108.08	100.24	87.19	50.44

19-38 续表2 continued

单位：亿元 (100 million yuan)

市　名 City	亏损企业亏损额 Loss of Loss-making Enterprises	利税总额 Total Pre-tax Profits	应付薪酬总额 Total Wages Payable	应交增值税 Value Added Taxes Payable
全　省 Total	**372.37**	**1533.41**	**1528.64**	**752.18**
省直报 Direct Report		60.48	62.45	27.38
太原市 Taiyuan	50.80	113.57	282.37	67.41
大同市 Datong	21.70	79.03	197.51	50.41
阳泉市 Yangquan	10.23	52.84	104.81	38.56
长治市 Changzhi	50.15	224.34	151.26	83.50
晋城市 Jincheng	28.21	186.02	173.64	71.25
朔州市 Shuozhou	20.04	197.95	60.79	94.08
晋中市 Jinzhong	42.70	88.50	115.34	63.38
运城市 Yuncheng	25.05	114.75	80.96	39.81
忻州市 Xinzhou	9.07	125.51	50.21	46.25
临汾市 Linfen	40.30	106.69	99.74	67.86
吕梁市 Lvliang	74.12	183.73	149.56	102.29

市　名 City	总资产贡献率(%) Ratio of Profits, Taxes and Interests to Average Assets (%)	资产负债率(%) Ratio of Debts to Assets (%)	成本费用利润率(%) Ratio of Profits to Total Costs (%)	产品销售率 (%) Ratio of Sales to Gross Output Value (%)
全　省 Total	**7.23**	**71.95**	**3.29**	**95.16**
省直报 Direct Report	11.34	73.50	3.44	100.00
太原市 Taiyuan	4.15	70.65	0.44	97.10
大同市 Datong	5.45	75.60	0.91	86.19
阳泉市 Yangquan	6.36	65.75	0.55	94.40
长治市 Changzhi	9.16	70.48	7.38	94.55
晋城市 Jincheng	8.58	62.91	9.04	97.66
朔州市 Shuozhou	10.35	66.00	8.03	97.64
晋中市 Jinzhong	5.66	80.82	0.96	96.75
运城市 Yuncheng	7.85	71.33	4.25	95.09
忻州市 Xinzhou	11.20	67.42	10.68	90.41
临汾市 Linfen	6.50	77.75	1.37	96.32
吕梁市 Lvliang	6.67	76.83	2.71	93.06

19-39 国有控股工业企业主要经济指标(2013年)
MAIN ECONOMIC INDICATORS OF STATE-HOLDING INDUSTRIAL ENTERPRISES(2013)

单位：亿元 (100 million yuan)

市名 City	单位数(个) Number of Enterprises (unit)	#亏损企业 Loss-making Enterprises	工业销售产值 Industrial Sales Output Value	出口交货值 Value of Export Delivery	资产总计 Total Assets
全省 Total	**764**	**323**	**8266.39**	**173.86**	**17704.74**
省直报 Direct Report	2		865.21		629.46
太原市 Taiyuan	88	31	1687.52	104.61	3201.52
大同市 Datong	42	13	755.16	17.14	1950.29
阳泉市 Yangquan	38	20	468.60	4.03	1041.91
长治市 Changzhi	88	45	910.75	38.86	1813.32
晋城市 Jincheng	119	52	634.67	0.31	2224.85
朔州市 Shuozhou	73	25	821.76	0.01	1649.27
晋中市 Jinzhong	90	46	368.17	2.85	1088.93
运城市 Yuncheng	46	22	382.13	1.59	720.61
忻州市 Xinzhou	50	14	322.76	0.27	958.34
临汾市 Linfen	74	29	610.47	2.99	1266.51
吕梁市 Lvliang	54	26	439.19	1.21	1159.74

市名 City	流动资产合计 Total Circulating Funds	固定资产合计 Total Fixed Assets	固定资产原价 Original Value of Fixed Assets	累计折旧 Total Depreciation	流动负债 Liquid Liabilites
全省 Total	**5916.70**	**7693.04**	**10557.70**	**4369.01**	**7388.52**
省直报 Direct Report	67.98	402.72	746.93	392.73	16.33
太原市 Taiyuan	1230.19	1177.96	1848.60	827.92	1431.20
大同市 Datong	906.39	1006.38	1022.20	445.49	655.54
阳泉市 Yangquan	258.44	486.58	773.49	373.44	366.73
长治市 Changzhi	688.46	740.57	1005.89	424.62	815.84
晋城市 Jincheng	790.80	730.32	1056.43	467.36	863.94
朔州市 Shuozhou	375.03	808.21	1057.54	349.00	634.41
晋中市 Jinzhong	262.52	519.67	601.72	164.22	646.40
运城市 Yuncheng	256.70	380.69	614.37	265.57	415.35
忻州市 Xinzhou	254.57	527.76	547.41	159.12	338.23
临汾市 Linfen	486.29	503.01	755.92	287.70	635.43
吕梁市 Lvliang	339.34	409.17	527.18	211.82	569.11

19-39 续表1 continued

单位：亿元 (100 million yuan)

市 名 City	负债合计 Total Liabilities	年末所有者权益 Creditors' Equity at Year-end	主营业务收入 Revenue of Major Business	主营业务成本 Costs of Major Business	主营业务税金及附加 Tax and Extra Charges of Major Business
全 省 Total	**12709.90**	**4987.61**	**10285.81**	**8538.41**	**112.51**
省直报 Direct Report	462.67	166.79	865.21	815.70	3.06
太原市 Taiyuan	2247.18	954.33	2561.54	2299.15	26.84
大同市 Datong	1497.40	452.54	1561.17	1368.33	7.67
阳泉市 Yangquan	658.57	383.24	433.30	347.16	5.98
长治市 Changzhi	1302.39	506.30	848.48	646.29	8.64
晋城市 Jincheng	1448.38	776.46	839.56	639.06	8.54
朔州市 Shuozhou	1091.57	552.89	716.35	449.12	16.61
晋中市 Jinzhong	899.26	189.67	409.53	342.39	4.76
运城市 Yuncheng	577.78	142.81	439.92	385.18	2.19
忻州市 Xinzhou	689.85	261.78	309.96	207.71	4.09
临汾市 Linfen	1004.04	271.77	768.14	676.74	5.55
吕梁市 Lvliang	830.80	329.04	532.66	361.58	18.59

市 名 City	营业费用 Costs of Business	管理费用 Costs of Administration	财务费用 Costs of Finance	#利息支出 Interest Expenditure	利润总额 Total Profits
全 省 Total	**340.07**	**728.10**	**322.04**	**351.95**	**357.11**
省直报 Direct Report	0.04	36.64	12.07	11.05	29.88
太原市 Taiyuan	40.01	152.11	45.95	54.55	6.87
大同市 Datong	56.93	72.54	37.96	38.84	11.88
阳泉市 Yangquan	5.54	51.21	23.40	31.74	2.95
长治市 Changzhi	9.85	92.19	27.80	35.07	73.42
晋城市 Jincheng	11.53	98.66	47.65	49.35	79.14
朔州市 Shuozhou	123.41	46.17	18.83	19.26	56.69
晋中市 Jinzhong	12.31	35.30	20.08	20.73	-2.15
运城市 Yuncheng	7.14	17.52	19.58	20.29	15.18
忻州市 Xinzhou	7.07	27.65	19.59	22.84	46.80
临汾市 Linfen	13.18	51.60	27.47	25.08	2.31
吕梁市 Lvliang	53.04	46.51	21.67	23.15	34.15

19-39 续表2 continued

单位：亿元 (100 million yuan)

市名 City		亏损企业亏损额 Loss of Loss-making Enterprises	利税总额 Total Pre-tax Profits	应付薪酬总额 Total Wages Payable	应交增值税 Value Added Taxes Payable
全省	**Total**	**207.08**	**957.86**	**1151.29**	**483.77**
省直报	Direct Report		60.48	62.45	27.38
太原市	Taiyuan	34.86	84.29	220.19	50.11
大同市	Datong	17.07	64.77	186.69	44.25
阳泉市	Yangquan	5.90	41.47	95.47	32.20
长治市	Changzhi	32.39	142.50	119.23	60.32
晋城市	Jincheng	23.23	141.13	139.41	53.29
朔州市	Shuozhou	8.99	137.22	44.11	63.73
晋中市	Jinzhong	24.40	28.85	69.93	25.93
运城市	Yuncheng	11.32	34.39	32.33	17.00
忻州市	Xinzhou	5.59	83.64	33.04	32.23
临汾市	Linfen	28.12	41.17	72.48	32.12
吕梁市	Lvliang	15.22	97.96	75.97	45.20

市名 City		总资产贡献率(%) Ratio of Profits, Taxes and Interests to Average Assets (%)	资产负债率(%) Ratio of Debts to Assets (%)	成本费用利润率(%) Ratio of Profits to Total Costs(%)	产品销售率(%) Ratio of Sales to Gross Output Value(%)
全省	**Total**	**7.22**	**71.79**	**3.30**	**95.28**
省直报	Direct Report	11.34	73.50	3.44	100.00
太原市	Taiyuan	4.10	70.19	0.27	98.09
大同市	Datong	5.23	76.78	0.63	84.43
阳泉市	Yangquan	6.16	63.21	0.41	94.18
长治市	Changzhi	9.49	71.82	8.93	94.82
晋城市	Jincheng	8.48	65.10	9.72	99.34
朔州市	Shuozhou	9.47	66.18	8.76	97.90
晋中市	Jinzhong	4.47	82.58	-0.51	95.69
运城市	Yuncheng	7.51	80.18	3.38	94.38
忻州市	Xinzhou	10.97	71.98	15.67	90.07
临汾市	Linfen	5.09	79.28	0.29	93.20
吕梁市	Lvliang	10.33	71.64	6.80	96.12

19-40 外商投资和港澳台投资工业企业主要经济指标(2013年)

MAIN INDICATORS OF INDUSTRIAL ENTERPRISES WITH HONG KONG, MACAO, TAIWAN AND FOREIGN FUNDS(2013)

单位：亿元　　(100 million yuan)

市名 City		单位数(个) Number of Enterprises (unit)	#亏损企业 Loss-making Enterprises	工业销售产值 Industrial Sales Output Value	出口交货值 Value of Export Delivery	资产总计 Total Assets
全省	**Total**	**145**	**49**	**1147.98**	**395.27**	**1722.73**
太原市	Taiyuan	24	8	460.67	328.74	337.60
大同市	Datong	13	4	71.85	15.61	114.47
阳泉市	Yangquan	8	4	17.97	1.15	24.36
长治市	Changzhi	10	3	81.29		170.99
晋城市	Jincheng	17	6	187.18	42.10	348.78
朔州市	Shuozhou	6	2	27.87	0.01	91.90
晋中市	Jinzhong	27	9	95.17	3.52	178.24
运城市	Yuncheng	15	5	33.02	1.18	42.65
忻州市	Xinzhou					
临汾市	Linfen	13	4	23.25	2.15	89.69
吕梁市	Lvliang	12	4	149.72	0.81	324.04

市名 City		流动资产合计 Total Circul-ating Funds	固定资产合计 Total Fixed Assets	固定资产原价 Original Value of Fixed Assets	累计折旧 Total Depreciation	流动负债 Liquid Liabilites
全省	**Total**	**712.27**	**817.54**	**1204.38**	**454.96**	**856.81**
太原市	Taiyuan	209.80	109.38	170.87	63.99	215.87
大同市	Datong	31.88	77.43	75.33	11.59	46.06
阳泉市	Yangquan	7.72	13.99	19.63	9.76	11.09
长治市	Changzhi	59.14	66.92	119.07	54.10	94.79
晋城市	Jincheng	127.22	162.04	311.78	169.44	128.43
朔州市	Shuozhou	14.14	77.42	90.40	17.11	23.39
晋中市	Jinzhong	59.36	106.44	150.95	45.68	92.89
运城市	Yuncheng	21.00	19.69	31.12	12.72	21.14
忻州市	Xinzhou					
临汾市	Linfen	19.53	66.40	92.45	26.33	37.05
吕梁市	Lvliang	162.49	117.83	142.77	44.23	186.11

19-40 续表1 continued

单位：亿元 (100 million yuan)

市 名 City	负债合计 Total Liabilities	年末所有者权益 Creditors' Equity at Year-end	主营业务收入 Revenue of Major Business	主营业务成本 Costs of Major Business	主营业务税金及附加 Tax and Extra Charges of Major Business
全 省 Total	**1136.55**	**585.22**	**1176.03**	**920.86**	**6.37**
太原市 Taiyuan	219.68	117.08	470.32	367.62	1.37
大同市 Datong	80.26	34.21	70.85	57.34	0.25
阳泉市 Yangquan	13.92	10.44	18.02	14.73	0.47
长治市 Changzhi	108.95	62.03	82.62	65.21	0.51
晋城市 Jincheng	162.41	186.37	188.69	142.26	1.49
朔州市 Shuozhou	69.86	22.04	24.81	21.75	0.19
晋中市 Jinzhong	148.63	29.59	99.50	78.83	0.83
运城市 Yuncheng	23.88	18.69	31.10	26.37	0.04
忻州市 Xinzhou					
临汾市 Linfen	81.93	7.77	46.93	36.67	0.27
吕梁市 Lvliang	227.03	97.02	143.21	110.08	0.95

市 名 City	营业费用 Costs of Business	管理费用 Costs of Administration	财务费用 Costs of Finance	#利息支出 Interest Expenditure	利润总额 Total Profits
全 省 Total	**26.51**	**47.94**	**32.62**	**28.99**	**74.84**
太原市 Taiyuan	5.23	14.94	2.15	3.01	6.53
大同市 Datong	4.62	3.40	1.74	1.35	3.82
阳泉市 Yangquan	1.21	1.00	0.69	0.72	-0.20
长治市 Changzhi	2.63	4.90	2.90	2.10	8.38
晋城市 Jincheng	1.93	8.87	3.54	4.22	34.54
朔州市 Shuozhou	0.07	0.30	2.22	2.21	-1.47
晋中市 Jinzhong	4.45	5.45	5.72	5.81	4.87
运城市 Yuncheng	0.83	1.50	1.00	1.03	2.40
忻州市 Xinzhou					
临汾市 Linfen	1.17	1.47	4.23	0.79	3.20
吕梁市 Lvliang	4.36	6.10	8.43	7.76	12.77

19-40 续表2 continued

单位：亿元 (100 million yuan)

市 名 City	亏损企业亏损额 Loss of Loss-making Enterprises	利税总额 Total Pre-tax Profits	应付薪酬总额 Total Wages Payable	应交增值税 Value Added Taxes Payable
全 省 Total	**17.94**	**123.49**	**100.87**	**42.26**
太原市 Taiyuan	1.99	15.20	43.00	7.31
大同市 Datong	0.49	5.25	3.98	1.19
阳泉市 Yangquan	1.02	1.13	1.69	0.85
长治市 Changzhi	0.51	13.95	6.21	5.06
晋城市 Jincheng	1.34	47.14	23.90	11.10
朔州市 Shuozhou	3.99	0.05	2.88	1.33
晋中市 Jinzhong	0.97	10.41	7.26	4.69
运城市 Yuncheng	0.06	3.23	1.78	0.79
忻州市 Xinzhou				
临汾市 Linfen	0.76	5.39	1.41	1.92
吕梁市 Lvliang	6.80	21.74	8.75	8.02

市 名 City	总资产贡献率(%) Ratio of Profits, Taxes and Interests to Average Assets (%)	资产负债率(%) Ratio of Debts to Assets (%)	成本费用利润率(%) Ratio of Profits to Total Costs(%)	产品销售率(%) Ratio of Sales to Gross Output Value(%)
全 省 Total	**8.68**	**65.97**	**7.16**	**94.04**
太原市 Taiyuan	5.22	65.07	1.65	97.19
大同市 Datong	5.62	70.11	5.60	100.48
阳泉市 Yangquan	7.55	57.16	-1.12	89.72
长治市 Changzhi	9.28	63.72	11.08	95.42
晋城市 Jincheng	14.38	46.57	22.04	93.15
朔州市 Shuozhou	2.42	76.02	-4.78	96.70
晋中市 Jinzhong	9.03	83.39	5.05	95.79
运城市 Yuncheng	9.81	55.98	7.77	88.61
忻州市 Xinzhou				
临汾市 Linfen	6.85	91.34	7.34	47.31
吕梁市 Lvliang	8.91	70.06	9.85	96.95

19-41 大中型工业企业主要经济指标(2013年)
MAIN ECONOMIC INDICATORS OF LARGE AND MEDIUM-SIZE INDUSTRIAL ENTERPRISES(2013)

单位：亿元 (100 million yuan)

市名 City		单位数(个) Number of Enterprises (unit)	#亏损企业 Loss-making Enterprises	工业销售产值 Industrial Sales Output Value	出口交货值 Value of Export Delivery	资产总计 Total Assets
全省	**Total**	**1190**	**444**	**12919.04**	**591.46**	**23988.27**
省直报	Direct Report	2		865.21		629.46
太原市	Taiyuan	117	37	2322.12	432.38	3808.46
大同市	Datong	50	18	807.72	17.74	1998.58
阳泉市	Yangquan	46	22	524.59	6.05	1142.16
长治市	Changzhi	144	65	1558.04	39.18	2714.67
晋城市	Jincheng	113	37	889.16	44.66	2407.45
朔州市	Shuozhou	78	19	839.35	0.16	1634.66
晋中市	Jinzhong	147	55	821.75	22.17	1759.63
运城市	Yuncheng	134	39	1181.74	15.69	1582.39
忻州市	Xinzhou	63	12	472.70	1.62	984.30
临汾市	Linfen	130	52	1304.99	5.04	1935.91
吕梁市	Lvliang	166	88	1331.68	6.77	3390.59

市名 City		流动资产合计 Total Circul-ating Funds	固定资产合计 Total Fixed Assets	固定资产原价 Original Value of Fixed Assets	累计折旧 Total Depreciation	流动负债 Liquid Liabilites
全省	**Total**	**9429.13**	**9304.18**	**13271.73**	**5643.47**	**11402.00**
省直报	Direct Report	67.98	402.72	746.93	392.73	16.33
太原市	Taiyuan	1618.61	1326.96	2078.92	919.32	1821.19
大同市	Datong	946.24	996.48	1021.59	459.98	695.07
阳泉市	Yangquan	322.66	513.25	819.78	390.57	419.17
长治市	Changzhi	1151.96	991.56	1381.02	589.11	1291.72
晋城市	Jincheng	931.29	810.00	1189.00	540.50	948.51
朔州市	Shuozhou	423.22	733.54	987.37	323.67	621.08
晋中市	Jinzhong	665.42	681.58	828.56	251.28	1116.55
运城市	Yuncheng	743.21	650.40	1352.33	762.95	967.21
忻州市	Xinzhou	302.80	509.92	539.98	176.31	364.42
临汾市	Linfen	871.62	708.85	1077.62	410.19	1110.95
吕梁市	Lvliang	1384.12	978.90	1248.62	426.86	2029.80

19-41 续表1 continued

单位：亿元 (100 million yuan)

市 名 City	负债合计 Total Liabilities	年末所有者权益 Creditors' Equity at Year-end	主营业务收入 Revenue of Major Business	主营业务成本 Cost of Major Business	主营业务税金及附加 Tax and Extra Charges of Major Business
全 省 Total	**17201.15**	**6776.47**	**14903.49**	**12508.64**	**139.04**
省直报 Direct Report	462.67	166.79	865.21	815.70	3.06
太原市 Taiyuan	2712.95	1094.62	3209.13	2828.86	29.06
大同市 Datong	1528.08	470.21	1616.40	1413.39	8.32
阳泉市 Yangquan	722.79	419.36	480.73	376.68	8.10
长治市 Changzhi	1894.93	811.23	1419.64	1133.91	11.46
晋城市 Jincheng	1466.49	940.96	1094.66	854.51	9.79
朔州市 Shuozhou	1055.31	576.86	785.07	516.20	16.61
晋中市 Jinzhong	1432.15	327.26	908.27	773.79	9.13
运城市 Yuncheng	1147.12	434.07	1251.92	1110.23	3.56
忻州市 Xinzhou	659.41	318.58	469.43	337.34	5.66
临汾市 Linfen	1510.39	434.82	1432.11	1290.86	8.10
吕梁市 Lvliang	2608.86	781.71	1370.94	1057.17	26.20

市 名 City	营业费用 Costs of Business	管理费用 Costs of Administration	财务费用 Costs of Finance	#利息支出 Interest Expenditure	利润总额 Total Profits
全 省 Total	**451.71**	**927.55**	**476.08**	**487.02**	**488.55**
省直报 Direct Report	0.04	36.64	12.07	11.05	29.88
太原市 Taiyuan	52.55	172.95	55.44	64.44	8.26
大同市 Datong	59.90	79.03	38.55	39.60	15.04
阳泉市 Yangquan	9.66	57.57	27.29	35.68	5.67
长治市 Changzhi	25.15	123.96	44.37	51.85	97.24
晋城市 Jincheng	14.18	107.15	48.60	51.43	108.59
朔州市 Shuozhou	120.29	54.33	17.92	18.18	53.64
晋中市 Jinzhong	26.66	58.37	38.64	37.72	7.47
运城市 Yuncheng	26.56	36.89	37.86	35.50	55.27
忻州市 Xinzhou	11.79	36.28	23.89	24.12	57.57
临汾市 Linfen	25.75	69.65	43.29	38.66	8.54
吕梁市 Lvliang	79.17	94.73	88.19	78.80	41.38

19-41 续表2 continued

单位：亿元 (100 million yuan)

市 名 City	亏损企业亏损额 Loss of Loss-making Enterprises	利税总额 Total Pre-tax Profits	应付薪酬总额 Total Wages Payable	应交增值税 Value Added Taxes Payable
全 省 Total	**303.55**	**1269.35**	**1424.33**	**637.03**
省直报 Direct Report		60.48	62.45	27.38
太原市 Taiyuan	45.71	98.93	270.51	61.05
大同市 Datong	18.97	71.47	192.11	47.14
阳泉市 Yangquan	6.80	49.73	101.15	35.61
长治市 Changzhi	45.39	187.47	144.67	78.65
晋城市 Jincheng	18.72	186.76	163.76	68.25
朔州市 Shuozhou	9.45	134.21	50.59	63.79
晋中市 Jinzhong	32.49	68.65	99.47	51.61
运城市 Yuncheng	19.49	91.72	69.06	32.85
忻州市 Xinzhou	6.00	101.98	41.43	38.23
临汾市 Linfen	35.56	65.71	90.03	47.88
吕梁市 Lvliang	64.98	152.24	139.11	84.62

市 名 City	总资产贡献率(%) Ratio of Profits, Taxes and Interests to Average Assets(%)	资产负债率(%) Ratio of Debts to Assets (%)	成本费用利润率(%) Ratio of Profits to Total Costs (%)	产品销售率(%) Ratio of Sales to Gross Output Value(%)
全 省 Total	**7.15**	**71.71**	**3.18**	**94.90**
省直报 Direct Report	11.34	73.50	3.44	100.00
太原市 Taiyuan	4.07	71.23	0.26	97.24
大同市 Datong	5.48	76.46	0.77	85.76
阳泉市 Yangquan	6.68	63.28	0.75	94.07
长治市 Changzhi	8.50	69.80	6.97	94.35
晋城市 Jincheng	9.77	60.91	10.43	97.66
朔州市 Shuozhou	9.31	64.56	7.47	97.02
晋中市 Jinzhong	6.00	81.39	0.80	96.83
运城市 Yuncheng	7.93	72.49	4.40	96.42
忻州市 Xinzhou	12.68	66.99	12.90	89.94
临汾市 Linfen	5.26	78.02	0.58	94.31
吕梁市 Lvliang	6.73	76.94	3.06	91.88

19-42 建筑业企业总产值和竣工产值(2013年)

GROSS OUTPUT VALUE AND COMPLETED VALUE OF CONSTRUCTION ENTERPRISES(2013)

单位：万元 (10 000 yuan)

市名 City		总产值 Gross Output Value	#建筑工程 Construction	#安装工程 Installation	竣工产值 Completed Value
全省	**Total**	**30343656**	**25893066**	**3289930**	**13936707**
太原市	Taiyuan	19983638	17007167	2297727	8569108
大同市	Datong	1214406	1025670	152661	863088
阳泉市	Yangquan	1231095	1058813	105649	577225
长治市	Changzhi	1452505	1284612	65467	713883
晋城市	Jincheng	710280	618858	51226	461003
朔州市	Shuozhou	648166	436877	152270	375580
晋中市	Jinzhong	1754025	1606445	119460	402196
运城市	Yuncheng	1175120	974228	130331	744245
忻州市	Xinzhou	672346	571775	58284	477565
临汾市	Linfen	791322	677896	99317	393052
吕梁市	Lvliang	710754	630726	57537	359762

19-43 按主要用途分的房屋建筑竣工面积(2013年)

TOTAL FLOOR SPACE OF COMPLETED BUILDINGS BY USE(2013)

单位：平方米 (sq.m)

市名 City		总计 Total	#住宅房屋 Residential Buildings	#商业及服务用房屋 Commercial and Service Buildings	#办公用房 Oiffice Buildings	#科研、教育、医疗用房屋 Scientific Research, Education and Healthcare Buildings
全省	**Total**	**37221212**	**26898331**	**1772028**	**2790567**	**2446381**
太原市	Taiyuan	15149442	10349544	882741	1075869	1319101
大同市	Datong	4272320	3794819	104369	90302	92388
阳泉市	Yangquan	1931725	1519368	144402	104828	273
长治市	Changzhi	3124673	2044733	255998	397276	115262
晋城市	Jincheng	1336993	908162	55244	119824	104834
朔州市	Shuozhou	1004636	730809	22144	30339	134401
晋中市	Jinzhong	1908262	1277720	32820	127123	149861
运城市	Yuncheng	3937974	2845071	81283	368830	387381
忻州市	Xinzhou	1828457	1563735	62020	89380	36729
临汾市	Linfen	1351759	899751	111217	115442	70536
吕梁市	Lvliang	1374971	964619	19790	271354	35615

19-44 按主要用途分的房屋建筑竣工价值(2013年)
VALUE OF BUILDINGS COMPLETED BY MAJOR USE(2013)

单位：万元 (10 000 yuan)

市　名 City	总 计 Total	#住宅房屋 Residential Buildings	#商业及服务用房屋 Commercial and Service Buildings	#办公用房 Oiffice Buildings	#科研、教育、医疗用房屋 Scientific Research, Education and Healthcare Buildings
全　省 Total	**5338842**	**3573083**	**277687**	**487451**	**415949**
太原市 Taiyuan	2471994	1516231	127223	229038	256909
大同市 Datong	564432	467345	27978	19095	16553
阳泉市 Yangquan	309707	224730	31099	22974	46
长治市 Changzhi	447615	266388	42274	66325	17672
晋城市 Jincheng	166711	104948	7164	27640	15299
朔州市 Shuozhou	137892	98840	5167	3090	16191
晋中市 Jinzhong	240645	159592	4050	16916	25523
运城市 Yuncheng	443309	318753	8734	43729	45492
忻州市 Xinzhou	217235	182015	7453	12248	5534
临汾市 Linfen	162230	109292	14762	16234	10213
吕梁市 Lvliang	177071	124950	1784	30162	6518

19-45 建筑业企业房屋建筑面积(2013年)
FLOOR SPACE OF BUILDINGS CONSTRUCTED BY CONSTRUCTION ENTERPRISES(2013)

单位：平方米 (sq.m)

市　名 City	房屋建筑施工面积 Floor Space of Buildings Under Construction	#本年新开工面积 Floor Space Started This Year	#投标承包的面积 Floor Space of Enter a Bid Contract
全　省 Total	**131072137**	**47082071**	**111900987**
太原市 Taiyuan	81260015	22538195	76203280
大同市 Datong	7786389	3044200	5245584
阳泉市 Yangquan	6000024	1841199	3630982
长治市 Changzhi	9031909	4001624	7940179
晋城市 Jincheng	3696183	1506028	2334319
朔州市 Shuozhou	1535274	1156864	1019235
晋中市 Jinzhong	5474225	2702704	3709841
运城市 Yuncheng	7316527	4638821	5409941
忻州市 Xinzhou	3357272	2411435	2134629
临汾市 Linfen	2503471	1584719	1971049
吕梁市 Lvliang	3110848	1656282	2301948

19-46 建筑业企业机械设备情况(2013年)
MACHINARY AND EQUIPMENT OF CONSTRUCTION ENTERPRISES(2013)

市 名 City	自有机械设备年末总台数(台) Number of Machinery and Equipment Owned (unit)	自有机械设备年末总功率(千瓦) Total Power of Machinery and Equipment Owned (kw)	自有机械设备净值(万元) Net Value of Machinery and Equipment Owned (10 000 yuan)
全 省 Total	**212416**	**6097219**	**1233749**
太原市 Taiyuan	84926	3141968	632742
大同市 Datong	10102	155087	27533
阳泉市 Yangquan	7804	549857	43336
长治市 Changzhi	8666	205407	47530
晋城市 Jincheng	8411	183819	36710
朔州市 Shuozhou	10493	258898	69801
晋中市 Jinzhong	17963	506200	103111
运城市 Yuncheng	15650	219865	77121
忻州市 Xinzhou	12473	213946	49010
临汾市 Linfen	17465	291244	70844
吕梁市 Lvliang	18463	370928	76011

19-47 建筑业企业劳动生产率(2013年)
LABOR PRODUCTIVITY OF CONSTRUCTION ENTERPRISES(2013)

单位：元/人 (yuan/person)

市 名 City	企业个数(个) Number of Enterprises (unit)	从事建筑业活动的从业人员平均人数(人) Average Number of Employees Engaged in Construction Activities (person)	按总产值计算的劳动生产率 Overall Labor Productivity in Terms of Total Output Value	人均竣工产值 Per Capita Output Value of Completed
全 省 Total	**2181**	**1053758**	**287957**	**132257**
太原市 Taiyuan	914	610912	327112	140267
大同市 Datong	200	52433	231611	164608
阳泉市 Yangquan	80	51401	239508	112298
长治市 Changzhi	146	53173	273166	134257
晋城市 Jincheng	86	31580	224914	145979
朔州市 Shuozhou	105	33348	194364	112625
晋中市 Jinzhong	151	63065	278130	63775
运城市 Yuncheng	145	57988	202649	128345
忻州市 Xinzhou	123	31880	210899	149801
临汾市 Linfen	133	38780	204054	101354
吕梁市 Lvliang	98	29198	243426	123215

19-48 建筑业企业负债及所有者权益(2013年)
LIABILITIES AND CREDITORS' EQUITY OF CONSTRUCTION ENTERPRISES(2013)

单位：万元 (10 000 yuan)

市　名 City	负债合计 Total Liabilities	#流动负债 Liquid Liabilities	#非流动负债合计 Illiquid Liabilities	所有者权益合计 Total Creditors' Equity
全　省 Total	**25650153**	**23205622**	**1972152**	**8552108**
太原市 Taiyuan	17365882	15691533	1641216	4713691
大同市 Datong	1293758	1223150	57259	342560
阳泉市 Yangquan	1654411	1445964	126563	653442
长治市 Changzhi	1027808	944002	47473	387346
晋城市 Jincheng	729189	715679	6742	260319
朔州市 Shuozhou	476670	408464	20526	143404
晋中市 Jinzhong	1129738	1101773	22361	494329
运城市 Yuncheng	596679	553016	15643	379458
忻州市 Xinzhou	366813	321228	1227	576262
临汾市 Linfen	496787	484031	7425	337189
吕梁市 Lvliang	512418	316783	25717	264109

19-49 建筑业企业收入及成本情况(2013年)
REVENUE AND COST OF CONSTRUCTION ENTERPRISES(2013)

单位：万元 (10 000 yuan)

市　名 City	营业收入 Revenue of Business	#主营业务收入 Revenue of Major Business	主营业务成本 Cost of Major Business
全　省 Total	**30502184**	**29865170**	**26663894**
太原市 Taiyuan	20048909	19872728	17869922
大同市 Datong	1145776	1097957	976790
阳泉市 Yangquan	1215548	1196939	1034282
长治市 Changzhi	1443985	1438769	1294513
晋城市 Jincheng	988333	673510	588030
朔州市 Shuozhou	648358	646875	564078
晋中市 Jinzhong	1735074	1719446	1551342
运城市 Yuncheng	1159009	1141363	987006
忻州市 Xinzhou	654725	652560	565429
临汾市 Linfen	782827	760087	657747
吕梁市 Lvliang	679642	664936	574755

19-50 建筑业企业资产(2013年)
ASSETS OF CONSTRUCTION ENTERPRISES(2013)

单位：万元 (10 000 yuan)

市 名 City	资产总计 Total Assets	#流动资产合计 Total Circulating Assets	#固定资产合计 Total Fixed Assets
全 省 Total	**34202261**	**26150562**	**2739061**
太原市 Taiyuan	22079573	16586907	1251551
大同市 Datong	1636318	1448507	127195
阳泉市 Yangquan	2307853	1847979	153602
长治市 Changzhi	1415153	1228308	147961
晋城市 Jincheng	989508	820129	113309
朔州市 Shuozhou	620074	479040	95373
晋中市 Jinzhong	1624067	1340137	215396
运城市 Yuncheng	976137	696486	182828
忻州市 Xinzhou	943076	490416	144066
临汾市 Linfen	833975	645113	145427
吕梁市 Lvliang	776527	567542	162352

市 名 City	固定资产原价 Original Value of Fixed Assets	本年折旧 Depreciation This Year	实收资本 Capitals Hold
全 省 Total	**4081729**	**303414**	**5418288**
太原市 Taiyuan	2045054	177842	2809495
大同市 Datong	166233	7728	340311
阳泉市 Yangquan	233748	13698	217866
长治市 Changzhi	195280	9044	278560
晋城市 Jincheng	160259	9490	187048
朔州市 Shuozhou	122704	4903	133833
晋中市 Jinzhong	326376	35554	326199
运城市 Yuncheng	231575	11239	276705
忻州市 Xinzhou	181951	5933	425771
临汾市 Linfen	216913	16919	236127
吕梁市 Lvliang	201636	11063	186373

19-51 建筑业企业费用情况(2013年)

EXPENSES OF CONSTRUCTION ENTERPRISES(2013)

单位：万元 (10 000 yuan)

市　名 City	销售费用 Sales Expenses	管理费用 Administrative Expenses	财务费用 Financial Expenses	营业外支出 Non-operating Expenses
全　省 Total	**91758**	**1247633**	**168301**	**15746**
太原市 Taiyuan	35816	803816	77609	7839
大同市 Datong	5201	53799	6220	1804
阳泉市 Yangquan	1883	38029	42192	800
长治市 Changzhi	4631	51696	7075	264
晋城市 Jincheng	8220	46789	4421	900
朔州市 Shuozhou	8089	28378	3103	575
晋中市 Jinzhong	4496	73126	8912	1036
运城市 Yuncheng	7664	57032	6090	713
忻州市 Xinzhou	6264	26797	4340	283
临汾市 Linfen	5937	45262	3347	979
吕梁市 Lvliang	3558	22908	4993	555

19-52 建筑业企业薪酬及利润情况(2013年)

REMUNERTION AND PROFITS OF CONSTRUCTION ENTERPRISES(2013)

单位：万元 (10 000 yuan)

市　名 City	应付职工薪酬 Remuneration Payable	营业利润 Business Profits	其他业务利润 Profits of Other Business
全　省 Total	**2161829**	**873805**	**63810**
太原市 Taiyuan	972414	583624	31147
大同市 Datong	224798	10195	3638
阳泉市 Yangquan	119408	46040	2361
长治市 Changzhi	105474	42060	454
晋城市 Jincheng	128763	25283	16607
朔州市 Shuozhou	103843	16203	709
晋中市 Jinzhong	126678	34067	735
运城市 Yuncheng	134512	39034	3403
忻州市 Xinzhou	80936	22663	405
临汾市 Linfen	90390	23990	4117
吕梁市 Lvliang	74614	30648	234

19-53 建筑业企业利润及税金情况(2013年)
PROFITS AND TAXES OF CONSTRUCTION ENTERPRISES(2013)

单位：万元 (10 000 yuan)

市 名	City	利润总额 Total Profits	税金总额 Total Taxes	主营业务税金及附加 Taxes and Extra Charges of Major Business	管理费用中的税金 Taxes in Costs of Administration
全 省	**Total**	**897318**	**922864**	**885267**	**37598**
太原市	Taiyuan	599912	589272	574582	14690
大同市	Datong	10724	39461	37596	1865
阳泉市	Yangquan	47285	34222	32247	1975
长治市	Changzhi	43436	46680	39193	7487
晋城市	Jincheng	26332	18990	17403	1587
朔州市	Shuozhou	16026	23917	20651	3265
晋中市	Jinzhong	36573	56307	55104	1203
运城市	Yuncheng	39666	37201	35212	1989
忻州市	Xinzhou	22673	24872	23929	943
临汾市	Linfen	24024	26336	25133	1203
吕梁市	Lvliang	30669	25607	24218	1390

19-54 房地产开发投资(2013年)
INVESTMENT IN REAL ESTATE DEVELOPMENT(2013)

单位：万元 (10 000 yuan)

市 名	City	本年完成投资 Investment Completed This Yesr	#住 宅 Residential Buildings	建筑工程 Construction Projects	安装工程 Installation Projects	设备工器具购置 Purchase of Equipment and Instruments	其他费用 Others Expenses
全 省	**Total**	**13086275**	**9588469**	**9799247**	**1323524**	**143612**	**1819892**
太原市	Taiyuan	4299194	3099689	3079187	485791	48171	686045
大同市	Datong	2650205	1927696	1885834	328639	28848	406884
阳泉市	Yangquan	723913	534713	605786	58071	1530	58526
长治市	Changzhi	942084	676527	797190	43427	26784	74683
晋城市	Jincheng	508188	390098	364475	43348	5674	94691
朔州市	Shuozhou	901456	672474	729066	52248	8810	111332
晋中市	Jinzhong	769336	539023	558325	89721	3645	117645
运城市	Yuncheng	930300	713121	725214	83820	8742	112524
忻州市	Xinzhou	381082	313351	330236	22106	1063	27677
临汾市	Linfen	655801	484284	478103	77900	8387	91411
吕梁市	Lvliang	324716	237493	245831	38453	1958	38474

19-55 房地产开发房屋销售额(2013年)

SALES OF BUILDINGS IN REAL ESTATE DEVELOPMENT(2013)

单位：万元 (10 000 yuan)

市名 City		商品房销售额 Sales of Commercial Buildings	住宅 Residential Buildings	#90平方米及以下住房 90 sq.m and Below	#144平方米以上住房 Above 144 sq.m
全省	**Total**	**7282585**	**6251438**	**1039652**	**1767673**
太原市	Taiyuan	2952083	2596177	385972	1067997
大同市	Datong	558014	392334	118675	71635
阳泉市	Yangquan	279959	254829	33886	41100
长治市	Changzhi	647082	525603	136795	105949
晋城市	Jincheng	383703	330816	57461	30515
朔州市	Shuozhou	405809	301728	125757	56048
晋中市	Jinzhong	487088	457459	34112	87903
运城市	Yuncheng	655526	554607	65381	78429
忻州市	Xinzhou	184640	155942	8950	18319
临汾市	Linfen	476368	449323	32652	123397
吕梁市	Lvliang	252313	232620	40011	86381

市名 City		#别墅、高档公寓 Villas and High-grade Apartment Buildings	办公楼 Office Buildings	商业营业用房 Buildings for Business Operation	其他 Other Buildings
全省	**Total**	**213582**	**146378**	**809052**	**75717**
太原市	Taiyuan	193498	110095	245069	742
大同市	Datong		6898	141883	16899
阳泉市	Yangquan	717	9516	12819	2795
长治市	Changzhi		10649	88144	22686
晋城市	Jincheng	3024		45265	7622
朔州市	Shuozhou			96597	7484
晋中市	Jinzhong	9585	4293	22972	2364
运城市	Yuncheng	6758	644	94110	6165
忻州市	Xinzhou			23054	5644
临汾市	Linfen		4283	22762	
吕梁市	Lvliang			16377	3316

19-56 房地产开发房屋销售面积(2013年)
FLOOR SPACE OF BUILDINGS SOLD IN REAL ESTATE DEVELOPMENT(2013)

单位：平方米 (sq.m)

市名 City	商品房销售面积 Floor Space of Commercial Buildings Sold	住宅 Residential Buildings	#90平方米及以下住房 90 sq.m and Below	#144平方米以上住房 Above 144 sq.m
全省 Total	**16428225**	**14843733**	**2868995**	**2992755**
太原市 Taiyuan	3976020	3749908	753267	1220391
大同市 Datong	1206110	982450	295561	146011
阳泉市 Yangquan	852445	817167	110460	107453
长治市 Changzhi	1815506	1570352	414995	279571
晋城市 Jincheng	866170	785696	120592	65205
朔州市 Shuozhou	1381784	1052931	461279	196817
晋中市 Jinzhong	1269409	1209178	107039	201443
运城市 Yuncheng	2294125	2082018	307754	228426
忻州市 Xinzhou	607413	533146	39824	54826
临汾市 Linfen	1358123	1304922	109556	276177
吕梁市 Lvliang	801120	755965	148668	216435

市名 City	#别墅、高档公寓 Villas and High-grade Apartment Buildings	办公楼 Office Buildings	商业营业用房 Buildings for Business Operation	其他 Other Buildings
全省 Total	**211070**	**152959**	**1160047**	**271486**
太原市 Taiyuan	171203	80021	143557	2534
大同市 Datong		15550	167645	40465
阳泉市 Yangquan	2089	8400	17686	9192
长治市 Changzhi		21082	140359	83713
晋城市 Jincheng	3191		60685	19789
朔州市 Shuozhou			277183	51670
晋中市 Jinzhong	19392	16892	30585	12754
运城市 Yuncheng	15195	4231	179813	28063
忻州市 Xinzhou			63008	11259
临汾市 Linfen		6783	46418	
吕梁市 Lvliang			33108	12047

19-57 房地产开发施工、竣工面积及价值(2013年)
FLOOR SPACE AND VALUE OF BUILDINGS UNDER CONSTRUCTION AND COMPLETED IN REAL ESTATE DEVELOPMENT(2013)

单位：平方米 (sq.m)

市 名 City		房屋施工面积 Floor Space of Buildings Under Construction	#住宅 Residential Buildings	房屋竣工面积 Floor Space of Buildings Completed	#住宅 Residential Buildings	房屋竣工价值(万元) Value of Buildings Completed (10 000 yuan)	#住宅 Residential Buildings
全 省	**Total**	**140400463**	**107549465**	**22848204**	**18479861**	**4984611**	**4015974**
太原市	Taiyuan	42997601	33207844	2261692	1908677	510873	436505
大同市	Datong	21290594	16009990	6562114	5243448	1619701	1275331
阳泉市	Yangquan	8236291	6369507	1532598	1401705	360973	326197
长治市	Changzhi	11065754	8180685	2221363	1590873	478458	353510
晋城市	Jincheng	5798175	4279079	925812	692966	226088	164336
朔州市	Shuozhou	8653384	6048956	1824231	1338689	353114	273451
晋中市	Jinzhong	9915124	8020943	1302589	1094596	268518	219633
运城市	Yuncheng	13629226	10811684	3161352	2628459	494276	411382
忻州市	Xinzhou	5669449	4770710	1062417	916960	211155	178157
临汾市	Linfen	7530548	5467377	988356	835073	253765	214602
吕梁市	Lvliang	5614317	4382690	1005680	828415	207690	162870

19-58 社会消费品零售总额(2013年)
TOTAL RETAIL SALES OF CONSUMER GOODS(2013)

单位：万元 (10 000 yuan)

市 名 City		社会消费品零售总额 Total Retail Sales of Consumer Goods	城 镇 Town	乡 村 Village
全 省	**Total**	**51393373**	**41925304**	**9468069**
太原市	Taiyuan	12944531	12693877	250655
大同市	Datong	4878184	4092796	785388
阳泉市	Yangquan	2560980	2384686	176295
长治市	Changzhi	4419358	3837167	582191
晋城市	Jincheng	3066166	2890129	176037
朔州市	Shuozhou	2308550	1776195	532355
晋中市	Jinzhong	4412602	3133252	1279350
运城市	Yuncheng	5647109	4517569	1129540
忻州市	Xinzhou	2668730	2134984	533746
临汾市	Linfen	4914802	4142191	772611
吕梁市	Lvliang	3572360	2864330	708030

19-59 旅游事业发展情况(2013年)
DEVELOPMENT OF TOURISM(2013)

市　　名 City	海外旅游人数(人次) Number of International Tourists (person-time)	旅游外汇收入(万美元) Foreign Exchange Earnings (USD 10 000)	国内旅游接待人次(万人次) Domestic Tourists (10000 person-time)	国内旅游接待收入(亿元) Revenue from Domestic Tourists (100 million yuan)
全　省　Total	**2126372**	**82268**	**24605**	**2253.7**
太原市　Taiyuan	465965	27567	3645	413.5
大同市　Datong	312729	11748	2325	192.9
阳泉市　Yangquan	42335	1178	1483	119.9
长治市　Changzhi	144761	3548	2149	209.4
晋城市　Jincheng	108048	5386	2166	195.3
朔州市　Shuozhou	69860	2537	887	82.5
晋中市　Jinzhong	350756	11812	3288	294.0
运城市　Yuncheng	178229	4571	2889	209.7
忻州市　Xinzhou	231488	8448	1952	202.6
临汾市　Linfen	163438	3510	2134	192.8
吕梁市　Lvliang	58763	1964	1688	141.0

19-60 公路通车里程(2013年)
LENGTH OF HIGHWAYS(2013)

单位：公里　　(km)

市　　名 City	公路通车里程 Length of Highways	在通车里程中 In Length of Highways					
		国　道 State Class	省　道 Province Class	县公路 County Class	乡公路 Township Class	专用公路 Special Purpose	村　道 Village Class
全　省　Total	**139434**	**5249**	**11817**	**20206**	**48717**	**553**	**52892**
太原市　Taiyuan	7316	385	467	1022	1773	31	3638
大同市　Datong	12538	413	1120	1996	5392	4	3612
阳泉市　Yangquan	5631	291	399	799	874	4	3264
长治市　Changzhi	11249	556	934	1731	3788	87	4153
晋城市　Jincheng	8881	223	731	1219	3426	28	3255
朔州市　Shuozhou	10151	426	777	1357	4206	36	3348
晋中市　Jinzhong	15565	687	1196	2194	6503	63	4923
运城市　Yuncheng	15744	291	1452	2740	6226	84	4951
忻州市　Xinzhou	17318	533	2048	2127	6490	125	5996
临汾市　Linfen	18025	811	1221	2459	5473	68	7993
吕梁市　Lvliang	17015	633	1472	2561	4566	23	7760

19-61 公路等级里程(2013年)
LENGTH OF HIGHWAYS BY CLASS(2013)

单位：公里 (km)

市名 City	等级里程 Expressway and Class I to IV Expressways	高速 Express-way	一级 First Class	二级 Second Class	三级 Third Class	四级 Fourth Class	等外里程 Highway Below class IV	等级里程占总里程的百分比 Percentage to Total Length of Highways
全省 Total	**136039**	**5011**	**2232**	**15106**	**18130**	**95560**	**3394**	**97.6**
太原市 Taiyuan	7189	288	214	921	1233	4534	128	98.3
大同市 Datong	12454	550	78	1114	1983	8729	83	99.3
阳泉市 Yangquan	5631	277	96	431	580	4246		100.0
长治市 Changzhi	10728	295	116	1304	1280	7734	521	95.4
晋城市 Jincheng	8644	319	155	658	1501	6011	238	97.3
朔州市 Shuozhou	10039	388	195	1008	1353	7096	111	98.9
晋中市 Jinzhong	15484	572	449	2242	1458	10764	81	99.5
运城市 Yuncheng	15718	597	276	1787	1965	11093	26	99.8
忻州市 Xinzhou	16701	730	22	1739	1765	12445	617	96.4
临汾市 Linfen	17433	462	344	1886	2883	11858	592	96.7
吕梁市 Lvliang	16017	533	289	2016	2129	11050	998	94.1

19-62 公路路面里程(2013年)
LENGTH OF PAVED HIGHWAYS(2013)

单位：公里 (km)

市名 City	有铺装路面里程 Length of Paved Highways	占总里程(%) Percentage to Total Length of Highways (%)	简易铺装路面里程 Length of Simply Paved Highways	占总里程(%) Percentage to Total Length of Highways (%)	未铺装路面里程 Length of Non-paved Highways
全省 Total	**95958**	**68.8**	**24239**	**17.4**	**19237**
太原市 Taiyuan	5640	77.1	762	10.4	914
大同市 Datong	10256	81.8	500	4.0	1781
阳泉市 Yangquan	5197	92.3	209	3.7	224
长治市 Changzhi	7570	67.3	2677	23.8	1002
晋城市 Jincheng	7923	89.2	660	7.4	299
朔州市 Shuozhou	6931	68.3	1088	10.7	2132
晋中市 Jinzhong	9571	61.5	2367	15.2	3627
运城市 Yuncheng	8741	55.5	6840	43.4	163
忻州市 Xinzhou	12711	73.4	1904	11.0	2704
临汾市 Linfen	9454	52.4	4794	26.6	3778
吕梁市 Lvliang	11964	70.3	2439	14.3	2612

19-63 公路绿化里程(2013年)
LENGTH OF AFFOREST HIGHWAYS(2013)

单位：公里 (km)

市 名 City		绿化里程 Length of Afforest Highways	占总里程(%) Percentage (%)	在绿化里程中 In Length of Afforest Highways					
				国 道 State Class	省 道 Province Class	县公路 County Class	乡公路 Township Class	专用公路 Special Purpose	村 道 Village Class
全 省	**Total**	**58172.3**	**41.7**	**4253.0**	**8655.0**	**13799.6**	**20018.5**	**229.6**	**11216.5**
太原市	Taiyuan	2236.0	30.6	298.3	357.5	661.4	661.2	29.2	228.5
大同市	Datong	3705.7	29.6	332.9	702.4	1155.9	1241.4	0.0	273.1
阳泉市	Yangquan	1381.2	24.5	138.0	298.6	563.6	233.0	3.5	144.6
长治市	Changzhi	4789.7	42.6	499.0	808.8	1095.5	1576.6	24.0	785.6
晋城市	Jincheng	2776.0	31.3	204.0	610.8	540.6	822.8	17.6	580.2
朔州市	Shuozhou	4197.8	41.4	287.9	617.7	914.9	1770.4	20.8	586.2
晋中市	Jinzhong	7817.6	50.2	648.8	968.2	1850.6	2848.5	34.6	1466.9
运城市	Yuncheng	14728.0	93.5	266.5	1279.5	2628.4	5977.9	21.3	4554.6
忻州市	Xinzhou	4774.6	27.6	453.1	1364.2	1231.2	1587.9	38.9	99.4
临汾市	Linfen	7661.7	42.5	641.9	902.9	2048.4	2611.2	17.1	1440.2
吕梁市	Lvliang	4104.0	24.1	482.6	744.6	1109.1	687.6	22.8	1057.3

19-64 公路客货运输量(2013年)
HIGHWAY PASSENGER AND FREIGHT TRAFFIC(2013)

市 名 City		客运量(万人) Passenger Traffic (10 000 persons)	旅客周转量(万人公里) Passenger-kilometers (10 000 persons-km)	货运量(万吨) Freight Traffic (10 000 tons)	货物周转量(万吨公里) Freight Ton-kilometers (10 000 tons-km)
全 省	**Total**	**28487**	**1966203**	**82834**	**12785747**
太原市	Taiyuan	1175	344863	13687	1587608
大同市	Datong	2533	204572	8395	1006721
阳泉市	Yangquan	2023	63028	4035	331847
长治市	Changzhi	3663	230647	7194	975923
晋城市	Jincheng	2067	177979	4862	403697
朔州市	Shuozhou	2222	100664	2197	421372
晋中市	Jinzhong	2554	113539	9522	1744986
运城市	Yuncheng	4207	190018	8056	2285485
忻州市	Xinzhou	1744	117139	6820	1357710
临汾市	Linfen	4054	256645	11650	1691158
吕梁市	Lvliang	2246	167110	6416	979241

19-65 镇(乡)村通公路、通油路情况(2013年)
TRAFFIC CONNECTION OF TOWNS, TOWNSHIPS AND VILLAGES(2013)

单位：个 (unit)

市名 City	乡、镇总数 Number of Townships and Towns	#通油路数 Connect With Asphalt Highways	镇总数 Number of Towns	#通油路数 Connect With Asphalt Highways	#占镇总数的比例(%) Percentage(%)	乡总数 Number of Townships	#通油路数 Connect With Asphalt Highways	#占乡总数的比例(%) Percentage (%)
全省 Total	**1196**	**1195**	**564**	**564**	**100.0**	**632**	**632**	**100.0**
太原市 Taiyuan	52	52	21	21	100.0	31	31	100.0
大同市 Datong	99	98	33	33	100.0	66	66	100.0
阳泉市 Yangquan	32	32	20	20	100.0	12	12	100.0
长治市 Changzhi	132	132	68	68	100.0	64	64	100.0
晋城市 Jincheng	74	74	48	48	100.0	26	26	100.0
朔州市 Shuozhou	69	69	19	18	100.0	51	50	100.0
晋中市 Jinzhong	118	118	59	59	100.0	59	59	100.0
运城市 Yuncheng	136	136	81	81	100.0	55	55	100.0
忻州市 Xinzhou	185	185	59	59	100.0	126	126	100.0
临汾市 Linfen	151	151	75	75	100.0	76	76	100.0
吕梁市 Lvliang	148	148	81	82	100.0	66	67	100.0

市名 City	行政村 Administration Villages					
	总数 Total	通公路 Connect with Highways	#通油路 Connect with Asphalt Highways	通公路村比重(%) Percentage of Connect with Highways(%)	通油路村比重(%) Percentage of Connect with Asphalt Highways(%)	不通公路 Non-connect with Highways
全省 Total	**28132**	**28110**	**27961**	**99.92**	**99.39**	**22**
太原市 Taiyuan	951	951	949	100.00	99.79	
大同市 Datong	1961	1961	1953	100.00	99.59	
阳泉市 Yangquan	960	960	957	100.00	99.69	
长治市 Changzhi	3454	3452	3452	99.94	99.94	2
晋城市 Jincheng	2213	2212	2212	99.95	99.95	1
朔州市 Shuozhou	1688	1688	1683	100.00	99.70	
晋中市 Jinzhong	2747	2747	2742	100.00	99.82	
运城市 Yuncheng	3194	3194	3194	100.00	100.00	
忻州市 Xinzhou	4888	4869	4743	99.61	97.30	19
临汾市 Linfen	2968	2968	2968	100.00	100.00	
吕梁市 Lvliang	3108	3108	3108	100.00	100.00	

19-66 邮电业务总量及电话数(2013年)

VOLUME OF POST AND TELECOMMUNICATION SERVICES AND NUMBER OF TELEPHONE SUBSCRIBERS(2013)

单位：万元 (10 000 yuan)

市 名 City		邮电业务总量 Business Volume of Post and Telecommunication Services	邮政 Post	电信 Telecommunication Services	电话数(万户) Number of Telephone Subscribers (10 000 households)	固定 Fixed Telephone	移动 Mobile Telephone
全 省	**Total**	**3597456**	**341060**	**3256396**	3690	584	3106
太原市	Taiyuan	870711	109512	761199	625	126	499
大同市	Datong	328466	39283	289183	359	48	311
阳泉市	Yangquan	152044	14426	137618	161	26	134
长治市	Changzhi	272567	21095	251472	339	50	289
晋城市	Jincheng	196537	15283	181254	262	39	223
朔州市	Shuozhou	153210	10947	142263	174	23	152
晋中市	Jinzhong	308624	23512	285112	348	64	284
运城市	Yuncheng	372034	29833	342201	429	67	362
忻州市	Xinzhou	249116	24969	224147	277	38	239
临汾市	Linfen	378566	28785	349781	399	60	339
吕梁市	Lvliang	315579	23414	292165	318	45	273

注：本表邮政分市数据中不含民营业务量；全省电信业务量包括省公司部分。

Note: Post data of 11 cities doesn't contain volume of private enterprises. Business volume of telecommunication services of the whole provice contains the data of provincial telecom company.

19-67 小学基本情况(2013年)

BASIC STATISTICS ON PRIMARY SCHOOLS(2013)

单位：人 (person)

市 名 City		学校数（所）Number of Schools (unit)	毕业生数 Number of Graduates	招生数 Number of New Students Enrollment	在校学生数 Number of Students Enrollment	专任教师数 Number of Full-time Teachers
全 省	**Total**	**8946**	**477274**	**394203**	**2296383**	**166887**
太原市	Taiyuan	543	46477	46148	254414	15681
大同市	Datong	631	44186	35387	201218	16458
阳泉市	Yangquan	303	14429	13786	83870	5454
长治市	Changzhi	950	41038	36477	214275	14769
晋城市	Jincheng	586	29149	20698	138105	10327
朔州市	Shuozhou	380	31966	22165	133084	9251
晋中市	Jinzhong	692	45332	40532	221492	14315
运城市	Yuncheng	962	66394	48871	299555	24524
忻州市	Xinzhou	1489	42993	34837	204204	15687
临汾市	Linfen	1249	53842	47336	281344	20679
吕梁市	Lvliang	1161	61468	47966	264822	19742

注：本表专任教师数不包括九年一贯制学制学校和十二年一贯制学校。

Note: Primary full-time teachers in the table don't include teachers who work in 9-year system or 12-year system schools.

19-68 普通中学基本情况(2013年)
BASIC STATISTICS ON REGULAR SECONDARY SCHOOLS(2013)

单位：人 (person)

市名 City	学校数(所) Number of Schools (unit)				毕业生数 Number of Graduates			招生数 New Students Enrollment		
	合计 Total	#初级中学 Junior	#高级中学 Senior	#完全中学 Junior and Senior	合计 Total	初中 Junior	高中 Senior	合计 Total	初中 Junior	高中 Senior
全省 Total	**2495**	**1516**	**245**	**223**	**827560**	**541457**	**286103**	**701819**	**412993**	**288826**
太原市 Taiyuan	226	117	18	67	79795	50960	28835	73141	43784	29357
大同市 Datong	232	108	14	33	69285	45783	23502	59962	35785	24177
阳泉市 Yangquan	85	55	7	7	29251	19997	9254	24542	14314	10228
长治市 Changzhi	221	126	16	27	77814	50220	27594	68338	39172	29166
晋城市 Jincheng	159	117	20	13	57052	37515	19537	51144	27213	23931
朔州市 Shuozhou	99	62	14	8	56716	34639	22077	50451	28352	22099
晋中市 Jinzhong	223	162	19	9	61329	42584	18745	53823	35039	18784
运城市 Yuncheng	343	202	50	9	133108	82942	50166	105214	58876	46338
忻州市 Xinzhou	299	167	26	10	68004	46035	21969	56726	35248	21478
临汾市 Linfen	297	187	25	28	95165	63828	31337	82298	49351	32947
吕梁市 Lvliang	311	213	36	12	100041	66954	33087	76180	45859	30321

市名 City	在校学生数 Number of Students Enrollment			专任教师数 Number of Full-time Teachers		
	合计 Total	初中 Junior	高中 Senior	合计 Total	初中 Junior	高中 Senior
全省 Total	**2139906**	**1291442**	**848464**	**177344**	**117434**	**59910**
太原市 Taiyuan	222821	134307	88514	18392	11521	6871
大同市 Datong	181519	108159	73360	15970	11197	4773
阳泉市 Yangquan	76753	46437	30316	5911	4049	1862
长治市 Changzhi	206218	123482	82736	15523	10118	5405
晋城市 Jincheng	160573	90376	70197	11317	7247	4070
朔州市 Shuozhou	151714	87120	64594	10834	6545	4289
晋中市 Jinzhong	163446	106257	57189	15195	10402	4793
运城市 Yuncheng	314160	182003	132157	27717	17948	9769
忻州市 Xinzhou	173734	111372	62362	15126	10543	4583
临汾市 Linfen	251994	156353	95641	21990	14689	7301
吕梁市 Lvliang	236974	145576	91398	19369	13175	6194

19-69 特殊教育学校基本情况(2013年)
BASIC STATISTICS ON SPECIAL EDUCATION SCHOOLS(2013)

单位：人 (person)

市 名 City		学校数(所) Number of Schools (unit)	毕业生数 Number of Graduates	招生数 Number of New Students Enrollment	在校学生数 Number of Students Enrollment	专任教师数 Number of Full-time Teachers
全 省	**Total**	**56**	**1023**	**1069**	**7146**	**1385**
太原市	Taiyuan	5	147	135	993	199
大同市	Datong	4	75	56	450	98
阳泉市	Yangquan	2	50	57	376	58
长治市	Changzhi	5	146	142	741	152
晋城市	Jincheng	5	14	97	573	110
朔州市	Shuozhou	2	37	70	284	38
晋中市	Jinzhong	3	133	163	744	117
运城市	Yuncheng	15	150	100	944	206
忻州市	Xinzhou	4	41	78	319	55
临汾市	Linfen	5	45	113	768	138
吕梁市	Lvliang	6	185	108	954	214

19-70 村卫生室情况(2013年)
MAIN INDICATORS OF RURAL CLINICS (2013)

单位：人 (person)

市 名 City		机构数(个) Institutions (unit)	执业(助理)医师 Licensed (Assistant) Doctors	注册护士 Registered Nurses	乡村医生 Rural Doctors	卫生员 Health Workers
全 省	**Total**	**28241**	**3519**	**349**	**37254**	**3602**
太原市	Taiyuan	952	161	6	1386	36
大同市	Datong	1811	180	7	2396	99
阳泉市	Yangquan	906	117	9	1329	131
长治市	Changzhi	3912	373	32	4211	310
晋城市	Jincheng	2251	516	14	2880	299
朔州市	Shuozhou	1682	29	5	1772	51
晋中市	Jinzhong	2613	272	49	4124	238
运城市	Yuncheng	3550	551	52	5371	531
忻州市	Xinzhou	4325	447	29	5018	1058
临汾市	Linfen	3127	563	61	4480	361
吕梁市	Lvliang	3112	310	85	4287	488

19-71 卫生机构数(2013年)
HEALTH CARE INSTITUTIONS(2013)

单位：个 (unit)

市名 City		总计 Total	#医院 Hospitals	#疾病预防控制中心 Diseases Prevention and Control Centre	#妇幼保健院(所、站) Maternity and Child Care Centres
全　省	**Total**	**12040**	**1219**	**134**	**132**
太原市	Taiyuan	2625	182	14	12
大同市	Datong	1237	112	13	13
阳泉市	Yangquan	499	46	6	6
长治市	Changzhi	898	92	14	15
晋城市	Jincheng	792	74	7	7
朔州市	Shuozhou	376	61	7	7
晋中市	Jinzhong	1076	98	12	12
运城市	Yuncheng	1787	227	14	14
忻州市	Xinzhou	802	89	15	14
临汾市	Linfen	1176	173	18	18
吕梁市	Lvliang	772	65	14	14

19-72 卫生机构床位数和人员情况(2013年)
BEDS AND PERSONNELS IN HEALTH CARE INSTITUTIONS(2013)

单位：人 (person)

市名 City		卫生机构床位数(张) Beds (unit)	卫生技术人员 Medical Technical Personnels	#执业(助理)医师 Licensed (Assistant) Doctors	#注册护士 Registered Nurses
全　省	**Total**	**172620**	**203385**	**88182**	**74849**
太原市	Taiyuan	35272	47463	18917	21109
大同市	Datong	17288	19426	8725	6953
阳泉市	Yangquan	7413	8933	3746	3641
长治市	Changzhi	15155	17528	7251	6729
晋城市	Jincheng	9689	12738	5820	4306
朔州市	Shuozhou	6885	6401	3072	1887
晋中市	Jinzhong	13744	16241	6844	5790
运城市	Yuncheng	26386	25208	11497	8163
忻州市	Xinzhou	11891	13410	6301	4143
临汾市	Linfen	18095	22256	9602	7704
吕梁市	Lvliang	10802	13781	6407	4424

20

县（市、区）篇

COUNTIES, CITIES AND DISTRICTS AT COUNTY LEVEL

PAGE

601-679

20-1 常住人口数(2013年)

RESIDENT POPULATION(2013)

单位：人 (person)

县 市	Region	总户数(户) Number of Households (household)	常住人口 Resident Population	按性别分 by Sex 男 Male	女 Female	按城镇、乡村分 by Urban and Rural 城镇人口 Urban	乡村人口 Rural
太原市	**Taiyuan**						
小店区	Xiaodian	162532	820004	429098	390906	750190	69814
迎泽区	Yingze	149991	601109	299120	301989	583933	17176
杏花岭区	Xinghualing	173809	653854	321154	332700	629437	24417
尖草坪区	Jiancaoping	107407	424294	205182	219112	398199	26095
万柏林区	Wanbailin	153886	765956	390413	375543	747075	18881
晋源区	Jinyuan	63753	225849	115219	110630	146929	78920
清徐县	Qingxu	119822	348408	177677	170731	107856	240552
阳曲县	Yangqu	64440	121395	63847	57548	40083	81312
娄烦县	Loufan	49612	107433	55382	52051	40793	66640
古交市	Gujiao	80379	209388	110564	98824	153896	55492
大同市	**Datong**						
城 区	Chengqu	245354	735362	369401	365961	735362	
矿 区	Kuangqu	164153	507515	256443	251072	507515	
南郊区	Nanjiao	126109	413455	209037	204418	170936	242519
新荣区	Xinrong	49564	110006	55906	54100	31890	78116
阳高县	Yanggao	126812	277023	143640	133383	99922	177101
天镇县	Tianzhen	98147	209781	107318	102463	74807	134974
广灵县	Guangling	80901	185932	100098	85834	44939	140993
灵丘县	Lingqiu	106124	238041	123625	114416	62390	175651
浑源县	Hunyuan	134461	349448	177450	171998	124753	224695
左云县	Zuoyun	65982	159071	80009	79062	71311	87760
大同县	Datongxian	83804	189256	97553	91703	68245	121011
阳泉市	**Yangquan**						
城 区	Chengqu	70199	195205	96392	98813	195205	
矿 区	Kuangqu	74754	246744	125111	121633	246744	
郊 区	Jiaoqu	101356	287787	147880	139907	202975	84812
平定县	Pingding	144700	339662	176284	163378	125671	213991
盂 县	Yuxian	134721	316632	162320	154312	116584	200048
长治市	**Changzhi**						
城 区	Chengqu	120852	502836	252453	250383	502836	
郊 区	Jiaoqu	129566	284555	147618	136937	184701	99854
长治县	Changzhixian	121342	346406	174493	171913	114069	232337
襄垣县	Xiangyuan	87925	274908	145764	129144	118186	156722
屯留县	Tunliu	95841	268277	135781	132496	92958	175319
平顺县	Pingshun	58018	150298	76598	73700	39085	111213
黎城县	Licheng	68693	160537	84424	76113	60091	100446
壶关县	Huguan	116198	294873	148903	145970	77808	217065
长子县	Zhangzi	129400	357411	181917	175494	96358	261053
武乡县	Wuxiang	77691	182503	96478	86025	55093	127410
沁 县	Qinxian	67980	173896	93347	80549	62802	111094
沁源县	Qinyuan	62219	160249	87029	73220	62858	97391
潞城市	Lucheng	80434	231004	119708	111296	121002	110002

注：本表总户数为公安年报数。
Note: Number of households are obtained from public security department.

20-1 续表1 continued

单位：人 (person)

县 市	Region	总户数(户) Number of Households (household)	常住人口 Resident Population	按性别分 by Sex		按城镇、乡村分 by Urban and Rural	
				男 Male	女 Female	城镇人口 Urban	乡村人口 Rural
晋城市	**Jincheng**						
城 区	Chengqu	136287	485314	245889	239425	485314	
沁水县	Qinshui	82841	214588	109356	105232	83324	131264
阳城县	Yangcheng	174799	389870	196970	192900	168890	220980
陵川县	Lingchuan	90934	233719	120816	112903	86736	146983
泽州县	Zezhou	189529	488208	241737	246471	208494	279714
高平市	Gaoping	161551	488870	238205	250665	244486	244384
朔州市	**Shuozhou**						
朔城区	Shuocheng	186419	513754	273973	239781	314569	199185
平鲁区	Pinglu	89366	207024	107296	99728	103800	103224
山阴县	Shanyin	107604	243078	129205	113873	119422	123656
应 县	Yingxian	128866	334032	174806	159226	113694	220338
右玉县	Youyu	50175	114028	59960	54068	56874	57154
怀仁县	Huairen	128921	332253	173082	159171	182661	149592
晋中市	**Jinzhong**						
榆次区	Yuci	215999	647871	331001	316870	479502	168369
榆社县	Yushe	58261	137347	65286	72061	47423	89924
左权县	Zuoquan	69760	164067	83499	80568	66725	97342
和顺县	Heshun	56551	146355	76062	70293	63086	83269
昔阳县	Xiyang	104751	230043	121751	108292	72846	157197
寿阳县	Shouyang	87744	212937	116789	96148	74358	138579
太谷县	Taigu	119345	304279	154822	149457	129501	174778
祁 县	Qixian	114231	269505	140128	129377	95566	173939
平遥县	Pingyao	212697	511996	272443	239553	201981	310015
灵石县	Lingshi	106503	267030	139270	127760	128680	138350
介休市	Jiexiu	170165	413475	210910	202565	255569	157906
运城市	**Yuncheng**						
盐湖区	Yanhu	236928	690685	344875	345810	468386	222299
临猗县	Linyi	174422	582164	297194	284970	219936	362228
万荣县	Wanrong	141461	446706	229700	217006	114532	332174
闻喜县	Wenxi	131891	411270	215175	196095	181862	229408
稷山县	Jishan	116299	353833	180987	172846	122334	231499
新绛县	Xinjiang	99140	338849	173476	165373	131398	207451
绛 县	Jiangxian	87759	286488	147253	139235	142867	143621
垣曲县	Yuanqu	88879	235134	120752	114382	106637	128497
夏 县	Xiaxian	110572	358794	187072	171722	100374	258420
平陆县	Pinglu	98812	262584	137442	125142	74179	188405
芮城县	Ruicheng	151169	401986	202835	199151	176577	225409
永济市	Yongji	143337	452554	233706	218848	208983	243571
河津市	Hejin	134921	402872	211908	190964	201192	201680
忻州市	**Xinzhou**						
忻府区	Xinfu	226445	554243	278007	276236	311030	243213
定襄县	Dingxiang	103085	221309	114494	106815	77448	143861
五台县	Wutai	143160	302298	154134	148164	96583	205715
代 县	Daixian	97975	217735	113320	104415	87440	130295

20-1 续表2 continued

单位：人 (person)

县 市	Region	总户数（户） Number of Households (household)	常住人口 Resident Population	按性别分 by Sex		按城镇、乡村分 by Urban and Rural	
				男 Male	女 Female	城镇人口 Urban	乡村人口 Rural
繁峙县	Fanshi	114111	271662	138754	132908	110375	161287
宁武县	Ningwu	73235	163038	84473	78565	74443	88595
静乐县	Jingle	59054	159073	84732	74341	54482	104591
神池县	Shenchi	47484	107745	57278	50467	36965	70780
五寨县	Wuzhai	54735	109368	57073	52295	45871	63497
岢岚县	Kelan	36229	85784	45046	40738	38251	47533
河曲县	Hequ	68235	147429	78197	69232	67402	80027
保德县	Baode	67666	163029	86052	76977	60091	102938
偏关县	Pianguan	48675	113990	59221	54769	49931	64059
原平市	Yuanping	200168	497691	257596	240095	230132	267559
临汾市	**Linfen**						
尧都区	Yaodu	374392	959843	486384	473459	626305	333538
曲沃县	Quwo	64972	241353	123065	118288	85306	156047
翼城县	Yicheng	104288	316379	166967	149412	107259	209120
襄汾县	Xiangfen	167247	450912	229855	221057	161579	289333
洪洞县	Hongtong	255950	745555	387717	357838	281744	463811
古 县	Guxian	35977	93579	49228	44351	34577	59002
安泽县	Anze	34476	83440	42441	40999	30718	52722
浮山县	Fushan	47791	129751	65666	64085	44618	85133
吉 县	Jixian	39459	108381	56111	52270	33857	74524
乡宁县	Xiangning	78885	237538	124024	113514	76866	160672
大宁县	Daning	24995	65730	33585	32145	26876	38854
隰 县	Xixian	40414	105467	54722	50745	42513	62954
永和县	Yonghe	24146	64752	35192	29560	24552	40200
蒲 县	Puxian	36223	109403	55939	53464	46517	62886
汾西县	Fenxi	54275	147217	74420	72797	59402	87815
侯马市	Houma	83577	243951	125453	118498	150295	93656
霍州市	Huozhou	126944	287586	148836	138750	172308	115278
吕梁市	**Lvliang**						
离石区	Lishi	111775	326556	168566	157990	266543	60013
文水县	Wenshui	174469	428417	220361	208056	135344	293073
交城县	Jiaocheng	89011	234726	121591	113135	115307	119419
兴 县	Xingxian	113335	283995	149438	134557	97467	186528
临 县	Linxian	242835	589936	307804	282132	156724	433212
柳林县	Liulin	127658	325156	175037	150119	119006	206150
石楼县	Shilou	43668	113904	60087	53817	44975	68929
岚 县	Lanxian	70439	177278	91679	85599	53481	123797
方山县	Fangshan	62607	146561	78721	67840	44610	101951
中阳县	Zhongyang	55429	143691	78526	65165	86070	57621
交口县	Jiaokou	47010	121983	62912	59071	45411	76572
孝义市	Xiaoyi	185793	476186	250644	225542	295615	180571
汾阳市	Fenyang	166407	424474	214431	210043	174689	249785

20-2 非私营单位从业人员和在岗职工工资(2013年)

单位：人

县 市	Region	从业人员 Employees	在岗职工 Fully Employed	国有单位 State-owned Units	城镇集体单位 Urban Collective -owned Units
太原市	**Taiyuan**				
市 辖	Jurisdiction of the City	101507	100058	3941	30
小店区	Xiaodian	184566	173863	74546	1230
迎泽区	Yingze	172160	165052	105047	10175
杏花岭区	Xinhualing	166914	154471	95558	6889
尖草坪区	Jiancaoping	68710	66608	9062	10911
万柏林区	Wanbailin	209713	206581	32245	4207
晋源区	Jinyuan	16839	13864	5749	582
清徐县	Qingxu	23357	22820	12484	501
阳曲县	Yanqu	8619	8587	5180	518
娄烦县	Loufan	6164	5403	4661	383
古交市	Gujiao	17481	17000	10485	454
大同市	**Datong**				
市 辖	Jurisdiction of the City	142565	142565		11244
城 区	Chengqu	171361	153434	85399	6247
矿 区	Kuangqu	13444	12883	9155	1423
南郊区	Nanjiao	35973	32605	17745	3883
新荣区	Xinrong	10058	9400	8609	83
阳高县	Yanggao	11174	11172	8389	
天镇县	Tianzhen	6596	6590	6193	18
广灵县	Guangling	9475	9319	6993	408
灵丘县	Lingqiu	13427	12349	8586	48
浑源县	Hunyuan	13437	13218	12023	72
左云县	Zuoyun	16531	16471	14343	148
大同县	Datongxian	21187	20109	9496	946
阳泉市	**Yangquan**				
市 辖	Jurisdiction of the City	7260	6966	5191	215
城 区	Chengqu	56730	55055	42255	1546
矿 区	Kuangqu	122477	120651	97280	12067
郊 区	Jiaoqu	28970	28639	20551	1971
平定县	Pingding	26502	24739	15033	1680
盂 县	Yuxian	44593	43313	17727	9475
长治市	**Changzhi**				
市 辖	Jurisdiction of the City				
城 区	Chengqu	109605	105065	66278	1197
郊 区	Jiaoqu	46986	45711	9940	3989
长治县	Changzhixian	38521	38386	12908	938
襄垣县	Xiangyuan	78962	78171	9116	1452
屯留县	Tunliu	29352	28542	7788	612
平顺县	Pingshun	9031	8208	6655	718
黎城县	Licheng	8534	8486	5572	322
壶关县	Huguan	21178	21124	7975	1121
长子县	Zhangzi	27953	27512	17443	1100
武乡县	Wuxiang	17633	17617	10225	1718
沁 县	Qinxian	6379	6374	5449	363

NUMBER OF EMPLOYEES AND WAGE OF FULLY EMPLOYED STAFF AND WORKERS IN NON-PRIVATE UNITS(2013)

(person)

其他单位 Other Units	其他从业人员 Other Employees	在岗职工工资总额（千元） Total Wages of Fully Employed (1 000 yuan)	#国有单位 State-owned Units	#城镇集体单位 Urban Collective -owned Units	在岗职工平均工资（元） Average Wages of Fully Employed (yuan)
96087	1449	4613981	172294	823	44504
98087	10703	8406153	3814640	41232	44489
49830	7108	8226726	5231685	513037	50722
52024	12443	8343433	5420118	152299	53028
46635	2102	3500202	418835	284666	52811
170129	3132	12976407	1595206	83539	63243
7533	2975	545087	253563	12895	35666
9835	537	678126	371862	13305	29338
2889	32	297090	202610	15339	34776
359	761	192147	167555	9377	35603
6061	481	652428	372612	13131	38129
131321		11355650		345248	80263
61788	17927	5569384	3346407	140551	35440
2305	561	520336	413485	38453	40468
10977	3368	1519430	738830	249902	46704
708	658	356588	331547	2110	37891
2783	2	439829	341718		40385
379	6	219138	201461	439	33008
1918	156	318971	268662	4225	36038
3715	1078	391942	293427	910	31443
1123	219	573486	531720	2228	43324
1980	60	498640	403918	1854	30474
9667	1078	721501	368880	39442	35896
1560	294	279196	215836	2788	40143
11254	1675	2464710	1982356	37379	43371
11304	1826	6525850	5554607	451052	55324
6117	331	1476045	1173853	100973	51255
8026	1763	1031766	616234	81879	42524
16111	1280	1564684	706863	374215	36275
37590	4540	3891435	2469615	22080	36755
31782	1275	1749932	350479	148300	38168
24540	135	2083073	652364	46281	55566
67603	791	4686358	322680	37529	60804
20142	810	1313815	280512	17681	45704
835	823	254652	215350	19589	31048
2592	48	265747	180908	21597	31353
12028	54	641844	333794	27096	30377
8969	441	1777784	1158159	49215	64175
5674	16	754378	461702	53593	42828
562	5	219619	188919	17796	34477

20-2 续表1

单位：人

县 市	Region	从业人员 Employees	在岗职工 Fully Employed	国有单位 State-owned Units	城镇集体单位 Urban Collective -owned Units
沁源县	Qinyuan	26644	25973	8523	1211
潞城市	Lucheng	32093	31658	9849	94
晋城市	**Jincheng**				
市 辖	Jurisdiction of the City	120901	119281	5298	1202
城 区	Chengqu	65349	63878	36809	4076
沁水县	Qingshui	35379	33465	11453	1444
阳城县	Yangcheng	45827	44904	15234	3383
陵川县	Lingchuan	14055	13369	9275	936
泽州县	Zezhou	46298	44835	18037	2730
高平市	Gaoping	51812	50408	14183	1406
朔州市	**Shuozhou**				
朔城区	Shuocheng	80299	78806	43712	4754
平鲁区	Pinglu	35085	35036	10603	233
山阴县	Shanyin	21306	19833	12090	575
应 县	Yingxian	15405	13880	9289	87
右玉县	Yuoyu	11174	10765	7193	102
怀仁县	Huairen	42601	40601	18775	3104
晋中市	**Jinzhong**				
榆次区	Yuci	121246	105256	54563	2751
榆社县	Yushe	12507	12370	6422	240
左权县	Zuoquan	17956	17610	7191	339
和顺县	Heshun	21524	21346	10217	566
昔阳县	Xiyang	24262	23939	8506	886
寿阳县	Shouyang	34894	34271	8117	1163
太谷县	Taigu	19459	18648	14429	840
祁 县	Qixian	16522	16319	9876	3050
平遥县	Pingyao	19936	18958	15698	1031
灵石县	Lingshi	30471	30062	11729	72
介休市	Jiexiu	45796	44651	12134	4092
运城市	**Yuncheng**				
盐湖区	Yanhu	105600	99683	52119	4214
临猗县	Linyi	34261	34226	21026	1504
万荣县	Wanrong	13017	12960	12002	711
闻喜县	Wenxi	23619	22358	11238	2009
稷山县	Jishan	15745	15178	11215	360
新绛县	Xinjiang	12993	12399	8588	1008
绛 县	Jiangxian	18676	18337	14692	359
垣曲县	Yuanqu	24770	23881	9779	291
夏 县	Xiaxian	13522	12425	9225	569
平陆县	Pinglu	11848	11460	8258	1143
芮城县	Ruicheng	20026	19538	11502	764
永济市	Yongji	30758	30208	22222	2063
河津市	Hejin	56197	53104	18232	1447

continued

(person)

其他单位 Other Units	其他从业人员 Other Employmees	在岗职工工资总额（千元） Total Wages of Fully Employed (1 000 yuan)	#国有单位 State-owned Units	#城镇集体单位 Urban Collective -owned Units	在岗职工平均工资（元） Average Wages of Fully Employed (yuan)
16239	671	1008128	281352	36378	39084
21715	435	1035291	329484	2044	32192
112781	1620	8258420	278278	63318	70585
22993	1471	2995344	1609428	163830	47070
20568	1914	1821679	505430	44309	54865
26287	923	1916529	562356	96442	43569
3158	686	446748	325754	21668	33618
24068	1463	1890949	745178	75986	42430
34819	1404	2535997	534889	44402	51197
30340	1493	3453705	1861760	168096	42373
24200	49	2441443	367705	6150	73887
7168	1473	850675	485203	24020	43232
4504	1525	434970	314423	2277	29887
3470	409	549512	385723	2133	51486
18722	2000	1680803	746079	79787	41532
47942	15990	4489458	2407936	66902	41720
5708	137	456455	231312	13235	36660
10080	346	814289	263914	36899	46804
10563	178	1012237	469852	38790	48483
14547	323	1182924	342983	42143	50029
24991	623	2061640	335093	35327	60337
3379	811	691752	548447	44214	36815
3393	203	563050	383535	72622	35414
2229	978	732201	560967	50436	37758
18261	409	1267710	411371	1998	42705
28425	1145	2306423	485894	172042	53141
43350	5917	3794397	2300901	163846	38661
11696	35	981906	616159	61257	32441
247	57	403912	375684	22856	31195
9111	1261	702803	370896	48104	31434
3603	567	489512	384665	15832	32150
2803	594	410618	279476	43846	33192
3286	339	530309	417038	15740	28770
13811	889	798234	272323	11280	33749
2631	1097	374346	291577	22197	30017
2059	388	353115	266469	34886	30948
7272	488	757077	400222	25743	38815
5923	550	1087078	781271	80252	35194
33425	3093	1896062	628318	53714	36136

20-2 续表2

单位：人

县 市	Region	从业人员 Employees	在岗职工 Fully Employed	国有单位 State-owned Units	城镇集体单位 Urban Collective -owned Units
忻州市	**Xinzhou**				
忻府区	Xinfu	76286	70566	47662	4304
定襄县	Dingxiang	9380	8683	7085	702
五台县	Wutai	19060	19042	14880	2016
代 县	Daixian	9529	9249	7614	1071
繁峙县	Fanshi	15065	14599	11861	2468
宁武县	Ningwu	25060	24875	10424	437
静乐县	Jingle	13398	13009	7740	365
神池县	Shenchi	7079	6732	5409	731
五寨县	Wuzhai	6155	6116	5534	422
岢岚县	Kelan	5242	4861	4277	526
河曲县	Hequ	13461	13413	8223	232
保德县	Baode	14742	14333	10438	435
偏关县	Pianguan	8431	7732	5519	701
原平市	Yuanping	40940	40612	22318	2997
临汾市	**Linfeng**				
尧都区	Yaodu	94328	91952	54527	3873
曲沃县	Quwo	11337	11163	9328	605
翼城县	Yicheng	19397	18878	12400	1260
襄汾县	Xiangfen	14471	13248	11170	787
洪洞县	Hongtong	48308	48138	22019	2226
古 县	Guxian	12722	12406	7621	301
安泽县	Anze	8869	8536	6805	278
浮山县	Fushan	9037	8376	6244	564
吉 县	Jixian	8056	7999	5927	301
乡宁县	Xiangning	23953	23557	16376	670
大宁县	Daning	5492	5412	5173	219
隰 县	Xixian	7911	7540	6979	315
永和县	Yonghe	4088	3982	3613	171
蒲 县	Puxian	14400	14354	9491	555
汾西县	Fenxi	7724	7724	6849	155
侯马市	Houma	30693	29777	17583	269
霍州市	Huozhou	48435	41418	10713	3152
吕梁市	**Lvliang**				
离石区	Lishi	58070	55812	39073	1132
文水县	Wenshui	23500	21806	13106	1280
交城县	Jiaocheng	34822	34769	9090	3094
兴 县	Xingxian	19875	18569	10819	1112
临 县	Linxian	21901	21069	13391	726
柳林县	Liulin	62137	61887	23076	10511
石楼县	Shilou	6200	6087	5452	326
岚 县	Lanxian	12578	12550	7217	256
方山县	Fangshan	12329	11294	5191	231
中阳县	Zhongyang	26815	26401	8231	501
交口县	Jiaokou	12066	11521	5820	252
孝义市	Xiaoyi	69880	67052	25128	3026
汾阳市	Fenyang	38305	36533	15573	4673
其他单位	**Others**	**106324**	**105862**	**104801**	**30**

continued

(person)

其他单位 Other Units	其他从业人员 Other Employmees	在岗职工工资总额（千元） Total Wages of Fully Employed (1 000 yuan)	#国有单位 State-owned Units	#城镇集体单位 Urban Collective -owned Units	在岗职工平均工资（元） Average Wages of Fully Employed (yuan)
18600	5720	2429946	1781038	107933	34304
896	697	282401	231134	30602	32780
2146	18	573505	462613	56891	31269
564	280	305281	258828	29009	32172
270	466	427183	382939	37994	29060
14014	185	1141276	375835	7208	46636
4904	389	464866	264064	7676	35891
592	347	231675	205427	7005	34025
160	39	244994	227598	12051	39733
58	381	182056	165111	15239	38311
4958	48	693129	330718	12828	51955
3460	409	802902	566616	14116	55835
1512	699	292335	192824	9739	37696
15297	328	1573416	733853	83369	39423
33552	2376	3967417	2231529	263854	42192
1230	174	389508	316264	35292	35025
5218	519	641026	375558	51549	34081
1291	1223	533410	451369	43367	40410
23893	170	1657836	595763	84397	34494
4484	316	556216	341493	9880	44856
1453	333	361891	273981	18208	44838
1568	661	285817	225738	19801	37381
1771	57	315109	194911	14980	39567
6511	396	892315	555917	16209	38810
20	80	179796	172694	6823	33259
246	371	244422	226727	13966	32813
198	106	147887	138998	6395	37139
4308	46	532632	282367	14690	37001
720		216305	196613	1302	28257
11925	916	954397	567753	6216	32662
27553	7017	2067538	329118	123909	50613
15607	2258	2307311	1582393	47834	42150
7420	1694	725500	473629	44943	33529
22585	53	1385814	388337	109795	40169
6638	1306	1193558	461503	6805	65667
6952	832	984934	486086	29869	48135
28300	250	3923814	1228023	860230	64326
309	113	246210	232587	6400	40858
5077	28	628805	370515	12870	50940
5872	1035	625090	220706	12083	54837
17669	414	1283862	369966	26599	49044
5449	545	557281	228256	10198	48091
38898	2828	3541065	1066107	130253	50998
16287	1772	1737510	743563	150709	48145
1031	**462**	**8337964**	**8312851**	**614**	**76800**

20-3 地区生产总值(2013年)
GROSS DOMESTIC PRODUCT(2013)

单位：万元 (10 000 yuan)

县 市	Region	地区生产总值 Gross Domestic Product	第一产业 Primary Industry	第二产业 Secondary Industry	第三产业 Tertiary Industry	人均地区生产总值(元) Per Capita GDP (yuan)
太 原 市	**Taiyuan**					
小店区	Xiaodian	5532711	79644	2965467	2487600	67641
迎泽区	Yingze	4540608	4222	631296	3905090	75681
杏花岭区	Xinghualing	4197479	6877	917266	3273336	64372
尖草坪区	Jiancaoping	2610880	27696	2101537	481647	61657
万柏林区	Wanbailin	3361656	7645	2409049	944962	44020
晋源区	Jinyuan	460093	35344	157281	267468	20434
清徐县	Qingxu	1131975	139706	681071	311198	32558
阳曲县	Yangqu	359544	47058	208318	104168	29694
娄烦县	Loufan	171332	18191	82811	70330	15981
古交市	Gujiao	275119	19031	106697	149391	13178
大 同 市	**Datong**					
城 区	Chengqu	1364347		554061	810286	
矿 区	Kuangqu	212355		25416	186939	
南郊区	Nanjiao	4196849	74996	3278889	842964	101520
新荣区	Xinrong	254938	37788	134756	82394	23176
阳高县	Yanggao	256522	101535	48033	106954	9281
天镇县	Tianzhen	188914	56601	53777	78536	9031
广灵县	Guangling	193750	51077	63953	78720	10558
灵丘县	Lingqiu	314656	32313	158308	124035	13249
浑源县	Hunyuan	386011	99550	146636	139825	11076
左云县	Zuoyun	365249	25328	158065	181856	23030
大同县	Datongxian	226851	70121	49998	106732	12831
阳 泉 市	**Yangquan**					
城 区	Chengqu	1400182		244197	1155985	71878
矿 区	Kuangqu	1639321		1431321	208000	66597
郊 区	Jiaoqu	783435	25319	490852	267264	33001
平定县	Pingding	819452	39281	469291	310880	24197
盂 县	Yuxian	1370353	38786	947711	383856	43407
长 治 市	**Changzhi**					
城 区	Chengqu	1640005	6220	402488	1231297	32735
郊 区	Jiaoqu	1820954	30117	1352785	438052	64159
长治县	Changzhixian	1667932	53748	1167658	446526	48288
襄垣县	Xiangyuan	2147911	65457	1667054	415400	78351
屯留县	Tunliu	1189246	63178	957212	168856	44441
平顺县	Pingshun	217623	24507	108214	84902	14489
黎城县	Licheng	326790	27689	166055	133046	20412
壶关县	Huguan	409622	44420	240619	124583	13924
长子县	Zhangzi	1043228	109519	719286	214423	29266
武乡县	Wuxiang	688201	30107	469695	188399	37799
沁 县	Qinxian	163295	42553	23873	96869	9417
沁源县	Qinyuan	1016706	25608	753314	237784	63459
潞城市	Lucheng	894390	43224	644349	206817	38827
晋 城 市	**Jincheng**					
城 区	Chengqu	2150850	10582	887045	1253223	44443
沁水县	Qinshui	1671630	52042	1246282	373306	78041

注：由于部分市属区尚未实行在地GDP统计，所以有的区的GDP数据不完整，有的区人均GDP数据空缺。

Notes: Some districts haven't implemented statistical investigation of GDP by the regional statistics. Therefore, the data of GDP in some districts are inperfect and the data of per capita GDP in some districts are vacancy.

20-3 续表1 continued

单位：万元 (10 000 yuan)

县 市	Region	地区生产总值 Gross Domestic Product	第一产业 Primary Industry	第二产业 Secondary Industry	第三产业 Tertiary Industry	人均地区生产总值（元） Per Capita GDP (yuan)
阳城县	Yangcheng	1627216	88168	997188	541860	41798
陵川县	Lingchuan	323412	45054	109256	169102	13862
泽州县	Zezhou	2172085	108824	1505872	557389	44578
高平市	Gaoping	2335259	128575	1660589	546095	47851
朔 州 市	**Shuozhou**					
朔城区	Shuocheng	2813338	160140	1058868	1594330	54904
平鲁区	Pinglu	2576773	45812	2100520	430441	124792
山阴县	Shanyin	1710184	136720	843046	730418	70549
应 县	Yingxian	581257	127935	196865	256457	17455
右玉县	Youyu	520392	48194	259853	212345	45771
怀仁县	Huairen	1988723	92880	1165567	730276	59982
晋 中 市	**Jinzhong**					
榆次区	Yuci	2082633	177229	826663	1078741	32242
榆社县	Yushe	238424	33174	113007	92243	17412
左权县	Zuoquan	351124	29072	177889	144163	21509
和顺县	Heshun	429732	29807	263753	136172	29434
昔阳县	Xiyang	501675	41232	287575	172868	21859
寿阳县	Shouyang	986648	112182	614486	259980	46430
太谷县	Taigu	660005	162256	189729	308020	21809
祁 县	Qixian	587278	150711	159302	277265	21855
平遥县	Pingyao	945686	136680	391273	417733	18518
灵石县	Lingshi	1934646	40913	1383650	510083	72676
介休市	Jiexiu	1491194	51702	959201	480291	36168
运 城 市	**Yuncheng**					
盐湖区	Yanhu	1813167	126811	562193	1124163	26316
临猗县	Linyi	1180038	435347	355998	388693	20321
万荣县	Wanrong	558732	163192	203991	191549	12542
闻喜县	Wenxi	1009583	96717	532253	380613	24618
稷山县	Jishan	669447	115560	289636	264251	18978
新绛县	Xinjiang	705301	165200	330344	209757	20885
绛 县	Jiangxian	566244	84873	270112	211259	19826
垣曲县	Yuanqu	396672	39574	203140	153958	16917
夏 县	Xiaxian	413363	177571	107992	127800	11552
平陆县	Pinglu	322345	90314	112816	119215	12306
芮城县	Ruicheng	736509	224677	242334	269498	18380
永济市	Yongji	1271847	207449	737483	326915	28182
河津市	Hejin	1955801	79630	1271697	604474	48688
忻 州 市	**Xinzhou**					
忻府区	Xinfu	1138209	75351	441654	621204	20536
定襄县	Dingxiang	427145	35357	246014	145774	19354
五台县	Wutai	376003	51475	102729	221799	12467
代 县	Daixian	585927	32658	369849	183420	26914

20-3 续表2 continued

单位：万元 (10 000 yuan)

县 市	Region	地区生产总值 Gross Domestic Product	第一产业 Primary Industry	第二产业 Secondary Industry	第三产业 Tertiary Industry	人均地区生产总值(元) Per Capita GDP (yuan)
繁峙县	Fanshi	601203	39689	412983	148531	22193
宁武县	Ningwu	415409	16848	268575	129986	25532
静乐县	Jingle	214536	26259	100886	87391	13518
神池县	Shenchi	162745	59596	20149	83000	15125
五寨县	Wuzhai	206223	44016	29464	132743	18939
岢岚县	Kelan	171447	33853	44566	93028	19936
河曲县	Hequ	659029	32382	455153	171494	44801
保德县	Baode	757911	37053	575767	145091	46641
偏关县	Pianguan	257231	45990	83911	127330	22564
原平市	Yuanping	1180690	129578	608474	442638	23780
临 汾 市	**Linfen**					
尧都区	Yaodu	2430223	93528	789310	1547385	25384
曲沃县	Quwo	1002919	120569	689452	192898	41684
翼城县	Yicheng	880205	78152	517902	284151	27881
襄汾县	Xiangfen	1250500	126940	782248	341311	27814
洪洞县	Hongtong	1655444	110356	1158363	386725	22260
古 县	Guxian	513434	22811	411048	79575	54854
安泽县	Anze	482672	38057	383789	60826	57988
浮山县	Fushan	469007	40067	356463	72477	36245
吉 县	Jixian	177445	49777	91172	36496	16414
乡宁县	Xiangning	853296	26740	678236	148320	36019
大宁县	Daning	43914	15092	3914	24908	6704
隰 县	Xixian	111752	27505	19733	64514	10622
永和县	Yonghe	62621	24982	5930	31709	9700
蒲 县	Puxian	512225	16435	419745	76045	46950
汾西县	Fenxi	183585	25257	67243	91085	12499
侯马市	Houma	831832	33487	304245	494099	34196
霍州市	Huozhou	855717	35863	618683	201171	29837
吕 梁 市	**Lvliang**					
离石区	Lishi	850052	18835	413144	418073	26096
文水县	Wenshui	587402	113900	336319	137183	13745
交城县	Jiaocheng	702509	30420	565808	106281	30024
兴 县	Xingxian	637058	42708	528324	66026	22493
临 县	Linxian	402882	96817	192892	113173	6851
柳林县	Liulin	2521079	21748	2218657	280674	77703
石楼县	Shilou	79312	26519	18039	34754	6984
岚 县	Lanxian	208239	29143	117982	61114	11782
方山县	Fangshan	271514	15041	189303	67170	18584
中阳县	Zhongyang	669710	12614	562965	94131	46711
交口县	Jiaokou	442724	17365	362138	63221	36410
孝义市	Xiaoyi	4123487	131430	2703101	1288956	86826
汾阳市	Fenyang	1099236	97810	599416	402010	25979

20-4 城乡居民收入(2013年)
INCOME OF URBAN AND RURAL HOUSEHOLDS(2013)

单位：元 (yuan)

县 市	Region	全体居民人均可支配收入 Per Capita Disposable Income of All Residents	城镇居民人均可支配收入 Per Capita Disposable Income of Urban Households	农民人均纯收入 Per Capita Net Income of Rual Households
太原市	**Taiyuan**			
小店区	Xiaodian	23363	25207	15414
迎泽区	Yingze	24006	25275	15092
杏花岭区	Xinghualing	23788	25207	13335
尖草坪区	Jiancaoping	23219	25072	10785
万柏林区	Wanbailin	23812	25004	15835
晋源区	Jinyuan	18878	24981	10488
清徐县	Qingxu	15097	23903	13052
阳曲县	Yangqu	9097	18024	5834
娄烦县	Loufan	8207	15754	4602
古交市	Gujiao	19047	23262	11109
大同市	**Datong**			
城 区	Chengqu	23494	23845	
矿 区	Kuangqu	23240	23587	
南郊区	Nanjiao	13697	19479	10476
新荣区	Xinrong	9299	17983	6389
阳高县	Yanggao	8623	15760	5186
天镇县	Tianzhen	8487	16341	4735
广灵县	Guangling	7262	16311	4982
灵丘县	Lingqiu	8528	19844	5195
浑源县	Hunyuan	8848	16617	5143
左云县	Zuoyun	13065	19765	8413
大同县	Datongxian	9057	14883	6364
阳泉市	**Yangquan**			
城 区	Chengqu	24003	24081	
矿 区	Kuangqu	23872	23950	
郊 区	Jiaoqu	16531	19360	10289
平定县	Pingding	13501	21340	9240
盂 县	Yuxian	14434	23105	9800
长治市	**Changzhi**			
城 区	Chengqu	24457	24849	10470
郊 区	Jiaoqu	22650	29045	12461
长治县	Changzhixian	15237	23380	11782
襄垣县	Xiangyuan	16751	25854	10657
屯留县	Tunliu	13639	19872	10750
平顺县	Pingshun	7162	16954	4155
黎城县	Licheng	8805	13921	6096
壶关县	Huguan	7045	16720	4005
长子县	Zhangzi	12526	21122	9752
武乡县	Wuxiang	8039	17299	4476
沁 县	Qinxian	7608	14118	4325
沁源县	Qinyuan	15259	25008	9677
潞城市	Lucheng	15172	20943	9600

注：全体居民人均可支配收入为城乡一体化住户调查新口径数据；城镇居民人均可支配收入和农民人均纯收入为旧口径数据。

Note: Per capita income of all residents is a new coverage data which got in the urban and rural household integration survey; while per capita income of urban households and per capita net income of rural households are the old coverage data.

20-4 续表1 continued

单位：元 (yuan)

县 市	Region	全体居民人均可支配收入 Per Capita Disposable Income of All Residents	城镇居民人均可支配收入 Per Capita Disposable Income of Urban Households	农民人均纯收入 Per Capita Net Income of Rual Households
晋城市	**Jincheng**			
城 区	Chengqu	24787	24799	10174
沁水县	Qinshui	12561	20337	7932
阳城县	Yangcheng	14137	21245	9014
陵川县	Lingchuan	9005	14237	6109
泽州县	Zezhou	15785	23838	10129
高平市	Gaoping	16449	23499	9702
朔州市	**Shuozhou**			
朔城区	Shuocheng	19188	25074	10394
平鲁区	Pinglu	12581	18483	6982
山阴县	Shanyin	17795	25046	11374
应 县	Yingxian	10827	18060	7402
右玉县	Youyu	11055	17252	5212
怀仁县	Huairen	18811	25510	11093
晋中市	**Jinzhong**			
榆次区	Yuci	21236	24960	12129
榆社县	Yushe	7961	16773	3774
左权县	Zuoquan	9831	19561	3699
和顺县	Heshun	9851	17787	4347
昔阳县	Xiyang	9737	18616	6065
寿阳县	Shouyang	14643	25616	9397
太谷县	Taigu	16282	22102	12463
祁 县	Qixian	15408	23400	11507
平遥县	Pingyao	13604	22136	8718
灵石县	Lingshi	18965	27667	11913
介休市	Jiexiu	18960	25297	9809
运城市	**Yuncheng**			
盐湖区	Yanhu	17364	21942	8375
临猗县	Linyi	12921	20355	8844
万荣县	Wanrong	9113	18042	6369
闻喜县	Wenxi	12536	20431	6723
稷山县	Jishan	11254	18872	7581
新绛县	Xinjiang	12279	19920	7851
绛 县	Jiangxian	12317	18545	6610
垣曲县	Yuanqu	10827	18646	4794
夏 县	Xiaxian	8762	18600	5311
平陆县	Pinglu	7897	16780	4745
芮城县	Ruicheng	13254	20969	7667
永济市	Yongji	14387	21169	9076
河津市	Hejin	15128	21094	9660
忻州市	**Xinzhou**			
忻府区	Xinfu	14697	21559	6988
定襄县	Dingxiang	12891	21681	9035
五台县	Wutai	8685	18886	4555
代 县	Daixian	9846	19250	4098

20-4 续表2 continued

单位：元 (yuan)

县 市	Region	全体居民人均可支配收入 Per Capita Disposable Income of All Residents	城镇居民人均可支配收入 Per Capita Disposable Income of Urban Households	农民人均纯收入 Per Capita Net Income of Rual Households
繁峙县	Fanshi	11334	20981	5381
宁武县	Ningwu	9716	17421	3777
静乐县	Jingle	8238	16418	4566
神池县	Shenchi	8853	16754	5353
五寨县	Wuzhai	9927	17480	5121
岢岚县	Kelan	10720	19135	4541
河曲县	Hequ	11038	19497	4535
保德县	Baode	10530	21085	5108
偏关县	Pianguan	9449	16161	4753
原平市	Yuanping	13562	21885	7321
临汾市	**Linfen**			
尧都区	Yaodu	18925	24100	10053
曲沃县	Quwo	14180	22455	10138
翼城县	Yicheng	12455	21948	8076
襄汾县	Xiangfen	13571	22242	9206
洪洞县	Hongtong	12448	20096	8249
古　县	Guxian	12629	22817	7179
安泽县	Anze	11303	20256	6532
浮山县	Fushan	11038	21128	6224
吉　县	Jixian	6782	14634	3562
乡宁县	Xiangning	11137	21160	6829
大宁县	Daning	7012	14326	2249
隰　县	Xixian	9022	17045	3937
永和县	Yonghe	7174	15495	2462
蒲　县	Puxian	11960	20219	6277
汾西县	Fenxi	8805	18625	2670
侯马市	Houma	16639	20860	10447
霍州市	Huozhou	16830	21915	9840
吕梁市	**Lvliang**			
离石区	Lishi	18593	21967	4377
文水县	Wenshui	9650	15940	7109
交城县	Jiaocheng	11380	16416	6897
兴　县	Xingxian	7283	15936	3230
临　县	Linxian	5792	13131	3488
柳林县	Liulin	13627	23561	8441
石楼县	Shilou	5623	10991	2363
岚　县	Lanxian	6820	14906	3721
方山县	Fangshan	6874	15910	3340
中阳县	Zhongyang	11658	16455	4870
交口县	Jiaokou	8789	15029	5424
孝义市	Xiaoyi	20202	25582	12244
汾阳市	Fenyang	12759	17430	9933

20-5 财政收支情况(2013年)
FINANCIAL REVENUE AND EXPENDITURE(2013)

单位：万元 (10 000 yuan)

县 市	Region	公共财政收入 Public Finance Revenue	#增值税 Value-added Taxes	#营业税 Operation Taxes	#企业所得税 Enterprises Income Taxes	公共财政支出 Public Finance Expenditure
太原市	**Taiyuan**					
小店区	Xiaodian	220732	19218	104396	9106	296653
迎泽区	Yingze	149882	13789	67423	4828	150955
杏花岭区	Xinghualing	162281	12070	67434	5008	183584
尖草坪区	Jiancaoping	59008	10206	23341	1573	95958
万柏林区	Wanbailin	106169	9516	49202	3210	165917
晋源区	Jinyuan	48428	3641	24599	1209	89747
清徐县	Qingxu	62503	9706	12374	2892	134864
阳曲县	Yangqu	44561	3207	12659	1611	103504
娄烦县	Loufan	60492	7999	8386	1917	114686
古交市	Gujiao	84513	5926	10301	3630	131450
高新区	New and High-tech District	69631	9634	31429	4378	83362
经济区	Economic District	86487	22319	16182	5011	113651
民营区	Civil-runned District	44584	4401	18605	1241	44330
大同市	**Datong**					
城　区	Chengqu	41166	3186	11886	3022	124515
矿　区	Kuangqu	14977	1767	1834	545	107154
南郊区	Nanjiao	83481	14046	13296	8471	120654
新荣区	Xinrong	19713	2899	1911	2991	68444
阳高县	Yanggao	9422	772	3395	299	152389
天镇县	Tianzhen	7048	378	2637	411	135985
广灵县	Guangling	8742	507	3708	706	125224
灵丘县	Lingqiu	22563	2488	6053	1621	117184
浑源县	Hunyuan	21957	1462	4831	497	171390
左云县	Zuoyun	48994	5701	7258	2294	109524
大同县	Datongxian	16095	1661	5453	904	115436
开发区	Development Zone	30744	2463	10907	2224	34822
阳泉市	**Yangquan**					
城　区	Chengqu	29749	1994	11761	2913	50385
矿　区	Kuangqu	31974	4984	6856	4427	61232
郊　区	Jiaoqu	52023	5991	13412	4953	112159
平定县	Pingding	47362	6249	10835	2807	151726
盂　县	Yuxian	69160	7697	11974	5021	153213
开发区	Development Zone	17223	1394	7180	925	24246
长治市	**Changzhi**					
城　区	Chengqu	47388	2191	7816	3274	79895
郊　区	Jiaoqu	62311	4272	3731	4301	116420
长治县	Changzhi	221271	21588	11536	29428	282498
襄垣县	Xiangyuan	223605	12670	15976	21936	285775
屯留县	Tunliu	66058	10840	9825	13192	139416
平顺县	Pingshun	7459	598	3122	475	99609
黎城县	Licheng	16088	2085	4595	776	86300
壶关县	Huguan	21598	1598	6952	1935	134721
长子县	Zhangzi	100792	17176	13930	19411	180780
武乡县	Wuxiang	55945	5277	4175	7076	132590
沁　县	Qinxian	7241	434	1977	774	99499
沁源县	Qinyuan	145190	8742	8455	11768	187219
潞城市	Lucheng	45696	6150	7338	2026	100951
高新区	New and High-tech District	22063	5619	1813	2644	16325

20-5 续表1 continued

单位：万元 (10 000 yuan)

县 市	Region	公共财政收入 Public Finance Revenue	#增值税 Value-added Taxes	#营业税 Operation Taxes	#企 业 所得税 Enterprises Income Taxes	公共财政支出 Public Finance Expenditure
晋 城 市	**Jincheng**					
城 区	Chengqu	97031	4857	9953	10709	150008
沁水县	Qinshui	104552	28015	18809	11064	175623
阳城县	Yangcheng	100336	18815	11778	24936	198328
陵川县	Lingchuan	17549	1410	3088	3194	129466
泽州县	Zezhou	133010	22566	15910	10656	227256
高平市	Gaoping	126366	19816	11093	27936	220788
开发区	Development District	29935	780	2814	7570	66190
朔 州 市	**Shuozhou**					
朔城区	Shuocheng	130046	15348	29457	11624	273861
平鲁区	Pinglu	168286	15485	25186	19154	236891
山阴县	Shanyin	125915	12909	22036	15275	204079
应 县	Yingxian	17069	1249	5767	1444	138845
右玉县	Youyu	41810	4205	12724	3002	108720
怀仁县	Huairen	112616	21671	14268	8229	209745
开发区	Development District	25381	2337	7245	824	24251
晋 中 市	**Jinzhong**					
榆次区	Yuci	108446	7525	40604	6179	209376
榆社县	Yushe	17132	2400	3932	498	94588
左权县	Zuoquan	44186	2256	9141	4172	119586
和顺县	Heshun	62964	5419	9138	4955	135210
昔阳县	Xiyang	54168	9229	8928	5477	128962
寿阳县	Shouyang	76619	12288	11362	8596	141524
太谷县	Taigu	35441	4709	8369	1516	130488
祁 县	Qixian	25546	2478	6136	804	121266
平遥县	Pingyao	61960	4786	15810	4351	198211
灵石县	Lingshi	158943	24114	21063	15548	207937
介休市	Jiexiu	117255	11974	20790	10229	197860
开发区	Development District	44132	2905	9310	2512	51638
运 城 市	**Yuncheng**					
盐湖区	Yanhu	67070	5782	19449	2889	214941
临猗县	Linyi	20070	2256	5060	726	184185
万荣县	Wanrong	10074	1901	2501	817	147189
闻喜县	Wenxi	27053	3830	3883	1680	156560
稷山县	Jishan	16707	3045	2980	598	128066
新绛县	Xinjiang	18675	3436	4132	1113	139045
绛 县	Jiangxian	7600	1075	2198	281	125555
垣曲县	Yuanqu	14335	2222	3283	547	125135
夏 县	Xiaxian	9904	1035	1570	315	141623
平陆县	Pinglu	11407	1075	2498	369	123971
芮城县	Ruicheng	14400	2056	1983	525	161794
永济市	Yongji	29961	4966	4002	864	167930
河津市	Hejin	69101	14426	9587	3171	175979
经济开发区	Ecnomic Development District	12817	653	3100	397	12591
风陵渡开发区	Fenglingdu Development District	4218	1402	323	89	4328
华信开发区	Huaxin Development District	1554	238	160	43	8968
忻 州 市	**Xinzhou**					
忻府区	Xinfu	43449	3195	11608	1841	161445

20-5 续表2 continued

单位：万元 (10 000 yuan)

县 市	Region	公共财政收入 Public Finance Revenue	#增值税 Value-added Taxes	#营业税 Operation Taxes	#企 业 所得税 Enterprises Income Taxes	公共财政支出 Public Finance Expenditure
定襄县	Dingxiang	20019	2340	4346	607	114847
五台县	Wutai	29086	3076	7192	2147	162917
代 县	Daixian	56011	6177	3879	1912	130000
繁峙县	Fanshi	36163	4946	5470	2586	150805
宁武县	Ningwu	57201	7153	12269	5889	135686
静乐县	Jingle	23407	704	5105	766	116064
神池县	Shenchi	19790	1074	6710	1619	100838
五寨县	Wuzhai	18712	3266	5038	1177	97235
岢岚县	Kelan	13606	1312	5232	1003	109772
河曲县	Hequ	58339	9883	7006	7274	117345
保德县	Baode	67712	10600	9195	8371	124055
偏关县	Pianguan	20007	1492	3765	2084	95004
原平市	Yuanping	84511	9772	15202	3364	221696
开发区	Development District	9022	394	2593	291	9199
临 汾 市	**Linfen**					
尧都区	Yaodu	157258	9895	30264	8754	299110
曲沃县	Quwo	29887	6644	3732	684	112800
翼城县	Yicheng	55058	4318	4205	2833	145917
襄汾县	Xiangfen	74530	9004	5974	1180	196264
洪洞县	Hongtong	114610	13447	12851	6220	300381
古 县	Guxian	47798	4346	3036	2982	91401
安泽县	Anze	48609	3880	3131	2409	85827
浮山县	Fushan	19825	2002	1466	611	81571
吉 县	Jixian	11880	1010	1925	825	95588
乡宁县	Xiangning	129206	8407	8905	6414	171199
大宁县	Daning	3125	101	993	214	75087
隰 县	Xixian	7670	306	2105	229	92727
永和县	Yonghe	3014	240	1264	84	55160
蒲 县	Puxian	90131	3445	7333	6857	137593
汾西县	Fenxi	12535	272	1898	169	94170
侯马市	Houma	33032	2848	7172	1920	116664
霍州市	Huozhou	70996	10104	12879	1430	141097
临汾开发区	Linfen Development District	14036	762	5015	1045	23583
侯马开发区	Houma Development District	11237	832	3010	322	20036
吕 梁 市	**Lvliang**					
离石区	Lishi	121606	11395	31217	9281	167146
文水县	Wenshui	26373	3492	5789	671	161597
交城县	Jiaocheng	57401	5781	5898	1711	127871
兴 县	Xingxian	80158	15931	9594	21270	207998
临 县	Linxian	62416	4155	10610	5369	264048
柳林县	Liulin	300582	39938	20949	33276	366473
石楼县	Shilou	6914	175	1984	856	98267
岚 县	Lanxian	61909	2700	4923	1273	141048
方山县	Fangshan	36163	6263	4774	2682	98068
中阳县	Zhongyang	71867	8600	8549	9907	119859
交口县	Jiaokou	78168	12385	6211	8235	134442
孝义市	Xiaoyi	251944	34375	25188	12111	304573
汾阳市	Fenyang	90090	14059	6367	14588	192059

20-6 固定资产投资
INVESTMENT IN FIXED ASSETS

单位：万元 (10 000 yuan)

县 市	Region	2009	2010	2011	2012	2013
太 原 市	**Taiyuan**					
小店区	Xiaodian	2257321	2749028	2112015	2852251	3228904
迎泽区	Yingze	523988	715257	792897	1121913	1387901
杏花岭区	Xinghualing	723174	971884	1156028	1582201	1799379
尖草坪区	Jiancaoping	694252	597998	805138	1220648	1646793
万柏林区	Wanbailin	978617	1210265	1473400	2030999	2466003
晋源区	Jinyuan	357310	481773	588930	785204	882779
清徐县	Qingxu	351507	515213	606322	851799	699579
阳曲县	Yangqu	100013	126913	158222	254501	357220
娄烦县	Loufan	17252	33560	44774	87705	136310
古交市	Gujiao	309098	366726	391828	543044	693493
大 同 市	**Datong**					
城 区	Chengqu	1603027	1019292	2001231	1920335	2172000
矿 区	Kuangqu	621943	13348	27881	44458	202706
南郊区	Nanjiao	1101424	413856	1260833	1332086	1594588
新荣区	Xinrong	89346	41190	193041	315290	497389
阳高县	Yanggao	109817	172802	257352	392935	576567
天镇县	Tianzhen	109426	150839	263238	315521	487387
广灵县	Guangling	72777	114367	262684	304298	488148
灵丘县	Lingqiu	90007	119924	287312	492732	697709
浑源县	Hunyuan	72136	102455	284078	467577	803720
左云县	Zuoyun	222726	300521	589126	984107	1187296
大同县	Datongxian	131230	216059	616975	907380	1214027
阳 泉 市	**Yangquan**					
城 区	Chengqu	489703	600115	734146	556862	669382
矿 区	Kuangqu	671735	855080	793474	781843	938212
郊 区	Jiaoqu	382308	479069	589411	783104	986793
平定县	Pingding	467637	519084	650716	891025	1123635
盂 县	Yuxian	413249	530369	650978	900045	1137428
长 治 市	**Changzhi**					
城 区	Chengqu	517526	707138	861641	1087962	1345088
郊 区	Jiaoqu	536834	644994	900692	1148811	1502468
长治县	Changzhixian	334499	437963	604494	834196	1085775
襄垣县	Xiangyuan	753637	926393	1027357	1050479	1513797
屯留县	Tunliu	474157	484338	601248	764527	992216
平顺县	Pingshun	92554	130651	162275	205132	269514
黎城县	Licheng	122507	168513	229520	299137	400505
壶关县	Huguan	102683	166052	228313	291940	382000
长子县	Zhangzi	365544	451114	522798	652285	883470
武乡县	Wuxiang	186246	250927	310972	396007	200258
沁 县	Qinxian	114533	154714	223481	292548	388527
沁源县	Qinyuan	250676	357132	456635	583277	771547
潞城市	Lucheng	384494	456404	566630	810581	1085976

注：各县(市、区)投资不含跨省、市项目投资和农村农户投资。
Note: Investment in city and county doesn't include investment across provinces and cities, aparting from investment of rural pesant household.

20-6 续表1 continued

单位：万元 (10 000 yuan)

县 市	Region	2009	2010	2011	2012	2013
晋城市	**Jincheng**					
城 区	Chengqu	993115	1212384	1464040	2001736	2642932
沁水县	Qinshui	462547	569763	728094	968038	1094989
阳城县	Yangcheng	465261	572953	682214	908764	1190421
陵川县	Lingchuan	110609	138158	173051	228419	299758
泽州县	Zezhou	664133	816666	976645	1270980	1437999
高平市	Gaoping	538326	663776	784524	1047032	1381702
朔州市	**Shuozhou**					
朔城区	Shuocheng	1115680	1431931	1427991	1662074	2257179
平鲁区	Pinglu	746467	727692	1011809	1299322	1507644
山阴县	Shanyin	361324	470610	533636	950941	1213229
应 县	Yingxian	191016	231900	280007	359007	482110
右玉县	Youyu	177966	337837	458630	587567	658768
怀仁县	Huairen	422795	539538	662680	869061	1124742
晋中市	**Jinzhong**					
榆次区	Yuci	771863	939335	881683	1505611	1999982
榆社县	Yushe	57226	61711	65385	75049	98876
左权县	Zuoquan	233220	364695	470663	579462	769838
和顺县	Heshun	185430	246025	325264	450006	511343
昔阳县	Xiyang	270557	330293	438038	596043	818132
寿阳县	Shouyang	322774	429553	572458	789016	844757
太谷县	Taigu	155168	206800	255558	350212	483734
祁 县	Qixian	175016	216233	243174	330370	446502
平遥县	Pingyao	330162	361321	420408	510457	682960
灵石县	Lingshi	705676	825200	895853	1016290	1329720
介休市	Jiexiu	592009	658345	552770	758290	1000213
运城市	**Yuncheng**					
盐湖区	Yanhu	1255253	1410243	1410116	1801033	2198362
临猗县	Linyi	322421	363875	394740	603271	775311
万荣县	Wanrong	176635	128030	286061	432610	542976
闻喜县	Wenxi	406033	406605	594006	732119	903665
稷山县	Jishan	304588	361214	338064	433753	531918
新绛县	Xinjiang	279005	327231	367699	470067	582059
绛 县	Jiangxian	284419	318185	447053	532828	631319
垣曲县	Yuanqu	205393	154240	214997	301446	406954
夏 县	Xiaxian	171999	207217	270896	342394	419872
平陆县	Pinglu	188364	228473	270861	340802	411975
芮城县	Ruicheng	176136	223429	299019	402926	515243
永济市	Yongji	212568	326225	471495	632651	816671
河津市	Hejin	832183	984643	1043720	976512	1227982
忻州市	**Xinzhou**					
忻府区	Xinfu	473165	480458	605026	830209	953564
定襄县	Dingxiang	98032	128067	167279	224997	296173
五台县	Wutai	144900	154032	208192	260229	349317
代 县	Daixian	89467	118171	154643	210464	335944

20-6 续表2 continued

单位：万元 (10 000 yuan)

县 市	Region	2009	2010	2011	2012	2013
繁峙县	Fanshi	193582	293674	375195	460201	588927
宁武县	Ningwu	73699	224228	310010	407988	553757
静乐县	Jingle	160090	234037	305474	379891	528176
神池县	Shenchi	90729	116264	147609	194966	272422
五寨县	Wuzhai	89792	94771	125589	158650	233201
岢岚县	Kelan	113808	136780	172918	244871	332497
河曲县	Hequ	441052	480839	538808	600468	813395
保德县	Baode	115024	320444	470700	581214	796069
偏关县	Pianguan	56438	78147	101693	130073	193459
原平市	Yuanping	571537	687250	909904	1146229	1345878
临 汾 市	**Linfen**					
尧都区	Yaodu	692188	1133700	1262891	1786611	2390728
曲沃县	Quwo	249485	277479	315626	423866	571272
翼城县	Yicheng	183101	240094	282649	406024	545450
襄汾县	Xiangfen	277931	358615	447096	618613	833563
洪洞县	Hongtong	477736	650416	780616	1014008	1389402
古 县	Guxian	143898	191889	218473	280236	394625
安泽县	Anze	152136	199873	224507	308203	416447
浮山县	Fushan	123397	163058	165650	224646	299759
吉 县	Jixian	78522	103511	118017	166116	224898
乡宁县	Xiangning	176011	228812	276041	382002	509870
大宁县	Daning	25794	34800	42585	59694	80593
隰 县	Xixian	50234	65958	77305	114923	169200
永和县	Yonghe	18135	30790	42225	65183	70654
蒲 县	Puxian	90644	120530	160647	250022	367574
汾西县	Fenxi	145147	107955	107768	150885	209366
侯马市	Houma	254274	280504	334878	404073	460766
霍州市	Huozhou	412673	548633	644623	891003	1194852
吕 梁 市	**Lvliang**					
离石区	Lishi	256416	358142	452437	753499	664875
文水县	Wenshui	206194	227661	229040	143453	199838
交城县	Jiaocheng	141324	177832	252444	303591	399058
兴 县	Xingxian	256124	242317	302819	363546	484582
临 县	Linxian	137810	195216	238736	281374	407407
柳林县	Liulin	421135	625226	796887	929911	1166411
石楼县	Shilou	38007	47226	60423	71613	72671
岚 县	Lanxian	89603	198648	471969	605347	530122
方山县	Fangshan	39093	135355	171799	146164	142164
中阳县	Zhongyang	167041	168058	214297	282511	375864
交口县	Jiaokou	64562	82752	185448	243020	322295
孝义市	Xiaoyi	895218	1302806	1701961	2212497	2801624
汾阳市	Fenyang	199078	249132	359228	457550	530259

20-7 乡村基本情况(2013年)

县 市	Region	乡镇政府(个) Number of Township and Town Governments (unit)	#镇政府 Number of Town Governments	村民委员会(个) Number of Villager Committees (unit)	乡村户数(户) Number of Rural Households (household)
太 原 市	**Taiyuan**				
小店区	Xiaodian	3	1	61	39720
迎泽区	Yingze	1	1	28	9809
杏花岭区	Xinghualing	2		32	9163
尖草坪区	Jiancaoping	5	2	88	39339
万柏林区	Wanbailin	1		49	14577
晋源区	Jinyuan	3	3	89	43964
清徐县	Qingxu	9	4	188	95236
阳曲县	Yangqu	10	4	117	44838
娄烦县	Loufan	8	3	142	33054
古交市	Gujiao	10	3	146	37511
大 同 市	**Datong**				
南郊区	Nanjiao	10	3	190	118170
新荣区	Xinrong	7	1	140	39699
阳高县	Yanggao	13	7	261	83998
天镇县	Tianzhen	11	5	221	58771
广灵县	Guangling	9	2	180	58458
灵丘县	Lingqiu	12	3	254	78805
浑源县	Hunyuan	18	6	315	106961
左云县	Zuoyun	9	3	228	44703
大同县	Datongxian	10	3	177	64405
阳 泉 市	**Yangquan**				
郊　区	Jiaoqu	8	4	189	85535
平定县	Pingding	10	8	318	112821
盂　县	Yuxian	14	8	453	108115
长 治 市	**Changzhi**				
市辖区	Jurisdiction of the City			4	2901
城　区	Chengqu			28	18224
郊　区	Jiaoqu	6	5	122	48692
长治县	Changzhixian	11	6	254	89415
襄垣县	Xiangyuan	11	8	323	61924
屯留县	Tunliu	11	7	294	72818
平顺县	Pingshun	12	5	262	47568
黎城县	Licheng	9	5	250	47036
壶关县	Huguan	12	5	390	94985
长子县	Zhangzi	12	7	399	93045
武乡县	Wuxiang	14	5	377	61450
沁　县	Qinxian	13	6	306	44589
沁源县	Qinyuan	14	5	254	48638
潞城市	Lucheng	7	4	191	56664

BASIC CONDITIONS OF RURAL AREAS(2013)

乡村人口（人）Rural Population (person)	乡村从业人员（人）Number of Rural Employees (person)	农林牧渔业 Farming, Forestry, Animal Husbandry and Fishery	工业 Industry	建筑业 Construction	其他行业 Others
121040	63575	33705	7997	2786	19087
25661	13099	1107	2346	777	8869
25338	13781	2701	4016	1003	6061
120149	57859	16849	9800	3886	27324
41297	19196	3837	2091	694	12574
137770	67644	28674	11520	4941	22509
259348	118195	65518	23160	4590	24927
109780	50939	27140	6969	2866	13964
107380	49554	34151	4961	2305	8137
106080	37086	18693	9661	774	7958
275658	135090	46185	15166	11218	62521
89988	41936	22272	7478	802	11384
246078	93807	63760	4656	9190	16201
182460	69978	52016	2521	4820	10621
155107	57181	41782	2319	4075	9005
207927	94775	60500	7716	10413	16146
298744	132374	67758	10702	14627	39287
107495	44994	28427	6392	2088	8087
150815	57079	35545	4319	5047	12168
213384	91183	18901	35997	3630	32655
263408	122117	53175	23130	10981	34831
252480	117069	72277	18639	5091	21062
11177	2113	524	265	102	1222
61476	33232	4322	4759	1631	22520
168477	75517	21989	22403	6091	25034
303414	156011	71722	31921	15897	36471
189157	83268	47247	12207	3307	20507
230448	107954	61715	14227	14839	17173
135538	67137	39990	5880	11436	9831
139079	67772	37146	11142	6352	13132
269280	138630	76323	15207	23951	23149
320356	161882	108692	16182	11378	25630
176939	75313	50688	5445	6901	12279
138406	55937	36867	4480	4945	9645
137521	56190	29226	13803	3506	9655
179241	85760	46029	19593	7472	12666

20-7 续表1

县 市	Region	乡镇政府(个) Number of Township and Town Governments (unit)	#镇政府 Number of Town Governments	村民委员会(个) Number of Villager Committees (unit)	乡村户数(户) Number of Rural Households (household)
晋城市	**Jincheng**				
城　区	Chengqu	1	1	107	29697
沁水县	Qinshui	14	7	251	62241
阳城县	Yangcheng	17	10	467	127722
陵川县	Lingchuan	12	7	378	73322
泽州县	Zezhou	17	14	632	152205
高平市	Gaoping	13	9	445	125346
朔州市	**Shuozhou**				
朔城区	Shuocheng	11	2	300	90679
平鲁区	Pinglu	13	2	350	45006
山阴县	Shanyin	13	4	257	59167
应　县	Yingxian	12	3	298	96644
右玉县	Youyu	10	4	321	29274
怀仁县	Huairen	10	4	162	74855
晋中市	**Jinzhong**				
榆次区	Yuci	10	6	289	115413
榆社县	Yushe	9	4	272	44175
左权县	Zuoquan	10	5	203	50946
和顺县	Heshun	10	5	294	40759
昔阳县	Xiyang	12	5	335	82119
寿阳县	Shouyang	14	7	206	66178
太谷县	Taigu	9	3	198	92083
祁　县	Qixian	8	6	156	86745
平遥县	Pingyao	14	5	273	160310
灵石县	Lingshi	12	6	291	75536
介休市	Jiexiu	10	7	231	111507
运城市	**Yuncheng**				
盐湖区	Yanhu	13	7	314	128119
临猗县	Linyi	14	9	375	128838
万荣县	Wanrong	14	4	281	104712
闻喜县	Wenxi	13	7	343	90355
稷山县	Jishan	7	5	200	83515
新绛县	Xinjiang	9	8	220	72355
绛　县	Jiangxian	10	8	205	63033
垣曲县	Yuanqu	11	5	189	48137
夏　县	Xiaxian	11	6	257	85414
平陆县	Pinglu	10	6	228	74618
芮城县	Ruicheng	10	7	173	110708
永济市	Yongji	7	7	265	92667
河津市	Hejin	7	2	148	78254

continued

乡村人口（人）Rural Population (person)	乡村从业人员（人）Number of Rural Employees (person)	农林牧渔业 Farming, Forestry, Animal Husbandry and Fishery	工业 Industry	建筑业 Construction	其他行业 Others
75184	43395	9188	7218	2924	24065
169132	90079	53724	9476	5930	20949
310487	163783	83576	28405	16887	34915
229560	116246	62714	14938	11497	27097
446251	218210	120173	37601	12362	48074
400107	207794	109549	35279	23005	39961
275766	133867	89436	6400	8332	29699
162574	82500	39717	14048	4828	23907
165587	64429	43869	4815	3992	11753
272609	117914	86218	5140	11354	15202
92958	40313	26328	3412	2204	8369
189984	88016	47161	10771	7622	22462
293874	152161	87270	19980	9850	35061
117982	55143	32294	4007	6484	12358
136602	62886	38473	5845	5602	12966
109745	55683	36425	5548	3547	10163
196656	98173	62243	9449	6898	19583
173560	84793	61243	7238	2074	14238
223334	108321	60963	20956	7772	18630
210246	103685	55629	20964	8361	18731
432721	197804	95245	38259	21912	42388
186823	91126	40389	23856	3528	23353
288395	141382	51352	38862	18931	32237
430807	239309	161921	16383	14455	46550
498536	249461	173392	20361	12619	43089
408970	178809	122542	13683	13496	29088
345019	172414	79015	56225	10828	26346
316459	161488	85242	35005	15906	25335
284623	151558	99779	18425	10329	23025
238195	141281	94359	15237	11426	20259
163306	77946	42035	6694	7834	21383
322132	188819	134163	14855	13697	26104
214119	111111	83455	9466	5609	12581
350195	192005	124800	13457	14820	38928
353978	202531	128893	10435	8137	55066
305580	131500	62275	21829	15662	31734

20-7 续表2

县 市	Region	乡镇政府(个) Number of Township and Town Governments (unit)	#镇政府 Number of Town Governments	村民委员会(个) Number of Villager Committees (unit)	乡村户数(户) Number of Rural Households (household)
忻 州 市	**Xinzhou**				
忻府区	Xinfu	17	6	394	138959
定襄县	Dingxiang	9	3	155	77796
五台县	Wutai	19	6	573	107124
代　县	Daixian	11	6	377	69103
繁峙县	Fanshi	13	3	403	91928
宁武县	Ningwu	14	4	464	54703
静乐县	Jingle	14	4	381	39592
神池县	Shenchi	10	3	241	28468
五寨县	Wuzhai	12	3	250	31760
岢岚县	Kelan	12	2	202	22087
河曲县	Hequ	13	4	340	45950
保德县	Baode	13	4	341	48299
偏关县	Pianguan	10	4	248	32962
原平市	Yuanping	18	7	520	138989
临 汾 市	**Linfen**				
尧都区	Yaodu	16	10	372	130091
曲沃县	Quwo	7	5	158	49111
翼城县	Yicheng	10	6	212	74109
襄汾县	Xiangfen	13	7	348	129468
洪洞县	Hongtong	16	9	463	191342
古　县	Guxian	7	4	111	24639
安泽县	Anze	7	4	103	20242
浮山县	Fushan	9	2	185	32920
吉　县	Jixian	8	3	79	30852
乡宁县	Xiangning	10	5	182	59749
大宁县	Daning	6	2	84	17379
隰　县	Xixian	8	3	97	29462
永和县	Yonghe	7	2	79	12679
蒲　县	Puxian	9	4	93	24977
汾西县	Fenxi	8	5	126	38126
侯马市	Houma	3		76	31737
霍州市	Huozhou	7	4	199	60784
吕 梁 市	**Lvliang**				
离石区	Lishi	5	2	193	59236
文水县	Wenshui	12	7	199	130319
交城县	Jiaocheng	10	6	148	65600
兴　县	Xingxian	17	7	376	82832
临　县	Linxian	23	13	631	207620
柳林县	Liulin	15	8	257	98517
石楼县	Shilou	9	4	134	27759
岚　县	Lanxian	12	4	167	47414
方山县	Fangshan	7	5	169	45932
中阳县	Zhongyang	7	5	93	34567
交口县	Jiaokou	7	4	93	31040
孝义市	Xiaoyi	12	7	379	114780
汾阳市	Fenyang	12	9	289	119987

continued

乡村人口（人）Rural Population (person)	乡村从业人员（人）Number of Rural Employees (person)				
		农林牧渔业 Farming, Forestry, Animal Husbandry and Fishery	工　业 Industry	建筑业 Construction	其他行业 Others
348922	173605	95738	12404	28612	36851
179880	94339	49566	19615	9682	15476
269925	108372	61803	6090	26055	14424
170495	79320	58095	6096	6966	8163
247262	85154	56959	6748	7553	13894
120105	46229	24472	5440	3525	12792
141279	58219	29807	4887	6805	16720
86054	28677	23314	828	740	3795
93066	40670	30198	1292	1686	7494
66289	32569	22579	3031	3002	3957
118139	44582	29263	4108	3704	7507
147003	67555	36449	8960	7269	14877
95640	39445	24673	2993	4394	7385
354342	153965	81131	14777	17365	40692
476146	248145	116131	33775	20038	78201
195061	107594	60335	15379	10573	21307
269757	118055	56939	28208	12446	20462
444644	228902	129106	35266	15245	49285
665794	340050	166204	43694	35754	94398
74527	23570	14822	3775	851	4122
65952	23625	16013	1621	758	5233
110323	39439	22081	3651	2903	10804
95010	36029	24946	1681	3451	5951
202580	85782	59264	8682	4370	13466
55941	27048	17614	546	1880	7008
88665	37369	27841	955	3063	5510
49582	17896	13829	621	784	2662
87661	42196	24547	5850	2214	9585
129684	60199	38780	5174	3127	13118
112552	55314	20450	7402	9605	17857
202935	91779	52507	10830	7668	20774
166331	74853	31976	8556	9841	24480
396868	191087	101950	29010	13557	46570
188632	90742	31655	34733	6792	17562
261662	115864	70068	10147	13561	22088
597286	249198	157512	12411	30902	48373
287509	123465	52955	21743	9471	39296
96850	37769	26862	1486	1669	7752
160982	69400	46384	2792	4693	15531
128827	56075	38201	4228	6268	7378
115369	46230	19134	10907	5606	10583
96811	43869	30668	4537	908	7756
319395	140600	52965	42530	10032	35073
334007	161052	80249	20971	20271	39561

20-8 农林牧渔业总产值(2013年)
GROSS OUTPUT VALUE OF FARMING, FORESTRY, ANIMAL HUSBANDRY AND FISHERY(2013)

按当年价格计算 (at current price)

县 市	Region	农林牧渔业总产值(万元) Total (10 000 yuan)	农业产值 Farming	林业产值 Forestry	牧业产值 Animal Husbandry	渔业产值 Fishery	农林牧渔服务业产值 Farming, Forestry, Animal Husbandry and Fishery Service
太原市	**Taiyuan**						
小店区	Xiaodian	142141	96848	7958	33156	179	4000
迎泽区	Yingze	9039	195	7418	1372	55	
杏花岭区	Xinghualing	14354	4355	6021	3978		
尖草坪区	Jiancaoping	53146	27261	8858	16045	332	650
万柏林区	Wanbailin	15112	1156	10221	2213	23	1500
晋源区	Jinyuan	66804	40501	6362	16649	2392	900
清徐县	Qingxu	257579	176160	6647	64352	1921	8500
阳曲县	Yangqu	83556	45966	6375	28561	54	2600
娄烦县	Loufan	35985	16035	6222	11755	473	1500
古交市	Gujiao	39176	12848	7591	14841	96	3800
大同市	**Datong**						
南郊区	Nanjiao	113751	54561	1483	53377	31	4300
新荣区	Xinrong	64565	25233	6504	29887	60	2880
阳高县	Yanggao	208858	111300	2680	89775	104	5000
天镇县	Tianzhen	105297	55641	1491	47863	25	276
广灵县	Guangling	105256	56678	4864	38593	109	5012
灵丘县	Lingqiu	69962	28345	5472	34291	168	1685
浑源县	Hunyuan	164313	72400	9316	79468	29	3100
左云县	Zuoyun	50439	20516	9311	19512		1100
大同县	Datongxian	130485	57269	10676	57975	442	4122
阳泉市	**Yangquan**						
郊　区	Jiaoqu	48313	24944	5459	17095	14	800
平定县	Pingding	76330	40436	5796	27470	1728	900
盂　县	Yuxian	76044	48646	6573	17857	546	2422
长治市	**Changzhi**						
城　区	Chengqu	10874	5546	356	4664	18	290
郊　区	Jiaoqu	52774	25743	1255	23014	306	2455
长治县	Changzhixian	102851	48322	1797	49968	114	2650
襄垣县	Xiangyuan	116012	91957	1343	16454	343	5915
屯留县	Tunliu	110189	73832	2061	26924	572	6800
平顺县	Pingshun	46155	23807	3215	12161	172	6800
黎城县	Licheng	47742	21908	6996	17652	156	1030
壶关县	Huguan	77644	47457	2337	27005	111	735
长子县	Zhangzi	183924	124346	2394	54952	750	1482
武乡县	Wuxiang	52628	37690	1791	10735	713	1700
沁　县	Qinxian	70173	50491	2751	14284	1008	1640
沁源县	Qinyuan	42250	27212	4787	5120	120	5010
潞城市	Lucheng	73248	42783	5601	23017	297	1550

20-8 续表1 continued

按当年价格计算 (at current price)

县 市	Region	农林牧渔业总产值(万元) Total (10 000 yuan)	农业产值 Farming	林业产值 Forestry	牧业产值 Animal Husbandry	渔业产值 Fishery	农林牧渔服务业产值 Farming, Forestry, Animal Husbandry and Fishery Service
晋城市	**Jincheng**						
城 区	Chengqu	19411	11212	2099	5145	125	829
沁水县	Qinshui	91930	43939	8245	36256	1450	2040
阳城县	Yangcheng	149133	60493	5099	79533	530	3479
陵川县	Lingchuan	78536	40006	3675	32353	408	2095
泽州县	Zezhou	204160	83156	4729	110347	1700	4228
高平市	Gaoping	234793	110376	4639	115486	288	4004
朔州市	**Shuozhou**						
朔城区	Shuocheng	286105	182468	30315	63918	974	8430
平鲁区	Pinglu	99249	53807	22839	16764	86	5753
山阴县	Shanyin	274806	121359	9722	142045	325	1355
应 县	Yingxian	283231	190883	10665	75828	255	5600
右玉县	Youyu	106190	33588	16805	54012	105	1680
怀仁县	Huairen	218804	108786	16341	90832	246	2600
晋中市	**Jinzhong**						
榆次区	Yuci	274271	189990	4427	72556	198	7100
榆社县	Yushe	52020	26727	5547	16896	850	2000
左权县	Zuoquan	49817	33283	2991	12157	388	998
和顺县	Heshun	49870	33647	1839	13228		1157
昔阳县	Xiyang	74203	49897	2684	20511	182	930
寿阳县	Shouyang	187898	155432	6161	23538	66	2700
太谷县	Taigu	283715	159882	10630	109819	167	3216
祁 县	Qixian	237399	150136	6854	75994	416	4000
平遥县	Pingyao	235473	124940	9073	97142	468	3850
灵石县	Lingshi	75453	31385	9908	33324	35	800
介休市	Jiexiu	99995	44916	6951	44924	149	3056
运城市	**Yuncheng**						
盐湖区	Yanhu	219914	174939	4418	23730	826	16000
临猗县	Linyi	783705	680865	5168	30619	53	67000
万荣县	Wanrong	324615	252317	3723	49032	2543	17000
闻喜县	Wenxi	205387	149487	6611	41208	81	8000
稷山县	Jishan	209696	113784	2896	81960	56	11000
新绛县	Xinjiang	334185	245487	3001	68532	165	17000
绛 县	Jiangxian	153718	105406	11312	26433	68	10500
垣曲县	Yuanqu	80361	41663	7049	24229	1921	5500
夏 县	Xiaxian	325893	269287	4005	28469	132	24000
平陆县	Pinglu	162686	122290	3006	27342	48	10000
芮城县	Ruicheng	407802	330427	4681	46358	1335	25000
永济市	Yongji	376966	287994	5219	47599	13605	22550
河津市	Hejin	139061	94570	4766	26523	203	13000

20-8 续表2 continued

按当年价格计算 (at current price)

县 市	Region	农林牧渔业总产值(万元) Total (10 000 yuan)	农业产值 Farming	林业产值 Forestry	牧业产值 Animal Husbandry	渔业产值 Fishery	农林牧渔服务业产值 Farming, Forestry, Animal Husbandry and Fishery Service
忻州市	**Xinzhou**						
忻府区	Xinfu	133254	85572	6880	35699	335	4768
定襄县	Dingxiang	62459	46135	2914	11439	372	1598
五台县	Wutai	93512	49215	5081	35554	663	3000
代 县	Daixian	56314	36209	2652	15493	460	1500
繁峙县	Fanshi	72612	24687	5321	39748	386	2469
宁武县	Ningwu	31271	11570	1456	17564	51	630
静乐县	Jingle	46854	23097	7382	15274	51	1050
神池县	Shenchi	101625	51981	1760	45979	24	1880
五寨县	Wuzhai	76707	50935	3405	20434	123	1810
岢岚县	Kelan	58646	25882	2431	28547	3	1782
河曲县	Hequ	58375	34264	5297	16338	276	2200
保德县	Baode	64970	33844	4742	25030	123	1230
偏关县	Pianguan	81029	26917	4803	47341	48	1920
原平市	Yuanping	226315	129746	4397	86798	574	4800
临汾市	**Linfen**						
尧都区	Yaodu	179626	130430	8581	35465	3409	1742
曲沃县	Quwo	206743	160640	4162	37800	2545	1596
翼城县	Yicheng	147575	82883	4687	57416	900	1690
襄汾县	Xiangfen	235155	180981	4761	43059	1853	4500
洪洞县	Hongtong	210452	126601	6190	72228	3233	2200
古 县	Guxian	42165	31982	3322	6340	1	520
安泽县	Anze	67145	47582	4422	13242	2	1898
浮山县	Fushan	71272	51527	5130	13263	2	1350
吉 县	Jixian	85135	68301	4907	8064	4	3860
乡宁县	Xiangning	53658	27576	6938	18142	2	1000
大宁县	Daning	26823	18632	3466	3561		1165
隰 县	Xixian	54428	40204	4951	7182	12	2080
永和县	Yonghe	51808	35941	5601	9087		1180
蒲 县	Puxian	34944	20535	4522	8608	8	1271
汾西县	Fenxi	48484	20612	3847	23075		950
侯马市	Houma	61135	43640	5044	9872	960	1620
霍州市	Huozhou	64579	36838	4273	22944	57	468
吕梁市	**Lvliang**						
离石区	Lishi	32493	16167	2892	12467	71	896
文水县	Wenshui	202557	108266	1549	89300	975	2467
交城县	Jiaocheng	57431	25395	1840	29530	166	500
兴 县	Xingxian	76316	45479	10616	19146	74	1000
临 县	Linxian	161902	119956	4447	35420	230	1850
柳林县	Liulin	36582	20826	2989	11667	100	1000
石楼县	Shilou	45014	30310	3536	10654	64	450
岚 县	Lanxian	49554	34635	3779	9470	310	1360
方山县	Fangshan	27988	15609	3711	7902	216	550
中阳县	Zhongyang	23304	14341	1602	7051	95	216
交口县	Jiaokou	32966	20220	1268	11292	11	175
孝义市	Xiaoyi	228408	116283	9013	93852	260	9000
汾阳市	Fenyang	177415	99387	3215	69412	401	5000

20-9 农林牧渔业中间消耗(2013年)
INTERMEDIATE CONSUMPTION OF FARMING, FORESTRY, ANIMAL HUSBANDRY AND FISHERY(2013)

按当年价格计算 (at current price)

县 市	Region	农林牧渔业中间消耗(万元) Total (10 000 yuan)	农 业 Farming	林 业 Forestry	牧 业 Animal Husbandry	渔 业 Fishery	农林牧渔服务业 Farming, Forestry, Animal Husbandry and Fishery Service
太 原 市	**Taiyuan**						
小店区	Xiaodian	62497	38204	4328	17984	81	1900
迎泽区	Yingze	4817	84	3814	890	29	
杏花岭区	Xinghualing	7477	1851	3050	2577		
尖草坪区	Jiancaoping	25451	10628	4802	9499	202	320
万柏林区	Wanbailin	7467	482	4830	1335	11	810
晋源区	Jinyuan	31460	15930	3246	10474	1361	450
清徐县	Qingxu	117873	71698	3658	36833	1034	4650
阳曲县	Yangqu	36498	15839	3068	16361	30	1200
娄烦县	Loufan	17794	6001	3221	7546	271	756
古交市	Gujiao	20145	5151	3725	9265	53	1950
大 同 市	**Datong**						
南郊区	Nanjiao	38756	22599	515	13232	10	2400
新荣区	Xinrong	26777	8531	2415	13468	48	2315
阳高县	Yanggao	107323	55893	1506	46861	54	3010
天镇县	Tianzhen	48696	25890	1037	21667	8	94
广灵县	Guangling	54179	20550	3516	28011	83	2020
灵丘县	Lingqiu	37649	15517	3999	17078	35	1020
浑源县	Hunyuan	64763	30056	4058	29578	21	1050
左云县	Zuoyun	25111	9531	5612	9566		401
大同县	Datongxian	60364	23926	6112	27980	182	2164
阳 泉 市	**Yangquan**						
郊 区	Jiaoqu	22993	12899	2749	6930	10	405
平定县	Pingding	37049	18885	2710	14157	856	440
盂 县	Yuxian	37258	23150	4273	8233	312	1290
长 治 市	**Changzhi**						
城 区	Chengqu	4655	2075	189	2229	9	152
郊 区	Jiaoqu	22657	12334	665	8370	156	1132
长治县	Changzhixian	49103	21565	1065	25238	49	1186
襄垣县	Xiangyuan	50555	36533	812	9969	148	3093
屯留县	Tunliu	47010	29093	1024	13217	277	3400
平顺县	Pingshun	21647	10487	1958	6509	74	2620
黎城县	Licheng	20053	8914	3405	7150	64	520
壶关县	Huguan	33224	16749	1221	14858	56	340
长子县	Zhangzi	74405	44429	1227	27799	332	618
武乡县	Wuxiang	22522	13995	1052	6297	348	830
沁 县	Qinxian	27620	17116	1273	7839	543	850
沁源县	Qinyuan	16641	9175	1533	3333	70	2530
潞城市	Lucheng	30024	13987	1966	13182	139	750

20-9 续表1 continued

按当年价格计算 (at current price)

县 市	Region	农林牧渔业中间消耗(万元) Total (10 000 yuan)	农 业 Farming	林 业 Forestry	牧 业 Animal Husbandry	渔 业 Fishery	农林牧渔服务业 Farming, Forestry, Animal Husbandry and Fishery Service
晋城市	**Jincheng**						
城 区	Chengqu	8829	4994	698	2621	102	415
沁水县	Qinshui	39888	19393	4403	14528	543	1020
阳城县	Yangcheng	60965	24801	3307	30851	267	1739
陵川县	Lingchuan	33483	15355	2215	14716	149	1048
泽州县	Zezhou	95337	35966	2433	54035	789	2114
高平市	Gaoping	106218	35689	2384	65970	174	2002
朔州市	**Shuozhou**						
朔城区	Shuocheng	125964	79924	14312	27615	666	3447
平鲁区	Pinglu	53437	27604	12868	10951	64	1949
山阴县	Shanyin	137978	51049	5159	81064	228	478
应 县	Yingxian	155296	109078	6060	37442	131	2586
右玉县	Youyu	57996	18529	9954	28646	57	810
怀仁县	Huairen	125924	63428	10715	50276	130	1376
晋中市	**Jinzhong**						
榆次区	Yuci	97042	58424	3644	30974	79	3920
榆社县	Yushe	18846	6346	4684	6375	355	1085
左权县	Zuoquan	20745	9608	2544	7646	268	679
和顺县	Heshun	20063	9578	1786	8205		495
昔阳县	Xiyang	32971	18521	1501	12314	87	548
寿阳县	Shouyang	75716	58308	4662	11748	48	950
太谷县	Taigu	121459	37437	3232	79388	86	1315
祁 县	Qixian	87419	36955	5196	42566	202	2500
平遥县	Pingyao	98792	44924	3860	47754	214	2041
灵石县	Lingshi	34540	7156	7488	19496	14	385
介休市	Jiexiu	48293	17241	3015	25414	69	2555
运城市	**Yuncheng**						
盐湖区	Yanhu	93102	70741	2326	12001	492	7542
临猗县	Linyi	348359	298710	3321	16820	27	29480
万荣县	Wanrong	161423	124587	2017	25605	1415	7800
闻喜县	Wenxi	108669	79077	4218	21365	48	3960
稷山县	Jishan	94136	44839	1754	42713	30	4800
新绛县	Xinjiang	168985	122398	1923	36067	96	8500
绛 县	Jiangxian	68845	43374	7027	13344	40	5060
垣曲县	Yuanqu	40787	20159	4231	13228	799	2370
夏 县	Xiaxian	148322	118888	2519	14837	78	12000
平陆县	Pinglu	72372	50167	1847	15629	29	4700
芮城县	Ruicheng	183125	141159	2790	26392	785	12000
永济市	Yongji	169517	123222	2847	24491	8051	10907
河津市	Hejin	59430	36371	2836	14093	130	6000

20-9 续表2 continued

按当年价格计算 (at current price)

县 市	Region	农林牧渔业中间消耗(万元) Total (10 000 yuan)	农 业 Farming	林 业 Forestry	牧 业 Animal Husbandry	渔 业 Fishery	农林牧渔服务业 Farming, Forestry, Animal Husbandry and Fishery Service
忻州市	**Xinzhou**						
忻府区	Xinfu	57903	36350	3256	15800	167	2330
定襄县	Dingxiang	27102	19705	1240	5238	168	750
五台县	Wutai	42038	19559	2351	18426	303	1400
代　县	Daixian	23656	14822	1303	6632	199	700
繁峙县	Fanshi	32922	10840	3087	17587	175	1234
宁武县	Ningwu	14423	4988	861	8239	24	310
静乐县	Jingle	20594	9123	3261	7735	25	450
神池县	Shenchi	42028	20228	818	20069	13	900
五寨县	Wuzhai	32691	20286	1528	10074	54	750
岢岚县	Kelan	24793	11093	1308	11571	2	820
河曲县	Hequ	25993	14983	2437	7394	127	1051
保德县	Baode	27916	12606	2159	12521	61	570
偏关县	Pianguan	35039	12243	2268	19546	22	960
原平市	Yuanping	96679	52091	2213	39734	241	2400
临汾市	**Linfen**						
尧都区	Yaodu	86099	63609	4680	15300	1661	848
曲沃县	Quwo	86174	64809	2045	17329	1185	806
翼城县	Yicheng	69423	37581	2136	28452	450	805
襄汾县	Xiangfen	108215	80275	2492	22376	810	2262
洪洞县	Hongtong	100097	63051	2869	31691	1399	1087
古　县	Guxian	19355	14779	1660	2674		242
安泽县	Anze	29088	20393	2236	5471	1	987
浮山县	Fushan	31204	21715	2441	6347	1	699
吉　县	Jixian	35358	27500	2348	3517	2	1991
乡宁县	Xiangning	26919	15198	3385	7864	1	470
大宁县	Daning	11732	7884	1708	1558		583
隰　县	Xixian	26922	20301	2450	3150	6	1016
永和县	Yonghe	26826	19231	2939	4083		573
蒲　县	Puxian	18509	10925	2497	4468	4	616
汾西县	Fenxi	23227	10308	1718	10727		474
侯马市	Houma	27648	19291	2487	4657	442	771
霍州市	Huozhou	28716	15289	2367	10808	28	223
吕梁市	**Lvliang**						
离石区	Lishi	13658	6443	1520	5250	36	410
文水县	Wenshui	88657	40098	886	45960	483	1230
交城县	Jiaocheng	27011	10267	985	15439	90	230
兴　县	Xingxian	33607	17993	5396	9699	35	485
临　县	Linxian	65085	44167	2001	17894	123	900
柳林县	Liulin	14834	7061	1503	5750	50	470
石楼县	Shilou	18495	11078	1873	5300	29	215
岚　县	Lanxian	20410	12720	2078	4807	145	660
方山县	Fangshan	12947	6642	1960	3970	111	265
中阳县	Zhongyang	10690	6022	817	3703	48	101
交口县	Jiaokou	15601	8953	684	5876	6	83
孝义市	Xiaoyi	96978	39914	4213	48226	126	4500
汾阳市	Fenyang	79605	39853	1765	35459	178	2350

20-10 农业生产条件(2013年)

县 市	Region	农业机械总动力(千瓦) Total Power of Agricultural Machinery (kw)	大中型农用拖拉机(台) Large and Medium Tractors for Agriculture (unit)	小型农用拖拉机(台) Mini-tractors for Agriculture (unit)
太原市	**Taiyuan**			
小店区	Xiaodian	218671	592	369
迎泽区	Yingze	11819	10	2
杏花岭区	Xinghualing	18390	69	93
尖草坪区	Jiancaoping	40862	210	243
万柏林区	Wanbailin	38763	88	
晋源区	Jinyuan	171946	155	178
清徐县	Qingxu	332875	984	769
阳曲县	Yangqu	188113	722	2580
娄烦县	Loufan	106600	753	685
古交市	Gujiao	208017	325	429
大同市	**Datong**			
南郊区	Nanjiao	347133	1262	927
新荣区	Xinrong	195894	3370	29
阳高县	Yanggao	250996	1056	2299
天镇县	Tianzhen	177848	828	1233
广灵县	Guangling	142342	617	1219
灵丘县	Lingqiu	222378	447	513
浑源县	Hunyuan	183994	674	1516
左云县	Zuoyun	119410	925	1990
大同县	Datongxian	210353	1998	1858
阳泉市	**Yangquan**			
郊 区	Jiaoqu	209379	135	377
平定县	Pingding	557163	390	1735
盂 县	Yuxian	569003	825	5473
长治市	**Changzhi**			
城 区	Chengqu	11427	85	108
郊 区	Jiaoqu	124401	562	702
长治县	Changzhixian	197800	402	1069
襄垣县	Xiangyuan	213068	1862	1000
屯留县	Tunliu	277447	1906	5485
平顺县	Pingshun	120052	192	633
黎城县	Licheng	130400	365	7686
壶关县	Huguan	139508	349	413
长子县	Zhangzi	242795	758	1711
武乡县	Wuxiang	177967	1090	2056
沁 县	Qinxian	109705	1538	514
沁源县	Qinyuan	97686	389	650
潞城市	Lucheng	245555	1046	712

CONDITIONS OF AGRICULTURAL PRODUCTION(2013)

农用排灌动力机械(台) Drainage and Irrigation Machinery (unit)	农用运输车(辆) Conveyance Vehicle for Agriculture (unit)	配套机电井(眼) Number of Complete Set of Motorelectric Pumped Well (unit)	农村用电量(万千瓦小时) Electricity Consumption in Rural Areas (10 000 kwh)	农用化肥施用量(折纯量，吨) Agricultural Consumption of Chemical Fertilizers (ton)
467	5071	383	5486	3402
96	128		2502	3
1	990	2	4272	46
241	1130	183	6145	1548
80	1560	44	2836	58
698	1795	325	4691	1119
2176	5394	1388	21270	12560
710	5960	301	3904	8486
223	1274	37	570	961
407	2674	149	3423	783
1110	5560	1003	10284	3739
558	2929	388	948	2361
2040	4272	2238	3806	24609
2276	5243	1541	2586	15110
667	3350	474	3243	7683
372	11121	345	2930	11965
1304	5278	1231	4993	14112
268	1927	164	1484	2364
847	5100	1239	3592	8660
616	3350	39	47121	899
11921	7610	8	11832	4254
1707	11519	82	7906	8570
35		200	4793	312
1146	3029	741	16158	5312
2171	7530	1499	13389	15368
2386	5343	405	6613	13302
1882	7724	2361	7721	26521
510	3384	7	2266	4545
731	1653	104	2763	6568
352	4596		5898	7729
1304	6758	3472	7773	19218
693	5565	88	2888	7956
575	2778	46	2055	7062
103	3469	72	3281	2563
61	5278	212	5666	9273

20-10 续表1

县 市	Region	农业机械总动力(千瓦) Total Power of Agricultural Machinery (kw)	大中型农用拖拉机(台) Large and Medium Tractors for Agriculture (unit)	小型农用拖拉机(台) Mini-tractors for Agriculture (unit)
晋城市	**Jincheng**			
城 区	Chengqu	62210	226	102
沁水县	Qinshui	347100	404	13456
阳城县	Yangcheng	430600	634	18704
陵川县	Lingchuan	314808	406	2572
泽州县	Zezhou	745540	1132	6149
高平市	Gaoping	548501	651	6584
朔州市	**Shuozhou**			
朔城区	Shuocheng	478136	2435	4762
平鲁区	Pinglu	256789	1232	2909
山阴县	Shanyin	451599	2473	4006
应 县	Yingxian	438507	3125	880
右玉县	Youyu	221806	1199	3790
怀仁县	Huairen	483135	1806	1762
晋中市	**Jinzhong**			
榆次区	Yuci	665279	1402	4032
榆社县	Yushe	131121	417	3228
左权县	Zuoquan	171254	275	6872
和顺县	Heshun	167509	391	6835
昔阳县	Xiyang	248015	475	7329
寿阳县	Shouyang	346349	2548	4141
太谷县	Taigu	501501	1164	8383
祁 县	Qixian	407610	909	3742
平遥县	Pingyao	292521	968	3412
灵石县	Lingshi	384589	706	2244
介休市	Jiexiu	318600	839	1928
运城市	**Yuncheng**			
盐湖区	Yanhu	618353	1990	14401
临猗县	Linyi	987500	2236	13370
万荣县	Wanrong	880401	1654	4706
闻喜县	Wenxi	397065	1405	3494
稷山县	Jishan	528497	1410	3022
新绛县	Xinjiang	335493	1409	914
绛 县	Jiangxian	295611	903	3037
垣曲县	Yuanqu	298168	1485	2782
夏 县	Xiaxian	370260	1643	4276
平陆县	Pinglu	530475	1866	12515
芮城县	Ruicheng	565310	1810	23759
永济市	Yongji	623105	2532	7721
河津市	Hejin	426845	822	985

contiuned

农用排灌动力机械(台) Drainage and Irrigation Machinery (unit)	农用运输车(辆) Conveyance Vehicle for Agriculture (unit)	配套机电井(眼) Number of Complete Set of Motorelectric Pumped Well (unit)	农村用电量(万千瓦小时) Electricity Consumption in Rural Areas (10 000 kwh)	农用化肥施用量(折纯量, 吨) Agricultural Consumption of Chemical Fertilizers (ton)
337	484	20	6683	1536
767	7490	54	3804	10427
968	7821	372	27143	11953
78	13660	32	4373	13412
3470	14840	74	18136	11657
	28143	19	18564	19745
4728	11457	1287	3817	19540
1897	5255	25	613	5331
2676	8815	1376	3537	16494
3948	12525	3317	7381	28779
858	5470	160	930	2214
2779	13324	1976	6282	12598
2651	27156	2564	21364	13564
744	2397	91	9325	3392
1814	4070	233	4023	2705
85	2724	77	2398	2845
648	2721	48	4594	4930
1737	15301		4689	24698
4448	12842	2873	13028	17468
2323	17538	2104	18251	17130
3998	6992		12526	14712
989	7363	42	6809	2121
2151	7121	542	49160	7038
6641	20631	3620	35655	31290
3931	68229	3151	30278	56030
2400	49091	1043	35725	15484
2740	11184	1366	28854	24746
3001	26910	1470	38413	15666
2408	15161	1788	14322	22341
1598	9465	795	17438	31457
524	8031	276	3567	6012
1567	13290	4142	15422	26724
1750	14309	572	6984	15775
4040	13700	1911	12742	28039
5663	34075	4406	17424	12221
3256	10828	1250	18774	10851

20-10 续表2

县 市	Region	农业机械总动力(千瓦) Total Power of Agricultural Machinery (kw)	大中型农用拖拉机(台) Large and Medium Tractors for Agriculture (unit)	小型农用拖拉机(台) Mini-tractors for Agriculture (unit)
忻 州 市	**Xinzhou**			
忻府区	Xinfu	345989	1613	3371
定襄县	Dingxiang	128927	981	2420
五台县	Wutai	149212	680	4080
代 县	Daixian	195671	551	3184
繁峙县	Fanshi	204894	814	2603
宁武县	Ningwu	79600	283	1745
静乐县	Jingle	88900	193	1279
神池县	Shenchi	182081	984	3811
五寨县	Wuzhai	163267	2809	3357
岢岚县	Kelan	122513	615	685
河曲县	Hequ	97342	384	1114
保德县	Baode	156311	194	188
偏关县	Pianguan	152275	409	2657
原平市	Yuanping	429546	2102	3134
临 汾 市	**Linfen**			
尧都区	Yaodu	648001	1565	4584
曲沃县	Quwo	366777	1475	997
翼城县	Yicheng	363553	1361	4652
襄汾县	Xiangfen	566213	2069	1725
洪洞县	Hongtong	1075960	1825	7908
古 县	Guxian	116222	901	1629
安泽县	Anze	145930	347	3343
浮山县	Fushan	177728	486	1567
吉 县	Jixian	97103	295	3871
乡宁县	Xiangning	297010	704	2304
大宁县	Daning	52891	206	1174
隰 县	Xixian	107289	352	3603
永和县	Yonghe	40369	191	631
蒲 县	Puxian	50848	409	1009
汾西县	Fenxi	101523	637	970
侯马市	Houma	188430	780	603
霍州市	Huozhou	188088	533	2594
吕 梁 市	**Lvliang**			
离石区	Lishi	240232	191	792
文水县	Wenshui	363807	972	965
交城县	Jiaocheng	212181	420	729
兴 县	Xingxian	140395	276	226
临 县	Linxian	172328	690	550
柳林县	Liulin	234700	278	336
石楼县	Shilou	57759	106	125
岚 县	Lanxian	97338	576	2013
方山县	Fangshan	117182	136	833
中阳县	Zhongyang	122456	150	867
交口县	Jiaokou	145117	531	356
孝义市	Xiaoyi	466356	896	726
汾阳市	Fenyang	502727	1246	2010

contiuned

农用排灌动力机械(台) Drainage and Irrigation Machinery (unit)	农用运输车(辆) Conveyance Vehicle for Agriculture (unit)	配套机电井(眼) Number of Complete Set of Motorelectric Pumped Well (unit)	农村用电量(万千瓦小时) Electricity Consumption in Rural Areas (10 000 kwh)	农用化肥施用量(折纯量，吨) Agricultural Consumption of Chemical Fertilizers (ton)
2057	7952	2687	10152	19673
1348	624	1162	14360	8697
975	1380	166	6241	10274
1456	4521	773	3282	5895
1690	2305	553	5276	7542
534	744	12	1673	1238
23	2264	129	1030	4687
61	3567	84	601	12851
4	3181	120	837	8432
463	2275	47	455	5670
553	2495	145	1842	5849
800	4317	111	6388	4146
359	1263	31	1032	6391
1689	10402	1528	5957	21383
3979	23394	4049	11324	21260
2240	10701	1216	10990	13839
1305	10869	1937	4842	12992
4831	23211	3836	22935	26141
2355	50302	1629	12200	36102
489	5097		1068	6129
379	6516	15	481	7229
2540	8592	189	3158	6988
13	3117		306	6135
442	11129	8	3091	8766
235	1660		254	3443
459	2871		650	7305
39	1022	3	351	3028
116	1081		2078	4593
117	2545	6	1475	1189
878	5173	747	4468	8458
331	6454		3192	4797
560	11441	20	5071	3641
4135	9560	1958	17106	12292
1044	6992	534	16745	3723
607	4186	90	3257	4900
1152	3300	178	5908	24068
1754	3832	181	7150	6312
246	1858	14	928	4870
420	1590	268	2169	6813
545	4691		2131	3568
420	6934	10	7041	1514
260	5442		8465	867
649	5677	534	9978	8350
2500	18799	1984	9765	8210

20-11 主要粮食作物播种面积(2013年)

单位：公顷

县 市	Region	粮食作物播种面积 Sown Area of Grain Crops	秋粮食作物 Sown Area of Autumn Grain Crops	谷物 Cereal	#小麦 Wheat	#玉米 Corn	#谷子 Millet
太原市	**Taiyuan**						
小店区	Xiaodian	8983	8818	8873	165	8686	
迎泽区	Yingze	203	203	156		84	33
杏花岭区	Xinghualing	642	642	421		329	35
尖草坪区	Jiancaoping	4718	4718	4294		3798	338
万柏林区	Wanbailin	889	889	666		551	74
晋源区	Jinyuan	3390	3357	3336	34	2996	
清徐县	Qingxu	20634	20485	20269	150	19508	4
阳曲县	Yangqu	22206	22206	20360		16313	2590
娄烦县	Loufan	10727	10727	5332		1662	2159
古交市	Gujiao	8089	8089	3723		1134	1266
大同市	**Datong**						
南郊区	Nanjiao	15294	15294	13152		10537	709
新荣区	Xinrong	20904	20299	12785		3863	1204
阳高县	Yanggao	51264	51264	45594		36433	3281
天镇县	Tianzhen	38105	38105	29582		24243	2376
广灵县	Guangling	27210	27210	23687		16864	2035
灵丘县	Lingqiu	31348	31348	25058		17961	3093
浑源县	Hunyuan	35805	35137	29089		23649	1500
左云县	Zuoyun	22304	22304	10363		1657	1477
大同县	Datongxian	37228	37228	30741		26016	975
阳泉市	**Yangquan**						
郊区	Jiaoqu	6626	6626	6187		5739	374
平定县	Pingding	21802	21684	20425	118	18823	1397
盂县	Yuxian	28429	28148	26097		22903	2870
长治市	**Changzhi**						
城区	Chengqu	228	228	228		228	
郊区	Jiaoqu	8232	8204	7936	28	7893	15
长治县	Changzhixian	19411	18850	18576	561	17398	403
襄垣县	Xiangyuan	30063	29009	29171	1054	26644	1471
屯留县	Tunliu	34188	33061	32419	1128	30733	504
平顺县	Pingshun	10719	9464	9647	1255	7555	830
黎城县	Licheng	16207	13278	13841	2929	10550	238
壶关县	Huguan	16174	15906	15651	268	15002	337
长子县	Zhangzi	30540	29407	29418	1134	28029	255
武乡县	Wuxiang	27140	26415	23801	725	17181	4977
沁县	Qinxian	25215	24693	24132	522	21206	2065
沁源县	Qinyuan	14755	14755	10754		8600	1119
潞城市	Lucheng	17437	15537	17091	1900	14885	261

SOWN AREAS OF MAJOR GRAIN CROPS(2013)

(ha)

#高　粱 Sorghum	#燕　麦 Oats	#荞　麦 Buckwheat	豆　类 Beans	#大　豆 Soybean	薯　类 Tubers	#马铃薯 Potato
22			110	8		
1	3	35	14	9	33	33
17		19	189	178	32	27
49		49	278	230	146	115
		4	26		197	197
77	8	8	27	26	28	20
607			277	249	89	5
131	27	813	1324	1116	523	469
156	69	130	1488	1116	3907	3907
5	512	267	2109	1512	2257	2257
256	59	87	1301	297	841	841
1217	1691	647	3559	2954	4560	4560
262			3280	809	2391	2391
448			2148	885	6375	6375
	739	1778	1447	146	2076	2076
10	1044	860	3768	2801	2522	2522
	1905		3625	992	3091	3091
73	3726	2360	5049	1934	6892	6892
44			4814	1168	1673	1673
			167	55	272	71
6			719	644	658	169
		5	443	108	1889	1857
			249	244	47	46
			227	150	608	606
			437	280	455	212
			754	513	1015	933
			166	130	906	861
91			2190	2188	176	155
			67	67	456	448
			221	169	901	745
611		53	823	748	2516	2408
338			455	331	628	455
4	373	249	894	202	3107	3059
44			229	203	117	73

20-11 续表1

单位：公顷

县 市	Region	粮食作物播种面积 Sown Area of Grain Crops	秋粮食作物 Sown Area of Autumn Grain Crops	谷物 Cereal	#小麦 Wheat	#玉米 Corn	#谷子 Millet
晋城市	**Jincheng**						
城区	Chengqu	3316	1306	2530	2010	447	73
沁水县	Qinshui	30401	22725	26411	7676	16943	1547
阳城县	Yangcheng	39258	26591	36417	12668	21077	2608
陵川县	Lingchuan	20882	20604	18810	278	17399	1081
泽州县	Zezhou	66668	36169	41507	30499	9227	1734
高平市	Gaoping	36728	31277	30718	5451	24541	680
朔州市	**Shuozhou**						
朔城区	Shuocheng	56645	54995	49285		42147	838
平鲁区	Pinglu	44975	35490	17321		2333	
山阴县	Shanyin	50518	48673	43377		33940	884
应县	Yingxian	49280	49280	41526		35232	2144
右玉县	Youyu	31114	28304	16943		4339	758
怀仁县	Huairen	40964	40964	35503		29710	1226
晋中市	**Jinzhong**						
榆次区	Yuci	32535	32235	31181	300	28454	1495
榆社县	Yushe	16754	16740	14576	14	11192	2186
左权县	Zuoquan	11592	11529	10207	43	7969	1779
和顺县	Heshun	13249	13249	10901		8173	1529
昔阳县	Xiyang	22569	22569	21659		19894	1465
寿阳县	Shouyang	44683	44683	41730		39530	1321
太谷县	Taigu	27017	24431	23932	2586	19961	950
祁县	Qixian	25820	23309	23324	2511	20418	271
平遥县	Pingyao	38909	38470	36766	439	35059	794
灵石县	Lingshi	14876	11529	13957	3347	9451	624
介休市	Jiexiu	25055	20130	21016	4925	15678	204
运城市	**Yuncheng**						
盐湖区	Yanhu	63017	35558	57872	27460	30413	
临猗县	Linyi	61073	34297	54238	26776	27461	
万荣县	Wanrong	55193	26720	49671	28473	21085	109
闻喜县	Wenxi	69623	27425	64543	42198	22000	119
稷山县	Jishan	52545	25726	49944	26819	23062	40
新绛县	Xinjiang	49629	23203	48173	26425	21557	185
绛县	Jiangxian	40019	18723	38500	21297	17078	93
垣曲县	Yuanqu	27991	12293	26714	15699	10880	120
夏县	Xiaxian	53585	31008	52805	22577	30145	42
平陆县	Pinglu	34761	15262	31656	19499	12063	94
芮城县	Ruicheng	66176	33647	62535	32530	29757	199
永济市	Yongji	79545	42962	77989	36584	40852	5
河津市	Hejin	33287	16991	32589	16297	16125	

continued

(ha)

#高　粱 Sorghum	#燕　麦 Oats	#荞　麦 Buckwheat	豆　类 Beans	#大　豆 Soybean	薯　类 Tubers	#马铃薯 Potato
			732	729	54	21
245			3458	2946	532	286
46			2641	560	200	64
			282	145	1790	1771
47			24435	24433	726	310
9			5664	5664	346	61
304	2110	67	3648	891	3713	3713
	5660	7900	12987	1665	14667	14667
276	2877	1568	4338	1968	2804	2804
572			1433	807	6322	6322
	7104	3478	7144	4333	7028	7028
336		11	4637	1448	824	824
386		369	1175	931	179	70
893		57	1705	1389	474	319
76	132	160	675	582	710	680
33		174	1042	1016	1305	1305
22		32	537	470	373	309
297		465	597	515	2356	2344
359			2577	2466	508	319
124			2148	2130	348	121
230			1174	1021	969	600
347	15	92	604	482	315	168
104		7	3618	3582	421	180
			4525	275	621	
			4849	1744	1987	
4			4229	562	1293	
226			4081	2339	998	112
23			2238	783	363	2
5			1375	288	81	3
32			1191	821	329	74
15			838	830	440	22
15			415	341	365	27
			1857	1407	1249	83
49			3018	1367	623	1
549			1171	1057	385	7
167			467	129	232	1

20-11 续表2

单位：公顷

县 市	Region	粮食作物播种面积 Sown Area of Grain Crops	秋粮食作物 Sown Area of Autumn Grain Crops	谷 物 Cereal	#小 麦 Wheat	#玉 米 Corn	#谷 子 Millet
忻州市	**Xinzhou**						
忻府区	Xinfu	50094	50094	49428		47446	1655
定襄县	Dingxiang	25446	25446	24534		22255	1541
五台县	Wutai	28057	28057	23568		19304	2175
代 县	Daixian	22232	22232	20305		17301	1301
繁峙县	Fanshi	35867	35867	31060		19403	1677
宁武县	Ningwu	15982	15982	7568		1594	232
静乐县	Jingle	23194	23194	11093		2639	2112
神池县	Shenchi	37875	37875	23206		15378	860
五寨县	Wuzhai	36830	36830	31940		27522	3244
岢岚县	Kelan	25109	25109	8966		5967	1223
河曲县	Hequ	23198	23198	15787		9289	3211
保德县	Baode	21791	21791	13789		7425	3968
偏关县	Pianguan	24853	24853	17082		8421	4775
原平市	Yuanping	56684	56463	52222	221	48085	1967
临汾市	**Linfen**						
尧都区	Yaodu	52744	22381	51367	30363	20821	139
曲沃县	Quwo	33852	18090	32687	15762	16925	
翼城县	Yicheng	43370	20681	42176	22689	19040	447
襄汾县	Xiangfen	81173	38496	78384	42676	34607	1072
洪洞县	Hongtong	73887	31474	71877	42413	29088	231
古 县	Guxian	14718	8370	13082	6348	6274	353
安泽县	Anze	23743	22443	22601	1300	19618	1550
浮山县	Fushan	26303	10943	24638	15360	6778	2342
吉 县	Jixian	11864	8020	9848	3844	5480	222
乡宁县	Xiangning	27473	13747	23304	13726	7079	1226
大宁县	Daning	10705	10150	9215	555	7716	746
隰 县	Xixian	21115	21071	19041	45	16671	1465
永和县	Yonghe	22400	21538	16833	862	11490	3722
蒲 县	Puxian	13017	12955	10549	62	9399	344
汾西县	Fenxi	23665	12313	22076	11352	7198	1138
侯马市	Houma	14131	7064	13973	7067	6906	
霍州市	Huozhou	18650	6213	17092	12437	4104	456
吕梁市	**Lvliang**						
离石区	Lishi	14124	14124	7271		4927	1436
文水县	Wenshui	31638	31406	30275	231	29948	56
交城县	Jiaocheng	9522	9481	7750	41	6890	380
兴 县	Xingxian	47936	47936	25091		12419	8200
临 县	Linxian	72120	72120	42916		29399	9762
柳林县	Liulin	19980	19980	11551		5891	3633
石楼县	Shilou	25899	25432	19488	467	10044	5110
岚 县	Lanxian	30883	30883	18668		9028	3989
方山县	Fangshan	14135	14135	7015		5438	947
中阳县	Zhongyang	9123	9123	4267		2347	1174
交口县	Jiaokou	9876	9865	7459	11	5351	1010
孝义市	Xiaoyi	27928	24622	19606	3307	12887	1576
汾阳市	Fenyang	39587	39447	36786	139	34718	1377

continued

(ha)

#高 粱 Sorghum	#燕 麦 Oats	#荞 麦 Buckwheat	豆 类 Beans	#大 豆 Soybean	薯 类 Tubers	#马铃薯 Potato
247			535	522	131	64
370		11	512	321	400	314
276	604	9	1542	1352	2947	2873
383	267	105	1261	237	666	611
	1037	444	2251	1834	2556	2491
	3057		5780	543	2633	2633
175	3747		6221	3337	5879	5879
	6424		7721	4354	6949	6949
	412	12	2119	815	2771	2771
	1466	38	9065	487	7078	7078
27	419		3026	1743	4384	4320
225			3640	2559	4363	4050
	800	487	3030	2153	4741	4741
202	1168	4	2655	952	1807	1779
8			1010	591	367	192
			773	87	391	
			997	957	197	132
10			1873	748	916	13
42			934	819	1075	120
5	96		1324	874	312	238
120			876	618	265	142
51			1269	832	396	167
			1615	218	402	340
			2958	948	1211	1139
1			1295	329	195	102
44		156	748	428	1327	1288
217			4580	1486	988	622
3	235	175	388	388	2081	2081
89		313	648	361	941	499
			120	48	38	
95			1028	961	530	246
41	2	2	4680	3261	2173	2159
40			934	618	429	326
1			958	368	814	803
834	205	1	14806	11317	8038	7625
246		61	14210	11990	14994	14100
332	5		6629	6130	1801	1649
546	289	388	4432	3388	1979	1549
2329	843		4319	1469	7896	7896
91			2769	1229	4351	4325
54	123	257	3175	2553	1681	1605
15	228	187	1443	1128	975	847
78	594	1159	5498	4784	2824	1462
122	92	42	2232	2044	569	432

20-12 主要粮食作物产量(2013年)

单位：吨

县 市	Region	粮食总产量 Output of Grain	秋粮产量 Output of Autumn Grain	谷物 Cereal	#小麦 Wheat	#玉米 Corn	#谷子 Millet
太原市	**Taiyuan**						
小店区	Xiaodian	74760	73807	74586	953	73449	
迎泽区	Yingze	399	399	329		183	67
杏花岭区	Xinghualing	887	887	672		566	44
尖草坪区	Jiancaoping	14018	14018	13422		12574	615
万柏林区	Wanbailin	1796	1796	1548		1294	180
晋源区	Jinyuan	22973	22784	22807	189	20962	
清徐县	Qingxu	120274	119371	119418	903	114486	13
阳曲县	Yangqu	67660	67660	64788		58705	4687
娄烦县	Loufan	14673	14673	6914		2901	2404
古交市	Gujiao	10345	10345	5083		1775	1773
大同市	**Datong**						
南郊区	Nanjiao	59830	59830	56093		51570	1585
新荣区	Xinrong	50708	50192	34532		16871	3092
阳高县	Yanggao	250630	250630	239867		223161	7074
天镇县	Tianzhen	162468	162468	143905		132243	4825
广灵县	Guangling	143222	143222	134828		122625	4348
灵丘县	Lingqiu	79918	79918	69033		57697	5474
浑源县	Hunyuan	155225	154418	141922		132562	3689
左云县	Zuoyun	35207	35207	14808		6188	1785
大同县	Datongxian	88281	88281	81346		74911	1391
阳泉市	**Yangquan**						
郊 区	Jiaoqu	29935	29935	29169		27990	1071
平定县	Pingding	125591	124978	122611	614	117553	4273
盂 县	Yuxian	135353	134328	129738		123647	5770
长治市	**Changzhi**						
城 区	Chengqu	1765	1765	1765		1765	
郊 区	Jiaoqu	54032	53870	53030	161	52779	90
长治县	Changzhixian	132760	129756	128175	3004	123687	907
襄垣县	Xiangyuan	184005	180789	181107	3215	173217	4667
屯留县	Tunliu	242778	238620	233970	4158	228043	1688
平顺县	Pingshun	55867	53483	51595	2384	46935	2253
黎城县	Licheng	80241	71953	75500	8287	66268	578
壶关县	Huguan	121833	120837	119655	996	117363	1207
长子县	Zhangzi	239344	232285	234010	7059	226017	934
武乡县	Wuxiang	113366	112210	106796	1156	86489	16445
沁 县	Qinxian	180479	178993	178545	1485	168695	6526
沁源县	Qinyuan	76299	76299	66130		62240	3105
潞城市	Lucheng	125437	119832	124470	5605	117838	760

OUTPUT OF MAJOR GRAIN CROPS(2013)

(ton)

#高　粱 Sorghum	#燕　麦 Oats	#荞　麦 Buckwheat	豆　类 Beans	#大　豆 Soybean	薯　类 Tubers	#马铃薯 Potato
184			173	19		
1	2	73	16	7	54	54
27		16	170	159	45	39
68		15	463	428	132	87
		1	19		229	229
463	39	11	39	38	127	93
4016			491	449	365	16
453	12	752	2031	1832	841	745
123	52	105	1909	1438	5850	5850
13	482	361	1859	1456	3404	3404
665	61	137	1648	348	2089	2089
4602	1365	956	4336	3820	11840	11840
577			4326	1712	6437	6437
2342			2131	1009	16431	16431
	1024	2508	1738	116	6656	6656
15	1615	1350	5059	3526	5826	5826
	2105		4500	1452	8803	8803
149	2797	1989	5044	2121	15355	15355
56			3639	831	3296	3296
			198	77	567	113
14			1172	1052	1808	349
		4	598	221	5018	4954
			703	688	299	296
			845	563	3739	3727
			828	511	2071	807
			2376	1923	6433	5735
			402	315	3870	3781
307			4055	4051	687	588
			135	135	2043	2014
			530	452	4804	4104
2350		75	1203	1131	5366	5042
1839			1063	727	871	683
12	280	187	1520	429	8649	8520
266			515	457	452	266

20-12 续表1

单位：吨

县 市	Region	粮 食 总产量 Output of Grain	秋粮产量 Output of Autumn Grain	谷 物 Cereal	#小 麦 Wheat	#玉 米 Corn	#谷 子 Millet
晋城市	**Jincheng**						
城 区	Chengqu	11123	4901	9300	6222	2750	328
沁水县	Qinshui	128589	109862	120795	18727	97459	3524
阳城县	Yangcheng	173567	135724	168183	37843	121136	9007
陵川县	Lingchuan	118317	117526	112089	791	108630	2612
泽州县	Zezhou	227984	131775	178619	96209	75659	6304
高平市	Gaoping	245256	228532	229364	16724	210452	2032
朔州市	**Shuozhou**						
朔城区	Shuocheng	317153	314050	297533		281732	2900
平鲁区	Pinglu	66130	58090	25527		8344	
山阴县	Shanyin	254850	253521	243865		226679	2232
应 县	Yingxian	300519	300519	274848		257835	5904
右玉县	Youyu	37236	35494	21016		7570	739
怀仁县	Huairen	200525	200525	192470		179328	4075
晋中市	**Jinzhong**						
榆次区	Yuci	212111	210529	209702	1582	202019	4015
榆社县	Yushe	66892	66877	62752	15	53058	5185
左权县	Zuoquan	56252	55991	51494	195	45414	4985
和顺县	Heshun	60227	60227	54670		49722	3564
昔阳县	Xiyang	175742	175742	173236		166585	5690
寿阳县	Shouyang	324983	324983	319084		311817	4388
太谷县	Taigu	222784	208505	213162	14279	192296	3451
祁 县	Qixian	223657	209527	216734	14130	200691	907
平遥县	Pingyao	278482	276342	269992	2140	263213	2579
灵石县	Lingshi	58629	51753	56210	6877	45997	1804
介休市	Jiexiu	144164	124062	135827	20102	114531	442
运城市	**Yuncheng**						
盐湖区	Yanhu	260350	158674	251790	101676	150114	
临猗县	Linyi	322387	205664	299807	116723	183085	
万荣县	Wanrong	175172	99764	164284	75408	88763	108
闻喜县	Wenxi	270727	149537	258265	121189	136398	237
稷山县	Jishan	235982	127581	230511	108401	121962	74
新绛县	Xinjiang	246593	137358	244211	109234	134045	917
绛 县	Jiangxian	169288	110509	165476	58779	106321	279
垣曲县	Yuanqu	88076	46762	85340	41315	43836	158
夏 县	Xiaxian	273468	165053	271410	108415	162929	39
平陆县	Pinglu	106569	54899	99557	51670	47732	155
芮城县	Ruicheng	322099	184942	316660	137157	178269	896
永济市	Yongji	454219	258182	448439	196037	249010	17
河津市	Hejin	178993	95798	177556	83194	93961	

continued

(ton)

#高 粱 Sorghum	#燕 麦 Oats	#荞 麦 Buckwheat	豆 类 Beans	#大 豆 Soybean	薯 类 Tubers	#马铃薯 Potato
			1500	1497	323	75
1085			6016	5309	1779	1009
151			4371	960	1013	340
			551	281	5678	5619
447			43425	43423	5941	2879
72			13542	13542	2351	410
491	4355	106	6624	1845	12997	12997
	6854	7823	10321	500	30281	30281
367	3284	1397	3748	2087	7238	7238
4293			2190	917	23482	23482
	7852	3011	4659	2917	11561	11561
944		10	6053	1812	2002	2002
1252		831	1761	1492	647	247
4072		24	3011	2743	1130	723
271	188	233	1186	1047	3572	3453
60		163	1780	1733	3777	3777
86		14	1086	1030	1421	1133
2007		698	929	676	4970	4923
2954			5278	5087	4344	2747
1006			4315	4285	2608	832
1406			2793	2431	5697	3281
1316	9	107	1253	1061	1166	564
515		15	6466	6410	1871	705
			6001	445	2560	
			9489	4034	13091	
4			3597	421	7292	
441			5186	3121	7276	360
74			2700	1973	2771	12
14			2020	389	362	13
96			1663	1109	2150	452
32			1019	1015	1716	22
9			595	511	1462	94
			3662	2280	3351	124
338			3453	1879	1985	10
3376			3253	3012	2527	32
401			501	97	936	3

20-12 续表2

单位：吨

县 市	Region	粮 食 总产量 Output of Grain	秋粮产量 Output of Autumn Grain	谷 物 Cereal	#小 麦 Wheat	#玉 米 Corn	#谷 子 Millet
忻 州 市	**Xinzhou**						
忻府区	Xinfu	315455	315455	314424		308547	4401
定襄县	Dingxiang	156140	156140	154160		147867	4329
五台县	Wutai	114005	114005	102097		89824	5624
代 县	Daixian	74767	74767	70890		62751	3896
繁峙县	Fanshi	75242	75242	67223		51926	2597
宁武县	Ningwu	25278	25278	10895		5447	331
静乐县	Jingle	44970	44970	21738		8705	5634
神池县	Shenchi	130215	130215	98865		75422	3123
五寨县	Wuzhai	182314	182314	170091		150378	16828
岢岚县	Kelan	52560	52560	21469		18105	1557
河曲县	Hequ	64239	64239	47837		31860	8697
保德县	Baode	46061	46061	29012		18207	7486
偏关县	Pianguan	53268	53268	37111		19154	10588
原平市	Yuanping	361163	360084	347084	1079	337193	5529
临 汾 市	**Linfen**						
尧都区	Yaodu	260909	135953	258959	124956	133718	113
曲沃县	Quwo	192665	120682	187335	71983	115352	
翼城县	Yicheng	196452	104152	193221	92300	99859	1061
襄汾县	Xiangfen	421948	244922	413686	177026	232553	4021
洪洞县	Hongtong	404588	223229	396477	181359	213974	833
古 县	Guxian	58660	42331	56398	16329	39443	505
安泽县	Anze	112169	109207	109118	2962	102550	3022
浮山县	Fushan	101983	65967	98547	36016	53442	8749
吉 县	Jixian	43047	35753	40342	7294	31937	546
乡宁县	Xiangning	81339	45991	72743	35348	30479	3835
大宁县	Daning	39010	38508	36894	502	34879	1316
隰 县	Xixian	81050	80996	74711	55	69298	3922
永和县	Yonghe	56550	55868	50295	683	42175	6840
蒲 县	Puxian	60123	60069	53430	54	51367	616
汾西县	Fenxi	57977	40193	53931	17784	31007	2668
侯马市	Houma	82363	48496	82166	33867	48299	
霍州市	Huozhou	72645	32377	68204	40268	26099	1523
吕 梁 市	**Lvliang**						
离石区	Lishi	27129	27129	18927		15620	2247
文水县	Wenshui	270555	269479	266587	1077	265079	136
交城县	Jiaocheng	46384	46199	42245	185	40614	965
兴 县	Xingxian	92910	92910	64106		35151	24599
临 县	Linxian	122421	122421	96589		82994	9734
柳林县	Liulin	36822	36822	27826		18433	6717
石楼县	Shilou	41451	40779	34815	672	22913	7665
岚 县	Lanxian	75844	75844	56295		40408	6193
方山县	Fangshan	36147	36147	26521		24877	1011
中阳县	Zhongyang	21217	21217	15336		11304	2814
交口县	Jiaokou	29524	29512	26489	12	23267	1830
孝义市	Xiaoyi	139638	127842	116868	11796	96468	4204
汾阳市	Fenyang	218507	218114	213787	393	210013	2179

continued

(ton)

#高　粱 Sorghum	#燕　麦 Oats	#荞　麦 Buckwheat	豆　类 Beans	#大　豆 Soybean	薯　类 Tubers	#马铃薯 Potato
1343			385	374	645	287
1412		17	736	650	1244	715
1244	906	15	3086	2744	8822	8622
1506	504	167	2338	493	1538	1493
	793	333	2119	1869	5900	5842
	2701		4756	493	9627	9627
421	3492		5821	3388	17410	17410
	18734		14008	7930	17341	17341
	464	11	5133	1837	7089	7089
	1247	46	11450	810	19641	19641
140	1258		3325	2095	13077	12644
530			6442	4508	10607	9924
	1284	785	4394	3161	11763	11763
1290	1045	4	4155	2172	9924	9835
16			1023	709	927	263
			1456	169	3874	
			2183	2110	1048	638
61			3815	1796	4448	69
132			2104	1905	6008	424
7	86		1777	1178	485	375
541			1755	1297	1296	670
130			2280	1668	1156	496
			1447	292	1258	1037
			4754	1869	3842	3573
1			1852	496	264	136
189		168	942	622	5397	5310
223			4134	1425	2121	1390
24	477	287	960	960	5733	5733
127		287	704	325	3342	1442
			146	68	51	
314			2251	2191	2190	965
43	1	1	4684	3221	3518	3500
296			2086	1386	1882	1356
4			1737	540	2401	2350
1664	154	1	14244	10484	14559	14249
221		46	8447	7386	17385	15956
616	3		5940	5678	3056	2847
760	247	320	4431	3507	2206	1724
6250	748		3680	1119	15869	15869
191			1729	1048	7897	7850
168	123	327	3134	2398	2747	2640
28	274	225	1682	1352	1353	1170
444	776	2608	11729	10252	11041	5933
733	90	58	2700	2553	2020	1166

20-13 棉花生产基本情况(2013年)
BASIC STATISTICS ON COTTON PRODUCTION(2013)

县 市	Region	播种面积 (公顷) Sown Area (ha)	总产量 (吨) Total Output (ton)	每公顷产量 (公斤) Output per ha (kg)
太原市	**Taiyuan**			
小店区	Xiaodian			
清徐县	Qingxu	40	52	1307
长治市	**Changzhi**			
黎城县	Licheng	7	7	1001
潞城市	Lucheng	31	22	707
晋城市	**Jincheng**			
城 区	Chengqu			
沁水县	Qinshui	187	216	1154
阳城县	Yangcheng	67	43	647
泽州县	Zezhou	7	6	753
晋中市	**Jinzhong**			
榆次区	Yuci	27	14	497
太谷县	Taigu	96	110	1146
祁 县	Qixian	12	11	918
平遥县	Pingyao	6	4	750
介休市	Jiexiu	1		572
运城市	**Yuncheng**			
盐湖区	Yanhu	2928	2632	899
临猗县	Linyi	10417	16651	1599
万荣县	Wanrong	650	579	891
闻喜县	Wenxi	278	365	1311
稷山县	Jishan	60	94	1571
新绛县	Xinjiang	314	316	1008
绛 县	Jiangxian	147	125	854
垣曲县	Yuanqu	357	358	1002
夏 县	Xiaxian	1424	1303	915
平陆县	Pinglu	360	359	998

20-13 续表 continued

县 市	Region	播种面积 (公顷) Sown Area (ha)	总产量 (吨) Total Output (ton)	每公顷产量 (公斤) Output per ha (kg)
芮城县	Ruicheng	1051	1604	1527
永济市	Yongji	3407	4111	1206
河津市	Hejin	45	44	993
忻州市	**Xinzhou**			
定襄县	Dingxiang			
河曲县	Hequ			
临汾市	**Linfen**			
尧都区	Yaodu	60	47	782
曲沃县	Quwo	416	525	1262
翼城县	Yicheng			
襄汾县	Xiangfen	236	475	2012
洪洞县	Hongtong	10	8	753
浮山县	Fushan	25	47	1865
大宁县	Daning	83	58	704
永和县	Yonghe	287	186	648
汾西县	Fenxi	12	9	708
侯马市	Houma	153	145	951
霍州市	Huozhou	30	14	453
吕梁市	**Lvliang**			
文水县	Wenshui	6	5	938
交城县	Jiaocheng	3	7	2192
兴　县	X ingxian	7	5	675
临　县	Linxian	93	27	425
柳林县	Liulin	68	36	560
石楼县	Shilou	26	10	386
中阳县	Zhongyang	3	2	615
汾阳市	Fenyang	2	1	422

20-14 油料生产基本情况(2013年)
BASIC STATISTICS ON OIL-BEARING CROPS(2013)

县 市	Region	油料合计 Oil-bearing Crops		胡麻籽 Benne		向日葵 Sunflower	
		播种面积(公顷) Sown Area (ha)	总产量(吨) Total Output (ton)	播种面积(公顷) Sown Area (ha)	总产量(吨) Total Output (ton)	播种面积(公顷) Sown Area (ha)	总产量(吨) Total Output (ton)
太原市	**Taiyuan**						
小店区	Xiaodian						
迎泽区	Yingze	1	2			1	2
杏花岭区	Xinghualing	3	3	2	2	1	1
尖草坪区	Jiancaoping	42	40			42	40
万柏林区	Wanbailin						
晋源区	Jinyuan						
清徐县	Qingxu	30	58			17	37
阳曲县	Yangqu	517	609	193	197	256	320
娄烦县	Loufan	1150	1457	730	764	286	496
古交市	Gujiao	759	888	243	202	425	606
大同市	**Datong**						
南郊区	Nanjiao	683	616	543	492	33	39
新荣区	Xinrong	2673	2567	2673	2567		
阳高县	Yanggao	1518	1588			1256	1408
天镇县	Tianzhen	972	1739	105	229	451	844
广灵县	Guangling	2269	2115	979	1111	761	727
灵丘县	Lingqiu	2007	1845	807	764	757	734
浑源县	Hunyuan	1244	2251	646	1186	99	183
左云县	Zuoyun	4097	3087	4080	3058		
大同县	Datongxian	214	269	9	6	34	45
阳泉市	**Yangquan**						
郊 区	Jiaoqu						
平定县	Pingding	58	120			45	106
盂 县	Yuxian	108	193	1		83	165
长治市	**Changzhi**						
长治县	Changzhixian	183	400			128	290
襄垣县	Xiangyuan	149	262			112	190
屯留县	Tunliu	1	5			1	2
平顺县	Pingshun	36	57			2	7
黎城县	Licheng	155	216			127	185
壶关县	Huguan	42	55				
长子县	Zhangzi	14	71				
武乡县	Wuxiang	332	565			123	268
沁 县	Qinxian	8	17			1	2
沁源县	Qinyuan	461	1204			220	751
潞城市	Lucheng	104	193			18	38

20-14 续表1 continued

县 市	Region	油料合计 Oil-bearing Crops 播种面积(公顷) Sown Area (ha)	油料合计 总产量(吨) Total Output (ton)	胡麻籽 Benne 播种面积(公顷) Sown Area (ha)	胡麻籽 总产量(吨) Total Output (ton)	向日葵 Sunflower 播种面积(公顷) Sown Area (ha)	向日葵 总产量(吨) Total Output (ton)
晋城市	**Jincheng**						
城 区	Chengqu						
沁水县	Qinshui	849	1478			381	712
阳城县	Yangcheng	488	733			80	167
陵川县	Lingchuan	269	1067			7	12
泽州县	Zezhou	1371	2614			488	933
高平市	Gaoping		1				
朔州市	**Shuozhou**						
朔城区	Shuocheng	2710	4952	2288	4087	356	697
平鲁区	Pinglu	11875	15829	10275	14150	54	79
山阴县	Shanyin	4004	3849	2398	1252	1267	2262
应 县	Yingxian	633	1368	174	69	450	877
右玉县	Youyu	8750	7801	8714	7754	37	47
怀仁县	Huairen	410	542	86	102	104	189
晋中市	**Jinzhong**						
榆次区	Yuci	210	263			173	224
榆社县	Yushe	323	533			10	25
左权县	Zuoquan	295	534			50	89
和顺县	Heshun	725	873	454	615	23	109
昔阳县	Xiyang	94	126	10	7	83	115
寿阳县	Shouyang	10	17	1	1	10	16
太谷县	Taigu	16	25				
祁 县	Qixian	464	1067			396	945
平遥县	Pingyao	1007	2457	8	16	256	332
灵石县	Lingshi	259	212	22	14	93	94
介休市	Jiexiu	34	98			3	6
运城市	**Yuncheng**						
盐湖区	Yanhu	671	1561			601	1464
临猗县	Linyi	1541	4142			765	2597
万荣县	Wanrong	1784	2701			669	911
闻喜县	Wenxi	925	1319			760	1029
稷山县	Jishan	563	1488			432	1201
新绛县	Xinjiang	370	761			266	550
绛 县	Jiangxian	329	587			99	186
垣曲县	Yuanqu	411	728			26	105
夏 县	Xiaxian	542	1159			114	237
平陆县	Pinglu	1477	1751			180	194
芮城县	Ruicheng	1368	2524			210	506
永济市	Yongji	440	915				
河津市	Hejin	780	1632			193	406

20-14 续表2 continued

县 市	Region	油料合计 Oil-bearing Crops		胡麻籽 Benne		向日葵 Sunflower	
		播种面积 (公顷) Sown Area (ha)	总产量 (吨) Total Output (ton)	播种面积 (公顷) Sown Area (ha)	总产量 (吨) Total Output (ton)	播种面积 (公顷) Sown Area (ha)	总产量 (吨) Total Output (ton)
忻州市	**Xinzhou**						
忻府区	Xinfu	269	409	1	1	187	302
定襄县	Dingxiang	645	2085			322	1132
五台县	Wutai	231	367	43	46	24	70
代 县	Daixian	620	1367	182	323	282	605
繁峙县	Fanshi	1829	1687	518	530	529	555
宁武县	Ningwu	3249	3115	3249	3115		
静乐县	Jingle	4573	5310	3751	4059	335	675
神池县	Shenchi	7209	12162	6428	10972	780	1190
五寨县	Wuzhai	85	205	31	66	54	139
岢岚县	Kelan	4404	8195	3906	7090	498	1105
河曲县	Hequ	3007	5733			521	562
保德县	Baode	575	750			340	371
偏关县	Pianguan	3244	4189	1944	1904	462	857
原平市	Yuanping	925	1300	673	772	227	461
临汾市	**Linfen**						
尧都区	Yaodu	164	335			62	153
曲沃县	Quwo	881	2237			822	2103
翼城县	Yicheng	213	687			209	678
襄汾县	Xiangfen	907	2641			550	1144
洪洞县	Hongtong	236	915	8	12	126	691
古 县	Guxian	247	377			221	319
安泽县	Anze	230	618			93	283
浮山县	Fushan	502	1503			410	1188
吉 县	Jixian	1291	2285			1034	1888
乡宁县	Xiangning	964	1974			579	1039
大宁县	Daning	273	311			115	139
隰 县	Xixian	318	563			255	423
永和县	Yonghe	2835	3712			1303	1836
蒲 县	Puxian	521	612	213	224	221	280
汾西县	Fenxi	577	325	140	39	125	88
侯马市	Houma	312	570			232	440
霍州市	Huozhou	140	201			40	42
吕梁市	**Lvliang**						
离石区	Lishi	1108	891	27	16	256	202
文水县	Wenshui	664	2190			98	381
交城县	Jiaocheng	91	233	29	30		
兴 县	Xingxian	12352	14637	899	644	3888	4273
临 县	Linxian	10111	10905	2	1	2567	2364
柳林县	Liulin	1555	1563	11	10	492	555
石楼县	Shilou	2127	2383	46	43	269	314
岚 县	Lanxian	1724	1783	1291	1272	3	5
方山县	Fangshan	903	761			171	107
中阳县	Zhongyang	396	256	232	119	39	38
交口县	Jiaokou	1167	426	620	304		
孝义市	Xiaoyi	501	506	33	25	6	6
汾阳市	Fenyang	324	1193	6	3	53	53

20-15 药材、蔬菜、瓜果生产情况(2013年)
PRODUCTION OF MEDICINAL MATERIALS, VEGETABLES AND MELONS(2013)

县 市	Region	药材类 Medicinal Materials		蔬 菜 Vegetables		瓜果类 Melons	
		播种面积 (公顷) Sown Area (ha)	总产量 (吨) Total Output (ton)	播种面积 (公顷) Sown Area (ha)	总产量 (吨) Total Output (ton)	播种面积 (公顷) Sown Area (ha)	总产量 (吨) Total Output (ton)
太原市	**Taiyuan**						
小店区	Xiaodian			4960	274850	2	53
迎泽区	Yingze			5	283		
杏花岭区	Xinghualing			68	2171		
尖草坪区	Jiancaoping	7	11	966	69365	36	1168
万柏林区	Wanbailin			41	1491		
晋源区	Jinyuan			2301	154453		
清徐县	Qingxu	26	219	9601	625202	78	1455
阳曲县	Yangqu	503	4911	3038	95218	107	2009
娄烦县	Loufan			277	9490	60	1073
古交市	Gujiao	295	150	524	39821		
大同市	**Datong**						
南郊区	Nanjiao			2138	152370	186	9737
新荣区	Xinrong			507	18560	307	7111
阳高县	Yanggao	7	10	5531	249582	464	12472
天镇县	Tianzhen	74	1075	1054	49020	347	11117
广灵县	Guangling	1	4	2182	62723	73	2224
灵丘县	Lingqiu	49	148	179	6493	78	1854
浑源县	Hunyuan	2046	6597	2821	125767	67	4017
左云县	Zuoyun			151	6669	117	2024
大同县	Datongxian	16	52	4713	138649	1302	36058
阳泉市	**Yangquan**						
郊　区	Jiaoqu	163	162	590	47236	2	60
平定县	Pingding	2	5	521	24069		
盂　县	Yuxian	65	826	488	20114	20	281
长治市	**Changzhi**						
城　区	Chengqu			282	27406		
郊　区	Jiaoqu	345	758	537	42194	7	72
长治县	Changzhixian	63	79	1912	130663		
襄垣县	Xiangyuan	17		2041	121239	408	19646
屯留县	Tunliu	330	4656	1525	74682	99	3081
平顺县	Pingshun	776	1562	557	19862	6	83
黎城县	Licheng	190	156	824	7470	31	1117
壶关县	Huguan	254	456	944	78246		
长子县	Zhangzi	138	1089	6899	391895	2	40
武乡县	Wuxiang	92	8	1189	25639	244	5728
沁　县	Qinxian	87	328	748	24630	67	1834
沁源县	Qinyuan	465	1086	788	15728	67	905
潞城市	Lucheng	33		1195	62125	2	64

20-15 续表1 continued

县 市	Region	药材类 Medicinal Materials		蔬 菜 Vegetables		瓜果类 Melons	
		播种面积 (公顷) Sown Area (ha)	总产量 (吨) Total Output (ton)	播种面积 (公顷) Sown Area (ha)	总产量 (吨) Total Output (ton)	播种面积 (公顷) Sown Area (ha)	总产量 (吨) Total Output (ton)
晋城市	**Jincheng**						
城 区	Chengqu	7	300	558	42268	2	120
沁水县	Qinshui	212	1478	1044	51930	52	2183
阳城县	Yangcheng	129	1758	866	56333	14	525
陵川县	Lingchuan	709	3288	658	31483	2	16
泽州县	Zezhou	391	1766	1540	73093	18	467
高平市	Gaoping	95	407	1830	173408	47	2438
朔州市	**Shuozhou**						
朔城区	Shuocheng	328	311	7303	257553	819	21128
平鲁区	Pinglu			576	11387	2	27
山阴县	Shanyin			1986	91247	416	8214
应 县	Yingxian	76	118	9666	453408	4504	115484
右玉县	Youyu	10		119	7542	65	2049
怀仁县	Huairen			4117	209195	2640	63478
晋中市	**Jinzhong**						
榆次区	Yuci	3	46	13961	955634	462	22000
榆社县	Yushe	23	27	640	16866	71	2000
左权县	Zuoquan	28	51	650	24518	1	16
和顺县	Heshun	359	215	531	28818		3
昔阳县	Xiyang			1082	34465		
寿阳县	Shouyang	32	270	8087	802962	43	2105
太谷县	Taigu			5922	420625	427	21065
祁 县	Qixian			4477	306967	212	6974
平遥县	Pingyao	122	42	3640	139495	208	4817
灵石县	Lingshi	19	28	1172	27852	29	342
介休市	Jiexiu			401	30374	6	60
运城市	**Yuncheng**						
盐湖区	Yanhu	40	156	2340	103887	535	14308
临猗县	Linyi	333	6656	2169	107341	820	28662
万荣县	Wanrong	2842	25220	3153	160068	401	8468
闻喜县	Wenxi	3359	66022	8274	288119	465	11976
稷山县	Jishan	1750	34786	993	56636	35	313
新绛县	Xinjiang	1238	6087	11801	752794	11	329
绛 县	Jiangxian	1903	24940	874	43535	300	9212
垣曲县	Yuanqu	504	1327	1357	48422	202	11920
夏 县	Xiaxian	1802	16283	13721	685892	504	15105
平陆县	Pinglu	39	91	2121	103349	178	5224
芮城县	Ruicheng	955	7894	5857	198734	351	13713
永济市	Yongji	139	2531	2778	80897	1755	66808
河津市	Hejin	328	8115	2173	80915	96	2303

20-15 续表2 continued

县 市	Region	药材类 Medicinal Materials 播种面积(公顷) Sown Area (ha)	药材类 总产量(吨) Total Output (ton)	蔬菜 Vegetables 播种面积(公顷) Sown Area (ha)	蔬菜 总产量(吨) Total Output (ton)	瓜果类 Melons 播种面积(公顷) Sown Area (ha)	瓜果类 总产量(吨) Total Output (ton)
忻州市	**Xinzhou**						
忻府区	Xinfu	35	71	1213	55100	449	11421
定襄县	Dingxiang			898	24072	786	38871
五台县	Wutai	125	336	357	20003	7	189
代 县	Daixian	38	91	332	15613	330	14649
繁峙县	Fanshi			365	16008	474	16161
宁武县	Ningwu	214		356	11552		
静乐县	Jingle	109	279	740	10943	90	1556
神池县	Shenchi			1795	33514	88	1452
五寨县	Wuzhai	110	334	200	9210	17	416
岢岚县	Kelan			203	5359		
河曲县	Hequ			528	18005	268	8235
保德县	Baode			638	6639	218	4952
偏关县	Pianguan			96	3232	109	3408
原平市	Yuanping	35	117	781	70911	94	8560
临汾市	**Linfen**						
尧都区	Yaodu	216	6604	2258	182983	137	4465
曲沃县	Quwo	629	6687	5407	376313	213	10901
翼城县	Yicheng	98	2176	595	36306	120	4349
襄汾县	Xiangfen	1297	18788	5968	214697	54	2291
洪洞县	Hongtong	676	4514	1929	74720	301	6250
古 县	Guxian	441	3099	353	9091	125	3118
安泽县	Anze	606	3736	661	26021	57	2473
浮山县	Fushan	194	6796	1072	45843	497	25454
吉 县	Jixian	66	1408	358	10944	196	5725
乡宁县	Xiangning			469	2755	33	241
大宁县	Daning	98	780	351	8807	479	10946
隰 县	Xixian	61	100	254	4518	152	3065
永和县	Yonghe	562	1226	412	11959	215	3679
蒲 县	Puxian	5	105	203	12299	9	293
汾西县	Fenxi	240	531	418	12609	17	434
侯马市	Houma	206	1854	860	73720	206	6672
霍州市	Huozhou	13	200	1000	69144	96	2500
吕梁市	**Lvliang**						
离石区	Lishi	35	17	353	5069	38	599
文水县	Wenshui			1153	61635	173	5221
交城县	Jiaocheng	33	175	246	18757	2	24
兴 县	Xingxian	5		140	2794	81	1456
临 县	Linxian	20	53	3190	48467	170	3134
柳林县	Liulin			965	8670	213	3732
石楼县	Shilou			476	4934	149	1923
岚 县	Lanxian			214	5801	29	398
方山县	Fangshan	12		432	7948	56	375
中阳县	Zhongyang	458	6	291	5218	2	38
交口县	Jiaokou	301	298	574	2623		
孝义市	Xiaoyi	21	318	2298	173072		
汾阳市	Fenyang	42	45	367	13689	5	64

20-16 畜牧业生产情况(2013年)

县 市	Region	大牲畜年末存栏(头) Large Animals at Year-end (head)	#牛 Cattle and Buffaloes	猪年末存栏(头) Hogs at Year-end (head)	羊年末存栏(只) Sheep and Goats at Year-end (head)	禽年末存栏(只) Poultry at Year-end (head)
太原市	**Taiyuan**					
小店区	Xiaodian	8345	8290	19046	17731	558700
迎泽区	Yingze	68	10	3956	5115	16100
杏花岭区	Xinghualing	123	69	16485	6270	73000
尖草坪区	Jiancaoping	3146	3057	32290	19047	222300
万柏林区	Wanbailin	143	143	8043		61000
晋源区	Jinyuan	2885	2846	25964	16306	482400
清徐县	Qingxu	8101	7952	116705	74988	904400
阳曲县	Yangqu	10237	7724	39235	90116	434500
娄烦县	Loufan	4716	2616	7892	57045	71000
古交市	Gujiao	3503	2230	21298	70216	532500
大同市	**Datong**					
南郊区	Nanjiao	17795	16796	42144	66905	605300
新荣区	Xinrong	17698	14272	14156	89695	178000
阳高县	Yanggao	40650	26312	216696	158128	332600
天镇县	Tianzhen	33897	13741	90413	115209	283300
广灵县	Guangling	27144	12803	58014	268858	372500
灵丘县	Lingqiu	35345	16230	36583	165249	350100
浑源县	Hunyuan	26597	17297	61246	185167	340100
左云县	Zuoyun	31393	14070	12080	138233	131500
大同县	Datongxian	22193	16093	35309	111970	1008400
阳泉市	**Yangquan**					
郊 区	Jiaoqu	872	714	30468	5686	735600
平定县	Pingding	3123	1196	60112	10211	1115800
盂 县	Yuxian	4366	2726	51507	65304	511100
长治市	**Changzhi**					
城 区	Chengqu	1616	1569	11094	2237	150800
郊 区	Jiaoqu	2473	2322	36533	4677	956300
长治县	Changzhixian	1503	1280	116239	22259	1988500
襄垣县	Xiangyuan	3442	2511	30998	53103	865900
屯留县	Tunliu	8082	7500	54277	64289	991900
平顺县	Pingshun	4441	2257	37444	15299	279000
黎城县	Licheng	5502	4034	49112	57390	444200
壶关县	Huguan	564	467	80119	11416	1131300
长子县	Zhangzi	8239	7727	70000	58438	2582500
武乡县	Wuxiang	10994	8120	44674	91513	723200
沁 县	Qinxian	8786	6565	11370	30034	288700
沁源县	Qinyuan	3546	2593	11483	143082	202400
潞城市	Lucheng	6586	3212	81840	34698	329000

NUMBER OF LIVESTOCK AND LIVESTOCK PRODUCTS(2013)

奶类总产量（吨）Output of Milk (ton)	#牛奶 Cow Milk	肉类总产量（吨）Output of Meat (ton)	#猪肉 Pork	#牛肉 Beef	#羊肉 Mutton	禽蛋产量（吨）Poultry Eggs (ton)
38929	38929	4307	2207	306	154	4466
30	30	440	380		35	210
32	32	1674	1476	5	110	431
8829	8829	4763	4189	49	217	2041
347	347	878	828	3		484
11564	11564	3268	2212	47	184	4036
16644	16447	21338	16182	1054	1236	6469
19015	19015	6718	4822	458	813	5233
		2190	1051	163	757	396
162	162	4582	2637	177	819	3578
57185	57156	9109	7038	612	831	7808
10907	10907	4674	1562	1167	1442	1601
50615	50615	41590	37493	996	2237	2964
17731	17731	18534	14867	1136	1869	2454
14294	13483	10450	6858	502	2234	2893
5135	5081	9569	4861	1419	2049	4335
21379	21358	21374	14435	2142	3909	3735
6706	6706	4595	1580	393	2320	1241
30518	30518	11124	5670	1977	1546	12524
3258	3258	4229	3332	14	56	8496
3285	3285	9440	7644		139	9418
19	19	5197	4262	185	391	7837
2701	2690	1286	983	36	23	1421
4408	4390	5316	4278	87	201	11451
3447	3411	15662	12421	139	417	27744
93	93	5018	3046	220	381	5031
1121	1121	8234	6176	469	572	10749
29	29	4030	3309	157	171	3213
878	878	6379	5405	85	377	5045
391	391	9220	8146	31	175	10352
153	153	13197	8915	515	826	39688
525	525	5253	2065	586	649	1120
83	83	3473	1198	806	360	3618
1260	1260	1213	247	179	357	1638
1961	1961	8344	7086	39	478	3641

20-16 续表1

县 市	Region	大牲畜年末存栏（头）Large Animals at Year-end (head)	#牛 Cattle and Buffaloes	猪年末存栏（头）Hogs at Year-end (head)	羊年末存栏（只）Sheep and Goats at Year-end (head)	禽年末存栏（只）Poultry at Year-end (head)
晋城市	**Jincheng**					
城 区	Chengqu	1065	1065	15684	10745	135500
沁水县	Qinshui	1408	1078	41408	188188	975900
阳城县	Yangcheng	3811	3800	146608	79627	2710600
陵川县	Lingchuan	289	235	96595	59453	675100
泽州县	Zezhou	9902	9902	298327	124386	1993800
高平市	Gaoping	781	728	443498	29201	1040600
朔州市	**Shuozhou**					
朔城区	Shuocheng	27011	18814	20453	190619	272100
平鲁区	Pinglu	13418	1958	23588	68776	
山阴县	Shanyin	91698	85978	61100	156294	504500
应 县	Yingxian	32952	25136	61849	290638	155300
右玉县	Youyu	21062	15639	20969	328627	71000
怀仁县	Huairen	18965	15739	47426	699925	402000
晋中市	**Jinzhong**					
榆次区	Yuci	10868	9674	98973	121119	985000
榆社县	Yushe	5128	3958	10895	95786	497000
左权县	Zuoquan	3287	2689	12535	60583	328000
和顺县	Heshun	21151	20158	9153	2600	351100
昔阳县	Xiyang	5799	3338	69385	54330	221600
寿阳县	Shouyang	3145	2354	45358	81224	517000
太谷县	Taigu	6756	6234	352062	91427	3182600
祁 县	Qixian	32067	31684	75015	90466	1638100
平遥县	Pingyao	11762	11046	119581	152807	3461000
灵石县	Lingshi	877	516	82969	45418	1025800
介休市	Jiexiu	2836	2386	86627	62999	1120800
运城市	**Yuncheng**					
盐湖区	Yanhu	4462	4455	61592	87408	991000
临猗县	Linyi	1842	1803	103733	68493	1283000
万荣县	Wanrong	3010	2790	94172	64402	2401000
闻喜县	Wenxi	2637	2469	101626	104614	2693000
稷山县	Jishan	2477	2300	71325	79847	2994000
新绛县	Xinjiang	9660	9503	95742	64873	2120000
绛 县	Jiangxian	4115	4088	55000	45528	651000
垣曲县	Yuanqu	4924	4924	49280	10471	405000
夏 县	Xiaxian	2430	2360	52650	43950	3272000
平陆县	Pinglu	5128	5128	72916	58661	353000
芮城县	Ruicheng	5143	5143	112320	46002	382000
永济市	Yongji	4174	4174	77376	47640	1380000
河津市	Hejin	3195	3061	78450	46672	1191000

continued

奶类总产量(吨) Output of Milk (ton)	#牛奶 Cow Milk	肉类总产量(吨) Output of Meat (ton)	#猪肉 Pork	#牛肉 Beef	#羊肉 Mutton	禽蛋产量(吨) Poultry Eggs (ton)
109	109	1715	1313	134	130	1094
692	692	8990	4219	244	1764	3898
		21284	17081	323	786	26419
		12022	10345	88	669	8099
226	226	42773	38414	671	1538	22165
		69658	67404	113	358	11219
94222	94222	4602	1745	704	1491	1612
4285	4285	2957	1937	211	650	59
267335	267335	11612	7513	2753	893	7084
71853	71853	11694	4603	2267	4532	1390
18298	18298	10311	1613	1944	6497	916
42011	42011	20269	6526	610	12617	5769
42975	42975	19182	13393	645	2367	16654
		3457	1305	455	940	3187
		4207	2370	395	627	4285
		3850	1024	2241	73	3760
3795	3795	9626	8556	355	466	2568
1037	1037	6486	4391	179	1431	6681
5145	5145	48556	35600	721	1815	28432
34672	34314	21370	10391	5307	1848	20659
19393	19041	22973	12245	1618	1876	44206
379	379	14329	10746	183	759	4293
7233	7211	18324	13856	492	916	6725
3389	3389	8147	4149	46	886	5483
3079	2984	11897	9038	23	537	11658
768	764	14354	10863	162	393	24102
1002	988	18429	11105	386	499	8078
2805	2785	13907	8484	410	715	95282
6359	6357	17002	13557	351	359	30664
740	740	8761	5679	849	546	4799
7914	7914	6038	4163	135	471	2543
675	675	6901	4264	271	975	8657
5992	5992	10926	9092	183	638	2336
1866	1866	19189	17083	176	479	4599
8418	8418	18888	10821	90	414	6075
2541	2541	8791	6988	165	345	6135

20-16 续表2

县 市	Region	大牲畜年末存栏(头) Large Animals at Year-end (head)	#牛 Cattle and Buffaloes	猪年末存栏(头) Hogs at Year-end (head)	羊年末存栏(只) Sheep and Goats at Year-end (head)	禽年末存栏(只) Poultry at Year-end (head)
忻州市	**Xinzhou**					
忻府区	Xinfu	13372	11547	42128	136653	565000
定襄县	Dingxiang	3811	2142	49533	66566	27400
五台县	Wutai	17277	13532	32372	125579	291500
代 县	Daixian	11252	8255	14269	119660	313800
繁峙县	Fanshi	19524	10245	64462	256400	521800
宁武县	Ningwu	19476	8104	7359	161479	114800
静乐县	Jingle	16593	6464	14035	137042	98800
神池县	Shenchi	12631	4427	9107	315397	74800
五寨县	Wuzhai	10284	4886	8907	234875	93800
岢岚县	Kelan	24840	20672	17953	292177	116500
河曲县	Hequ	8555	3859	12701	122381	434900
保德县	Baode	800	361	28711	81257	207200
偏关县	Pianguan	7112	888	19776	212165	134400
原平市	Yuanping	16947	8566	117675	243943	2259500
临汾市	**Linfen**					
尧都区	Yaodu	5229	4792	112741	63087	1945000
曲沃县	Quwo	4862	4553	71623	57421	1234000
翼城县	Yicheng	11737	11330	134612	93335	1161000
襄汾县	Xiangfen	3991	3502	143058	68985	1543000
洪洞县	Hongtong	7838	7069	135866	97409	1977000
古 县	Guxian	5698	5173	13451	22211	160000
安泽县	Anze	3734	3596	9495	53497	260000
浮山县	Fushan	6190	5361	17513	55600	242000
吉 县	Jixian	6402	4156	21258	6326	116000
乡宁县	Xiangning	8495	8218	33916	63312	296000
大宁县	Daning	3417	2002	3512	9097	77000
隰 县	Xixian	2407	1997	14231	23505	190000
永和县	Yonghe	10282	6548	19342	78726	164000
蒲 县	Puxian	4641	4532	25002	4751	140000
汾西县	Fenxi	4764	4764	17652	59062	1326000
侯马市	Houma	1945	1911	26074	19934	210000
霍州市	Huozhou	3749	3102	30506	37340	436000
吕梁市	**Lvliang**					
离石区	Lishi	4538	4413	28668	35838	787348
文水县	Wenshui	71029	70935	40001	61049	3592300
交城县	Jiaocheng	20604	19541	24437	66451	593938
兴 县	Xingxian	6950	6166	18729	104439	216837
临 县	Linxian	3148	2918	66290	106434	1154800
柳林县	Liulin	1071	662	28000	14569	370000
石楼县	Shilou	4332	3326	20943	2140	276014
岚 县	Lanxian	13775	4615	8419	62105	73754
方山县	Fangshan	7921	7462	10384	29331	418403
中阳县	Zhongyang	4472	4327	19575	9035	230807
交口县	Jiaokou	3864	3832	17227	45474	421440
孝义市	Xiaoyi	9729	8364	89274	93262	5049994
汾阳市	Fenyang	13004	12356	102474	58101	2388600

continued

奶类总产量（吨）Output of Milk (ton)	#牛奶 Cow Milk	肉类总产量（吨）Output of Meat (ton)	#猪肉 Pork	#牛肉 Beef	#羊肉 Mutton	禽蛋产量（吨）Poultry Eggs (ton)
32582	32582	5341	4115	234	654	7212
3408	3408	4239	3746	63	390	382
		7804	4778	1137	1612	3122
		4165	1711	568	1071	690
8402	8402	11984	8482	276	2950	4099
		4021	1126	978	1429	578
91	91	3380	1222	475	1150	844
		8092	1803	689	5337	417
		3879	926	535	2248	803
170	170	5585	1323	714	3336	740
3058	3058	2554	1256	43	1014	3957
232	232	5074	3105	219	1548	3963
		9395	4737	137	4214	868
7250	7250	24982	18070	1070	3328	27038
7263	7211	8774	6526	213	463	19962
3999	3804	11368	7460	367	479	13082
13120	13120	21412	19702	469	506	11413
		16934	14369	165	539	17168
10886	4586	19359	14909	961	1163	24607
207		1632	1020	240	167	1699
		1882	821	330	232	3066
738	496	3830	2454	548	403	3070
341	341	2922	2053	415	109	1323
2441	2441	5965	4450	641	458	3364
71	71	877	379	110	256	847
324	314	2090	1550	76	180	2361
85	85	2567	1637	184	568	1633
		3016	1956	725	100	692
75		7326	2134	446	467	2471
1594	1594	3385	2810	14	165	2707
2536	1920	8653	7204	131	463	4423
282	282	5040	3530	176	325	4586
3606	3524	22776	6782	10783	1112	27136
832	832	7798	3291	2357	599	4440
66	66	2438	1315	140	873	2053
3207	3207	8227	6854	65	912	13880
1452	1452	3459	2770	184	301	2739
9	9	3473	2847	321	49	2968
28	28	2187	1525	91	419	816
334	334	1053	482	230	194	4267
29	29	2268	1625	193	70	2452
		2680	1547	168	363	2404
6173	5972	31227	11798	425	917	9713
7366	7361	20845	13679	1016	594	15757

20-17 水果、林业及渔业生产情况(2013年)
PRODUCTION OF FRUITS, FORESTRY AND FISHERY(2013)

县 市	Region	全年水果产量(吨) Annual Output of Fruits (ton)	#苹 果 Apples	年末果园面积(公顷) Area of Orchards at Year-end (ha)	当年造林面积(公顷) Afforestation Area in the Year (ha)	全年水产品总产量(吨) Annual Aquatic Products(ton)	年末养殖面积(公顷) Fishery-breeding Area at Year-end (ha)
太原市	**Taiyuan**						
小店区	Xiaodian	1419	339	664	267	138	22
迎泽区	Yingze	21	3	63	553	50	167
杏花岭区	Xinghualing	856	452	685	753		
尖草坪区	Jiancaoping	11487	2252	1480	620	197	220
万柏林区	Wanbailin	192	5	62	2736	19	11
晋源区	Jinyuan	2539	1171	489	1609	210	77
清徐县	Qingxu	29897	1017	2853	1833	1371	390
阳曲县	Yangqu	3235	1845	3230	3021	39	37
娄烦县	Loufan	861	255	242	4600	318	37
古交市	Gujiao	638	284	765	4645	80	15
大同市	**Datong**						
南郊区	Nanjiao	8988	33	481	2450	55	13
新荣区	Xinrong	189	94	606	520	46	10
阳高县	Yanggao	10611	98	3042	2787	208	66
天镇县	Tianzhen	836	420	742	1568	23	2
广灵县	Guangling	762	20	144	2971	136	85
灵丘县	Lingqiu	2849	1590	493	2587	140	41
浑源县	Hunyuan	1863	744	369	4015	42	8
左云县	Zuoyun	1029	591	23	667		
大同县	Datongxian	2295	250	681	2678	470	916
阳泉市	**Yangquan**						
郊 区	Jiaoqu	5364	4761	1060	2020	6	1
平定县	Pingding	2023	1660	324	1691	540	8
盂 县	Yuxian	3444	2298	284	2829	210	40
长治市	**Changzhi**						
城 区	Chengqu	367	334	122		1772	1901
郊 区	Jiaoqu	1458	1187	311	67	175	8
长治县	Changzhixian	385	260	143	473	95	13
襄垣县	Xiangyuan	1240	794	214	1333	245	660
屯留县	Tunliu	67	20	92	1327	440	285
平顺县	Pingshun	3425	2134	187	2593	66	6
黎城县	Licheng	1153	928	386	2213	60	11
壶关县	Huguan	1051	599	872	1753	37	1
长子县	Zhangzi	1678	1349	558	1400	580	375
武乡县	Wuxiang	2380	1015	1257	2914	475	560
沁 县	Qinxian	456	268	162	2233	720	501
沁源县	Qinyuan	237	84	65	1873	30	5
潞城市	Lucheng	872	750	430	1984	165	24

注：本表造林面积不包括省属九大林局、市直单位数据；渔业生产情况不包括市直单位数据。

Note: The coverage of afforestation area in this table doesn't include data of nine privincial forestry administration and municipal units. Fishery production indicators don't include municipal units data.

20-17 续表1 continued

县 市	Region	全年水果产量(吨) Annual Output of Fruits (ton)	#苹 果 Apples	年末果园面积(公顷) Area of Orchards at Year-end (ha)	当年造林面积(公顷) Afforestation Area in the Year (ha)	全年水产品总产量(吨) Annual Aquatic Products(ton)	年末养殖面积(公顷) Fishery-breeding Area at Year-end (ha)
晋城市	**Jincheng**						
城　区	Chengqu	1237	46	110	33	50	3
沁水县	Qinshui	5761	4134	473	1167	580	44
阳城县	Yangcheng	5475	706	437	960	212	63
陵川县	Lingchuan	2137	1906	332	1320	163	29
泽州县	Zezhou	12464	2945	643	1027	680	363
高平市	Gaoping	28866	16286	2280	914	115	56
朔州市	**Shuozhou**						
朔城区	Shuocheng	341	281	81	2413	380	53
平鲁区	Pinglu				4202	30	23
山阴县	Shanyin	877	30	271	2233	30	22
应　县	Yingxian	2861	2130	504	2373	186	32
右玉县	Youyu				2120	40	24
怀仁县	Huairen	4199	435	1727	1433	29	20
晋中市	**Jinzhong**						
榆次区	Yuci	60557	46595	7462	1900	492	32
榆社县	Yushe	4699	3096	383	4313	637	471
左权县	Zuoquan	644	132	45	2304	261	129
和顺县	Heshun	49	8	2	3011	71	72
昔阳县	Xiyang	7765	6695	1122	1667	162	36
寿阳县	Shouyang	3008	1683	779	1733	151	33
太谷县	Taigu	56375	14645	4247	1933	232	280
祁　县	Qixian	106416	40779	9361	1724	363	168
平遥县	Pingyao	98941	35121	6490	2129	376	142
灵石县	Lingshi	2831	2091	694	4887	49	3
介休市	Jiexiu	1170	632	277	487	96	4
运城市	**Yuncheng**						
盐湖区	Yanhu	335764	90262	13864	2106	600	1289
临猗县	Linyi	1949169	1559291	53612	2473	32	16
万荣县	Wanrong	597412	494791	23180	1406	2655	240
闻喜县	Wenxi	15686	6315	1201	3233	60	5
稷山县	Jishan	105104	34298	11006	887	40	5
新绛县	Xinjiang	89581	14673	2670	994	115	23
绛　县	Jiangxian	94003	24408	3845	1910	50	17
垣曲县	Yuanqu	23182	10444	450	4053	1411	46
夏　县	Xiaxian	215152	59934	7279	1746	110	10
平陆县	Pinglu	331742	242449	9559	1200	34	23
芮城县	Ruicheng	617858	567332	17071	2307	1092	256
永济市	Yongji	389699	129984	13436	2926	13605	654
河津市	Hejin	42423	8934	1616	1713	135	10

20-17 续表2 continued

县 市	Region	全年水果产量(吨) Annual Output of Fruits (ton)	#苹 果 Apples	年末果园面积(公顷) Area of Orchards at Year-end (ha)	当年造林面积(公顷) Afforestation Area in the Year (ha)	全年水产品总产量(吨) Annual Aquatic Products(ton)	年末养殖面积(公顷) Fishery-breeding Area at Year-end (ha)
忻州市	**Xinzhou**						
忻府区	Xinfu	7143	2197	1584	1933	335	108
定襄县	Dingxiang	11068	3697	532	956	310	62
五台县	Wutai	5716	1719	706	1351	510	133
代 县	Daixian	15270	5720	1732	2133	242	58
繁峙县	Fanshi	1845	664	197	3107	210	272
宁武县	Ningwu				1867	46	157
静乐县	Jingle	331	136	302	3233	120	60
神池县	Shenchi				3067	20	5
五寨县	Wuzhai				2733	88	65
岢岚县	Kelan	802	432	143	4500	3	27
河曲县	Hequ	2889	374	2112	2133	93	28
保德县	Baode	24470	698	5831	4350	88	12
偏关县	Pianguan	4838	2311	1055	3870	40	
原平市	Yuanping	79968	18028	5380	2753	410	213
临汾市	**Linfen**						
尧都区	Yaodu	60373	39839	3063	3200	1420	215
曲沃县	Quwo	58330	39046	2342	267	1668	327
翼城县	Yicheng	84601	78387	5612	1168	520	90
襄汾县	Xiangfen	85755	66915	2800	1858	1090	155
洪洞县	Hongtong	12610	6346	978	1227	1105	86
古 县	Guxian	1357	841	253	1134	1	1
安泽县	Anze	2140	1042	188	740	1	1
浮山县	Fushan	11575	9658	579	1700	2	1
吉 县	Jixian	153084	151970	10734	3709	3	3
乡宁县	Xiangning	10661	7675	1341	3657	1	1
大宁县	Daning	4386	3076	4399	2900		
隰 县	Xixian	50262	28779	8205	3334	7	5
永和县	Yonghe	16900	1987	10080	3635		
蒲 县	Puxian	2036	1684	504	3784	5	3
汾西县	Fenxi	3302	2183	626	2541		
侯马市	Houma	9115	4305	484	433	640	91
霍州市	Huozhou	12804	12271	827	382	42	8
吕梁市	**Lvliang**						
离石区	Lishi	1852	1075	335	2693	49	50
文水县	Wenshui	113428	921	4278	1148	722	316
交城县	Jiaocheng	10110	1288	564	1549	92	96
兴 县	Xingxian	17301	2280	8828	4873	53	14
临 县	Linxian	92465	3257	24815	4720	151	95
柳林县	Liulin	6012	2168	5670	5900	59	12
石楼县	Shilou	8245	1254	10495	4374	46	20
岚 县	Lanxian	27	16	13	2967	86	63
方山县	Fangshan	1666	1109	210	4506	144	453
中阳县	Zhongyang	771	546	299	4233	68	40
交口县	Jiaokou	161	153	43	2673	8	1
孝义市	Xiaoyi	3937	1339	978	4021	93	44
汾阳市	Fenyang	6261	3851	417	1897	81	24

20-18 社会消费品零售总额(2013年)
TOTAL RETAIL SALES OF CONSUMER GOODS(2013)

单位：万元 (10 000 yuan)

县 市	Region	社会消费品零售总额 Total Retail Sales of Consumer Goods	城 镇 Town	乡 村 Village
太 原 市	**Taiyuan**			
小店区	Xiaodian	3926847	3909687	17159
迎泽区	Yingze	3106382	3106382	
杏花岭区	Xinghualing	1411301	1411073	228
尖草坪区	Jiancaoping	638985	638985	
万柏林区	Wanbailin	1953086	1953086	
晋源区	Jinyuan	246219	240024	6195
清徐县	Qingxu	383194	196219	186975
阳曲县	Yangquan	87405	59700	27706
娄烦县	Loufan	33767	21375	12392
古交市	Gujiao	389059	389059	
高新区	New and High-Tech District	343486	343486	
经济区	Economic District	189535	189535	
民营区	Civil-runned District	235267	235267	
大 同 市	**Datong**			
城 区	Chengqu	1948864	1948864	
矿 区	Kuangqu	752962	752962	
南郊区	Nanjiao	857531	625997	231533
新荣区	Xinrong	80902	39260	41642
阳高县	Yanggao	90397	69605	20791
天镇县	Tianzhen	76462	50465	25997
广灵县	Guangling	78913	35751	43163
灵丘县	Lingqiu	237374	140051	97323
浑源县	Hunyuan	251007	148094	102913
左云县	Zuoyun	186342	113668	72673
大同县	Datongxian	128760	49217	79544
开发区	Development Zone	188672	118863	69809
阳 泉 市	**Yangquan**			
城 区	Chengqu	1443592	1443592	
矿 区	Kuangqu	187289	187289	
郊 区	Jiaoqu	128709	45931	82779
平定县	Pingding	285323	220566	64757
盂 县	Yuxian	412645	383886	28759
开发区	Development Zone	103422	103422	
长 治 市	**Changzhi**			
城 区	Chengqu	2619390	2619390	
郊 区	Jiaoqu	358895	307906	50990
长治县	Changzhixian	216943	121597	95346
襄垣县	Xiangyuan	201016	170896	30121
屯留县	Tunliu	116368	66643	49725
平顺县	Pingshun	65392	38548	26845
黎城县	Licheng	102153	64681	37472
壶关县	Huguan	139114	70387	68727
长子县	Zhangzi	136374	74513	61861
武乡县	Wuxiang	97888	59035	38853
沁 县	Qinxian	75345	41802	33543
沁源县	Qinyuan	175267	116285	58982
潞城市	Lucheng	115213	85485	29728

20-18 续表1 continued

单位：万元 (10 000 yuan)

县 市	Region	社会消费品零售总额 Total Retail Sales of Consumer Goods	城 镇 Town	乡 村 Village
晋 城 市	**Jincheng**			
城 区	Chengqu	1609018	1609018	
沁水县	Qinshui	177010	147344	29666
阳城县	Yangcheng	344813	303120	41693
陵川县	Lingchuan	144132	118188	25945
泽州县	Zezhou	313150	274201	38949
高平市	Gaoping	478042	438259	39783
朔 州 市	**Shuozhou**			
朔城区	Shuocheng	873270	670335	202935
平鲁区	Pinglu	257614	175681	81934
山阴县	Shanyin	296916	242226	54690
应 县	Yingxian	233145	191126	42019
右玉县	Youyu	123827	93769	30059
怀仁县	Huairen	523778	403060	120719
晋 中 市	**Jinzhong**			
榆次区	Yuci	1397665	1056625	341041
榆社县	Yushe	94099	78220	15880
左权县	Zuoquan	111791	85677	26113
和顺县	Heshun	110985	72221	38764
昔阳县	Xiyang	192901	122493	70409
寿阳县	Shouyang	206575	152289	54286
太谷县	Taigu	276968	209838	67129
祁 县	Qixian	313081	202639	110442
平遥县	Pingyao	457202	259226	197976
灵石县	Lingshi	545309	327711	217598
介休市	Jiexiu	706026	566314	139712
运 城 市	**Yuncheng**			
盐湖区	Yanhu	1834667	1595901	238766
临猗县	Linyi	491081	368098	122983
万荣县	Wanrong	242979	184986	57993
闻喜县	Wenxi	328959	265929	63030
稷山县	Jishan	220974	139796	81178
新降县	Xinjiang	328773	214799	113974
绛 县	Jiangxian	186334	138221	48113
垣曲县	Yuanqu	183516	132874	50641
夏 县	Xiaxian	204563	142677	61886
平陆县	Pinglu	211739	186895	24844
芮城县	Ruicheng	247461	183272	64189
永济市	Yongji	451415	421103	30311
河津市	Hejin	714647	543016	171631
忻 州 市	**Xinzhou**			
忻府区	Xinfu	1052082	1013648	38434
定襄县	Dingxiang	154055	80224	73831
五台县	Wutai	187202	129784	57418
代 县	Daixian	81214	37570	43644

20-18 续表2 continued

单位：万元 (10 000 yuan)

县 市	Region	社会消费品零售总额 Total Retail Sales of Consumer Goods	城 镇 Town	乡 村 Village
繁峙县	Fanshi	98362	52204	46158
宁武县	Ningwu	72887	58905	13982
静乐县	Jingle	57718	38661	19057
神池县	Shenchi	56542	39038	17504
五寨县	Wuzhai	57232	46356	10876
岢岚县	Kelan	63478	35648	27830
河曲县	Hequ	100459	72480	27979
保德县	Baode	123863	77372	46491
偏关县	Pianguan	69728	54029	15699
原平市	Yuanping	493907	399065	94842
临汾市	**Linfen**			
尧都区	Yaodu	1918966	1646384	272582
曲沃县	Quwo	166130	125383	40747
翼城县	Yicheng	327887	237195	90691
襄汾县	Xiangfen	354185	320562	33622
洪洞县	Hongdong	465059	335646	129413
古 县	Guxian	74040	48551	25489
安泽县	Anze	69700	52665	17035
浮山县	Fushan	66627	46793	19835
吉 县	Jixian	53775	40687	13087
乡宁县	Xiangning	151891	131362	20529
大宁县	Daning	24701	21582	3119
隰 县	Xixian	74404	64268	10135
永和县	Yonghe	36082	30995	5087
蒲 县	Puxian	58858	51390	7469
汾西县	Fenxi	87993	72750	15243
侯马市	Houma	701816	662274	39542
霍州市	Huozhou	282689	253703	28986
吕梁市	**Lvliang**			
离石区	Lishi	595067	503050	92017
文水县	Wenshui	155127	110871	44256
交城县	Jiaocheng	171940	102543	69397
兴 县	Xingxian	57144	45565	11578
临 县	Linxian	314992	226240	88752
柳林县	Liulin	297318	248534	48783
石楼县	Shilou	19286	11571	7715
岚 县	Lanxian	83957	65631	18326
方山县	Fangshan	73460	48040	25420
中阳县	Zhongyang	117455	83393	34062
交口县	Jiaokou	40701	30526	10175
孝义市	Xiaoyi	1131260	964412	166848
汾阳市	Fenyang	514653	423952	90701

20-19 工业主要指标(2013年)

单位：万元

县 市	Region	规模以上企业单位数(个) Number of Enterprises above Designated Size(unit)	工业销售产值 Industrial Sales Output Value	资产总计 Total Assets
太原市	**Taiyuan**			
小店区	Xiaodian	47	684150	679779
迎泽区	Yingze	13	611738	1007985
杏花岭区	Xinhualing	40	672848	1495181
尖草坪区	Jiancaoping	55	8669635	13388586
万柏林区	Wanbailin	32	5619908	11069094
晋源区	Jingyuan	18	371136	1470683
清徐县	Qingxu	70	1843165	3142604
阳曲县	Yangqu	22	785456	668902
娄烦县	Loufan	17	240985	293349
古交市	Gujiao	32	238886	1923945
高新区	gaoxin	42	1406512	2518033
经济区	jingji	45	4517452	3815417
民营区	minying	7	59263	60039
大同市	**Datong**			
市 直	Jurisdiction Area	2	4794895	14506601
城 区	Chengqu	20	979890	1472122
矿 区	Kuangqu	9	30401	54974
南郊区	Nanjiao	33	1560932	2287351
新荣区	Xinrong	14	204401	330171
阳高县	Yanggao	7	157427	403530
天镇县	Tianzhen	8	81370	168687
广灵县	Guangling	13	111172	380459
灵丘县	Lingqiu	26	242996	718431
浑源县	Hunyuan	12	226535	235348
左云县	Zuoyun	7	159573	288432
大同县	Datongxian	15	122325	133425
开发区	Development Zone	12	517582	1033405
阳泉市	**Yangquan**			
城 区	Chengqu	9	221941	556005
矿 区	Kuangqu	3	3198517	6870397
郊 区	Jiaoqu	45	527645	1291490
平定县	Pingding	54	900618	1600190
盂 县	Yuxian	39	1764434	2210260
开发区	Development Zone	14	158926	255092
长治市	**Changzhi**			
城 区	Chengqu	29	786052	1443103
郊 区	Jiaoqu	49	4772316	4168134
长治县	Changzhixian	50	1629492	4039257
襄垣县	Xiangyuan	51	3120646	6209406
屯留县	Tunliu	24	2016909	2486509
平顺县	Pingshun	14	220980	167887
黎城县	Licheng	13	864416	307436
壶关县	Huguan	16	905312	807255
长子县	Zhangzi	25	1088746	2369902
武乡县	Wuxiang	18	715062	1371825
沁 县	Qinxian	3	78164	132903
沁源县	Qinyuan	15	1268864	3040545
潞城市	Lucheng	51	1864773	3309047

MAJOR INDUSTRIAL INDICATORS(2013)

(10 000 yuan)

主营业务收入 Revenue of Major Business	利税总额 Total Pre-tax Profits	利润总额 Total Profits	应交增值税 Average Annual Employees (person)
690510	42152	31794	8987
606549	276460	49262	50947
739947	17772	-12655	25585
14680681	312835	139107	149508
7847405	180365	-141629	264681
805823	-81040	-96434	9488
2044188	30783	-12544	38918
753302	23528	9779	9887
121622	8137	-4868	8474
250714	-28694	-40945	9644
1515715	157531	125434	23196
4602839	190638	99214	73903
40669	5243	4251	853
12921617	228717	-125688	289599
1055368	72911	31438	36170
34325	2005	499	1125
1586088	333984	211219	107319
163831	22769	9698	11234
153080	-2269	-5743	3189
81044	5981	3866	1836
97503	15819	12793	2678
244799	28947	9537	14962
206251	23275	6411	14815
101802	9022	-1561	8948
118544	6219	1914	3066
516565	42899	32202	9149
242066	41615	12163	25413
2951117	307884	32214	229336
535086	54300	3464	43720
795602	21243	-14493	32133
1524967	95805	15211	52134
165225	7540	940	2859
732391	70969	40576	26720
4050265	367893	235231	111995
1592908	410492	234240	157593
2957118	542168	320851	192658
1876999	110167	33007	70541
221293	16367	8935	4337
866193	9898	1123	7916
898560	66317	35910	21458
1054190	310767	176792	117190
707672	184217	142396	34815
81341	3741	2778	685
954122	107346	52481	45813
1878856	43041	-6154	43312

20-19 续表1

单位：万元

县 市	Region	规模以上企业单位数(个) Number of Enterprises above Designated Size(unit)	工业销售产值 Industrial Sales Output Value	资产总计 Total Assets
晋城市	**Jincheng**			
市 直	Jurisdiction Area	5	2303319	10746801
城 区	Chengqu	25	426881	1093564
沁水县	Qinshui	32	961006	4290358
阳城县	Yangcheng	47	1448024	3174513
陵川县	Lingchuan	15	125842	324886
泽州县	Zezhou	61	2161497	3783077
高平市	Gaoping	51	1673297	3536560
开发区	Development Zone	15	840870	1095603
朔州市	**Shuozhou**			
朔城区	Shuochengqu	50	2903055	3835536
平鲁区	Pinglu	32	4552149	9357508
山阴县	Shanyin	53	1752635	4567354
应 县	Yingxian	41	649835	379679
右玉县	Youyu	18	416590	1609733
怀仁县	Huairen	74	2654014	1948613
晋中市	**Jinzhong**			
榆次区	Yuci	117	2147595	2835918
榆社县	Yushe	6	343521	427803
左权县	Zuoquan	23	375703	2230223
和顺县	Heshun	15	395406	1344194
昔阳县	Xiyang	15	613574	1828850
寿阳县	Shouyang	37	921257	2056999
太谷县	Taigu	45	524448	498788
祁 县	Qixian	28	442981	315467
平遥县	Pingyao	42	1014386	1529936
灵石县	Lingshi	119	3040020	5317346
介休市	Jiexiu	70	3096043	6035341
运城市	**Yuncheng**			
盐湖区	Yanhu	78	2044745	3469907
临猗县	Linyi	45	865061	1222274
万荣县	Wanrong	24	311724	341031
闻喜县	Wenxi	32	2156247	2522525
稷山县	Jishan	26	735219	493989
新绛县	Xinjiang	35	1272648	1055169
绛 县	Jiangxian	38	957942	1018609
垣曲县	Yuanqu	15	250145	1317568
夏 县	Xiaxian	25	166944	238222
平陆县	Pinglu	17	284642	319842
芮城县	Ruicheng	25	539224	884692
永济市	Yongji	56	2319206	2182356
河津市	Hejin	81	4044029	5146761

continued

(10 000 yuan)

主营业务收入 Revenue of Major Business	利税总额 Total Pre-tax Profits	利润总额 Total Profits	应交增值税 Average Annual Employees (person)
4156348	924125	605900	266250
422429	25957	11067	13150
1068806	222786	131588	78793
1453591	413846	279030	120857
127209	6969	-1253	7308
2280837	137725	15466	115344
1675034	96704	-20856	104256
841869	32097	23309	6509
1983066	223603	103830	92419
4402984	858149	359175	390506
1647705	186127	45085	105890
644246	35094	20033	8947
402704	78984	31877	40369
2538345	597521	277180	302706
2036889	74533	13071	52655
343749	20528	3941	14840
370682	56408	24731	28805
387276	7805	-35072	33328
613624	83832	8267	64966
932608	142682	43653	86109
534087	45324	12763	29017
445883	55337	34544	12658
935319	22217	-9821	28019
3155035	100396	-60586	126869
4178357	275982	101694	156536
2652149	51127	17904	24555
847611	84215	68608	14028
276175	22698	10747	10433
2126077	176415	94421	80570
729482	27532	8899	16699
1285900	127232	103050	22056
997655	116757	102501	12316
419085	25577	8944	12803
168857	7449	3777	2606
254516	32858	24886	7629
520157	49437	17126	28567
2259728	169017	131954	32818
3972418	257219	106672	133055

20-19 续表2

单位：万元

县 市	Region	规模以上企业单位数(个) Number of Enterprises above Designated Size(unit)	工业销售产值 Industrial Sales Output Value	资产总计 Total Assets
忻州市	**Xinzhou**			
忻府区	Xinfu	33	837927	1001363
定襄县	Dingxiang	40	425290	349404
五台县	Wutai	14	218928	825710
代 县	Daixian	77	546249	842475
繁峙县	Fanshi	50	1093793	849635
宁武县	Ningwu	19	563800	1965081
静乐县	Jingle	8	139407	641713
神池县	Shenchi	3	36186	275924
五寨县	Wuzhai	8	76052	31224
岢岚县	Kelan	10	132836	91964
河曲县	Hequ	12	741022	1683646
保德县	Baode	17	925521	1416121
偏关县	Pianguan	7	134596	696914
原平市	Yuanping	33	1375593	3055013
临汾市	**Linfen**			
尧都区	Yaodu	50	2052454	2964746
曲沃县	Quwo	26	2475157	2156649
翼城县	Yicheng	28	1788394	769502
襄汾县	Xiangfen	36	2459669	1795082
洪洞县	Hongtong	53	3124487	3274518
古 县	Guxian	27	852560	1446305
安泽县	Anze	9	840350	1158684
浮山县	Fushan	28	646408	243719
吉 县	Jixian	4	69193	130455
乡宁县	Xiangning	31	682239	2022099
大宁县	Daning	1	4102	8512
隰 县	Xixian			
永和县	Yonghe			
蒲 县	Puxian	23	778827	1790276
汾西县	Fenxi	8	331375	93782
侯马市	Houma	28	1032350	1134125
霍州市	Huozhu	20	1421763	3659782
吕梁市	**Lvliang**			
离石区	Lishi	20	682934	3596247
文水县	Wenshui	30	1381243	1241173
交城县	Jiaocheng	90	1708561	2837009
兴 县	Xingxian	14	997362	1948190
临 县	Linxian	13	299324	1511163
柳林县	Liulin	49	3234976	9974505
石楼县	Shilou	3	28941	86688
岚 县	Lanxian	15	414780	1604075
方山县	Fangshan	11	411774	785689
中阳县	Zhongyang	42	1508145	3652323
交口县	Jiaokou	43	1148425	1945055
孝义市	Xiaoyi	220	5509649	8710194
汾阳市	Fenyang	51	1327128	2276867

continued

(10 000 yuan)

主营业务收入 Revenue of Major Business	利税总额 Total Pre-tax Profits	利润总额 Total Profits	应交增值税 Average Annual Employees (person)
877163	102817	74097	15791
355633	13444	5751	6748
206554	57543	32952	18618
511870	90006	48679	29289
1162859	148558	82877	46863
493933	100835	43618	49341
142319	-22017	-25664	2847
34743	13014	12998	3
70850	1209	559	540
121383	17387	8598	7580
717316	242761	132491	101518
686962	262592	173852	75647
156053	62244	37082	22395
1320455	164683	66848	85296
2440341	45146	-40478	75139
2244285	92336	41456	44210
1760491	60502	32749	23430
2293455	100757	25799	66830
4113901	264262	40955	198588
840052	42720	2034	33647
659150	64760	21250	32078
607762	109007	88869	18364
74451	23140	12086	8882
677829	142985	76836	54788
4174	593	251	307
772980	24801	-31382	38525
137706	-13230	-14666	698
1105277	24355	13292	9734
1598073	84724	-3168	73396
695123	22611	-47131	58495
1390587	118648	92579	24799
1672914	36277	-4553	34902
971449	253902	118599	117869
280780	26347	-4358	21835
3437970	427162	107903	269700
30668	8274	7540	634
416973	1388	-21100	19204
477006	68227	25698	35394
1340588	106379	53277	40458
1188327	145194	32998	93934
5131803	314673	41298	214733
1903757	308235	101649	90984

山西省环境保护厅

群众路线教育活动

太原环境

环境执法

矿山生态恢复治理

化验

垃圾发电

体操比赛

淘汰污染电厂

吕梁市

吕梁机场投入使用

吕梁环城高速建设当中

吕梁地处山西省中部西侧，因吕梁山脉纵贯全境而得名。1971年5月建区，2003年10月经国务院批准撤地设市，辖1区2市10县，161个乡镇（街道），3119个行政村。国土总总面积2.1万平方公里，总人口379万，是中华文化重要发祥地、集中连片贫困区、各类资源富集区和加速崛起先导区。

2013年，在市委的坚强领导下，全市按照“打基础、利长远、惠民生”总体要求，着力推动转型跨越发展，经济社会各项工作取得了显著成绩。主要表现为：

积极应对复杂困难局面，调结构、促转型，市域经济保持平稳增长；

以综改试验为统领、以项目建设为抓手，经济结构调整迈出重要步伐；

农业基础地位不断巩固，农业农村面貌发生明显变化；

基础设施建设日趋完善，发展后劲进一步增强；

社会事业同步推进，城乡统筹取得新进展；

城乡居民收入快速增长，人民生活质量得到新改善；

安全生产持续向好，和谐发展取得新成绩；

切实转变工作作风，政府自身建设取得新突破。

2014年，全市将牢牢坚持“打基础、利长远、惠民

魅力吕梁

生”总体要求，以转型综改试验区建设为统领，以经济结构调整为主线，以扶贫攻坚为要务，以民生改善为根本，攻坚克难，逆势奋进，着力推动经济平稳健康发展，保持社会和谐稳定，为开创各项工作新局面，为走出资源型地区转型跨越发展新路、全面建成小康社会努力奋斗，重点在以下几方面实现突破：

一、促进经济平稳健康增长

千方百计营造宽松发展环境。认真落实省、市一系列政策措施，全力为企业减负卸压、增强活力。发挥市场调控作用，抓好现有企业提产增效。帮助企业强化内部管理，降低生产成本，提高产品的市场竞争力。创新服务方式，切实发挥好对经济运行的分析、研判、监测和预警作用。

坚定不移抓好项目建设。以深入开展“项目见效年”活动为契机，项目建设“六位一体”全面推进，高效、规范推进项目建设。进一步加大招商引资力度，力求在新兴产业、重点领域取得新突破。

全力以赴激发企业活力。落实梯度扶持政策，实施“星火”创业工程、“小升规”企业壮大工程、“小巨人”等计划，积极支持企业进行技术改造和创新挖潜，增强企业内生活力。

毫不动摇推进园区建设，重点推进孝义市国家级循环经济城市创建工作，加快兴县中铝循环经济园区率先发展。

多措并举创新金融服务。积极构建政府引导、市场主导的政企银合作平台，努力实现银企共赢。

二、加快转变经济发展方式

做大做强传统产业，着力打造“四大产业基地”，夯实经济平稳健康发展基础。一要推进煤电一体；二要坚持焦化并举；三要延伸冶金加工；四要实现白酒集聚。

培育壮大新兴产业，着力打造“三大产业集聚带”，构建市域经济新的增长极。一要提升装备制

吕梁市无人机项目

太钢岚县项目

杏花村酒业集中发展区

新农村建设

农业产业化种植

汾阳豫园核桃项目

特色产品

造业水平；二要培育新能源、新材料产业。；三要推动旅游产业成长；同时，高度重视服务业发展，确保服务业增加值增幅高于全市经济增长速度。

加快推进创新驱动，着力打造“高新科技核心区”，增强转型跨越发展核心竞争力。争取更多的高科技攻关项目落户我市，着力打造以离石区为中心、辐射带动全市各县（市、区）的高新科技核心区。

三、深入推进转型综改区建设

按照转型综改2014年行动计划，整体推进重大改革、重大事项、重大项目，力争在重点领域和关键环节取得重大突破。全面启动20个重大事项、30个重大项目建设，支持和推进孝义、柳林综改试点和扩权强县试点工作，先行先试，率先发展，充分发挥示范引领作用，带动全市县域经济快速发展。

四、扎实做好“三农”工作

发展特色现代农业。强力推进“8+2”农业产业化。市级财政安排1亿元专项资金重点扶持。同时，积极扶持一批农民专业合作社、家庭农场、专业大户。

深入推进扶贫攻坚。扎实推进百企千村产业扶贫开发工程。坚持易地扶贫搬迁与城镇化建设、产业开发、旧村开发利用和完善社会保障相结合，争取再有13万低收入贫困人口稳定脱贫。

改善农村人居环境。以建设家园美、田园美、生态美、生活美的美丽乡村为目标，分层次、有步骤启动实施“四大工程”，集中力量抓好我市“便民六件实事”，如期兑现向全市人民的承诺。

五、积极稳妥推进城镇化

以离石、柳林、中阳、方山同城化发展为目标，努力打造太原都市圈西部区域中心。依托孝汾平介灵城镇组群布局，明确孝义、汾阳两市“引领吕梁山、融入太原圈”的发展定位，进一步做好两市与汾孝平介灵城镇组群的规划衔接。加快大县城、重点镇建设。探索一条符合吕梁实际、符合百姓意愿的新型城镇化建设模式，加快城乡一体化、均衡化发展进程。

六、大力加强基础设施建设

加快形成立体交通网络。中南铁路、太兴铁路以及西纵高速、环城高速、太佳高速黄河大桥等工程年内要确保通车。要加快战略装车点建设，争取与铁路同步投运。加快完善吕梁机场配套设施，增加北京首都国际机场航班；

在增开上海航线的基础上，再争取开通长沙、三亚，西安、广州航线。加快水利基础设施建设。不断完善和健全防汛抗旱应急体制和管理机制，全面提升防汛抗旱能力。加快电网建设。进一步完善吕梁电网网架结构。大力实施农网改造升级工程，逐步消除农村“低电压”现象。加快“气化吕梁”建设。加快煤层气由勘探向开发转变，加快天然气、煤层气综合开发利用，重点在发电和工业燃料、压缩和液化煤层气等领域的利用技术推广，逐步提高清洁能源工业化利用水平。

七、全面发展各项社会事业

优先发展教育事业。启动第二轮学前教育三年行动计划，新建城镇标准化幼儿园21所，改造农村幼儿园44所。继续推进义务教育标准化建设和改造薄弱学校，启动特殊教育提升计划，基本普及高中阶段教育。支持高等教育健康发展。

大力发展医疗卫生事业。继续深化医药卫生体制改革，以取消“以药补医”为重点，实现县级公立医院改革全覆盖，同时推动基本药物制度向基层非政府办医疗机构延伸。创新医疗服务，有效缓解医患矛盾。

不断完善社会保障体系。推进社会保障城乡一体化，建立统一的居民基本养老保险制度，积极支持养老机构建设。继续提高企业退休人员基本养老金，鼓励有条件的县（市、区）提高城乡居民基础养老金等各项社会保险待遇水平。加快文化兴市步伐。进一步深化文化体制机制改革，推动政府部门由办文化向管文化转变。完善公共文化服务体系，加快市级“五馆一院”、县级“三馆一院”建设。

八、深入推进生态文明建设

强力推进节能降耗。推进工业、建筑、交通、公共机构等领域节能降耗，做好煤炭、焦化、冶金、电力、化工、建材等重点行业节能工作。突出抓好治污减排。深入开展大气污染防治专项行动。加快重点行业环保设施升级改造，全力推进水体治理，推进以污水处理提质扩容、截污管网扩展为主的城市环境基础设施建设。加大造林绿化和生态治理修复力度。依托三北防护林、退耕还林、天然林保护等国家重点工程，结合全省造林绿化吕梁现场推进会筹备工作，大力推进吕梁山生态脆弱区植被恢复工程，完善生态补偿机制，深入开展地质灾害调查评估、综合防治和工程治理。

新规划的安居工程

教育事业

医疗卫生

商贸服务

朔州市在转型发展

城市建设再创佳绩

朔州市荣获国家园林城市称号

平朔公园一角

绿满右玉

美丽怀仁

2013 年，面对复杂多变的宏观经济形势，朔州市深入贯彻落实党的十八大、十八届三中全会精神，紧紧围绕推进“优化经济结构，提升发展质量”两大任务，统筹稳增长、调结构、促改革、惠民生各项政策措施，积极应对经济下行压力，不断加大结构调整力度，切实转变经济发展方式，全力推进各项改革，各项工作稳中有为、稳中有进，较好地实现了全年经济社会发展目标。

经济运行平稳健康。在政策措施保障、实体经济支撑、项目投资拉动、改革创新驱动等多方面积极因素的共同作用下，多项主要经济指标增幅位居全省前列。地区生产总值完成 1026.4 亿元，增长 9%；工业增加值完成 554.9 亿元，增长 11.5%；固定资产投资完成 774.7 亿元，增长 26.9%；社会消费品零售总额完成 218.8 亿元，增长 14.5%；公共财政预算收入完成 95.3 亿元，增长 13.1%；城镇居民人均可支配收入达到 24013 元，增长 9.9%；农民人均纯收入达到 9040 元，增长 13%。

经济结构进一步优化。一是传统产业快速升级，煤电一体化进程加快推进。全市标准化矿井达到 35 座，原煤产量达到 2.2 亿吨；电力装机容量达到 754.95 万千瓦，发电量完成 278.7 亿度，其中风力发电、太阳能发电、生物质能发电等新能源电力装机规模达到 121.5 万千瓦，居全省第一；日用瓷产量达到 16.2 亿件，居全省第一；乳制品产量完成 28.1 万吨，居全省第一。二是结构调整力度明显加大，新兴产业快速成长，产业结构发生积极变化。全年非煤电工业完

的道路上稳步前进

成投资145.5亿元，增长56.3%；服务业完成投资365.3亿元，增长22.3%，第三产业投资额超过第二产业；三次产业结构由上年的5.0：59.2：35.8调整为6.0:56.0:38.0。三是循环经济发展独具独色，工业固废资源化利用走在全省前列。粉煤灰综合利用企业达到50家，年消化粉煤灰330万吨，居全省第一。

"三农"工作扎实有效。一是大力实施强农惠农富农政策，各级财政投入"三农"资金达20亿元，农田实灌面积达到198万亩，粮食总产量达到23.5亿斤，再创历史新高。二是加快发展特色农业，新增110个"一村一品"专业村，全市省级示范村达到317个，六县区全部进入全省30个牛羊产业重点县行列，全市农产品加工企业销售收入达到130亿元。三是大力推进产业扶贫开发、干部包村增收和机关定点扶贫，有1.6万贫困人口实现脱贫。四是扎实推进"五件实事"，改造农村困难家庭危房14800户，易地搬迁特困群众1596户，改扩建村级幼儿园20所，乡村清洁工程全面启动，行政村街道亮化任务在全省率先完成。朔州市被省委省政府表彰为全省粮食生产先进市、全省增加农民收入先进市、全省行政村主街道路灯亮化工作先进市、全省百企千村产业扶贫先进市。

城市建设再创佳绩。全面推进国家园林城市、国家卫生城市、国家环保模范城市、国家双拥模范城市、全国文明城市创建活动。加大中心市区建设力度，改扩建7条城市道路，新增绿地面积21.56万平方米，建成区绿化覆盖率达

经济结构进一步优化

风力、太阳能、生物质能发电量居全省第一

粉煤灰综合利用居全省第一

日用瓷产量居全省第一

乳制品产量居全省第一

民生工程成绩显著

朔州师范高等专科学校

安居工程

老年公寓

文化下乡

到42.02%。积极推进大县城和重点镇建设，全市城镇化率达到51.09%，比上年提高1.1个百分点。加强公路建设，完成投资24.35亿元，通车里程突破1万公里。持续推进植树造林，投入12.8亿元，营造林33万亩。积极推进节能减排，万元GDP综合能耗下降3.64%，主要污染物减排任务全面完成。我市荣获国家园林城市称号。

民生工程成效显著。在增收难度加大的情况下，财政支出进一步向民生倾斜，全市财政在民生领域投入高达124.65亿元。加快发展教育，新改扩建32所公办幼儿园，高考二本以上达线率达到34.61%，高出全省平均水平9.87个百分点。积极发展医疗卫生事业，深化医药卫生体制改革，积极推进县级公立医院改革，县乡村三级医疗卫生机构达标率达到100%。大力发展文化事业，实施送戏下乡等文化惠民工程，启动创建第二批国家公共文化服务体系示范区。稳定扩大就业，新增城镇就业人数2.4万人。着力增加居民收入，提高企业工资指导线、最低工资标准、机关事业单位人员津补贴和取暖补贴标准，落实带薪年休假制度。加强社会保障体系建设，提高城乡居民低保标准、新农合财政补助标准、企业退休人员基本养老金、城乡居民基础养老金以及20种重大疾病补偿比例。继续推进保障性安居工程建设，新开工城镇保障性住房 19125 套，完成农村住房抗震改建 3000 户。

各项改革稳步推进。大力推进行政审批制度改革，市政府各部门取消行政审批事项 47 项，下放 12 项，保留的 99 项审批项目全部进入政务服务中心，纳入电子监察系统。严格执行中央八项规定和省市有关规定，坚决反对“四风”，全市会议费下降 49.97%，“三公”经费下降 12.83%。大力开展“右玉精神在朔州”和“看作为、比建树、争一流”活动，干部作风明显改进，改革创新和干事创业氛围更加浓厚。

2014 年是贯彻落实党的十八大、十八届三中全会精神，全面深化改革的一年，是扎实推进“两大任务”、加快朔州转型跨越发展的关键之年。在新的一年里，面对新形势、新任务、新机遇、新挑战，市委、市政府将团结带领全市人民以党的十八大、十八届三中全会和习近平总书记系列重要讲话精神为指针，紧紧围绕推进“两大任务”的工作主题，着力做好煤电一体发展、循环经济发展、现代农业发展“三篇文章”，着力打造综合能源、固废利用、日用陶瓷、畜牧养殖、特色农产品加工“五个基地”，着力保障和改善民生，努力促进经济社会平稳健康发展，为推进转型跨越发展，建设美丽新朔州而努力奋斗。

“三农”工作扎实有效

特色农产品展示

新农村建设

右玉县农民走上幸福“羊”光大道

农业现代化

改革在路上 为实现"两个率先

现代农业园区育苗基地

东盘粮蔬菜大棚基地

孝义市位于山西中部，市域面积945.8平方公里，人口48万人，辖7镇5乡5个街道，379个行政村，1992年撤县设市。孝义历史悠久，是我国有置县记载历史最早九县之一，唐贞观元年因郑兴"割股奉母"孝行闻于朝，唐太宗李世民敕赐改名"孝义"。孝义区位优越，位于"孝汾平介灵城镇群"的核心区域，境内交通四通八达，实现与太原1小时到达，与周边县市15分钟通达，是"太原都市圈"最紧密的连接体。孝义资源丰富，是全国首批50个重点产煤县（市）之一，铝矿探明储量2.6亿吨，约占全国储量的16%、山西储量的44%。孝义物产丰富，核桃总面积达到50万亩，是汾州核桃主产区。

近年来，我们认真贯彻省委、省政府"转型跨越，再造一个新山西"的战略部署，按照吕梁市委、市政府"打基础、利长远、惠民生"的要求，以转型综改和扩权强县"双试点"为总抓手，紧紧围绕资源型城市经济转型和民生幸福型区域中心城市建设"两大战略"，先行先试，率先发展，市域综合实力继续保持全省县级第一，连续六年在全国百强中进位赶超，位列第65位。2013年，在经济下行压力加大的不利形势下，经济社会保持总体平稳发展态势。全市GDP完成412.3亿元，增长16.1%；公共财政预算收入达到25.2亿元，增长1.5%，位列全省第二；全社会固定资产投资完成280.2亿元，增长26.6%；社会消费品零售总额达到106.5亿元，增长14.1%；城镇居民人均可支配收入达到25582元，增长10.5%；农民人均纯收入达到12244元，增长13.4%；规模以上工业总产值完成581.5亿元，同比增长17.6%；工业增加值完成294.2亿元，同比增长23.8%；农林牧渔业总产值达到22.8亿元，同比增长5.27%；粮食总产量达到1.4亿公斤，同比增长7.58%；第三产业增加值达到128.9亿元，同比增长 8.7%，第三产业占GDP比重达到31.3%。居民消费价格总指数上涨2.8%，商品零售价格指数上涨1.9%；旅游总收入完成16.98亿元，同比增长20%；外贸进出口总额完成1151.37万美元；城乡居民储蓄存款余额达到254.3亿元，同比增长9.6%；城镇新增就业人数 6258人，城镇登记失业率2.9%以内；金融机构各项贷款余额实现1772亿元，同比增长35.01%，各项存款余额实现340亿元,同比增长6.17%。

突出结构优化升级，多元产业格局基本形成。按照"以煤为基、多元发展"的思路，坚持园区承载、项目支撑、循环引领，加快构建多元发展的现代产业体系。统筹实施新型煤化工、装备制造、高新科技、现代农业和现代服务业"五大园区"建设，吸引全市90%以上的新兴产业项目入驻，总投资突破2000亿元。千万吨级煤化工循环经济园区被确定为全省四个焦化集中发展区之一，高新产业园区被确定为吕梁"一市两园"科技创新园，现代农业园区被确定为国家农业科技园区。以园区为载体，2010年7月转型项目大攻坚以来，相继上马总投资1796.08亿元的80个亿元以上项目，累计完成投资540亿元，30个项目投产或部分投产。在项目建设的强力推动下，经济结构调整取得积极成效。煤焦化产业上档升级。兼并重组煤矿加快建设，金达煤矿正式投产，万峰煤矿具备验收条件。焦化行业保留8户总产能1800万吨的新型焦化项目，现已完成产能整合1664万吨。金岩、金达、楼俊等新型焦化项目加快推进，鹏飞60万吨甲醇、晋茂20万吨苯加氢项目开工建设。铝产业成为有力支撑。引进山东信发、杭州锦江两大铝行业龙头企业，其中总投资超过100亿元的兴安300万吨4A沸石及多品种氢氧化铝、50吨金属镓项目建成投产；总投资800亿元的信发铝系综合循环项目一期180万吨氧化铝投产，二期180万吨氧化铝、100万吨液碱年内投产。2013年，铝工业规模以上总产值实现112.6亿元，占全市规模以上工业总产值的19.4%；上缴税收9.41亿元，占全市税收总额的20.9%。高新技术产业实现突破。华夏动力与上汽申沃客车合作建设的新能源客车联合研制生产基地正式启动，年内形成4000辆纯电动城市大巴生产能力。科尔峰建筑垃圾再利用项目建成投产，年处理建筑垃圾60万吨，成为全省首个率先投产的建筑垃圾再利用项目。金晖兆隆10万吨生物可降解聚酯（PBS）项目一期投产，煤机制造项目一期上半年投产。汾西煤矸石制陶瓷微珠5万吨生产线单体试车、晋越峰纳米超级电容电池1千万安时生产线加快建设。现代服务业集群发展。沃尔玛、美特好、华美新天地、大众4S店、东兴帝豪酒店投入运营，肯德基、德克士、必胜客等知名快餐连锁相继落户，烟草物流配送中心、孝龙煤炭综合物流园基本建成，义乌商品交易国际博览城一期、红星美凯龙城市综合体京粤奥特莱斯、家居体验生活馆、迪斯尼水上乐园三个子项目年内投入运营，居然之家、丰邦汽车商务广场、东金商业广场等项目快速推进，孝义正向"孝汾平介灵"商贸物流中心阔步迈进。

加快发展特色农业，农民增收基础不断夯实。按照"东部平川设施蔬菜，西部山区肉禽核桃，中部丘陵种养业兼顾"的发展思路，稳步发展特色种养业。肉禽养殖业初具规模。新铺开11个单批出栏25万只以上的标准化规模养殖小区建设，并实现部分投产，新增养殖规模1200万只，年养殖总量达3600余万只，全部建成后将达到5000万只。设施农业加快发展。大孝堡南船头千亩设施蔬菜基地成为继东盘粮设施蔬菜示范园区之后的又一个高标准千亩设施蔬菜基地，全市累计建成标准化园区10个，设施农业总面积达到2.2万亩。核桃种植业实现全覆盖。新栽植核桃经济林2.4万亩，全市千亩以上核桃园区达到44个，核桃总面积达到50万亩，农民人均达到2.5亩，基本实现宜栽核桃地

城市建设

城市夜景

城市一角

创新正当时 目标而努力奋斗

——山西省孝义市

区全覆盖。农产品加工业不断壮大。大象1亿只肉鸡屠宰加工及60万吨饲料生产、铭信1000万只枫叶鸭养殖加工、威尔仓储产销一体化及蔬菜直通车、惠农12万吨玉米淀粉深加工等项目建成投产，大象禽业二期熟食加工、铭信二期2000万只枫叶鸭加工、威尔5万吨果蔬生产及一果核桃深加工等项目加快建设。胜溪新村农业园区被命名为全国农业标准化优秀示范区，威尔仓储获批农业部蔬菜标准园。

大力推进“1420”工程，城乡一体化发展步伐加快。围绕在全省率先实现“市域城镇化、城乡一体化”目标，实施“1420”特色城镇化工程，集中力量建设规划面积57平方公里、30万人口的主城区，以及4个特色中心镇和20个社区化中心村。加快提升城市基础设施功能，完成总里程11公里的7条主次干道建设，城市公路里程达到180公里，进一步完善了“八横九纵一环”的城市道路体系。城市供热、燃气普及率分别达到95%、89%。铺开了涉及8个乡镇84个村的压煤村庄安置工程，可实现5万农民搬迁进城。启动下堡河流域“一镇两乡”一体化综改试验区、梧桐与下栅“两化互动、两区共建”以及高阳中心镇、振兴新区建设。梧桐新区、胜溪新村、西泉集中居住区32村2.26万村民搬迁入住。城市的集聚承载功能和镇村的公共服务水平进一步增强。大力改善生态环境，全年新增城市绿化面积119公顷，森林覆盖率达32.1%，城区绿化覆盖率达到43.5%。城区二级以上天数353天，其中一级天数115天。顺利通过创建国家卫生城市专家组技术评审，城乡环境更加宜居。

着力保障和改善民生，人民生活水平有了新提高。全年城镇登记失业率控制在3%以内。各类社会保险不断扩面提标，城乡低保应保尽保。实施“一乡一所规樟养老院”工程，新建乡镇养老院13所，9个乡镇实现五保户集中供养。新建续建公廉租房1823套，分配1958套。持续深化医药卫生体制改革，公立医院改革取得新的突破，人均基本公共卫生服务经费提高到30元，群众“看病难、看病贵”的问题进一步得到缓解。高教科技园区正式挂牌，吕梁职业技术学院顺利入驻，成功引进太原理工大学现代科技学院。新改建12个社区服务中心，配备288名社区网格长，社区管理进一步加强。深入开展“平安孝义”建设，治安环境持续好转，荣获全国平安建设先进县（市）称号。

持续深化“两个试点”建设，发展活力和后劲不断增强。编制完成《孝义市国家资源型经济转型综合配套改革试验实施方案（2013—2015）》和《2013年行动计划》，进一步明确了工作目标和任务，对接省转型综改重大改革“2+1”任务进展良好。运用试点政策着力破解资金、土地、审批等难题。积极推进金融创新，各项融资贷款余额达到287.8亿元，各项贷款净增104.7亿元，增长57.2%，金融贷款规模、平均增速稳居全省前列。深化土地改革，争取用地指标6996亩，完成增减挂钩拆旧复垦4242亩。结合“全国依托电子政务平台加强政务公开和政务服务试点”，建成市公共资源交易中心。完成省农村土地承包经营权登记试点驿马乡13村的确权登记工作。综改试点全省考评第一，被确定为全省首个创建国家循环经济示范县级市。

华夏动力车间

金晖公司化产区

铭信车间

小城镇化建设——梧桐新区

吕梁职业技术学院

采煤沉陷区治理项目

道路绿化

孝河生态综合治理工程

孝亲文化生态湿地

提振信心攻坚克难

柳林县李家湾光电子产业园奠基

李家湾光电子产业园

王家沟煤矸石综合利用示范园区

王家沟煤矸石综合利用示范园区一角

柳林县位于山西省中西部边缘，地处吕梁山西麓，黄河东岸，与陕西一衣带水、隔河相望。柳林县于1971年组建，全县国土总面积1288平方公里，辖8镇7乡257个行政村，共34.39万人口。柳林地处河东煤田腹地，是山西重要的主焦煤生产基地，境内储煤面积800多平方公里，探明储量54.3亿吨，远景储量达100亿吨以上，其中4#优质主焦煤被国家煤炭部誉为“国宝”。县境内铝土矿、石灰石、铁矿石、紫砂陶土等资源也很丰富。柳林属全国五大产枣县之一，全县红枣成林面积28万亩，年产量达3000万公斤，占山西红枣总产量的15%，主要品种“木枣”名列全国八大名枣之首，1998年国家农业部命名柳林三交镇为中国红枣（木枣）第一镇。

2013年，受整体经济下行和煤炭市场持续疲软影响，全县经济发展遇到前所未有的困难与挑战。但在县委的坚强领导下，在县人大、县政协的监督支持下，县政府与全县人民一道，积极应对挑战，奋力攻坚克难，县域经济社会保持了平稳发展。2013年，全县共有85项工作受到国家、省、市级表彰，获得“全国生态文明先进县”、“全国国土资源节约集约模范县”、“全国经济转型发展示范县”、“全国社会主义新农村建设档案工作示范县”等6项国家级荣誉，荣获全国“最具区域带动力中小城市”和“最具投资潜力中小城市”双“百强”称号。

经济实力稳步提升。全县地区生产总值完成252.1亿元，同比增长3%；公共财政收入完成30.1亿元，同比增长18.6%，连续两年位居全省第一，并成为全省第一个县级可用财力突破30亿元的县；城镇居民人均可支配收入达到23561元，同比增长11%；农民人均纯收入达到8441元，同比增长14%。各项经济指标总量和增幅继续保持全省、全市领先位置。

煤炭产业逆势奋进。全年煤矿基建完成投资7.5亿元。26对整合矿井中投产和进入联合试运转20对，其中14对矿井对照国家“六个标准”全部达标。原煤产量达到2979万吨；凌志华泰、宏盛聚德等一批洗煤项目建成投产，洗精煤产量达到1892万吨；焦炭产量达到120万吨。全年全县煤炭产业上缴税收55亿元，占全县财政收入的76%，继续为全县“保增长、保民生、保稳定”做出了重大而不可替代的贡献。

转型升级积极努力。继续推进“1+2”模式，12个非煤转型项目全部启动，9大

柳林全景

城市绿化

北 大 街

凝心聚力共谋发展

——山西省柳林县

农业园区启动6个，得到了省委、省政府的高度肯定，成为全省百企千村产业扶贫开发工程的发源地。总投资达837亿元的81个重点工程项目开工率达到95%，2/3以上的项目完工或接近完工。招商引资力度加大，共签约总投资525亿元的转型项目13个，居全市第二。全面推进“8+2”农业产业化工程，红枣、核桃、小杂粮等产业得到新的加强和发展。

城乡建设全面提速。2013年全县在城乡建设方面完成投资15.73亿元，城镇化率达到41.3%。总投资3亿元的北大街主街建设全面完成；总投资28.5亿元的20个棚户区改造，已铺开18个，完成投资5亿元，开工建设安置房8641套；总投资5.6亿元的聚雅公路完成路基工程；总投资1.38亿元的八石公路和总投资4800万元的清河西路庙湾段改线工程全线通车；太中银铁路柳林南站站前广场建设及其附属工程全面推进；城区新增集中供热面积38万平方米、供气1814户。生态环境继续改善。在通道沿线绿化实现全覆盖的基础上，全县造林绿化进一步向“多树种、多层次、多色彩”的科学化、生态化迈进。全年完成荒山绿化2.5万亩、封山育林0.9万亩、核桃林建设6万亩、通道绿化57.8公里、村庄绿化45个、企业学校景点绿化5个，完成投资2亿元。森林覆盖率达到32.76%。扎实推进“净空、净水、减排”三大环保攻坚行动，重点实施了柳林电厂和华润福龙水泥厂脱硫、脱硝工程，全面启动了柳林泉保护、三川河河道治理工程和“省级环保模范城”创建工作。城区空气质量二级以上天数达到357天。民生保障整体加强。2013年，投入到各项民生事业的资金占到县级可用财力的85%以上。全县五保、低保、养老、医保等城乡居民各项社会保障救助标准全部达到了全市最高水平；足额兑现了从2011年开始3年的公务员津补贴和事业人员绩效工资的增加政策；青龙、鑫飞、庙湾幼儿园投入使用，高考达线人数创历史新高；太中银铁路柳林南站新增4趟进站列车；清河雕塑园、展览馆、文化馆、图书馆实现免费开放。全县安全生产、信访稳定工作扎实推进，效果明显。2014年是我县全面建设“三大家园”的关键之年，在新的一年，我们将全面贯彻落实党的十八届三中全会精神，坚持稳中求进、改革创新的总基调，以党的群众路线教育实践活动为主抓手，以转型综改和扩权强县为切入点，突出“四个着力”，统筹推进经济、政治、文化、社会、生态文明和党的建设，为冲刺“全国百强”，全面建成人民满意的富裕家园、绿色家园、幸福家园而努力奋斗！

联盛农业生态园区

红枣林管护

枣 丰 收

设施蔬菜

食用菌培育

柳林夜景

联盛教育园区

清河民俗文化雕塑园

兴县

市委书记高卫东在兴县调研

郭颖书记主持全县防汛工作会议

梁志锋县长主持安全生产工作会

全年全县地区生产总值累计完成63.7058亿元，同比增长2.3%，差全年任务18.63亿元，全市排名第11。其中，第一产业增加值42708万元，增长4.3%；第二产业增加值528324万元，增长2.2%；第三产业增加值66026万元，增长1.3%。

三次产业比重调整为：6.7：82.9：10.4。

一、农业粮食总产、单产双双实现新突破

2013年全县粮食总产、单产双双实现新突破，创新高。全年全县粮食总产量92909吨，增长2.3%；粮食亩产129.22公斤，增长125.4%。全县粮食播种面积47935.74公顷，比上年下降334.26公顷。

二、工业生产低位运行

初步测算，全年全县规模以上工业企业累计完成工业总产值987550万元，同比下降16.3%，增速同比下降64.6个百分点，较三季度增速回落3.9个百分点；完成工业销售产值1006323万元，同比下降15.9%，增速同比下降56.2个百分点，较三季度增速回落5.1个百分点，产销率达101.9%；实现工业增加值524740万元，同比增长1.8%，增速同比下降20.7个百分点，较三季度增速回落3.1个百分点，完成年度任务75.5%，全市排名第8。

三、投资保持较快增长

全年全县全社会固定资产投资484498万元，增长33.27%，增速同比上升13.2个百分点，完成年度任务101.7%，全市排名第2。第一产业没有投资；二、三产业分别完成投资349378万元、135104万元，分别增长98.88%、1224.29 %。

四、消费市场增势平稳

全年全县社会消费品零售总额实现57144万元，增长14.1%，增速同比下降0.9个百分点，完成年度任务98.0%，全市排名第5。按销售单位所在地分：城镇实现45565万元，增长12.5%；乡村实现11578万元，增长21.0%.按消费形态分：餐饮收入完成7457万元，增长

XING XIAN

县委中心组理论学习

禁毒日宣传现场

爱国民主人士牛友兰之孙牛军生在兴县

7.9%；商品零售收入完成49687万元，增长15.1%。

五、财政收入增长下滑

全年全县财政总收入完成270500万元，增长7.01%，增速同比下降40.1个百分点，完成年度任务84.5%。一般预算收入完成80158万元，增长9.39%，增速同比下降37.9个百分点，完成年度任务83.5%，全市排名第7。国税系统完成133012万元，同比下降9.03%，增速同比下降46.6个百分点，全市排名第4。地税系统完成103927万元，同比增长29.04%，增速同比下降30.5个百分点，全市排名第5。财政系统完成15850万元，同比下降2.87%，增速同比下降60.2个百分点。

六、物价小幅上涨

全年全县居民消费价格上涨3.1%，比1-11月上涨0.1个百分点。12月同比上涨4.2%，较上月上涨0.9个百分点。全年全县商品零售价格总指数上涨2.2%，较1-11月回落0.1个百分点。12月同比上涨2.7%，较上月上涨0.9个百分点。全年全县农业生产资料价格指数与去年同期持平，比1-11月下降0.1个百分点。12月同比下降0.4%，较上月下降0.2个百分点。

七、居民收入稳步增长

截止12月底，全县城镇居民人均可支配收入完成15936元，同比增9.6%，较2012年增速下降6.3个百分点，全市排名第10。农民人均纯收入完成3230元，增长14.1%，较2012年增速回落4.2个百分点，全市排名第2。全年农民人均纯收入增速快于城镇居民人均可支配收入增速4.5个百分点。

兴县十月古会现场

修缮古塔

晋绥文化生态碑林

高考达线学生资助仪式现场

一二〇师学校工程开工仪式

"七一"书法展示

激流勇进 奋发有为——绵

2014年3月31日，山西省委书记、省人大常委会主任袁纯清在灵石调研时听取北斗导航智慧应用云计算项目发展情况介绍

2013年6月18日晋中市委书记张璞调研重点工程建设

2013年5月22日段燕翔书记、刘旋县长调研重点工程

2013年灵石全县上下紧紧围绕“稳中求快、快中求好”为总基调，紧紧抓住综改、扩权“两个试点”的有利机遇，全力谋转型，合力促跨越，扎实惠民生，延续2012年经济发展的势头，使县域经济和社会继续保持健康快速发展的良好势头。

一、经济发展稳中有进

2013年，全县地区生产总值完成193.4亿元，较同期增加19.4亿元，增幅18.4%，绝对量全市排名第二，增幅排名第一；财政总收入41亿元，比上年增长13%；一般预算收入158945万元，比上年增长14.9%；规模以上工业增加值完成129.5亿元，增幅24.1%，绝对量全市排名第一，增幅全市第一；固定资产投资完成133亿元，同比增长30.9%，增幅30.8%，绝对量全市排名保持第二，增幅排名第九；社会消费品零售总额完成53亿元，较同期增加6.6亿元，增幅14.5%。绝对量全市排名第四，增幅排名第二；财政总收入完成41亿元，同比增长12%，总量全市排名第一，增幅排名第四；公共预算收入完成15.9亿元，同比增加2.1亿元，总量全市排名第一，增速排名第五；外贸进出口完成2259万美元，总量全市排名第六，增速3.5%，增幅排名第五；城镇居民人均可支配收入为27667元，较同期增加2497.7元，绝对量全市排名第一，增幅9.9%，增幅排名第八；农村居民人均可支配收入为11913元，较同期增加1397.5元，绝对量全市排名第三，增幅13.3%，增幅排名第七。

二、转型势头良好

紧紧抓投资保增长，金融创新有突破，促转型。项目储备、签约、落地、开工、建设、投产全部完成既定任务，78项重点工程完成投资170.6亿元，增长32.2%。

灵尚绣品公司一角

写赶超跨越发展的新灵石

新引进项目6个、总投资261亿元，上马了存山北斗导航智慧应用云计算、聚义煤矸石制纤维等一批转型重点项目。投资对经济增长的贡献率达到66%，非煤项目投资额占二产投资比重提高20个百分点，高新技术产业、现代服务业等新兴产业产值同比增长44.4%。金融创新取得突破为标志，转型综改步伐加快。成立了全国首支支持县域经济发展和城镇化建设的私募基金，募集资金4.5亿元，为5个项目解决资金2.8亿元；县财政注资1000万元，与县建行合作开展小微企业"助保贷"业务，为5户企业解决贷款2050万元。

高楼林立的山城

三、环境质量优良

灵石县生态环境良好，强化企业节能减排，万元GDP综合能耗下降显著，二氧化硫等六项减排指标全部完成。全方位推进造林绿化，全县林木覆盖率57.64%，县城区人均公园绿地面积9平方米，绿化覆盖率达到43%，连续三年荣获"全省造林绿化先进县"称号，被省政府命名为"林业生态县"，被国家林业局授予"全国绿化先进集体"荣誉称号，进入国家卫生县城、国家园林城市行列。积极推进园林城市、园林单位和生态村镇创建工作，4个乡镇和12个村获得省级生态乡镇和生态村称号。区域环境明显好转，2013年环境空气质量优良率达到98%。

永吉大道

红崖大峡谷

四、旅游业飘红

灵石县名胜古迹众多，现有重点文物保护单位62处，其中：国家级5处，省级1处，市级5处，县级51处。全国首批历史文化名镇静升古镇，华夏民居第一宅、国家4A级景区、全国重点文保单位王家大院坐落我县;千年古刹资寿寺以十八罗汉头像失而复得享誉海内外；石膏山风景区、红崖峡谷景区相继对外开放，吸引着四方宾朋。2013年，全县共接待中外游客438万人次，旅游综合收入达到36.6亿元。

文化艺术中心

王家大院红门堡

五、各项事业协调发展

教育事业长足发展。在全省率先普及高中阶段教育和实行高中阶段教育"一免一补"，高中普及率达到了96.18%，幼儿园、小学、初中入学率100%。医疗卫生制度更完善。公立医疗机构全部实行基本药物制度，全县12个乡镇全部开展了新型农村合作医疗工作，161818人参加了农村合作医疗，参合率99.4%。城镇人口中32841人参加养老保险，其中：城镇职工23441人参加养老保险，城镇居民9400人参加养老保险；农村人口中110305人参加养老保险。

灵石正处于加快发展的黄金期、关键期，第一要务的理念是牢固树立发展，紧紧把握转型跨越这一主旋律，抢抓机遇，锐意进取，开拓创新，汇集各方智慧，凝聚一切力量，促进经济社会赶超跨越发展

石膏山风光

"四新战略"起宏图

富阳工业园区省级工业园区

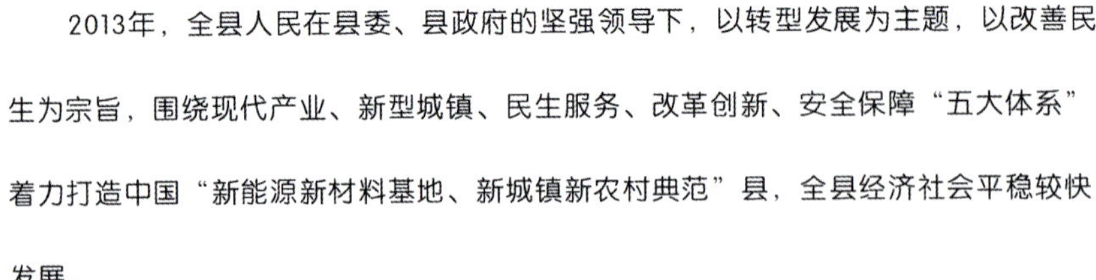

2013年，全县人民在县委、县政府的坚强领导下，以转型发展为主题，以改善民生为宗旨，围绕现代产业、新型城镇、民生服务、改革创新、安全保障"五大体系"，着力打造中国"新能源新材料基地、新城镇新农村典范"县，全县经济社会平稳较快发展。

经济运行稳中有升。全县生产总值完成214.7亿元，增长7.2%；公共财政收入完成22.4亿元，增长30.7%；规模以上工业增加值完成164.9亿元，增长6.9%；固定资产投资完成151.4亿元，增长44.1%；社会消费品零售总额完成20.1亿元，增长13.9%；城镇居民人均可支配收入达到25854元，增长11.2%；农民人均纯收入达到10657元，增长13.2%。

襄矿集团循环经济典范

产业转型全面加快。一产上，出台了农业产业扶持政策，全年粮食总产量达1.84亿公斤，增长4.5%；新增智能化育苗大棚5万平方米、设施蔬菜园区1.3万亩、建成冷库6.1万立方米；新上了林盛果业、天下襄、绿龙养殖、康润农林牧、油籽牡丹等16个龙头企业，初步形成了"合作社+基地+农户"、"公司+农户"等多种产业发展模式。二产上，规划了150平方公里以精细煤化工为基础的大型工业园区，目前面积达到88平方公里，入园企业项目63个，开通了园区主干道16公里，配套建设深水井6座、饮水和蓄水工程各1处、3座变电站和1条电力专线。坚持规划招商、产业链招商、以商招商，先后引进中冶集团、新加坡胜科集团、美国AP公司等5个世界500强企业和华电集团、中信集团等8个中国500强企业。围绕煤基合成油、焦炉煤气制甲醇烯烃、煤制乙二醇聚酯建材、煤制芳烃及延伸加工四条产业链，建设了潞安高硫煤清洁利用油化电热一体化、七一鸿达煤基多联产、襄矿20万吨合成气制乙二醇、华垣蓄电能源电动汽

襄矿集团60万吨聚氯乙烯

襄矿集团60万吨聚氯乙烯二期

襄矿乙二醇项目

山力铂纳橡胶机带项目

山西潞安集团高硫煤清洁利用油化电热一体化项目

驾赶超跨越发展的新灵石

新引进项目6个、总投资261亿元，上马了存山北斗导航智慧应用云计算、聚义煤矸石制纤维等一批转型重点项目。投资对经济增长的贡献率达到66%，非煤项目投资额占二产投资比重提高20个百分点，高新技术产业、现代服务业等新兴产业产值同比增长44.4%。金融创新取得突破为标志，转型综改步伐加快。成立了全国首支支持县域经济发展和城镇化建设的私募基金，募集资金4.5亿元，为5个项目解决资金2.8亿元；县财政注资1000万元，与县建行合作开展小微企业“助保贷”业务，为5户企业解决贷款2050万元。

高楼林立的山城

三、环境质量优良

灵石县生态环境良好，强化企业节能减排，万元GDP综合能耗下降显著，二氧化硫等六项减排指标全部完成。全方位推进造林绿化，全县林木覆盖率57.64%，县城区人均公园绿地面积9平方米，绿化覆盖率达到43%，连续三年荣获“全省造林绿化先进县”称号，被省政府命名为“林业生态县”，被国家林业局授予“全国绿化先进集体”荣誉称号，进入国家卫生县城、国家园林城市行列。积极推进园林城市、园林单位和生态村镇创建工作，4个乡镇和12个村获得省级生态乡镇和生态村称号。区域环境明显好转，2013年环境空气质量优良率达到98%。

永吉大道

红崖大峡谷

四、旅游业飘红

灵石县名胜古迹众多，现有重点文物保护单位62处，其中：国家级5处，省级1处，市级5处，县级51处。全国首批历史文化名镇静升古镇，华夏民居第一宅、国家4A级景区、全国重点文保单位王家大院坐落我县;千年古刹资寿寺以十八罗汉头像失而复得享誉海内外；石膏山风景区、红崖峡谷景区相继对外开放，吸引着四方宾朋。2013年，全县共接待中外游客438万人次，旅游综合收入达到36.6亿元。

文化艺术中心

王家大院红门堡

五、各项事业协调发展

教育事业长足发展。在全省率先普及高中阶段教育和实行高中阶段教育“一免一补”，高中普及率达到了96.18%，幼儿园、小学、初中入学率100%。医疗卫生制度更完善。公立医疗机构全部实行基本药物制度，全县12个乡镇全部开展了新型农村合作医疗工作，161818人参加了农村合作医疗，参合率99.4%。城镇人口中32841人参加养老保险，其中：城镇职工23441人参加养老保险，城镇居民9400人参加养老保险；农村人口中110305人参加养老保险。

灵石正处于加快发展的黄金期、关键期，第一要务的理念是牢固树立发展，紧紧把握转型跨越这一主旋律，抢抓机遇，锐意进取，开拓创新，汇集各方智慧，凝聚一切力量，促进经济社会赶超跨越发展

石膏山风光

“四新战略”起宏图

富阳工业园区省级工业园区

2013年，全县人民在县委、县政府的坚强领导下，以转型发展为主题，以改善民生为宗旨，围绕现代产业、新型城镇、民生服务、改革创新、安全保障“五大体系”，着力打造中国“新能源新材料基地、新城镇新农村典范”县，全县经济社会平稳较快发展。

襄矿集团循环经济典范

经济运行稳中有升。全县生产总值完成214.7亿元，增长7.2%；公共财政收入完成22.4亿元，增长30.7%；规模以上工业增加值完成164.9亿元，增长6.9%；固定资产投资完成151.4亿元，增长44.1%；社会消费品零售总额完成20.1亿元，增长13.9%；城镇居民人均可支配收入达到25854元，增长11.2%；农民人均纯收入达到10657元，增长13.2%。

襄矿集团60万吨聚氯乙烯

产业转型全面加快。一产上，出台了农业产业扶持政策，全年粮食总产量达1.84亿公斤，增长4.5%；新增智能化育苗大棚5万平方米、设施蔬菜园区1.3万亩、建成冷库6.1万立方米；新上了林盛果业、天下襄、绿龙养殖、康润农林牧、油籽牡丹等16个龙头企业，初步形成了“合作社+基地+农户”、“公司+农户”等多种产业发展模式。二产上，规划了150平方公里以精细煤化工为基础的大型工业园区，目前面积达到88平方公里，入园企业项目63个，开通了园区主干道16公里，配套建设深水井6座、饮水和蓄水工程各1处、3座变电站和1条电力专线。坚持规划招商、产业链招商、以商招商，先后引进中冶集团、新加坡胜科集团、美国AP公司等5个世界500强企业和华电集团、中信集团等8个中国500强企业。围绕煤基合成油、焦炉煤气制甲醇烯烃、煤制乙二醇聚酯建材、煤制芳烃及延伸加工四条产业链，建设了潞安高硫煤清洁利用油化电热一体化、七一鸿达煤基多联产、襄矿20万吨合成气制乙二醇、华垣蓄电能源电动汽

襄矿集团60万吨聚氯乙烯二期

襄矿乙二醇项目

山力铂纳橡胶机带项目

山西潞安集团高硫煤清洁利用油化电热一体化项目

“四项基础”惠民生

——襄垣县2013年国民经济和社会发展情况

车、中冶20万吨高性能取向硅钢等十大标杆项目。项目全部投产达效后，可实现年产值1000亿元，安排就业6万人。三产上，仙堂山景区31个景点正式对外开放，法显大道全线通车，宝峰湖旅游区、襄子文化产业园建设初见成效。长治市八一百货大楼有限公司进驻华丽港购物广场，物流、信息、金融等现代服务业加速发展。

城镇建设扎实推进。规划了“一城三区五镇六十六中心村”发展格局，启动了河东移民安置区、城中村棚户区改造、镇村集中安置点建设，城乡一体化稳步推进。其中，河东移民安置区规划面积8.8平方公里。8个城中村新建回迁安置楼40幢54.4万平方米。新建镇村集中安置区21处、住宅楼235幢320万平方米，其中50幢71万平方米已基本建成。与此同时，各乡镇将压煤村和采空塌陷村的整体搬迁与新城镇新农村建设同步规划、同步实施，取得了阶段性进展。其中，九庄、池岩等3个采空塌陷村新建搬迁安置房21幢684套9.3万平方米，部分楼房已分配到户。

民生基础不断夯实。以“修路、栽树、兴水、重教”为重点，建设了40项民生工程，进一步提高了人民群众的幸福指数。新建续建道路34条204公里，开通了县城免费公交。完成造林绿化6.78万亩，林木绿化率新增3.8个百分点。建设兴水拦蓄工程10项、水库清淤加固工程4项，新增蓄水能力1944万立方。完成了教育园区3所学校主体建设、学府路幼儿园新建、14所农村幼儿园改扩建工程，落实了高中阶段教育免费政策，公开招聘了52名优秀教师。建设了县医院内科住院楼和县中医院，招聘医护人员30名。新建了社会福利服务中心和老年公寓项目。提高了城乡低保和大病救助标准。国家公共文化服务体系示范区创建成功，农村文化活动场所、有线电视基本全覆盖。行政村街道亮化工程全面完成。建成保障房1869套。

县城新貌

县城一角

襄垣东湖

古韩大道

襄子老粗布车间一角

文王山观光农业园

设施农业

根

县委书记王国平调研尧京葡萄产业园区

县委副书记、县长张宏志在汾城镇调研

襄汾县位于山西省临汾市中南部，东邻浮山县、翼城县，南接曲沃县、侯马市、新绛县，西傍乡宁县，北靠尧都区。县境南北长39.3千米，东西宽26.5千米，总面积1034平方千米，辖7镇6乡348个行政村，2013年总人口49.3万人。

襄汾历史悠久，源远流长，是中华民族的发祥地之一、华夏文明的根祖之地。驰名中外的“丁村人”，10万年前就在这里繁衍生息。华夏之祖尧帝，5000年前在陶寺建国立都、兴业安邦。以丁村和陶寺两大遗址为代表的丁陶文化享誉三晋，闻名全国。襄汾土地肥沃，水源充足，资源丰富，交通便捷，是传统的农业大县，也是新兴的工业强县。

2013年，在省、市的正确领导下，襄汾县委、县政府团结带领全县人民，创新奋进，顽强拼搏，扎实推进各项工作，较好地完成了各项目标任务，经济社会发展呈现出稳中有进、稳中向好的态势。全县地区生产总值完成125.17亿元，增长9.1%；规模以上工业企业增加值完成72.68亿元，增长12.7%；固定资产投资总额完成83.35亿元，增长34.7%；社会消费品零售总额完成32.75亿元，增长14%；城镇居民人均可支配收入达到22243元，增长11.3%；农民人均纯收入达到9206元，增长12.6%；公共财政预算收入完成7.45亿元，增长6.47%。

现代农业扎实推进。改善灌溉面积1万公顷，增加秋粮复播面积2670余公顷，全县粮食总产达到4.64亿千克，再创历史新高。狠抓八大园区和两大基地建设，蔬菜、果树、中药材等特色农业的种植面积稳中有增，南辛店、景毛、新城3个万头生猪养殖园区完成建设。侯临日产10吨杏鲍菇项目投产达效，天美食品、三盛合酿造、奥格姆食用菌、敬德面粉4家企业成为全省“513”农产品加工龙头企业。赵康辣椒通过国家地理标志认证，五谷丰醋业跻身山西省著名商标行列。241个行政村的街道亮化工程全部完工，乡村清洁工程全面铺开，环境状况得到有效改善。

工业转型步伐加快。积极组织、参加各类商贸洽谈活动，晋润冷链物流、戎子酒庄生产基地等项目成功落户我县，特别是世界500强企业，新兴际华下属新兴重工襄汾绿色铸造科技产业园落地奠基，成为我县工业经济发展中的一个里程碑。大力推进焦化行业整合重组，在全省淘汰1500万吨落后产能的形势下，我县整合主体企业由1家增加到4家，产能由760万吨增加到820万吨，股份制联合重组的万鑫达模式在全省推广。改造升级传统产业，宏源10万吨甲醇、光大90万吨干熄焦项目投产达效。坚持发展循环经济，星原100万吨高速线材、400万吨高活性石灰项目建成投产，中升100万吨高线盘螺项目进入试生产。着力培育新兴产业，辉瑞制药园区一期工程通过国家食品药品监督管理局验收，宏木林日产2万张石膏板生产线投入运营。2013年，全县重点项目“六位一体”工作全市综合排名第三，各项指标全部超额完成市定目标任务。

城乡环境有效改善。县城总体规划修编、城中村改造修建性详细规划和住房建设规划通过专家评审，邓庄、汾城“百镇工程”建设

龙澍峪自然风景区

陶寺古观象台遗址

文化襄汾

规划已经完成，城乡规划体系不断完善。滨河东路和汾河治理全部达到年度目标进度，“百里汾河新型经济带”襄汾段建设取得新进展。复兴路、丁陶大道北延等路网工程进展顺利，晨光家园、泽欣花园等住宅小区主体完工，旧城街巷改造、自来水管网建设、集中供热扩面等提质工程稳步实施，“大县城”发展战略扎实推进。大力整治环境污染，积极推进生态建设，二氧化硫、氮氧化物等约束性指标全部完成市级下达任务，县城二级以上天数达到338天。

文化旅游加快发展。龙澍峪景区一期工程完工并开园迎客，丁村、陶寺、汾城和玛斯兰德温泉度假小镇等景区正在加紧规划编制等前期工作。丁村入选第六批中国历史文化名村，襄陵文庙、邓庄灵光寺琉璃塔入选国家第七批文物保护单位，文物保护得到进一步加强。晋尧古玩市场投入试运营，唐人居晋作家具完成改造提升，丁村土布成为集自主创新、联合加工生产为一体的文化产业。荷花文化旅游节、尉村跑鼓车节、赵氏孤儿忠义文化节、龙澍峪祈福节和陶寺龙文化节等活动成效初显，全县文化旅游产业收入达到10.37亿元，比2012年增长21.4%。

社会事业全面进步。教育体制改革深入推进，教学条件明显改善，教师队伍不断加强，办学质量全面提升。普通高考硬本达线1196人，4名学生被清华、北大录取，为襄汾教育赢得了荣誉。省级公立医院改革试点工作如期完成，新农合大病保障范围进一步扩大，县医院河西新院建设进展顺利，全省计划生育优质服务先进县通过验收，食品药品监管体制改革工作走在全市前列。新增城镇就业7320人。五大保险参保人数达到42.9万人次。全年发放社会救助资金5266万元，6万余名60周岁以上老人享受到城乡居民养老保险待遇。建成保障性住房672套，改造残疾人和农村困难家庭危房535户。《陶寺文化新论》和历史文化专著《襄汾》排版审定，《丁陶鼍鼓》摘得第十届中国艺术节“群星奖”，平阳麻笺、徐记锣鼓等5项传统文化项目入选第四批省级非遗保护名录。

2014年是襄汾坚持改革创新、扎实推进转型跨越发展的关键一年。襄汾县委、县政府将继续在省、市的正确领导下，紧紧围绕“转型跨越迈大步，进军中部百强县”赶超目标，强化招商引资发展引擎，加快现代农业基地、新型工业强县、宜居宜业新区、根祖文化之乡建设步伐，提升安全生产、生态建设、社会治理工作水平，抓好事关广大群众福祉的民生工程，全力推动经济社会持续健康快速发展，为我省实现转型跨越发展、全面建成小康社会的宏伟目标做出新的更大贡献！

正在建设的县医院河西新院

光大焦化公司150万吨焦化项目

万鑫达焦化公司焦炭生产区

山西十大名枣—官滩枣

星原学校教学楼

即将竣工的滨河公园住宅小区

河曲县 HE QU XIAN

主题教育活动深得民心
作风转变取得明显成效

强化学习 提升干部政治素养
反对“四风” 创优社会发展环境

“六打六整”创建平安河曲
部门联动共创和谐稳定

打造升级版百企千村产业扶贫迈出坚实步伐
山煤九万吨乳制品项目开工启动

重点项目推进再掀新热潮
全县经济发展打造升级版

2013年，在党中央、国务院的正确领导下，河曲县委、县政府深入贯彻党的十八大会议精神，坚持主题主线和稳中求进工作总基调，全县经济持续健康发展，社会事业显著进步，人民生活水平不断提高，经济和社会发展取得新进展。

一、经济总量

初步核算，全年全县生产总值638637万元，比上年增长11.8%。其中，第一产业增加值31990万元，增长2.7%，占生产总值的比重为5.0%；第二产业增加值435153万元，增长14.4%，占生产总值的比重为68.1%；第三产业增加值171494万元，增长6.3%，占生产总值的比重为26.9%。

人均地区生产总值43310元，按2013年平均汇率计算为6993美元。

全年全县财政总收入15.69亿元，增长1.83%。一般预算收入5.83亿元，增长6.67%。税收收入13.23亿元，增长1.08%，其中国内增值税、营业税、企业所得税、个人所得税、资源税和城建税共计完成税收3.07亿元，增长12.0%。一般预算支出11.73亿元，增长7.5%。其中农林水事务支出增长7.0%，社会保障和就业支出增长12.9%，医疗卫生支出减少0.3%，文化体育与传媒支出增长36.8%，节能环保支出增23.1%。

居民消费价格比上年上涨3.1%，其中，食品价格上涨4.6%。商品零售价格上涨1.6%。工业生产者出厂价格下降7%，其中生产资料价格下降7.3%，生活资料价格上涨1.1%。

全年全县城镇新增就业2100人。转移农村劳动力2335人。年末城镇登记失业率4.1%。

二、农业生产

全年全县农作物种植面积27953公顷，比上年减少739.36公顷。其中，粮食种植面积23197.9公顷，增加180公顷；油料种植面积4755.1公顷，减少778.1公顷；在粮食种植面积中，玉米种植面积9289.3公顷，增加283公顷；全年粮食产量64239.4吨，增加13255.7吨，增产26%。其中，秋粮64239.4吨，增产26%。

全年完成造林35000公顷，减少30.4%。

全年全县猪牛羊肉总产量2478吨，增长36.5%。其中，猪肉产量1255吨，增长44.9%；牛肉产量43吨，减少70%；羊肉产量1014吨，增长26%。年末生猪存栏12701头，生猪出栏10013头。牛奶产量3058吨，减少11.7%。禽蛋产量3957吨，减少11.8%。水产品产量86吨，增长2.4%。

年末全县农业机械总动力9.7万千瓦，增长8.9%。机械耕地面积0.7万公顷，增长4.5%；机械播种面积0.7万公顷，机械收获面积0.4万公顷，分别增长6%和3.1%。全县农机化经营总收入0.3亿元，增长2.1%。

三、工业和建筑业

年末全县规模以上工业企业12家。全年规模以上工业增加值增长14%。

全社会原煤产量1206.8万吨，增长16.95%；发电量116.11亿千瓦时，增长12.63%。

规模以上工业企业实现主营业务收入717316万元，增长24.49%。其中，煤炭和电力工业分别实现主营业务收入279606万元和377495万元，分别增长31.55%和84.84%；

规模以上工业实现利税240720.3万元，增长41.07%；实现利润132491万元，增长39.73%。

全年全县建筑业实现增加值6088.9万元，比上年增长61.29%。具有建筑业资质等级的总承包和专业承包建筑业企业实现利润2551.5万元，增长172.10%。

四、固定资产投资

全年全社会固定资产投资813395万元，增长35.46%。其中，国有及国有控股投资288570万元，减少29.04%；民间投资358939元，增长2094.67%。

在全社会固定资产投资中，内资企业投资756267万元，增长29.01%。

在全社会固定资产投资中，第一产业投资246282万元，增长2989.73%；第二产业投资342277元，减少16.69%；第三产业投资224836万元，增长23.76%。在第二产业中，工业投资342277万元，减少16.69%。其中，煤炭工业投资201853万元，增长24.95%,非煤产业投资140424万元，减少1.02%;传统产业（煤炭、焦炭、冶金、电力）投资合计234369万元，减少39.78%,非传统产业投资合计107908万元，增长398.65%。

全年全县在建固定资产投资项目200个。其中，5亿元以上项目4个，计划总投资754828万元，完成投资51317万元。

全年房地产开发投资21788万元，增长98.43%。其中，住宅投资18775万元，增长121.98%；商业营业用房投资1918万元，减少23.95%。

五、能源消耗

全年全县一次能源生产折标准煤862.02万吨，增长16.95%；二次能源生产折标准煤

1426991.9万吨，增长12.63%。全年全县向省外运输煤炭400.53万吨，增长22.73%，外运煤炭占原煤产量33.19%。

全年全县全社会用电总量11.85亿千瓦小时。其中，第一产业用电0.07亿千瓦小时，占全社会用电量0.59%；第二产业用电9.56亿千瓦小时，占80.68%，其中工业用电9.41亿千瓦小时；第三产业用电1.83亿千瓦小时，占15.44%；城乡居民生活用电0.39亿千瓦小时，占3.29%。

六、内外贸易

全年全县社会消费品零售总额92617万元，增长16.09%。按经营地统计，城镇消费品零售额65445万元，增长14.74%；乡村消费品零售额27172万元，增长19.46%。按消费形态统计，商品零售额76010万元，增长17.92%；餐饮收入额16607万元，增长8.37%。

全年全县海关进出口总额495万美元，增长5%。其中，出口额495万美元，增长5%。

八、交通、邮电和旅游

年末全县公路线路里程1212万公里。

年末全县民用汽车保有量9575辆（包括三轮汽车和低速货车95辆），比上年末增长45.76%，其中私人汽车6817辆，增长18.14%。本年新注册汽车1454辆，增长18.6%。年末轿车保有量4158辆，增长45.49%，其中私人轿车3845辆，增长48.92%。

全年全县完成邮政业务总量1503万元，增长28.68%；电信业务总量3083万元，增长4.93%。年末移动电话用户51761户，其中，3G移动电话用户12609户。

全年全县接待国内旅游者77.1万人次，增长30.3%；国内旅游收入81500万元，增长30.6%。

九、金融保险

年末全县金融机构本外币各项存款余额987509万元，比年初增加139025元，比年初增长16.39%。各项贷款余额315091万元，比年初增加1376万元，增长0.44%。

年末全县农村金融合作机构（农村信用社、农村合作银行、农村商业银行）人民币贷款余额154573万元，比年初增加21715万元，增长16.34%;人民币存款余额332894万元，比年初增加43007万元，比年初增长14.84%。

全年全县保费收入2902万元，减少5.9%。其中，寿险业务保费收入1626.48万元，减少6.5%；意外险业务保费收入145.6万元，增长40.4%；财产险业务保费收入2902万元，减少6.1%。全年支付各类赔款及给付1610.83万元，增长47.56%。

十、教育和科学技术

年末全县普通高中阶段毛入学率94.2%。成人技术培训学校培训职工和农民共计1.8万人次。

全年全县专利申请量与授权量分别为36件和35件，分别增长20%和12%；其中发明专利申请量与授权量分别为9件和3件，分别增长20 %和180 %。全年共签订各类技术合同5项，技术合同成交总额70万元，增长8%。省级企业技术中心1家。按照国家高新技术企业认定办法，年末累计高新技术企业1家。

全县有气象台站1个。全县气象系统开展人工影响天气业务的单位1个，防雹、增雨累计受益面积800平方公里，增雨量400万立方米。全省有天气预报服务Intel网站1个，卫星云图接收站1个。

十一、文化、卫生和体育

年末全县共有文化馆1个,博物馆1个，艺术表演团体1个，公共图书馆1个。

年末全县共有卫生机构(含诊所、村卫生室) 385个，床位475张。妇幼保健院（所、站）1个。全县卫生机构共有卫生技术人员639人。有100938农民参加了合作医疗。

十二、人口、人民生活和社会保障

据2013年人口抽样调查，年末全县常住人口为147429人，比上年末增加635人。全年全县出生人口1649人，人口出生率为11.21‰；死亡人口1013人，死亡率为6.89‰；自然增长率为4.32‰。

全年城镇居民人均可支配收入19497元，增长9.7%；城镇居民人均消费性支出8769.56元，减少37.2%。全年农村居民人均纯收入4535元，增长13.8%；农村居民人均生活消费支出8040元，增长83.1%。城镇占调查总户数20%的低收入家庭人均可支配收入8418元，增长4.2%；农村占人口20%的低收入者收入1437元，减少12.2%。城镇居民家庭恩格尔系数（即居民家庭食品消费支出占家庭消费支出的比重）31%，农村居民家庭恩格尔系数34.2%。

年末参加城镇职工基本养老保险1.91万人，增加0.1万人；参加新型农村社会养老保险5.66万人，增加0.2万人；参加城镇基本医疗保险3.49万人，增加0.7万人；参加失业保险1.31万人，增加0.19万人；参加工伤保险1.49万人，增加0.39万人，其中农民工0.16万人；参加生育保险1.33万人，比上年增加0.17万人。

全年全县共有城市最低生活保障对象7028人、农村最低生活保障对象15782人，1521人纳入农村五保供养，全年共发放最低保障资金4371.9万元。

年末全县共有养老服务机构1个，各类福利院床位数12张，收养9人。接收社会捐赠款36.5万元。

十三、资源、环境和安全生产

全县水资源总量6778万立方米。总降水量402.9毫米，减少37.7%。

年末全县森林面积32473公顷，森林覆盖率24.66%。

全年各类自然灾害造成直接经济损失2472万元，减少24.7%；农作物受灾面积25300公顷，增长251.4%，其中：绝收8240公顷，增长437.5%。

全年共发生各类安全事故16起，增长14.3%；死亡3人，减少62.5%。未发生特别重大事故。全年全省煤炭百万吨死亡率0.06%。

高考达线再创辉煌
河曲中学喜迁新区

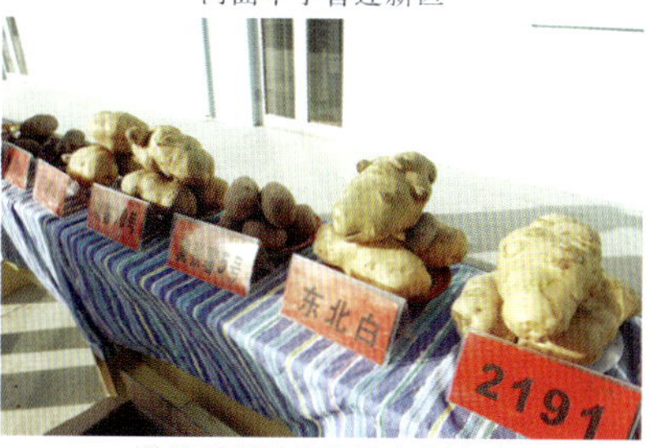

科技引领助推传统农业转型
典型示范加快增产增收步伐

科技引领助推传统农业转型
典型示范加快增产增收步伐

均衡发展受省政府考核评价肯定
“县域经济发展先进县”实至名归

巩固创卫向纵深推进
扩大战果乡镇创卫启动

“村村亮”点亮百姓生活
惠民阳光普照千家万户

新转型　新跨越

县委书记李德新与德国专家考察静乐藜麦

县长王昕在霍州煤电调研指导工作

太佳、忻保两条高速穿越县境

静乐县潞宁前文明煤矿技改工程开工奠基仪式现场

过去的一年，是奋进的一年、辉煌的一年。一年来，全县上下在县委、政府的正确领导下，深入贯彻党的十八大精神，积极应对，奋力作为，努力化解不利因素，全县经济呈现出“总体上稳步前行，经济结构上稳中提质”的良好态势，各项事业取得了新成效，转型综改迈出了新步伐。

一、从总体运行趋势看，三次产业共同驱动经济增长，经济总量突破20亿大关

2013年，全县地区生产总值实现213164万元，同比增长12%，位居全市第三。人均GDP达到13518元，同比增长10.4%。

分产业看，三大产业均为同向正增长，共同推动全县经济平稳增长。分别为：第一产业增加值24887万元，比上年增长8.1%；第二产业增加值100886万元，增长11.9%；第三产业增加值87391万元，增长13%。

二、从社会生产角度看，农业生产平稳较快，工业经济稳步上升

2013年，全县积极推进现代农业建设，不断提升农业生产能力，全年粮食总产量达到4.5万吨，比上年增加0.61万吨，增产15.7%。全年粮食种植面积2.312万公顷，比上年增加0.06万公顷。

全年重点培育了以藜麦、玫瑰、养羊、小杂粮种植加工为主的四大增收富民产业，着力做大优势，打造品牌。全年种植藜麦1万亩，成为全球第三大种植基地，荣获“中国藜麦之乡”称号。推广玫瑰种植4800余亩，发展小杂粮示范区10万余亩。新建标准化养羊小区7个，新发展羊4万只，养殖总量达到27.万只。

全年农业机械总动力8.89万千瓦，增长5.2%。农机化经营总收入1960万元，增长6.5%。

2013年，全县规模以上工业增加值实现70503万元，同比增长15%，位居全市第三。

一年来，全县立足促转型、强基础、增后劲，大力推进以煤为基、多元发展。煤炭企业复工复产、达产达效步伐加快。天柱山煤焦化工业园区综改工作初见成效，1830化工项目开始试生产，甲醚、百万吨焦炭扩产等12项延伸项目正在积极推进。以风电为主的清洁能源项目全面兴起，国电5万千瓦风电项目并网发电，成为工业经济增长的新亮点。龙源15万千瓦风电项目、县电

国电山西龙源风电场建设项目

新发展　新静乐

广生物质能发电项目、双路110KV变电站项目有序推进，全县多业支撑的工业发展格局正在形成。

三、从社会需求看，固定资产投资再创历史新高，社会消费品零售总额持续较快增长2013年，全县固定资产投资突破50亿元大关，达到52.8亿元，再创历史新高，同比增长38.3%，位居全市第六。

一年来，全县始终把扩大招商引资，加快项目建设作为工业强县的重要抓手，坚持“八位一体”抓项目，加大项目攻坚力度。全年共实施省市重点项目42个，完成投资48.3亿元。项目储备、签约、落地、开工、投产5项考核指标均走在全市前列。

2013年，全县社会消费品零售总额实现53212万元，同比增长16.6%，位居全市第二。

四、从经济运行质量看，财政收入小幅增长，城乡居民收入稳步提高

静乐县玫瑰种植基地

静乐生产的优质马铃薯进入了太原蔬菜市场

藜麦一片

泉庄流域绿化工程目前已完成造林一万亩

2013年，全县财政总收入完成35720万元，同比增长3.7%，位居全市第七。公共财政预算收入完成23407万元，同比增长33.2%，位居全市第二。

城镇居民人均可支配收入完成16418元，同比增长10.7%，位居全市第四。农民人均纯收入完成4566元，同比增长14.5%，位居全市第一。

五、从惠民程度来看，社会事业协调发展，群众幸福指数不断提升

一年来，全县大力实施教育优先发展战略，教育质量明显提高，全县二本以上达线174人，再创历史新高，应届毕业生达线率位居全市前列。

进一步完善了新型农村合作医疗制度，全县新型农村合作医疗参合率达到99.8%，基本药物制度初步健全，基层医疗卫生服务能力不断提升，公共卫生保障能力明显增强。

新农村“五件实事”，1000户农村困难家庭危房改造任务全面完成，特困群众异地搬迁加快推进，行政村街道亮化圆满完成任务。381个行政村完成村容整饰。

全面落实了各类补贴补助、低保五保以及救灾救助等惠民政策，开展了两轮“五个全覆盖”回头看，惠民效益得到提升。

天柱山风景区对游人开放

时尚动感的文化大楼

五家庄村农民健身广场一角

怡汾园优美的环境吸引了县城居民来这里休闲娱乐

全年公众安全感以及群众满意度调查结果位居全市第一，人民群众安全感和满意度显著提升。一年来，深入开展了安全隐患排查治理，高度重视群众来访来信，有效化解了社会矛盾，维护了和谐稳定，保障了经济社会快速发展。

总之，2013年我县经济整体依然处于平稳较快的运行区间，各项事业成绩斐然。然而，经济领域的深层次矛盾和问题依然较多，未来转型发展的任务仍然艰巨。

2014年是我县全面贯彻落实十八届三中全会精神的开局之年，全县上下将进一步坚持稳中求进的工作基调，发挥好消费的基础作用、投资的关键作用、工业的支撑作用，不断引深项目攻坚，做大做强特色产业，深入实施“三城同创”，从而实现全县经济可持续、平稳较快发展。

腾飞的寿阳

2013年7月28日，市委书记张璞在寿阳检查指导工作

2013年8月27日，市长胡玉亭在寿阳调研

2013年1月17日，县委书记杨建平在解愁乡三鑫耐火材料有限公司调研

2013年5月14日，县长郝鹏鸿深入寿阳一中新校区建设工地现场办公

【自然概况】寿阳县位于山西省东部，太行山西麓，是山西晋中的东大门。全县国土面积2110平方千米，耕地面积69 333公顷，辖7乡7镇2个城区管委会、206个行政村，总人口21.3万人。石太铁路、太旧高速公路、307国道横贯全境，素有三晋东部“金三角”之称。是清“三代帝师”祁 藻、刘胡兰式女英雄尹灵芝故里，是“中国寿星文化之乡”和“寿文化研究基地”。境内矿产资源丰富，含煤面积1890平方千米，已探明煤炭储量70亿吨，是全国“重点产煤县”。

【经济发展概况】2013年，全县地区生产总值完成98.7亿元，同比增长4.4%；人均国内生产总值完成46470元，同比增长4.1%；工业总产值完成97亿元，同比减少11.2%；规模以上工业增加值完成55.4亿元，同比增长4.1%；农林牧渔业总产值完成18.8亿元，同比增长11.8%；固定资产投资完成84.5亿元，同比增长7.1%；公共财政预算收入完成7.7亿元，同比减少22.2%;社会消费品零售总额完成20.1亿元，同比增长13.6%；城镇居民人均可支配收入达到25616元，同比增长10.2%；农民人均纯收入达到9397元，同比增长13.4%。受煤

美丽寿阳

阳煤扬德煤层气发电平舒矿低浓度瓦斯发电项目

山西省级新农村建设示范村——朝阳镇高家坡村

寿阳旱垣无公害蔬菜生产示范基地县

华越煤机设备制造及检修基地项目

省非物质文化遗产罕山大竹马

雨润集团沃得利、裕丰养殖园区

炭市场持续低迷影响，除工业总产值和财政收入下降外，各项主要经济指标都实现了稳步增长。

做大新型产业，转型发展势头强劲。主导产业持续提升，五大集团煤炭企业技改扩规基本完成，七元矿建设加速推进，明泰国能2×350MW低热煤发电项目具备开工条件。新能源、新材料、新煤电化、新装备制造四大新型产业初步构建，江苏鸿典纳米复合膜、北京蓝凯博醚基燃料、阳煤乙二醇等转型项目全面铺开，地球卫士环保石头纸项目主体基本完工，国新煤层气热电联产、鑫世泰秸秆发电、强伟造纸二期等一批新型产业项目即将投产运行，成为工业转型的新亮点。粮食、蔬菜总产量分别达到32.5万吨和80.3万吨，同比增长5.2%和14.8%。金粮集团千万只养鸡园、金谷光伏生态庄园全面铺开，景康现代农业示范园、裕丰沃得利养殖园投入运行，成为现代农业发展的新标杆。果蔬、钢铁物流园区全面启动，煤炭物流中心顺利入住，拉开了现代服务业发展的新格局。

实施项目攻坚，发展后劲显著增强。瞄准大集团、大企业、科研院所、高科技领军项目，给优惠、帮服务、创环境，全年引进新型产业项目7个，引资356亿元，日本住友株式会社冷链仓储物流、深圳亚太传媒泛家居产业城等一批优势项目落户发展，实现了项目建设无外资的历史突破、传统项目向高端项目的突破、单一项目向上下游链条式、园区化发展的突破。顺利推进建设项目66个，完成投资137亿元，其中转型项目23个；投产转型项目17个，六位一体完成额居全市前列。

推进城乡统筹，环境面貌持续改观。奋力推进中心城区拆迁攻坚，铺开安置楼建设。高标准规划设计，启动北部新城建设。全社会城建工程完成投资32亿元，铺开市政重点工程30项，白马河综合治理工程进入配套完善阶段，四季公园、滨河公园全部完善，6条城市道路、12条街巷硬化工程全面完成。全年新增供热面积70万平米、天然气用户3000户，垃圾、污水处理率达到85%、86%。3个示范小城镇、4个矿区移民新村顺利推进。全年投资2亿元，新增造林4800公顷，省级园林城市通过验收评审。

倾力关注民生，社会保持和谐稳定。寿阳一中新校区投入使用。第二人民医院、中医院开始运行，人民医院迁建工程启动建设，基本药物全部实现零差率销售，被评为全国卫生应急综合示范县。创业就业工程深入开展，新增就业2893人，保障房建设任务超额完成。网格化社会管理、综治信访服务机制高效运行，安全管理保持高压态势，安全寿阳、和谐寿阳建设取得良好成效。

市委书记在开发区调研

朔州经济开发区成立于 1992 年，1996 年省政府批准为省级开发区，总面积 86.9 平方公里，其中北部朔东新区 16.4 平方公里，南部朔南新区 41.54 平方公里，东部西盐池生态园区 28.96 平方公里，是山西省土地面积最大的省级开发区，也是全省开发区中唯一的“资源环境可持续发展综合改革试验区”和“十二五”规划编制试点区，先后被国家多家权威 机构评为“2011 年中国十大特色产业园区”和“2012 年中国最具投资价值开发区”。

朔州经济开发区紧紧围绕市委、市政府“优化经济结构，提升发展质量。”的战略部署，按照“项目立区、招商兴区、机制活区”的要求，努力创优发展环境，不断加大项目建设和招商引资力度。近年来，中煤、同煤、中冶、浙能、海尔、江苏双良、日本小松、美国安普等一批海内外大公司大集团相继入区建设，朔州经济开发区正朝着全国一流开发区迈进。

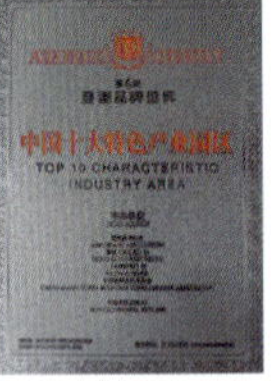

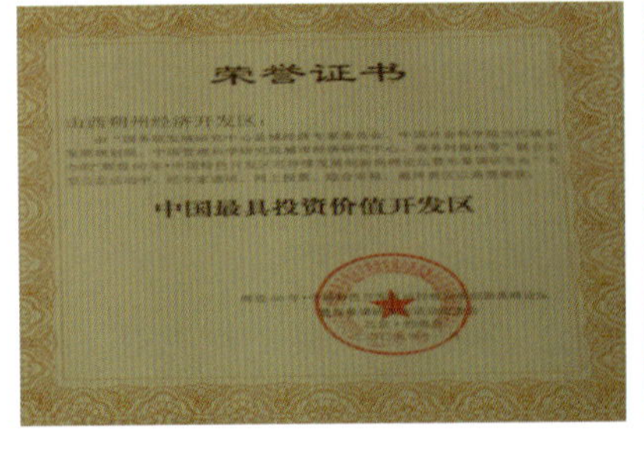

2013 年开发区地区生产总值累计完成 26.09 亿元，同比增长 11.2%，增幅排名全市第一位；今年一季度地区生产总值完成 7.64 亿元，同比增长 8.7%。

2013 年全区规模以上工业总产值累计完成 48.43 亿元，同比增长 63.1%；今年 1-5 月份规模以上工业总产值完成 21.7 亿元，同比增长 3.2%。

2013 年全区工业增加值累计完成 17.1 亿元，同比增长 34.1%；增幅排名全市第一位。今年 1-5 月份工业增加值累计完成 6.5 亿元，同比增长 18.4%。

2013 年全区工业销售产值累计完成 51.25 亿元，同比增长 72.7%；今年 1-5 月份工业销售产值累计完成 23.5 亿元，同比增长 6.4%。

2013 年全区工业实现利税 7.03 亿元，同比增长 187.1%；今年 1-5 月份工业实现利税 2.9 亿元，同比增长 144.6%。

2013 年全区固定资产投资累计完成 50.34 亿元，同比增长 33.12%；今年 1-5 月份固定资产投资累计完成 17.9 亿元，同比增长 9.5%。

2013 年全区限额以上社会消费品零售总额 5.91 亿元，同比增长 14.4%；今年 1-5 月份限额以上社会消费品零售总额 1.64 亿元，同比下降 38.1%。

2013 年全区财政总收入完成 4.0068 亿元，同比增长 39%，其中公共财政预算收入完成 2.5382 亿元，同比增长 42%。今年 1-5 月份财政总收入完成 2.6593 亿元，同比增长 49%，其中公共财政预算收入完成 1.8895 亿元，同比增长 82%。

“十二五”期间，朔州经济开发区将进一步解放思想，大抓招商，坚持“大投入引领、大项目带动、大开放引进、集群化推进、园区化承载、循环式发展”和“工业低碳化、农业设施化、物流便捷化、城乡一体化、新城两宜化”的发展定位，以打造“五大产业园”为抓手，发挥园区的集聚功能、辐射功能和规模效应，努力成为朔州市转型发展的示范区、跨越发展的领先区和园区建设的领头雁，在朔州市建设自然、生态、现代、宜居的幸福新城过程中发挥示范引领作用。

充满无限商机和生机活力的山西朔州经济开发区，真诚欢迎海内外客商入区投资、合作，我们将以高效、便捷、优质的服务与您携手共创美好明天！

中国邮政储蓄银行

王一新副省长视察邮储银行山西省分行直属支行信贷中心

中国邮政储蓄银行信贷部总经理朱大鹏（前左二）在运城市委常委、常务副市长王殿民及市分行武杰行长（右一）的陪同下深入我市重点企业进行调研

2013年，面对宏观形势风云变幻、区域经济低位徘徊、业内竞争不断加剧，邮储银行山西省分行坚持“加快转型、强化基础、稳健发展”战略定位，以“调整业务结构、转变增长方式”为主旨，不断深化改革，锐意进取，各项业务平稳发展，经济效益稳步提升。

一、资产业务发展情况

2013年，邮储银行山西省分行深入贯彻落实国家、省政府及监管部门有关政策，全力支持实体经济和“三农”发展，为山西转型综改试验区建设积极贡献力量。截至2013年末，邮储银行山西省分行各项贷款余额195.76亿元，较年初增加37.58亿元，增幅23.75%。

（一）支持山西转型综改试验区建设

邮储银行山西省分行依据山西省政府颁布的各类产业调整和振兴规划，对规划范围内的省内大型煤企和天然气等省内重点项目累计发放贷款32.26亿元，强力助推山西经济转型跨越发展。

（二）大力服务农村经济发展

邮储银行山西省分行始终坚持服务农业、农村和农民的基本政策，立足全省，根植城乡，通过产品要素调整、产业链开发、扶持重点行业和特色产业等方式，不断满足“三农”客户需求，有力地促进了农村经济发展。截至2013年末，邮储银行山西省分行涉农贷款结余61.67亿元，占各项贷款的31.5%。

（三）积极助力小微企业发展

邮储银行山西省分行积极响应政府号召，加大小微企业扶持力度，从组织机构调整、创新金融产品、升级服务模式、搭建服务平台等维度，全力助推小微企业成长。2013年累计为4.6万户小微企业发放贷款89.84亿元。截至2013年末，小微企业贷款余额75.05亿元，占各项贷款的45.9%。

二、负债业务发展情况

2013年，受互联网金融、利率市场化、理财产品、金融脱媒等多重因素的影响，邮政金融负债业务发展迟缓，增速回落。截至2013年末，各项存款余额1885.87亿元，全年新增69.5亿元，增幅3.83%。其中，储蓄存款余额1640.38亿元，全年新增74.23亿元，增幅4.74%。

张兴海副行长在小企业贷款客户厂房现场调查

张兴海副行长一行与客户进行商务对接

山西省分行

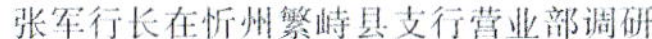
张军行长在忻州繁峙县支行营业部调研

张军行长在金融知识进万家宣传展台现场

司存款余额245.49亿元，较年初减少4.73亿元，降幅1.9%。

三、能力建设成效显著

（一）着力打造流程银行

按照监管要求和商业银行风险管理流程再造的需要，邮储银行总行设计了“营销及产品部门”、“风险管理部门”、“支持和服务部门”三大板块，努力实现风险管理流程的再造，旨在构建协调统一的全面风险管理组织体系。2013年9月，邮储银行山西分行按照总行的安排和部署，完成了机构改革相关工作，初步建成了前中后台互相支撑、风险管控严格的组织管理体系。

（二）着力新产品研发

邮储银行山西省分行紧密结合区域经济特点，不断加大贷款产品升级力度，先后设计开发了互助基金担保小额贷款、集体土地使用权抵押小额贷款、融资性担保公司担保小额贷款等新产品，不断满足区域经济发展需求，为支持区域经济发展贡献力量。

（三）着力风控建设

邮储银行一直遵循银行运行的内在规律，把风险管理摆在突出位置，明确各单位“一把手”主管风险，时刻抓紧抓好。2013年，开展全员合规经营大排查活动，范围延伸至各条线、各产品、各环节，主动揭示隐患，及时化解风险。全年先后两次开展全省合规经营大讨论活动，提升高职高管合规决策能力，强化培养普通员工合规操作意识。

2014年，宏观经济形势更为错综复杂，业内竞争更加激烈，邮储山西省分行将积极践行“普之城乡、惠之于民”的服务理念，充分依托网络优势，坚持服务“三农”、服务社区、服务小微企业的市场定位，积极探索普惠金融和现代商业银行可持续发展之路。

省分行本部党的群众路线教育实践活动专题辅导

邮储银行山西省分行与银联山西分公司对接

忻州市分行深入基层企业，支持中小企业发展

工作人员热情服务客户

工作人员耐心解答客户疑问

太原钢铁（集

张高丽在太钢考察

李小鹏在硅钢冷连轧技术改造工程施工现场调研

太原钢铁（集团）有限公司（简称太钢，英文简称TISCO）始建于1934年，地处汾河之滨龙城太原。

太钢是中国特大型钢铁联合企业，具有年产1000万吨钢（其中400万吨不锈钢）的能力。2013年，生产不锈钢322.56万吨，继续保持全球第一；实现营业收入1460.18亿元，在中国企业500强中排第93位。

太钢致力于不锈钢、特殊钢和高等级碳素钢的研究开发和生产加工，形成了以不锈钢、冷轧硅钢、高强韧系列钢材为主的高效节能长寿型产品集群，重点产品批量进入石油、化工、造船、集装箱、铁路、汽车、城市轻轨、大型电站、“神舟”系列飞船等重点领域和新兴行业。铁路行业用钢、双相钢、耐热钢、车轴钢、造币钢、冷藏集装箱用不锈钢、排气系统用不锈钢、水槽用不锈钢、铁路车辆用钢、9%Ni钢等20多个品种国内市场占有率第一。

太钢产品应用于神舟十号

太钢坚持绿色发展，实现了全流程的清洁生产，形成了较完整的固态、液态、气态废弃物循环经济产业链，万元产值能耗、吨钢综合能耗、新水消耗、烟粉尘排放、二氧化硫排放、化学需氧量排放等主要指标居行业领先水平。

太钢坚持以钢为基，延伸发展、多元发展，不断拓展业务领域。加快自有矿山建设，实施海外铬镍资源开发，构建起安全、稳定、低成本的战略资源供应体系；建设不锈钢生态工业园，已形成年加工转化50万吨不锈钢的能力；在全国重点市场建设钢材加工配送中心，形成较完整的钢材加工配送体系；发挥自身优势，开展冶金工业新工艺、新技术、新材料和新装备的开发和成套技术输出；积极开展国际贸易，同美、德、法、英、日、韩、澳大利亚等80多个国家和地区保持稳定的经济贸易关系。

双相不锈钢钢筋新型材料应用于港珠澳大桥

太钢先后荣获“全国质量奖”、“全国最具社会责任感企业”、“中国工业大奖”、“全国模范劳动关系和谐企业”、“全国企业文化建设先进单位”、“全国绿化模范单位”、“山西省模范企业”、“山西省五一劳动奖状”等荣誉称号。“十二五”期间，太钢将以科学发展为主题，以转型发展为主线，以科技创新为动力，以能力建设为核心，以队伍建设为保障，全面推进“三个转变”，坚持做强主业、延伸发展、多元发展、绿色发展、和谐发展，建设全球最具竞争力的不锈钢企业，成为国内一流、世界著名的大型企业集团。

团）有限公司

太钢集团与北京碧水源“联姻”

太原钢铁（集团）有限公司与北京科技大学共建的国家级工程实践教育中心揭牌仪式

财务公司开业

山西环保行在太钢

硅钢冷连轧项目

不锈冷连轧项目

超细粉生产线试车成功

精美的不锈钢产品

大同煤矿集团轩岗

同煤集团副总经理、轩岗煤电公司董事长张良海

同煤集团副总经理、轩煤公司党委书记高峰

同煤集团副总经理、轩煤公司总经理李云江

大同煤矿集团轩岗煤电有限责任公司（原轩岗矿物局）（以下简称“公司”）2002年实施政策性破产，现为大同煤矿集团控股、重组员工参股的股份制企业，是同煤集团最大的子公司，山西省国有资产监督管理委员会重点监管的子公司之一。公司在册员工总人数14204人。

公司现有13座矿井，主要分布在忻州市的原平、宁武、五台、保德，运城市的河津等5个县市。矿井主要生产气煤、贫瘦煤等商品煤种，产品销往华北地区京、津、唐，山东、湖北、湖南和省内各大电厂，创立了大友5号、大友6号等优质品牌。公司下设12个非煤生产单位，基本形成了以煤炭生产、销售为主，化工生产、机电修理、建筑安装、印刷等多业并举、综合配套、协调发展的产业格局。

【主要经济指标】2013年，公司煤炭总产量完成1787万吨，煤炭总销量达到1470.9万吨，营业收入达到69亿元，上缴税费7.8亿元，企业总资产达到134亿元，千人负伤率连续六年实现了底控目标。

【转型发展】“十二五”期间，公司按照“以煤为基、做强主业、转型跨越，多元发展”的发展思路，不断改革创新，各项指标屡创新高，综合实力显著提升，对外影响力不断扩大，矿区生态逐步改观，员工生活持续改善，矿区秩序更加安定。

1、以煤为基。遵循资源扩展，生产集约、产品优质、产销一体的发展路子。通过有效的资源整合，积极争取现有矿井扩界，为矿井持续开采提供充足可靠的资源保障。进一步加大公司现有生产矿井生产系统改造，释放产能，同时加快资源整合矿井的技术改造，全面提升矿井产能输出。积极调整产品结构，从2013年开始，我们针对市场变化，就轩岗兴建洗煤厂进行了可行性调研，以适应市场对产品的需求，增强企业的抗风险能力，促进产业产品优化升级。

2、多元发展。依托煤炭主业这个基础，在国内煤炭主要销售市场，建立对外商贸物流公司，开展商贸物流业务，对公司现有的从事煤炭贸易实体单位，进行机构重组，实现统一销售。同时，对公司机修厂和实业公司进行产业扩充、市场和产品调整，推进从煤机修理为主到以制造为主的转变，形成以机修厂修制大中型煤机设备、实业公司修制小型设备配件的发展结构。依托公司轩腾建筑安装公司，推进体制重组，资源整合，进行公司化运作，对内对外开展建筑安装业务，促进产业升级。积极参与扶贫产业项目开发，目前我们正在做这方面的调研工作。在忻州市政府的支持下，公司计划在神池县投资1亿元上马淀粉加工厂。

3、做稳经营。面对煤炭市场不行的不利形势，公司党政超前谋划，精心部署。生产技术部门科学规划各个系统工作，优化环节部署，着力降低生产成本。进一步树立紧日子的思想，狠抓挖潜堵漏，完善了公车使用制度和业务招待费制度，签订了物资招标代储合同，2013年，公司本部采购价下降了5.1%，节约采购资金1640万元。三对主力矿井修旧利废988.27万元，物资回收2826.99万元，复用1993.51万元，焦家寨矿“器材供应科井下回收队废旧物资回收复用”项目被山西省国资委评为省属企业优秀成果。

煤电有限责任公司

轩岗煤电公司办公楼

轩煤公司培训中心员工培训场景

节支降耗修旧利废

生 产 区

铁路装车外运

汽车外运

汽车外运装载

综合机械化采煤设备

综合机械化采煤工作面

井下配电硐室

井下瓦斯抽放硐室

4、科技强企。公司坚定不移的把瓦斯治理做为企业发展第一要务，认真贯彻落实“先抽后采、监测监控、以风定产”的方针，紧紧围绕“优化系统、科学抽采”这条主线，在不断优化、完善具有轩岗特色的“三类九种”瓦斯治理模式的基础上，积极走出去到淮南、晋煤等单位学习更为先进的瓦斯防治技术，加大推广应用力度，实现了从“局部治理”向“区域治理”，从“生产过程治理”向“超前治理”的重大突破。

5、员工培训。公司坚持实施人才强企战略，通过开展党性教育、技术比武、业务培训等多种形式，培养了一支坚守党性、勤奋学习、争创先进的员工队伍。2013年共发展新党员59名，评选了50名优秀人才，培训员工24488人(次)。开展了技术比武活动，1名技术能手荣获省第三届员工职业技能大赛煤炭厅“个人一等功”。

6、民生工作。公司党政紧紧围绕员工收入、住房、生活环境等员工群众最关心、最直接、最现实的利益问题作为一切工作的出发点和落脚点，在保证企业正常的生产经营和稳步发展的同时，积极创造条件改善员工生活。面对煤炭市场下行的压力，保证了员工工资不降，积极改善员工住宿条件，轩岗矿区住宅楼全面开工、加大生活设施和文体娱乐场所建设，对生活区部分绿化带进行了修整和清理，矿区面貌、员工文化和生活条件得到明显改善。

中国山西 晋善晋美

——山西省旅游局

五台山

皇城相府

乔家大院

云冈石窟

壶口之秋

平遥古城

北武当山